国家出版基金资助项目

上海文化发展基金会图书出版专项基金资助项目

国家出版基金项目
NATIONAL PUBLICATION FOUNDATION
上海市重点图书

中国财政制度史

贾康 申学锋 柳文 田远／著

立信会计出版社
LIXIN ACCOUNTING PUBLISHING HOUSE

图书在版编目(CIP)数据

中国财政制度史 / 贾康等著. —上海：立信会计
出版社，2019.12
ISBN 978 - 7 - 5429 - 6310 - 9

Ⅰ.①中… Ⅱ.①贾… Ⅲ.①财政制度–财政史–中
国 Ⅳ.①F812.9

中国版本图书馆 CIP 数据核字(2019)第 272657 号

策划编辑　　窦瀚修　方士华
责任编辑　　方士华
封面设计　　南房间

中国财政制度史

Zhongguo Caizheng Zhidushi

出版发行	立信会计出版社	
地　　址	上海市中山西路 2230 号	邮政编码　200235
电　　话	(021)64411389	传　　真　(021)64411325
网　　址	www.lixinaph.com	电子邮箱　lixinaph2019@126.com
网上书店	http://lixin.jd.com	http://lxkjcbs.tmall.com
经　　销	各地新华书店	

印　　刷	苏州市越洋印刷有限公司		
开　　本	710 毫米×1000 毫米	1/16	
印　　张	30.25	插　　页	4
字　　数	590 千字		
版　　次	2019 年 12 月第 1 版		
印　　次	2019 年 12 月第 1 次		
印　　数	1—1 500		
书　　号	ISBN 978 - 7 - 5429 - 6310 - 9/F		
定　　价	110.00 元		

前　　言

党的十八届三中全会明确提出，财政是国家治理的基础和重要支柱，科学的财税体制是优化资源配置、实现国家长治久安的制度保障。其后，中央政治局审议通过了《深化财税体制改革总体方案》，明确提出建立现代财政制度的战略目标。当前，新一轮财税体制改革正在深入开展，财政部门的改革任务很重，实质性的制度建设是重中之重。如何在现代国家治理理念下进行现代财政制度建设，是一项继往开来的创新课题。

财政制度是以财政分配关系处理资源配置的一整套典章规则，对国家的政治、经济、文化、社会等诸多领域均有重大影响。怎样才能使财政制度适应国家治理目标，为治国安邦形成坚强支撑，为人民福祉提供公共服务，需要治理者的治国智慧和改革决断。在财政制度建设中，我们不仅要从国外已有的先进经验中汲取营养，更要从我国数千年文明史中总结好的经验，寻求规律性的借鉴与启示，为改革实践提供决策参考。

西汉哲学家董仲舒在《春秋繁露·精华》中引用古人之言曰："不知来，视诸往。"意思是说，今天如何发展，明天走向何处，感觉到困惑和迷惘之时，有必要回头看看已经成为过往的昨天。当下，中国作为一个举世瞩目的新兴市场经济大国，中国特色的财政制度建设不能简单地照搬国外模式，需要认真总结中华文明积累的治国理政经验。习近平总书记指出，要治理好今天的中国，需要对我国历史和传统文化有深入的了解，需要对我国古代治国理政的探索和智慧进行积极总结。因此，我们选择"中国财政制度史"这一课题进行研究，具有较强的现实意义。

从财政史研究领域本身来说，本项研究具有弥补以往研究薄弱环节的价值。20世纪以来的百余年间，财政史学界陆续出版了一批有分量的研究成果，在搜集整理财政史资料的基础上，已发表了不少有关财政史的学术论文和著作。其中，不乏财政通史类著作,如胡钧《中国财政史》(商务印书馆 1920 年版)、周伯棣《中国财政史》(上海人民出版社 1981 年版)、黄天华《中国财政史纲》(上海财经大学出版社 1999 年版)和《中国财政制度史》(上海人民出版社 2017 年版)、项怀诚主编《中国财政通史》(中国财政经济出版社 2006 年版)、叶振鹏主编《中国财政通史》(湖南人民出版社 2013 年版)等。还有断代财政史,如吴廷燮《清财政考略》(1914 年校印本)、贾士毅《民国财政史》(商务印书馆 1917 年版)、杨荫溥《民国财政史》(中国财政经济出版社 1985 年版)、陈如龙主编《当代中国财政》(中国社会科学出版社 1989 年版)、孙文学主编《中国近代财政史》(东北财经大学出版社 1990 年版)、谢旭人主编《中国财政 60 年》(经济科学出版社 2009 年版)等。

关于专门论述财政制度的著作,相对较少且一般成书较早,如陈秀夔《中国财政制度史》(台湾正中书局 1973 年版)、常乃德《中国财政制度史》(台湾祥生出版社 1975 年版)等。还有一些就某个领域财政制度进行探讨的著作,如吴冈编《旧中国通货膨胀史料》(上海人民出版社 1958 年版)、千家驹编《旧中国公债史资料》(中华书局 1984 年版)、黄惠贤、陈锋主编《中国俸禄制度史》(武汉大学出版社 1996 年版)、郑学檬主编《中国赋役制度史》(上海人民出版社 2000 年版)等。近年黄天华教授 500 万字篇幅的财政制度史专著,是中国财政制度史研究领域内的一大学术成果。前人已有研究对于财政史领域的贡献是显而易见的,他们的辛勤劳动为后来的进一步探索奠定了宝贵的基础,但总体而言,中国财政制度史领域尚缺乏一部篇幅适中而系统性较强的作品,本书的写作正是致力于达到这一目标。

财政制度史研究对象非常丰富,包括以往的财政管理体制、预算制度、行政财务制度、赋税制度、货币制度、审计监察制度等。我们在研究和写作时,既要考虑全面,又要有所取舍和侧重。基于前人已有研究成果的涉及领域,把历史研究与现实借鉴紧密结合,本书将研究重心放在以下几个方面:一是财政行政机构的设置与演变;二是财政体制变迁;三是预算会计和审计制度;四是专卖制度;五是财政监督与立法;六是国库制度和漕运仓储制度;七是货币制度和公债制度。当然,不同时期的实际制度建设状况千差万别,如果某些制度在某个历史阶段特别重要,我们会给予重点论述。

作为一部通史类著作,自然避免不了对研究对象进行时间阶段划分。本书研究内容从夏商时期一直到当今财税改革,时间跨度如此之大,必须做出适当的历史阶段的划分,以便开展研究。在这方面,我们遵循前人历史划分的基本方法,结合本书研究对象的具体情况,将财政制度史划分为三大篇章,分别为"古代卷""近代卷"和"现代卷"。古代卷从夏商西周到清代前期;近代卷从晚清(鸦片战争开始)到新中国成立前夕;现代卷从新中国成立到当前。在每一卷中,又依据历史发展脉络和财政制度演变特点,分章节考察分析。这样能够使读者沿着历史时间轴循序阅读或根据需要选择性阅读,在对财政制度的历史沿革有个总体掌握的基础上,深化具体了解。

本书是集体合作的成果。贾康同志负责全书框架结构审定和全稿审读,申学锋同志承担古代卷和近代卷第一、第二章,田远同志承担近代卷第三至第五章,柳文同志承担现代卷。

最后需要说明:本书是一部通史类专门史研究著作,时间跨度大,内容浩繁,几位作者虽尽力而为,通力合作,仍不免有错漏失误之处,还请读者指正。另外,本书撰写内容引用和吸收了不少前人的成果,分别在脚注和参考文献中加以说明,如果仍有疏忽漏失之处,亦望谅解。立信会计出版社的领导和编辑同志,对本书的出版给予了宝贵的推动、支持与帮助,在此鸣谢!

著　者

2019 年 12 月

目　　录

古　代　卷

近　代　卷

现 代 卷

古代卷

第一章

夏商西周时期的财政制度

　　中国由奴隶社会向封建社会过渡,始于西周。西周是我国奴隶占有制顶峰时期,也是较完整意义上的财政制度建立时期。当封建经济关系在西周后期的社会经济中开始萌芽和出现时,与这样的经济基础相适应,国家财政从奴隶制的劳役财政形态向封建制的实物财政形态过渡,同时税收由夏商时的贡赋转变为赋税。本章重点分析封建时代的财政制度是如何产生和发展的。

第一节　夏商时期的财政状况

　　从财政的萌芽来说,我国原始社会就有财政的影子,只是财政所固有的条件不一定完备。可以说,西周以前是不存在较完整意义上的财政制度的,但本书依然需要简要叙述西周以前的财政状况,以便更清楚地理解周朝以后财政制度的发展演变历史。

　　一般来说,在原始社会,一些可考证的历史事迹表明我们的先民已有涉及财政的客观活动。在伏羲、神农时代,酋长们做了一些有利于公共事业和人民群众的事情,可称为萌芽或初始状态的财政现象。到了黄帝和尧舜时代,财政现象发生渐多,特别是在与农业有关的领域。再到禹的时代,传说中更有了不少财政现象。

　　夏朝是我国历史上第一个奴隶制国家,它是夏后氏部落领袖禹建立起来的。马克思指出:"国家存在的经济体现就是捐税"[1],税收"是行政权整个机构的生活源泉"[2]。追溯我国历史上的赋税制度,今人可以从奴隶制的夏朝开始。《孟子》有云:"夏后氏五十而贡。"当时土地是贵族的,平民种植贵族的土地,必须缴纳租额,

---

[1]　《马克思恩格斯全集》第 4 卷,人民出版社 1995 年版,第 342 页。
[2]　《马克思恩格斯选集》第 1 卷,人民出版社 1995 年版,第 681 页。

这就是贡。贡的比率是十分之一,即一个农夫种田五十亩,必须将五亩的产品贡纳给贵族。贡纳关系起源于原始社会末期,至夏朝建立之后成为流行,但它并不体现为稳定的税法,因为当时农业发展尚未达到较高程度,不可能是稳定的实物地租。可以说,它既不是税,也不是租,只是平民对贵族的贡纳,但已属于两者之间特有的剥削与被剥削关系。

真正意义的税制是从商朝开始的,"殷人七十而助"可谓最早的税法。这里包括了田制和税制:田制方面,"商人始为井田之制,以六百三十亩之地,画为九区,区七十亩,中为公田,其外八家各授一区"。税制方面,"但借其(八家)力以助耕公田,而不复税其私田"①。这种税法实际上是徭役地租的性质,当时租税不分,或者说是以租代税。税法的税率,《孟子》中说是什一,而朱熹的注解则推算为九一。

作为较早期的奴隶制国家,商朝建立的统治机构中,国王(天子)是首脑,代表神权和政权,其下有天官办神事,也有政务官办政务。国王和统治阶级的生活奢靡,表现在财政上就是庞大的财富消费。② 商朝统治者的奢靡,决定了力役形式的田税不断增加,直接向外服势力和内服部族征调的人力也有增无减,大量人力用来从事建筑宫室、制造舟车、往来运输等。这些征役没有一定期限和数量,具有很大的随意性。

第二节　西周的财政机构和管理体制

西周是我国奴隶社会的兴盛阶段,社会成员依照阶级被划分为六个等级,即周天子、诸侯、卿大夫、士、平民和奴隶。每个阶级在国家的法律中都被确认其不同的社会地位,且世代相沿而无可逾越。

为适应国家职能的需要,西周建立起一套专门机构,实行分官任职的有效管理。从《周礼》看,到西周后期,中央机构设置中三公之下有"六官",即天官、地官、春官、夏官、秋官和冬官,这六大系统总共有300多个部门,其中,多数部门与财政收入和支出的日常事务相关。例如,"天官冢宰"和"地官司徒"两大部门均掌管国家的财政。"天官"总司国用支出,并负责有关国家平衡财政收支等法令制度的拟订工作;"地官"则总掌全国土地和人口状况及国家赋税的征管。

天官系统共有63个部门,职官从卿至大夫、士、府、史、胥、徒,约有上千人。例

---

① (宋)朱熹:《孟子集注》,《四书章句集注》,中华书局1983年版,第254页。
② 周伯棣编著:《中国财政史》,上海人民出版社1981年版,第13～25页。

如,"大宰"的职官,负责编制六种法典:治典,治理天下邦国管理万民;教典,指导各诸侯邦国如何训教人民;礼典,使诸侯以礼相待,使官民协调相亲;政典,讲官吏勤政为民,劝人民乐于赋役;刑典,严禁叛乱造反,犯者诛斩不贷;事典,教育官吏忠于职守,要万民安居乐业。大宰以九职任万民,即用九种职业让百姓选择;以九赋敛财贿,即要求居住在不同地区的人民,乐于缴纳不同的赋役,也要求关卡、山泽相关人员缴纳关市之赋、山泽之税;以九式均节财用,即以九条法规管理财政开支;以九贡致邦国之用,即以九种宾贡的名称,要求各地诸侯向天子缴纳货物,天子春觐秋会冬遇各地诸侯,都由大宰负责安排。一言以蔽之,大宰类似后来的宰相,总管国家政务。

地官系统以大司徒为首,大司徒掌管天下土地和人民,协助国王安抚民生。以全国舆图,掌握九州南北长、东西宽的里数,考察九州山林、川泽等不同的地名,以及出产的物资,熟悉畿内和各国都城采邑的数目,建立畿界上的水沟和祭坛,再种上树作为周族田亩的标记,并用这种树名作为该社或野的名称。此外,地官还有一项重要职责,即根据土地均衡缴赋出役的法规,按照地区远近以及不同土地的土质情况,制定相应的赋役政策,安排人民从事各种职业,征募劳役和聚敛财赋,用公平的方法处理社会政事。

从《周礼》的记载中可以看出,这种分官任职的管理是与其他行政管理结合起来进行的。例如,地官下属的县师,除专门负责邦国、都鄙、公邑、四郊的土地、人口核查及甸、稍、县、都的公邑贡赋征管外,还担负着对百官进行年度业绩考核的行政工作。又如,地官大司徒在其总司全国赋税征管之职的同时,还分设专职人员兼管农、林、渔、牧、关市、金融、物价、货物存储等。因此,这种司职范围过于宽泛的兼理特点,是与生产力水平低下、以收定支的粗放管理相适应的一种方式,说明西周王朝的财政机构还未从政府部门中分离出来,其"政经合一"、国家理财与王室理财不分的管理体制,仍居于主导地位。

在财政体制上,西周创建了与分封制政治制度相适应的地方领主分权的财政管理体制。虽然赋予各封君列侯在其封地内享有征收贡赋的财政自主权,并由此构成地方各自为政的特点,但由于周天子拥有号令诸侯的至尊权力,加之当时周王朝已开始建立一套较为完备的财政管理制度,因此在分权的条件下,各封君列侯除有时能够得到中央的部分财政补贴之外,更多的则是必须定期向周天子朝觐述职,还要定时定制向王室缴纳贡赋,以表示对周天子的臣服。显而易见,西周时的国家财政实际上是一种王室财政,即国家财政与王室财政不分。

具体来说,周王朝实行的财政体制,实际上就是以王室为中心的地方领主分权的多级管理体制,即天子财政、诸侯国财政、卿大夫家氏财政和宰臣采邑财政四级管理体制。这种"分田制禄"的分封制度,既是一种政治统治方式,又是一种财政分配体制。当周天子把全国的土地和人口分封给大小宗亲贵族之后,就等于把地方的统治权和财政分配权下放给各封君列侯,让他们各治其地,各征所产。从这个意义上讲,无论是哪一级财政,都有其各自独立的财政收支体系,彼此之间也不存在统属关系,因而这一时期的国家财政只是一种主要以周天子接受诸侯贡赋名义形成的分配体系而已。

第三节　赋税制度化的肇始

赋役制度是财政制度的重要组成部分,反映了政府凭借政治权力参与社会产品分配的一种特殊分配关系。在周代前期,基于封建政治和财政分权,在井田制基础上实行租税不分的税制,这是实物财政的表现。到了后期,实行履亩税,由贡赋向赋税转变,成为后代田赋之滥觞,赋税制度化由此拉开帷幕。

从世界史来看,贡纳关系出现于原始社会末期,即马克思所说的"原始共同体时的贡赋关系"[1]。在中国历史上,"贡赋"两字最初见于《尚书·禹贡》,该书较详细地描述了夏朝贡纳制的具体内容。大禹治水,顺便整理了贡赋,"任土作贡",即"任其土地所有,定其贡赋之差",可见"贡"里面也包括有"赋"。周代以前,贡还占有重要地位,赋不过是贡的构成部分。商朝的贡纳关系,在古文献和甲骨文中可以找到一些说明材料,如《诗经·殷武》有云:"昔有成汤,自彼氐羌,莫敢不来享,莫敢不来王,曰商是常。"

西周的贡纳逐渐形成等级制度,贡按照公、侯、伯、子、男加以区分,级别越高贡纳越重,同时按"服"区远近排列,时间间隔渐远渐疏。周代的贡根据对口供应和专赋专用的财政管理原则,要求诸侯或人民对天子以各地特产实物缴纳。贡有两种,即邦国之贡和万民之贡。

邦国之贡是由诸侯贡献给天子的,诸侯在其领土内向人民征税,将其中一部分上缴天子,以待国用。邦国之贡有九种,故称"九贡":(1)祀贡,为牛、羊、猪等祭品用的牲畜和包茅之类,一年一贡;(2)嫔贡,皮帛之属,两年一贡;(3)器贡,宗庙之器,为银、铜、石磬、丹漆之类,三年一贡;(4)币贡,为绣帛或玉、马之类,四年一贡;

---

① 《马克思恩格斯全集》第46卷,人民出版社2003年版,第363页。

(5)材贡,为木材,五年一贡;(6)货贡,为金、玉、龟、贝等自然之物,六年一贡;(7)服贡,为缔或玄绣,纤缟等祭服之类,四年一贡;(8)斿贡,为羽毛或燕好、珠玑、琅玕之类;(9)物贡,其他可贡的方物特产。①

万民之贡是太宰"以九职任万民",其用途主要是充实府库,藏而不用。九职包括:(1)三农,贡九谷;(2)园圃,贡草木;(3)虞衡,贡山泽之物;(4)薮牧,贡鸟兽;(5)百工,贡器物;(6)商贾,贡货贿;(7)嫔妇,贡布帛;(8)臣妾,聚敛疏材;(9)闲民,无常职转移职事。②

周代以后,贡已不占显要地位,赋则日益重要,赋、税两字使用渐广,赋、税两字的区别也渐小。只是人们习惯于把土地税称为田赋,而其他税收则都称为税。

周代的中央财政,按照《周礼》的记载,财政制度上已相当完备。在赋方面,有九赋之经常收入,九赋的使用有专门用途,即以九赋敛财贿,九式均节财用。作为出纳机关,太府只能按照规定用途执行,以九式法颁财。九赋与九式对应,大约相当于今天的专款专用。周代的九赋与九式如表1所示。

表1　　　　　　　　　　　周代的九赋与九式

九赋名称	课税地区	九式(用途)
邦中之赋	城郭	宾客之式
四郊之赋	去国一百里	刍秣之式
邦甸之赋	去国二百里	工事之式
家削之赋	去国三百里	匪颁之式
邦县之赋	去国四百里	币帛之式
邦都之赋	去国五百里	祭祀之式
关市之赋		羞服之式(膳服)
山泽之赋		丧荒之式(丧纪)
币余之赋		好用之式(赐予)

九赋之中,前六项类似收益税,带有田赋的性质,后三项类似物产税,带有工商税性质。田赋的征收,因载师(地官中的官名)任土地以起税赋,即分配什么样的土地,便课以什么样的赋。其种类如下:(1)邦中之赋。以廛里任国中之地,以场圃任

① 《周礼·天官冢宰》"大宰之职"条;《周礼·秋官司寇》"大行人"条。《周礼》对斿贡和物贡没有几年一贡的记载。
② 《周礼·天官冢宰》"大宰之职"条。

园地,前者无税,后者征收二十分之一。国宅无税,因其不事种植,没有收益,自得免税。园地有收益,所以有税。(2)四郊之赋。以宅田、士田、贾田任近郊之地,其税率是十分之一;以官田、牛田、赏田、牧田任远郊之地,其税率为二十分之三。(3)邦甸之赋。以公邑之田任甸地,税率最高为十分之二。(4)家削之赋。以家邑之田任削地,税率最高为十分之二。(5)邦县之赋。以小都之田任县地,税率最高为十分之二。(6)邦都之赋。以大都之田任畺地,税率最高为十分之二。(7)关市之赋。征于商旅,分为关税和市税。关税乃经关通过税;市税乃商税,即在关隘地方课征物产税。(8)山泽之赋。漆林之征,税率为二十分之五。(9)币余之赋,指不属于以上各类的其他赋税。[1]

从田税的角度讲,周代比夏商时期要进步许多。在以农业为主要生产部门的"三代",农作物是国家财政收入的主要构成,"三代"也都课征田税,只是形式不同而已。《孟子·滕文公上》有云:"夏后氏五十而贡,殷人七十而助,周人百亩而彻,其实皆什一也。"夏商时代的"贡"和"助",大致都是采取"借民力以治公田"的力役形态的田税。至于周代的"彻"法,学界说法各异,莫衷一是。有学者认为,周代打破公田与私田的固定界限,先由生产者在耕作季节统一经营,至收获时才把一部分田地划为当年的公田,其田地上的农产品便成为税物。这种"彻"法乃是由于生产力的发展和直接生产者阶级意识萌发,"民不肯尽力于公田",统治者被迫使田税从力役形态向实物形态转化的过渡方式。[2] 这体现了周代田税演变中的进步性,表明周代赋役步入制度化轨道的特点。

第四节　西周的理财原则

西周时期管理财政的原则,大致可参考《周礼》《礼记》等书。大体而言,西周的理财原则有三个方面比较明显,即量入为出、中央与地方分成包干、专款专用。

一、量入为出原则

世界上许多国家的理财原则,基本的一条就是"量入为出"。追根溯源,中国历史上对这一原则明确表述的"量入为出",源自我国西周时代。以后从东汉郑玄开始,不断有学者对其出处《礼记》进行注疏。"量入为出"见于《礼记·王制》,其书

---

① 周伯棣编著:《中国财政史》,上海人民出版社1981年版,第31~32页。
② 洪钢:《中国古代财政史研究:夏、商、西周时期》,中国财政经济出版社1990年版,第481~490页。

载：“冢宰制国用,必于岁之杪,五谷皆入,然后制国用。用地小大,视年之丰耗,以三十年之通,制国用,量入以为出。”其大意为：大宰制订财政支出预算,按照量入为出原则,在年末各地稻、黍、稷、麦、菽等全部进仓后,根据全国丰收、歉收的地区大小和年成丰耗情况,以三十年积蓄十年的贮备率,确定年度预算（支出数额）。这代表了一种古今中外普遍认可的财政管理原则。所谓“量入以为出”,“量”是指权衡全国年度财政收入数额,“出”是指国家财政下一年度的支出总额。“量入以为出”即根据全国全年财政收入额的大小,制订年度支出总数,后人简称为“量入为出”。这一理财原则的明确表述,对后世产生了长久而深远的影响。

二、中央与地方分成包干原则

西周时期中央与地方“分成包干”的财政管理原则,与当时“封建亲戚,以蕃屏周”的政治体制密切相关。周武王打败商纣以后,为了统治殷商辽阔的疆域,对殷人和一切被征服的邦国部落,实行软硬兼施和分化利用相结合的政策。在政权基本稳定的基础上,进一步落实“封邦建国”举措①,把自己兄弟 15 人、同姓 40 人和异姓将领们都封为大小诸侯。在派遣诸侯“授民授疆土”的时候,每个诸侯的疆域范围和每年应该负担中央政府的赋役都有明确规定：“掌建邦之土地之图与其人民之数,以佐王安扰邦国。以天下土地之图,周知九州之地域广轮之数②,辨其山林、川泽、丘陵、坟衍、原隰之名物,而辨其邦国、都鄙之数,制其畿疆而沟封之。”③即每个诸侯国的疆域多大,川泽、山林多少,耕地、土产怎样,一切概况皆须统计以为依据。根据《周礼》记载,每个诸侯国在建立城郭的时候,大司徒用土圭测量土地的方位,确定该邦国的疆域范围,并明文规定其上缴中央的比例：“诸公之地,封疆方五百里,其食者半；诸侯之地,封疆方四百里,其食者三之一；诸伯之地,封疆方三百里,其食者三之一；诸子之地,封疆方二百里,其食者四之一；诸男之地,封疆方百里,其食者四之一。”④可以看出,公、侯的封疆分别以五百里、四百里安排,而伯的封地则为三百里。另有《礼记·王制》记载：“伯,七十里；子、男五十里；不能五十里者,不合于天子,附于诸侯,曰附庸。”可见“伯”的疆域大的有方三百里,小的只有七十里。

在诸侯财政收入的分配比例上,公爵一级的政府,全年收入的一半要解缴中央财政；侯爵和伯爵一级的政府,全年收入的三分之一要解缴中央财政；子爵和男爵

①　《左传·僖公二十四年》。
②　古代东西的长称为广,南北的宽称为轮。
③④　《周礼·地官·大司徒》。

一级的政府,全年收入的四分之一要解缴中央财政。这种中央与地方分成包干的财政管理原则,是国家财政体制的重要内容之一。

三、专款专用原则

西周的财政管理,看起来十分烦琐、复杂,当时并无明文规定财政科目之类,但在国家政权管理和宏观决策方面,实际上执行着专款专用的原则。中央政府除了王畿千里的甫田收入和郊野六遂的公田收入之外,第三大项的收入就是"九赋"和"九贡"。九赋收入的目的是"致邦国之财用",在国家财政支出中,要求各级政府都要在九个方面节约开支,"以九式均节财用"。财政收入的"九赋"在某些内容上与支出的"九式"有一定的对应关系,而且相当密切。

例如,九贡中的"祀贡"是诸侯之职贡,是定期宾贡的,其物品与祭祀相关。而《周礼》记载:"九式均节财用:一曰祭祀之式。"可见"祀贡"的物品专供"祭祀之式"之用,形成两两对应。而别的名目之贡,周王室不能用于祭祀,这也正说明了"祀贡"的收入专门用于"祭祀之式"的专款专用性质。又如,九贡中的"嫔贡",乃"宾贡皮帛之属",无论皮革或布帛、丝绸或苎麻纺织品等,都是宾客往来之礼赠佳品。按照"九式均节财用"的规定,凡是中央政府接待宾客的开支,都属于财政开支"九式"当中的"宾客之式"。

第二章

春秋战国秦汉时期的财政制度

春秋战国和秦汉时期,生产力进一步发展、各国开疆拓土及秦统一六国,分散的、各自为政的财政管理体制逐渐趋向中央集权。预算制度和专卖制度发展,财政监督与立法促使财政收支进入法制轨道,从而适应了当时的形势需要。

第一节　春秋战国时期的财政管理体制

自周平王东迁以后,随着周王室的日渐衰微和诸侯霸政的迭起,尤其是私田垦辟的不断扩大,以王室为中心的地方分权财政管理体制逐渐被"诸侯之国""卿大夫之家""宰臣之邑"等大小不一而又各自独立的财政管理体制所取代。随着一些大国改革实践的不断摸索和大一统趋势的日渐形成,一种新型的财政管理体制即中央集权式财政管理体制,在各国的相互影响之下逐步建立起来,它也为日后秦国建立全国统一的财政管理制度奠定了基础。

首先,在财政机构的设置上,春秋各国特别是战国七雄在推行社会全面改革的过程中,为了强化国家财政的宏观管理,除了把周朝所设置的天官冢宰、地官司徒、春官宗伯、夏官司马、秋官司寇、冬官司空"六官"机构改称为中央的几个部门之外,还把主管财政工作的部门从政府机构中分离出来,分官任职,专司理财之事,这样就改变了原来那种混同地管政治和管理财的"政经合一"的做法。

由于春秋时期诸侯列国处于各霸一方的长期割据状态,各有一套官制,因而这一时期的职官制度也较为纷繁复杂。但一般来说,中原各国与周王朝关系比较密切,其职官设置大多在承袭的基础上有所取舍;南方楚国的官名虽与中原国家不同,但是司职之事则颇为相似;西部的秦国与东南的吴、越,其官职的称呼也大体类似于中原国家。据古文献记载,改制后的各国职官多分为三大类:治事类、事务类和地方职官类。治事类职官主管国家行政事务,由司徒、司马、司空、司寇四大职官组成。其中,"司徒"为治理民事之官,"司马"为负责军事之官,"司空"为主管工程建筑和百官事务之官,"司寇"则是专负刑罚诉讼及纠察之官。而在四大部门之上总领全国政务的职官,虽只设一人,但其称谓却各不相同,有的国家称"相",有的称"执政""令尹",亦有的称"当国"。正因为当时没有统一的职官制度,各国的理财职官称谓亦各不相同。如《荀子·王制》提及的"宰爵""治田""虞师""治市""司寇""司徒""冢宰""辟公"等称谓,即是明显例证。各国的理财之官虽多是因事而设,各司其职,并有利于国家对财政工作的强化管理,但从春秋各国的政府各类机构设置看,当时财政机构仍未能从行政机构中分离出来。

进入战国以后,随着社会经济的迅速发展和大一统趋势日渐形成,各国对财政的需求愈发强烈。于是,各国在推行"郡县制""军功授爵制"以及"田税""军赋""户籍"等政治、军事、经济制度改革的同时,又强化了国家对财政工作的宏观管理。随着各国土地私有制的确立和郡县制代替分封制、俸禄制取代世卿世禄制等改制工作的相继完成,郡县百官不但改由国家统一任免,而且百官俸禄也要由中央政府来解决。尽管战国七雄在财政机构的设置上还不够健全、完善,但从散见于《左传》《史记》《战国策》等古籍文献中有关"司徒""方府""九府""仓库吏""田部吏""虞人"等职官称谓看,这些理财之官应该是各国独立行使财政征管的专职官员。如时任赵国"田部吏"的赵括依法斩杀拒不缴税的平原君家臣的有关史实,就说明赵国不但把专门主管财政征管的机构从政府行政部门中分离出来,改称为"田部",而且还赋予财政官员极大的权力。

其次,在财政管理体制上,经过春秋战国各国的不断改革与探索,周代以王室为中心的地方领主分权的财政管理体制,逐渐被以郡县制为基础的中央与地方分立的集权财政管理体制所取代。

随着王室权力的下移,封君列侯逐渐取代了周天子对各地的统治地位,各霸一方,春秋时期各国的财政管理体制仍具有公私混一的明显特点而各自为政。进入战国时代,一些大国的新兴地主阶级为了适应土地私有制发展和大一统趋势的客观要求,不仅对田税、军赋、户籍、官俸等制度进行大胆改革,还在普遍建立郡县制的基础上,巩固和完善中央集权制政治管理体制。一种新型的中央与地方分立的集权财政管理体制,随之在各国的相互影响和推动之下逐步健全起来。当时各国已普遍建立了以郡县制为基础的中央集权政治管理体制,其行政建制一般由封国、郡、县三级组成。在中央层级,国君享有至高无上的权力,国君之下则设置了一整套官僚统治机构,在地方则建立郡、县两级行政机构。尽管中央集权的政治管理体制有利于国家政局的稳定,但由于国君权力至高无上,因此为确保巨额军费、百官俸禄以及国家各项经费开支的需要,客观上要求必须在制度和礼仪方面对国君及其宗室成员的消费特权加以一定的限制,这样就在国家财政之外形成了王室财政,并分设官职,分别专司其事。这种将国家财政与王室财政分开管理的体制,虽然使王室财政独立于国家财政之外,自成一套收支体系,但同以往相比,毕竟对王室及其成员的奢靡消费起到了一定制约作用。在中央与地方的财政关系上,则实行以郡县制为基础的中央与地方分级的集权财政管理体制。这种体制对于国家资财的合理有效使用和维护中央集权的政治统治比较有利。以后统一天下的秦朝所建立的各项制度,多是商鞅变法时打下的基础,尤其是中央与地方分级的集权财政管理体制,不仅对秦汉两朝,而且对以后各代封建王朝财政管理体制的建立与发展,都产生了巨大而深远的影响。

第二节　秦汉时期的财政管理体制

随着春秋战国以后封建生产关系的发展和土地私有制的出现,以及民族关系的日渐融合,各种有利于统一的举措得以实施,已为中国建立大一统的中央集权制度奠定了基础,其后由秦汉所建立的中央集权政治制度和与之相适应的财政管理制度,不仅对政权的巩固、社会经济的发展和国家的繁荣起到了促进作用,而且对其后两千多年历代王朝财政制度的发展变化产生了重要而深远的影响。

一、财政行政机构

秦汉时的国家财政与皇室财政分别由"治粟内史"和"少府"两大机构掌管,但由于政治体制的变迁,汉初与西汉中后期以至东汉时期不仅在财政管理机构上有所变化,而且在管理体制方面也多有变更。

掌管国家财政的机构,秦朝时为治粟内史,汉初亦同。到景帝后元元年(公元前143年)时,则更名为大农令;武帝太初元年(公元前104年),再改称大司农;王莽时先改大司农为羲和,后又更名为纳言,到东汉时则复名大司农。其属官及职责分别为:太仓令掌管粮谷、仓库;均输令主掌地方贡品的上解和各地物资的调剂与转运;平准令则负责市场物价的平抑;都内令主掌京师库藏;藉田官管理公田;斡官及铁市长主掌盐铁专卖;榷酤官主掌酒专卖或酒税。此外,大司农还在各郡国分设仓官以管仓库;设农监以管农事;设都水以管水池渔利;设铁官以管铁器的制作和经营,设盐官以管盐的生产和销售等。

地方财政管理机构,由各郡太守总揽民财之事,太守下设各属官中,如户曹主民户,田曹主田事,水曹主水利兴修,仓曹主仓谷事,金曹主货币盐铁事,上计吏主上计等。郡以下各县的财政由县令主掌之,具体事宜则由各属官分别负责。乡官有啬夫、三老、乡佐和游徼。其中,啬夫为乡财政的主管,乡佐为啬夫的助手。

皇室财政的收支则统由少府主管,武帝元鼎二年(公元前115年)增设水衡都尉后,与少府共同负责皇室财政的收支。少府因系皇室之财政总管,故机构之大、属官之多在诸卿之中列居首位。其下分有六丞,属官有太官、汤官、导官、太医、乐府、考工室、东织、西织、东园匠等十六官,各官又分设令、丞之职。水衡都尉下设辨铜、上林、均输等官。东汉时水衡机构被撤销,仅设少府卿,皇室财政仍由少府统管。

二、财政管理体制

汉初至武帝即位以前,由于实行郡县与封国并行的政治体制,封国拥有独立的行政权、军权和财权,因此在景帝平息"吴楚七国之乱"之前(即"削藩"之前),实行的是中央集权制下的"封国、郡、县"三级的地方财政管理体制。"削藩"之后,特别是武帝元朔二年(公元前127年)颁布"推恩令"和"附益之法"之后,由于地方封国的行政权、军权和财权被彻底剥夺了,仅保留其封邑内的"衣食租税"之权,因而地方财政管理体制随之改为"郡—县"两级制。元封五年(公元前106年)时,虽然武帝又增设了刺史,并把全国分为十三个州,但因刺史只有监察权,并无行政权,加之州由监察区域变为行政区域是在东汉后期完成的,所以不构成一级财政。这种管理体制一直沿袭到东汉。

三、国家财政与王室财政的收入来源及支出用途

秦汉时期,国家财政与王室财政已形成两大收支体系,无论在收入来源方面,还是在支出方面,两者都有严格区分。如西汉高祖、惠帝时,确定"量吏禄,度官用,以赋于民;而山川、园池、市肆租税之入,自天子以至封君汤沐邑,皆各为私奉养,不

领于天子(下)之经费。"①成帝、哀帝之时又规定:"武库兵器,天下公用,国家武备,缮治造作,皆度大司农钱。大司农钱自乘舆,不以给共养,共养劳赐,壹出少府。盖不以本臧给末用,不以民力共浮费,别公私,示正路也。"②

两汉时期,国家财政收入主要来自田租、算赋、口赋、更赋、盐铁专卖、公田屯田、均输平准、卖官鬻爵、赎罪收入(西汉时用于军费开支,东汉桓帝、灵帝时归皇室财政)、算缗告缗、算车船、牲畜税、赀贷税、訾算税和铸币收入等。支出主要用于军费、百官俸禄、水路交通、农田水利、祭祀、灾荒赈济、移民垦殖和文化教育等方面。皇室财政收入主要取自山泽园池租税、酒税、关市税、贡献酎金及部分公田、口赋与算缗的收入,其支出主要用于皇室的膳食、被服、器物、舆马、医药、赏赐、皇宫陵寝的营建以及后宫娱乐性支出等方面。尤其自武帝元鼎二年(公元前 115 年)新设"水衡"机构起,因部分算缗告缗收入和政府收回铸币权的部分所得均划归皇室,所以皇室收入规模尤为巨大。据记载,到西汉元帝时,"孝元皇帝奉承大业,温恭少欲,都内钱四十万万,水衡钱二十五万万,少府钱十八万万"③。这就是说,当时的皇室年度财政收入已超过国家的年度财政收入了。

第三节　最早的预算——上计制度

上计制度是西周以来逐渐形成的中央朝廷对地方进行财政管理的一项重要制度,到春秋战国时期,它不仅已成为秦与东方六国所共有的一项制度,而且在秦统一全国后,这一制度发展得较为完备。

据《周礼·天官·冢宰》记载,凡有关审核地方各级政府的财政收支,就地稽查各地财务出纳,以及监督各级官吏遵守、执行王朝法规方面的财政监察工作,由隶属于天官的宰夫掌管。宰夫之职是在财计部门之外,只对周天子负责并享有独立行使财计监督之权,其位尊权重可见一斑。有关王朝财政收支计划的编制、审核以及对各级地方财计部门行使监督考核职权的工作,包括对日成、月要、岁会三个方面(即会计日报、月报和年报)的审查与考核,则由司会具体负责。由此可见,西周所创建的把年度财政收支执行情况与地方各级官吏政绩的好坏结合在一起的制度,对于王权的巩固具有十分重要的作用。

---

① 《汉书》卷二十四上《食货志》,中华书局 1964 年版。
② 《汉书》卷七十七《毌将隆传》。
③ 《汉书》卷八十六《王嘉传》。

　　自春秋中后期起,尤其是进入战国以后,因为社会经济的发展和国家统一的需要,诸侯各国在各自的社会改革进程中不仅对财政的需求越来越强烈,而且有关财政管理的各项制度亦逐步确立起来。从鲁国的"初税亩"到秦国的"初租禾"制度的推行,一种新型的田赋征收制度在各国普遍建立起来。而随着手工业、商业的日益繁荣,关市税制度、山泽税制度以及人头税制度、仓库出纳制度、预算会计制度等也相继建立并不断强化,上计制度也得到进一步的完善和加强。对年度财政收支进行统计、审核,不仅是上计制度的一项重要内容,而且也成为列国盛衰兴亡的历史见证。

　　据云梦秦简所载,战国时期的秦国已有一套较为完备的上计制度。首先,从秦简《仓律》有关规定看,田赋收入入库后,必须立即登记在国库仓账上,最后编成报表上报给主管财政收入的官员,是为"计禾",而中央有关部门则应按上计制度对地方上报的数字进行核对。在上计时间的规定上,《司空律》有明确记载:官府劳动场所距离其管理财计部门不远时,在八月底以前以其劳动天数及领用公衣数告其财计官员,最晚不得超过九月;如距离较远者,在九月底前也必须报给财计官员,以统计当年的劳动时间及抵债钱数。其次,从秦简中出现的有关"计"的用词分析,它还具有账目、账簿、簿籍等含义,秦简中的"计"或"计者",还专指主持"计算"、记账和保管账簿的官吏。更为重要的是,秦国不但有主管会计事务的官吏,而且还有这方面的专门机构。从秦简《司空律》的规定里不难发现,"计所"应是计账机构的名称。除此之外,秦简中还记载有战国时的秦国所设置的各级财政部门均有向中央上报其财政收支账目的制度,而且已有"上计"称谓出现。上述记载说明,秦国确已有上计制度的明显开端,甚至连"上计"这一专门称谓也出现了。由于秦简中的《秦律》基本上是秦统一六国前的法律,因此比较完备的上计制度应正式形成于战国时的秦国。

　　西汉建立之初,虽多沿袭秦的旧制,但由于刘邦政权正处于战后经济重建的困难时期,因此加强对财政的有效管理,坚持"量吏禄,度官用,以赋于民"的理财原则,对于巩固政权和振兴经济就显得尤为重要。西汉政权刚一建立,刘邦便立即恢复了秦的上计制度,并于高祖六年(公元前201年)启用张苍为计相,同时以列侯的身份居于相府,主持全国的上计工作。由此可见,西汉主计的职位要远高于秦时的柱下御史。据文献记载,两汉以后的上计制度,无论在上计机构的设置、上计官吏的专职化和上计内容的广泛性等方面,以及在主持上计事务的朝官及受理上计的仪制方面,都较秦时更为完备、合理与规范化,主要体现在以下几个方面:

一是上计的时间与层次。汉初因沿用秦时的颛顼历,即以十月为岁首,因此,从十月初一到次年九月末为一个年度。于是,各郡国向朝廷上计的时间仍安排在九月末进行。但自汉武帝改革历法后,即改以正月为岁首,十二月为岁末(即人们习称的"夏历"),上计时间亦随之由九月末改为十二月末。此外,从《续汉书·百官志》"县、邑、道、侯"条本注曰:"秋冬集课,上计于所属郡国"及同书"郡国"条本注:"凡郡国于岁尽,遣吏上计"的内容看,汉代已实行分两个层次的上计制度:第一,县、道在每年的秋、冬之际,必须先上计于所属之郡、国;第二,于岁末之际,再由各郡、国上计于中央朝廷。而《通典》亦云:汉制,郡守岁尽,遣上计掾、史各一人,条上郡内众事,谓之"计簿"。可见,始于汉代的这种分两个层次进行的上计制度,确实比秦时更为规范了。虽然秦国已建立了以郡县制为基础的多民族统一的帝国,但由于秦立国太短,郡县两级制正处于刚刚形成的阶段,因此秦代还不可能有如此成熟的分两个层次进行的上计制度。

二是上计的主管机构及吏员。尽管汉代主管全国上计的机构是计府,而受理郡国上计之事的最高长官称计相或主计,如汉初萧何为相国时,张苍"迁为计相,一月,更以列侯为主计四岁"。因张苍"自秦时为柱下御史,明习天下图书计籍,又善用算律历,故令苍以列侯居相府,领主郡国上计者"①。但通常情况下,多由丞相和御史代皇帝听计,甚至有时皇帝也要亲自过问。据《汉书·武帝纪》所载,刘彻本人就曾多次主持过全国性的"受计"大典。这表明,西汉主管上计官吏的地位已大为提高,同时也反映汉代对上计工作的高度重视。

西汉时,代表郡国对应朝廷上计的官吏,分别由郡守与国相的属吏即郡丞和长史担任。当郡丞与长史代表郡国上计朝廷时,还有具体办理上计事务的上计吏等一同前往。由于汉代十分重视人才,所以只要朝廷急需征调贤能之士晋京,都允许这些人与上计吏同行,这就是所谓的"计偕"制度。到东汉时期,代表郡国上计朝廷的官吏,虽然仍称上计吏,但上计制度却出现了新变化。其一,据《后汉书·和帝纪》载,永元十四年(公元 102 年),朝廷恢复了以往郡国的"上计吏补郎官"制度,这表明此前曾实行过这一制度。这项制度很可能始于东汉之初,但不久即停废,直到和帝时才又将其恢复。其二,东汉在主管上计事务的规格与机构方面,也与西汉有所不同。如西汉主管全国上计的最高官吏为计相或主计,而东汉却无计相与主计之官名;西汉的受计者多为丞相和御史,有时甚至皇帝亲自主持受计大典,东汉则以司徒受计,尤其自桓帝、灵帝之后,再未见有皇帝亲自主持全国受计大典之事了;

---

① 《汉书》卷四十二《张苍传》。

西汉代表郡国晋京上计朝廷之官吏,多以郡丞、长史亲自担任,并有专职的上计吏一同前往,而东汉则改由郡丞、长史的下属,即上计掾史直接晋京向皇帝汇报了。这些变化说明随着东汉后期政权的衰败,郡、国上计时的吏员秩级和朝廷受计时的规格,都呈明显下降趋势。

三是上计的内容。从《续汉书·百官志》"县、邑、道、侯"条刘昭注引胡广:"秋冬岁尽,各计县户口、垦田、钱谷入出,盗贼多少,上其集(计)簿"来看,汉代各县、道上计于所属郡国的内容已相当广泛,不仅包括户口多少、垦田数量、钱谷收支等基本数据,还包括市场物价、农事丰歉、灾情及社会治安等方面的情况;而郡国上计朝廷时的内容,则只会比各县、道更多、更广。

由于上计的内容涉及全国各郡国的土地、人口、钱谷出入及社会治安等情况,从而成为汉代统治者掌握全局、制定和调整各种财经政策的可靠依据,因此,这种实际上基于统计形成预算的上计制度具有不容忽视的重要作用,不仅是朝廷考核各级地方官吏政绩好坏和整顿吏治的重要手段,而且对于维护封建统治和确保国家赋税、兵役及徭役来源,有至关重要的作用。总之,秦汉时期的上计制度,虽然对维护封建皇权的统治具有重要工具的作用,但专制集权制度的强弱也会反过来影响上计制度的变化及执行程度,东汉后期所呈现的上计不实以及改由郡丞、长史的下属(上计掾、史)出任等趋势,说明了这一点。

第四节　漕运制度和仓储制度

秦汉时期,建立了以郡县制为基础的中央集权政治制度,由国家机构和官吏带来的消费压力骤增,需要投入大量人力、物力和财力建立水路交通网络,通过漕运来保障朝廷百官和军民的俸粮与食粮。漕运制度始于春秋时期,但全国性的大规模漕运则形成于秦汉时期,管理严格的仓储制度也在秦汉时期逐步完善起来。

一、漕运制度

秦汉时期建立了以郡县制为基础的中央集权政治制度,中央以及各级地方行政长官均由皇帝任免,并听命于中央的控制与调遣。随着国家机构的日渐庞大和吏员人数的激增,需要政府投入大量人力、物力和财力,建立以京师为中心的发达便利的水路交通网,从而使朝廷政令的下达与地方情报的上奏能够及时传送,而且随着经济发展和京师及各地大中城市数十万人口所带来的巨大消费压力,也需要国家以四通八达的水路交通及时解决全国各地物资的转运和保证朝廷百官俸粮、军民所需食粮的供给。于是，专为供应官、军及市民食粮而以水路运往京师或其他指定地点的漕运之事便应运而生了。

秦都咸阳及西汉京城长安均位于关中地区，尽管这里农业发达，物产丰饶，但由于京师所在之地乃是全国的政治、经济、文化中心，人口众多，再加之皇室、百官、豪富等奢靡耗费，因此仅靠当地所产是远不足以供给的。秦统一六国后，都城咸阳就已出现因"当食者众，度不足"而"下调郡县转输菽粟刍藁"的问题。西汉之初，关中地区的供给不足问题依然十分突出。《史记·项羽本纪》有云，"关中阻山河四塞"。这就是说，即使关中有肥饶之地，但由于受东函谷、南武关、西散关、北萧关所阻，因此，在很大程度上仍需仰赖山东、江南的转漕之粮。正是基于关中具有地势险要、易守难攻的有利条件，西汉政权刚一建立，张良就建议刘邦西都关中，认为关中南有巴蜀之饶，北有胡苑之利，阻三面而固守，独以一面东制诸侯，"诸侯安定，河、渭漕挽天下，西给京师；诸侯有变，顺流而下，足以委输"[①]。汉初，由于京师官民人数不多，惠帝、吕后在位时，经山东转运关中的漕粮，每年不过"数十万石"。景帝平定吴楚七国之乱后，随着政权的巩固和人口的增长，加之西北戍边士卒所需大量军粮，漕粮需求随之大增。到武帝元光六年（公元前 129 年），漕运关东粮已增至百余万石；元狩四年（公元前 119 年）时，又增至四百多万石；元封元年（公元前 110 年）竟高达六百万石。昭、宣之时，一般年需漕粮四百万石左右。据史料所载，汉代年运四百万斛粮谷，以给京师，往往需用漕卒六万人。若再把沿途所建粮仓、修造车船、雇用船工并派吏员随行押运等费用合计起来，耗费可谓巨大。此外，漕运途中经过今三门峡时，由于水流湍急，地势险恶，因而漕船被毁，粮谷受损，船民死亡的事故时有发生，由此引发的各种损失费用亦相当可观。尽管漕运成本极为高昂，但由于黄河漕运水道乃是关乎国家存亡的一条重要生命线，因此在武帝、宣帝之时仍多次组织民力修缮河道，沿途筑仓。东汉以后，除继续沿用原有漕运河道外，又开辟了一些新航线。刘秀定都洛阳后，于建武二十四年（公元 48 年）派王梁、张纯主持开凿阳渠，引洛水为漕，以得其利。到明帝永平十二年（公元 69 年），又治理汴渠、黄河。据《后汉书·王景传》载，当时发卒四十万，"自荥阳东至千乘海口千余里"，从而保证了漕运的畅通。

总之，在秦至西汉时期，为解决漕粮抵运京师的问题，曾耗费了大量的人力、物力和财力。进入东汉之后，在开辟新航线和改善河道方面作了不少努力。与西汉

---

① 《汉书》卷四十《张陈王周传》，中华书局 1964 年版。

相比,东汉王朝把漕粮调运工作的重点转向如何减少运费成本、尽量避免粮谷和人员损伤等方面,说明东汉的财政管理制度有了明显改进。

二、仓储制度

仓储制度是指国家为备荒和调节市场粮价而实施的一种粮食储备制度,仓储也是封建财政后备的重要内容之一。早在商周时期,我国先民就在长期的农业生产实践中总结出一条重要的治国经验,即《礼记·王制》所载"耕三余一"的粮食储备原则。战国之初,魏相李悝在改革实践中,曾以"平籴"法(根据年成丰歉和市场粮价的涨落,及时采取丰年低价籴粮、歉年平价抛售余粮措施)收到了调剂余缺、平抑粮价的明显效果。秦灭六国前,商鞅在秦主持变法时,也同样以国家"贱买贵卖"的粮食储备政策为其"农战"方针服务。从云梦秦简《仓律》提供的资料来看,秦仓以一万石为一积,并由县啬夫或丞和仓、乡主管人员共同封缄入库,凡出仓之粮,必须由县令长吏会同仓管人员一起启封,并立即上报朝廷。这说明秦对仓储的管理是十分严格的。

汉初之时,除京师建有太仓、长安仓、甘泉仓外,中原地区还有专门存放漕粮的敖仓。到武帝即位时,因国家无事,经济繁荣,以致仓库里的粮食"充溢露积于外,至腐败不可食"。然而,由于武帝自元光二年(公元前 133 年)起对匈奴发动一连串的大规模战争,加上富商大贾滞财役贫,财或累万金,却不佐国家之急,因而出现了严重的财政危机。为此,理财大臣桑弘羊在实施盐铁专卖、统一币制、算缗告缗、均输等一系列财政改革新举措的基础上,又于元封元年(公元前 110 年)实行平准政策,即在京师设立平准机构,以"贵则卖之,贱则买之"的原则,通过官府吞吐重要物资来调节市场供求平衡,从而稳定市场物价,打击富商的不法行为,并收到了"国用饶给而民不益赋"的明显成效。西汉宣帝五凤四年(公元前 54 年),时任大司农中丞的耿寿昌,针对"谷贱伤农,谷贵伤民"的社会问题,及时提出在白令边郡筑造常平仓的建议,运用"以谷贱时增其贾(价)而籴,以利农,谷贵时减贾而粜"①的办法,控制市场粮价的涨落。这是西汉政府为备荒赈恤、稳定粮价而设置的粮仓,且不失为我国仓储制度史上的一大创举,其具体做法来源于李悝的"平籴"和桑弘羊的"平准",既减少了运粟漕卒,节约了财政开支,又稳定了粮价并使百姓从中得到实惠。元帝初元五年(公元前 44 年)时,由于朝中守旧势力的强烈反对,常平仓制度被废止。东汉明帝永平五年(公元 62 年),虽又置常平仓,但因官僚、豪绅假借常平仓之

---

① 《汉书》卷二十四上《食货志》。

名以谋私利,故使国家用于仓储之设的资金多被移作别用。因此,随着仓储物资的短缺及经营连续亏本,常平仓不仅名实俱废,甚至蜕变为官府及豪绅盘剥民户或贪污肥己的工具了。

第五节　专卖制度之滥觞

专卖制度又称禁榷制度,主要是指国家凭借政权的力量对关系国计民生的重要商品实行垄断性专营的一种制度。专卖往往被历代理财家作为一项重大改革举措而加以实施,专卖商品主要指盐、铁、酒等。中国历史上的专卖制度起源于周代及春秋战国期间,秦汉时有所发展。

一、公益专卖

为维护统治秩序,统治者经常使用收放物资的方法稳定物价。当市面物资充沛时,收购而储藏之;物资不足时,则公卖之。这种做法即封建国家的公益专卖。

(1)周代的专卖。周代设有专卖机构——泉府,"掌以市之征布,敛市之不售,货之滞于民用者,以其贾买之,物楬而书之,以待不时而买者。买者各从其抵(原价)"①。可见泉府对于货物既可以平价收购,也可以平价出售,其运用方法相对灵活,主要目的就是稳定物价,安定社会秩序。

(2)齐国的专卖事业。齐国的专卖不仅有公益专卖的性质,而且有财政专卖的因素。管仲创平准之法,即轻重法,主要用于谷米的买卖,也包括其他如布帛的买卖。平准的目的是公益,但政府也可从中取利,"敛积之以轻,散行之以重,故君必有什倍之利"②。

(3)魏国李悝的平籴法。李悝任魏国宰相时,模仿管仲平籴法,目的在于由政府调节米价。李悝指出:农民一家五口,终年勤劳而年有不足,甚至疾病死伤之费没有着落,进而导致耕者减少,谷物产量愈少,米价上涨。所以,他创设平籴法,首先是由公家收购,等出现饥馑时再出粜,实行此法后,"虽遇饥馑水旱,籴不贵而民不散,取有余以补不足也"③。具体收购和出粜办法如表1、表2所示④。

---

① 《周礼·地官司徒下》"泉府"条。
② 《管子·国蓄篇》,上海古籍出版社2015年版。
③ 《汉书》卷二十四上《食货志》。
④ 周伯棣编著:《中国财政史》,上海人民出版社1981年版,第54页。

表1   李悝平籴法之收购办法   (单位:石)

年成	每百亩增收量	官家收购量	农家剩余量
上孰	400	300	100
中孰	300	200	100
小孰	100	50	50

表2   李悝平籴法之出粜办法   (单位:石)

年成	收获量	出粜之数
小饥	100	50(籴小孰之所敛)
中饥	70	200(籴中孰之所敛)
大饥	30	300(籴大孰之所敛)

二、财政专卖

(一) 盐铁专卖

从春秋战国时期各国的改革实践看,由于盐铁是人民在生产、生活中不可或缺的必需品,又是国家的重要自然资源,因此对这种并非普通百姓所能自制而必须仰赖于市的商品,如果国家财政放弃不管,则盐铁之利就会被富商巨贾所垄断,并由此造成私门富于公室的后果。于是,各国纷纷实行盐铁专卖制度。

盐铁专卖,周代已有。春秋时期,齐相管仲从增加政府财政收入的角度出发,在财政改革中提出了"官山海"主张,即由国家直接经营盐铁的专卖,使专卖制度得到了进一步发展。其主要做法是:在盐铁的生产环节,以民制为主;在运销环节,则由国家采取统一收购、统一销售的专营做法。齐国实行盐铁专卖后,不仅调动了百姓冶铁、煮盐的生产积极性,使他们的赋税负担有所减轻,而且为政府带来了"百倍归于上"的巨额财政收入。

时至战国,商鞅继承了管仲的盐铁专卖政策,但在具体做法上有所不同。他在秦国推行的"专山泽之利,管山林之饶"政策,更多地采用了"寓征于禁"和"重关市之赋"的做法,即通过对商人施以重税和禁止富商巨贾非法侵吞盐铁之利等强有力的管理举措,来达到国富民强的战略目标,进而使"民归心于农"。

西汉中期,理财家桑弘羊大力举办官营商业,使盐铁专卖制度更加完备。桑弘羊针对汉初地方封国尽据盐铁之利危害中央集权统治的严峻形势,在汉武帝的支持下,采取盐铁官营的垄断政策,即在盐铁产地设置盐铁官,由官吏组织生产和销售。对于盐,桑弘羊采取由官府另募平民制盐,并提供煮盐用的"牢盆",成盐之后,再由官府全部收购,从而形成民制、官收、官运、官销的完备专卖制度。在铁的生产、销售方面,亦由国家经办。事实证明,西汉铁制农具的改进和农业生产的发展,与实施这一政策密切相关。桑弘羊的盐铁专卖制度虽取法于"管商之术",但因其所面临的形势更为严峻,所以在具体做法上有许多创新,成效亦最为显著,史称"有益于国,无害于人","不赋百姓而师以赡"[1]。东汉以后,盐铁专卖为时甚短,章帝元和(公元 84—87 年)中,因财政吃紧,曾一度实行盐铁专卖,和帝即位(公元 88 年)时又诏令废止。此后,则是专卖与征税制交替而用,时有变更。

(二) 酒专卖

商鞅变法时,秦曾对酒、肉采取十倍于成本的重税政策,其目的在于"市利尽归于农"。秦始皇时,仍禁民煮酒。西汉初,官府对酒是否征税或实行专卖,则史无记载。到西汉中期武帝时代,因国家财政出现危机,于天汉三年(公元前 98 年)由桑弘羊奏请把酒收归官营,即"初榷酒酤"。《汉书·武帝纪》应劭注曰:初榷酒酤即"县官自酤榷卖酒,小民不复得酤也"。韦昭注曰:"谓禁民酤酿,独官开置,如道路设木为榷,独取利也。"但到昭帝时,因遭到贤良文学的反对,于始元六年(公元前 81 年)下诏:"罢榷酤官,令民得以律占租,卖酒升四钱。"[2]即取消主持官办酒业的官吏,允许民间自卖酒,官府按每升四钱的税率课取销售税。酒专卖废止近 50 年后,至成帝时,因丞相翟方进的建议,在采取"增益盐铁"专卖制的同时,再度恢复了"卖酒醪"[3],实行酒专卖制。但不久又改行酒税制。王莽改制时,曾于始建国四年(公元 12 年)复行酒专卖制,随后又因"众庶各不安生"而废止。东汉以后,除遇自然灾害禁止卖酒外,官府多实行酒税制。

综上所述,秦汉时期由国家直接经营的专卖管理制度,虽以增加财政收入为目标,却不同于单纯的聚敛财富。这种以打击富商巨贾非法垄断商业利润为目的,而又不完全排斥商业经营原则的做法,运用到国家专卖的管理之中,无论在古代还是在当代,都有值得称道之处。

第六节　财政监督与立法

财政监督制度有着悠久历史,至春秋战国时期已有定制,主要体现在地方官吏

---

[1]　桓宽:《盐铁论·非鞅第七》,上海古籍出版社 1990 年版。
[2]　《汉书》卷七《昭帝纪》。
[3]　《汉书》卷八十四《翟方进传》。

每年岁末必须把其所辖区域的人口、垦田、赋税收入等上报中央。上计制度当时作为官吏考核制度而存在,它同时包含财政监督内容,因而实际上又是当时财政监督制度的体现。从云梦秦简《仓律》《金布律》《效律》等律文可知,秦律在财物检查时间、官吏责任、奖励惩罚等方面都有明确规定,是秦朝财政监督制度的重要体现。汉代财政监督制度随着国家官僚制度的确立而完善,负责执行财政监督职能的系统也逐渐形成。

一、财政收入的监督

两汉财政税收管理已取得了很大发展,对财政收入的监督往往成为考核地方官吏政绩的主要内容。两汉政府对财政收入的监督相当重视,要求上计时汇报当年郡内财政收入及相关情况的准确数据,包括财政岁入、垦田和户口等。

(一) 对垦田数量的审核

汉代田租的征收根据规定税率进行,国家要求地方政府在上计时如实呈报垦田数量不得隐瞒。秦朝时,对于隐匿田税、虚报田租数额、漏交田税以及所交租税不合规定者要给予处罚,西汉田亩稽查制度则更加严格。在《续汉书·郡国志》等史籍中,有许多关于垦田顷亩确切数量的记录,说明当时国家为了掌握田亩数目,增加国家税收,实施了严格的田亩审核制度。东汉还为此实行严格的"度田"制度,如建武十五年(公元 39 年)"诏下州郡检核垦田顷亩"。加强田亩数量的审核,防抑地方上报不实的情况,增加了国家的财政收入。

(二) 强化户口审查,确保赋钱收入

丁口之赋在国家财政收入中所占比重甚大,这种税收分别是以人口、户口数量为依据征收的。秦的户口核查非常严密精确,如秦简《效律》在会计记录方面规定,如果会计记录不足或实际数目超过法律规定范围,虽数目较小者,可以免罪,但错算人口一户或马一头以上为"大误"。西汉也实行严格的人口普查制度。西汉后期,地方户籍文书有非常详细的记载,如尹湾汉简记载了东海郡内所有人口、户口数目,以及年度增长数和获流户数。东汉户籍的监督管理注重对隐匿人口的惩罚。

二、财政支出的监督

政府加强财政支出的监督可以防止某些不合理的支出,在一定程度上防止官吏贪污腐化等,从而保证国家财政支出顺利进行。汉代对财政支出的监督十分严格,政府在军费支出、俸禄支出和赈灾物资的发放等方面都加强了监督、审查工作。

在军费支出过程中,针对有些官吏虚报战功趁机获利,加强对军费支出环节的监督,对巩固国防打击虚报、贪腐和保障财政平衡具有重要意义。军队财政审核人员对边防军的军备物资的监督很严格,如肩水都尉府在检校肩水候呈交的二月至六月折伤兵簿时,发现簿册上登记的付库六石弩数与库所实际弩数不相符合,便下文书予以责问。

官僚俸禄支出的监督在汉代也有法可依,监督力度很大。汉代官僚队伍为数众多,官俸开支之大可想而知。史称:"汉宣以来,百姓赋敛一岁为四十余万万,吏俸用其半。"①由于官吏俸禄发放依据吏员数和禄秩高低来衡量,因此国家要对其作出具体规定,《尹湾汉墓简牍》中就有东海郡官吏数量的统计数字以及禄秩高低的记载,说明当时检查人员在俸禄支出时已经注意到对相关记录的监督和考核。关于俸禄管理监督制度,早在秦代就有严格的法律规定,如秦简记载了军队禄米发放的规定,如果出现不应从军中领取粮米而又实际领取的情况,不仅盗领者本人要被罚款(赀)、撤职永不叙用(废)、流戍边地(戍),甚至一起吃军粮的人(徒食)、军中长官(屯长、仆射)和负责发放军粮的县令、县尉、士吏,都要受到相应惩罚。从《居延汉简》中也可看出汉代对俸禄发放的严格审查。在领取俸禄之前,各侯官都得先编制领取者名籍,乃至还要编制出吏员俸禄的报表。在监督过程中,如发现官俸支出中存在问题,重发或多发俸禄的必须追回。

对赈灾钱物的财政稽核工作也步入正轨。一般而言,两汉财政监督的办法是派遣使者特别是司隶校尉、刺史和太守及其属吏等进行监督,并给予违法者严厉打击,这在《后汉书》中有详细记载。可见,两汉政府对赈灾及其管理有严格的制度规定,其救济力度较强。

三、财政监督立法

财政监督立法是国家财政运行过程的成熟环节,秦汉时期这方面已有一定进步。大量史实说明,秦汉财政监督立法内容广泛,囊括了财政运行机制的各个环节,以利于有效地防止财物流失,保障财政运行的顺利畅通。

秦简《仓律》规定:入禾仓,万石一积而比黎之为户。县啬夫若丞及仓、乡相杂以印之,而遗仓啬夫及离邑仓佐主禀者各一户以气(饩),自封印,皆辄出,余之索而更为发户。② 谷物入仓必须由县啬夫或丞和仓、乡主管人员共同封缄,对国家财物

---

① 桓谭:《新论》卷中《谴非》,《新编诸子集成续编》本。
② 《睡虎地秦墓竹简》,第35~36页。

管理的法律规定非常严格。另外还规定,令丞必须用其封印封缄核实,如果需要开支时,先把封印呈献令丞核验,方可支取。秦律中还规定,在每年上计时应将库藏物资的籍账册上缴受审,财物管理官吏在离任时须接受专门核查,以保证国家财物不至于流失。在财物管理中,如果出现财物发放超过标准或不当的情况,则要受到严厉处罚。从《张家山汉墓竹简》的记载中也可以得知,当时建立了一套严格的官有财物管理和审核制度。

到了汉代,鉴于国家钱财被偷盗的现象不断出现,在财政管理环节还有官吏挪用公款或公款他用等现象,律令对财政经济管理作出严格规定。如《二年律令》在财政监督和惩治财经犯罪方面有如下规定:官员擅自赋敛百姓,将被判处罚金四两的处罚,并要求官员把所赋敛之物退还原主。① 主管官吏犯盗窃罪与普通人犯盗窃罪所受到的处罚一样,不能因其爵位而获得减免或以钱赎罪。

加强财政监督的执行,主要体现在稽查财务腐败方面。官员“受赇”是吏治腐败的表现,“受赇”就是受贿②,无论是受贿还是行贿,均按其赃值与盗窃罪同样论处。如果其中某些罪行的量刑比盗窃罪还重,则以重者论处。值得注意的是,《二年律令》中的《盗律》把贪污与盗窃同罪论处,体现了汉代统治者对官员贪污的惩治力度。此外,监察官吏如果徇私枉法,对案情不审查到底,将受到法律的严惩,说明当时统治者对监察执法腐败问题是比较重视的。《杂律》中规定,凡是食俸六百石以上的官员和在朝廷中做官的官员,有敢放高利贷获利者一律要免除官职。这项整顿财经系统官吏腐败的措施,说明秦汉时期对违反财经法纪行为的惩罚严厉。考古资料和传世典籍中记载了大量被稽查出来的不法之吏,这些都是两汉财政监督体制比较完善的体现。总之,两汉财政监督在一定程度上打击了部分官吏的违法乱纪,抑制了贪污盗窃行为,从而促进了国家财政管理制度的顺利运行,从财政上巩固了专制主义中央集权。

---

① 《张家山汉墓竹简》,文物出版社 2001 年版,第 158 页。
② 《张家山汉墓竹简》,第 142 页。

第三章

魏晋南北朝时期的财政制度

魏晋南北朝是中国历史上一个变动颇多和内乱迭兴的时代,除西晋有过短暂的相对统一外,大都处于分裂割据状态。由于王朝更迭频繁,战争连绵不断,社会经济遭到严重破坏,中原地区与边远地区经济发展水平的差距大大缩小了。特别是南北朝时期,伴随着中华民族大融合与封建政治经济制度日趋成熟,赋税制度也进一步发展,走向统一和成熟的总趋势是非常明显的:财政管理由主要服务于京师和宫廷,向整体上服务于国家转变;国家财政管理机构不再分散于中央各行政机构和职官之中,而是日益一体化;财政管理在收入、仓储、支出等方面逐步专业化、制度化和规范化。总之,经过不断改革与发展,已经形成一种较完整的国家财政制度,这为更加恢宏昌盛的隋唐帝国的到来,奠定了基础。

第一节　财政行政组织和管理机构

魏晋南北朝时期的财政行政组织和管理机构大体沿袭汉代,但因分裂割据时间较长,随着政权更替,割据势力各自为政,在理财机构的设置方面又各有一些特点,在某些方面如度支系统取代大司农职能等问题上,有明显的创新和进步。

一、从大司农系统到度支系统的演变

东汉时期,负责全国财政收支的机构是大司农,其职责是统管全国钱谷、金帛的征收和支付。所有郡国每年四季都要向大司农上报钱谷簿,簿计分别记载郡国现存和拖欠的钱谷数额等细目;边郡官员有调剂钱谷的请求,也要呈报大司农,由其酌情调剂余缺,以保证供给。京师入库的金帛钱财,由司农部丞负责保管;郡国漕运进入京师的粮谷,由大司农之太仓令收存入仓;大司农之平准令,主要负责全

国物价的平衡。

汉献帝建安年间,曹操当政,大兴屯田,大司农属官增置了掌管民屯的典农中郎将、典农校尉和典农都尉等农官系统①,其职权似有所扩展。但实际上在魏晋时期,随着尚书台(省)行政职权范围的扩大,大司农的财政权力却在缩小。魏文帝以司马孚为度支尚书,"军粮计较"均由其负责。魏晋之际,罢民屯,农官转为太守、令长,大司农所属的农官系统被裁省。即使还有屯田事宜,亦似由屯田尚书(或田曹尚书)掌理,大司农职权逐渐衰落。东晋哀帝时,大司农并入都水台;至孝武帝宁康元年(373 年)复置大司农。南朝宋元嘉二十九年(452 年),文帝又省大司农,孝武帝大明四年(460 年)再次复置。从东晋哀帝以后,大司农屡次并省,说明它实际统辖的事务已经很少,已成为一个无足轻重的机构。至萧梁时,司农卿似乎又受到重视,但从它"主农功仓廪"来推测,已经丧失掌管全国财政赋税的职能。从其属官增置左、中、右三仓丞,荚、荻、箸三库丞来看②,它实际上已向仓库大总管这个事务官方面转化。北齐时,司农寺卿"掌仓市薪菜、园池果实"③,成为货真价实的以负责京师粮食、薪菜等储存、保管为主要职能的事务官。东汉时执掌全国财政收支的大权,已经转移到创建于曹魏的度支尚书的手中了。

黄初四年(223 年),魏文帝始置度支校尉,"掌诸军兵田"。《晋书》卷三十七《司马孚传》记载:"初,魏文帝置度支尚书,专掌军国支计,朝议以征讨未息,动须节量。"自此度支系统初步形成,其属官有:度支中郎将,二千石,第六品;度支校尉,比二千石,第六品;度支都尉,六百石,第七品;校尉、都尉,各有司马一人,均为第八品。④ 其职责是"军粮较计","专掌军国支计"。"军国支计"似应比"军粮较计"职责更重,说明其职责呈扩大的趋势。

两晋时期,行政机构裁省较多,但度支尚书和度支尚书郎始终没有省废,是个举足轻重的机构和官职。泰始(265—274 年)中,度支尚书杜预上奏,内容涉及制造人力水排、立常平仓、规定谷物的价格、筹划盐运、制定课调、重定藉田、安边救灾等有关国家财政经济的要事共 50 余条,⑤其所筹划的国家财政事务已大大超出了东汉大司农掌管钱帛金谷、郡国计簿和边郡钱谷调度的职能。

南朝刘宋末年(477—479 年),厘定五部尚书与二十曹郎之间的隶属关系,度

---

① 《三国志》卷九《魏书·曹爽传》注引《魏略》,中华书局 1964 年版。
② 《隋书》卷二十六《百官志上》,中华书局 1973 年版。
③ 《隋书》卷二十七《百官志中》。
④ 黄惠贤:《中国政治制度通史》第四卷,人民出版社 1991 年版,第 200～201 页。
⑤ 《晋书》卷三十四《杜预传》,中华书局 1974 年版。

支尚书被列为五部常置尚书之一，负责分领度支、金部、仓部、起部四曹郎。宋、齐时期，度支尚书与尚书右丞通职，有关"漕、藏"之类的钱谷、布帛、役力、器械等事务皆由度支尚书管辖，财政开支也由其负责分配。① 这个制度亦在梁、陈时期沿袭下来。

北魏亦置度支尚书，掌管国家财政事务。孝文帝时崔亮任度支尚书，"别立条格，岁省亿计"，又建议疏浚汴、蔡二渠，以通淮泗粮谷漕运。② 北齐度支尚书辖领度支、仓部、左户、右户、金部、库部六曹。度支曹"掌计会，凡军国损益、事役粮廪等事"；仓部曹"掌诸仓账出入等事"；左户曹"掌天下计账、户籍等事"；右户曹"掌天下公私田宅、租调等事"；金部曹"掌权衡量度、内外诸库藏文账等事"；库部曹"掌凡是戎仗器用所须事"。③

二、财政收支管理制度的历史性变化

魏晋南北朝时期的财政管理制度表现出过渡性和有一定历史意义的进步性。除了上面提到的大司农与度支尚书并存的现象外，这一时期的财政管理制度还具有以下几个特点。

一是尚书省内左民尚书与度支尚书并存且逐渐合而为一。财政管理在南朝时受到特别重视，原属于"工官之任"的民曹尚书转为左民尚书，职权定为"掌户籍，兼知工官之事"④。北齐则进一步把左户尚书的主要职权并入度支尚书，基本上完成了尚书省内部财政职权从分散到统一的过渡。

二是列曹尚书的调整向有利于全国财政管理机构一体化的方向发展。南朝宋末和萧齐时，度支尚书领度支、金部、仓部和起部四曹，隋统一后，民部（唐为避讳改为户部）尚书领民部（唐改户部）、度支、金部、仓部四司。两相比较，减省了起部，增置了民部，这一关键性的变化发生在北齐。北齐度支尚书领六曹郎，除度支、金部、仓部相同外，隋、唐不置库部，而左户、右户二曹郎正是隋唐的民（户）部郎中，其职掌也正是"天下州县户口"等事。因此，北齐把左户、右户二曹划归度支尚书统辖，使度支尚书成为全国财政的政务总管，在体制上更加配套，基本上完成了封建国家财政管理体制的一体化。

三是财政管理的重点发生了转移，这是一个明显进步。两汉时期，大司农"掌

---

① 黄惠贤：《中国政治制度通史》第四卷，人民出版社 1996 年版，第 202 页。
② 《魏书》卷六十六《崔亮传》，中华书局 1974 年版。
③ 《隋书》卷二十七《百官志中》。
④ 《唐六典》卷三《户部尚书》注，中华书局 1992 年版。

诸钱谷金帛诸货币"①,对国家财政的控制和管理主要体现在为京师和宫廷服务上,是一种典型的保守型财政管理制度,对全国性财政(包括收入、支出)的主动控制和调剂作用是相当微弱的。而度支尚书则"专掌军国支计"②,职能定位上的不同客观地反映出作为全国财政总机构管理重点的转移。这一转移的起点在曹魏时期。当时割据势力混战不休,农业经济极其凋敝,军需品特别是军粮供应极度紧张,曹操为恢复农业生产、建立国家赋税基础而大力实施屯田,并设置了专门管理民屯、士兵和士家屯田的度支中郎将、度支校尉等职官。待后世度支尚书出现,其职能范围大大扩展,一个较为完整的国家度支系统从此建立起来,它在更大范围内对国家财政事务进行规划和指挥调剂。这一历史性的转折不仅促成了从财政收入到支出一整套管理机构的形成,而且更为重要的是从此时起逐步形成了一整套面向整个封建国家("军国")的财政管理体制。而这个体制对于未来的大一统的隋唐大帝国来说是至关重要的,它打下的是国家财政体制的"地基"。

这个变化是根本性的和显而易见的,体现在三个方面。其一,在财政收入的管理方面,度支尚书不再是被动地等待各地按季上报"月旦钱谷簿",而是比较主动地介入制定租调征收定额、征收方式和缴纳程序的全过程,同时执掌计会,凡军国损益、事役、粮廪等事,均属度支尚书统管。北齐时的度支尚书为了便于了解和控制全国性的税源和其他重要财政状况,对"天下计账、户籍"和"天下公私田宅、租调"的数字都有权进行调查了解③。为了解决经常困扰统治者的"谷帛不足"即财政收入不足的问题,度支尚书还可直接参与或领导生产过程,如经营军屯、牧场等"国营产业"。其二,在财政支出方面,度支尚书不再是被动地等待地方郡国和边郡军方各种有关当地财政匮乏、申请财政支持的报告以进行个案救济,而是根据国家财政的实际情况逐步对财政资金进行统筹规划,合理安排。凡"军国损益",包括力役、税粮、仓储等都在规划安排之列。北魏度支尚书崔亮"别立条相,岁省亿计"④,就是古代国家理财做到统筹兼顾、开源节流的一个经典实例。而杜预"兴常平仓,定谷价"⑤以及库部曹郎对军需品的筹集、保管和分配等,基本上都是按照国家财政统一支付的原则来展开工作的。其三,在国家仓储和交通运输等方面,度支尚书不再是仅仅对入京的财政资金和物资的消极保管,而是更加主动地筹集、调剂各地财

---

① 《后汉书》志第二十六《百官志三》,中华书局1973年版。
② 《晋书》卷三十七《安平献王司马孚传》。
③ 《隋书》卷二十七《百官志》中。
④ 《魏书》卷六十六《崔亮传》。
⑤ 《晋书》卷三十四《杜预传》。

富,在盐运、漕运甚至疏浚河渠等方面均有履职,在国家库藏保管方面逐步形成了一套较为严密的管理制度,仓部郎负责"诸仓账出入",金部郎除了掌管"外内诸库藏"的文书账目外,还负责"权衡量度"等事务。[1]

总之,魏晋南北朝是我国古代财政管理制度发生重大变革的时代,虽然有的制度尚不完备,但其走向统一和成熟的总趋势非常明显。一是管理由主要服务于京师和宫廷向整体上负责国家财政管理("军国支计")的方向转变;二是国家财政管理机构不再分散于中央各行政机构和职官当中,而是日益走向一体化,不论是称作度支尚书,还是后世的民部、户部;三是财政管理在收入、支出、仓储三个主要方面逐步走向专业化、制度化和相对规范化,相关制度约束建立和形成;四是财政管理部门关注开源节流问题,其管理范围甚至开始向流通领域和生产领域逐步渗透。[2] 经过不断改革和发展,国家财政管理和服务对象一步步扩大,最终形成了一种不同于前代的、比较完整的国家财政管理体制,为新一轮经济发展高潮的到来和隋唐帝国实施更加成熟的财政管理提供了制度基础。

三、财政管理机构的设置

魏晋南北朝时期,国家中央政府的财税管理机构有所变化,大致情况为:度支曹为尚书省六曹之一,是汉末、曹魏管理国家财政的最高机关,长官为度支尚书,掌管国家财税收入和支出。所属及相关机构有度支、金部、比部、库部、农部、水部、食部及民曹等;此外还有司盐校尉、典农中郎将、典农校尉等,分别主管国家的食盐、农田、屯田诸事。国家库藏,钱、谷分管,钱入少府,谷入司农。两晋因袭魏制,尚书省分置度支曹,设左民尚书、右民尚书职掌全国财税事务,属官有金部、仓部、度支、左民、右民五曹,后又置运曹。东晋时省民曹、运曹。南朝宋代,主管财税事务者仍为度支和左民尚书。度支所属为度支、金部、仓部、起部四曹;左民领左民、驾部二曹。南齐沿而未改。梁、陈时,左民并掌户籍,兼管工部事,属官有度支、金部、仓部和左民诸曹。北魏、北齐时,度支所属有左户、右户、金部、仓部等机构。左户曹掌天下计籍和户籍,凡财税收支和国家预算、决算,均出其手;右户曹掌天下公私田宅和租调诸事;仓部曹掌全国仓储账出入等事;金部曹掌全国权衡度量及内外库藏文本账册诸事。北周依古制,大司徒主国家财政,下设民部、计部,计部所属有户部、度支、金部、仓部、工部、屯田、水部、虞部。

---

① 《隋书》卷二十七《百官志中》。
② 黄惠贤:《中国政治制度通史》第四卷,人民出版社 1996 年版,第 207 页。

《隋书·百官志》中记载,北齐置列曹尚书及所隶属二十八曹、三十郎中,每曹均注明其职掌,是为魏晋南北朝职官制度的总结性资料,其中对主管理财的机构度支尚书和大司农的系统记述如下。

度支尚书下设:(1)统度支曹,"掌计会,凡军国损益、事役粮廪等事";(2)仓部曹,"掌诸仓账出入等事";(3)左户曹,"掌天下计账、户籍等事";(4)右户曹,"掌天下公私田宅、租调等事";(5)金部曹,"掌权衡量度、内外诸库藏文账等事";(6)库部曹,"掌凡是戎仗器用所须事"。此外,在祀部尚书(无尚书则右仆射摄)中亦设有主管理财事务的两曹:屯田曹"掌藉田、诸州屯田等事";起部曹"掌诸兴造工匠等事"。

大司农系统方面,曹魏沿袭东汉大司农制度,大司农领太仓、平准、导官三令。西晋大司农亦统三令:太仓、藉田、导官,又领襄国都水长,东西南北部护漕掾。东晋时,都水长、各护漕掾职并入都水使者。哀帝时,并司农入都水;孝武帝时复置大司农。南朝宋元嘉二十九年(452 年)又省①;孝武大明四年(460 年)又置②。自东晋哀帝以后,大司农屡有并省,职能范围逐渐缩小。萧梁时置司农卿,职权稍重于东晋、刘宋,统太仓、导官、藉田、上林四令,又辖乐游、北苑丞,左右中三部仓丞,荚、荻、箸库丞,湖西诸屯主。北魏亦增置司农少卿。北齐设司农寺,置卿、少卿,"掌仓市薪菜、园池果实"③。北周则设大司徒,有司农上士一人,"掌三农九谷,稼穑之政令"④。司农除属官丞、主簿之外,还领有太仓、导官、平准等令。

在地方,州有刺史,职掌所辖地区的行政、军事和财政。其属官,各代设置不尽一致,以曹主其事。各郡有太守,主一郡行政、军事大权。主管财税的属官有西曹、户曹、金曹、租曹等掾佐及仓督等员。县级是大县设县令,中小县设县长,职掌一县的政务、财政和司法。属官中主财税诸事的有西曹、户曹、金曹、租曹等掾吏。乡有啬夫,主管划分户等、编定户籍和征发赋税徭役诸事,这与东汉时期大体相同。

第二节 经济发展与赋税制度演进

在割据、战乱的社会大环境下,农业经济在战争的夹缝中有所发展,封建国家财政赋税制度的兴革较多,是魏晋南北朝时期的一个鲜明特点。三国两晋时期,各封建政权为了在兼并战争的环境中求得生存和发展,大都致力于内部的经济建设,

---

① 《宋书》卷五《文帝纪》,中华书局 1974 年版。
② 《宋书》卷六《孝武帝纪》。
③ 《隋书》卷二十七《志第二十二·百官中》。
④ 《通典》卷二十六《职官·司农卿》,中华书局 1992 年版。

有的还对财政赋税制度进行了卓有成效的改革。如三国时期广兴屯田、曹魏废除汉代税制改行田租户调制、西晋推行占田课田制、北魏实行著名的均田制和新租调制等,改革在一定程度上调整了封建生产关系,缓和了阶级矛盾。

六朝时期,三吴地区①兴建了许多以陂塘储水灌溉为特征的水利工程,并开凿连通了浙东运河和江南运河,既便利了江南地区东南部的水上交通,使建康成为当地的物资聚散中心,从而加强了其作为政治中心的地位,也为日后隋唐大运河的开通奠定了基础。水利灌溉工程的兴建,使江南荆扬地区原先"厥土涂泥"的荒芜之地变成了肥田沃土。与扬州地区发展相媲美的,是荆州地区。西晋永嘉之乱后,大量人口流入荆襄一带,北方后赵政权瓦解之时和前秦政权崩溃之际,都有大批北人流入江汉,以襄阳为中心的地区,先后出现了北方的司、雍、秦、冀、并、豫诸州的侨郡县,从而加快了襄阳及江汉平原以侨民为主力的开发活动。两晋时期一些有政绩的荆州地方官,多在这里兴建水利和开垦屯田,再加上汀州与豫章两湖沃土的垦辟,"极膏腴者,一亩二十斛"②,粮食充积,荆、襄地区与南面两湖平原连成一个经济上的整体,以荆州为中心的经济区,可以从政治上、经济上与军事上同以扬州、建康为中心的经济区相抗衡,出现了"荆、扬二州,户口半天下"③的并驾齐驱格局,成为封建政府征收赋税的主要区域。

但是,中国南方地区的经济发展并不是一帆风顺的。南朝时,由于国土相对狭小、战乱频繁、政权腐朽,统治者对人民的赋税剥削异常沉重。宋、齐间大体沿用晋代旧制,计资而税,梁以后改为按丁征收。封建官府为增加收入,往往任意扩大计资范围,并采用折变、苛捐杂税等手段加重对人民的剥削。南朝徭役苛重历史闻名,役及老幼、妇女的事屡屡发生,百姓自残肢体以避重役的惨状史不绝书,农民的生活处境十分悲苦,这是从总体上看南方经济虽然有所发展但政治与经济的活力却不如北方的根本原因。

益、梁地区历来丰饶,成都平原有都江堰水利灌溉体系,可有效地保障当地农业生产常年丰收,蜀锦等手工业生产较北方和江南发达。这里没有北来的世族豪强争夺土地,农民的赋税负担也不像扬州等地那样沉重,是统治者财政来源的主要支撑地。北周就是首先占有益、梁二州,进而统一北方,最后由隋完成全国统一大业的。

---

① 魏晋时地名,包括:吴郡,治今江苏苏州;吴兴,治今浙江湖州南;会稽,治今浙江绍兴。
② 《太平御览》卷八百二十一,中华书局1960年影印本。
③ 《宋书》卷六十六《何尚之传》。

　　与此同时,关中与关东两大经济区,在农产品的品种、农业的单位面积产量、水利灌溉的兴建以及生产工具的改进和生产经验的积累等方面,仍然超过边远地区和江南地区。但北方经济相对于其两汉时期独占鳌头的繁华景象来说,则显得相形见绌,在总体上呈现出一种衰落、下降的趋势,这为唐代中叶国家财政经济中心从北方转移到南方埋下了最初的伏笔。

　　此外,在北部连年战乱的年代里,西北的陇西地区与河西走廊,辽东的前燕、北燕统治区域都有相对安定的局面,以致北方的幽、冀之民,多流入辽东,关东及关中地区的人口,亦不乏西徙河西、陇西者。特别是前凉统治的地区,曾一时成为中原文化集中点之一。这一时期北方农业经济发展的典型代表是北魏时期的河套地区。北魏继两汉之后再度将农耕区北界推进至河套地区。拓跋氏自迁居盛乐(今内蒙古和林格尔西北)以后,就在五原(今内蒙古包头西北)至固阳一带实行屯田。4 世纪末,迁都平城(今山西大同市),在平城周围"劝课农耕","为畿内之田"[①]。在薄骨律镇所在的银川平原上引黄灌溉,兴办农业,财政大获其利,并有余粮支援河套以北的沃野等镇。[②] 以后西魏、北周在河套、陕北地区不断设置郡县。

　　在中国封建社会中,自耕农经济最重要的家庭副产品是蚕桑业和丝织业。从魏晋开始,南北经济文化交流的加强,促使桑树种植地域不断扩大。育蚕业发展比较快的区域,如河北地区种植了大批桑树,蚕丝业十分发达,丝织品在人们的生产和生活中占有越来越重要的地位,从魏晋时期开始成为国家征收赋税的重要对象,即"户调",以绢、绵为对象,按户抽取。如曹氏政权于建安九年(204 年)令河北地区"户出绢三匹,绵二斤"。后历魏晋至唐代均实行户调制。北魏统一北方的太和年间曾规定黄河流域 19 州贡绵、绢及丝。长江流域丝织技术虽不如黄河流域,但蜀锦负有盛名。当时江东尚未有锦,河北所产又不及蜀锦,故魏、吴两国经常从蜀汉输入蜀锦。刘禅降魏时国库中尚有锦绮彩绢各 20 万匹,可见蜀锦在全国丝织品中产量和质量均首屈一指。

　　北方社会经济恢复和发展无疑为隋唐大帝国在全国范围内进行大规模的经济建设和中国古代经济第二个发展高峰的出现奠定了良好基础。隋唐以前近 400 年的魏晋南北朝时期,进入中国北方地区的少数民族在财政制度上的卓越贡献,是值得肯定的。

---

① 《魏书》卷一百一十《食货志》。

② 《魏书》卷三十八《刁雍传》。

第三节 盐铁酒税及专卖制度

盐、铁、酒是魏晋南北朝时期主要的官私手工业产品,也是政府重要的财政来源,各封建政府几乎都设置专门机构,实行专卖制度,控制盐、铁、酒这几种重要商品的生产和流通,从中谋取利益,增加财政收入。

一、盐税和食盐专卖

盐是封建国家的重要财源之一。魏晋南北朝食盐的种类有海盐、池盐、井盐和岩盐(石盐),其中海盐多产于浙东,池盐生产以山西河东郡最为著名,岩盐多产于西北,井盐产于巴蜀。三国、西晋时期,官府为了解决财政需要,基本上都推行食盐官营(专卖)制度。东晋中期以后和南朝宋、齐、梁时期,曾开盐禁,纵民私煮,官府不课税;十六国、北朝时期,政权更迭频繁,盐政很不一致,或行官营,或课盐税,总的趋势是继续强化对食盐的管理,充分利用盐铁之利解决军国之需。

较之两汉,三国时期食盐官营制度的不同在于实行高度的军事管制。汉献帝建安四年(199年),曹操派遣监盐官专门负责食盐专卖事宜,不过这只是他实行食盐官营政策的一种临时性措施。食盐官营政策的正式实施,是在建安十年(205年)击败袁绍、占有河北之后。曹魏建国之前,留镇关中的卫觊看到"四方大有还民,关中诸将多引为部曲",曾写信给荀彧说:"夫盐,国之大宝也,自乱来散放,宜如旧置使者监卖,以其值益市犁牛。若有归民,以供给之,勤耕积粟,以丰殖关中。"后荀彧之议得到曹操同意,始遣谒者仆射监盐官,司隶校尉治弘农。可见曹魏将盐业并置于官府控制之下,实行盐铁专卖。

孙吴的盐政也实行军事化管理。孙权时在海盐(今浙江海盐)设司盐校尉,在沙中(今江苏常熟)设司盐都尉,专职管理食盐的生产和销售。孙吴后期,曾在今广州东莞增置司盐都尉。海盐是古老的盐场,孙吴初虽曾一度改置屯田,但为时甚短,后又置司盐校尉以统管食盐生产。

晋承魏后,置度支尚书,主国计。盐务隶于度支尚书,对食盐继续实行专卖政策。杜预曾任此职,"兴常平仓,定谷价,较盐运,制课调"[①],内以利国,外以救边。可以看出,食盐专卖事务在中央政府已归属于度支尚书统管,中央级的盐铁总负责人司金中郎将已被取消,其盐铁事务的职权并归全国最高财政长官——度支尚书。

---

① 《晋书》卷三十四《杜预传》。

西晋还对产盐区的机构进行过一次调整,即在盐产区增置县一级地方行政机构,设县令、长。县令、长主理民事,司盐都尉监盐政,实行县令与司盐都尉分理制。这样,盐铁官营事务便逐步向以行政管理取代军事管制方面转化。

东晋南渡之初,仍继续实行西晋食盐专卖的政策与制度,仍置司盐都尉,不过这个职务已由县令兼任,其独立地位有所削弱。此时由于皇权衰弱,大力推行优容门阀世族政策,豪门贵族侵占川泽,专擅盐利,不利于世族势力扩张的食盐官营制度自然削弱,难以继续推行。食盐专卖制度在东晋南朝的一个相当长的时期内处于松弛的状态,甚至在事实上已经不存在了。宋、齐、梁三代便放弃了专卖制,允许民间私煮,政府征收盐税。当时,江南吴郡海盐(今浙江海盐)是重要盐产区,江北南兖州的盐城县(今属江苏)也有很多盐场,制盐业相当发达,盐税收入颇丰。由于盐的产量大、销路广,获利丰厚,所以到陈文帝天嘉二年(561年),又决定实行食盐专卖措施。据《陈书·世祖纪》载:是年十二月,"太子中庶子虞荔、御史中丞孔奂以国用不足,奏立煮海盐赋及榷酤之科,诏并施行"。

北朝也是专卖制与征税制交替实行。北魏初期,河东即有盐池。"旧立官司以收税利",是为专卖制。献文帝皇兴四年(470年)废专卖,听民自采,但"民有富强者,专擅其利,贫弱者不得资益",于是孝文帝延兴三年(473年)"复立监司,量其贵贱,节其赋入,于是公私兼利"。但到太和二十年(496年)又"开盐池之禁,与民共之"。"自后豪贵之家复乘势占夺,近池之民,又辄障吝。强弱相陵,闻于远近"①。宣武、孝明两朝,官府与豪强争夺盐利十分激烈,监司时置时废,但大体上官府经营时多,所得税利颇为不少。史称河盐税"一年之中,准绢而言,犹不应减三十万匹也,便是移冀、定二州置于畿甸"②,可见河东盐利足顶冀定两州常调之绢。北魏中期以后,食盐专卖四置四废,反映出政府与豪强之间争夺盐利的斗争十分激烈。

北魏亡后,东魏与西魏争夺河东盐池。东魏北齐间曾实行专卖于沧、瀛、幽、青四州,由官府设置盐灶煮盐,完全禁断民灶。东魏末孝静帝武定时,右仆射崔暹建议海沂由官煮盐,有利军国。崔昂亦提议:"请准关市,薄为灶税,私馆官给,彼此有宜。"朝廷从之。③ 可知在四州官煮之外,其他地方亦许民煮,政府征收盐税。西魏占河东时,辛庆之曾任盐都将统管河东盐利④。

北周的食盐也由官府掌管,并实行专卖制度。《隋书·食货志》称,时"掌四盐

① 《魏书》卷一百一十《食货志》。
② 《魏书》卷二十五《长孙稚传》。
③ 《北史》卷三十二《崔昂传》,中华书局1974年版。
④ 《周书》卷三十九《辛庆之传》,中华书局1974年版。

之政令"，"凡监盐形盐，每地为之禁，百姓取之，皆税焉"。可知在盐禁之下，监盐与形盐都由官府实行专卖，若民煮或商销，则征收较重的专卖税。这种制度一直沿袭到隋初。

二、酒税和酒专卖

魏晋南北朝时期，对酒主要实行征税制，有时为增加政府财政收入也实行酒专卖。三国时期，曹魏曾实行榷酤，官酿官卖。文帝时中书监刘放称："官贩苦酒，与民争锥刀之末，请停之。"①东吴孙权时，酿酒业亦由官府经营，并实行酒类专卖。

两晋南朝时，曾一度开放酒禁，允许私人自酿自卖，但官府亦自设酒坊酿酒，以供宫廷御用。萧齐时复收酒税，且折使输金。如东昏侯宠爱潘妃，奢侈至极，府帑既竭，肆夺市道，"京邑酒租，皆折使输金，以为金涂"②。齐以后萧梁继续对酒类征税，未实行酒榷，直到陈文帝天嘉二年（561 年）又恢复"榷酤之科"③，中华书局 1972 年版。

北魏时期，酒由官府自行酿造，以供官用。《魏书·食货志》载："正光后，四方多事，加以水旱，国用不足……有司奏断百官常给之酒，计一岁所省合米五万三千五十四斛九升，蘖谷六千九百六十斛，面三十万五百九十九斤。其四时郊庙、百神群祀依式供营，远蕃使客不在断限。"政府对酒类生产和消费实行限制政策，可见官营酒坊在此以前每年都要消耗大量的粮食，其规模和产量相当庞大。北魏政府为垄断酒利，还屡设酒禁，严禁私酿。如文成帝太安年间（455—459 年），京师禁酒。时乐部郎胡长命妻张氏"以姑老且患，私为酝之，为有司所纠"④。北齐、北周时也实行榷酤制度，由"官置酒坊收利"。至隋文帝开皇三年（583 年），才"罢酒坊，通盐池盐井，与百姓共之"⑤。这说明北朝的酒专卖制度是十分严格的。

第四节　货币制度与国家信用

在中国封建专制社会中，财政与货币发行是不分的，是一个管理体系中的两个方面。三国两晋南北朝时期，货币制度受不稳定政治格局的影响，总体上是混乱

---

① （元）马端临：《文献通考》卷十七《征榷考·榷酤》引《魏名臣传》，中华书局 2011 年点校本。
② 《南齐书》卷七《东昏侯纪》，中华书局 1972 年版。
③ 《陈书》卷三《世祖纪》，中华书局 1972 年版。
④ 《魏书》卷九十二《列女传》。
⑤ 《隋书》卷二十四《食货志》。

的,且曾运用过实物货币,铸造货币更迭频繁,国家信用几度受到冲击。

一、三国时期的货币制度

三国时期,商品货币经济的水平在总体上弱于两汉,魏、蜀、吴分别在各自的区域内建立了货币制度,在沿用两汉旧钱的基础上铸造了自己的货币。

建安十年(205年),侍中荀悦在所著《申鉴·时事》中建议恢复五铢钱的流通。建安十三年(208年),曹操任丞相,废董卓小钱,行五铢钱。但因所铸数量过少,"故谷贱无已"。这次推行五铢钱并未取得成功。延康元年(220年),曹丕下令恢复五铢钱,但次年十月又因谷贵而废五铢,令百姓"以谷帛为市"。谷帛为币有诸多弊端,人们"竞湿谷以要利,作薄绢以为市,虽处以严刑而不能禁"①。太和元年(227年),魏明帝接受司马芝等人重新铸造五铢钱的建议,恢复钱法,更铸新五铢钱,是为"曹魏五铢"。曹魏五铢承汉制,仍以五铢为文,并将其作为货币基本单位。从此曹魏一直以五铢钱为货币,不再更改,并且没有实行过货币贬值以增加财政收入的政策。

与曹魏不同,蜀汉和孙吴都实行了货币贬值的政策。蜀汉地处西南,民寡国弱,国家财政始终承受着巨大的支出压力。为克服财政困难,蜀汉财政实行了一种虚值的"大钱政策"。刘备攻取成都后,军用不足,时任西曹掾的刘巴建议造"值百五铢"钱,"平诸物价,令吏为官市",被刘备采纳,于建安十九年(214年)下令广铸值百钱。这是一种不足值大钱,是用货币贬值的办法来增加财政收入,"数月之间,府库充实"②,但它对市场稳定和人民生活产生了明显的负面影响。蜀汉的钱币除值百五铢外,还有太平百金、太平百钱、定平一百等,大小不等,反映出蜀汉货币流通制度的混乱状况。

孙吴的货币发行相对简单。嘉禾五年(236年)铸当五百大钱,"诏使吏民输铜,计铜畀直,设盗铸之科"③。赤乌元年(238年),孙权采纳谢宏的建议,铸造"大泉当千"的大钱。赤乌九年(246年),因民间行用大钱不便,孙权下诏将铜改铸为器物,不再发行大钱,民间大钱交官,归还其所值。但大泉当千等大钱实际上并未全部收回,到东晋时还在流通。

三国时期,没有以白银计价的记载,黄金仅少量用于馈赠。但由于长期战乱的

---

① 《晋书》卷二十六《食货志》。
② 《三国志》卷三十九《刘巴传》注引《零陵先贤传》。
③ 《三国志》卷四十七《孙权传》。

破坏,市场及其载体城市成了首当其冲的受害者,很多地方又回到了以物易物的自然经济时代,谷帛为币的情况因而相当严重,谷帛被广泛地运用于计价、买卖、借贷等方面。

二、两晋十六国时期的货币制度

在两晋百余年的时间里,未见有政府铸钱的记载,社会上流通的主要是前代的旧钱。西晋沿用曹魏五铢,而东晋则主要沿用孙吴和蜀汉的旧钱,如《晋书》卷二十六《食货志》称:"晋自中原丧乱,元帝过江,用孙氏旧钱,轻重杂行,大者谓之比轮,中者谓之四文,吴兴沈充又铸小钱,谓之沈郎钱。"沈郎钱是一种轻薄小钱,面文"五朱",铜质较差,颜色青白。

受长期战乱的影响,商品货币经济受阻,纯粹的自然经济占了上风,市场上出现以物易物的交易行为。东晋末年安帝时桓玄曾主张废止货币,使用谷、帛作为计算标准。王玄谟曾用一匹布换 800 个梨,汉川一带"悉以绢为货"①,反映出当时政府财源匮乏,无力铸钱。由于市场上货币流通量不足,因此发生了"短陌"现象。东晋人葛洪在《抱朴子内篇·微旨》中说:"取人长钱,还人短陌。""短陌"即不到 100 文钱当 100 文钱使用,"长钱"即为足陌。葛洪把"取人长钱,还人短陌"定为人的恶行之一,说明当时此种情况比较普遍。

五胡十六国时期,北方因各族混战,城市与市场受严重破坏,市场上很少见到货币的踪影,甚至根本不用钱。凉州(治今甘肃武威)自西晋初年以后就不用钱,直到愍帝即位(313 年)后,凉州太守参军索辅因看到用布交易的弊病,向太守张轨建议恢复使用五铢钱。张轨接受这一建议,"钱遂大行,人赖其利"②。这实际上是地方自行恢复货币流通。此后铸行钱币的记载也比较少。

两晋时期,以谷帛为币的现象依然比较普遍,且有许多布帛成匹地用于支付手段的记载。安帝元兴二年(403 年),桓玄提出废钱以谷帛为币,西阁祭酒孔琳之表示反对,认为以谷帛为币会出现"劳毁于商贩之手,耗弃于割截之用","巧伪之民,竞湿谷以要利,作薄捐以为市",但他的意见不为专制的桓玄所接受。

两晋时期已有以金银计价的记载。西晋愍帝建兴二年(314 年),襄国(治今河北邢台西南)大饥,"谷二升直银一斤,肉一斤直银一两"③。后赵建武元年(335

---

① 《宋书》卷八十一《刘秀之传》。
② 《晋书》卷八十六《张轨传》。
③ 《资治通鉴》卷八十九《晋纪十一》,中华书局 2011 年点校本。

年),冀州八郡下雹,大伤秋稼,谷价腾贵,银一斤值米二斗;建武二年,"时众役烦兴,军旅不息,加以久旱谷贵,百姓饥馑,野无生草,金一斤直米二斗,银一两直肉一斤,流亡死者十有六七"①。

三、南朝时期的货币制度

南朝除了梁武帝时的"侯景之乱"外,其他时期比较安定,因而商业货币也有了一定发展,钱币流通大大增加。但南朝政府的货币政策落后于货币流通发展的客观需要,货币制度呈现出混乱状态。

刘宋元嘉时期,江南经济有所恢复,特别是商品经济呈现一派繁荣景象。社会经济的发展导致市场对钱币需求增大,而当时货币流通量明显不足,民间多有剪凿古钱的事情发生。宋文帝元嘉七年(430年)立署铸造四铢钱。初铸的四铢钱是重如其文的,但由于成本较高,所铸不多,此后不久即减重。标准的四铢钱原比五铢钱要轻,减重后则更轻,故钱行不久民间即多有盗铸。

元嘉中后期,刘宋进入鼎盛阶段。元嘉二十四年(447年)宋文帝采纳江夏王刘义恭和中领军沈演之的建议,允许古钱流通,并下诏提高大钱(古钱)的价值,"以一大钱(汉吴所铸)当两(新铸四铢)",即旧大钱一枚当四铢钱两枚。之所以进行这样的改变,沈演之的解释是:自东晋以后,钱币流通地区逐渐扩大,用钱的地方很广,货币数量也应该跟上,否则钱贵物轻,对民不利。他的说法是有道理的,但他把货币制度的变革只局限于大钱当两,则又是错误的。在此之前尚书令何尚之曾明确表示反对,他指出以一当两是"徒崇虚价",只是名义价值的提高,加上多种钱币混杂,老百姓很难分辨清楚,势必造成"公私交乱,争讼必起"的结果②。次年,刘宋朝廷以"公私非便"为由取消了这项政策。

宋孝武帝孝建元年(454年),铸造"孝建背四铢"钱。由于所铸之钱形式薄小,轮廓不成形,民间盗铸者云起。于是政府又颁布了钱币的质量标准,下令禁止"薄小无轮郭者"流通,但收效依然有限,无法制止民间的剪凿活动。在以后的几年里,市场流通货币始终存在数量不足的问题。

刘子业永光元年(465年),铸造出一种细小的二铢钱,钱文"永光"。这是面对无法抑制的私铸之风和钱币质量越来越低劣的趋势作出的无奈之举。同年,沈庆之奏准开放民间铸钱,使局面更加不可收拾,泛滥的程度已接近丧失钱币意义的边

---

① 《十六国春秋》卷十五《后赵录五》,《丛书集成初编》本。
② 《宋书》卷六十六《何尚之传》。

缘。同年,明帝即位,面对劣钱成灾、社会骚动的局势,欲整顿币制,下令禁止鹅眼钱、綖环钱的流通,并于泰始二年(466 年)禁止私铸,官铸亦停止,民间只用古钱。

南齐基本上实行通货紧缩政策,在其统治的 20 余年时间里仅铸过一次钱,铸造数量也不多,市面上流通的大都是旧币。齐高帝建元四年(482 年),孔觊上《铸钱均货议》,建议设置泉府,完全按照汉法来铸造五铢钱,严禁盗铸和剪凿,"小轻破缺无周郭者,悉不得行"。这是对货币流通历史经验的正确总结,可惜由于齐高帝去世而未行。齐武帝在位期间,官库存钱很多。永明五年(487 年)曾从上库(国库)和各郡出钱共 10 060 万购买米、谷、丝、绵等物,"和价以优黔首"①。永明八年(490 年),蜀郡内史刘悛提出蜀地蒙城的蒙山有铜矿资源,当是西汉邓通铸钱之处,建议武帝在此铸钱,遂"遣使入蜀铸钱,得千万,功费多,乃止"②。这是南齐唯一的一次铸钱。齐武帝铸而又停,也可反映出他实行的是一种通货紧缩的政策。尽管两次铸造新币,仍不敷使用,物价虽低,对人民生产却不利。当时市场上因货币短缺而币值昂挺的现象十分突出,布价反而低落,这一方面是由于布的产量增加;另一方面是由于缺乏钱币、"钱重物轻"。

梁武帝时,再行铸钱以满足市场流通的需要。天监元年(502 年)起,梁武帝铸造两种钱币。一种为五铢钱,另一种为女钱,为剪边五铢,无外郭,因显得比较"弱小"而得名,因是官铸,又称"公式女钱"。两种钱大小轻重一样。当时市场上还流通着大量古钱,有值百五铢、五铢、女钱、太平百钱、定平一百、五铢雉钱等,种类繁多,轻重不一,使得币制十分紊乱。为了推行官铸钱,梁武帝曾数次下令禁用古钱,但收效甚微,于是只得听任民间私铸女钱,允许以 12 000 私钱兑换上库古钱 1 万。③ 普通四年(523 年)十二月,梁武帝下令禁用铜钱,铸造铁五铢。这是中国历史上第一次大规模使用铁钱。铁比铜资源丰富得多,且铁钱制作成本大大低于铜钱,铸造铁钱的结果是私铸之风滋长。大同(535—546 年)以后,市场上铁钱堆积如山,形成严重的通货膨胀,进而物价飞涨。梁元帝承圣年间(552—555 年),铸当十钱。当十钱即两柱钱,钱文亦作"五铢",是为铜钱,这等于宣告了禁用铜钱政策的失败。梁敬帝太平元年(556 年),宣布杂用今古钱,次年四月又铸四柱五铢,一当二十,13 天后改为一当十,半年后梁朝就被陈取而代之了。

陈朝时,用梁末二柱钱和鹅眼钱。陈文帝天嘉五年(564 年)铸五铢钱,一当鹅

① 《南齐书》卷三《武帝纪》。出钱数据出自《通典·食货十二》。
② 《南齐书》卷三十七《刘悛传》。
③ (宋)洪遵:《泉志》卷二,《丛书集成初编》本。

眼钱十。陈宣帝太建十一年(579年)铸"太货六铢"钱,文字、铜质、铸造工艺皆考究,一当五铢钱十,二品并行。六铢钱和五铢只差一铢,但作价相差九倍,因而受到民间的抵制。太建十四年(582年)宣帝死,废六铢钱,专行五铢,直到亡国。

总之,整个南朝时期的币制混乱不堪,这不仅是经济上的问题,还反映出当时政治上的某种不稳定状态。在土地私有制快速发展的情况下,无论是世族地主的庄园还是自耕小农经济,与外界的经济交往更多地保留了自给自足的自然经济状态,与市场的联系相对较少,商品交换处于次要地位,并常以物物交换(谷、帛为交换手段与媒介)为主要交易形式,货币并未完全起到其应有的媒介作用,这构成了南朝货币史的一大特点。事实上,随着用钱数量和范围的扩大,南朝以谷帛为币的现象逐渐减少,钱与米、布等共同构成政府财政收支的对象。梁时,武帝大通元年(527年)规定百官俸禄都给现钱,反映了这种用钱来安排财政支出的趋势,说明货币在国家经济生活中的地位并非一成不变,而是逐步提高的。

四、北朝时期的货币制度

北朝从北魏初至孝文帝铸钱前,"钱货无所周流"。在很长的一段时间内,在流通中起货币媒介作用的主要是布帛。北魏铸钱始于孝文帝太和十九年(495年)铸"太和五铢"钱。百官俸禄准绢折钱,绢每匹折200钱。官府提供钱工和炉冶,百姓可在此铸钱,要求"铜必精练,无所和杂"①。官民共铸的太和五铢轻重不等,厚重者如两汉五铢钱,但文字和制作工艺较为粗劣。当时北朝经济仍明显落后于南朝,市易用钱尚不普及,太和五铢铸造的数量不多。

宣武帝时,商品货币经济进一步发展,永平三年(510年)另铸"永平五铢"钱,文曰"五铢",铸钱质量有所进步,但民间私铸的现象也逐渐增多。孝明帝熙平二年(517年),尚书崔亮奏请在一些产铜区铸钱,"自后所行之钱,民多私铸,稍就小薄,价用弥贱"②。

孝庄帝时,征南将军高道穆批评当时流通的五铢钱"徒有五铢之文,而无二铢之实"③。杨侃也奏请重铸五铢钱。永安二年(529年),孝庄帝下诏铸"永安五铢"钱。为了提高币值,政府低价抛售官绢,当时市价300钱一匹,官价只卖200钱,反而刺激了盗铸,"永安五铢"的币值亦随之跌落。

东魏沿用永安五铢,私铸之风不减。武定初,高欢派人到各州镇收铜及钱,改

---

①② 《魏书》卷一百一十《食货志》。
③ 《魏书》卷七十七《高道穆传》。

铸永安五铢。但不久钱复薄劣。武定六年(548 年),高澄建议在京师二市及各州镇郡县的市门各置两秤,作为民间秤的标准,符合标准的五铢钱才准许流通,禁止私铸,但此建议并未付诸实施,一年多以后东魏就灭亡了。

北齐在文宣帝高洋天保四年(553 年)铸"常平五铢","重如其文,其钱甚贵,且制造甚精"。但到废帝乾明(560 年)以后,私铸严重,"至于齐亡,卒不能禁"①。

周武帝保定元年(561 年)铸造"布泉",重 4 克多,"以一当(五铢钱)五,与五铢并行"。建德三年(574 年)铸"五行大布"钱,重 4 克多,"以一当(布泉)十,与布泉并行"②。两年后,"以布泉渐贱而人不用,遂废之"。静帝大象元年(579 年),铸"永通万国"钱,重约 6 克,"以一当(五行大布)十,与五行大布及五铢,凡三品并用"③。永通万国钱称得上是魏晋之后诸钱之冠,面文玉箸篆,书法绝工,但它与其他两品周钱一样都是不足值大钱,其铸造和发行均以统治者增加国家财政利益为目的,民不乐用,说明即使像周武帝这样有作为的皇帝,也会因财政原因而不得不实行通货贬值的政策。

---

① 《隋书》卷二十四《食货志》。
② 《周书》卷五《武帝上》。
③ 《隋书》卷二十四《食货志》。

第四章

隋唐时期的财政制度

隋唐王朝制定了一套比较完整的专制主义国家制度,财税制度、货币发行制度也日臻完善,财政体制探索分权模式,预算制度已相对完备,会计和审计制度更加规范严格,财政立法也受到注重,可以说造就了大一统帝制下第一次值得称赞的财政制度建设高潮。

第一节　财政管理机构的演进

隋唐时期,各级财政部门的机构设置和官员职责均有制令规定,中央和地方财政机构各司其职,共同维系中央集权的财政体制。

一、中央财政机构及其职责

隋高祖杨坚代周而立后,改周之六官,其所制名,多依前代之法。在中央置三师、三公及尚书、门下、内史、秘书、内侍等省,御史、都水等台,太常、光禄、卫尉、宗正、太仆、大理、鸿胪、司农、太府、国子、将作等寺,左右卫、左右武卫、左右武候、左右领、左右监门、左右领军等府。即三师、三公、五省、二台、十一寺和六府。

隋炀帝即位后,多所改革。罢总管,废三师、特进官,以为五省、三台、五监、十二卫。尚书省,事无不总。置令、左右仆射,总吏部、礼部、兵部、都官、度支、工部六曹事,称为八座。其中,度支为主管财政的机构,所属有度支(掌计会)、仓部(掌仓账出纳)、左户(掌天下计账、户籍)、右户(掌天下公私田宅、租调)、金部(掌天下权衡度量、库藏、文账)和库部(掌戎账器用)等机构。其他中央部门内也设有管理部门财务的机构。[1]

---

① 《隋书》卷二十八《百官下》。

唐初机构皆依隋旧。武德七年(624 年)定令,以太尉、司徒、司空为三公,尚书、门下、中书、秘书、殿中、内侍为六省,太常、光禄、卫尉、宗正、太仆、大理、鸿胪、司农、太府为九寺,将作监、国子学、天策上将府、左右卫、左右骁卫等为十四卫府。加上东宫、公主所置官,并为京职事官。州县、镇戍、岳渎、关津为外职事官。贞观十一年(637 年),改令置太师、太傅、太保为三师。其三公以下,六省、一台、九寺、三监、十二卫、东宫诸司,并从旧定。

中央财政部门,隋初为度支部,隋炀帝时改为民部,唐初依隋制为民部。贞观二十三年(649 年)改为户部。高宗显庆元年(656 年)改为度支,龙朔二年(662 年)改为司元太常伯,武则天光宅元年(684 年)改为地官尚书,中宗神龙时复为户部。户部设尚书一员,正三品;侍郎二员,正四品下。所属除户部设郎中、员外郎各两人外,度支部、金部、仓部各设郎中一人(从五品),员外郎一人(从六品)。此外,负有国家部分财政职能的机构,还有司农寺、太府寺等。其他中央各部门,亦设主管财务的机构和官员。

(一) 户部

户部尚书、侍郎之职,掌天下田户、均输、钱谷之政令。总所属户部、度支、金部、仓部职务,而行其制命。凡中外百司之事,由于所属,皆有检查监督之责。

户部郎中、员外郎之职,掌户口、井田之事。《新唐书》称:"掌户口、土田、赋役、贡献、蠲免、优复、姻婚、继嗣之事,以男女之黄、小、中、丁、老为之账籍,以永业、口分、园宅均其土田,以租、庸、调敛其物,以九等定天下之户,以为尚书、侍郎之贰。"①

度支部郎中、员外郎:"掌天下租赋、物产丰约之宜、水陆道涂之利,岁计所出而支调之,以近及远,与中书门下议定乃奏。"

金部郎中、员外郎:"掌天下库藏出纳、权衡度量之数,两京市、和市、宫市交易之事,百官、军镇、蕃客之赐,及给宫人、王妃、官奴婢衣服。"

仓部郎中、员外郎:"掌天下军储,出纳租税、禄粮、仓廪之事。以木契百,合诸司出给之数,以火仓、常平仓备凶年,平谷价。"②

开元之后,时事多故,为加强对财政的管理,有时会使用其他兼职管理财政,或以尚书、侍郎专判,则称"度支使"或"判度支使""知度支事""勾当度支使"。虽名称不同,但职事是相同的。有时,又根据形势的需要而临时派遣专使,如租庸使、盐铁使、色役使等,以加强对租庸、盐铁和户口的管理。

---

①② 《新唐书》卷四十六《百官志一》,中华书局 1975 年版。

（二）司农寺

司农寺，卿一员，少卿二员。卿之职，掌邦国仓储委积之政令，总上林、太仓、钩盾、䴇官四署，与诸监之官属，谨其出纳，而修其职务。上林署掌苑囿园池之事，太仓署掌九谷廪藏，钩盾署掌供邦国薪刍之事，䴇官署掌导择米麦之事；仓监掌仓窖储积之事，司竹监掌植养园竹，温泉监掌汤池宫禁之事。凡京师百司官吏禄给及常料，也归司农寺卿负责。其下有主簿、丞。

（三）太府寺

《周官》有太府，掌财赋。秦汉以后财赋归属司农。梁置太府卿，掌帑藏。唐高宗龙朔（661—663 年）时改为外府，武则天光宅元年（684 年）改为司府，中宗神龙（705—707 年）时复改为太府寺。卿一人，少卿二人，掌邦国财货之政令，总京都四市、平准、左右藏、常平八署之官属，举其纲目，修其职务。以二法（度量、权衡）平物。凡四方之贡赋，百官之俸秩，谨其出纳，而为之节制，即国库中的钱帛及金银等物的储积、出纳，均由太府寺负责，包括丞、主簿、录事、府、史、计史、亭长、掌固在内 90 余人。丞判寺事，平准令掌供官市易之事，左藏令掌邦国库藏，右藏令掌国家宝货，常平令掌仓储。

（四）唐代诸使

玄宗开元、天宝时期，为保证某一财政事项的顺利实现，官府往往把此事集中到某一两人身上，名之为"使"。"安史之乱"后，为保证军政需要，"使"的职务更显得重要，计有租庸使、盐铁使、转运使、水陆运使、两税使、度支使、营田使、户口色役使、租地安辑户口使、税地钱物使、榷盐使、榷茶使等。

二、地方财政机构及其职责

隋唐时期，从体制上讲，属中央集权，地方政府并无独立的财权。组织赋税征收，负有财政任务的是各州县长官，如州刺史（太守），职同牧尹。尹掌宣德化，岁巡属县，观风俗，录囚、恤鳏寡。少尹掌贰州府之事，岁终则更次入计。县令掌导风化，察冤滞，听狱讼，凡民田收授，县令给之。县丞为之贰，县尉分判众曹，收率课调。

州县下设专官，即具体处理各类事务的官，如牧尹下有司录、功曹、仓曹、户曹、田曹、兵曹、法曹、士曹、参军事、文学和医学博士。州有长史、司马、录事、司功、司曹、司户、司田、司兵、司法、司士、参军、市令、丞、文学和博士；县则有司功佐、司仓佐、司户佐、司兵佐、司法佐、司士佐、典狱、门事等，基本上同中央六部和司农寺、大理寺、都水监和国子监等相呼应。而具体办理财政事务的则为仓曹、户曹、田曹。仓曹司仓参军事,掌租调、公廨、庖厨、仓库、市肆。户曹司户参军事,掌户籍、计账、道路、过所、蠲符、杂徭、逋负、良贱、刍藁、逆旅、婚姻、田讼、旌别孝悌。田曹司田参军事,掌园宅、口分、永业及荫田。① 镇设将,下设仓曹、兵曹。仓曹(中镇由兵曹兼管)参军事掌仪式、仓库、饮膳、医药、付事、勾稽、省署钞目、监印、给纸笔、市易、公廨诸事。真正具体催督赋税的则为里正。《唐六典》记载:里正,兼课植农桑,催驱赋税(役)。也就是说,里正是基层实际催督赋役,使其如期、足额入库的低级吏员。

虽然说州县下设有专官,基层有里正负责督催赋税,但对王朝中央负责的是州县长官;出了问题,州县长官逃脱不了责任。开元十六年(728 年)七月敕:诸州租②及地税等,宜令州县长吏专勾当。依限征纳讫,具所纳数,及征官名品申省。如征纳违限及检核不实,对所涉官员要依法惩处。

第二节　财政管理体制

自隋至唐天宝年间,国家财政体制属于中央高度集权型,赋税收入统一上缴中央,各级各类支出也由中央统一核拨。唐中期以后,经过调整形成三级分权的财政体制,地方财权日涨,中央权威受到威胁,有损政治稳定。

一、隋和唐前期的中央集权财政体制

一般来说,财政体制是同国家政治制度相呼应的。在专制主义中央集权的制度下,"皇帝有至高无上的权力,在各地方分设官职以掌兵、刑、钱、谷等事"③,国家实行的是君主专制,政权归一人掌握,军队、刑罚、财政以及官吏的任免予夺等一切权力都集中在皇帝手里。地方的权力原则上也集中于中央,权力高度集中。

在大一统国家中,虽然划分为中央、郡、县三级,但地方郡、县是隶属于中央,受朝廷严格控制的,自秦汉至隋唐均是如此。在这种情况下,谈不上划分中央财政与地方财政,更不用说地方有独立的财权了。各地民众应负担的田赋、徭役和工商税收,在地方州县设专官按中央规定的税率、税制组织征收;地方各级的开支,如官吏

①　《新唐书》卷四十九下《百官志四下》。
②　《册府元龟》作"税"。
③　《毛泽东选集》第二卷,人民出版社 1991 年版,第 624 页。

俸禄、行政开支、军队供应、水利河工等,由地方造册申报,按中央批准之数,在应上缴粮物中予以扣留,其余银钱粮物则遵照中央规定,或运送中央,或递送边防,或贮库备边。如唐代于清河积贮江淮租赋,"安史之乱"发生后,由于军费征调不及,颜真卿曾将清河所贮充用抗击安史叛军的费用。

二、唐中期以后的三级财政管理体制

(一)三级财政管理体制的产生和划分原则

据元稹说:"自国家置两税已来,天下之财限为三品:一曰上供,二曰留使,三曰留州,皆量出以为入,定额以给资。"①关于确立"上供、送使、留州"三级财政管理体制的原因和时间,存在不同的说法。有学者认为,唐前期的财政体制,是建立在自耕农经济基础上的单一农业税分配形态,采取由中央和县、州三级行政组成的统收统支的财政管理体制,是"安史之乱"破坏了这种体制,具体讲有两个原因:一是肃宗朝的战时应急敛财措施,破坏了唐前期国家预算收入计划稳定的法制形态;二是河北藩镇割据的形成,河陇地区的丧失,赋役仰给东南,造成财政收入区域布局的失调,而户口逃散、版籍破坏和均田崩溃,造成唐前期国家财政经济基础的崩坏和财政管理体制的弛坏。刘晏理财和中央财政独立性的增强,为通过两税法而建立起中央与地方划分收支的预算管理新体制创造了一个必要的财政前提。② 上述论点所列举的前提条件,难以构成对千余年所奉行的体制本质上的改变,更不能影响以后的千余年,因为战时财政是短暂的。至于刘晏理财措施保证中央财政有独立和稳定的收入来源,为建立新财政体制创造了前提条件这一点,是中肯的看法。应该说,唐中期以后的藩镇专权和地方势力发展,是构造新体制的直接原因,而中央财政的划分和确保则是新的财政体制的重要前提。

至于新财政管理体制形成的时间,应该说在唐朝前期,中央政权十分强大,各地很少设有节度使,因而不可能出现上供、送使、留州这样的分配体制。这种体制的出现,最先是萌发于"安史之乱",由于战火迅速蔓延,河北失守,中原地区成了战场,中央财政立即陷入困境。迫于军政急供,中央政府倾全力进行自保,派出专使组织租庸、盐铁转运,以供中央和军队给养。"安史之乱"结束后,中央权力已遭到很大削弱,各地藩镇新旧势力时有消长;德宗因政策失误导致军人叛乱,被迫逃离

---

① (唐)元稹:《元氏长庆集》卷三十四《钱货议状》,《四部丛刊初编》本。
② 陈明光:《论安史之乱对唐前期国家财政体系崩坏的影响》,《求是学刊》1991年第1期;《唐朝推行两税法改革的财政前提——代宗时期财政改革与整顿述评》,《中国社会经济史研究》1990年第2期。

京师,在将帅任免上被迫迁就于藩镇。所以,建中以后,中央与地方分成体制逐渐形成固定的财政管理体制。

(二) 中央与地方分配比例

中央与地方分配比例的确定,既有历史的经验,也有新的变化因素。最基本的条件是:收入方面,取决于各地常年赋税收入情况;支出方面是官吏定员、官员俸禄、每年经费以及驻军开支等因素,如无大的事故发生,在正常情况下一般少有变化。

按杜佑《通典·赋税》所载:建中初,"分命黜陟使往诸道收户及钱谷名数,每岁天下共敛三千余万贯,其二千五十余万贯以供外费,九百五十余万贯供京师。税米、麦共千六百余万石,其二百余万石供京师,千四百万石给充外费"。《旧唐书》亦载,文宗时,"天下租赋一岁所入,总不过三千五百余万,而上供之数三之一焉"①。如果按此数字计算,上供银钱占全部银钱收入近1/3,上供粮物占全部粮物的15%以内。

当然,如果遇有灾荒等特殊情况,上解分成的比例也会作出调整。如开元二十五年(737年)九月诏:"今年河南、河北应送含嘉、太原等仓租米,宜折粟留纳本州。"②这体现的是灾后优恤地方财政。也有从中央出发,保证京师的诏命,如德宗贞元三年(787年)七月,关东防秋兵大集,国用不充,则令地方按规定比例留下钱粮外,余皆上缴中央。在政局相对稳定的情况下,中央层面还会给地方留下更多的机动余地。如武宗时(841—846年)规定:"州府两税斛斗,每年各有定额。征科之日,皆申省司。除上供之外,留后留州,任于额内方图给用。纵有余羡,亦许州使留备水旱。"③

天宝以后,在"天下多事,户口凋耗,租税日削"的情况下,藩镇擅自征收增多,而且藩镇握有重兵,多留财赋以自赡,供上之数大为减少。特别是唐朝末年,"藩镇各专租税,河南、北、江、淮无复上供,三司转运无调发之所,度支惟收京畿、同、华、凤翔等数州租税,不能赡"④。

(三) 中央与地方财政分配关系的调整

在开元、天宝之前,隋、唐都是政治统一、政令军令及于全国、经济繁荣、民族和睦的大帝国。但"安史之乱"后,综合实力难以恢复,而战乱中置立的藩镇拥有重

---

① 《旧唐书》卷一百五十七《王彦威传》,中华书局1975年版。
② (宋)王钦若等编:《册府元龟》(六),中华书局1960年影印本,第5829~5830页。
③ (清)董诰等编:《全唐文》卷七十八,唐武宗皇帝《加尊号赦文》,中华书局1983年影印本。
④ 《资治通鉴》卷二百五十六《唐纪十七二》。

兵,设官置署,据地自专,地方分权的情况日趋明显。

据李吉甫所撰《元和国计簿》记载,宪宗元和初全国设置藩镇 48 个,管辖州府 295 个,县 1 453 个,而每岁上缴赋税收入的,仅是浙江东西、宣歙、淮南、江西、鄂岳、福建、湖南八道,合 49 州县;其他 15 道、71 州,既不向中央申报户口,也难以有固定赋税上缴。德宗即位后,曾对河朔三镇和淮西等镇用兵,意图削弱其力量,却引发四镇之乱,德宗被迫出逃。宪宗下力削藩,取得了可喜的成果,于是在河北诸道、山东、淮西地区推行两税法。但为求社会稳定,在划定上解、送使、留州比例时,对原李师道等所管十二州,其"征赋所入,尽留赡军,贯缗尺帛,不入王府"[①]。即河北三镇的情况比较特殊,特别是魏博镇,自唐中叶至五代,"非国所有",其地虽臣服中央,但不用上缴赋税收入,而且中央还要补给其巨额军费。

唐后期的地方分财,除体制规定外,还通过一些其他手段取得收入。首先,采用"以实估敛于人,虚估闻于上"的办法稳定地方收入,即藩镇在赋税上供时,把布帛的价格定得很高,在上报留州、留使钱物时,亦以高价计算,而在实际征收时,则多纳现钱或贱价折实物。其次,藩镇税商和贸易营利。《唐会要·市门》记载,先是诸道节度观察使,以广陵当南北大冲,百货所集,多以军储货贩,列置邸肆,名托军用,实私其利息。此外,各道藩镇都在关津要地设立税场,征收往来商税,除了商税外,还有矿冶和盐酒之利。可见,德宗以后,国家财政收入已按比例分给各节度和州县,而握有重兵的藩镇又把手伸向盐税和酒税,并把持不放,在这种情况下,中央财政必然会陷于困境。

第三节　预算、会计与审计制度

自隋至唐,都十分重视预算、会计和审计。唐代预算是中国古代预算制度发展的分水岭,会计核算和各种审计的执行,对国家财政体系的正常运转和盛世繁荣起了重要作用。

一、预决算制度

隋朝的预决算情况,因没有足够的史料可供说明,所以难以展示其制度详情。但据有司所言"用处常出,纳处常入",证明隋文帝时曾制定了财政收支制度,只是由于社会稳定,经济发展迅速,赋税收入累年增加,所以对国家资财的使用上不免

---

① 《旧唐书》卷一百六十五《殷侑传》。

大手大脚,但仍然收大于支,多有积余。在隋末起义中,不少起义军即启用了隋朝库存,隋亡二十年后,隋朝储存于府库的财物仍未用尽。

唐创建不久,就着手厘革隋朝旧制,在强化财税征收制度的同时,把对预决算制度的改革纳入议事日程。武德六年(623年)三月,令"每岁一造账,三年一造籍",又设立专门官员管理预算。在中央户部下,设度支郎中、员外郎,掌支度国用、租赋少多之数,以及物产丰约之宜、水陆道路之利;每岁计其所出,而度其所用。"凡天下边军,有支度使,以计军资粮仗之用。每岁所费,皆申度支会计,以长行旨为准"①。上述支度国用程式,都说明收支有计划,支出按程式,是严格按制度办事的。

到了开元、天宝年间,唐王朝的预算制度已呈完备状态:(1)预算管理体制。承秦汉以来中央集权制,实行统收统支体制。(2)编报基础。据有关史籍记载,首先,地方州县必须依照中央规定核实人丁,在此基础上"每岁一造计账,三年一造户籍"。之所以强调人口核实工作,是因为人口特别是丁壮是王朝赖以存在的财源,掌握人口是理财的首要任务。其次,朝廷调整土地分配,规定每丁授田百亩,使农户有负担赋役的经济条件和能力。(3)编报预算的方式和时间。《新唐书·食货一》载:"凡里有手实,岁终具民之年与地之阔狭,为乡账。乡成于县,县成于州,州成于户部。又有计账,具来岁课役以报度支。"唐前期的预算收入,是全国各乡、县、州府汇总上来的。在编报时间上,要求次年的国家预算收入,需于本年十月三十日报皇帝审批。可见唐朝预算的编制,经过了从编审人丁、调整土地占有数,到自下而上编成年度赋(役)税收支预算的全过程,换言之,唐代国家预算的编制是按照国家规定的法定程序进行的。

从唐朝预算编制过程和内容来看,有章有法,有利于顺利执行。到唐代中期,征收按法令,管理有制度,法律的约束力又有加强。在有关法令和制度的保证下,国家根据各州县的土地、人口、物产等情况,分别下达各种征收指标,称诸色旨符;又根据中央各部门、地方各州县机构的大小、官员的多少和任务的轻重,确定经费支出限额。据《唐律疏议》引《赋役令》:"每丁,租二石;调绫、绢二丈,绵三两,布输二丈五尺,麻三斤;丁役二十日。此是每年以法赋敛。皆行公文,依数输纳。"②由此可见,各地租庸调必须如期缴纳,所有差科赋役的征纳标准(税率)是全国统一的,由中央下达地方执行。

---

①　《旧唐书》卷四十三《职官志二》。

②　《唐律疏议》卷第十三《户婚》,上海古籍出版社2013年点校本。

据《通典》记载,在天宝年间,全国有 890 余万户,不论是中央规定的定额数,还是临时变动的项目,都属于中央下达给各地军政等部门的限额,"诸州每年应输庸调、资课租及诸色钱物等,令尚书省本司预印纸送部,每年通为一处,每州作一簿,预皆量留空纸,有色、数,并于脚下具书纲典姓名,即官印置。如替代,其簿递相分付"。由此足见唐代开元、天宝时的国家预算具有制度严格、简便明细的特点。一年一编的国家预算,从州到部,由百司逐州逐项抄录,耗纸 50 余万张,这种计簿体现了唐朝国家预算的全面、精细,从另一侧面也说明财政收支项目的固定化、定额化,这是其稳定收支、稳定负担政策的表现。

二、会计制度

唐代十分重视会计的记账与核算,无论是官营工场或是财税部门,都严格核算产品的投入和产出,形成收入和支出的记录。如开元年间,为收回市场流通的私铸滥恶之钱,官府增调农人铸钱,但这些农民既未经过培训,又无冶铸技艺,难以胜任。内作判官韦伦请高价聘用技工,由是役用简而鼓铸多。这体现人工的核算。另外是成本的核算:"天下炉九十九……每炉岁铸钱三千三百缗,役丁匠三十,费铜二万一千二百斤、镴三千七百斤、锡五百斤。每千钱费钱七百五十。天下岁铸三十二万七千缗。"[1]由此可以看出,国家铸钱在具有社会效益(稳定市场货币流通)的同时,经济利益高度可作的成本核算。

事实上,在国家财政活动中,应用会计核算十分广泛。无论是赋役征调(户口、丁中、鳏寡废疾的统计,田赋的计算)、官俸开支、军队供给、国防建设、国库出纳,都有严格的会计核算,在此基础上形成会计报表依制上报,包括日报、旬报、月报、季报和年终报表上计。日报多用于仓储保管出纳部门。旬报、月报意在加强考核,以防止国家资财遭受损失。这在陆贽《论裴延龄奸蠹书》中得到证明:"总制邦用,度支是司,出纳货财,太府攸职。凡是太府出纳,皆禀度支文符,太府依符以奉行,度支凭案以勘复,互相关键,用绝奸欺。其出纳之数,则每旬申闻;见在之数,则每月计奏,皆经度支勾覆,又有御史监临,旬旬相承,月月相继,明若指掌,端如贯珠,财货多少,无容隐漏。"[2]这里把会计核算的任务、旬报月报的内容及其相互关系,以及报表设计的严谨、科学,说得十分清楚。从唐朝官吏的设置来看,它也证明陆贽所言不虚。《唐六典·太府寺丞》载,太府寺丞"掌判寺事,凡左右藏库账禁人之有

---

① 《新唐书》卷五十四《食货志四》。
② 《旧唐书》卷一百三十五《裴延龄传》引陆贽奏议。

见者,若请受输纳,人名、物数皆著于簿书。每月以大摹印纸四张为之簿,而丞众官同署,月终留一本于署,每季录奏。"而史书所说的李吉甫所撰《元和国计簿》,实际上属于国家财政的年度总会计核算。

根据《隋书》《旧唐书》《通典》记载,开皇、贞观、开元、天宝年间计账,其统计项目一般包括:(1)全国州、县、乡数;(2)全国新、旧户口数,丁口数,课户、不课户、课口、不课口数;(3)岁入租、庸、调、户税、地税钱物数;(4)应授、已授、未授田数;(5)国家财政支出数(预算支出)。所有这些,既能体现国家行政机构的规模,又能反映国家物力、财力的基本来源,所以李吉甫在《元和国计簿》中所列的若干经济统计和分析资料,属于计账所应包括的内容,其在性质上属于决算说明书之类。

三、审计制度

除了正确、及时地反映各项财政收支外,国家还要对各地、各部门财政收支的真实性进行监督,这就是审计。隋唐时期,国家有一套涉及范围广泛、监督形式多样、组织系统规范的监督体系,即监察机关的法律监督和行政系统的审计监督,按性质分即司法监督(御史台、刑部、大理寺)和经济(财政)审计监督。

唐代对各地报来的年终报表,要由刑部所属的比部进行勾复(审核批复)。比部置郎中、员外郎,"掌勾诸司百僚俸料、公廨、赃赎、调敛、徒役、课程、逋悬数物,周知内外之经费,而总勾之。……凡京师有别借食本,每季一申省,诸州岁终而申省,比部总勾覆之。凡仓库、出内、营造、佣市、丁匠、功程、赃赎、赋敛、勋赏、赐与、军资、器仗、和籴、屯牧,亦勾覆之"①。

各政府机关报送的账目表册以供审计的期限有明确规定:"其在京给用,月一申之;在外二千里内,季一申之;二千里外,两季一申之;五千里外,终岁一申之。"②"安史之乱"后,一些州县地方的报审工作曾受到影响,建中初又恢复旧制。建中元年(780 年)四月比部的文状称:"天下诸州及军府赴勾账等格,每日诸色勾征,令所由长官录事参军,本判官据案状子细勾会。其一年勾获数,及勾当名品,申比部。一千里以下正月到,二千里以下二月到,余尽三月到尽。省司检勘,续下州知,都至六月内结,数关度支,便入其年支用。旨下之后,限当年十二月三日内纳足者,诸军支使亦准此。"③根据比部文状所说,此时的审计先在州军初审,再报比部

---

① 《旧唐书》卷四十三《职官志二》。
② 《唐六典·比部》注。
③ 《唐会要》卷五十九《尚书省诸司下·比部郎中》。

复审;审核无误后,再发回州县结数通报度支,入当年账内支用。

贞元中,比部审计只审诸州计账,一般不对县账进行审计。只有京兆与河南例外,府州与县一并审计。贞元八年(792年)闰十二月,尚书右丞卢迈奏:"伏详比部所勾诸州,不更勾诸县,唯京兆府、河南府既勾府,并勾县。伏以县司文案,既已申府,府县并勾,事恐重烦。其京兆府、河南府请同诸州,不勾县案。"①从此,全国统一为州勾覆县决算(上计)、比部勾覆诸州决算。只是贞元十一年(795年)正月制,令比部部分恢复旧制,勾检京兆留府税租。

宪宗年间,审计监督事务出现松弛现象。穆宗即位之初,比部奏称:"闻近日刺史留州数内,妄有减削,非理破使者,委观察使风闻按举,必重加科贬,以诫削减者。其诸州府,仍请各委录事参军,每年据留州定额钱物数,破使去处,及支使外余剩见在钱物,各具色目,分明造账,依格限申比部。准常限,每限五月三十日都结奏。旨下之后,更送户部。若违限及隐漏不申,录事参军及本判官,并牒吏部使缺。敕旨宜从。"②这是规范政府支出行为,严格审计制度的奏折。此外,审计部门对留州节余钱物的处理也多有建议。文宗大和四年(830年)九月,比部奏:"天下州府两税,占留支用有定额,其残欠羡余钱物,并合明立条件,散下诸州府者……申明旧敕,晓示新规,使其政有准绳,法无差缪,实天下幸甚。又诸州应有城郭,及公廨屋宇、器械、舟车什物等,合建立修理,须创制添换;又当州或属将校所由,有巡检非违,追捕盗贼,须行赏劝,合给程粮者;又当州或百姓贫穷,纳税不逮,须矜放要添货额者;又当州遇年谷丰熟,要收籴贮备,以防灾歉者,敕旨宜依。"③

在唐代,监察御史在巡按州县时,也有勾覆账目的职责。《旧唐书》载:监察御史十员,"掌分察巡按郡县、屯田、铸钱、岭南选补、知太府、司农出纳……尚书省有会议,亦监其过谬。凡百官宴会、习射,亦如之"④。《新唐书》记载的内容,同此略有增减:"监察御史十五人,正八品下,掌分察百寮,巡按州县,狱讼、军戎、祭祀、营作、太府出纳皆莅焉。……凡十道巡按,以判官二人为佐,务繁则有支使。其一,察官人善恶;其二,察户口流散,籍账隐没,赋役不均;其三,察农桑不勤,仓库减耗……凡战伐大克获,则数俘馘、审功赏,然后奏之。屯田、铸钱、岭南、黔府选补,亦视功过纠察。"⑤据此可知,监察御史所监督的范围,较之比部的专业性显然是大得多。

---

①②③ 《唐会要》卷五十九《尚书省诸司下·比部员外郎》,上海古籍出版社2012年点校本。
④ 《旧唐书》卷四十四《职官志三》。
⑤ 《新唐书》卷四十八《百官志三》。

第四节　国库制度

唐朝国库的出纳管理制度十分严密,对保证财政收入的足额及时入库,财政支出的节约、有效使用,以及国家财产的安全等方面,发挥了重要作用。

一、国库的设置及其职责

隋、唐时期,户部(度支部)主掌全国财政。具体分工是度支记账,金部掌钱帛出纳,仓部掌谷粟出纳。由于国库物资分为钱帛和粟米两部分,所以在中央则分别由司农寺和太府寺具体掌管。司农卿掌邦国仓储(太仓)委积之政令,所属太仓令掌九谷廪藏之事。太府卿掌邦国财货之政令,所属左藏令掌邦国库藏,右藏令掌邦国宝货。

从全国各级仓库设置而论,原则上都属国库物资,包括太仓、转运仓、正仓和常平仓、义仓等,但转送京师及贮藏太仓之钱谷,又属"朝廷委积",归司农寺主管。

(1)正仓(州郡各仓)。按制度规定收纳租税(田租,地税,职官田,公廨田田租),奉命支付百官俸禄、驿递口粮、办理和籴,供给军饷、公厨粮和佛食;遇有灾荒,则奉命分别情况办理赈济、出贷和出粜等救灾诸事。唐天宝时,关辅及朔方、河陇四十余郡,河北三十余郡,每郡官仓粟多者百万石,少不减五十万石,给充行官禄。[1]

(2)转运仓。东南各地的上供粮谷,经水陆运输次第转运到两京,沿途于主要道口置仓。隋开皇三年(583年),在卫州置黎阳仓、洛州置河洛仓、陕州置常平仓(太原仓)、华州置广通仓(永丰仓)。杜佑有云:"隋氏西京太仓,东京含嘉仓、洛口仓,华州永丰仓,陕州太原仓,储米粟多者千万石,少者不减数百万石。天下义仓又皆充满,京都及并州库布帛各数千万。"[2]到隋文帝末年,"计天下储积,得供五六十年",隋朝末年所积财物仍称丰富。唐朝建都长安,关中虽称沃野,但因地域有限,农业出产不足以供京师、备水旱,故常需转运东南出产的粮物以供京师。开元十八年(730年),宣州刺史裴耀卿建议利用和修缮隋代各仓,节级转运,玄宗没有接受。三年后,裴耀卿为京兆尹,时京兆遭水灾,谷物昂贵,玄宗又征询漕运之事,裴耀卿仍建议节级置转运,"乃于河阴(今河南荥阳北)置河阴仓,河清(今河南孟津北)置

---

① 《通典·兵典·序》,中华书局1982年点校本。

② 《通典·食货》。

柏崖仓,三门东置集津仓,西置盐仓",江淮漕米皆输河阴仓,西至太原仓。这样,从洛阳东的荥阳开始,直到西京长安,黄河、渭水沿线多置转运仓,江淮漕运粮物或暂贮各转运仓,随时可供京师及各种急需。

(3)太仓。设于京师,首供皇室,次供京官俸禄和职田租、诸寺官厨和诸司服役的诸色人食用,供充军饷以及出粜赈贷。唐开元、天宝中,京师各宫"大率宫女四万人,品官、黄衣以上三千人",这是个不小的数字。而京官俸禄系由京仓供应,玄宗时,对在京文武官每岁给禄总 15 万余石,①半年一给。故经漕路每年运入太仓之粟为数十万石至百余万石。

二、国库出纳管理制度

国库出纳,特别是唐朝中央的两金库(太仓和左藏库),一般由大臣如监察御史监督,后改由殿中侍御史监督。据陆贽所言:"凡是太府出纳,皆禀度支文符,太府依符以奉行,度支凭案以勘覆,互相关键,用绝奸欺。其出纳之数,则每旬申闻;见在之数,则每月计奏。皆经度支勾覆,又有御史监临。旬旬相承,月月相继。"②

关于御史的监察,唐制殿中侍御史同知东推负责太仓出纳,同知西推负责左藏库出纳。开元十九年(731 年),以监察御史两人莅太仓、左藏库。以殿中侍御史第一人同知东推,莅太仓出纳;第二人同知西推,莅左藏出纳,号四推御史。③

为防止库藏出纳中的弊端,文宗大和元年(827 年),御史大夫李固奏准明确规定了御史入库入仓的日期:"监仓御史,若当出纳之时,所推制狱稍大者,许五日一入仓;如非大狱,许三日(一)入仓;如不是出纳之时,则许一月两入仓检校。其左藏库公事,寻常繁闹,监库御史所推制狱,大者亦许五日一入库;如无大狱,常许一旬内计会,取三日入库勾当,庶使当司公事稍振纲条,钱谷所由,亦知警惧。"④

在粮窖的开凿、出纳和管理上,也有详细而具体的规定。《旧唐书》卷四十四《职官志·司农寺》记载:"凡凿窖、置屋,皆铭砖为庾斛之数,与其年月日,受领粟官吏姓名,又立牌如其铭。"粮食窖藏也有年限限制。据《唐六典·司农太仓》记载:凡粟支九年,米及杂种三年。凡京官之禄,发京仓以给。给公粮者皆承尚书省符。为防止因储藏时间长、气候影响而发生粮食霉坏,各仓在重新扬掷后、重新窖藏时仍需新立铭砖。

---

① 《通典·职官·禄秩》。
② 《旧唐书》卷一百三十五《裴延龄传》。
③ 《新唐书》卷四十八《百官志三》。
④ 《唐会要》卷六十《御史台·殿中侍御史》。

对于左、右藏财物,出入手续均十分严格。"凡天下赋调,先于输场简其合尺度斤两者,卿及御史监阅,然后纳于库藏。皆题以州县年月,所以别粗良,辨新旧。凡出给,先勘木契,然后录其名数、请人姓名,署印送监门,乃听出。若外给者,以墨印印之。凡藏院之内,禁人燃火,及无故入院者。昼则外四面常持仗为之防守,夜则击柝,而分更以巡警之。"① 太原、龙门、永丰诸仓,凡粟出给,"每一屋一窖尽,剩者附计,欠者随事科征。非理欠损者坐其所由,令征倍之。凡出纳账,岁终上于寺"。

三、常平仓、义仓

(一) 常平仓

唐自太宗时置义仓及常平仓,以备凶荒。高宗永徽六年(655 年),于京东、西二市置常平仓。开元二年(714 年)九月敕:"天下诸州,今年稍熟,谷价全贱,或虑伤农。常平之法,行之自古,宜令诸州加时价三两钱,不得抑敛。仍交相付领,勿许悬欠。蚕麦时熟,谷米必贵,即令减价出粜。"开元七年(719 年)六月,令关内、陇右、河南、河北等五道,及荆、扬、益、蜀等 11 州并置常平仓。天宝八载(749 年)时,全国常平仓储粮达 460 万石。自"安史之乱"起,常平仓一度停废。刘晏主财政时,坚持"丰则贵取、饥则贱与"原则,诸州常储 300 万斛。德宗初,诏收商人过税和竹木等税充常平本;宪宗时,以征旧赋中增收的部分为常平本。此后,常平仓与义仓混而难分。

(二) 义仓

义仓的创置,亦为储粮备荒的需要。隋开皇四年(584 年),因为旱灾,关内粮食歉收,朝廷运山东之粟,置常平之仓,开官仓普加赈济。其强宗富室、家有余粮者,也拿出私家粮物,就近救济贫乏。彼时隋王朝还缺乏一套有效、适时的救灾制度。开皇五年(585 年),工部尚书长孙平上书,认为"经国之理,须存定式",于是奏令诸州百姓及军人,对课当社,共立义仓。出粟人为各州百姓和军人,筹集方式属于半强制性质,所出品种一般为农民食用的粟或麦子,设仓原则是谷出于当社(村),仓亦建于当社,管理者系当社的有关人员,管理办法是建立账簿,登记出入账,严防粮物的损失朽坏,用途为救济凶荒灾年无粮充饥者。可见,义仓有当社自保、救济灾荒之便,但不久便遭到破坏。开皇十五年(595 年)二月,命重建义仓;次年正月,又诏秦、叠等 26 州社仓并于当县安置;二月又诏社仓,准上中下三等税,上

---

① 《旧唐书》卷四十四《职官志三》。

户不过一石,中户不过七斗,下户不过四斗。①征集方式完全属于硬性规定,当然也更加制度化。

唐初沿袭隋制,武德元年(618年)九月置社仓(实为常平仓),因当时全国并未稳定,条件不成熟,故于五年(622年)十二月废常平监官。贞观二年(628年)四月,尚书左丞戴胄上言奏请设立义仓,"自王公以下,计垦田,秋熟,所在为义仓,岁凶以给民。"随后户部尚书韩仲良也建议:"王公以下垦田,亩纳二升。其粟、麦、粳稻之属,各依土地。储之州县,以备凶年。"太宗称善嘉纳,乃诏:"亩税二升,粟、麦、秔、稻,随土地所宜。宽乡敛以所种,狭乡据青苗簿而督之。田耗十四者免其半,耗十七者皆免之。商贾无田者,以其户为九等,出粟自五石至于五斗为差。"②全国各州县自此始置义仓,"每有饥馑,则开仓赈给"。朝廷以建义仓为名,创行地税之制。高宗永徽二年(651年)六月敕:"义仓据地收税,实是劳烦。宜令率户出粟,上上户五石,余各有差。"实际上就是将义仓征收方式由按亩纳二升改为按户等分等征收。上上户所出相当于两个丁男加一个半丁的田租,显然对大户有利。玄宗时又回归到太宗时的规矩。据《唐六典·尚书户部》记载:"凡王公已下,每年户别据已受田及借荒等,具所种苗顷亩,造青苗簿。诸州以七月已前申尚书省,至征收时,亩别纳粟二升,以为义仓。宽乡据见营田,狭乡据籍征,若遭损四已上免半,七已上全免。其商贾户无田及不足者,上上户税五石,上中以下递减一石,中中户一石五斗,中下户一石,下上户七斗,下中五斗,下下户及全户逃,并夷獠薄税,并不在取限。"这一规定大大拓展了地税义仓的负担面。

以义仓专备凶荒这一原则,从隋至唐初都是遵行不变的。但自武则天之后,政策发生变化,因"公私窘迫,渐贷义仓支用。自中宗神龙之后,天下义仓费用向尽"。如果说此时动用义仓挪作他用还自认为不符制度规定的话,到开元年间则公开动用义仓粟以作财政补充了。如开元初,"每三年一度,以百姓义仓糙米,远赴京纳,仍勒百姓私出脚钱"。天宝时,韦坚请于江淮运租米,取州县义仓粟转市轻货。到宪宗时,义仓制度更是松弛了。

第五节　货币制度的变化

隋文帝杨坚统一全国后,因货币不统一,乃新铸五铢钱,诏令通行。但因当时

---

① 《隋书》卷二十四《食货志》。
② 《新唐书》卷五十一《食货一》。

铸钱多和以锡镴,成本低,而所置官炉也逐渐增多,标准难趋一致,于是私铸日多,钱亦滥恶。但因粮食有常平调节,市场有官府查禁(私钱),加以工商无税、赏赐给用多以实物,而后宫开支务求节省,所以社会稳定,生产增加,府库盈溢,因而币值波动不是很大。

隋炀帝即位后,意图开拓一个大帝国,既建东都,又开运河,积极开展对外贸易,财政支出呈膨胀之势,致使人民负担加重。又因富豪之家,私自铸钱牟利,钱质因此日渐变坏,由初期的每千钱两斤(标准为 4.125 斤),至后来仅为一斤,减重76%,最后竟以剪铁镍、裁皮糊纸以为钱,相杂用之,导致物价大涨。大业六年(610 年),耕稼失时,田畴多荒,加之饥馑,数百钱易米一斗。恭帝义宁元年(618年),洛阳万钱一斛。

唐王朝统治时期,史书记载铸造通行过三种钱币。第一种是武德四年(621年)新铸钱(此前沿用隋五铢钱和其他古钱),为"开元通宝",即开辟新纪元的通行宝货,从而统一了全国币制。此钱每十文重一两,一文(枚)即一钱。直至清朝,均以此为法。第二种为乾封元年(666 年)所铸"乾封泉宝",属于年号钱,每文当开元钱十文,通行一年后即废止。第三种为肃宗乾元元年(758 年)所铸"乾元重宝"。法定为两种:一为当十钱,一为当五十。此外,代宗大历中铸有大历元宝,武宗会昌五年(845 年)也铸有新开元钱。不过,唐朝的主要货币仍是开元钱,它不仅影响唐朝 200 多年,而且在唐朝以后还流通了 1 000 多年,在钱制大小和轻重上也是后世制钱的楷模。

唐朝铸钱有以下特点:一是以钱、帛为本位,货币与实物并行;二是货币称宝(西汉末王莽新朝时,称货币为宝货),说明货币的使用价值及其对社会流通物资的作用加大了;三是大多铸钱冠以年号;四是将过去以重量为钱名(如五铢钱、三铢钱、半两等)改为重量以钱为名,如开元通宝一文重一钱。德宗建中元年(780年)实行两税法,以钱定税,而政府并不增加铸钱,导致市场货币流通不足,钱重物轻,米每斗不过 20 钱;绢,大历时每匹 4 000 钱,贞元八年(792 年)为 1 500 钱,十九年(803 年)为 800 钱,对农民打击很大。为此,唐王朝采取了多种解决办法:奖励采铜,禁造铜器,将铜全用于铸钱;限制私人贮钱数量,不得超过 5 000 贯;实行收支短陌制,每百钱用现钱 80 文。

除了重大的社会意义和经济意义外,唐朝铸钱对国家财政的稳定也有重要作用。其一,有利于稳定财政收支,钱币的适量制造和投放,不仅有利于市场商货流通,也有利于财政收支不受物价波动而遭受损失。其二,通过对市场物价的调节,有利于及时组织国家对物资的收购和征收入库。国家通过对货币投放的有效控制,能起到税收不能起到的作用,从而使货币成为掌握在中央手中调剂经济生活的重要工具。其三,钱币的制造和投放市场也是财政收入的一部分。天宝年间,计每千钱成本为 750 文,盈利为 250 文(25%)。当时全国岁铸钱 32.7 万缗,则铸钱获利 8.175 万缗。① 但也有低于这种盈利水平甚至赔本的情况。如建中元年(780年)九月,江淮钱监岁共铸钱 4.5 万贯,输于京师,度工用转送之费,每贯计钱二千,"是本倍利也"。②

第六节　唐代的财政立法

唐律是承袭隋朝开皇律而来,包括律、令、格、式。律以正刑定罪,令以设范立制,格以禁违止邪,式以轨物往事。律是国家的基本法律,是刑法典,是保护国家统治、维护社会伦常、镇压损害其经济基础的言论和行为的有力武器;令是对于各种制度所作的规定;式即各项行政法规。自武德、贞观年间制定有关法典后,各代统治者又根据当时统治的需要,以制敕形式对律、令、式作了若干补充和修改,对这些制敕进行整理、删订、汇编成书,就叫格。《唐律疏议》不仅是我国现存最早、最完整的皇帝时代的法典,对唐以后的宋、元、明、清各代法律也有巨大影响。唐律的内容包括了主要财政赋税制度,是研究唐代社会经济关系及官制、兵制、田制、赋役制度等的重要依据。

一、赋役方面的法令③

唐制,每年以法赋敛。《赋役令》称:"每丁,租二石;调絁、绢二丈,绵三两,布输二丈五尺,麻三斤;丁役二十日。"每年"皆行公文,依数输纳;若临时别差科者,自依临时处分,如有不依此法而擅有所征敛,或虽依格、令、式而擅加益入官者,总计赃至六匹,即是重于杖六十,皆从'坐赃'科之。有擅加益入官绢满一百匹,比敛众人之物法合倍论,倍为五十匹,坐赃论,罪止徒三年。'入私者,以枉法论',称'入私',不必入己,但不入官者,即为入私。官人有禄,枉法一尺杖一百,一匹加一等,十五匹绞;无禄者减一等,二十匹绞"。

① 《通典·食货九》。
② 《旧唐书》卷四十八《食货志上》。
③ 本节内容参考项怀诚主编、孙翊刚著:《中国财政通史》(隋唐卷),中国财政经济出版社 2006 年版,第 189~190 页。

在徭役方面,《军防令》有明确规定:(1)"防人番代,皆十月一日交代。"诸镇、戍应遣番代,而违限不遣者,一日杖一百,三日加一等,罪止徒二年。(2)"防人在防,守固之外,惟得修理军器、城隍、公廨、屋宇。各量防人多少,于当处侧近给空闲地,逐水陆所宜斟酌营种,并杂蔬菜,以充箱贮及充防人等食。"此非正役,不责全功。自须苦乐均平,量力驱使。如镇戍官司处置不当,致令逃走者,一人杖六十,五人加一等,罪止徒一年半;即使防人不逃走,也应以"违令"科断。(3)修城郭,筑堤防,兴起人功,有所营造。依《营缮令》:"计人功多少,申尚书省听报,始合役功。"如"应上言而不上言,就待报而不待报",各计所役人庸,坐赃论减一等。同时,官有营造,应须市买,对计划购买物料及人工多少,估算时弄虚作假者,笞五十。(4)凡非法兴造(指未列入国家计划的工程)或虽则有文,但属非时兴造如作池、亭、馆驿之类,及杂徭役(指临进调发丁夫),驱使十庸以上,坐赃论。(5)官役功力,如采药、取材之类,如全不任用者,须计全庸,若少不任用者,准其欠庸,坐赃论减一等。若在缮造、营作过程中未采取安全防范措施,发生毁坏崩撤事故而误伤人命者,徒一年半,工匠、主司按责任大小科罪。(6)差遣之法,先富强,后贫弱,先多丁,后少丁。"差遣不平及欠剩者,一人笞四十,五人加一等,罪止徒一年。"丁夫在役,日满不放者,一日笞四十,一日加一等,罪止杖一百。凡丁夫、杂匠,被官差遣,不依规定程限而稽留不赴者,则一日笞三十,三日加一等,罪止杖一百。其防人稽留者,各加三等。(7)丁夫、杂匠见在官役役限之内,监当官司私自役使,及主司(指应判署及亲监当兵防之人)于职掌之所私使,各计其私使之庸准盗论。如私使兵防出城、镇者,加一等。

二、国库出纳方面的法令①

诸仓库及积聚财物(仓,谓贮粟、麦之属;库,谓贮器仗、绵绢之类;积聚,谓贮柴草、杂物之所)安置不如法,若暴凉不以时,而致损败者,计所损败多少,坐赃论。州县以长官为首,以下节级为从。监、署等有所损坏,亦长官为首,以次为从。

诸财物应入官私而不入,不应入官私而入者(指应入官乃入私,应入私乃入官,应入甲而入乙,应入私而入公廨),各计所不应入而入,坐赃论。

诸应输课税(租、调、地税之类)及应入官之物,而回避诈匿不输,遂致废阙及巧伪湿恶,欺妄官司,皆总计所阙入官物数,准盗科罪,依法陪填。主司知其回避诈匿、巧伪湿恶之情而许行者,各与同罪;不知情者,减罪四等。若州县发遣依法,而

① 本节内容参考项怀诚主编、孙翊刚著:《中国财政通史》(隋唐卷),中国财政经济出版社 2006 年版,第 191～192 页。

纲、典在路,或至输纳之所事有欺妄者,州县无罪。

诸有应输官之物及官物应出给与人,而受物出给之官无故留难,不受不给者,一日笞五十,三日加一等,罪止徒一年。门司留难者,亦准此。

其出纳官物,给受有违者(若重受轻出及当出陈而出新,应受上物而受下物),计所欠剩,坐赃论。

诸出用官物,有所市作,并称官物还充官用者。假有营造屋宅及供祠祀、宴会,料度剩多,各计所剩,坐赃论。若物在未用,各准所剩还官。若祠祀、宴会已散用者,勿征。

诸因吉凶、应给威仪、卤薄,或借账幕、毡褥之类。事迄十日之内皆合还官,若过十日不还者,笞三十,十日加一等,罪止杖一百。假请官物有亡失者,若于请物所司自言失者,免罪,备偿如法;不自言失,被人举告,以亡失论。

诸有人从库藏出,依式"五品以上皆不合搜检"。其应搜检而不搜检者,防卫主司笞二十。以不搜之故,而致盗物将出,计所盗之赃,主司减盗者罪二等。主守不觉盗,准绢不满五匹不获罪,五匹笞五十,十匹加一等。故纵赃四十九匹以下,与盗者罪同,不合除、免;满五十匹,加役流,除名、配流如法。一百匹,绞。若故纵频盗及众人盗者,各依累倍之法;若被强盗者,勿论。

凡是官物,有封闭印记,欲开者皆请所由官司。其主典不请官司而擅开者,杖六十。

凡是官物,皆立簿书。主守之人,亡失簿书,为失簿书之故,遂令物数乖错者,计所错之数,依不觉盗论。

凡官库藏及敖库内,有舍者,皆不得燃火,违者,徒一年。诸于官府廨院及仓库内失火者,徒二年;在宫内(殿门内),加二等。于宗庙及太社院内失火,亦徒三年。损害赃重者(计赃五十匹),坐赃论(合徒三年);杀伤人(火伤人)者,减斗杀伤一等;若杀伤畜产,从"水火损败,误失不偿"。延烧庙及宫阙者,绞;社,减一等,流三千里。

此外,还有关于斛斗、秤度方面的法令,诸牧畜产(马、牛、驴、羚羊、驼、骡等)方面的法令,负债、违契不偿方面的法令,禁止私铸钱以及官员(数)行政(履行自身职责)等方面的法令,其规定亦十分具体而严格。

第五章

五代两宋时期的财政制度

　　五代两宋是中国历史上在"盛唐"之后由强转弱、由五代的分裂又到宋的统一的时期,分裂对峙居多的五代,发展经济缺乏良好环境。尽管如此,以宋为主,这一时期在财政制度建设方面仍有一定的进步。特别在宋代无论是财政管理水平,还是财政体制、财政机构、会计审计、货币管理、仓储漕运、财政立法等,都有创新。本章主要对宋代的情况作简述。

第一节　宋代的财政行政管理制度

　　宋代的财政行政管理制度包括一套机构体系,如三司使体系、户部体系、税务机构等。先是三司总领天下赋税,地方各级政府设有相应机构。神宗之后,财政职权基本移交户部,工商税征管机构也随着工商税收的日益重要而趋于完善。

一、三司使体系

　　宋代财政管理机构的设置,在神宗元丰前后有所不同。神宗元丰以前,由三司使主管中央财政,设有三司使及副使、判官等官职。三司使为掌管财政的最高权力机关,下设度支、户部、盐铁三司。度支又下设赏给、钱帛、粮料、常平、发运、骑、斛斗、百官八案,主管支出;户部下设户税、上供、修造、曲、衣粮五案,掌管天下户口税赋之籍、榷酒衣储之事;盐铁下设兵、胄、商税、都盐、茶、铁,设七案,掌管天下山泽之货、关市河渠军器等方面事务。

　　三司也称计省,总领天下财赋。它独立于军政、民政之外,宰相也无权过问。这期间由于宰相不参与财政,尚书省的户部没有任何职掌,不过徒有虚名。之所以这样设置赋税管理机构,是为了削夺宰相的财权,以强化君主专制,巩固皇帝的统治地位。

宋朝的路是中央的派出机构。中央派往各路的发运使、都转运使、提举常平司、提举茶盐司、都提举茶马司、提举坑冶司、提举市舶使、提举制置解盐司、经制边防财用司等官,都属于中央派出的赋税管理机构,分掌各地的赋税、常平、盐、茶、矿、市舶课程和经画钱帛、榷易货物等项工作。此外,根据具体情况,设临时催督赋税的官员,如监当官(即监当使臣)驻各州监督赋税。

地方府、州、县、军、监各级,都设有赋税管理机关,如知州、知县。乡设里正、户长、乡书手以督赋税。王安石施行保甲法后,乡则由甲头督收赋税。

神宗熙宁年间,王安石实行变法,重新调整了中央财政管理机构,税赋、征榷由三司掌管,而茶、盐、坑冶、坊场、河渡等则作为朝廷的专款收入,由宰相掌管;将度支、户部、盐铁三机构合并为一,设置三司条例司,归宰相掌管,使之掌握了财政大权。但是,这个政策只实行了 15 个月就被废止,又恢复了三司使的体制。

二、户部体系

宋神宗元丰以后,裁罢三司,将三司的职权大部分移归尚书省的户部掌管,但这时户部所掌管的只是通常经费,而皇帝和宰相却掌握着全部预备金。南宋时,户部之外又设四处总领所,掌淮东、淮西、四川、湖广四所驻军钱粮。孝宗时(1163—1189 年)由宰相兼管户部,直至宋亡。

户部掌握天下人户、土地、钱谷之政令及贡赋、征役等事。户部设有左右曹,左曹掌户口的增耗、军国岁计、土贡、征榷、婚姻、民讼诸事;右曹掌常平之役、坊场、山泽征榷等事。户部属官有度支、仓部、金部等机构:度支设郎中和员外郎,主掌军国用度、赋税收支、军需边备的计算,年终汇总各路财政收支,报呈皇帝和尚书省,凡定额的上供、专款存储、科买诸数、漕运之员、百官俸给、赏赐财物等都有计划。度支管的是预算、决算和日常财务。金部主要掌管财政收入,凡是岁之所输,包括市舶、榷易、商税、香茶、盐、矿、纲运等收入,以及平准、度量衡制度,都在其掌管之内。仓部是国家仓储的主管部门。王安石变革赋税管理机构,有利于统一财政,推动财政改革,但改革并不彻底,其中的右曹掌握很大财权,并由右曹侍郎掌管。右曹侍郎虽列于尚书省,实际不归尚书省辖制,而由皇帝直接控制。王安石变法失败后,逐渐恢复三司体制。

另外,对具体工商税的征收管理又专设官员。如提举茶盐司,掌山海之利;提举常平茶盐司,主管常平、义仓、免役、官产、坊场、河渡等;提举坑冶司,掌山泽之所产以及铸币事宜;都提举茶马司,主管茶马交易,以茶易马;提举市舶司,主管对外贸易和课税事宜。

建立南宋政权后,将右曹之财归并于左曹,其下设度支部、金部、仓部三部,并在全国设四个总领所(即淮东、淮西、湖广、四川),于是户部之权又有一部分给予总领所。而且在这期间,各地拥兵自重,容易征收的赋税,尽量为地方所征,户部所得不过是难以征收的税种。

南宋管理赋税的职官又称为"太府寺",主管财政法令、商税、出纳、平准等事,如贾似道在任宰相以前就曾当过这个机构的主官。

三、税务机构

宋代工商税征收管理机构趋于完善。如盐、茶、酒国家专卖时,入中财物的收缴有榷货务;在盐产地设监征税或收买食盐并转卖给商人;对矿产品在产地设监务征税或收购产品;对商品买卖征税则设商税务,四京和南宋的临安称都商税院,各州府称都税务,各军、县、镇称税务或税场。《宋史·食货志》载:"凡州县皆置务,关镇亦或有之,大则专置官监临,小则令、佐兼领,诸州仍令都监、监押同掌。"熙宁十年(1077年),全国州县墟镇共设税务1 993个。

征税项目的设置要按一定手续申报批准,没有申报或申报未准而私设者要杖一百。随着工商贸易的发展、税收管理的加强,税务机构也随之增加。所征商税,主要是住税和过税,相当于近代的营业税和商品流通税。

南宋合法或非法设置的税务、税场、税铺更多,各税务还常派出专栏拦税,变相征税,甚至"有一务而分之至十数处者""一物而征之至十数次者",致使商税过重,商旅不行,商税收入反而减少,为此政府多次下令裁减税务。绍兴二十六年(1156年),尚书省诏令各路转运司商议减并税务,结果减税场134处,罢9处,免过税5处。[①] 但这种减并往往因国家规定各税务的税额不减而流于形式。如两税务合并为一税务后,两税务的税额也合并,于是只能破坏则例规定,不该征的征,该少征的多征,或重复征税。因此,商税过重、商旅备受苛扰的问题也就不可能得到根本解决。

四、包税制

买扑或称扑买,或称揽纳,是管理税收的一种方法,后称包税。这一制度实行

---

① （清）徐松辑:《宋会要辑稿》(六),中华书局1957年版,第5108、5104页。

于五代,宋承五代之制,也实行扑买。据《南齐书》记载,早在南齐(479—502年)时期,包税制就已相当盛行。《南齐书》卷四十《竟陵文宣王子良传》记载:司市是主管市场的官,只要商人有充足的财产作为保证,承认高额税收,就可获得,后人为了取代前人得到包税权,又提高税额,如此循环反复。南齐永明四年(486年),护军将军兼司徒萧子良在给皇帝的奏疏中,对竞相提高包税额以取得包税权的做法很不满意,大加谴责。南朝时,商税除对商人在市区所占的场所征收"场屋税"外,还按货物的交易额征收"估税",类似交易税的性质。"增估"就是对市内"估税"的金额包征,这大概是我国最早的包税制。

包税制在南齐兴起后,日渐盛行于南方。据《梁书·萧颖达传》记载,梁武帝时,征虏将军萧颖达包征鱼税,在朝中引起轩然大波。萧颖达曾随梁武帝转战南北,立下汗马功劳,以堂堂征虏将军的身份申请包鱼税,自然顺利得到批准,不料朝廷内部有人强烈反对。经过一番激烈争论,梁武帝不得不免去萧颖达征虏将军之职。至于此案发生的具体时间,从梁朝始于502年和萧颖达死于510年来分析,可以断定在梁朝建国初期包税制已相当盛行了。

梁开国之初就盛行包税,是沿用南齐之制。所以萧颖达争包鱼税一案,也可作为南齐时实行包税的一个有力旁证。可见在5世纪末期的南齐王朝就已有包税,并由包商税扩大到包关津之税,由一般的招商承包扩大到豪门贵族承包。

宋代包税制度相当齐备。太祖开宝三年(970年),"令买扑场务者收抵当",即包税者,要缴保证金。太宗淳化时,"买扑酬奖之法,次第举矣。买扑之利归于大户,酬奖之利归于役人,州县坐取其赢以佐经费,以其剩数上供"[1]。南宋时,买扑之制更是盛而不衰。

第二节　中央集权财政体制的建立

宋太祖建国初期,与专制主义中央集权相适应,将财权集中于中央。乾德三年(965年),诏令各州除度支经费外,粟帛钱币全部集中于京师,各地不许占留。设于各地的发运使、转运使都隶属于三司使,收入全部上缴中央财政。直到宋朝政权巩固后,才将部分财权下放,将财政收入分为上供、送使和留州三部分,上供部分解中央,送使部分解诸使,留州部分则留给地方自用。但是留州、送使两部分收入需送存于军资库和公使库,这两种库由中央设置,因此财政大权实际上仍集中于中

---

① 《文献通考》卷十九《征榷考六》,中华书局2011年点校本。

央。南宋时,这种上供、送使、留州的制度遭到破坏,一般地区不仅不上供,反而需要中央补助。

宋代地方政治组织有府州军监县,在中央与地方之间,还有路一级机构。府州县是地方行政权力机构,有一定范围的军权和财物使用权。在州县级,主管钱粮的称"丞"或"同知",地位都在知府、知县之下,而知县不过是一个七品小官。

宋代把全国分为若干"路",中央政府派往各路的财政官员有转运使和发运使。转运使掌管一路财赋储积,稽考账籍并考察官吏之事,负责掌管一路财政,也兼管关税。州应上缴之款,上缴给转运使,再转解中央财政。另有一部分财力在各州之间进行调剂,以备非常之需。中央在地方的各项支出也由转运使直接供应,无须向中央请拨。实际上,转运使是中央设在各地的理财分理处,其掌握的是国库在各地的分库,这是宋代财政体制的特殊措施,运用上有其灵活性。宋代中期以后,转运使所掌握的机动财力被集中到中央,从而使地方力量被严重削弱,转运使无从调剂,地方任何事情都必须由中央直接处理。

《宋史·职官志》记载:发运使是一个担任重点财政事项的职务,掌管山泽财货之源,"漕淮、浙、江、湖六路储廪以输中都",而兼管茶盐、泉宝之政及考察官吏之事。另外,还有提点刑狱公事等,也掌管一路或几路的财货发运。

宫廷所费之财无非取之于郡县,给地方财政造成了穷困的局面,也大大破坏了经济的发展。巨额的上供财赋中,供应宫廷消费和祭祀之用的部分占了很大比重。严酷的剥削使州县财政亏欠,"比行预借",民不聊生,成为"戕命脉之最大者"①。

第三节　货币制度的演变

在唐末和五代时期,已经在事实上而不是在法律上确立了银本位货币制度,这是中国货币史上的一个划时代的变化,它使中国直到近代一直是世界上少数银本位国家之一。宋代财政更与货币密切相关,尤其是纸币的发行使用,是直接受财政缺口的影响。

一、唐末五代的货币制度

五代十国的币制十分混乱。早在唐代时,销钱改铸铜器,获利甚丰,政府于是开始禁用铜器。进入五代,各王朝都率由旧章,相继颁布相同的诏令,仍然实行这

---

① (宋)徐鹿卿:《清正存稿》卷一,文渊阁《四库全书》,上海古籍出版社影印本。

一政策。"晋天福二年,诏禁一切铜器,其铜镜今后官铸造,于东京置场货卖,许人收买,于诸处兴贩去"①。五代的最后两个王朝,对于铜禁的法令条文规定得更为严密,甚至用国家法令正式宣布铜为国有,所有生铜、熟铜、用铜铸造的官私铜器和使用铜装饰的物品,除寺观内供神用的钟、磬、钹、相轮、火珠、铃铎外,私人一律不许用铜,连庙中的铜像、器物、诸色装铰所用的铜也须毁废送官,私藏铜或铜器五斤以上者,即处以死刑。这充分说明唐末五代时铜钱的短缺达到了十分严重的程度。

禁止铜钱出境,特别是严禁铜钱过岭,是管制铜钱流通的一个重要方面。铜钱的大量外流,是造成铜钱缺少、金融紧缩的重要原因之一。从唐代开始发展起来的市舶贸易,每年由番舶输入大量珍奇宝货,而中国却没有多少出口货来平衡入超,结果只有用铜钱支付。这样一来,铜钱的外流问题便随着对外贸易的发展而日益严重。这个政策到五代时仍无改变,如后唐庄宗同光二年"二月,诏曰:沿边州镇,设法钤辖,勿令商人般载出境"②。禁钱过岭尤为严格,因钱一过岭,就流往国外。

铜钱本已缺少,造成钱重物轻,通货紧缩,百业萧条,给人民的生产和生活带来损害,而商贾富室又乘机将大量铜钱积蓄起来,不使之流通,越发加剧了钱重物轻的严重性,政府针对这种情况,采取了限制私人过量存积铜钱的政策。尽管历次禁令都在商贾富室的阻挠破坏下未能贯彻执行,但对铜钱的无限制贮藏也起了一定的遏止作用,使富人在严刑峻法面前也不得不有所收敛,尽可能把他们的积钱加以处置,这又产生了比积钱本身更为严重的后果,即加剧了土地兼并。既然存钱被限令于一定期限内"任将别物收贮",而实际上又没有什么有利之物可收,于是富商巨贾便在城市内"竞买第屋",到农村则抢购土地。所以唐代的土地兼并问题非常严重,显然是与迫使大量货币由窖藏而"流行天下、布散人间"一事密切相关的。

由于铜钱严重短缺,不敷流通之用,而百姓又不愿使用实物货币,唐自中叶以后,民间交易开始实行了一种称为"除陌"的办法,即于每千钱中扣除若干文,仍按千钱行使。最初,政府曾严加禁止,命令各行行头及居停主人牙人等检察送官究治,如有违犯,即重加科罪。进入五代,情况进一步恶化,连官定的八十陌钱都不易维持,政府三令五申限定以八十为陌,民间竟降至七十七为陌,谓之省陌。

唐代是金属货币开始恢复和实物货币转向衰落的转折期,这个转变过程到晚唐及五代时又发生对实物货币的致命一击,即白银登上了历史舞台,白银由一般的贵重物品或装饰品迅速转变为正式货币,完成了中国货币史上又一次重大的变革——银本位制度确立。白银取代过去黄金曾经发生过的作用,以一种仅低于黄

①② 《旧五代史》卷一百四十六《食货志》,中华书局 1976 年版。

金价值的贵金属,成为金属货币的主体,为商品经济和货币经济的发展提供了新的条件,这个变化的历史意义非常重大。

白银大体上是在唐代后期和五代时期进入流通领域而正式成为货币的,当然此时白银还只是在事实上而不是在法律上取得了本位币的资格。黄金退出流通以后,在长达 800 多年的时间中,不再有贵金属货币,其中绝大部分时间又是布、帛、谷、粟等实物货币盛行的时代,连铜钱也备受排斥,有时长则一两百年、短则数十年完全不用铜钱,以致"钱货无所周流",或"钱货不行",还有不少地方根本就不用铜钱。所以在很长的一段时间内,货币经济衰落到若有若无的地步。

自唐代中叶白银成为货币后,其发展非常迅速,到了五代时已成为事实上的银本位时代,民间的日常用费也都是使用白银。白银单位价值高,体积轻便,以之行贿、受赂都很方便,结果到五代时官场中更以大量白银公然行贿。五代之后,在江南偏安的几个小王朝,由于兵力薄弱,不能与中原大国抗衡,为了缓和敌对关系,延缓北师压境,遂每年或遇喜庆节日向北方王朝进献方物,所献之物除各地著名特产和绫罗锦绮等高贵丝织品外,主要是白银,而且数量巨大,少则数千两,多则万两以上,借以讨好北方各王朝,以求苟安。

二、宋代的货币制度

在钱币问题上,宋承五代十国遗制而因势改易,历时 300 余年,未能统一币制。正因为币制混乱,所以处理币制所采取的政策和措施也比较多。总体来看,宋代是铸币、纸币并行,币制多变而不稳定,加以金属币外流严重和豪民富户操持货币流通、谋取暴利等原因,对国计民生影响很大。

宋朝的货币制度在中国货币史上具有重要地位。宋初,禁止民间使用轻小恶钱,开宝四年(971 年)铸造"宋元通宝"流通。宋初的铜币铸造技术精良,质量好,私铸很少,因此币值稳定,信誉较高,流通范围越来越广,行之即久,铜币大量外流,铸币原料也渐感缺乏,国内发生了严重的钱荒。为了满足需要,官府开始铸造大量劣质货币,并以此作为取得财政收入的手段。结果又发生另外的社会问题,即私铸严重,币值下落,市场物价飞涨,币制遭到破坏。

宋朝的铁钱最早只流通于川蜀地区。宋太祖开宝三年(970 年),在雅州百丈县设铸钱监,铸造铁钱。此后又因福建铜钱稀少,河东用兵急需,而先后在建、晋、泽诸州铸大铁钱。神宗元丰年间(1078—1085 年),诸路设铸钱总监,其中,铁钱为九监,铁钱与铜钱并行,后来由于铜钱日少,铁钱日多,铁钱比值很低,哲宗绍圣初,铜钱与铁钱的比值为 1：2.5。

随着商品货币关系的迅速发展，铸币已不能满足社会需求，加以铸币本身笨重不便携带等缺点，真宗初年，在四川地区由几家富豪创行了一种私人票券，充做支付凭证，叫做"交子"，这是世界上最早出现的纸币，在钱币史上值得大书一笔。其后不久改由官办，先在成都设置专局，后来随着发行数量的增多和流通地区的扩大，北宋王朝在开封设置了交子务，专门负责纸币的发行工作。起初发行有定额，流通有地区限制，定期要换界。到徽宗时，为筹集军费，大肆发行纸币，交子的每界发行额超过定额的 20 倍。由于滥发交子引起币值下跌，信誉低落，对经济造成不良影响。南宋改交子为会子，并在杭州设立专门印造纸币的机关——会子务。所印会子的面额有大小之分，可代现钱流通，并设有金、银和铜钱做准备金，可供兑换，有利于纸币的流通和币值稳定。但自宁宗开禧（1205—1207 年）以后，政府只顾财政需要，把过去的一套制度包括数量限制、准备金和纸币回收等制度废弃了，过量发行的结果使会子充斥于市，造成了币值跌落，物价飞涨，民生凋敝，加速了南宋财政的破产。

"关子"是南宋高宗绍兴元年（1131 年）在浙江婺州发行使用的一种纸币。发行这种纸币，是由于在婺州屯兵，所需军费需由杭州办理，但杭州到婺州不通水路，无法用舟船搬运，遂仿行过去实行过的便钱之法，印行关子，交付婺州。婺州当局收到入中钱粮后，发给关子，可赴杭越榷货务兑取现款。这本是一种汇票性质的发货单据，以其可到杭越榷货务兑取现款，故而在市场以一种有价证券性质当作货币流通。

第四节　宋代的财政法制

宋朝有关赋税的法规很严格，其中，既有对纳课人的罚则，也有对课税官吏的罚则。但由于政治腐朽，统治者有意袒护士大夫阶层，所以罚则对课税官吏的约束力有限。

（1）有关田赋的法规。宋朝规定田赋有输纳期限，限期内未缴纳，则按欠纳处理。相关的处罚也很严格，绍兴九年（1159 年）规定，熟田不输租者，过百日即以匿税论。

（2）手工业产品的税课罚则。宋代对盐、茶、酒、矿产品等手工业产品规定了严格的税课禁例罚则。宋代盐课禁例很严，其中，包括对贩盐者实行的禁例和对主管官吏的禁例。其要点如下：第一，禁私盐。太祖建隆二年（961 年）规定：私制盐三斤以上者处死。太宗太平兴国二年(977年)规定,凡私刮碱煎私盐者,据斤两定罪,一两以上决杖十五,二十五斤以上杖脊十五,配役一年,百斤以上杖脊三十,刺面送赴阙。三人以上持杖盗贩私盐者,持杖者及为首者并处死。第二,禁犯界。太祖初规定:擅自贩官盐入规定之外地界,十斤以上处死。太宗时规定:贩盐入规定之外地界,一两以上决杖十五,三十斤以上杖脊十五,配役一年,二百斤以上杖脊二十,刺面送赴阙。颗盐、末盐也不得互相侵越犯界。第三,蚕盐不得入城。太祖时规定,以蚕盐贸易入城者,二十斤以上杖脊二十,配役一年;三十斤以上处死。第四,担任盐课主管官吏的禁例。太宗时规定,如有盗贩或征羡余为私鬻者,流官、监当主首职官,不计多少并奏裁,当加极典。

(3) 有关茶课的罪罚。第一,私茶之禁。凡民茶折税外,匿不送官而私贩者,没入其茶,计值论罪。第二,伪茶之禁。卖假茶,一斤杖一百,二十斤者弃市(处死)。第三,对官吏私贩茶治罪。主管官吏私贩官茶,开始时规定,有一贯五百文者处死;以后逐渐减轻,太平兴国二年(977年)规定主吏盗官茶贩鬻三贯以上者,黥面送阙下。巡防贩私茶,依本条加一等论罪。

(4) 有关酒课的法规。第一,禁私卖酒、酒曲。太祖时规定,犯私曲至十五斤,以私酒入城至三斗者始处极刑,以后各代相继减处罚。第二,禁犯界酒。太祖时规定,越界私卖酒,一石则弃市。民持私酒入京城五十里,西京及诸城二十里,酒至五十斗即处死。以后稍宽其刑。第三,告赏之制。犯酒禁而首告者,例有赏钱,赏钱的多少以犯酒数量而定。

(5) 宋代市舶法规。其基本精神是防止漏税,以增加国家市舶收入。第一,禁私自出海贩鬻。元祐五年(1090年)规定:不经允许而擅自到高丽、新罗、登莱州界者,徒二年,五百里编管;往北界者,加二等,配一千里。船上其余的人,虽非船主,并杖八十。而且许人告发,并给赏钱。第二,禁私与外商交易。在实行榷货制度时,严禁内地商人与外商贸易。敢与贸易者,计值满一百文则治罪,过十五千钱以上,黥面配海岛。过此数者押送;妇人犯者,配充针工。以后各代稍有减轻。此外,曾严禁铜钱出口,若有夹带铜钱出口者,回国后徒一年。

第五节　宋代的财会审计制度

宋朝的会计制度较唐更为完备,条禁文簿也逐渐周密。宋代会计与审计制度的发展经历了多个阶段。

（1）三司组织的初建阶段（960—992年）。宋代开国之初就订立制度,加强财务会计审计管理。如开宝时,许仲宣知荆南转运使兼南面随军转运使,兵数十万,供馈无有欺隐,说明当时会计制度十分严明。不仅如此,当时的财务法令也很明确,随着情况的变化而适时调整。太宗淳化元年（990年）诏:"三司自今每岁具见管金银、钱帛、军储等簿以闻。"①由于财政与会计大权归于三司,宰相不理计政,要掌理全国财政与会计就必须加强三司的组织建设,使它能够控制全国的户籍、计账、税收与会计。三司号称"计省",设三司使一员,号称"计相"。下设副使一员,具体主持财政与会计工作。所属盐铁使主管税收,度支使主管会计,户部使主管天下赋役户籍,彼此配合形成对全国财政与会计的一体化控制。岁终由各地呈送会计报告汇总于三司,由三司统一勾稽。

（2）总计司设置阶段。宋太宗淳化四年（993年）将三司改为总计司,令每州军岁计金、银、钱、缯帛、刍粟等费,逐路上报总计司。总计司之下置左、右计分掌十道财赋,由总计司之总计使与左、右计使配合,分大区掌理全国财政,实行统算、统报、统检与统管。同时,以总计司作为国家财政与会计总理机关的命名,不仅在形式上表现出名实一致,而且也表明财政与会计在国家行政系统中地位的提高。这种会计报告制度要求州军报告给路,路报告给三司,三司每年按期编制会计簿上报皇帝,成为皇帝掌握赋税情况的重要途径。

（3）三部使设置阶段。淳化五年（994年）,"罢十道左右使,复置三部使",自此又复归盐铁、度支及户部三司使分掌税收、会计及赋役户籍事务。然而仅几年后又于咸平六年（1003年）"罢三部使,复置三司一员"②。经过以上反复的折腾,不仅未能解决事权不统一的问题,反而造成了财政与会计失控的现象。因此,在宋真宗景德年间（1004—1007年）又恢复了宋初时的财政会计体制。

（4）王安石变法阶段。王安石变法体现的是"理财、整军、富国、强兵"的原则,理财首先从财政与会计组织建设和财政与会计关系协调出发。熙宁二年（1069年）二月,王安石呈请"制置三司条例司",作为推行改革的总机构。王安石罢除三司使之名,将盐铁、度支、户部三机关合并为一,使财政与会计大权又回到宰相手中。三司条例司刚一成立,宋神宗便令其考核盐铁、度支、户部三司的簿籍,查清家底,凡是全国一年内的经费开支,必须先编制预算,然后再依据预算执行,以节制财政支出。经过努力,在节用方面取得成效,共裁省冗费四成。因有人反对,次年又

---

① 《宋史》卷一百七十九《食货志下一》。
② 《宋史》卷一百六十一至一百七十二《职官志》。

罢除了三司条例司,并入中书省,此后财政与会计之权又复归于三司。熙宁七年(1074 年)宋神宗诏准设立"三司会计司",以总考天下财赋之出入。会计司设立之后,一度实行一州、一路汇总会计报告,最后由会计司统一勾考的办法,然而此事尚未进入正常工作阶段,这一机构就流产了。尽管如此,像会计司这样的一种组织形式以及以"会计"作为全国性机构的命名都是第一次,它是建立独立会计部门管理全国会计工作的一次有益的尝试,进一步提高了会计工作的地位,使之成为独立的职能部门,它的出现不仅在组织上确定了会计部门在中央财政与会计组织中的重要地位,而且在自下而上逐级考核方面体现出一种全新的管理控制格局,对后世产生了深刻的影响。

(5) 元丰改制阶段。元丰元年至八年(1078—1085 年),宋神宗推行改制,把包括财政与会计在内的中央体制恢复到唐朝三省六部制的组织格局,依然在户部下设度支掌管会计,设金、仓两部掌理出纳,另设置太府寺、司农寺分掌钱币、粮谷出纳、保管事宜。元丰改制后,户部尚书的部分财权已不在其掌握之中。当时左曹隶属户部,而右曹则划归右曹侍郎掌管,故右曹所掌管的部分财权户部已无权过问。这使财政与会计大权处在被分割的状态之中,有的属于皇帝,有的属于宰相,而有的则属于户部。

(6) 南宋阶段。南宋时,皇帝、宰相与户部所管理的财政与会计,在收受、索取与发放、支用方面已各行其是,互不通气。因此,元祐初司马光曾提出利权当统一归于户部的意见,但利权分散、事权不一已成为宋朝体现在财政与会计组织和关系方面的一种顽症。南宋兵戈泛起,财政失其常规,但统治者不仅没有放松对财政与会计的控制,而且从局部方面来讲,在财政与会计机构建设方面还有新的措施。鉴于太府、司农寺的设置在组织上与金、仓部相重复,建炎三年(1129 年)罢司农寺,将职权并于仓部,罢太府寺,将职权并入金部。孝宗乾道二年(1166 年),设"三省户房国用司",总管国家财政收支,并由宰相兼"制国用使",参政兼"同知国用事",这是集中财政与会计管理权在组织上的一次尝试。开禧二年(1206 年)又改国用司为国用参计所,以建立治理国用的专门机构。

宋代地方财政与会计审计关系也变化较大。在元丰改制以前,各路的财政与会计由转运使掌管,路分别设有分管税收、会计及赋役户籍的官吏。元丰改制后,各路财政与会计大体上回归户部掌理。在州、县二级,财政与会计由知州、知县控制,其下分设征税、会计、出纳及财物保管之类的官员,在县以下的基层组织中有里正、户长、乡书的设置,负责税收、会计事宜。

宋代设御史台主管政治、经济监察工作,但其职权较唐代小得多,作用也不显著,而且地方无监察之职,只在不得已时临时派官兼掌监察。元丰改制以前,已无独立于财政与会计部门之外的审计组织设置,仅有隶属于三司的内部审计组织,如三司勾院、都磨勘司等。根据三司在财政与会计方面的分工,三司勾院又分设户部勾院、度支勾院、盐铁勾院分工审核相关方面所申报的账籍。事实上这些机关的内审也流于形式。

宋代在刑部中设比部,审核内外账簿,职责类同今天的审计。元丰改制后,又恢复比部制度,这种具有独立意义的司法审计虽然与唐朝比部职权与作用趋同,但在事权分散、利权不一的财政与会计组织管理状况下,比部的权威性已较唐代大为削弱。在财政审计组织设置方面值得一提的是北宋太府寺所属二十五司中所设置的审计司,"掌审其给受之数,以式法驱磨"。驱磨、磨勘均含有追究、考核、复验与审查之意。南宋高宗时又设审计官,自此审计官的职责得到进一步明确。南宋在太府寺中一直保留审计司,这是在中国历史上第一次以"审计"一词命名的政府机构。

军队审计在宋代也十分重要。北宋淳化三年(992年)设马步军专勾司以审计军队账籍。在元丰改制取消三司勾院之后,为审查中央各部门经费支出又设诸司专勾司,与马步军专勾司两者并称诸军诸司专勾司。南宋建炎元年(1127年),宋高宗赵构即位后避其名讳,将诸司诸军专勾司改为审计院。审计院下设干办诸司审计司与干办诸军审计司两部分,分别审计中央各部与军队的账籍,隶属于户部。南宋审计院较之北宋审计司在审计范围、对象方面大为扩展。

宋代会计技术已比较进步,四柱清册即会计账簿已普遍应用。官员的交代如账实不符,则按处罚的条例办理。在宋代,差不多每朝的户部都编制会计录。宋代的会计录是按唐代李吉甫的国计簿形式编制的,所记载的内容各代略有不同,主要有户赋、郡县、课入、岁用、禄食、杂记、军费、储运、坑冶等项,会计录编成后呈报皇帝。通过会计录不仅可以了解到各年的财政状况,而且它还是朝廷监督和限制国家支出的重要依据,对制定财政政策、加强财政管理都有重要意义。

第六章

辽金元时期的财政制度

　　辽、金、元三代都是少数民族入主中原的政权,共同点是把原有的财政管理方式与中原的制度相结合,形成了特色鲜明的财政制度,这是政治、军事、经济、文化相互碰撞、融合后的必然结果。这一时期从财政制度方面来看虽有新特点,但整体水平并不高,而且显得比较混乱。

第一节　财政管理机构的混乱与统一

　　辽代的财政管理机构是北、南分离模式,南院大王及北、南宰相府是管理财政的最高决策机关,南枢密院和南面财赋官是主管财政的机关,地方政府中也有相对应的部门负责财政事务,落实中央的财政政策,完成中央的租赋任务。金代的财政管理机构中,尚书省是全国最高权力机构和财政管理机构,户部则是主要分管财政工作的部门。相比辽代和金代,元代财政管理机构显得庞大而混乱。

一、辽代财政管理机构概况

　　辽代的政权机构表现出两大特点:一是官制分南、北两面的两大系统,"北面治宫帐、部族、属国之政,南面治汉人州县、租赋、军马之事"①,充分体现了民族特性在政治制度中的运用。两大系统的体制主要是根据国内游牧民族和汉民族并存的实际情况制定的,北面机构设在少数民族居住地区,南面机构设在汉人居住的地区,以达到"以国制治契丹,以汉制待汉人"的目的。所以,这种管理机构是与辽代以游牧民族为主体兼有大量其他经济形态的民族(主要是以农业为主的汉民族)的特点相适应的。二是北面系统又分为北、南两院。这是因为统一契丹各部的真正

---

　　①　《辽史》卷四十五《百官志一》,中华书局 1974 年版。

奠基人即迭剌部的涅里在组织契丹部落联盟后,让大家推选遥辇氏阻午为可汗,自己出任军事首领夷离堇。此后数代,契丹的实权皆在迭剌部夷离堇手中。辽太祖耶律阿保机即位后,为了削弱迭剌部夷离堇的权力,于天赞元年(922 年)将北面机构分为北、南两院,契丹八部中以迭剌部为主的五部为北院,以乙室部为核心的三部为南院,各置夷离堇,太宗时又将夷离堇改名为大王。

辽代的北、南两大管理系统,北面主要处理政治、外交、军事上的事务,南面系统主要管理州县、租赋和军马之事。北、南两面分设大王、宰相、枢密、宣徽、林牙,下至郎君护卫。北枢密院相当于兵部,专掌兵机,不理民政,以其牙帐居大内帐殿之北,故名北院。南枢密相当于吏部,除文铨外,兼管部族丁赋之政。北、南二王相当于户部,分掌部族军民之政;宣徽相当于工部。北、南府各由宰相总之。财务工作大致集中于南枢密与北、南两王。

二、金代财政管理机构的确立及其职能

金代的官职自景祖时始建,以统诸部征伐,巍然自为一国,其官长皆称勃极烈,勃极烈之前有国论、乙室、忽鲁、移赉、阿买等之号,以为升拜宗室功臣之序,其部长曰孛堇,统数部者曰忽鲁。这种官制是女真族特有的制度。随着民族的发展和进步,特别是灭辽以后,女真族的官制开始吸收辽代的制度特点,同时又大量采用中原汉人的官职。到金太宗天会四年(1126 年),按照汉制进一步建立健全国家办事机构,“建尚书省,遂有三省之制”。至金熙宗时,对官制进行全面改革,“颁新官制”。熙宗换官格,除拜内外官,始定勋封食邑入衔,“大率皆循辽、宋之旧”。正隆元年(1156 年),罢中书、门下省,置尚书省。自省而下,设有院、台、府、司、寺、监、局、署、所,各有专职,职有定员,员有常数,各统其属以修其职,“纪纲明,庶务举,是以终金之世守而不敢变焉”[①]。由此可知,金代的官制是女真族、辽制和汉制三者的融合体。

在金代的财政管理机构中,尚书省是全国最高的权力机构,自然也是财政的最高管理机构,财政政令皆由此决定颁发。户部是主要分管财政工作的,下设转运、盐铁、商税、漕运诸司,为分管某个方面的机构。地方官府是执行中央财政政策的机构。在中央一级的管理机构中,分工比较细致明确,地方一级则没有明确的分工。

---

① 《金史》卷五十五《百官志一》,中华书局 1975 年版。

三、元代财政管理机构的混乱与统一

同辽代和金代相比,元代地域广大,人口众多,统治时间较长,行政划分级次多,而财政管理机构显得庞大和混乱。

元代从成吉思汗建立起大蒙古国开始,国家机构开始初建。在治理游牧部众阶段,中央汗廷中最高的执政官员是断事官(即札鲁忽赤),"总裁庶政",全面负责户籍、赋役、狱讼和监察等事。在断事官机构中,必阇赤协助札鲁忽赤草拟文书、计点财赋、校阅户口与清册(元时律令及审断事宜的记录)。窝阔台三年(1231 年),改侍从官名,必阇赤分别被授予中书令、中书省左丞相、右丞相等汉官号。因此,断事官机构成为元代早期的中央财政管理机构。蒙古灭金以后,为了加强对中原汉地的统治,窝阔台正式建立了汗廷断事官在汉地的分支机构"中州断事官"府署,又在中原各地州县遍置达鲁花赤,地位在州县守令之上,原先主持财赋的必阇赤成为燕京断事官的重要助手,专以"行尚书六部事"的汉名属之。

至忽必烈时,设立了全国行政中枢机构——中书省,开始了从蒙古旧制向新的制度体系过渡。由中书省右左丞相、平章政事、参知政事等组成了中书宰执会议(都堂)及其幕府机构"左右司",直接受命于都堂的两个并列的下属部门为左三部(吏、户、礼三部)、右三部(兵、刑、工),即左右部,由它们分别承办例行政务,后改为判国用司。至元八年(1271 年)并入中书省户部,主管天下财赋、户口和田土之政令。

左司和右司并入户部以后,户部就成了中央主管财政的机构,凡户口、钱粮、土地之政令皆由其出,凡贡赋出纳的规范数目,货币流通的制度规定,府藏积蓄的数量,货物贵贱的法度,收敛、给散是否得当,均由其裁定。户部下属机构包括诸路宝钞都提举司、大都宣课提举司、大都酒课提举司、印造茶盐等引局、京畿都漕运使司等。这些机构虽隶属于户部,但其级别与户部相等,户部对它们的约束力并不太大,这是元代官制的一个特色。

元代中央机构中,虽然户部主管财政,但与此同级的兵部、刑部、工部、礼部均有自己的理财机构和财权。如兵部掌管屯田、牧地之籍,羊、马、牛、羽毛、皮革之征,驿站邮运之制。刑部主管赃罚之出入,工部主管工局之出入,礼部主管登记、朝会之出入。除兵、刑、工、礼部具有自己的理财机构和财权外,元代中央有些综合部门也设有自己的理财机构,握有很大的一部分财权。如枢密院主管军民屯种之收入,大司农司、宣政院主管吐蕃等处税课仓粮,它们的级别低于中书省,但高于六

部,六部直接对中书省负责,中书省对皇帝负责,中央综合部门也直接对皇帝负责,它们之间在财政上没有任何统属关系。由此可知元代财政管理机构之混乱。机构不统一,造成"衙门纷杂,事不归一,十羊九牧,莫之适从","诸司头目,布满天下,各自管领,不相统摄"。机构冗滥,政出多门,造成财力的极度分散。

地方财政机构中,自中统元年(1260 年)起在汉地设立另一个中枢分支机构,即陕西四川行省,与燕京行中书省并列。在燕京、陕西四川两大行省的辖区内,还陆续建立过一些带临时性的中枢分支,也称为行省,从事征伐、括户、宣抚新降军民、颁行条格等专门任务。中统后期,燕京行省和中书省合并,其辖区基本变成了中书省的直隶政区,其外的行省逐渐变成固定派遣在各地的常设中枢分支。至元后期,行中书省建制先后在全国确立,行省从此变为中书省领导下的最高一级地方行政机构和地方政区。全国共有 11 个行省,每个行省都握有很大的财权,同时还负责本省的兵甲、屯种和漕运等事。

行省以下的行政区为路、府、州、县。路下辖地区分为三类:一类是靠近路治所在的直辖县;一类是路领州;还有一类是路领府,其地位比路领州略高。路领州、府都可辖县,有些府还领有属州。还有少数府、州不隶于路,而直辖于行省。路、府、州、县虽然是地方上的行政机构,同时也是管理财政的机构。

第二节 形式各异的财政体制

从财政管理体制来看,辽代和金代大致一样,都是实行财权集中的体制,财政收支、盐铁之利皆由中央决定,地方财权甚微。元代财政体制则有所不同,呈现出蒙汉并举的特色:在汉族地区实行财权高度集中的体制,在边疆地区的汗国实行财政独立制度,在内地的投下(诸王、驸马、勋臣等的封地)则实行分成制。

一、辽代的财政体制

辽代建国以后,内建宗庙朝廷(中央官制),外置郡县牧守(地方官制),又分别在长春、辽西、平州设置盐铁、转运、度支、钱帛诸司,以掌出纳,逐渐建立起一套财政体系。

在这种机制下,国家实行的是高度集中的财政体制,这与其中央集权的政治制度是相匹配的。圣宗统和十三年(995 年),"诏诸道置义仓"。义仓积谷,本来是地方政府分内的事,但辽代由中央统一管理。太平七年(1027 年)诏曰:"诸屯田在官斛粟不得擅贷,在屯者力耕公田,不输税赋,此公田制也。余民应募,或治闲田,或治私田,则计亩出粟以赋公上。"[1]各地屯田的积粟,不让地方"擅贷",说明地方政府和军州是没有权力支配国家财赋的,需要借贷时必须上报中央,批准后才可支付。耕种闲田和私田者,按亩纳粟"以赋公上"。"公上"指向国家上解,说明赋税必须上缴国库,由中央财政管理,地方政府无权支配。对于全国的赋税,地方政府只有征收和管理的责任,而无支配的权力,由此证明辽代财权是集中在中央的。盐利所入,也由国家统一征收。《辽史·食货志下》记载:"会同初,太宗有大造于晋,晋献十六州地,而瀛、莫在焉,始得河间煮海之利,置榷盐院于香河县,于是燕、云迤北暂食沧盐。一时产盐之地如渤海、镇城、海阳、丰州、阳洛城、广济湖等处,五京计司各以其地领之。"由此可知,盐是由国家控制实行专卖的,盐利收入直接由中央来征管,地方不能干其政。冶铁收入也同样如此。如神册初,平渤海,得铁利州,"置采炼者三百户,随赋供纳。以诸坑冶多在国东,故东京置户部司,长春州置钱帛司。……自此以讫天祚,国家皆赖其利"。铸造钱币,权力更为国家所有,严禁各地及民间私铸。如开泰中,"诏禁诸路不得货铜铁,以防私铸,又禁铜铁卖入回鹘,法益严矣"。[2]

总之,辽代实行的是财权集中的体制,采取统收统支的办法,财政支出、税收减免、盐铁之利,全由国家决定,地方是无权支配的。

二、金代的财政体制

金代建国后,在中原地区的财政管理上采取了财权高度集中的体制。金代虽然是少数民族政权入主中原,但对中原政治、经济制度的吸收和采用还是比较快的,这对金代的政治、经济包括财政制度有着重要的影响。

(1)财政政策由中央统一制定,地方政府没有制定政策的权力。在赋税政策方面,如太宗天会十年(1132 年),由于辽人士庶之族赋役等差不一,"诏有司命悉均之"。泰和时,国家制定夏税六月至八月,秋税十月至十二月。金章宗认为十月民获未毕,遵令纳税不切实际。于是,"改秋税限十一月"。世宗大定二年(1162年),诏曰:"朕比以元帅府从宜行事,今闻河南、陕西、山东、北京以东及北边州郡,调发甚多,而省部又与他州一例征取赋役,是重扰也。可凭元帅府已取者例,蠲除之。"从这条诏书内容来看,全国赋税标准是由省部(中央最高机关)统一制定,全国

---

[1]　《辽史》卷五十九《食货志上》。
[2]　《辽史》卷六十《食货志下》。

按这一标准统一征收的。而河南、陕西、山东、北京等北边州郡,是按元帅府的标准征收的,即"以元帅府从宜行事"。本来已调发甚重,省部又按全国统一的标准再次征收,世宗认为是对民众的重扰,遂下诏书令免去元帅府所征赋税。这进一步说明,财政政策由中央制定,地方政府只能执行中央的政策,不能按地方政策办事。大定十三年(1173 年),世宗对宰臣说:"民间科差,计所免已过半矣。虑小民不能详知,吏缘为奸,仍旧征收,其令所在揭榜谕之。"由于有些地方政府不执行中央的政策,不愿减免,"仍旧征收",世宗让各地把中央的政策榜示于众,让民众监督。章宗明昌二年(1191 年)二月,民有诉水旱灾伤者,上命"委官按视其实,申所属州府,移报提刑司,同所属检毕,始令翻耕"①。由于政策由中央制定,地方政府遇到与财政政策有关的事,必须上报中央有关部门,按中央确定的政策办理,不能私自决定。

(2)减免赋税由中央决定,地方政府没有决定权。户部是中央主管国家财政的部门,各地凡遇灾害需要减免赋税,必须按月迅速报户部审批,没有户部的批准,地方上不准减免。所以,在金代凡遇灾害减免租税的地方,都由中央下发指令,或以皇帝的名义颁发诏书。如熙宗天眷五年(1142 年),"诏免民户残欠租税"。世宗大定三年(1163 年),由于岁歉"诏免二年租税"。五年(1165 年),"命有司,凡罹蝗旱水溢之地,蠲其赋税"。十七年(1177 年),"诏免河北、山东、陕西、河东、西京、辽东等十路去年被旱蝗租税"。十八年(1178 年)正月,免中都、河北、河东、山东、河南、陕西等路前年被灾租税。十九年(1179 年)秋,中都、西京、河北、山东、河东、陕西以水旱伤民田 13.7 万余顷,"诏蠲其租"。二十年(1180 年),中都、西京、河北等路前军遭灾,"诏免其租税"。可见每次减免租税都是以诏书的形式颁布命令,而不见地方政府减免租税的记载,这说明租税减免权集中在中央。当然,地方政府也有减免租税的事例,不过属于特殊情况,否则要受到中央处罚。

(3)全国租税皆由地方负责征收,足额上缴中央,地方不得擅自留用。如世宗大定二十一年(1181 年),金世宗对宰臣说:"前时一岁所收可支三年,比闻今岁山西丰稔,所获可支三年。比间地一岁所获不能支半岁,而又牛头税粟,每牛一头止令各输三斗,又多逋悬,此皆递互隐匿所致,当令尽实输之。"所谓"递互隐匿",即各级擅自留用,世宗要求全部如实上缴中央。中央要求地方必须完成上缴数额,否则停其官俸。催征租税是地方政府的重点任务之一,若不能按规定完成,停发其俸禄,地方政府只有保证完成征税的事权,而没有支配和处理租税的财权。如宣宗兴定四年(1220 年)十二月,镇南军节度温迪罕思敬上书,指出民输租税,上户输送远

---

① 《金史》卷四十七《食货二》,中华书局 1975 年版。

仓,中户次之,下户最近。但近者也不下百里,远者数百里,道路之费倍于所输,而雨雪有稽违之责,遇贼有死伤之患。他建议租税"不若止输本郡,令有司检算仓之所积,称屯兵之数,使就食之"①。为了避免民众缴纳运送租税之苦,温迪罕思敬建议改输本郡,由于不敢擅自处置,因而上书中央。即使朝廷批准改输本郡,也要由中央财政部门清查仓储数额,地方是无权做这项工作的。

(4) 盐铁官营,利归朝廷。金制,榷货之目有十,酒、曲、茶、醋、香、矾、丹、锡、铁、盐这十种行业都由国家控制,地方或私人不得占有。金代初年,盐由民间经营,国家征税金。统治中原以后,"设官立法",实行集中经营,严禁私人分享。世宗大定三年(1163 年)二月,"定军私煮盐及盗官盐之法,命猛安谋克巡捕"。二十八年(1188 年),"创巡捕使,山东、沧、宝坻各二员,解、西京各一员。山东则置于潍州、招远县,沧置于深州及宁津县,宝坻置于易州及永济县,解置于澄城县,西京置于兜答馆,秩从六品,直隶省部,各给银牌,取盐使司弓手充巡捕人,且禁不得于人家搜索,若食盐一斗以下不得究治,惟盗贩私煮则捕之。在三百里内者属转运司,外者即随路府提点所治罪,盗课盐者亦如之"②。由此来看,盐利直属中央是毫无疑问的,而且控制得很严,地方不能分利,民间不能染指。

三、元代的财政体制

与辽、金财政体制相比,元代财政体制呈现出蒙汉并举的特色,这是由元代汉蒙混合政治体制所决定的。中原地区实行高度集中的财政体制,西北汗国实行独立的财政体制,投下分封制下实行分成财政体制,三种情况并存,总体上以高度集中的财政体制为主。

(一) 中原地区的财政体制

在元代,中原汉民族地区的财政体制是财权高度集中体制。这主要体现在中央与行省在财赋收支上的权限划分、中央与路府州县在财赋收支上的权限划分和中央与地方在财赋收支上的权限划分三个方面。③

1. 中央与行省在财赋收支上的权限划分

在赋税征收方面,大约在世祖末成宗初,各行省督办的钱粮赋税已有了数额方面的规定。行省等官督办钱粮数额,即所谓"合办额",是以年份为单位计算的。

---

① 《金史》卷四十七《食货二》。
② 《金史》卷四十九《食货四》。
③ 参阅李治安主编:《唐宋元明清中央与地方关系研究》,南开大学出版社 1996 年版,第 189～206 页。

"合办额"直接向朝廷负责,或增余,或足额,或亏欠,由朝廷逐年检核。[①] 各行省所督办的钱粮数额并不相等,而是高下悬殊,差距甚大。以税粮为例,江浙行省最多,达 4 494 783 石;甘肃、辽阳两行省最少,仅 60~70 万石[②],相差 6 倍多。就其在全国税粮总数中的比例而言,江浙一个行省可占到 37%左右,甘肃、辽阳两行省则分别占 0.5%左右。按照各行省承担的赋税定额,朝廷予以严格检查和督责,并实行奖励增羡和处分亏空等政策。

在接受朝廷下达的年度赋税定额以后,行省在本辖区内需要监督路府州县、都转运盐司的赋税征集。行省有权参与议定路府州县所掌的赋税数额、征收方式等事宜。在行省对诸项赋税的综领过程中,多以盐课为重点。行省对所辖区盐课的管理,具体表现在某种程度地节制都转运盐使司、整顿盐法、掌管榷卖数额三方面。行省对辖区都转运盐使司某种程度上的节制,主要表现在综领盐务过程中的一些统属联系:一是较重要的事情都转运盐使司需要随时禀报行省,"照勘议拟",获得批准后,才付诸实施;二是都转运盐使司上奏朝廷,一般需要先申禀行省,由行省"明白定拟",然后咨呈中书省参详,中书省作出指示后也须回咨行省,再转发都转运盐使司等执行;三是在实施中书省盐务方面的命令时,朝廷多半要责成行省派官吏赴现场坐镇督察。

行省可以介入整顿辖区盐法等事宜。这类整顿或同朝廷所遣官一齐进行,或由行省官根据辖区情况,上奏论列利弊,提出建议。行省官还直接负责汇总审核都转运盐使司的岁办盐额。他们或阻止增羡列入常额,或力请减少盐引数额,都说明行省官对都转运盐使司的岁额增羡乃至盐场煮盐数所拥有的某种决定权是显而易见的,行省也借此掌握或过问都转运盐使司每岁输往京师的盐课收入数额。当朝廷在年输京师定额之外临时调拨行省所属盐运司十万钞左右的盐课,用作别省赈灾等事时,行省左丞等官可以用"周岁所入,已输京师"等理由,回咨中书省,也可以折合来年输京师盐课数,遵都省命令,"如数与之"。这说明行省在输入京师之外,尚留部分盐课余额,对后者行省官员具有某种程度的支配权。

除盐以外,元代地方酒课通常由路府州县具体掌管,但行省官对所辖区的酒课征收方式也有权过问和变动,还常常派官审核路州的酒课数额。金银等课也是行省负责的另一项较重要的课程。行省对境内各银场提举司等进行检覆监督,还派官"体勘"银场经营和收支盈亏状况。有关银场役使民夫炼银免其税粮数额等事

---

① 《元典章》卷九十《吏部三·恢办钱粮增亏赏罚》,天津古籍出版社 2011 年版。
② 《元史》卷九十三《食货志一》,中华书局 1976 年版。

宜,行省可通过奏报朝廷予以放宽优待。行省提调银课的官员,每岁均有固定的数额,必须完成。一些行省官欲减少课额,须上奏皇帝获得恩准才可"从实办之"。偶尔也有个别行省官妄言增办银课以邀恩宠,而课不及额之际则"赋民钞市银输官"。

在财政支出方面,行省掌管所辖区财政支出,首先表现在对路府州县财政支用的监督,其次是应付境内的军政开支。行省左右司郎中等幕职官吏的主要任务之一,就是具体负责调集钱粮,供给驻屯军的军食军需。所用钱粮的相当部分或直接依赖境内民税,或需要中央调配外省漕粮。

行省的财赋支用权限起初是较大的,但到了元代中后期,权限逐渐收缩,行省只具有机动支用中统钞一千锭以下钱粮的权力,超过一千锭必须咨请中书省批准。一些数额较小的经费开支,行省可以直接批准支用"官帑"。但对一些数额较大的开支,中后期的行省往往需要禀报朝廷了。由于行省财政支出权限的缩小和严格的禀报制度,各行省处理政务多一味禀命于朝廷而不负责任。针对这种状况,大德九年(1305 年)中书省下达公文,谴责各行省应决不决、"泛滥咨禀"的做法,但对"重事并创支钱粮"仍重申"必合咨禀"的旧制。[①] 换言之,朝廷虽强调各行省应积极承担责任,替省分办庶务,但仍不允许行省官不经请示而自行动用较多数量的钱谷。从中央与行省在财赋收支权限的划分上,说明中央的财权远远大于行省,以至于到后来只有"咨禀"的权力了,财权高度集中由此可见。

2. 中央与路府州县在财赋收支上的权限划分

在路府总领、逐级科敛的征税体制下,税粮、科差及部分课程等大都以路府州县为单位,规定数额,强制完成。即在路总管、府总领的前提下,实行中统初规定的"府科于州,州科于县,县科于民",各级地方官府均由"管民正官董其事"。元代不仅规定路府州县"非奉朝省明文,不得骚扰科敛百姓"[②],各地因水旱等自然灾害蠲免钱粮,通常也是以皇帝诏书等形式颁布,田赋增加等多取决于中央的政令[③]。在行省所辖区域内,行省也有权调整路府州县的赋税数额,但多半仅限于高低上下、此增彼减的调整权。若是蠲免税额,行省要咨请中书省批准,才能合理合法地付诸实施。

路府总领、逐级科敛的方式,主要适用于税粮、科差及课程中的酒醋课、商税等。至于盐课、茶课两项大宗榷卖,除世祖至元二年(1265 年)后的短暂时间外,绝大多数情况下朝廷是委付直属于中书省或行中书省的大都河间、山东东路、河东陕

---

①　《元典章》卷四《朝纲一·政纪·外省不许泛滥咨禀》。

②　《元典章》卷三《圣政二·均赋役》。

③　《元史》卷二十七《英宗纪一》。

西、江淮、两浙、福建等都转运盐使司等,代表中央直接负责征收或榷卖。各路州的盐课引额是由都转运盐使司决定的,路及直隶州几乎完全仰其成命办理。办完后如数上缴,不得亏欠。由于财政高度中央集权,路府州县完全服从于中央而几无独立性,加之都转运盐使司等所办盐课、茶课是国家财政收入的大宗,直接归中央及行省掌握,因此在盐课等征办过程中,路府州县唯都转运盐使司等马首是瞻。

元代在路府州县财赋支用权限方面,沿用了与宋代类似的政策,一直对路府州县经费支出和公帑钱谷出纳等进行严格管制。通常,路府州县官署日常办公经费数额固定,多来自本地赋税中的一小部分留成。在负责征集税粮、科差及一部分课税过程中,路府州县管民官可以暂时掌握相当可观的一部分财赋。路府州县所征财赋多半是先汇集、储存于路及直隶州所辖仓廒,然后再解运行省或中央。但是这些钱粮地方官是不准动用的,路府州县官吏对之只有保管权,没有独立支用权。由于路府州县经费缺乏,财赋支用权甚小,使各地水利交通及官衙公廨等兴修的费用筹措成为棘手的事情。行省在路府州县官吏动用公帑时的批准权甚为重要,路府州县官吏必须遵照其命令行事。在某些情况下,行省只批准造作项目,"官不给钱"①,地方官府"视公帑一钱莫敢动"②。一些路州官不得不自筹款项,命富民出钱粟,贫民出力役,有的则依赖官营高利贷"规运子钱"解决。

路府州县官府在财赋占有和使用方面的权力,与其承担的征收赋税的繁重义务相比是非常不相称的。路府州县的财政职能已很不完整,它们的财赋占有和使用数量很少,而且使用上又常常秉命于中央或行省,没有自主性。中央与路府州县在财赋上的这种权限划分,进一步印证了元代高度集中的财政体制。

3. 中央与地方在财赋收支上的权限划分

在中央和地方财赋收支划分上,魏晋隋唐两宋时期,州是地方高级行政单位,也是相对独立的地方财政单位,地方财赋首先聚集于各州,而后再作上供中央和留作地方费用之类的分配。元代则不然,州之上又有路及宣慰司,还有辖区广、品级高、权力大的行中书省。路总管府及直隶州(府)尚能在征收赋税方面发挥重要作用,但路及直隶州(府)又是直接听命于行省的,尤其是在财赋方面,路及直隶州(府)需要把所征集的财赋先送往行省,并由行省储藏或转运上供中央。在此过程中,行省代表中央集中各路州的财赋于行省治所,这是元代中央与地方财赋分配的关键所在。特别是在元代前期,行省多以中书省派出机构的角色出现,财赋聚集于

---

① (元)胡祗遹:《紫山大全集》卷九《襄阳重修官廨记》,上海古籍出版社影印文渊阁《四库全书》本。
② (元)张之翰:《西岩集》卷十六《风泾驿记》,上海古籍出版社影印文渊阁《四库全书》本。

行省也就等于成为中央的囊中之物了。

　　成宗初,行省由朝廷中书省派出机构转化为地方最高行政机关,各地财赋集中于行省后,自然会出现解运京师、上供朝廷与各省留用的问题。唐后期两税三分制下各州上供数额只是留州、送使之后的自然余数,通常明显低于全国两税收入总额的一半。元代由岁钞所反映的中央与地方财赋分割比例,竟高达7:3,显然中央所占比重高于唐代,某种程度上又是两宋尽收州县财赋于中央政策的继续。由于行省起初是中央的派出机构,在中央与行省之间财赋七三分成政策之下,行省仍然主要充当朝廷集中财权的工具。行省除了执行上供中央与地方留用七三分成的悬殊比例和严格控制路府州县的财赋支用外,还有义务遵照朝廷的命令额外提供钱谷,以弥补中央财政支出的不足。

　　由上可知,元代中原地区中央和地方的财政体制呈现出内重外轻、高度集中的态势,具有四个鲜明的特点:(1)行省充当朝廷搜刮地方财赋、集中财权的代办者和工具。各行省采取岁办定额制的形式,综领和督办所辖区税粮、科差、诸色课税、造作洞冶等一切赋税。路府州县和都转运盐使司等所征集的各种赋税,先要汇总于行省,然后再由行省按照朝廷命令将其中大部分解运京师。凡是聚集汇总于行省的,实际上就成了中央控制下的财赋。行省搜刮和调拨地方财赋两种职能,虽然表现形式及内容不一,却异曲同工,都是中央高度集中财政权力的产物和表现。(2)以行省为单位的分成制雏形形成,中央占有财赋比重较大。武宗初,各地财赋汇总行省后,上供京师与各省留用的数量是按照七三分成的。以行省为单位的中央地方财赋分成制,也就在"藏富之所,聚于诸省"的过程中渐成雏形了。而且,这种分成制还影响到明代,明代中央与各省盐钞等八二分成,估计是在元制的基础上发展起来的。(3)中央对地方财政收支的审计管制进一步强化。一是定额办集,目标责任明确。无论是路府州县、都转运盐使司,抑或综领其上的行省,每岁各类税课均有固定数额。而且中央而下,层层督责,完成定额者受奖赏,逋负亏欠者受责罚。二是公帑支用时请示禀报的制度化。路府州县等官府遇有公费开支,必须事先申文禀报。非上司命令,一钱一粟不得动用。行省官机动支用钱谷的权力,也多半限于一千锭以下,擅自支用即属违法。三是岁终上计与频繁钩考。元承中原王朝旧制,长期实行地方官岁终上计,旨在清查逋负及贪赃的钩考钱谷也多次举行,这些措施从征税、支出、审计三个环节上强化了中央对地方财政的管制和监督。(4)路府州县在理财方面义务繁重,权力微小。路府州县属于管民官系列,也是地方行政建置的基础部分。由于多数情况下实行路总管府总领、逐级科敛的征税办法,路府州县即成为国家财赋征集的主要承担者,职掌"繁冗增剧",若征税不及额,考课升迁或钩考理算时要受责罚。此外,路府州县支用财赋的权力又很小,中央不允许路府州县私自保留"余羡",不允许擅支官钱。地方官府经费通常由中央确定和分拨,仅够开支的1/3。这种做法体现了元朝统治者在财政上重内轻外、高度中央集权的基本政策。

(二)西北汗国的财政体制

西北诸汗国主要是钦察汗国、伊儿汗国、窝阔台汗国和察合台汗国。这些汗国都是蒙统治者的长兄或儿子,名义上尊奉元朝皇帝为宗主,以"宗藩之国"自居,但实际上具有半独立或独立的地位。政治上的独立或半独立,决定了它们与中央在财政关系上的独立性与半独立性。所以,西北汗国与元代中央实际上只是上贡和回赐的财政关系,贡品主要是产自西域的珠宝,元代回赐的是钞币、绸缎等。这种财政体制显然不是普通意义上的中央与地方关系,而主要类似国与国之间的外交往来,或类似于春秋战国时期天子与诸侯国之间的关系。在这种独立或半独立的财政体制之下,诸汗国是不向中央缴纳赋税的,其财政制度也与内地不同。如伊儿汗国,合赞在统辖区欲行自制的土地、赋税和货币等制度,发展农业和工商业,以增加财政收入,与元代宛然两样。

(三)投下分封制下的财政体制

投下是指诸王、驸马、勋臣所封的人户或土地。元代投下分封制是一项具有特色的重要制度,规模宏大,持续时间长,影响面广。这些分封的诸王,既有其土地,又有其人民,还有其赋税,也形成了一方诸侯或独立王国。

在投下分封制下,封主占有辽阔的土地和人口,掌握着财政大权。除分封的人户以外,随着蒙古贵族对外掠夺战争的发展,皇帝又把掠俘的大量汉民户分赐给诸王。封地的赋税原来由封主直接命官征收,所收完全归封户所有。同时,封主在其统辖地区还可以随便征发徭役,任命官吏,完全是一种独立的状态。后来窝阔台接受了耶律楚材的建议,规定封户缴纳的丝料由朝廷和封主分享,封户由此成了元代历史上的"二税户"。其办法是:"每二户出丝一斤,以供官用;五户出丝一斤,以与所赐之家。"①也就是一封户缴纳的丝料全额11两2钱,其中8两纳入国库,3两2钱纳于封主。在财政管理上,国家在封地内设达鲁花赤,"朝廷置官吏,收其租颁之。非奉诏,不得征兵赋"②。投下户除负担国家的兵、站诸役及提供部分丝料国

---

① (元)宋子贞:《耶律楚材神道碑》,《元文类》卷五十七,上海古籍出版社1993年版。
② 《元史》卷二《太宗纪》。

赋之外,还需向投下封主缴纳五户丝,这样就构成了投下制度的基本赋税形态,也形成了中央与投下分税制的财政体制。

投下不仅征收财赋,与中央分成,而且还自设管理财赋的机构和官职,如钱粮总管府、人匠总管府等。有的投下管理机构还十分庞大,有钱粮、人匠、军民、军站、营田、稻田等,以署计 40 余,以员计 700 余。投下的达鲁花赤是管理汉地五户丝食邑内的重要官员,自成系统,不属于朝廷官吏,不在朝廷"常选"之内,但与中央命官有同样的地位。

忽必烈即位后,对投下制度进行了改革。首先改革五户丝制度,规定投下丝料由国家征收,受封者在中书省验数领取,不再让投下征收于州郡。忽必烈对五户丝食邑进行整顿和改革后,又将投下分封制推广到江南地区,建立了江南户钞制。灭南宋之后,规定诸王、驸马在江南封地里的民户每户缴纳中统钞五钱,称作"江南户钞",成宗时改为中统钞二贯。可知忽必烈继续执行窝阔台时代的投下分封制政策。忽必烈之后,投下分封制基本定型,以后的统治者基本上遵循着忽必烈制定的有关政策。元末,中央对投下的控制日益减弱,投下分封制度也随着皇权的衰弱而衰落,但是中央与投下的分税制财政体制却是贯彻元代始终的。

第三节　元代的国库管理制度

元代的国库分不少等级,如中央库藏、皇室库藏、地方仓库等,每级管理都有不同的规定。

一、中央库藏与皇室库藏

元初国家仓库隶属太府,由太府掌管国库财物的出纳。至元十九年(1282年)设立皇室库藏和国库,由户部管理。

中央库藏包括四库,统称万亿四库:(1)都提举万亿宝源库。至元二十五年(1288 年)置。都提举 1 员,提举 1 员,同提举 1 员,副提举 1 员,知事 1 员,提控案牍 1 员,司吏 23 人。主管宝钞、玉器。(2)都提举万亿广源库。都提举、提举、同提举、副提举、知事设置同上,提控案牍 2 员,司吏 12 人,译史 1 人,司库 13 人。主管香药、纸诸物。(3)都提举万亿绮源库。设置同上,副提举增加 1 员,提控案牍 3 员,司吏 22 人,译史 1 人,司库 26 人,内参用色目人。主掌诸色段匹。(4)都提举万亿赋源库。设置同上,提控案牍 2 员,司吏 17 人,译史 1 人,司库 15 人,内参用色目 2 人。主掌丝绵、布帛诸物。

除此以外，还有提举方宁库。至元二十七年(1290 年)始创，提举 1 员，同提举 1 员，副提举 1 员，分掌万亿宝源库出纳金银之事；宝钞总库，设达鲁花赤 1 员，大使 1 员，副使 3 员。印造宝钞库，设达鲁花赤 1 员，大使 2 员，副使 2 员；烧钞东西二库，设达鲁花赤 1 员，大使 1 员，副使 1 员；行用六库，中统初立，设提领 1 员，大使 1 员，副使 1 员。

皇室库藏属于太府监，包括：(1)内藏库，掌管出纳御用诸王缎匹、纳失失(即织金缎)、纱罗、绒绵、南绵、香货诸物；(2)右藏库，掌管收支金银宝钞、缎匹、水晶、玛瑙、玉璞诸物；(3)左藏库，掌管收支常课，和买纱罗、布绢、丝绵、绒绵、木棉、铺陈衣服诸物。

虽然元代国家财政与宫廷财政有所区别，两者各有自己的收支系统，但这种区别并不严格，常常发生应由国库开支的项目而由太府开支，或者应由国家收入的项目纳入太府的现象。如大德十一年(1307 年)武宗继位后，赐赉皆出太府(按世祖定制，应由中书开支)，而皇庆元年(1312 年)仁宗则将国库(内帑)的金银移归太府监。

二、地方国家仓库

国家在京师和各地均设仓库，其中京师 22 仓，即：万斯北仓、万斯南仓、千斯仓、永平仓、永济仓、惟亿仓、既盈仓、大有仓、屡丰仓、积贮仓，以上 10 仓，各置监支纳 1 员，大使 2 员，副使 2 员；丰穰仓、广济仓、广衍仓、大积仓、既积仓、盈衍仓、相因仓、顺济仓，以上 8 仓，各置监支纳 1 员，大使 1 员，副使 2 员；通济仓、广贮仓、丰润仓、丰实仓，以上 4 仓，各置监支纳 1 员，大使 1 员，副使 1 员。

漕运司所属河西务 14 仓，即：永备南仓、永备北仓、广盈南仓、广盈北仓、充溢仓，以上 5 仓，各置监支纳 1 员，大使 2 员，副使 2 员；崇墉仓、大盈仓、大京仓、大稔仓、足用仓、丰储仓、丰积仓、恒足仓、既备仓，以上 9 仓，各置监支纳 1 员，大使 1 员，副使 1 员。

通州 13 仓，即：有年仓、富有仓、广储仓、盈止仓、及秭仓、乃积仓、乐岁仓、庆丰仓、延丰仓，以上 9 仓，各置监支纳 1 员，大使 2 员，副使 2 员；足食仓、富储仓、富衍仓、及衍仓，以上 4 仓，各置监支纳 1 员，大使 1 员，副使 1 员。

河仓 17 仓，即：馆陶仓、旧县仓、陵州仓、傅家池仓，4 仓各置监支纳 1 员，大使 1 员，副使 1 员；秦家渡仓、尖冢西仓、尖冢东仓、长芦仓、武强仓、夹马营仓、上口仓、唐宋仓、唐村仓、安陵仓、四柳树仓、淇门仓、伏恩仓,13 仓各置监支纳 1 员,大使 1 员,副使 1 员。

地方仓库还包括上都三仓、宣德府二仓、塔塔里仓、甘州仓等。

元朝仓库管理混乱,由于仓库官曝晒不时,耗损严重,更有露于外者,腐烂变质,"以致牛马不食"。官仓船户失陷者,不可胜计,却无人过问。

三、义仓和常平仓

除国家仓库外,乡社置义仓,路府置常平仓,以备歉年。至元六年(1269 年),设立义仓。义仓是纯粹的地方库藏,管理办法是:每社置一仓,由社长掌管,其功能主要是预防灾年。丰年每亲丁纳粟 5 斗,驱丁纳粟 2 斗,无粟者听纳杂色。歉年发给贫民。义仓盛时,储义粮 99 960 石。但行之既久,名存实亡。

常平仓的管理办法是:丰年米贱,官为增价收购,歉年米贵,官为减价出售,主要功能是用来调节市场物价。至元八年(1271 年),曾和籴粮及从诸河仓中拨粮贮存。至元二十三年(1286 年),又以铁课籴粮以充常平仓。常平仓盛时,贮米 80 万石。然而由于官府经常调运,又不续贮,常平仓制度多废。

第四节　金元时期的货币制度

金代钱币铸行并未完全照搬辽代旧规,还吸纳了宋代钱币的优点,其另一个特点是效仿宋和辽"立新年号,即铸新钱"。除了铜钱和银锭外,纸钞在金代也大量使用。元代以纸币为主要货币,其最大特点是长期、广泛、大量地发行和流通纸币,但后来滥发无本之钞,引发通货膨胀,最终形同废纸。

一、金代的钞法及其弊端

金代的货币政策分两个时期:1154—1189 年为钱钞并用时期,1190—1234 年为币制混乱和崩溃时期。金代纸币的发行由于没有准备金和充足的贵重金属作为保障,且发行浮滥,因此纸币屡屡贬值,朝廷不得不发行新钞取代旧钞,但新钞贬值更快,因此造成恶性循环。

(一)钱钞并用阶段

随着商品流通量的扩大和政府财政支出的增长,钱荒问题越来越严重。为解决这一问题,金政府主要采取了三种方法:一是印行交钞,二是铸造铜钱,三是大力吸收南宋铜钱。

贞元二年(1154 年),经户部尚书蔡松年倡议,第一次印制了交钞,以铜钱为本位,与辽、宋钱并行。印造、发行和管理交钞的机构,在中央是交钞库、印造钞引库和物料场,地方机构则称随处交钞库、抄纸坊。贞元初,仅在中都、南京两地设钞库或交钞所,之后随着货币经济的发展,到宣宗贞祐二年(1214 年),全国 19 个路除东京路外都设随处交钞库、抄纸坊。在商业、交通比较发达的中都路、北京路、西京路和河北东路所属的瑞、蔚、通、顺、蓟、平和清州,还设立分支机构,亦称随处交钞库、抄纸坊。① 交钞分大钞和小钞两种,贞元年间,大钞分 1 贯、2 贯、3 贯、5 贯、10 贯五等,小钞分 100 文、200 文、300 文、500 文、700 文五等,交钞与铜钱的比值是 1∶1。

交钞最初发行时,仅限于黄河以南地区使用,"过河即用见钱,不用钞"。这主要是因为河南是当时商品经济最发达的地区,对交钞的需求最为迫切,加上金世宗时期对纸币的发行始终比较谨慎,注意控制发行量,因此币值稳定,信用甚高。由此,流通的地区也越来越广,终于跨过黄河,连远处东北的上京、咸平等府也都使用交钞。

初期发行的交钞,规定"以七年为限,纳旧易新"②,即七年为一界,到期以旧换新,旧钞不能再用。分界制度虽有利于国家控制、调节交钞的流通量和发行量,但又不利于保持纸币的稳定和信用,不利于商业的发展。于是,在金世宗大定二十九年(1189 年),毅然取消了七年厘革之制。从此,交钞可以不分界期,"不限年月行用"。纸币从有界期发展到无限期流通,标志着它作为金属货币的符号在商品交换中取得了更加重要的地位,因此是一项具有重大意义的突破。

这一时期金代货币史上的另一件大事就是自铸铜钱。金王朝在发行交钞三年之后,于正隆三年(1158 年)开始铸造铜钱。在"中都置钱监二,东曰宝源,西曰宝丰。京兆置钱监一,曰利用。三监铸钱,文曰'正隆通宝',轻重如宋小平钱,而肉好字文峻整过之,与旧钱通用"。此外还有一种铸钱文曰"正隆元宝"。

金代缺铜,限制了铜钱的铸造。世宗继位之后,便积极筹措铜源,为铸钱作准备。经过十几年的筹措,政府已经掌握了相当数量的铜,乃于大定十八年(1178年)在代州立阜通监铸钱,文曰"大定通宝"和"大定元宝"。大定钱质量虽好,产量不高,两年才"铸至万六千余贯"。于是,大定二十七年(1187 年)又在曲阳设利通

---

① 《金史》卷五十六《百官志二》。
② 《金史》卷四十八《食货志三》。

监,两监铸钱,年产量迅速增加到 14 万余贯,与同时期南宋的年铸量相仿。由于铸钱增多,又大力吸收南宋铜钱,钱荒暂时得到缓解。

(二) 混乱与崩溃阶段

金代的经济发展至世宗大定年间达到顶峰,此后便逐渐走向下坡路。章宗即位初期,由于政治日益腐败,官僚搜刮,黄河泛溢成灾,农村经济遭到极大破坏,阶级矛盾激化,政治经济危机四伏,货币制度也随之日趋混乱、衰败,陷入绝境。为了摆脱困境,统治者竭尽全力,主要采取了以下几项措施。

一是消极铸钱。金代由于铜源奇缺,铸钱成本高昂,因此在是否自铸铜钱的问题上一直存在争议。大定年间是金代铸钱数量最多的时期,当时经济相对繁荣,政府财力比较充实,因此世宗从解决钱荒、利于经济发展出发,对铸钱采取积极态度。然而长期实行经济补贴政策毕竟是一项沉重的负担,随着政治日益昏暗,官吏任意克剥,弊病也越来越大,成本高于币值数倍,成为无法承受的负担,最终章宗只得下令"罢铸"。此后,虽又铸过"明昌通宝"和"承安宝货"两种铜钱,但铸钱对解决财政困难的重要性已大大下降。

二是积极限钱。在铸钱问题上,宰臣们片面地认为:"民间钱所以艰得,以官豪家多积故也。"[1]于是,元政府因袭唐元和年间的限钱法,企图用行政手段迫使民间蓄钱进入流通和转入国库。明昌五年(1194 年)开始实行限钱,无奈"人多不遵",限了四年,收效甚微,最后只得让步,"复减原限之数,更定民存留钱法",以原有钱为基数,"三分为率,亲王、公主、品官许留一分,余皆半之"。但实际上仍然行不通,到泰和四年(1204 年)只好宣布作罢。限钱失败的根本原因是社会经济衰退,铜钱更多地被储藏起来或外流另找出路。

三是发行银币。白银在金代初期虽然主要被人们当作一般社会财富加以收藏,但也曾进入流通领域,通常以银锭和碎银形态出现,没有形成法定货币,因此流通不如铜钱方便和广泛。但在铜钱罢铸、限钱失败、交钞阻滞的情况下,统治者为了摆脱困境,自然就想到库存的巨额白银,决定将白银铸成便于流通的法定银币投入流通,以缓和钱荒。承安二年(1197 年)开始铸银币,名曰"承安宝货"。"一两至十两分五等,每两折钱二贯","与钱兼用,以代钞本"。这样,金代就开创了中国货币史上第一次铸造法定计数的银币。"承安宝货"的发行是唐宋以后白银大量参与流通的必然结果,是金代继发行无界期交钞之后的又一创举,本应成为中国货币史上闪光的一页。但是,由于它不是商品经济高度发展的产物,而是"权时之制,非经

---

[1]　《金史》卷四十八《食货志三》。

久之法",加上"承安宝货"问世之后,私铸蜂起,"多杂以铜锡",因而受到使用者的抵制,以致"京师闭肆",仅仅流通了三年便"寝不能行"。朝廷被迫罢铸,停止使用。

四是疏通交钞。金章宗罢铸铜钱,取消交钞七年厘革制以后,铜钱越来越缺,交钞越发越多,以致钞多于钱。明昌四年(1193 年),交钞阻滞危机首先在陕西路爆发。章宗被迫下令陕西路"榷税及诸名色钱,折交钞",以回收部分纸币,并在官兵俸饷中减少钞的比例,"许钱、绢、银、钞各半之"。如银、钱实在不足,才全给交钞,以防止交钞贬值。但随着财政的不断恶化,一贯以上的大钞又发生阻滞,朝廷便以行政命令限制铜钱的流通,强迫人们使用一贯以上的大钞。承安二年(1197 年),在西、北二京和辽东路开始发行小钞,并规定可"与它路通行",但两年后连一贯以下的小钞也不受欢迎了。于是,又提高小钞身价,将其当作与铜钱相等的钞本,实质是使交钞成为无铜钱为基金的无本之钞,这等于推行通货膨胀政策。

明昌、承安年间,金统治者虽然竭力调整货币政策,企图消除财政危机,但由于这些措施只是治标不能治本,没有从根本上消除造成危机的原因,其结果必然是每采取一项修补漏洞的措施,漏洞反而越大,危机反而越深,各地农民起义汹涌澎湃,外部还有蒙古不断南下的严峻形势。面对经济残破、内外交困,统治者最后采取了滥发纸币的手段。金后期二十年间,先后发行过六种纸币,有贞祐宝券、贞祐通宝、兴定宝泉、元光珍货(绢制)、元光重宝及天兴宝会。各种纸币轮番登场,"大钞滞更为小钞,小钞弊改为宝券,宝券不行易为通宝"[①]。每翻新一次花样,便意味着剥削的加重、人民苦难的加深和商品经济衰败的加速。因此,币制的混乱,可称为金朝行将灭亡的前兆。

二、元代中统钞的颁行与败坏

中国纸币制度渊源于唐代的"飞钱",创始于北宋四川民间发行的"交子",金代海陵王贞元年间,仿宋交子之法立钞引法(钞法),发行交钞。元代沿袭金代钞法并进一步完备,是中国古代纸币制度最盛行的时期。元代统一发行的纸币(通称"钞"),不限年月,全国通行。元代大部分时期不铸造铜钱,并禁止行用前代铜钱,除少数地区外,钞是唯一通用的法定货币。

元太宗八年(1236 年),汉人于元奏行交钞,遂下诏印造发行,并采纳耶律楚材的意见,鉴于金末钞法之弊,发行额不超过万锭(50 万贯)。当时"法度未一",除大汗诏命发行的交钞外,"诸路各行交钞,或同见银(以银为本位),或同丝绢(以丝为

---

① 《金史》卷一百七《高汝砺传》。

本位)",于本境行用,大体两三年一更换。

世祖中统元年(1260 年)七月,为了革除诸路行用钞法之弊,诏统一印造通行交钞,以丝为本,规定银 50 两易丝钞一千两①,但并未广为流通。同年十月,改印发行中统元宝交钞(简称中统钞),以银为本,面额分 10 文、20 文、30 文、50 文、100 文、200 文、300 文、500 文、1 贯文、2 贯文共 10 等,仍依宋、金旧制以钱数(贯、文)为单位。当时久已盛行用银为价值尺度,故官私皆习惯以银单位称钞 1 贯为 1 两,100 文为 1 钱,10 文为 1 分,50 贯为 1 锭。法定银、钞比价为中统钞 2 贯同白银 1 两。同时又以文绫织造中统银货,分 1 两、2 两、3 两、4 两、10 两共 5 等,每两同白银 1 两。但中统银货并未行用,而以中统钞为唯一法定通货。

中统元宝钞法大略为:(1)不限年月,诸路通行,不堪行用的昏烂钞可赴官库兑换新钞,每贯收工墨费 30 文。(2)料钞发到各钞库,随同发下相应数目的钞本银以为权衡,诸人持银易钞或持钞易银,即便依数支发,除收取工墨费外不得克扣迟滞;各钞库换到白银立簿登记,即储库作为钞本。(3)一切科差、课税皆以钞为准,并行收受;街市买卖金银丝绢粮斛等一切诸物亦皆用钞,按法定银、钞比价行用。(4)各钞库兑下昏钞,当即盖上毁钞印、点数记录封存,每季一次解赴中书省或各行省的烧钞库,由省官、监察官监督烧毁。(5)阻滞钞法者论罪,对印造行用伪钞规定了严厉的断罪条例。初定凡造伪钞,堪行用者为首处死,为从杖断,不堪行用者为首流远;至元十五年(1278 年)加重处罚,不分首从、堪用不堪用,一律处死,知情分买使用者、邻首知情不报者,亦依情节轻重杖断;挑钞(挖补钞值贯文,改小为大)者亦依重轻杖断。(6)自中统钞发行,各路原行用旧钞一律停止使用,民间持有者许赴钞库兑换。

中统钞发行初期十余年间,印造数有限制,每年常在八万锭左右,多则不过十余万锭,少则二万余锭。所印料钞储于总库,只是发下各钞库兑换金银、昏钞,一切经费不许借支。各钞库所积银本充实,子母相权,兑换流畅,稍有壅滞,即出银收钞,使民无疑惑。一切科差、课税收纳及民间一切买卖专用钞,由于钞少难得,遂"视钞重于金银"。因此,钞重物轻,币值稳定,"公私贵贱,爱之如重宝,行之如流水","略无凝滞"②,起到了很好的效果。至元十一年(1274 年),由于攻宋兵兴,军费增加,以及在新占领的南宋旧境推行钞法的原因,印数开始增加,至元十三年(1276 年),猛增至 141 万余锭,其后每年大多在 100 万锭上下。至元二十三年

---

① "千"疑为"百"之误,见吴晗《元代之钞法》。
② (元)胡祗遹:《紫山大全集》卷二十二《宝钞法》。

(1286 年)又增一倍,达 218 万余锭。

至元十六年(1279)灭宋后,元朝在江南实行钞法,以中统钞易宋会子。由于行用地区扩大,因此需要大幅度增加中统钞的发行量。当政者将各路平准行用库所储原发本银及兑换到金银逐次尽数起移到大都以邀功,败坏了银钞母子相权之法,使民间无从兑换,成为无本虚钞,大失民信,加之不计出纳多寡,印数没有限制,大大超岁入之数,结果民间无本虚钞日益增多,物价因而踊贵。此外,政府钞法部门带头轻视钞币而重物重银,钞库官吏乘机图谋私利,如加价预先定买物品,妄增金银价格收买金银;又私下倒换,多取工墨钱以图利,而民间持昏钞到库却不能即时兑换,勒索添搭工墨才肯接受。更有钞库不按实际情况限定每日倒换昏钞数目,甚至闭库不换,民间昏钞日多,买卖凝滞,使得钞益轻而物益重,钞值大贬。

自钞法渐坏,少数人主张开铜钱之禁,恢复前代钱法,与钞并行。多数人则认为钞法独行实便,不宜杂以其他货币,提出仍发银本到各钞库以安民心,出金银收钞,使流通钞数少而复重,量入为出,不滥支用,以及昏、新钞及时兑换以便行用等。至元十九年(1282 年),中书省奏准颁行《整治钞法条画》,主要内容有:(1)重申原来的兑换金银比价(银每两入库价钞一贯 950 文,出库价 2 贯;金每两入库价钞 14 贯 800 文,出库价 15 贯)。(2)昏、新钞兑换每两仍收工墨费 30 文,库吏人等不得多取工墨费或私下添搭倒换,违者依数断罪。(3)严禁私下买卖金银,严禁官吏将钞库兑换的金银不进行登记而私下添价倒出,或假冒姓名用钞换出添价转卖,违者治罪。但是,对于保持钞库银本以信兑换、限制印造量和经费支用等根本问题,却没有采取切实措施。事实上,各钞库金银多已起移,有去无回,仍然是以钞易钞。钞的印造数依然陡增,等于官方宣布中统钞的贬值。所以,《整治钞法条画》规定的金银钞兑换及其比价,完全成为一纸空文,钞法败坏、物价踊贵的情况未能制止,甚至更加严重。钞既虚,金银私相买卖及官吏恃势倒买倒卖也难以禁止。时右丞卢世荣主持财政,奉旨整治钞法,率性解除金银私易之禁,许民从便交易,并采取增加岁课及官营酒、市舶、铁器,立常平盐局,实常平仓粮等办法平抑物价以救钞虚,但未见成效。

三、钞法改革与至元宝钞的发行

至元二十三年(1286 年),江南名士叶李建议改行至元钞法,以一抵中统钞五,造钞之费不增而可获五倍之利,并进钞样,诏命诸臣商议改钞之事。次年,朝廷决定采纳叶李之议,立尚书省综理财政,以桑哥为尚书平章政事,叶李为尚书左丞。

三月,尚书省奏准印造发行"至元通行宝钞"(简称至元钞),面额分 2 贯、1 贯、500 文、300 文、200 文、100 文、50 文、30 文、20 文、10 文、5 文,共 11 等。颁布具体措施如下:(1)至元钞 1 贯当中统钞 5 贯,中统钞通行如故,公私通用;新旧钞母子相权,民间持中统钞赴库兑换至元钞,以 1 折 5,并收工墨费每贯 30 文,依数收换。(2)诸路仍置平准行用库买卖金银平准钞法,银 1 两入库(买入)价至元钞 2 贯,出库(卖出)价 2 贯 50 文,金 1 两入库价至元钞 20 贯,出库价 20 贯 500 文;禁止金银私相买卖,违者金银价值没官,并依数决杖有差。(3)包银及诸色课税依照旧额收纳中统钞,愿纳至元钞以 1 当 5;盐引则新旧各半收纳(每引价中统钞 20 贯,纳中统 10 贯、至元 2 贯)。(4)街市买卖诸物如用中统钞只依旧价发卖,不得疑惑陡添价值;质典田宅等交易文契并以钞为则,不得书写斛粟丝绵诸物。(5)钞库官吏及收差办课人员在兑换、收纳中不得迟滞或刁蹬多取,阻抑钞法;委各处管民长官每半月一次计点钞库见存金、银、钞,若有挪用规取利息(如借贷、做买卖)者断罪;各路提调官吏不得赴库收买金银及多兑料钞。至元钞法所定金、银与钞比价,等于正式由官方宣布了中统钞贬值为原值的 1/5(以银兑换价为准,每两由 2 贯提为 10 贯)。虽然官定的金银兑换价提高幅度仍低于实际的物价涨幅,但大体比较接近,可借以恢复正常的兑换和钞法运转。

至元钞发行后,即销毁中统钞版,从至元二十五年(1288 年)起停止印造中统钞。至元钞法规定,至元钞、中统钞并行流通,政府原打算通过课税收纳中统钞将其尽数回收,但由于中统钞使用已近 30 年,印造极多,"省官皆不知其数",民间流通量大,难以回收。至元二十六年(1289 年),桑哥奏请"宜令税赋并输至元钞,商贩有中统料钞,听易至元钞以行,然后中统钞可尽"。但实际上未能尽收,中统钞继续行用,公私仍习惯用中统钞数为准计值。

为了回收中统钞,至元钞颁行的最初三年,印数分别为 100 万、92 万、178 万余锭,数目相当大。但行用"未及期年,已觉滞涩",诸臣多言新钞不便,关键仍在于能否保持金银作本称提和不滥支用。在至元钞颁行的初期六七年内,各钞库存有一定数量金银作本以为权衡,金银与钞的兑换制度基本上能够实行,至元钞的印造数得到控制,钞值在至元二十四年(1287 年)调整以后,基本上保持稳定,物价涨幅不大。但是,这个时期国家经费支出相当大,"岁入恒不偿所出",至元二十五年(1288 年)"不足者余百万锭",尚书省不得不以钩考各省财谷征敛所得补之。国家财政入不敷出,隐含着钞法再次败坏的危机。

至元三十一年(1294 年)四月成宗即位,以诸王、驸马朝会,大加赏赐金、银、钞。八月,又诏诸路平准交钞库所贮银 936 950 两,只留 192 450 两为钞母,余悉运至大都,使钞库平准机能大大削弱,"金银有入而无出",兑换制度又遭破坏。元贞二年(1296 年)开始,因财政入不敷出,经常借用钞本(库存料钞),钞法日益败坏。为此,成宗下令节制赏赐,并停罢对海外作战的准备。但因为财政亏空已很严重,仍不得不借助于增印纸币支用,不能兑换的无本虚钞再度泛滥,物价踊贵,钞值大贬。由于钞库无本称提,加以钞日益变轻,金银与钞的兑换实际上陷于停滞。从大德八年(1304 年)开始,不得不解除金银私下买卖的禁令,各平准行用库皆失去平准的作用,只称行用库了。

四、至大变钞及其失败

大德十一年(1307 年),武宗即位。次年,因税赋收入不到原额一半,而全年支出钞需要 1 000 万锭,只好动用巨额钞本,这就大大加剧了大德年间开始的通货膨胀,诸物踊贵,钞虚数倍。[①]

至大二年(1309 年)七月,乐实(曾任山东宣慰使)奏言钞法大坏,宜变更钞法,并进献新钞式样,又奏请设立尚书省主持新政。八月,诏立尚书省,以脱虎脱为右丞相,乐实与三宝奴并为尚书平章政事。九月,改造新钞,称"至大银钞",下诏颁行。规定罢中统钞,仅以至大银钞与至元钞母子相权行用,并再次禁止金银私相买卖。诏书所定金、银与至大、至元钞兑换比价,将至元钞贬值60%(由 2 贯同银一两贬为 5 贯同银一两),中统钞随之贬值(25 贯同银一两)。至大三年(1310 年),印造至大银钞 145 万余锭。

自大德年间至元钞法渐坏,朝野颇多主张恢复前代钱法,以钱、钞相权并用。至大二年(1309 年)九月下诏颁行银钞后,又下《行铜钱诏》,命在大都立资国院为主管机关,置山东、河东、辽阳、江淮、湖广、川汉 6 个泉货监,在各处产铜之地置 19 个提举司。御史台奏言:银钞初行,又兼行铜钱,虑有相妨,多有不便,但没有被采纳。至大三年(1310 年)二月,尚书省奏请将至元钞输万亿库收藏,销毁其板,只以至大钞与铜钱相权通行为便,诏从之,遂罢印至元钞。

至大变钞和行用铜钱造成货币制度的更大纷乱和对人民更多的掠夺。当时中统、至元二钞行用已久,发行量甚大,武宗即位后又滥支钞本,只图以倍数更大的新钞贬抑取代旧钞,并增加课税来挽救钞法。至大银钞颁行后,因倍数太多(比至元钞高 5 倍,比中统钞高 25 倍),轻重失宜,钞币信用益虚,物价更加飞涨,至元钞

---

① (元)苏天爵:《滋溪文稿》卷十一《高昉神道碑》,上海古籍出版社影印文渊阁《四库全书》本。

贬值。

至大四年(1311 年)正月,仁宗罢尚书省,下诏废至大银钞、铜钱,仍专用中统、至元二钞。但中统钞自至元二十五年(1288 年)即停止印造,因钞值愈轻而印造本大,虽法定与至元钞并用,却未再印造,原行者亦渐次昏烂收换殆尽,实际上主要行用至元钞。仁宗虽有志更新,"然财散不可复收,弊久未能损革",钞法之弊未见改善。延祐元年(1314 年)以后,中书省通过各种措施增加岁入,尽量避免动支钞本,并逐步降低至元钞印造数。由于印造和支用得了控制,钞值相对稳定,银钞折价每两保持在中统 25 贯,民间物价比至大时也有所下降。从延祐到至顺年间,钞值没有大幅度的波动。

五、至正变钞与钞法的崩溃

元顺帝即位以后,钞虚物贵的情况日益突出,钞法之弊又成为一大问题。彼时元朝政治已十分腐败,加之连年水旱灾害,社会矛盾急剧激化,国家税赋收入减少,而经费开支却愈益浩大。在这种背景下,变更钞法之议又被提上议程。

至正十年(1350 年),左司都事武祺和吏部尚书偰哲笃先后建议变更钞法。他们的方案大略是:改印新交钞并铸至正铜钱,钱钞兼行,以交钞为母,一贯权铜钱 1 000 文,以铜钱为子,新钞、旧钞、至正钱、历代铜钱通用。元顺帝遂定变钞之议,其法为:(1)发行至正印造中统交钞,一贯权铜钱 1 000 文,准至元钞 2 贯;(2)铸造"至正通宝"钱,与历代铜钱并用,以实钞法;(3)至元宝钞通行如故。于是,置诸路宝泉都提举司于大都(取代原诸路宝钞都提举司),下属有鼓铸局、永利库,掌鼓铸至正铜钱、印造交钞。次年十月,又置宝泉提举司于河南行省及济南、冀宁等处,凡 9 所,江浙、江西、湖广三行省各 1 所。

至正钞、钱法实行不久,因新旧钞、钱兼行,有轻重、虚实之殊,造成了货币流通的混乱。叶子奇《草木子》指出了至正钞法败坏的两个原因:一是所用料纸极差;二是多印滥支,钞值大贬。由于此时爆发了大规模农民起义,战事频繁,军费激增,而大片地区沦为争战之地或落入农民军之手,政府税赋收入锐减,唯赖多印钞币以给之,而奢侈的宫廷消费等消耗极大,以致虚钞泛滥,钞值随贬。时人孔齐在《至正直记》中记述钞法崩坏过程,指出至正钞法只行两三年即涩滞不通,七年竟化为无用之废纸。《元史·食货志》对至正钞法有一段很精当的概括:"行之未久,物价腾踊,价逾十倍。又值海内大乱,军储供给,赏赐犒劳,每日印造,不可数计。舟车装运,轴轳相接,交料之散满人间者,无处无之。昏软者不复行用。京师料钞十锭,易斗粟不可得。既而所在郡县皆以物货相贸易,公私所积之钞遂俱不行,人视之若弊楮,而国用由是遂乏矣。"实行了近百年的元代钞法,竟先于元代的灭亡而灭亡了。[①]

第五节　元代的专卖制度

元代盐业具有很大的规模,大都、河间等路有盐场 22 所,山东东路有盐场 19 所,河东陕西等处有盐场 3 所。盐场分布大江南北,计有大都之盐、河间之盐、山东之盐、陕西之盐、两淮之盐、两浙之盐、福建之盐、广东之盐、广海之盐、四川之盐等,在盐业的管理上也制定了一套制度。元代对茶的管理方法主要实行引茶法,在某些地区或某个时期则实行征税制,或专卖与征税并行。

一、食盐管理制度

(一) 引岸制

其法有二:一为管制商运商销法。各地官府置局卖引,每引付盐 400 斤。世祖平江南之初,每引为中统钞 9 贯,折银 4 两 5 钱,每引较中统二年(1261 年)减少 2 两 5 钱。嗣后每变一次盐法,就增加一次引价,元末每引盐价竟增至 3 锭。二为官制官运商销之法。此法行于大德四年(1300 年),当时中书省准两淮运司的奏请,在交通方便的地方设立仓库,官府设纲船攒运,贮之仓库,商贩就仓支盐贩卖。延祐七年(1320 年),两浙之盐亦效两淮之法,改就场支给为就仓支拨。盐商向官府买引,赴指定的盐场领盐,按规定的区域贩卖。

(二) 入粟中盐制

官府召募商人将粮食运到指定地区,如边疆或军队征战之所,然后政府给以盐引赴盐场领盐贩卖。

(三) 计口授盐制

由官府按人口或按户强制配给食盐,亦称"食盐法"。这一制度多行于产盐区或私盐盛行之地,目的在于增加盐课,以补国用之不足。

(四) 设局官卖制

官府设局,官为发售。这种制度主要行之于大都,目的在于稳定盐价,防止奸商从中谋利。

---

① 参阅白寿彝主编:《中国通史》第八卷第七章《钞法》,上海人民出版社 1997 年版。

（五）常平盐制

由国家将盐运于指定地点存储,待盐价上涨时,国家以平价售出,目的在于稳定盐价,打击官豪,避免奸商图利。

（六）征税制

元代对自制土盐及四川井盐实行征税制。如太原自制土盐(即小盐),世祖中统三年(1262年)九月规定岁输7 500两。至于四川非国家所属的盐井,听民煮造,收其课十之三。

元代盐制虽然多次整顿,但仍然弊端丛生,如引商专利、官盐质量低劣、强行派散盐引等,加上附加、折征、预借等名目,致使民负沉重,有时不得不淡食。

二、茶酒等专卖

元代的茶专卖制度概括起来有三类管理办法,即引茶法、征税制、专卖法。

世祖中统二年(1261年),实行茶专卖制度,官买蜀茶,然后增价售于羌地。后来张庭瑞更变茶法,使贩茶商人每引纳2缗入官,官付给文券,听其自卖于羌地,此为商茶之法。世祖至元五年(1268年),采用运使白赓的建议,榷成都茶,官府置局发卖。至元十三年(1276年)攻占临安后,又采纳左丞吕文焕的建议,榷江西茶,并定长短引,皆以三分取一,长引每引计茶120斤,短引计茶90斤。至元十七年(1280年)废长引,专用短引,每引收钞2两4钱5分。至元三十年(1293年),又改江南茶法:裁并茶课少的茶课管理机构5所,并入其他11所中。茶商贩茶货卖必须携带茶引,不带茶引视同私茶。延祐五年(1318年),采纳法忽鲁丁的建议,实行减引添课之法,茶引由150万引减为100万引,每引课钞由10两增为12两5钱。

在引茶专卖的同时,还曾实行征税制。如至元十七年(1280年)曾将茶俵配于民,均摊茶课。至元二十一年(1284年)废除俵配之法,将俵配茶税加入正课之中,同时对江南茶商运至江北者纳税。这是先行专卖、再行纳税的专卖和征税并行之制。

酒醋课始于太宗二年(1230年)正月,规定"酒课验实息十取一"[①]。次年(1231年),立酒醋务坊场官,实行官制官卖的专卖制度,并视外府司县的民户多寡而定课额。其后改为允许酒户和富豪酿酒,官为收购酤卖。至元二十一年(1284年)十二月,中书右丞卢世荣以"京师富豪户酿酒酤卖,价高味薄,且课不时输",禁止富豪酿酒,实行官制官卖的榷酤之制,并逐渐由京师推广到各路。同时,

---

① 《元史》卷二《太宗本纪》。

大幅度增加酒课,由原来每石 1 两增为每石 10 两,税额提高 10 倍。后罢榷酤之制,改行征税制,听民自造,每石米课官钞 5 两。至元二十九年(1292 年),又恢复榷征之法。

酒醋课通常以钞缴纳,偶尔也征粮食。如至元七年(1270 年)九月,因山东发生饥荒,责令益都、济南酒税以十分之二收粮。

第六节　元代的审计监察制度

元代的审计制度称作理算,又名“拘刷”“打勘”。理算与钩考大致相同,相等于今天的审计,内容都是清查财赋,是上级官府检查、清理下级官府欺隐、逋欠钱粮的一种财政监督制度。对财政的监督检查也建有专门的制度,中央御史台全面负责监察工作,御史台在各地设有分支机构,有江南诸道行御史台、陕西诸道行御史台,御史台下属肃政廉访司也负责监督检查工作。

一、审计制度

元宪宗时,受西域影响实行过理算制度,世祖时正式建立审计制度。这种审计是以会计为基础,由御史台和廉访司负责。审计的内容包括会计是否属实、征收是否符合规定、庶官贪廉情况等。中书省的赋税由御史台官考阅,诸王傅文卷由监察御史考阅,诸王位下及行省赋税由廉访司官考阅,宣徽院所属两浙财赋府的赋税于次年二月由廉访司稽核。

审计制度在元代是一直实行的。元代建立以后,经常不定期地派遣官员分赴各地,对路府州县掌管的财赋进行理算钩考。世祖中统初,中书省欲“置局磨勘”东平路民赋账册和“会计前任官侵用财赋”。至元年间开始,钩考理算工作日渐增加。在各路总管府与转运司并立之际,各路转运司也是朝廷理算、钩考的对象。钩考中既要追究主管官吏逋欠等责任,又需稽查贪赃奸伪等弊病,而派遣和设置专门官吏(立局),检核簿籍账册,追征逋欠,乃至逮捕当事官吏,强制其执行赔偿等,则是理算钩考的基本程序和内容。这些事实表明,元代审计制度的实施是比较认真的。

元代审计制度对增加财政收入、整顿吏治均起到一定作用。至元五年(1268 年),追理侵欺粮粟近 20 万石,钱物更多;至元十九年(1282 年),理算未征钱粮 27 万石;至元二十四年(1287 年),检核中书省事,凡校出亏欠钞 4 770 锭,昏钞 1 345 锭,又查出湖广行省侵欺钱谷事。但这种审计也存在一些弊病。首先,极其扰民。理算名义上是追理下级官吏侵欺粮粟,实际上是变相地对人民搜刮,因为官吏赔偿都要在民众身上打主意。其次,审计常常成为统治集团内部相互倾轧的工具。阿合马执政期间,以理算为名杀死多名大臣。桑哥执政后,大力推行理算制度,在理算名义下,被迫自杀及死于狱中者有数百人之多,以致纲纪大坏,人心惶恐。

二、财政监察制度

元世祖至元五年(1268年),设立御史台,同时颁布《宪台格例》,作为御史台行使监察权的基本法规,大体分宪纲、条例两部分。其中,对财政的监察条例有:(1)赋役不均,擅自科差及造作不如法者;(2)官为和买诸物不依时价冒支官钱,或从中克减给散不实者;(3)诸官办到课额正额外若有增余,不尽实到官者;(4)阻坏钞法者;(5)户口流散、籍账隐没、农桑不勤、仓廪减耗为私者等。

为了保证财政制度的实施和杜绝财税工作中的流弊,元政府还制订实行了惩罚制度。有关赋役方面的刑罚主要有:(1)税粮。规定三限征纳,违者,初笞四十,再犯杖八十。(2)盐课。禁私盐,犯者杖七十,徒二年,财产一半没官,于没官物内分一半给告人充赏;禁犯界,犯者减私盐一等;犯私盐及犯界者,判处徒刑期间,带镣于盐场充盐夫居役;私造盐引者斩。(3)茶课。违制处罚基本同于盐课法。(4)岁课。禁私人炼铜。贩铁有引,私贩者减私盐一等,杖六十。(5)酒课。私酿酒者杖七十,徒二年,财产一半没官,将没官物的一半付首告人充赏;禁酒犯界,蒙古人犯者,刑罚轻于他人。(6)商税。凡隐匿税课者,物资一半没官,于没官物内分一半给告人充赏,犯者笞五十。(7)市舶。禁金银铜钱铁货、男女人口、丝绵缎匹、销金绫罗、米粮军器私贩下海,违者,有关人等各杖一百七,船物没官,有首告者,以没官物一半充赏;凡未经批准下海贩鬻,或未按规定抽税、课税者,称漏舶,漏舶者杖一百七,财物没收。

上述是对纳税人违章的惩罚条例,对违制征税的官吏也有一系列惩罚条例,具体按哪一条惩罚条例,均由御史台和廉访司掌管。

第七章

明清时期的财政制度

明清时期的财政制度是中国大一统皇权专制社会财政制度达到巅峰的阶段，财政管理体制高度集权，某些制度较前代有了很大进步，如预算管理趋向近代化、财政审计与监察更加严格、国家财政与皇室财政分离等。但是由于专制集权政治达于巅峰后走向衰败腐朽，上述财政制度的进步无法缓解各种危机，最终王朝仍走向灭亡。

第一节　财务行政组织的完善

在中央集权型财政体制下，明清时期的财政机构分中央和地方两套体系，中央户部为最高财政管理机构，直接向皇帝负责，并有监察机构对地方财政进行监督。同时，国家财政与皇室财政分治，皇室财政占有重要地位。

一、明代的财务行政组织

明代财政管理属中央集权型的体制，中央财政管理机构为户部，直接向皇帝负责，"自洪武十三年罢丞相不设，析中书省之政归六部，以尚书任天下事，侍郎贰之"①。明代的财政管理分为两大系统：一为国家财政，是财政的主体部分；一为皇室财政，在君主专制下，皇室财政占有重要地位。就国家财政而言，它是中央集权型的体制，地方财政隶属中央财政统管。明代的监察权由都察院行使，财政监察也归都察院。

（一）中央财政管理机构

明代户部的设立不晚于洪武元年（1368年）三月，设立之初以铸币为主要职

---

① 《明史》卷七十二《职官志一》，中书华局1974年版。

掌,当年八月取代司农司成为中央财政管理机构。户部的组织形式在洪武年间几经变动,至洪武二十三年(1390年)"部—司—科"的三级结构得以确立,至宣德十年(1435年)户部十三清吏司成为定制,一直延续到明朝灭亡。

中央财政管理机构为户部,户部的下属机构几经变动,最终成为十三清吏司,即浙江、江西、湖广、福建、山东、山西、河南、陕西、四川、广东、广西、云南、贵州。其权责很大,统管中央与地方财政收支。在分工方面,《明史》有明确记载:十三司各掌其分省之事,兼领所分两京、直隶贡赋,及诸司、卫所禄俸,边镇粮饷,并各仓场盐课、钞关。每个清吏司下设民、度支、金、仓四课。民部主管土地、户口、物产;度支部主管经费预算;金部主管天下渔盐税课等工商税;仓部主管两税的起运及仓库。户部还有派出的管理机构,如都转运盐使司、盐课提举司、市舶提举司等。

明代中央决策体制经历了一个从"君—相"二级决策到君主独裁决策,再到"君—(内)阁—六部"三级决策的演变过程。与之相对应,作为国家财政主管部门的户部,在中央财政决策过程中的地位和作用也发生了重大变化。正统元年(1436年)以前,中央财政决策权基本上由皇帝掌控,户部只是单纯的政令执行机构。户部是专职的国家财政管理机构,但并不具备统辖全国财政的权力,它只是中央财政管理体系的主体部分。该体系由户部、工部、太仆寺、光禄寺和内府五个机构共同组成,均对皇帝负责。这种分散化的财政管理体系使得户部没有统一的财权,从而不利于对国家财政进行管理,这也是明代国家财政一直趋于紧张并不断走向恶化的体制根源。

正统之后,随着三级决策体制的确立,户部通过"部议"或"会议"的方式逐渐取得财政决策权,成为最重要的中央财政决策部门。统治者为了使其中央集权能获得足够的财力支撑,采取了统收统支型的财政体制。财政大权集于中央,而地方政府没有财政自主权。户部通过税粮的起运与存留制度控制着中央与地方的财政分配,通过册报、查盘、审批等制度对地方政府的财政进行严密的监控。户部与地方政府为了各自的利益而以各种方式对财政资源进行相互侵夺。

(二) 地方财政管理机构

明代省、府、州、县都有兼管的财政机构。布政使掌一省之政,朝廷有德泽、禁令,承流宣播,以下于有司。

府设知府,主管一府之政,包括赋税管理,下设税课司,专管赋税,包括工商税收、契税。有河泊之地,设河泊所官,主管渔课。

县设知县,掌管一县之政,包括赋役、黄册登造和会计,如有重要的山海物产可供国家使用,则按报告所载及时进贡中央。县设税课司,主管工商税收、契税,有河泊地设河泊所官,有冶铁之地设铁冶所,同时设茶、盐引批验所,职掌同府。

此外,明有州一级政权,但有的州隶省,有的州属府。隶省的州,财税管理机构同府;属府的州,财税管理机构同县。

二、清前期的财务行政组织

清前期的财政管理体制沿革明代,分为中央国家财政管理机构、地方财政管理机构和皇室财政管理机构。同明代相比,清代皇权更加集中,无论国家财政还是皇室财政,直接向皇帝负责,实行高度集权的财政管理体制,财政机构设置体现了中央总揽财权的指导思想。中央设户部,户部银库为"天下财赋总汇",地方收入"凡起运至京者咸入焉"。各省设布政使司,"稽收支出纳之数,汇册申巡抚,达部查核"①。布政使司为户部的地方分支机构,而非隶属于地方督抚的财政机构。与此相应,布政使不是地方财政官员,而是中央财政的地方专员;藩库也不是地方银库,而是户部银库的地方分库,即"各省库储为京师外府"。

国家财政的中央管理机关主要是户部。户部为六部之一,掌管全国田亩、户籍、财政收支及有关财政政令,"制天下之经费,量入以定存留起运之数"。户部下设按地区划分的 14 个清吏司②,分掌各省钱粮收支及某些全国性的财政事务,主要分工如下:各省的民数、谷数,由浙江清吏司兼管;各地庄稼收成数,由四川清吏司兼管;漕政(海、河运粮事务)由云南清吏司兼管;全国关税由贵州清吏司兼管;盐课、参课、八旗官养廉银,由山东清吏司兼管;各省茶课、京中各项支款,由陕西清吏司兼管;"耗羡"银两之动支,由湖广清吏司兼管;各省"平余"银两,由江南清吏司兼管;各省协饷动支,由江西清吏司兼管;察哈尔俸饷、各省动支款项报销未给者,由江南清吏司兼管;江宁、江苏、杭州三处织造之奏销,由江南和浙江清吏司兼管;矿政、钱法、内仓之出纳,由广西清吏司兼管;八旗继嗣之政令、本部所属官差之更代,由广东清吏司兼管;赈济和官房事务,由福建清吏司兼管。

除 14 个清吏司外,户部还设有井田科、八旗俸饷处、饭银处、捐纳房、内仓等财政管理机构。井田科设于雍正十二年(1734 年),负责掌管八旗土田、内府庄户、入官房宅、地亩,征收岁租等。八旗俸饷处设于乾隆十三年(1748 年),专管八旗官兵俸饷、赏恤,并管八旗户籍档册。饭银处掌管各省解缴户部饭食银的收支。捐纳房

---

① 光绪《大清会典事例》卷一百八十二《户部·库藏》,上海古籍出版社《续修四库全书》本。
② 在明朝十三司的基础上,增设江南一司。

专管用钱买官的事务。内仓隶属户部,掌储纳米豆,负责供驻京蒙古王公、喇嘛与来京蒙古人员用米,宗学、觉罗学教习用米,太监、匠役口粮,文武会试供应粮米,祭祀造酒用米,与工部马豆等项。此外,户部还设有钱法堂,负责钱币管理事务,其下属的宝泉局为铸钱机构。集中于中央的钱财物资,均储藏于户部的银库、缎库、颜料库,号称"三库"。

在地方上,设立的省级财政管理机关主要是各省布政使司。布政使司掌管全省钱粮出纳,主持财政政令。布政使司衙门内设有经历、照磨、理问、库大使官员,具体负责协助布政使司管理有关省内财政事务。各省还设有一些分管关税、盐法、漕粮、茶马、粮储的道员。藩台、道台之下,知府掌一府之政令,所辖州县之钱谷,需经其呈转。知府下设的经历司,主管该府赋税事务。知县总一县政令,赋役、税收等均属其职责权限;属官税课大使,具体负责管理本县有关赋税事务。地方的藏储库主要有布政使司库、粮道库、盐法道库、各税务库、州县库等。地方各级财政机关负责将各地财赋汇总于省,由布政使司按中央财政规章、法令稽全省收支之数,汇册报送中央。

清朝的地方财权分为省、道、府(州)、县四级,一省或者合几省设一总督,代表皇帝掌一省或几省之军、政、财权;各省设巡抚,代表皇帝掌一省之权。督抚以下又设有藩司(即布政司)、臬司(即按察司)。藩司主管一省之财政,上受户部清吏司之控制,下管道、府(州)、县三级财政。在统收统支的财政体制下,除上缴中央的财政收入外,地方存留的部分使用时也要报告中央。

清朝皇室财政管理机构是内务府。内务府是清朝直接服务于皇帝及其皇族并管理全部宫廷事务的机构,在内务府中负责皇室大部财政事务的机关有广储司、会计司等。广储司掌管皇室财政的库藏和出纳,会计司掌管皇家庄园户口、地亩、赋税。皇室库藏主要有六库:银库、皮库、瓷库、缎库、衣库和茶库。

第二节　清前期的集权型财政体制

自入关后,清政府逐渐建立了一套严密的中央集权型财政体制,通过起运存留、春拨秋拨、解款协款、严格奏销等制度规范了中央与地方的财政分配关系。这种关系以财权集中归于中央为特征,在咸丰之前长达200余年的时间内,得到了有力的贯彻执行。

清朝前期,起运存留是一项重要的财政制度,规定了国家财政收入在中央与地方间的分配原则与比例:"凡州县经征钱粮,运解布政使司候部拨用,曰起运。""扣留本地支给经费,曰存留。"入关后不久,清统治者即有起运存留各半的定制。但随着军费开支的膨胀和中央财政的匮乏,清廷开始对地方存留进行削减。顺治十三年(1656年),清政府裁减直省每年存留银两,数额达75万余两。康熙平定三藩之乱后,地方存留比例略有增加,至嘉庆时又有下降,嘉庆末年全国各地的存留银占额征赋银比例平均仅为17.4%。① 总体来看,康熙中叶至嘉庆、道光年间,地方存留始终仅占微弱比例,一般不超过25%。②

地方存留过少导致一系列经济问题,其中以耗羡之滥征为最。耗羡是地方政府为弥补熔铸赋银所致损耗而于正额之外征收的费用,其数目各地不一,重者数钱,轻者钱余,甚至数倍于正额。地方政府对耗羡的派征严重影响了百姓生计,也不利于中央财政的集权,因此至雍正初便对之进行了"归公"改革。改革后的耗羡成为中央政府财政收入的组成部分,作为弥补,清廷发放"养廉银"给地方官员。通过这次收入分配的调整,财政集权中央的程度大为加深,地方经费虽有一定增加,但财权却相对减弱了。

清政府不仅通过起运存留制度规定了财政收入的分配比例,还通过春秋拨制度、解款协款制度将之付诸实践。依照定制,各省督抚在每年冬季要将本省次年的田赋预计征收额及应需官兵俸饷"预为会计,造册咨部",是为"冬估"。户部在各省冬估册的基础上,将各省额征银两分春、秋两次按款照数进行拨解,是为春拨、秋拨。换言之,清政府通过冬估制度获知各省未来的财政收支大体情况及余存数额,然后根据各地实际需要在全国范围内予以指拨。按照经费安排的次序,地方政府所征各项收入,先就本省需要存留,多余或不足皆由中央户部进行省际调控协拨,是为"协款"。除了存留和协款,剩余银两由各省悉数解交户部,是为"解款"。解款协款制度是确保中央政府财政经费和财权的重要一环。清政府规定了严格的解款期限与数额:"凡应行解司各项银两,自奉文之日起,勒限一月完解司库报部。如逾期不即完解,该督抚即行查参。"各省漕项、关税、盐课等项解户部银库兑收时,"每千两短少在十两以内者,准解员即时补足,倘短少数多,即行指参,并饬行补解"③。

为保证财政收支的集权,清政府还制定了奏销制度。自基层州县至中央户部,逐级造送收支清册,户部于年底分省汇总具奏,此为奏销制的完整程序。地方政府

---

① 陈桦:《18世纪的中国与世界·经济卷》,辽海出版社1999年版,第275页。
② 梁方仲:《中国历代户口、田地、田赋统计》,上海人民出版社1980年版,第424～427页。
③ 光绪《大清会典事例》卷一百六十九《户部·田赋》。

的奏销册送交户部后,凡户部认为有不符"部例"者,即责令地方限期答复,甚至重新造册。对于交代不清和无故逾限者,清廷或议处或追赔,惩罚甚厉。

由上可知,清前期中央与地方的财政关系是中央集权型的,中央占有绝对优势,地方政府处于从属地位。关联这一局面的原因还可提及两点。

其一,财政以社会经济为根基,一定的社会经济发展状况决定特定的财政体制。清朝前期,农业经济稳步发展,地区间经济联系日渐加强,各省收支结构与行政手段亦基本统一,这为中央集权型财政体制的运行奠定了物质基础。为恢复和支持农业经济,清政府实行"摊丁入亩"、蠲免钱粮等赋税政策,从而使自给自足的小农经济得到进一步巩固,田赋也成为国家财政最重要的收入。田赋之外,盐课、关税等收入所占国家岁入的比重不大,且来源稳定,中央容易控制。至于财政支出,更由中央详列了固定的 15 项,其中多由户部定额与核销。清政府统一全国后,各地区经济联系加强,行政模式相同,从而使各项财政制度能够在中央政府的指令下逐级施行。

其二,财权与事权紧密关联,清前期中央与地方政府职能的悬殊使财权集归中央成为必然。财政是国家为实现其职能而形成的分配关系,国家职能在各级政府间的划分直接影响其财政分配份额,即各级政府的事权决定其财权。清朝前期,统一战争和恢复经济的任务都由中央政府主导去完成,便自然地担负起无所不管的职能。军事方面,统一战争和镇压民变均由中央统筹,巨额军需亦由户部筹拨。经济方面,中央为恢复和发展生产,数次蠲免钱粮,仅乾隆一朝的普免钱粮即达四次,所免赋银约略统计达一亿两以上。这种全能型职能势必造成中央政府在财政领域的集权。

第三节　预算与会计制度

明清时期非常注重财政预算管理和收支的会计核算,制定了一套完备的制度体系。无论是预决算和年度收支报告的编制,还是会计账簿的管理,都比前代大有进步。

一、预算管理

(一) 明代的预算管理

明代重视财政预算,每年要进行年终决算和次年的预算。

年报是预算编制的重点,也是全国上下一致的行动,实行按行政体制逐级编制、逐级汇总、逐级上报的制度。中央各主管部门采取归口编报之法,即由下而上逐级汇报。户部为终报部门,实行总决算,并编制次年预算。

明代官厅十分重视考核会计年报内容的正确、真实程度。年报是由下而上层层汇总编制的,最后由户部代皇帝算总账,凡钱粮数目有一分、一毫或一升、一合对不拢者,其奏销册便会被驳回,不准报销,直到重新编造、分毫不差,方可准予报销。每年决算后,依决算的情况编造次年的预算。

明代官厅对以年报为重点的会计报告的编制、汇总、报送、审批、驳回、更正,以及送达期限,都有十分明确的规定,这表明古代数据组合式会计报告编制已进入成熟阶段。这种会计报告的成熟和完善表现在以下几方面:(1)内容完备。编制的四柱奏销册,全面反映了各经济职能部门所管钱粮在"管""收""除""在"四个环节变化的全过程。这种会计报告既按大项反映总数,又按小项反映其细数,并一律通过四柱结算法清算本期各项的结存数额,便于上级主管部门对下级部门进行控制和监督。(2)格式划一。会计报告采用统一颁发的印信文册,并有严格规定的公文格式;确定了上下口径一致的编报项目;规定按四柱序列填报和采用四柱结算方法;会计报告的印信、签押、誊写,以及各类计量单位的使用也有比较统一的要求。(3)程序完善。四柱奏销册的编报有严格的程序。强调账实相符,要求编报前进行钱粮盘查;明确了自下而上按行政区划或财物主管系统组织编报,逐级汇总类编,户部进行全国会计报告的分类汇编工作,最后装订成册向皇帝奏报;关于呈报、汇编、审核、奏销、驳回、重报以及送管和到达保管期限的销毁,都有严格规定的程序。(4)审核制度严格。对钱粮奏销报告的全面审核工作集中在户部进行。通常,审核十分严格,往往是事无巨细,无处不进行挑剔。编报的规格,要求按规章行事;按规定程序,某一项不全便不得通过;严格对会计报告中钱谷数字进行验算,如有分、毫和升、合的差异,整个报告便被驳回,令其重新查实;对印鉴的验核十分严格,上报必有报告衙门的印信,审核必有主管部门的印信,汇总必有汇总单位的印信。正印和骑缝印的加盖都必须符合要求,否则便不合法,不准许报销和了结账宗。

可见,在会计报告编制方面,明代财计部门在继承旧制的基础上,经过修整、增补、改进,使其更加完善,因而它在沟通朝廷上下、左右经济信息、对全国钱粮控制等方面都发挥了较好的作用。

(二)清代预算管理

清代前期的预决算管理通过一系列制度来实现,包括对钱粮的收、支、起运、存留等各环节的控制与规范,每年对各部院和直省的经费收支报告进行审批。

1. 预(决)算管理制度的改进

为了保证预(决)算编制的规范性,清政府从管理制度上作了以下改进:一是以银为计量单位,国用之出纳,皆权以银。征纳的实物,折合成银两,收支、起运、存留等均以白银为计量单位,这就便于结算和年度报告的编制。二是赋税征收袭明代"一条鞭法",官收官解。三是要求各地如实奏报收入、支出、起运、存留数字,不准欺隐、蒙混。四是实行专款专用、对口报销、对口检查的制度。如工程完工须编造"垫办工程报销"报告,凡驿站用度须及时编造"驿站钱粮奏销报告"。这些报告经过逐级审查、签批、送部存档,程序较健全。五是官员离任实行钱粮交接制度。《钦定吏部处分则例》不仅对交接的手续制度实行法律的约束,而且对交接期限也定有管制之法。一般旧任官限 20 日以内造册移交,新任官则限定在 40 日以内,倘若误期不投,属于旧任官员责任者,开参罚俸 1 年;属于新任官员责任者,亦开参罚俸1 年;情节严重者,一律以革职论处。如果属于仓粮过额、期内无法交代明白者,可以根据过额数目申请延期。[①]

2. 收支年度报告的编制与稽审

清廷规定,有财政收入的地方和部门年终要向户部报告收入情况,无论是地方还是京城各部院,凡有经费出入,都要报告本年度收入、支出、结余等情况,以便核销。这种年度收支报告称为奏销册。"凡奏销,必以四柱之册。一曰旧管,二曰新收,三曰开除,四曰实在。司道以册申于总督巡抚,加印而送部焉。及本下,十有四司各按其所隶而核之"。[②] 这种全国上下统一的财政年度报告格式,通行于各部,并采用逐级编报、逐级汇编、逐级审核的办法。不同的主管部门则按系统归口编报,如:粮道掌稽出纳,岁具册申漕运总督,达户部察核;驿道、河库道、兵备道等分掌部分财物出纳之稽核,"岁具册申督抚、河道总督,分咨户、兵、工三部察核"[③]。各地、各部的经费收支年度报告,最终汇集于户部,由户部统一调控,向皇帝奏报。承历代之制,或依奏准销,或驳回重报,或立案提参,均有一定之规。

通过本年度收、支、存决算,为制定下一年度预算提供了依据,即以上一年度收支存数为基础,考虑到下年度变动的新情况,制订下年度的收支计划,对各地方、部

---

① 《钦定吏部处分则例》卷八,清咸丰四年刻本。

② 《清会典》卷十九《户部》。

③ 《清朝文献通考》卷四十《国用考》,上海古籍出版社影印文渊阁《四库全书》本。

门的收支实行定额控制。清廷通过预算对钱粮流转(收、支、调、存)的全过程采用限额控制的管理办法。凡钱粮入库,则立刻有验收制度,动之有额定的标准,调拨有规定的手续程序,转运有法定的消耗限制,而储存则有比较科学的保管成法。这是一种分环节的管理制度,而且在各个环节是多种制度兼行,以达到严格控制的目的。

清廷将各项经费支出作为预算控制的重点。史称:"凡动款有坐支,有给领,有协解,有估拨,皆按其实而销焉。"①不同的支出有不同的报销去处,各归各法,不得交错。如官俸役食、驿站料价、祭祀香烛,以及岁贡坊仪等,按规定一般采用坐支法;船工水脚,孝子节妇建坊之银,以及举人坊仪之款,一般采用给领之法;对于地丁不敷动用,则采取由外省协济之法。另外,凡属于专款专用的支出项目,一律实行对口开支制度。针对奏销中有支出不合理、浪费严重的现象,雍正即位后开始严加整顿,加强审核,通过会考府的稽核,对不合理的开支不予报销,使奏销制度走向规范。

清廷不仅对各直省的经费奏销加强管理,对京师各单位的经费开支也严加控制,户部甚至提出裁减官兵以节约开支,得到皇帝的支持。即使为皇室或国家兴办工程或采购物品,其支出也要编造预算,并限期结算,以防经办者从中作弊。为了发挥户部在国家财政收支上的管理作用,清廷不准任何经费使用单位脱离户部的预(决)算控制。乾隆三十四年(1769 年)上谕有云:"户部为度支总汇,凡银款出入,自应经由该部收支,以备稽查。今宗人府需用红白银两,径由盐政解交,既于体制未合,且恐其中不无滋弊之处,嗣后两淮应交宗人府银两,着该盐政仍解交户部查收,宗人府按季赴部支领转给。"②由此可见,即便是皇室财政的收支,也由户部监管,财政预算制度得到了很好的执行。

二、会计管理

国家的财政收支离不开会计核算,加强会计管理是财政管理的重要内容。

(一) 明朝的会计制度

明代官厅把会计账簿通称为"簿"或"簿籍",划归国务文册一类,与黄册及其他公文册籍并列,被看作国家的重要经济档案。会计簿册记录有依据,核算有成法,报送有制度,收藏保管有组织。为加强对财政经济的控制,除一般会计簿籍外,明

---

① 《清会典》卷十九《户部》。
② 《清朝文献通考》卷四十一《国用考》。

代会计部门还设置了几种特殊文簿,在当时的管算工作中起到了重要作用,体现了明代会计管理的发展进步。

1. 印信文簿

印信文簿又称印信簿籍、钱粮印簿,或简称印簿,是由户部统一颁发的用于核算、稽考钱粮收支的一种特别簿籍。这类文簿不仅有规定的格式,而且要求以钱粮主管官员的印鉴作为合法的标志。印信文簿专门用于查核上纳粮米,除正常收纳之数外,对于溢余粮米亦须如数登记印信文簿,作为正项米粮收纳,以防止滥余之数的散失。

对商税征收的控制方面,也有专门印信文簿的设置。当时,商税收入灵活多变,其征收过程也容易产生弊病,使用这类印信簿籍对商税收入的稽考便有了依据,抚按衙门据此定期查考可在一定程度上堵塞商税征收中的漏洞。

印信文簿不仅是核算和管理国家财政收支的重要会计簿籍,而且是编制四柱式奏销册的重要依据。印信文簿记录的真实程度在一般经济簿籍之上,因此年终以它作为查盘财物的依据,便可以保证财物盘点工作的真实无误。

2. 印信稽考文簿

印信稽考文簿,简称稽考簿,是明代官厅专门用于稽考某项钱粮收支的簿籍,这种文簿在钱粮收支中起着控制作用。通过三扇稽考簿,上下结合控制,得以保证钞关环节无误。在官员卸任时,也可通过核查稽考簿来解除旧任官员的经济责任。稽考簿的严格使用以及通过稽考簿的分别收掌发挥牵制作用,可以有效防止钱粮渗漏。

3. 印信号簿

在钱粮收支过程中,明代官厅还设有一种印信号簿。这种号簿以特定的编号控制钱粮收支,以对号方式检验账目,在经济主管部门间发挥着牵制作用。通过一式四本印信号簿,控制钱粮验收、解运、收储与发放环节,使钱粮交割和转移手续明确,责任分明,以防止差错事故和各种弊端的发生。加之由主管部门统一控制号簿,又可以对各个环节起全面监督作用,确保钱粮免受损失。

印信号簿也是控制税契、监督钱粮收入的重要手段。号簿与税契的消耗相一致,每使用一张税契便相应在印信号簿中注销一号。每号又以契尾所记银钱的实数为根据,查核银钱以契尾数据为准。契尾用完,印信号簿中的号数便相应注销完毕,到一定时期后号簿上缴,主管部门可以对号查核银钱。这种销号法后来不仅用于核收,而且用于核支,对后世的管算结合有一定影响。

4. 循环簿

循环簿分为两册,一曰"循簿",一曰"环簿",两簿交替使用,故称为"循环簿"。循环簿是明代用于交替查算钱粮的一种会计文簿,其轮回在部门之间传递,既方便核算,又方便审核。一般一月一轮回,如上月循簿在下级办事部门,环簿便上报上级主管部门审查。到当月初,便将循簿上缴,同时收回环簿,供当月记录之用。这样做既不误核算,也不误审查。

以上几种特别簿籍的设置,是明朝财计部门加强管理与核算的重要措施,对于防范贪盗钱粮事件的发生起到了一定的作用。①

(二) 清代国家会计核算制度

清政府的户部《则例》规定:凡州、县征收钱粮,必须在当年十月以前,将征收钱粮的主要账簿送布政司钤印,于开征前领回使用,这些主要账簿共有四种,即"征收簿""日记簿""缴款簿"和"截串注销簿",各自的用途不同,但又相互关联,缺一不可。四簿之间有相互勾稽的作用,从而建立了一个具有一定控制作用的账簿核算体系。

(1) 征收簿。征收簿俗称红簿。清初,此簿由布政司颁发,令纳税人填写,定期缴司报部。雍正二年(1724 年)又作了进一步改进,强调征收红簿必须加盖布政司印信方可生效。征收时,应随同花户登记。此簿以日为经,以乡为纬,每日分户记载一日征收之合计数,故其性质相当于总清之类账簿。征收簿为编制奏销报告的依据。

(2) 日记簿。日记簿俗称现收流水簿,是钤印账簿的一种。此簿按乡分类记录,每页登录十户,以征粮、征银串票作为登记依据。记录内容主要有纳户姓名、实征数额及串票号码等。每日户数共计数额必须与截串注销簿之截串数额相一致。

(3) 缴款簿。缴款簿又名日报簿,是缴纳税征银两的登记簿。向上缴纳一笔,遂根据凭证登记一笔。由于此簿系以乡为单位向上缴纳税征银两,故其登记之数额应始终与税征簿相吻合,通常勾稽税征银钱时将两簿比照核对,以发挥会计之监督作用。

(4) 截串注销簿。串票是税征中所用的原始凭证,已截串票表示已经征收过的钱粮,故串票票面上银钱合计数额当与实征数额一致,可见串票在控制税征银钱方面起着重要作用。所以,注销簿便是用于登记已截串票的账簿,它起着核销串票的作用,是勾稽日记簿和缴款簿的依据。

---

① 郭道扬:《元明时代的会计》,载《中国会计史稿》,中国财政经济出版社 1988 年版。

第四节 审计与监察制度

明清时期的财政监察是职官法纪监察的重要内容。明代在总结前代经验和教训的基础上,逐步形成了以都察院为主导,科道、厂卫相结合的财政监察体系。清代与明代类似且有所创新,实现了台谏合流,地方官员兼具财政监察职能,财政监察立法也日渐完善。

一、明代国家财政监察体系

(一) 都察院与科道

朱元璋在登基前就设立了监察制度,并多次对其进行改革,如罢御史台改置谏官院,之后又改都察院,将唐宋的一台三院改定为一院制。在调整都察院的同时,下设十二道,设监察御史分察。宣德十年(1435 年),根据十三省划为十三布政司的情况,又设立十三道,设监察御史共 110 人:浙江、江西、河南、山东各 10 人,福建、广东、广西、四川、贵州各 7 人,陕西、湖广、山西各 8 人,云南 11 人,皆为正七品,掌管地方的监察工作。十三道是都察院的一个组成部分,主要任务是"察纠内外百司之官邪"。但就其职责而论,它又只对皇帝负责,凡"大事奏裁,小事立断",可不经都察院而独立行使监察职权。①

六科给事中是在十三道设立之后而创立的。给事中之名始于秦汉,但不负责监察。洪武九年(1376 年),设给事中 10 人,之后,废三省仅存六部,于是在洪武二十年(1387 年)正式定六科给事中监察六部。对六科给事中的监察职责,朝廷规定得颇为具体,有纵有横,有分有合:"六科,掌侍从、规谏、补阙、拾遗,稽察六部百司之事。凡制敕宣行,大事复奏,小事署而颁之,有失,封还执奏。凡内外所上章疏下,分类抄出,参署付部,驳正其违误。"②

(二) 巡按御史

巡按御史是按照皇帝指令代天子巡行按抚,因此叫巡按。巡按御史与地方长官虽品级相等,但权限和地位远高于地方官,甚至知府、知县也要对其行跪拜礼。明成祖永乐年间规定一省设一道,分道出巡,其职权主要有三项:一是考察官吏、奏劾官邪,即对腐败官风严查整饬,并逐一作出奏章上报皇帝;二是剪除吏蠹、肃振纲

---

① 《续通典》卷二十八《职官六》,上海古籍出版社影印文渊阁《四库全书》本。
② 《续通典》卷二十五《职官三》。

纪,即对强占民产、掠夺民财、败坏官风、毁坏法纪者进行奏劾与惩治,以保证社会的安定;三是巡视仓库、查算钱粮,定期检查各地的财政钱粮,对恣意侵吞、中饱私囊者一律严查,对于违制修建宫苑、私造龙凤船舰、亏损国库、挥霍无度者,一律严惩。

(三) 财政监察的内容

财政税收方面的监察占明代监察体系的比重很大。吏治考察中,把官员履行的财税职责作为重要内容,而财税工作绩效的取得与考察监督的激励约束机制密不可分。

洪武二十六年(1393 年),对监察御史等出巡的监察程序和监察事项作了律令形式的规定。其中,有关财税方面的监察,主要监察对象包括:科差赋役;圩岸坝堰陂塘的修筑疏通;荒闲田土的开垦;站驿的递送服务;桥梁道路的修理;诸色课程数目的保结开报;取勘籍定户口;学校的修理完备;收买军需等项;升斗秤尺的校勘均平;鳏寡孤独的存恤养赡;仓库房屋的修理等。①

二、清代财政监察制度

清代财政监察制度是直接由明朝发展来的,没有设御史台,而是设了都察院。都察院的设置事实上就是把原来的御史台的职权集中到一个"察"字上,职权仅仅集中到对百官和地方各种事务的监察上来。清代在明朝基础上有所创新,把给事中并入都察院,实现了台谏的最后合流。地方上,沿袭明朝做法,设置了总督、巡抚,总督一般兼任都察院右都御史,有监察地方的职责,巡抚的职权也包含了一定的财政监察权。

(一) 中央财政监察

康雍乾三朝是清代财政监察制度的成型与稳定期,其间对制度的创制不多,但是对财政监察制度进行了完善,形成了比较固定的中央财政监察制度。其完善之处包括两方面:一是进一步完善都察院的设置。这一时期都察院的内部机构和官员的设置趋于稳定,雍正初年时六科给事中并入都察院,与监察御史合称"科道",这样在都察院内部形成了"稽察""审计"和"弹劾"三位一体的完整系统。六科主要掌管对日常财政事项进行具体账目的查核,而监察御史则负责稽察,带有查漏补缺性质,可以说在职权上两者有一定的互补性。二是针对财政事项设置了一些新的机构。如康熙时始设的巡漕御史,康熙时成定制的巡盐御史,雍正时所设的稽察内务府御史处,这些新机构的设置让清代财政监察体系日趋完善。

---

① 《大明会典》卷二百一十,上海古籍出版社《续修四库全书》本。

在都察院的十五道中,财政监察权比较大的有江南道、京畿道、陕西道、河南道;六科中以户科、工科、兵科掌握的财政监察权较大。另外,户部的清吏司也兼有一定的财政监察权,主要是一些特殊财政事项的监察。

六科负责对六部进行监察,并职掌六部官员的京察考课,同时兼掌封驳。六科中和财政监察相关性较强的是户科、工科、兵科。据《钦定台规》记载:户科掌管稽核财政;工科掌管稽察工程;兵科同财政相关的是掌管军队财政事项的监察和驿站用度的纠察。①

户科对财政收入的监察包括:监察直省钱粮交盘;审查赋税易知由单;考察收成分数;监察直省钱粮奏销;核查漕粮全单;审查奏缴粮斛册;盐课考核;审核钱粮奏销。户科对财政支出也有一定的监察。支领财物是户部日常料理的事情,也是所涉主体和数额最大的一项财政事件。据《大清会典事例》载,顺治初年定制,凡是京城各部门支领国家财政所属钱粮物品的,各部门按月份把账目清册送到户科审查,贪弊者由户科题奏。《钦定台规》也明确提出,田赋杂税的奏销由布政使司作出清册,呈送到巡抚处,由巡抚转送;军队的各种花销由所管军队官员作出细册,送达总督处,由总督转送。以上两者都要在每年五月送到户部,由户科审查。②

(二) 地方财政监察

清代地方财政监察主要有两类:一类是地方固有官员在本地承担了一定的财政监察职权;另一类是中央派到地方的巡察,其员额不定,都是为了特定的事项由皇帝在中央原有官员中选派,大部分是科道官员。

清初督抚皆兼都察院右都御史、右副都御史,称宪衔。但员额无定,辖区未定。后几经裁迁改设,到了乾隆初年最终确定设立八个总督,即两广、直隶、两江、云贵、四川、湖广、陕甘、闽浙总督各一名。总督职掌甚广,简言之就是"综治军民,统辖文武,考核官员,修饰封疆"。巡抚的职位略低于总督,职责很多时候是民政,但事实上也兼理军政。

清代省级设布政使,称守道,按察使称巡道,守、巡两道是布政使司、按察使司的派遣,分别专掌钱谷和刑名。道的官署称道台衙门,道员称道台,亦称观察。乾隆十八年(1753 年),将原来的参政、参议、副使等取消,并将道划为督抚的直属机关,从此道员成为与两司平行的单位。嘉庆四年(1799 年),以道员职司巡察与在京科道相同,而特谕准其照布按两司之例密折奏事,由此而形成了督抚的监察系统。

---

① 《钦定台规》卷十五《六科一》。
② 《钦定台规》卷十六《六科二》。

中央派到地方的巡察是朝廷监察地方的传统方式,巡察是监察地方官员行使职权的常态制度。顺治初年,仿明朝巡按御史之制,每省派御史一人,巡视地方,纠劾贪官污吏,查拿豪蠹盗贼,权力甚大,差限以一年为满。雍正年间,于湖广、山东、河南、安徽、江宁等省派出巡察御史,其性质类似顺治朝的巡按御史,至乾隆元年(1736 年)俱停各省巡察御史。

值得注意的是科道各差的财政监察。清朝由朝廷派员稽察某项专门事务,或巡察特殊地域事务的监察官员称为专差,由都察院从六科给事中、十五道监察御史中简派,定期更换。与六科给事中相比,十五道监察御史承担更多的稽察、巡察任务。凡属皇帝交派的监察事务,从十五道御史中简派居多。专差科道每差人数虽少,但名目繁多,如巡盐御史①,掌稽察盐课、盐运情况;查库御史②,掌稽仓库诸务;巡漕御史③,掌催漕运;巡视屯田御史;巡视茶马御史等。

（三）财政监察法律

清代形成了完整的法律体系,监察法是其中的关键部分。清代监察法在继承自秦汉以来监察理论和实践的基础上制定,分为专门监察法典、律典和则例、皇帝谕令,所有这些法律都包含财政监察相关内容。

1. 监察法典中的财政监察立法

(1)《都察院则例》。现存乾隆十三年(1748 年)的两卷本条目中,涉及财政监察的有稽察户部三库、稽察工程、稽察内务府事件、稽察理藩院银库、盐政考核、巡仓、巡漕、巡盐等。乾隆二十年(1755 年)六卷本条目中,涉及财政监察的内容主要分布在"则例三"和"则例四"中。"则例三"包含的财政监察立法有稽察户部三库、稽察工程二库、稽察内务府事件、稽察理藩院银库、盐政考核等。"则例四"包含的财政监察立法有巡仓、巡漕、巡盐等。

(2)《钦定台规》。它最早编纂于乾隆年间,由都察院负责,涉及财政监察的有考覆、稽察、理刑,监试、巡城、巡仓,巡漕、巡盐、巡察。嘉庆、道光年间均有修订增补。光绪十六年(1890 年)续修《钦定台规》,三年后完成颁布实施。《钦定台规》有关财政监察的规定分布很广,主要集中在巡察、稽查、各道、六科中。从总体上看,

---

① 盐税是封建国家财政收入的大项,对国家财政极为重要,所以历来受到统治者重视,对盐税征收的监察也尤为重要。

② 户部的仓库本来是由江南道和户科一起监察,但是由于科道官员的职权太过庞杂,难以顾及仓库监察,遂发生诸多仓库亏空案,统治者只得设置专门御史对仓库进行监察。

③ 漕运是清朝维持财政运转的大事,关乎朝廷命运,清初漕运弊端颇多,遂设置漕运御史,其财政监察相关职权包括杜绝沿途官吏索贿、监督新漕米收支、稽察督促漕运船只。

康、雍、乾三朝监察立法活动频繁,建立了相对完整的法律体系,相对应的财政监察立法也日趋完善。

2. 律典、则例中的监察立法

(1)《大清律例》。《大清律例》集《唐律》以来历代国家基本法之大成,在体例上仿照了《大明律》,由名例律和吏户礼兵刑工六律构成。其中,对官员在财政上的违法犯罪活动的处罚规定得十分详尽,但主要还是集中在吏部、户部、刑部的相关条文规定中。

(2)《大清会典》与《大清会典事例》。关于财政监察制度的规定主要集中在户部和都察院相关部分。由于会典所载是经久常行之制,是官司所守、朝野所遵的国家大经大法,因而对《钦定台规》的制定与修改具有原则性的指导意义。

3. 诏谕中的财政监察立法

清代皇帝掌握了最高监察权,由皇帝颁发的谕令具有最权威的监察法源效力,是指挥监察机关运作和监察官据以纠察官员违法犯罪的重要依据,其效力较国家制定的法还高一些。关于财政监察的谕令有很多,这些谕令补充了成文的财政监察制度的不足,具有最高的法律效力,对具体的财政监察有指导意义。

第五节　清代货币管理制度

清代前期实行金属货币制度,属于白银与铜钱并行流通的复本位制,以白银为主,银钱并用。白银和铜钱的双重身份决定了市场价值规律会影响货币流通,市场和政府共同维持货币制度的运行。

一、货币管理机构

顺治元年(1644年),仿明制在户部设宝泉局,工部设宝元局,各铸制钱"顺治通宝",每文重一钱。宝泉局岁铸钱解户部,配银给发兵饷,以户部汉右侍郎一人督理京省钱法,满汉司官各一人监督局务,设局大使一人;宝源局岁铸钱解工部节慎库,以备给发各工之用,钱法亦掌于汉右侍郎,置满汉监督官三人专司出纳,设局大使一人,余制与户部同。顺治九年(1652年),定各省局钱本息奏销之例。各省设局鼓铸,初定章程。强调户部为天下财赋总汇,责成各直省局将铸钱本息按季报部,以凭核查,岁终汇册奏销。这表明户部对直省铸钱的管理强调按期报部,保证铸钱质量。

康熙二十三年(1684年),改变铸钱管理体制,由户、工两部管理改为选差专员督理,上谕有云:"管理钱法,俱应另行选差,将铸钱事宜并耗费等项详加察看,亲督铸造。务期尽除积弊,永为定式,应差各官,该部开列具奏。"

康熙二十六年(1687 年),又恢复户、工两部管钱法,仍令本部右侍郎督理,停止选派选差官员。各直省钱局设有总理官和监铸官。雍正、乾隆时,官职设置有过小的变动,但大的管理格局未变。

二、货币铸造制度及其演变

清初定制,以红铜七成白铅(即锌)三成搭配鼓铸,"钱千为万,二千串为一卯,年铸三十卯",每钱一枚的重量恰为一钱,各省镇遵工开铸①。整个清代先后在各省设置过五六十个铸造局,中间经过多次变动,有些铸局撤销或合并,也有的铸局停炉或减卯,还常有增局和加卯数之事。顺治、康熙、雍正三代,铸局和铸额均陆续增加,乾隆时达到顶峰。嘉庆、道光年间,因铜价上涨,铸局时开时停,每年铸额也渐减少。

清初制钱的重量屡经变化,最早定为一钱重。顺治二年(1645 年)改铸为一钱二分,后又增重为一钱二分五厘、一钱四分,这些钱都以七文准银一分。康熙二十三年(1684 年),因钱贵引起私毁者多,乃改铸重一钱制钱,至四十年(1701 年)又恢复重一钱四分的旧制。当时铜料本身的价格逐渐上涨(对银价的比例),民间私毁制钱改铸器物之风盛行,雍正时虽然增厂加卯鼓铸,而社会流通的数量并没有增多,出现通货紧缩现象。政府下今严禁毁钱造器,违者治以重罪,除一品之家外不许用黄铜器具②,可见铜斤的稀贵。雍正十二年(1734 年),又铸每文重一钱二分的制钱,因当时铸一钱四分重的钱一串(千文)所需原料工费约合银一两四钱余,而法定比价每钱一串值银一两,钱重铜多,易被销毁,每枚钱减重二分,使销毁者无利可图。此后直至道光时,制钱的重量以一钱二分为准。咸丰以后,改为八分,国势渐衰,通货也跟着减重。

清代制钱的金属成分也经过几次变更。康熙二十三年(1684 年)改定制钱以铜 60%与白铅(即锌)40%配铸。雍正五年(1727 年)改为铜 50%、白铅 50%配铸。乾隆五年(1740 年)又改为铜 50%、白铅 41.5%、铅 6.5%、锡 2%配铸。至光绪年间,又改为铜 54%、白铅 46%配铸。总的变动趋势是铜质渐少而杂质渐多,光绪时

---

① 《清史稿》卷一百二十四《食货五》,中华书局 1977 年点校本。
② 《清史稿·食货志·钱法》载,私毁比之私铸论罪处绞刑,又原定三品以上之家准用黄铜器具,其实只限一品之家才能用。

铜分略增,但其钱也减重了。制钱金属成分的标准只限宝源、宝泉两个京局,外省各地方局所铸者参差不齐,加以各地私铸充斥,品质极为纷乱。

清朝初年规定,制钱一串(千文)相当于银一两,一文值银一厘。顺治年间曾铸有标明"一厘"的制钱,似乎要把制钱当成银两的辅币,可见当时银两在币制上的重要性。但制钱与银两,事实上是平行的,两者之间的比价各以其金属本身的价值和供给与需求的变化而上下波动,使法定比价和实际市价经常发生差异。在雍正以前,每银一两约合制钱八百文,乾隆中期约合九百文。清中叶以前,银价较低,铜价则相对上升,所以市价总是在千文以下,这是银贱钱贵的结果。但到乾隆后期特别是嘉庆以后,形势发生转变,由于白银外流,银价日昂,道光十八年(1838 年)每银一两可换制钱一千六文[①],到二十五年(1845 年),京中纹银每两换钱近二千文,外省则可以换二千二三百文不等[②]。在康乾盛世形成阶段,币值较为稳定,这同当时加强货币管理密切相关。

三、货币管理制度

货币管理制度涉及很多内容,前文已提到官方制造货币的质量、数量、种类、比价等制度规定,另外还有一些相关管理,如铸币材料的管理、防治私铸和防治官员在管理中营私舞弊等,在当时已受到重视。

顺治十四年(1657 年),发布私铸铜钱禁令:凡奸民私铸,为首及匠人拟斩监候,为从及知情买使者,拟绞、监候;总甲十家长知情不举首者,照为首例;不知者,杖一百,徒三年,告捕者给赏银五十两。其卖钱之经纪、铺户,有兴贩掺和私钱者,杖一百,流徙尚阳堡。同时,还规定各官失察私铸的处分:凡民间私铸,该管地方官知情者,照为首例;不知情及听其兴贩掺和者,以失觉察论。在内五城坊官、在外州县卫所官失察,每起降职一级;掌印兵马司、知府、直隶知州,每二起降一级;司道官每三起降一级。同知、通判、吏目、典史有缉捕之责者,照掌印官例,盐运使照司道官例;分司照知府例,盐场大使照典史例,武职副将、参将、游击照司道官例;都司、守备、千总照州县官例;如五城御史、各抚按不行查究者,一并议处。至顺治十八年(1661 年),更定失察之例:凡五城坊官、州、县、卫、所官,每起降二级调用,至四起革职;司道官二起降一级,三起降二级,四起降三级,俱调用,五起革职;府州县之缉捕佐贰及盐务、武职官,各按职掌照新定例处分,五城御史、各巡按不察者三起,每

①　(清)文庆辑:《筹办夷务始末(道光朝)》卷二,上海古籍出版社《续修四库全书》本。
②　席裕福、沈师徐辑:《皇朝政典类纂·钱币四》,台湾文海出版社《近代中国史料丛刊》第二辑。

起罚三月俸,至四起、五起罚一年俸,六起以上降一级留任。① 这种对私铸者和失察官员罪处的制度,康、雍各朝都有,而且处分较严。

康熙时,对官员失察私钱的处分比顺治时要严格得多。当时规定:内外各官将该管地方私铸及兴贩私铸之案,自行缉获者免其论罪;如被户部、都察院差官及在外督抚查出,或旁人首告,五城坊官及直省州县官不知情者,一起降职三级调用,二起革职;掌印兵马司、知府、直隶知州一起降二级,二起降四级调用,三起革职;司道官按起议降,至三起降三级调用,四起革职;五城御史、直省督抚,一起罚一年俸,二起降一级,三起降二级,四起降三级调用,五起革职;同知、通判、吏目、典史有缉捕之责者,照掌印官例;运使照司道,分司照知府,盐大使照典史例,武职提镇照巡抚,副交照司道,参将游击照知府,都司、守备、千总照州县例;各旗地方犯者,都统、副都统照巡抚,参领照司道,佐领照知府,骁骑校照知县例,各分别议处。其有因公出境者免议。官船户夹带私钱,押运官知情者,革职,不知者降三级调用;其不知情之文武地方官,但能缉获者,无论年月远近,皆免处分,文官缉获者兼免同城武职处分,武职缉获者同城文职亦如之。有自别省兴贩私钱以舟车骡马装载发卖者,或被看守关津之人缉获,或旁人举首,私钱入官,缉获举首之人照例给赏,将经过地方未经查出之文武官俱照失察例议处。其私钱已有收买之令,在内限两月交户部,在外以文到日为始,限三月交地方官送布政司,均照铜价每斤给银一钱收买改铸。②

第六节　仓库、漕运管理制度

明清时期,全国各地的仓库管理立有常制,运转有一套成法,在钱粮收支、调运、盘查、考比中发挥了重要作用。与仓储相对应,明清时期还有非常严格的漕运制度,它是保障仓储和京城食粮的必要手段。需要指出的是,尽管订立了仓库漕运制度,对相关管理官员有一定的制度约束,但仓库漕运中的腐败现象仍未能避免。

一、仓库管理制度

(一)明朝仓库管理制度

明初,朱元璋重视仓库建设与管理,在京城、地方、边境均建仓。各省建仓是为官吏俸禄供给,边境建仓以屯田收入供给军需,州县则设预备仓以赈灾荒。明朝中

① 《清朝文献通考》卷十三。
② 《清朝文献通考》卷十四。

后期,仓库的数量和管理有所变化。各类仓库作为国库,其最高管理者为户部,后来军队、太监也插手进行仓库管理。

1. 钱粮收支设置专仓归口管理

明朝内府设置十库,财物收贮发放有明确分工。内承运库贮缎匹、金银、宝玉、齿角、羽毛,其中,金花银最大,是十库之中重点加以管理的要害仓库;广积库贮硫磺、硝石;甲字库贮布匹、颜料;乙字库贮胖袄、战鞋、军士裘帽;丙字库贮棉花、丝纩;丁字库贮铜铁、兽皮、苏木;戊字库贮甲仗;脏罚库贮没官物;广惠库贮钱钞;广盈库贮纻丝、纱罗、绫锦、绸绢。以上十库,乙字库属兵部,戊字库、广积库、广盈库属工部,其余六库属户部。① 这些专仓设置,一则有利于财物的专管专用,二则有利于储存保管,三则有利于进行归口管理与核算。

2. 检查验收制度

明朝仓储部门对于钱粮的验收,分别钱粮色目,皆有定式。凡钱钞解京,必须先由仓储部门验勘后方许送库缴纳。同时,强调验勘和复验。成化年间,又进一步强调验收的手续与责任。弘治七年(1494 年),朝廷正式通知各处抚按官员,令其所属司、府、州、县知照,"凡钱粮解纳,不论品名色目,一律当官验收"。自此,对钱粮解纳环节的验收已成为全国财政部门上下一致的行动。

明初的仓储部门对钱粮财物的查验,不仅注重数量,而且注重质量的检查,凡不合要求者一律退回。对数量无差、质量合格的绢,检验官才签批,监临官才放行入库,仓库会计根据检验批单作正收入账。嘉靖时,设置专门检验机构,并派科道官员亲临仓库验查,进一步加强了对库藏财物的管理。凡财物入库,"进状"(类似于现代的入库验收单)相随,检验官照单签批,收藏官员照单接收,会计官照单入账。"进状"的使用是明朝仓库管理制度中的一个重要方面。

3. 盘点与交接制度

明朝的钱粮盘点制度明确要求,除库藏出纳部门所进行的定期盘点和离任交接盘点之外,还包括由御史进行的定期盘查。定期盘点又有岁终盘点和三年(或三年以上)大盘查两种规定。这类盘查的目的:一是落实库存,验证账实、账账是否相符;二是审查主管官员的工作,作为奖惩的依据;三是为正确编制年度奏销报告做好准备。弘治十二年(1499 年),颁定了三年大盘的制度。大盘对象为京外诸司,盘查的主持者为各地巡按御史,并确定以金、银、钱、钞为查盘重点。盘点清单中要求分清各色,各目逐一记载明白,并在规定的期限内将盘查结果奏报中央。对于粗

---

① 《明史》卷七十九《食货三》。

重物资如草料堆垛的盘点,一般只要求在三年以上、五年以内盘查一次①。可见,查盘的重点同国家对财物管理与核算的重点是相一致的,盘点期的长短与财物管理及核算的重点也有连带关系。同时,"巡按御史三岁一盘查"②的制度对整个盘点工作起着督促作用。

官员离任时的交接盘点,是明朝考查官吏的重要手段之一。洪武二十六年(1393 年)规定:凡内外仓库、司局等衙门的任职官员任满时,必须接受户部的考查。户部考查的重点在钱粮收支方面,要求通过盘点交代明白。凡账实相符、别无亏欠者,当即批给鉴定,咨发吏部听用;倘有交代不清、存在弊漏者,要严加追究,奏报处理。

4. 钱粮稽察制度

都察院与六科给事中对库藏钱粮都负有巡视、稽察责任,他们在巡视方面虽各有分工,但在稽察钱粮方面又有密切联系。六科给事中的户科,对于光禄寺岁入金谷和甲字等十所钱钞杂物都有稽核之权,而都察院中的十三道监察御史对于光禄寺、京中仓场、内库也有察纠之权,对于京外各仓亦有巡视和查算钱粮之权。此外,巡按御史与给事中都有盘查仓库的权力。③

(二) 清前期的仓库管理制度

1. 仓库的种类及其职官设置

清代的国库体系主要包括三大库藏,即银库、缎匹库和颜料库,合称"户部三库"。其中,银库为天下财赋总汇,各省田赋、盐课、关税、杂赋所入,除存留地方支用外,其余均解运至京,存储户部银库。中央政府的各项支用,如八旗兵饷、王宫百官俸银、京师各衙署办公经费、匠役工食等,亦均经银库发放。

清代最早的国库设于京师,可追溯到顺治初年。当时清政府设库于户部署后,故又称"后库"。至顺治十三年(1656 年),又分设三库,将后库改称银库,并在紫禁城东华门外设缎匹库,西安门外设颜料库,自此有"三库"之称。银库主要收储金、银、制钱等各种货币;缎匹库收储绸、缎、绢、布、皮、丝、棉、线、麻等物品;颜料库则收储铜、铁、铅、锡、朱砂、黄丹、沉香、降香、黄茶、白蜡、黄蜡、纸张、桐油及花梨木、紫檀木等物品。

就传统体制而言,户部三库应当是直属于户部管理的机构,但在实际运作过程

---

① 《古今图书集成·食货典》卷二百四十七。
② 《明史》卷七十九《食货三》。
③ 参见郭道扬编著:《中国会计史稿》下,中国财政经济出版社 1988 年版,第 43~47 页。

中,其管理体制经历了一些变化。三库的管理早期隶属户部,雍正元年(1723 年),特命王宫大臣总理三库事务,铸给印信。八年(1730 年),更铸"管理户部三库衙门"印信,三库遂成为相对独立的衙门,由皇帝另派的"管理户部三库大臣"(简称"三库大臣"或"管库大臣")"总稽库藏,节制出纳"①。三库大臣无定员,由皇帝在满汉大臣中钦命简派。其任期起初为一年,后改为三年。光绪二十八年(1902年),裁撤管库大臣,三库复由户部直辖,派员管理。从各种史料的综合印证来看,三库衙门虽是一个相对独立的机构,但三库特别是银库亦并非完全脱离户部的管理;从纯粹管理制度的角度看,银库的收支管理仍需接受户部的监督监察,三库衙门也是一种半独立于户部的机构。这种特殊关系一直延续到清末新政时期。

户部银库除了接受管库大臣直接管理和户部的监督监察外,还要接受都察院江南道的监督,户科也对银库的文卷进行磨勘。在道光二十三年(1843 年)之前,皇帝还会特派一些官员充任稽察三库满汉御史,尤其侧重稽察银库。此后,因银库失窃案的爆发,道光帝一怒之下将此机构裁撤。

三库衙门的办事机构为总档房,额设主事 1 人,笔帖式 2 人,经承 2 人。总档房主管本署档案,并总管各库吏役人等。总档房之外,三库各设专官掌管出纳。据《清会典》和《清会典事例》载,康熙二十五年(1686 年),每库设掌印郎中 1 人,员外郎 1 人,司库 2 人。雍正二年(1724 年),增员外郎为每库 2 人,裁减银库司库 1 人;又每库增置大使 1 人,于库内设大使厅,掌核各省文批。乾隆三年(1738 年),增银库大使为 2 人。各库均设笔帖式、库使、经承、贴写、库兵等吏役人员。三库职官,除管库大臣例有汉员外,其余均为满缺。

从出身和升迁来说,乾隆三年(1738)定例:三库郎中、员外郎如有任满 3 年或提前调到其他各部院,其员缺由六部及内务府等各部院自满洲郎中或员外郎中遴选保送,由皇帝亲笔圈定。司库则 5 年一更,期满以应升主事即用,其员缺于三库笔帖式、库使内遴选题补。乾隆九年(1744)定例:三库掌案主事并司库及其以下各官的任期一律为 3 年,其调补之权也改归管库大臣。司库任满后升任主事即用,其缺在各部院满洲正七品、从七品的小京官内遴选保送,由管库大臣负责调补。库大使年满后在各部院满洲笔帖式内遴选保送。笔帖式也同样如此,但每员缺均有两人候保。库使则来自各部寺的库使。②

缘于银库在清代国库系统中的特殊地位,下文以银库职官情况为例,深入分析

---

① 乾隆《大清会典》卷八《户部》。
② 光绪《大清会典事例》卷一百八十一《户部·库藏·选补库官》。

其职官情况。作为银库的主管官员,无论是三库大臣还是户部左侍郎,银库的管理工作是他们的兼差,真正直接负责日常具体事务的是一些中下层官员。从职官级别看,郎中、员外郎和司库三个职位之间虽有品秩的高低,但其职掌都是"掌银钱之出纳"。与此同时,郎中、员外郎和司库轮流值宿银库。库大使则负责文批的收发、饷鞘的点验和劈鞘。笔帖式和库使的职掌则是"掌守档案,给使令"。银库官员的正式编制,历朝屡有变动。据《清会典》和《清会典事例》载,光绪二十四年(1898年)前后,银库官员的正式编制如下:郎中 1 人,员外郎 2 人,司库 1 人,库大使 2 人,笔帖式 6 人,库使 6 人,合计 18 人。

"有官则有吏",这是中国封建王朝的传统行政制度,户部银库亦不例外。根据《清会典事例》《户部则例》及相关材料,户部银库吏役的设置为:经承 2 人,贴写 10 人,[①]验匠 2 人,库兵 12 人,共计 26 人。此外,还有库役 27 人,[②]看守官兵 15 人。经承、贴写大致负责一些文书工作,任期均为 3 年。验匠、库兵的任期亦为 3 年,验匠负责入库、出库银两的成色,库兵负责银库内银两的搬运。一旦验匠缺出,则于库兵内拣挑能辨银色者充补。库役大致负责银库外饷鞘的搬运和一些杂役性的工作,看守官兵负责银库外的巡逻保护。

地方直省的库储,按用途划分有五种,即封储、分储、留储、解储、拨储。《清史稿》对这五种库储的区别作了说明:一为封储,如酌留各布政司银两,督抚公同封储,有急需,题奏动支。二为分储,如各省道库、府库封贮银两,遇州县急需,请领即行发给,一面详报藩司督抚,仍令各州县将支销银两随案具详听核。三为留储,如存留属库坐支银两,拨款给发,例免解司。四为解储,如布政使司库,储府、州、县、卫解送正杂赋银;按察司库,收脏罚银;及将军、副都统、城守尉库,粮道库,收各处移解官兵俸饷漕项等银。五为拨储,如各省兵备道库,岁储由布政司或邻省拨解官兵银;河道库,岁储本省及邻省拨解官兵俸饷,并岁修抢修银,及伊犁岁需俸饷银,塔尔巴哈台岁需新饷银,西藏岁需台费银,云南岁需铜本银,贵州岁需铅本银,皆由各省拨解。

2. 仓库管理制度

(1)验收制度。各省解京的田赋、盐课、关税、杂赋等税项是户部银库的主要来源,由于市面上流通的银两成色繁多,各省和海关上缴中央的银两大都就地将碎

---

① 贴写包括额内贴写 5 名和额外贴写 5 名,额内贴写一旦出缺,则由额外贴写补。

② 库役亦称库丁,内分库役头役与库役散役。头役为 4 人,散役为 23 人。头役一旦出缺,则由散役补。

银倾熔为元宝或银锭。在实际倾熔过程中存在着差异,因此尽管有部颁砝码,按库平称重,以校成色,但在现实的解缴过程中仍难以统一缴纳足色库平银,银库对各地解缴银两的验收成为一件极其复杂的事务,验匠在查验成色的过程中至关重要。除了成色验收外,在验收外省解京银两的过程中,还有一项重要的程序是对银鞘进行"劈兑"。劈兑之前,由户部知照工部,约定某一时间由工部派匠役劈开木鞘,以检验银两。这些匠役必须手法高明,既要迅速又要不过分损毁木鞘,因为木鞘还要"运回工部,择其可以修整备用者挑存另储,遇有外发银两即以此项鞘木改用"①。对于各省拨解户部银库的银两,户部明文规定必须专人以饷鞘方式将现银亲自解运进京。这一方面可以认为是清政府墨守成规,而另一方面却又有其合理性:防止钱庄、票号的舞弊,保证京师地区有足够的现银用在市面上流通。

(2)存储制度。在清代的财政体系中,对于财政收支的要求是收略大于支,以备不时之需。清朝建制后,始终坚持"量入为出"原则。嘉庆、道光以后,预算外支出增多,财政收支开始失衡,不过清政府仍尽力维持"量入为出"的财政原则。具体表现为:确保常例收支的正常运行,一旦出现预算之外支出,就尽可能节省开支,或通过节省常例开支挪移支付,力求达到收入足敷支出的目标。所以除了战争、河工等特殊情况,户部银库每年总会有一笔不菲的存银。清朝初期,户部库存除个别年份畸高畸低外,并无显著变化。到了乾隆中后期,随着人口、土地的增长,财政收入出现较快增加,户部银库存银也达到顶峰,总额在七千万两左右。咸丰军兴后,户部银库大进大出波动颇大,出现了往常少有的亏空。

(3)支放制度。户部银库银两的发放除军情紧急等特殊情况外,对外循例发放的主要是八旗俸饷、京官俸禄、河工银两以及工程银两。发放银两时,由各衙门在领银之日手持公文派专人赴银库收领。各项不同目的银两的发放程序为:"议准银库支发各衙门及八旗承领俸饷等项银两,均令各衙门于咨行领文内注明承领官衔名,户部专设支发总档,令该员亲身赴部画押,与监放官到库,眼同支领。其工程银两办公大臣知照户部文内注明承修官员衔名,该司员亲身到部库画押,会同监放官赴库开支。其杂项并例给盘费等项,该大臣官员不能亲身赴领,由户部承办司员赴库支领给付,按月造册报销。"发放之时,兼管银库的户部侍郎和管理三库大臣须到场,眼同库书、库丁和承领衙门人员共同发放。在发放过程中,由于银库中存在不同成色的银两,有无向银库行贿就成为领取库银者能否得到足色库平银的重要依据。支放库银,或给元宝、银锭,或给散碎银,定有条例。银两之外,以支放制钱

---

① 《户部银库奏案辑要》,京师官书局,第 21 页。

为最大宗。在遇有战事等财政紧张局势时,也有扣平及搭放成色银等例规,甚至以通货膨胀方式发放官票。

(4)申报制度。"凡诸库每岁出纳之数,皆造册送户部察核,惟赃罚例输之刑部"①。

(5)盘查制度。仓库盘查不仅是在新旧官员交接时进行,还有年盘、季盘的规定,主要是为了防止官吏作弊,做到账实相符。年盘、季盘之时,对于不同级别的仓库,指派不同级别的官吏参加。如布政司一级的仓库由总督巡抚亲赴盘查;府、州、县级仓库由该管道府亲赴盘查结报。凡州、县管下银粮数额,每三月申报一次。每次申报先由道府查核加结,再汇送藩司审理,最后由藩司转呈督抚,督抚则据申报进行实地盘点抽查。年盘数额要报送中央,由督抚盘查审定之后"汇折具奏"。临时盘查是清朝财计部门的经常行动,一旦察觉地方库藏财物有问题,便可以突然进行盘查,或局部进行,或在全国范围内进行。如乾隆二十一年(1756年)在宫廷范围之内所进行的盘查,就属于临时盘查。乾隆四十七年(1782年),"御史郑澄请令督抚清查仓库"②,就是一次全国范围内的大盘查。对于事关重大案件的盘查,派遣"钦差大臣"进行督查盘点。

二、漕运管理制度

(一)明朝漕运管理制度

漕运是将地方税粮通过水路运往京师,需要专门负责漕运的官员与地方官、河道的合作才能完成。明初,以武臣督海运,并设置漕运使,不久停罢。明成祖建都北京后,运输任务加重,先后用御使、侍郎、都御使等催督。景泰二年(1451年),设漕运总督于淮安,与总兵参将同领漕事。"漕司领十二总、十二军。"每年八月,运粮总兵、巡抚、侍郎等到北京会商次年漕运事宜。在筹粮运输等事务上,实行分工负责制,"有司米不备,军卫船不备,过淮误期者,责在巡抚;米具船备,不即验收,非河梗而压帮停泊,过洪误期因而漂冻者,责在漕司;船粮依限,河渠淤浅,疏浚无法,闸坐启闭失时,不得过洪抵湾者,责在河道"③。

明朝设有严格的漕运制度。明太祖建都金陵时,定漕运为300万石,因调运江浙等省大米距离不远,且水陆交通便利,尚不甚劳民。明成祖建都北京后,运线由

---

① 《清史稿》卷一百二十一《食货二》。
② 《清史稿》卷一百二十一《食货二》。
③ 《明史》卷七十九《食货三》。

苏浙漕运至京师,路途三千余里,负担开始加重。永乐四年(1406年),行海陆兼运,将南方之粮由江淮运至武阳,然后陆运至卫海,从卫海舟运至北京,每年运粮100万石。永乐十三年(1415年),会通河和江淮河道修通后,即停止漕粮海运而改用河运。各地人民只需将漕粮运交就近仓口,然后由官军分为淮安至徐州、徐州至德州、德州至通州等段,节节接运,每年四次,运粮300余万石,名曰支运。

由于江西、湖广、浙江等江南人民往返支运耗时过长,影响农事,同时在里河运输时因不习河事,失陷劳资倍于正派。明朝遂于宣德六年(1431年)规定,各地人民将漕粮运到附近府、州、县水次,兑与卫所官军,由官军运往京师,人民只贴给耗米、轻赍银供运军路上使用,谓之"兑运"。正德初,运粮450万石,而兑运的有280余万石。由于兑运过程中民众经常受到官军勒索,粮户仍希望自运。成化年间,改为由粮户在水次兑与军船,由官军长运,遂为定制。英宗正统元年(1436年)规定,将一部分漕粮改折为货币缴纳,每年以百万为额。孝宗弘治年间(1488—1505年)以后,逐渐推行于各府。

(二) 清前期的漕运管理制度

清前期沿袭明朝成规,漕粮运输专资河运,河运漕粮由军队承担,同时兼顾一定数量的民船,以补漕船不足。自顺治初年至嘉庆末年,虽因运河时常淤浅阻塞,漕粮北运数额略有波动,但运输方式及路线没有多大的变化。

清初的漕运有正兑、改兑、改征和折征四种类型。直省漕粮运往京师的为正兑米;运往通州仓的为改兑米。改征出于无常例特旨,如雍正十一年(1733年),要求河南、山东于漕粮外有一定数量小麦、黑豆运往京师。折征又分四种情况:一为永折,即漕粮改征银送户部;二为灰石米折,清初供工部使用的灰石米改征折色,按每石征银一两六钱计折;三为减征,如河南有的州县离水路较远,遂改征折色;四为民折官办,即向纳税户征折色,官府在其他地方购进本色运输。

清朝的漕运管理制度形成于顺、康年间,雍、乾、嘉各朝针对存在的问题有所改进。据《清史稿》载,清廷在顺、康年间对负责漕运的官吏定有严格的考成制度。雍正初年,针对漕运中的问题,户部转呈了漕运官员关于改进漕运管理制度的意见,得到皇帝的同意。户部议复:运丁正副,不许包丁代运;挑浅添夫,按日派给钱文,不得索给食米,以致借端盗卖;雇用水手给发工价,开帮之后不许勒添工食;各仓监督,俟一年差满,遣大臣一员会同仓场侍郎稽察米好数足者,议叙升用;短少湿烂者,从重治罪,以示惩劝。

乾隆初年,漕运总督顾琮提出了许多关于加强漕务管理、防止贪占作弊、维修运输设施、提高漕运效率的意见,均得到皇帝的同意。仅乾隆七年(1742 年)就提出了以下意见:州县亲收漕粮,以免胥役借端累民;杜匿富金贫、包丁代运之弊;受兑未经开行之帮船,速催开行;粮船过淮之后,分员催赶,以速漕运;河道旧有横浅,预为疏浚,以免阻滞;严催疲玩丁舵逗留;各闸俱照漕规,随时启闭;江广漕船携带竹木,限地解卸;回空三升五合余米,速给副丁,以济回时食用。①

道光四年(1824 年),洪泽湖决口,运河泥沙淤塞,漕船无法通行,借黄济运已无济于事,河运漕粮基本上陷于瘫痪状态。与此同时,漕运系统已是百弊丛生,从征收、交兑、装运到入仓等过程,都要经过贪官蠹吏的多次盘剥勒索,存在着陋规现象,如漕船过淮安要缴陋规费,船到目的地粮仓管理人员向运粮船丁要钱,而运粮船丁则向交粮的地方勒索,负责收粮的又向完税的民户勒索浮收。当时,产粮区米价每石约白银一两,而经过途中的盘剥及损失最后到达目的地时每石已费银十数两甚至数十两,这种沉重负担又最终转嫁到农民身上。史称:"各有旗丁押运漕粮赴通,沿途费用甚多,粮道又交旗丁应领各项,不能如数发给,以致旗丁向州县加增帮费,而州县遂得任意浮收。"②

道光五年(1825 年),协办大学士、户部尚书英和上《筹漕运变通全局疏》,拉开了改革漕运的序幕。道光年间进行的漕运改革包括两方面内容:一是改河运为海运,二是针对漕运积弊制订了新漕海运章程。雇商海运漕粮是道光年间漕运改革的首要举措。为了筹办海运,清政府专门委派两江总督琦善和江苏巡抚陶澍总理全局。道光帝命陶澍在上海设海运总局,同时设局天津,复命理藩院尚书穆彰阿会同仓场侍郎,驻津验收监兑,以杜经纪人需索留难诸弊。道光六年(1826 年)初,苏、松、常、镇、太仓四府一州各县漕米先后驳运上海,商船兑收后,从上海黄浦江出发,经吴淞口入海,"计海运水程四千余里,逾旬而至。米石抵通后,转运京仓"③,海运试办成功。自此以后,海运漕粮遂为常例,海运取代河运的地位,成为清后期漕粮运输的主要形式。魏源总结这次变革时指出,"其优于河运者有四利:利国、利民、利官、利商","为东南拯敝第一策"④。道光十九年(1839 年),湖广总督林则徐上《筹划漕务折》,提出全面改革漕务的建议,但由于官场痼疾太深,许多积弊难除,效果甚微。

---

① 《清史稿》卷一百二十二《食货三》。
② 《清仁宗实录》卷五十五,中华书局 1986 年影印本。
③ 《清史稿》卷一百二十二《食货三》。
④ 《魏源集》上册,中华书局 1976 年版,第 412 页。

近代卷

第一章

晚清时期的财政制度

　　1840 年鸦片战争爆发以后,中国进入半殖民地半封建社会,经济社会的骤变迫使清政府对财政制度作出了相应调整和变革。总体来看,晚清财政制度具备了近代化转型的特征,如近代预算的编制、近代海关制度的确立等,这些都有一定的进步意义,为民国时期趋向现代财政制度奠定了基础。

第一节　财政管理制度的变化

　　同清前期相比,晚清时期的财政机构和财政体制均有较大变化。财政管理机构由户部改名度支部,职能有所增加;财政体制则由清前期的中央集权型转变为地方分权型,但这种分权并未充分制度化。

一、财政管理机构的变化

　　清末新政时期,清政府的财政管理机构发生了巨变。1901 年,清政府将 1861 年成立的总理各国事务衙门改为外务部,并把其地位提高,"班列六部之前"。1906 年厘定官制,改户部为度支部,改之前所设巡警部为民政部,调查户口归其职掌,各省则以巡警道专司其事。原工部所管的工关大多改称常关(惟直隶等省名称如故),并隶属度支部,土木工程事项隶民政部,木税船政入度支部。对于清末的财政机构变革,《清史稿》有明确记载:1906 年,"改户部设省,财政处入之,置尚书,左、右侍郎,左、右丞,参议,各一人。并十四司为十司,改置郎中以次各官"。中央在度支部下设清理财政处,各省设清理财政正监理官、副监理官。[1] 皇室的财务仍由内务府主管。

　　户部更名度支部后,下设田赋、漕仓、税课、莞榷(主管专卖)、通阜、库藏、廉俸、

────────────

[1]　《清史稿》卷一百十九,《职官六》。

军饷、制用、会计十司,郎中三十一人(制用四人,余各三人),员外郎四十四人(制用六人,田赋、库藏各五人,余各四人),主事三十五人(田赋、莞榷、通阜、廉俸、会计各四人,余各三人)。金银库设郎中一人,员外郎四人,主事两人。收发稽察处(督催所改)设员外郎一人,主事两人。

度支部所属各部门执掌如下:田赋掌土田财赋,稽核八旗内府庄田地亩。漕仓掌漕运核销,仓谷委积,各省兵米谷数,合其籍账以闻。税课掌商货统税,校比海关、常关赢绌。莞榷掌盐法杂课,凡盘查道运,各库账敛,土药统税,并校其实。通阜掌矿政币制,稽检银行币厂文移。库藏掌国库储藏,典守颜料、缎匹两库。廉俸掌核给官禄,审计百司职钱餐钱。军饷掌核给军糈,勾稽各省报解协饷。制用掌核工银,经画京协各饷,兼司杂支例支。会计掌国用出纳,审计公债外款,编列出入表式。金银库掌金帛期会。收发稽察处掌各司受事付事。①

二、财政体制从集权型转向分权型

在清朝前期,受君主专制政治制度的直接影响,财政体制属于中央集权型,国家财政和地方财政没有明确划分,混合为一,地方财政权限极小,基本上是中央财政的附庸。进入晚清,由于战争多,外交事务多,军机处与总理各国事务衙门(外务部)责任渐重,事务较繁,于是取得了以部令自支费之权。嗣后,学部相继成立,为了经费便利,更各设特别会计,即各有其独立财政。财政管理的权益配置较清朝前期有很大变化。管理财政的户部(度支部)在中央各部中的地位有所下降,而地方政府财政管理权限上升,财政体制逐渐由集权模式转变为分权模式。

咸丰之前,各项财政收支均归中央支配,地方政府仅充代办角色。咸丰以后,由于财政支出规模急剧扩张,中央财力很快匮乏,只得下放部分财权,允许地方政府自筹自支。在这种局面下,地方督抚乘机扩展自身财权,无论田赋、盐课之征权,还是军需、实业之支销,均直接掌管,不再事事汇报中央。对于各项收支的增减,中央亦不能独断,必须"一一电询督抚,若无回复,悬为未决"。中央政府名义上虽总揽财权,实际上不过徒拥稽核虚名,"内而各局院,外而各行省,乃至江北提督、热河都统,莫不各拥财权"②。财政收支权的下移典型地说明了中央财权的减弱,也反映了地方督抚力图干预财政大权的心理。

中央与地方政府间这种分权型财政关系在咸丰、同治年间表现最为突出。导

---

① 《清史稿》卷一百十九,《职官六》。
② 《清朝续文献通考》卷六十八,《国用考六·用额》。

致这种变局的原因主要有两方面:第一,从经济层面讲,清朝前期中央集权型财政体制是不健全的,财政收入过于刚性和定额化,其刚性收支原则致使中央财政入不敷出日益严重,只得将部分财权下放地方。财政支出则未将战时军需等重要科目包括在内,相对固定的收入无法应付突然来临的预算之外支出。咸丰、同治年间,清廷镇压各地起义,筹备同治帝大婚,均耗费巨额经费。这些非常支出的扩张速度远远超过财政收入的增长速度,最终使清政府陷入财政赤字的泥潭。中央财政的枯竭促使清廷把目光投向地方政府,试图通过下放部分财权来挽救濒临危机的统治。第二,从政府职能层面看,清朝前期的中央全能型职能模式以稳定的财政收支为前提,咸丰、同治年间,田赋、盐课等常例收入大为减少,而军需、皇室经费等非常支出则迅速增加,中央财政日益匮乏,不可能继续履行全方位的职能,只得将部分职能让于地方政府。地方督抚在镇压人民起义、抵抗外国侵略、兴办近代实业等过程中逐渐拓展了职能范围,从而为财权的扩张提供了依据。由此可见,事权与财权是互动的孪生兄弟,尽管中央与地方的终极目标都是维护封建统治,但中央的式微与地方的坐大向来就是历史发展的客观规律。与清朝前期事权财权统一于中央类似,此时权力重心又落于地方政府。

第二节　财权之争与中央集权的努力

纵观整个清代,中央与地方政府的财政关系发生了带有时代印痕的演变。具体来讲,大致经历了三个阶段的变化:咸丰之前的中央集权型、咸丰同治年间的地方分权型和光绪宣统时期的争权型。发生这种变化的根本原因是社会经济的发展变迁,而政治、军事等职能在各级政府间划分的转变也是重要因素。清代财政先是中央过分集权,后是地方过度分权,两者均为时势之产物,又对财政经济造成了消极影响。关于清前期的集权型财政体制,在古代卷第七章第二节论述,本节重点阐述晚清时期的财政体制。

一、咸同年间分权型财政体制的表现

清代中央集权型财政关系至咸丰初年发生了转变。此时,为镇压各地起义,清政府军费开支急剧膨胀,中央库藏左支右绌。为维持封建统治,清政府只得允许各省自行经营筹划,从而导致地方督抚财权扩展,而"户部之权日轻"[①]。这些现象说

---

① 曾国藩:《江西牙厘请照旧经收折》,载《曾文正公全集·奏稿》卷二十。

明,中央集权型财政体制已成明日黄花,地方财权的增强难以阻挡。这种分权型财政体制愈演愈烈,一直延续至清朝灭亡。不过,在光绪、宣统时期,中央为集中财权而采取了一系列调整与改革措施,与地方分权势力进行了一定较量,这一点是咸丰、同治年间无可比拟的。因此,我们将咸丰、同治年间中央与地方财政关系称作分权型,而将光绪、宣统时期的财政关系称为争权型。

咸丰、同治年间中央与地方"分权型"财政关系主要表现在以下三个方面。

一是解款协款制度的破坏。由于地方财政同样困窘,各省应解户部的京饷和协拨他省的协饷均出现了严重欠解。京饷如此,协饷亦不例外。咸丰以后,各省忙于应付军需,对于中央协拨款项的命令或种种借口,或置之不理,协饷制度自此瓦解。更严重的是,各地因军务急需而擅自截留过境协饷的事件也屡有发生。1853年,安徽为筹集军费,将浙江委解湖南、湖北的 7 万两饷银截留。同年,陕西解往徐州的 4.9 万两协饷被河南截留大半,仅将 1.4 万两余款拨还徐州。针对各省欠解京协饷项的行为,中央政府采取"严行议处""革职"等惩罚手段,但各省欠解仍年年不断,"屡催罔应"。

各省欠解京饷、协饷意味着中央财政收入的减少与财政支配权的萎缩。中央户部不甘任其发展,传统的等级尊卑观念促使其竭力遏制地方财权,以维护自身利益。针对地方欠解,中央政府采取两种措施:一面稍事妥协,略微变通;一面严行赏罚,控制局面。但是,采取这些措施只是权宜之计,督促解款协款制度的贯彻执行才是"正办"。1884 年,户部奏称:此后户部指拨各项海防饷需,各省藩运司道监督等如能照数批解无误,由部题奏,照军功例优奖;其有支吾推诿迟误者,由部严参。可见中央户部仍然试图通过严格的赏罚政策来维持解款协款制度。

二是奏销制度的形式化。咸丰军兴以后,各省军需浩繁,收支款项纷繁复杂,加以战乱致使许多册籍散失,以前按年奏销的制度难以正常执行,积年不销遂成常事。即使偶有奏销,也是在户部催迫之下敷衍了事。再者,囿于户部的各种僵化例案,为了顺利完成报销,地方政府或捏造数字,或暗送贿赂,所奏之案皆成假账,原有的奏销形同虚设。

造成奏销制度解体的原因是多方面的,其中最重要的因素有如下三个:第一,奏销制度以春秋拨、冬估、起运存留制度的正常运转为前提,后者又以财政收支的稳定为基础,国家财政收支的失范是奏销制度解体的根本原因。依照传统的奏销制度,出入款项皆为固定的常例科目,非常出入皆须另案报销,不入奏销册籍。咸丰之后,厘金、海关洋税渐成税收主体,支出款项转以勇饷、洋款为大宗。这些科目均属预算外收支,依例不入各省奏销清册,因而户部例案难以约束,加之户部官员对之了解甚少,只能听任地方督抚任意报销或拖延造报。同预算外收支奏销的随意延宕相比,常例收支奏销则表现为刻意敷衍。为符合户部例案而顺利报销,无论实际收支多寡,各省均按例定数目填写奏销册,从而使之成为一本假账。奏销制度之所以遭到破坏,预算外财政支出的膨胀、地方财权的扩张以及户部僵化例案的束缚是其根本原因。第二,户部本身的积弊,尤其是部费的存在加速了奏销制度的破坏。各省奏销唯以户部所定例案为准,不符即遭驳诘。但行之既久,例案渐多,批准或驳回全由户部官员主观臆断。各省为完成奏销,防止被户部驳回,往往先派人与户部办事人员(书吏)联络,给予好处,"部费"之称由此而生。咸丰之前的支出科目基本固定,部吏上下其手的机会不大。其后开销多属例案所无,准驳之间部吏之权甚大,在他们任意操作下,奏销脱离事实越来越远。就各省而言,为防销案遭部驳诘,势必想方设法使收支数字合乎部例要求,从而造出许多假账。第三,支出科目的缺乏弹性与不合情理也是奏销制度瓦解的重要原因。清政府规定了财政支出的固定款项与数额,谓之经制支出。但这种预算存在一个缺陷,即某些必不可少的、合情合理的科目未入经制,成为预算外支出,难以通过正常渠道加以解决,只能侵蚀常例收入或增加非常收入。中央政府未将这些必要的支出款项列入预算,地方政府便无须将其收支数字造册报部,积久成为外销款项。财政支出科目设置的不合理对报销制度的破坏性不言而喻。

三是地方性财政机构的混乱。由于朝廷默认了地方政府"就地筹款"的做法,各省督抚的财权随之扩展,进而干预布政使司的职权,原本听命于户部的布政使司逐渐降格为从属于督抚衙门的财政机构。地方督抚还在布政使司之外另设财政机构,冠以"军需局""善后局"等名。此类机构由督抚直接控制,成为其扩张财权的工具,甚至取代布政使司衙门,成为一省财政收支的主管部门。地方性财政机构的纷纷建立打破了原有的财政管理体制,使地方财政事务处于政出多门的混乱局面,户部与各省藩司的财权也随之大大减弱。

地方性财政机构的出现肇始于战时粮台体制的变化。咸丰以前,战时军需支销由中央特派大员筹设的粮台专司,地方督抚只有供饷义务,不问支饷之事,统兵大员则专顾指挥作战,收支均不与闻。从权力分配上看,中央政府直接控制的粮台具有最大的财政管理权。咸丰军兴之初,中央照例设立粮台,但由于地方财政的困窘,督抚多不愿积极筹拨粮饷,中央粮台体制遂告失效。朝廷无奈之下,决定下放财权,允许地方督抚或统兵大员自设粮台,自筹自支饷需,地方粮台体制因之而生。

随着地方粮台体制的形成,各省督抚自设的地方性财政机构也不断涌现。如直隶一省,地方则有清讼、发审、保甲、水利、筹赈、车船、厘金、征信等局,海防则有练饷、支应、军械、机器、制造、电报、船坞、工程等局,各局经费均由地方自筹,并不动支报部款项。在地方性财政机构设立初期,各省皆称此为权宜之计,但行之既久,遂成长期的、拥有一定财权的省级财政机关。地方财政局所的泛滥不仅增加了国家财政负担,更主要的是标志着地方财权的扩张与中央财权的下移,使国家财政出现"内轻外重"的局面。各省设立地方性财政机构情况如表4所示。

表 4   **各省设立地方性财政机构一览表**

局所类型	地方财政局所名目
军需	善后总局、善后分局、军需总局、报销总局、筹防总局、防营支应总局、军装置办总局、制造药铅总局、收发军械火药局、防军支应局、查办销算局、军械转运局、练饷局、团防局、支发局、收放局、转运局、采运局、军需局、军械局、军火局、军装局、军器所等
洋务	洋务局、机器局、机器制造局、电报局、电线局、轮船支应局、轮船操练局等
地方	清查藩库局、营田局、招垦局、官荒局、交代局、清源局、发审局、候审所、清讼局、课吏局、保甲局、收养幼孩局、普济堂、广仁堂、铁钱局、蚕桑局、戒烟局、刊刻刷印书局、采访所、采访忠节局、采访忠义局等
盐务	各处盐局、运局、督销局等
厘卡	牙厘局、百货厘金局、洋药厘捐局等

资料来源:户部:《遵旨会议开源节流事宜疏》,载《皇朝经世文续编》卷三十。

咸丰、同治年间的财权已由中央集中转为部分下移,这是时势的必然结果,清廷在镇压太平天国过程中,不得不依靠曾国藩等地方军事集团以厘金等区域货物税支持军费开支,自成一定的收支体系。这也是走向没落的专制主义政治制度在财政体制上的直接映像。部分研究者据此认为,咸丰之后,中央集权财政体制瓦解,省级地方财政的独立地位业已形成。我们对此不敢苟同。地方财政是否形成独立地位,不能仅以地方政府是否获取或在多大程度上获取财权为尺度。咸丰之后,地方政府确实获得了一定财权,但这种分权并未充分地制度化。客观地讲,此时的财政收入尚没有经过严格科学的划分,在名义上仍属中央所有,地方仅是代征和暂时支配。至于财政开支,多数地方政府因财政困难仍须奏请中央拨款,并要履行奏销程序,尽管这种程序已极其形式化。地方政府虽取得部分财权,但毕竟有限,一定的分权型特征,还谈不上已经形成了独立的省级财政。

二、财权的争夺与中央的努力

中央与地方分权型财政关系至光绪、宣统时期再次发生了变化。一方面,此时国际国内环境的变迁使中央政府更难履行自己的职能,地方政府职能的扩展为其财权的扩张提供了条件,财权下移朝着纵深方向发展。另一方面,中央政府在集中财权的宗旨下,开始对财权下移进行政策调整和制度改革。有鉴于此,我们把这一时期中央与地方的财政关系称为争权型。

光绪、宣统时期,清政府面临日趋严重的内忧外患,只得为维护统治而竭力挣扎:对外要进行防卫战争,战败后又被迫赔款;对内需要发展实业,举办新政改革。中央政府没有这样的财力,无法履行其应尽的职能,事权下放迫不得已,财权的下移也随之加速。如果全面考察一下光绪、宣统时期的财政状况,我们会得出一个结论:地方分权无论是深度还是广度,都较咸丰、同治年间大为拓展了。中央对国家财政的失控导致财经秩序空前混乱,也严重影响了中国的近代化进程。为挽救财政危机,巩固王朝统治,清政府曾决定调整财政政策,整顿过于分散的财权,恢复中央集权的财政体制。

光绪、宣统时期带有与地方争权性质的财政改革经历了三个阶段。第一个阶段是 1884 年财政会计科目的调整。鸦片战争尤其是咸丰之后,财政收支结构发生了很大变化,而地方奏销册却一直按照原来的收支项目编制,从而在实践中出现了厘金等预算外科目。这不仅不利于财务操作与审计,也不利于中央财政的集权。户部的这次重新调整,将原有的收支科目作为常例项,而把厘金、海关税、营勇饷需、关局等新式收支列入新增项。这一改革部分地适应了新时期的经济状况,但它仍把财政收支置于单一的核算体系,未将地方政府的实际收支另外考虑,体现了集权中央的真正目的。第二个阶段是 1899 年刚毅南下整顿财政。此次财政整顿的任务是清查地方政府收受陋规的行为,打击地方官员贪污受贿、中饱私囊。中央要求各省督抚配合南下的钦差大臣刚毅,认真清理各种财政弊端,将地方财政收入实数和盘托出,"酌量"上缴中央。这次财政整顿标志着中央政府已公开向地方财权开火,是中央集中财权的一次积极努力。由于遭到地方督抚等既得利益集团的抵制,此次财政整顿收效不大,但其整合混乱财政局面的举措是符合维持王朝统治需要的。第三个阶段是 1906 年之后的财政改革与清理。此次财政改革以统一财权为明确目标,而行政机构改革是实现这一目标的首要措施。1906 年,清政府将户部更名为度支部,将财政处、税务处并入该部。善后局、筹防局等繁杂的地方财政机构先是统并于新设的财政局,宣统时又裁并各局为财政公所。1908 年,度支部与会议政务处先后上奏,提出六条统一财权的具体办法:各省藩库由度支部直接考核;地方收支须按时造册送部奏销;举借外债权归度支部等。以上办法经皇帝谕令批准施行,在行政方面为财权集归中央铺垫了道路。

在财政机构改革的同时,度支部着手清理各省财政,为编制预决算、划分国税与地税做准备,这是中央政府集中财权行动的核心内容。按照清理章程,中央设清理财政处,综核汇编地方送交的清理报告;各省设清理财政局,造送本省 1908 年的财政收支款项报告册。1910 年,各省的清理结果(即《财政说明书》)基本送达中央。度支部依据财政说明书和各省提交的省预算进行了试办次年财政预算案的工作。至于国税、地税收入与支出责任的划分,虽然各省的财政说明书对分税标准等问题作了探讨,但度支部终未作出决断,仅从宏观上规定了基本原则:国家行政经费是指廉俸、军饷、解京各款,以及洋款、协饷等项,地方行政经费是指教育、警察、实业等项。

上述史实表明,光绪、宣统时期地方分权的势头更猛,中央政府也为恢复集权型财政体制而采取了一系列改革措施,双方处于争夺财权的对峙状况。当然,"争权型"只是一个相对意义上的概念,它并不意味着中央与地方势均力敌,财权达到相当的平衡。事实上,尽管中央为控制财权下移殚精竭虑,但并未取得多大效果,地方分权仍是这一时期财政关系发展的主流,这也就意味着中央财政改革的失败。究其失败的原因,主要有以下两个方面。

其一,从社会经济层面看,光绪之后的农业经济与商品市场都不利于国家财政的统一。由于西方国家的经济侵略、清政府的赋税剥削以及战争与自然灾害的破坏,晚清农业经济已是凋敝不堪,作为税负最终落脚点的农民更是"生计日蹙"。田赋是财政收入的大宗,国家财政的统一也以农业税的稳定为基础,农业经济的落后和农民生活的贫困使财政统一困难重重。咸丰之后,地方政府拥有了越来越大的财权,为了控制地方收支,纷纷设关置卡,从而形成了条块分割的商品市场,清朝前期的统一市场被分散的地方市场所取代。市场分散是地方督抚追求私利的产物,它严重阻碍了工商业的正常发展和国家财政的统一。

其二,从政府职能层面看,光绪、宣统时期,多数国家职能已由地方政府执行,地方督抚因此掌握了更多的政权与军权,形成尾大不掉之势,这为其财权的膨胀提供了强有力的保障。中央政府虽有遏制之心,却因事权削弱太重而无力回天。

第三节　近代预算管理制度的确立

咸丰以后,原有的奏销制度逐渐解体,中央政府对国家财政收支难以深入了解与掌握。又由于没有近代的预决算制度,各项财政收支缺乏细致科学的核算,这对奏销制度也造成负面影响。为了重建正常的报销制度,从而统揽全国财政,清政府对已被破坏的奏销制度进行了适当调整,并在清末着手试行预算决算制度。从变革趋势看,改革后的报销制度废除了传统的繁冗旧例,整个程序更加简便化,这是符合时代发展要求的重大改进。清末试办的预算案虽不完善,但它堪称近代预决算制度之滥觞,其基本做法为民国以后的财政改革奠定了基础。

一、奏销制度的简便化

咸丰军兴后,户部无以支应,遂允许各省自筹自支,地方外销款项渐多,常例开支的报销亦为户部僵化的例案所限,流于假账虚账,奏销制度积弊日深。奏销制度瓦解的另一种表现是各省延宕报销,尤其是军需奏销,经常数年、数十年不予奏报。地方政府拖延奏销固然有乘机侵蚀冒销之目的,但奏销制度自身的缺陷也是不可忽视的因素。

清政府也深知奏销制度的各种弊病,但穷于应付内外战争,根本无暇顾及。至咸丰末年,奏销制度改革终于提上日程。1860 年,户部奏令各省办理军需报销积案。自此至同治初年,上谕、户部迭次严催各省报销军需,而依例奏销者寥寥无几。此时,户部的一些高层官员已认识到奏销咸丰年间军需的实际困难,于是提出变通奏销的主张。最早建议者为户部郎中王文韶,他写了一篇《请免册报私议》,认为强令各省报销徒滋扰累,不如免除册报。当时倭仁以大学士管理户部,有心清理奏销积弊,于是在参阅王文韶稿件的基础上,写了一份改革奏销办法的奏疏,建议变通军需报销办法,将未经报销各案开具简明清单奏明存案。此疏得到朝廷的允准。上谕颁发后,痛恨奏销积弊之人无不拍手称快,甚至夸赞"此同治朝旷典也"。不过对于那些企图利用军需报销索取部费的户、工、兵三部书吏来说,这无疑是个巨大的打击。

奏销制度由造册报销改为开单报销,是晚清政府从制度上进行财政变革的肇始,有着较为积极的进步意义。它有利于堵塞各部书吏需索部费的漏洞,遏制地方督抚衙署、粮台委员书役等人借口筹措部费而鱼肉百姓的弊端,地方政府亦不必再为合乎部例而弄虚作假,中央政府得以掌握各省真实的军需开支。当然,中央政府如此变革也有其被动无奈的一面,我们不可对之过于褒扬。正如时人赵烈文所言:"免报销,则此番饷项皆各省自筹,无可认真,乐得为此宽大,亦巧见耳。"①此外,开单报销只是解决此前积存问题的权宜之计,上谕明确规定以后仍照旧例办理,这就不能完全遏止财政积弊。可以说,同治改革只是从形式上暂时解决报销难题,以适应客观实际需要,但中央户部只是希望弥缝一时,并未制定出一套彻底根治报销弊端的方案,这也是以后报销积弊日益严重的原因所在。

开单报销改革要求各省将 1864 年以后军需各案照旧造册报销,但由于销案积久未报,陈陈相因,混杂难清,若想造册报销极为困难。光绪之后,虽然朝廷严催各省依例造册报销,但地方政府皆以"前案未清,无以核销"为由,奏请暂缓或简化办理。在这种情况下,中央政府仿照上次办法,再次作出开单报销的妥协性变通。1882 年上谕称:所有此前各省未经报销之案,将收支款目总数分年分起开具简明清单,奏明存案,免其造册报销。同上次变通办法一样,此次清廷也是要求将以前未曾奏销的积案开单报销,至于 1882 年以后的支出款项,则仍须严格奏销程序,照旧造册报销。1884 年,中法战争爆发后,张之洞奏请将广东军需善后各案开单报销,免予造具细册,结果遭到上谕的严厉驳斥:"率请开单,不特与户部奏案、各省办法不齐,且事只一省,时仅数年,按籍可稽,何难造报!"②尽管朝廷如此强调造册奏销,地方政府遵照谕旨办理者仍属寥寥。清廷在庚子前后再次对奏销制度进行了变革,综合开单报销与造册奏销之长处,折中处理各省销案。其具体办法是:册籍繁多难以清理者,准其从简开单报销;若有中央必须知晓的重要款项,则必须详细叙明。1908 年,度支部清理财政章程第五条明确规定:各省 1907 年以前出入款项,其历年未经报部者,分年开单并案奏销。③可以看出,开单报销在光绪中期之后仍是地方政府的主要奏销方式,真正做到造册报销者极少,奏销制度的简便化改革取得了较好效果。

奏销制度的简便化从某种意义上讲是中央政府向地方政府妥协的产物,它部分地解决了中央与地方财权关系的紧张局面,维持了奏销制度的继续运作。当然,造成奏销制度破坏的原因还有很多,其中预决算制度的阙如便是较为关键的因素之一。财政预决算制度是报销制度顺利运行的基础与前提,没有完善的预决算制

---

① 赵烈文:《能静居日记》第三册,台湾学生书局 1964 年版,第 1910 页。
② 《清朝续文献通考》卷七十,《国用考八·会计》。
③ 中国第一历史档案馆藏:宫中档朱批奏折,宣统元年十二月十三日山西巡抚丁宝铨片。

度,报销制度的意义无疑大为逊色。时至清末,清朝统治者终于认识到两者之间的关系,初步进行了各省及全国预决算的实践。

二、会计体系的调整与完善

预决算制度在中国的滞后不仅因为统治者财政观念的保守,更在于会计科目的不科学。乾隆以前的岁出岁入备列于《东华录》每年之末。乾隆之后,只列民数与谷数,不列财政。历修《会典》皆详列岁出岁入,止于嘉庆。晚清以后的财政会计亦有详略不同的记载。王庆云《熙朝纪政》对道光末年的岁入岁出数字谈之较详,陈康祺《郎潜纪闻》对同治中期的财政收支亦有辑录。1884 年,变易岁出岁入科目,先有户部奏陈,刘锦藻《续文献通考》亦有搜采,李希圣《光绪会计录》则有所不及。[①] 由此可知,清代财政会计体系十分薄弱,政府虽详细规定了财政收支的科目与数额,但始终未能从会计上将之细致核算。

清代每年岁出岁入总汇于户部山西司之奏销红册,但此种奏销在会计方面有重大缺陷:"盖山西司受诸司之成,诸司未尝以全案移会,则盐关之岁额、工饷之岁销莫由而详;且红册只载直省,而京师内外支销各有典司,不相侵越。"[②]道光年间清政府对之予以修补,将地丁、盐课、关税等正供岁额与京师、直省之岁支经费附于红册,排比为表,以备检阅。但是,这仅是细枝末节的暂时补苴,并未对会计制度予以彻底改革,从而使国家财政收支数目成为一笔糊涂账。具体到财政支出,会计方面亦有很多不甚合理之处。如各省之间的协拨款项,奉命协济他省者既将所协之款列为出款奏销,而受协省份复将该款作为支项报销。山西司奏销红册只是将各省所奏支款数目汇总作为岁出总额,这样一来,各省奏销支出的总和必然超出实际岁出,统计上存在着重复计算错误。会计统计错误还表现在收支款项的混杂。如各省将裁减节省的开支作为收入,造报时往往将该项节省列入收款总数,而支款则仅列实支,以致奏请报销时与收支总数不符。

不规范的会计核算体系致使国家财政收支仅有模糊的数字概念,缺乏精确的预算决算。另外,随着社会经济发展与外部环境变迁,晚清财政收支科目亦不断发生变化,有些新科目甚至成为实际上的收支大宗。在此情况下,仍用旧的会计体系进行奏销,势难反映真实情况。种种迹象表明,传统的会计核算体系已经落后于时代,必须对之作出适时调整,方能适应财政发展之需要。

---

① 吴廷燮:《清财政考略》,1914 年校印本,第 26 页。
② 《清朝续文献通考》卷六十七,《国用考五》。

咸丰以后,勇饷、赔款、外债等非常支出激增,而各省奏销时仍按传统的常例项目开列,这些预算外支出则归另案核销。这就致使各省乘机侵蚀外销款项,中央政府难以准确掌握国家财政收支的实际状况,财权"内轻外重"现象日益严重。为加强中央财权,同时适应社会经济发展需要,掌握财政收支的真实情况,清廷决定改革旧有的会计体系。1884 年,户部奏请改办出入会计黄册,正式提出改革会计核算科目的主张。① 此次调整将旧有的财政收支科目归为"常例"项,而将咸丰以后出现的新型科目列为"新增"项,并删除了扣成、减平、拨补、筹还等容易混淆收支的科目,代之以补支、预支等项。会计科目的调整反映了咸丰之后财政收支向近代转型的新变化,部分顺应了当时财政经济发展的要求,为中央政府掌握与支配国家财政提供了条件,堪称晚清最具意义的财政改革之一。

遗憾的是,调整后的会计科目设置仍未将地方外销之款列入核算体系,而且忽略了地方政府财政及其相互协拨款项的情况,因此岁出入岁入虽较以前稍为核实,但依旧不能得其实数。另外,会计科目调整还存在一些财政知识方面的错误。比如,将洋税与新关税并列于收入类,此处洋税应当就是海关税收,与新关税有重复之误。又如,将洋款与还借息款并列于支出类,而在收入类并未列入洋款一项。这里存在如何理解当时户部看法的问题。"洋款"究竟何指?周育民先生认为,洋款就是外债,应该列为收入类,故户部所列是错误的。② 但当时户部是否这样界定,我们不得而知。倘若户部将洋款指定为对外赔款,则将之列入支出类是正确的。再次,外债既作为财政收入进入中国,其本息的偿付又作为财政支出流出中国,故不应单纯体现在收入。因此,如果收入类不列外债一项,则支出类仅列还借息款一项即可;如果外债列入收入类,则必须将外债还本付息列入支出类方可。

光绪年间所产生的表式会计报告,大体上有两种类型:一种是按出入款目分列的款目表;另一种便是四柱式的会计报表。款目表以出、入款目分别列示和加以汇总为基本特征,凡专门列示各财政支出款目者,称其为"出款表"或"出款总表"。通过"入款总表"与"出款总表"的比照,便可以考核国家财政收支的总状况。在总表统率下,又有各分表的编制,通常一个款目,编制一张分表。分表以细目的分类为基本特征,通过分表的编制,便于考察国家财政收支的具体情况,并发现和消除其中的弊病。总表的资料来自总清账,而分表中的资料则来自各分清账。所以,总表与分表的衔接关系和总清账与分清账之间的衔接关系是完全一致的。一般可以通

---

① 《清朝续文献通考》卷七十,《国用考八·会计》。

② 周育民:《晚清财政与社会变迁》,上海人民出版社 2000 年版,第 252 页。

过考察分表与总表是否衔接,来检查两表编制是否正确。

　　李希圣编纂的《光绪会计录》是继《万历会计录》之后被保留下来的比较完整的一部会计录。其编纂宗旨与以往相同,但其编写方式与各岁入、岁出项目的布局则有一定变化。在《光绪会计录》中,对财政收支项目的排列方法,是以西式簿记决算报告表的基本格式为模板的,通过这种布局,便于收支项目的对比分析。尤其是书中增设了中、西入出项目对比考核的《例言》,使会计分析方法取得了新的进展。这是《光绪会计录》编制的一个主要进步。《光绪会计录》的编制,是以光绪十九年(1893年)的财政收支数额为依据的,其基本内容分为两大部分:第一部分列示全国的收支总数,第二部分列示各项收支的明细数额。总数按收支大项排列,明细数则按细目列示。凡大项一律采用四柱式,着重反映每一财政收支项目的动态;对各个细目则以反映本年度实际收支数为主。从行政体制方面考察,系先编录全国的总计数额,然后再按行省编列。尤其是对各项指标的反映,以白银作为统一量度进行折算,这就使各项指标之间衔接一致,细数与总数衔接一致,这种做法又为开展会计分析创造了条件。这是《光绪会计录》所表现的又一进步。

　　清代后期,由于外国列强入侵,"利权旁溢,流弊滋多",往往在入不敷出之际,不得已便采用"损下益上,剜肉补疮"的办法,以应付国家财政之急需。《光绪会计录》的作者在书中指出,这种做法只会导致国家财政状况的恶化,促使各种弊病的滋长,而于国家毫无补益。唯可补救者,必须仿效西法,力求于改革。这也是作者采用中西收支指标对比分析之法的指导思想。总之,《光绪会计录》为当时进行会计分析工作,揭示国家财政收支中存在的问题,提供了系统且较为完整的资料,尤其是其中的《例言》,把中国传统的做法与国外的方法对照并结合起来,这对改良我国传统的会计分析方法有进步的作用。

三、近代预算制度之滥觞

　　1898年戊戌维新时,光绪帝下谕改革财政,编制预算决算:"近来泰西各国皆有豫筹用度之法,着户部将每年出款入款分门别类,列为一表,按月刊报,俾天下咸晓然于国家出入之大计,以期节用丰财有厚望焉。"①此诏是清政府准备实行财政预决算制度的最早文件,可惜因变法失败而告流产,但预算的概念由此为国人所知。

　　1903年所编的"收支概算表"中,对岁入岁出科目进行了改进。清末所产生的

---

① 《清朝续文献通考》卷七十一,《国用考九·会计》。

四柱表,已经表现出一种前所未有的进步,表明我国的会计报告开始摆脱资料组合的方式,向着科学的编制阶段发展,它也为近代预算制度的建立奠定了基础。随着近代财政思想与知识的广泛传播,清政府开始学习和吸收西方财政知识,并将之应用到财政改革的实践之中,最突出的表现是进行了编制预决算、划分国税地税的尝试。清末预备立宪期间,清理财政和试办预决算是政府改革的主要内容之一。1908 年,经宪政编查馆奏准,清廷颁布《清理财政章程》,共八章三十五条。该章程规定:以每年正月初一至十二月底为预算年度;预算册内先列岁入,后列岁出,各分经常与临时两门;出入银数以库平足银为标准,并以两为记账单位,小数至厘为止。1910 年,度支部拟定预算册式及例言,附以比较表,发至在京各衙门及各省清理财政局依式填注。同年,度支部汇总各省上报的财政说明书和省预算,编制了宣统三年总预算,送交资政院议决颁布。翌年,又拟试办宣统四年全国预算,未及编竣而辛亥革命爆发。试办宣统四年预算"与上届办法微有不同:上届试办各省预算,出入各数以一省为系统;本届试办全国预算,出入各数当以全国为系统"①。

《财政说明书》的基本内容分为两个部分:一是对会计资料的归类整理与分析;二是针对有关财政问题所作的分析,旨在反映以往财政状况和揭示财政收支中所存在的问题,通过出版刊行,公诸于世,作为改良财政收支章程和指导今后财政预算工作的依据。例如,1910 年广东编成《广东财政说明书》(由清理财政局出版刊行),详载 1908 年和 1909 年每项收支数,巨细无遗,并将收支分为与以往不尽相同的各大类。②《广东财政说明书》除列示岁入岁出的详细数字外,还对财政收支的状况进行分析,在总说明中揭示了全国财政收支存在的问题,在分说明中则重点揭示各个财政收支项目执行中存在的问题,这有益于加强和改进财政预算管理。

清末试办预决算制度事属初创,难免会存在一些缺点。如预算年度的起止时间,外国预算或以阳历四月朔开始,或以七月朔开始,皆系国库收旺之时,故能起讫分明,推行无碍。清廷预算年度却以每年元旦为始,年底为止,于财政收支均有不便之处。收入方面,预算开始时间与征税时期不相应,如丁漕大宗年内不能扫数征解,故于岁入之数不能完整。支出方面,资政院议决岁出预算后,至次年三月甚至更晚方可咨行到各省,各省此前已支款项无从追请更正。另外,此次预算无论中央还是地方,均为赤字预算,虽然资政院在议决时尽量增加收入和裁减支出,将预算做成略有节余,亦不过是纸面上的改动,势难执行。

---

① 中国第一历史档案馆藏:宫中档朱批奏折,宣统三年四月初三日浙江巡抚增韫折。
② 《广东省志·财政志》,广东人民出版社 1999 年版,第 130 页。

虽然清末试办预算有不易避免的缺陷与不足,但它毕竟是中国财政史上首次将西方财政制度与中国财政经济相结合的产物,为王朝财政制度注入兴奋剂,并取得了一定的成效。自试办预算以来,"京外用财虽不敢云尽皆核实,而制节谨度已立初基。细核各册,款有定名,员有定额,冗差冗费淘汰已多,无端超出者可执案而从删,有所追加者先电明而后动,而各库之外销、各属之规费,举百十年所未清厘者,亦多造报而无隐,视夫前数年之支用无艺、不可究诘者,盖撙节已不知凡几"①。从制度层面讲,清末试办预算一改中国传统落后的会计体系,为中央政府提供了一个系统的全国财政计划。旧式会计体系通过冬估、四柱奏销反映中央与地方的财政分配关系,但缺乏全国性总体财政规划,属于未成闭环的探索性预决算制度。清末预算先由各省编制预算表册,然后上报度支部审核,最后由资政院议决,这套具有近代意义的预算程序,为中央政府统揽全国财政奠定了基础。

第四节　近代海关管理制度的建立

晚清以降,西方国家纷纷扩大其在华权益,其中包括海关行政管理权,海关管理权落入外国人手中,被外国人操纵,给中国造成巨大损失,但同时也推动了中国海关管理制度的近代化。

中英《南京条约》签订以后,英、法、美等国驻华领事在中国通商口岸的权势日大,除了滥用领事裁判权外,还对中国海关进行干涉。1853年,上海革命团体小刀会为响应太平天国运动,占领了上海县城,使海关业务一度陷于瘫痪。英国领事便以此为借口,伙同美、法两国,以协助中国征收关税为名,向清政府负责上海海关行政的道台吴健彰提出参与管理海关的要求。次年,由英、美、法三国领事指派3名洋员组成关税管理委员会,掌握了上海海关的行政管理大权。由于当时的海上贸易英国占据首位,上海海关大权实际上为英国人威妥玛所把持。上海海关的一切制度由此开始按照外国模式逐步建立起来。

第二次鸦片战争后,英国根据《中英通商章程善后条约》中"各口划一办理"的含糊定义,要求凡是上海海关已经实行的制度,其他各口岸也必须划一办理,由英国人"帮办税务"。清政府接受了这一解释,于1859年任命原来只有权力管理上海海关的英国人李泰国为总税务司。李泰国当年就按照上海的一整套办法,在广州重新组织海关税务司,随后又先后开设潮州、宁波、福州、镇江、天津、九江、厦门、汉

---

① 中国第一历史档案馆藏:军机处录副奏折,宣统三年八月二十七日度支部奏。

口、烟台等关。1863年,英国人赫德继任总税务司后,至1908年又新设关30余处,并一手推行了一整套近代海关制度。

作为外国人掌管下的中国海关,其主要职能是征收海关税,同时兼揽为外债作担保、办理教育、办理邮政、协调参加展览会等活动,外国势力由协助征税到控制海关一切大权,进而控制了中国的财政、外交、军事等内政与外交。这是中国近代海关管理制度带有半殖民地性质的显著特点。

当然,晚清的中国海关又被称为"世界行政管理史上的奇迹之一",它对中国海关管理制度的近代化起到了积极推动作用。

一是制度严格。赫德针对当时中国官场普遍存在的贪腐现象,在海关管理中借鉴英国经验,创建了税收、统计、检疫等一整套严格的海关管理制度,无论行政组织、人事管理还是征税章程都置于一个严格统一的体系之内。他还制定了《中国海关稽核管理章程》等十余项环环相扣的规章制度,如监督制度、会计制度、审计制度、巡视制度等,使廉洁有了制度保障。

二是高薪养廉。当时清朝官员的俸禄普遍较低,主要收入都是依靠职权滥取于民,因而形成无数官场陋习。而赫德管辖下的海关则实行西方的公务员薪金制度,待遇很高,海关官员薪俸之高、待遇之优厚,远超寻常官员数倍。海关办公经费亦是如此。晚清时期,与京外官俸减扣的情况相反,以官员薪水为主体的近代海关办公经费呈逐渐增长趋势。按照规定,各海关由外籍税务司负责征税,清政府视收税之盈绌酌定各关税务司办公经费之多寡。1863年,清政府确定各海关办公经费总额为白银70.02万两。以后随着海关的不断增设与关税收入的稳定增加,清廷屡次加增海关办公经费。至1896年该项支出已达196.8万两。[①] 此外,海关工作稳定,只要不出问题,就可定期升级加薪,职员年老还可一次性领取相当于十年工薪的退休金,这也是其他衙门不能企及的。所以,当时人们称海关为金饭碗,海关职员是不愿意为贪腐、失职而失去金饭碗的。

三是任人唯贤。赫德紧紧抓住选拔和考核两个关口,坚持因事设岗、以事择人,选人严格、公开公正,严格管理、奖惩分明。在人员选拔上,赫德坚持在全球公开选拔招考,先后在上海、九龙、广州、大连、青岛和伦敦设置考点,选入的人员一般都有较高的文化水平,有的还是博士、硕士。

四是接受监督。海关要接受来自全社会的监督,包括中外新闻媒体和民间媒体。众目睽睽之下,海关的管理极为严格,但凡海关官员升迁提拔皆要考核,如不

---

① 《清朝续文献通考》卷七十一、《国用考九·会计》;《清德宗实录》卷二十一。

够格,即使是赫德之英国亲眷亦不能例外。一旦有吃拿卡要、玩忽职守行为,必予处分,且处分极严。海关规章,事无巨细,皆张榜公布,务使中外商民透彻明了,进行监督。

近代海关管理制度的确立和完善,为海关税收的逐步增长奠定了基础。1863年,赫德接手海关总税务司职位时,海关税收为700万两,到了1899年,已近2 700万两,几乎占了清政府财政收入的三分之一。取得这样的成绩,与近代海关的一套先进管理制度是密切相关的。

第五节 太平天国的供给制度

太平天国定都天京后,确立并颁布了各种经济制度,如土地制度、圣库制度等。这些制度的出发点是建立一种带有空想色彩的公有制,但超越了经济社会发展阶段,过于强调平均主义,加上制度本身存在的缺陷,太平天国的供给制度最终失败。

一、《天朝田亩制度》与土地政策

《天朝田亩制度》既是改革土地制度的纲领,又是改造清朝帝制社会建立新的社会组织的基本纲领,它规定建立新的经济基础和政权组织,以及教育、宗教、监察、选举等各项上层建筑。

太平军的基本群众是受压迫的农民,此外还有各种手工业者、矿工、船夫和运输工人,他们多半是破产的农民,或者兼营农业,基本要求是推翻压在自己身上的剥削制度的基础——封建土地所有制。这种要求突出表现在太平天国的根本大法——《天朝田亩制度》之中。

《天朝田亩制度》的基本内容是农业社会主义思想,特别表现在土地分配和收获物分配上主张绝对平均主义。土地及一切财产都归上帝,即实行上帝所有制,实际上也就是归代表上帝意志来到人间的天王,或太平天国首领。在这里,并没有直接提出一种明确的所有制,但是按照拜上帝教的"普天之下皆兄弟""上帝视之皆赤子""天父上帝人人供,何得君王私自专"的理论,上帝对每个人都是平等待遇,从而每个人都可以从上帝那里得到一份同样的财产,每个人的生活和劳动权利都可以得到保障,因此上帝所有制也就是否定一切私有制(在当时就是封建私有制),实行公有制。根据这一原则,规定了土地制度及分田的具体办法。"凡天下田,天下人共耕",为全体农民所共有。分田的原则是把土地按产量分成九等,以家为单位,按照人口平分,并照顾劳动力的情况。其与历史上一切改革土地方案不同之处在于:不是只分配既存的公田,而是重新分配一切土地,即消灭地主私有制;不仅按劳动力而且按人口平均分田,特别是妇女完全和男子一样分田,使妇女在经济生活中享受到平等待遇。

《天朝田亩制度》还规定了每家农民应有的副业生产:"凡天下,树墙下以桑。凡妇,蚕绩缝衣裳。凡天下,每家五母鸡,二母彘,无失其时。"同时,还规定农业和副业生产收获物的分配方法:"凡当收成时,两司马督伍长,除足其二十五家每人所食可接新谷外,余则归国库。凡麦、豆、苎麻、布帛、鸡、犬各物,及银钱亦然。"所有这些,就是要使每个农家都不受剥削又能够过上起码的温饱生活,在整个社会上是"人人不受私,物物归上主",彻底消灭私有制,达到"有田同耕,有饭同食,有衣同穿,有钱同使,无处不均匀,无人不饱暖"的理想目标。

太平天国存续期的控制区执政实践中,《天朝田亩制度》并未得到有效实行。

二、地租与赋税制度

在太平天国辖区,实行有利于佃农的地租和赋税制度,保护佃户利益,地租很轻,不少地方有"免租之议"。与此同时,要求地主"照旧交粮纳税",结果有土地的缙绅地主纷纷逃避。鉴于此,不得不采取变通之法,命乡官清理丈量田亩,作为征粮依据,并颁发田凭,招业户认田领凭收租。但是,由于太平天国的租赋政策使业户无利可图,这一措施在实行中遭到抵制,响应者寥寥无几。针对这种情况,太平天国又规定:"不领凭收租者,其田充公。"①虽威猛严厉若是,效果仍甚微。业主不愿领凭收租,太平天国的田赋收入就会受到影响,最后不得不实行"着佃交粮"和向佃户颁布田凭的政策。所谓"着佃交粮",就是直接向佃户征取农业税。由于地主逃亡了,必然是"免交地租",但保留地主对土地的所有权。这种方法保障了田赋收入和佃户的利益,"乡农既免还租,踊跃完纳速于平时"②。当然,有的地方地主并未逃亡,太平天国政权也允许其收少量地租。也就是说,"着佃交粮"和地主收租是并行的。但是,在佃农不肯交租的地区和地主不敢收租的地区,以及逃亡地主的田地,都实行"着佃交粮"。此外,太平天国对官僚的"妖产"和庵、观、寺、院、公田、学田等田产,一律充公,实行"着佃交粮"。因此,从整个情况来看,"着佃交粮"是普遍的,而地主收租是局部的。

---

① 太平天国历史博物馆编:《太平天国史料丛编简辑》第四册,中华书局1963年版,第514页。
② 汤氏辑:《秋闻日准》卷下。

太平天国对地主官僚的打击不只是减租和宣示将改变土地所有关系,还采取其他方式。如太平军在进军过程中和攻占一个地区后,便命令大地主、大商人缴纳金银、粮食和猪鸡等,以供日用军需。对于抗拒缴纳的人和帮助清军的地主富农和团练头目,则查抄没收其浮财积粮。这些措施沉重打击了原有的地方豪强势力,削弱了其物质力量,动员和支持了农民群众的反封建斗争。有的地区对大官僚和大地主的土地采取了没收政策,烧毁了地主的地契和"庄账"。不过,这种措施只在局部地方实行。

三、圣库制度

所谓圣库制度,就是根据"天下人人不受私,物物归上主"的原则,实行统收统支的生活供给制度,即宣布废除私有财产制度,实行形式上的公共所有制。

太平天国初期,曾实行过圣库(国库)制度。在金田起义时,洪秀全即命令各地拜上帝会教头,"将田产屋宇变卖,易为现金,而将一切所缴纳于公库,全体衣食俱由公款开支,一律平均"[①]。太平军攻克永安、长沙时,天王曾两次下令全军将士"为公莫为私","不得再私藏私带金宝,尽缴归天朝圣库",违者斩首示众。这一措施对于严明军纪、保障其内部供给起了积极作用,也大大增强了队伍的团结和战斗力。定都天京后,这个制度有所发展,在首都建立了"天朝圣库",总管公有财产,除一切缴获和征收归圣库外,还宣布"商贾资本,皆天父所有,全应解归圣库"。这就把私有的金银、粮食、货物、房产等均收归公有,贵重物品缴入天朝圣库,日常用品分别收藏在堆栈或者由典官保管,这有利于严明军纪和中下层官员保持廉洁("天王"洪秀全和诸多称王者不在其列)。生活所需的粮米油盐和其他费用均由圣库供给,除肉食外,供给标准上下各级大体上平均,官兵一样。

但是,圣库制度也有明显的缺陷,即把在军事斗争中和在起义军队中取得的经验作为整个社会必须遵循的普遍规范来推行,与现实生活的需要多有相悖之处,因此往往是行不通的,甚至后来在军队中也逐渐名存实亡。事实上,这种绝对平均主义的办法难以长期坚持下去,在施行中逐渐发生变化,人们可以私藏金一两或银五两以下和随身携带珠宝,新参军的士兵也不把原有财物归公。1855年,允许恢复家庭制度,社会组织和生活制度也随之变化,家庭各自蓄有财物了。自蓄财物的出现引起私有财产的恢复和新的贫富悬殊,圣库制度遂告趋于瓦解。

---

① 罗尔纲:《太平天国史事考》,三联书店 1979 年版,第 221 页。

第二章

北洋政府时期的财政制度

北洋政府时期,中央财政匮乏,财政收入缺乏规范性,关税盐税为外国控制,财政规章制度建设受到政局不稳的影响,进展缓慢。这一时期,理财机构相对混乱,但预算制度得以颁布执行,决算制度初步建立,分级管理的财政体制正式确立,并为南京国民政府的财政制度奠定了基础。

第一节　现代理财机构的初建

北洋政府时期的理财机构是混乱的,但也初步确立了现代意义上的财政机构。中央层面,财政部职能前后变动较大,地方财政名义上的管理权甚微,但实际上,任意截留中央财政收入的现象又普遍存在。

辛亥革命后,中华民国临时政府成立,在清末新政仿学西方共和政体设立各部,并在将中央财政管理机构改为度支部的基础上,设立了财政部筹备处,下设会计、赋税和财务三个司。1912 年 11 月,财政部正式成立,直接隶属于大总统,总辖国家财务、管理租税等事务,监督各官署及公共团体财务。财政部内部几经调整,将原来的三个司改组扩大为五个司,又将财务司改为泉币司,于 1914 年确定为五司一厅体系,即赋税司、会计司、泉币司、公债司、库藏司和总务厅。另设盐务处,主管全国盐务行政;税务处综理海关监督事务。此后,为改革币制,扩大公债发行,确保"善后大借款"的偿还,加征中央专款的征收等事务,将泉币司升格为币制局,直属国务院,将公债司改组为公债局,将盐务处升格为盐务署,另设烟酒署、印花税处、官产处及全国经界局等机构。至此,北洋政府的中央理财机构初步建立。

北洋政府沿袭清制,财政与计政(统计、审计)不分。1914 年后,官制设置稍有改进,除财政部掌理财务行政外,又设审计院直隶于大总统,为消极(事后)财务监督;又于总统府政事堂设立主计局,为积极(事前)财务监督,财政与计政由此稍有划分。但此时的主计局与财政部会计司的职责权限颇为含混,常发生争执。主计局的职权十分有限,并不能行使其监督职能,而会计行政尚未另设专管机关。审计院也无稽查事务的组织,难于行使就地审计的任务,以致这种有限的监督制度制订不久,因袁世凯称帝失败,1916年主计局的组织竟随政事堂而撤废,以后审计院之名虽存而机关形同虚设。主计局除了办理财政稽核预算决算外,还负责统计事务,由于当时各级基层统计机构未臻健全,统计工作无法贯彻办理,因此财政部统计工作由各主管单位分别办理而综合于会计司。

在地方财政机构方面,清代管理地方财政的布政使司多已革除,但替代的机构并无定制,因而民国初建时地方财政机构十分混乱,基本是各自为政的状态。袁世凯政府为了加强中央集权,保证中央财政收入,创行分级制财政管理体制,于1912年提出在各省设立国税厅的动议。1913年,各省相继设立了国税厅,或国税厅筹备分处,负责国税征管,由财政部直接管辖,与各省军政首脑处于平等地位。1914年,取消中央地方收支划分,恢复统收统支体制,于是将各省国税厅与财政司合并,成立财政厅,仍为财政部直接领导,从而正式确立了地方财政管理机构。至1914年6月,进而规定各省的财政厅长由大总统任命,直隶于财政部,以加强中央对地方财权的控制,但实际上地方财政仍为各地军阀控制。

北洋政府时期,县级财政管理机构极为混乱,在区县内各项税捐的征管机关繁杂不一,有县署直接办理的,有专门机构分别经办的,甚至还有招商包征的,如田赋征收机构为经征局,印花税征收机构为印花税所,烟酒税征收机构为烟酒分局,盐税征收机构为场知事署,税捐征收机构为税务所。因征收机构分设而重叠冗杂,征收成本居高不下,税吏乘机营私舞弊。为此,制订县组织法,各县设立财务局总理其事,其后改名为财政局,仍赋予管理财政大权。但在军阀割据的条件下,地方财权归军阀所有,财政成为地方割据的工具。

与晚清相比,北洋政府乃至整个民国时期的财政机构设置已经初步具备现代框架特征。其一,全国的财政管理机构在中央集中于财政部,总理全国财政事务,下设不同的司、署分管专门业务。民国初实行"立宪",仿行西方建立起了一套财政体制,取消了皇室机构,相应地也取消了国家财政机构与皇室财政机构的区分。已退位的清皇室支出合并在统一的国家财政支出中,但不设专门机构对其进行管理。其二,加强了对财政机构的监督。中央设审计院,直隶于大总统,对财政活动进行监督。至南京政府时期,采用"四纵联衡"制度,对财政管理机构的监管更为严格。财政监督有行政监督、立法监督、司法监督、审计监督之分,形成了一个由行政部门、主计机构、监察院等机构联合监督的系统。其三,强化了对地方财政的监管。从北洋政府到南京政府,一直对地方财政的管理进行改革,力图建立一个分级财政管理体制,实行中央和地方收支的划分,并在地方设财政厅、局,派专门机构或人员对其进行监管,强化了中央对地方财权财力的控制,改善了中央财政的困顿局面。

第二节　财政预决算制度

预算是西方政治民主化的产物。清末时,仿行西方"立宪"制度,试办政府预算,已具有近代预算特征。中华民国建立后,标榜实行"立宪政治",中央与地方编制国家预算和地方预算。北洋政府于 1914 年 10 月由总统公布《会计法》,其中单列一章为预算。财政部正式编制的预算方案是 1914 年度国家预算简章,分总则、编制时期、编制方法、计算方法及附则等五章,共 39 条,并另订各项表式作为办理预算的基础。其后各年度办理预算,未再增订法规,此为北洋政府时期预算制度的梗概。

民国初年,财政部曾制订《办理临时决算例言》,筹办在京各机关决算。1913 年春,财政部通电各省办理 1912 年决算表册。1914 年 10 月,颁布《会计法》,决算的编送程序及期限则散见于《审计法施行细则》中。总之,北洋政府时期,决算制度并无具体方案,也始终未实行。

第三节　现代税制的创建

第一次世界大战爆发后,中国商品进口额有所下降,而出口额则大幅增长,基本扭转了长期入超的局面,这就为中国民族资本主义工商业的发展提供了良好机会。与此同时,中国的产业经济迅速发展,棉纺织、面粉、卷烟、火柴、电力和机械采煤业的发展速度很快,平均年增长率都在 10% 以上,国家资本、民族资本、外国在华资本都有比较突出的表现。受世界经济的影响,中国对外贸易也在发展,这些都为关税、工商税提供了丰裕的税源,现代意义的税制由此逐渐建立起来。

一、直接税

中华民国建立后,财政状况较清末的处境更糟。为挽救财政危机,在开始时全盘承袭清朝财政制度的基础上,采取整顿旧税创设新税的手段。除旧有税收继续征收外,对清代已酝酿而未实行的新税,也在重新修改充实相关规则后付诸实施。

1914 年 1 月 11 日,袁世凯以政令公布了《所得税条例》。该条例的所得税课税范围极广,几乎包括了国民的各项所得,而当时国家的法制并不健全,政治腐败,经济上处于半封建状态,国民的文化及社会组织程度较差,有完备会计核算制的企业为数极少,又缺乏必要的统计资料,因而具体实施困难重重。财政部迫于征收时仍有困难,于 1916 年初通令暂缓举办。

1920 年 9 月 5 日,大总统徐世昌又明令督促实行所得税,并声明此项所得税税款七成用于教育、三成用于实业。但北洋政府的信誉早已丧失殆尽,该文件一经公布即遭各省议会、商会及社会团体极力反对与抵制,形成反对浪潮,这使各省心存观望,不愿动作。财政部所辖所得税处仅在北京各机关开征了官俸所得税,当年征收税款仅 10 310 元。1922 年 1 月,财政部下令裁撤了全国所得税处,试办征收所得税至此以失败告终。

在前述准备开征所得税的同时,北洋政府还做过征收遗产税的努力。1912 年 9 月,北洋政府财政总长周学熙向参议院报告财政施政方针,正式提出开征遗产税方案。11 月,北洋政府推行第一次税制整理,将遗产税列为拟新设立的税种之一。1913 年 11 月,国务总理兼财政总长熊希龄再次提出征收遗产税的主张。此后,财政部次长章宗元又拟出《遗产税征收条例(草案)》,建议政府从速开征遗产税。1915 年,总统府的财政讨论会在参照章氏版本的基础上,拟定了《遗产税条例(草案)》。其中规定:以嗣子为纳税人;遗产 1 000 银元以下者免税,遗产捐赠给慈善机构或合族义庄者也可免税;继承遗产 1 000 银元以上者,按照 5％的税率纳税;继承遗产 10 万银元以上者,按照 10％的税率纳税。但是由于时局动荡,兵连祸结,遗产税一事最终无疾而终。

二、间接税

(一) 盐税的改革

晚清时期,盐税弊端愈益严重。辛亥革命后,社会舆论呼吁盐税改革,就场专卖、就场征税、自由运销、废除引岸改行官卖等主张不胜枚举。1912 年开始,财政总长熊希龄与英、法、德、美、日、俄六国磋商以盐税为担保的借款,以期缓和极度窘困的财政状况。1913 年,美国宣布退出,五国银行为袁世凯提供了债额达 2 500 万英镑的"善后大借款"。随后,英国人丁恩任北京政府盐务顾问、稽核总所会办,并且在各稽核所,设数名外国稽核工作人员以监督保障盐税的上缴。同年 6 月,丁恩向财政部提出《丁恩改革中国盐务报告书》,其中提道:"对于本地所产之盐,于其未由场或由政府指定各坨起运以前,直接收税一次。对于入口之盐,于其未由船或海关所属各盐栈起运以前,直接收税一次。于征税后,政府即不再加干涉。盖以竞争愈烈盐价愈低为宗旨。"①此为确定"就场征税、自由贸易"原则以整顿盐税的开始。1913 年年末,北洋政府颁布《盐税条例》,实行均税和就场征税,规定每百斤征税 2.5 元(后改为 3 元),此外不得以其他名目征税。据盐务稽核统计,1914 年全国盐税收入为 6 686 万元。与此同时,北洋政府也迫于外国势力的干预和社会舆论压力,陆续开放了一些引地(指定给清引行盐的盐商的专卖区),在一定程度上实现了自由贸易,如表 5 所示。

表 5 　　　　　　　　　　1914—1928 年北洋政府陆续开放引地表

开放年份	准运盐产地	开放销区
1914	长芦	河北、河南 74 县
	山东等	虞城、商丘等 9 县
	两淮、长芦、山东、辽宁等	安徽省宿、涡 2 县
	淮北票盐	淮北票盐皖、豫引地
1915	两淮、山东	山东临沂等 6 岸
	两广	平南、雷州、琼州及广东沿海各地
	长芦	永平等 7 县
	云南	云南全省
1916	淮北	淮北近场 5 岸及徐淮 6 岸
	两浙	永武经销地
	川南	取消 18 盐运公司,自由贸易
	川北	自由贩卖
	云南	取消运销公司
	潞	陕岸

---

① 金鑫等主编:《中华民国工商税收史:盐税卷》,中国财政经济出版社 1999 年版,第 24～25 页。

开放年份	准运盐产地	开放销区
1917	长芦	山西平定等 9 县
1918	两浙	
	潞	河南巩、孟等 8 县
	福建	福建闽候等 31 县
1919	长芦	山西太古等 8 县
	福建	福建三都等 5 区
1920	两浙	象山、南田 2 县
	川北、两淮、长芦、潞	湖北济楚各岸及樊城老河口
1921	两浙	余姚销岸,取消绍萧专商
1922	川北	射蓬、简阳
1927—1928	福建	全属开放,自由贸易

资料来源:金鑫等主编:《中华民国工商税收史:盐税卷》,中国财政经济出版社 1999 年版,第 44～45 页。

1916 年袁世凯死后,军阀内乱纷起,作为盐税主要重镇的湘、鄂、皖、赣、东三省等地均受战火波及。因内战导致各省军需军费激增,军阀相继截留盐税和增加盐税附加税以填补自用,北洋政府已无力控制盐税,加之外国债权已多由关税拨付[①],因此对于地方军阀截留盐税采取了听之任之的态度,有的地方甚至出现外国势力暗中支持军阀截留私盐以饱私囊的事情,盐政积弊愈见加深。北洋政府时期各省截留盐税情况如表 6 所示。

表 6　　　　　　　北洋政府时期各省截留盐税情况　　　　　(单位:千元)

年份	截留省份	截留数		
		奉准截留	自行截留	合计
1916	广东、云南、四川	10 500	1 367	11 867
1917	广东、云南、四川、湖南、福建	4 448	3 048	7 496
1918	广东、云南、四川、湖南、湖北	11 445	4 191	15 636
1919	广东、云南、四川、湖南、湖北	15 524	10 817	26 341

① 静如:《截留盐税与中央财政之关系》,载《银行周报》第 424 号,1925 年 11 月 10 日。

续表

年份	截留省份	截留数		
		奉准截留	自行截留	合计
1920	广东、云南、四川、湖南	10 560	13 352	23 912
1921	广东、云南、四川、湖南、江西、福建	6 590	11 824	18 414
1922	广东、云南、四川、湖南、湖北、江西、福建、山西、奉天、甘肃	11 543	20 125	31 668
1923	广东、云南、四川、湖南、江西、福建、奉天	3 750	26 457	30 207
1924	广东、云南、四川、湖南、江西、福建、奉天、安徽、江苏、浙江、山西	4 093	29 373	33 466
1925	广东、云南、四川、湖南、江西、福建、奉天、安徽、江苏、浙江、察哈尔、甘肃、吉林、黑龙江	3 266	29 763	33 029
1926	各省均实行截留,唯山东、直隶尚以税款一部分解缴银行团	10 283	37 389	47 672

资料来源:金鑫等主编:《中华民国工商税收史:盐税卷》,中国财政经济出版社 1999 年版,第 64 页。

从盐务机构来看,北洋政府时期的地方盐务机构大抵承袭清朝,于产盐地设盐运使或副运,但"各省盐务,大率各自为政,有改为盐务局者,有改为盐政处者,尚有改称盐政部者,亦有仍沿清制者"[①]。1912 年 9 月,为增加政府财政收入,同时清理盐务机构庞杂、漫无系统的情况,在财政部内设盐务筹备处,下分总务、北盐、南盐三股,股内分科,主管各地盐务。1913 年 9 月,按照"善后大借款"条约规定,又撤销盐务筹备处,设立盐务署(如图 1 所示)。

1914 年 2 月 9 日,北洋政府财政部先后公布《盐务署稽核总所章程》和《盐务稽核分所章程》之后,将原盐务稽核造报所改为盐务稽核总所,由英国人丁恩任会办兼盐务顾问,同时在关键职位起用大量洋员。此后,盐务机构进入行政与稽核两个系统的二元化时期,加之由外国人员干涉操纵,事权分离。

此外,在"善后大借款"之后,列强为保证债权不受损失,加之意欲掌控中国盐税这一经济命脉,提出对盐税进行改革。而北洋政府也出于对盐税改革后收入增

---

① 陶守贤:《三十年来之盐务官制》,载财政部盐务总编:《盐务月报》总第 24 期,1943 年 12 月。

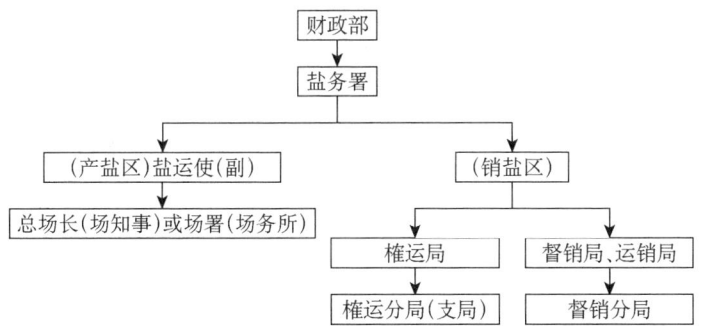

图 1　1913 年 9 月后北洋政府的盐务机构设置图

资料来源：金鑫等主编：《中华民国工商税收史：税务管理卷》，中国财政经济出版社 1998 年版，第 10 页。

加的期望和达到借款目的的本来约定，也乐于在外国控制下进行自上而下的盐税与机构改革。在洋员的主导下，各地盐务机构纷纷裁撤、合并和增设，至 1920 年，达到了 23 个直属机构和 347 处基层稽核分支机构的规模。① 至此，盐税的征税机构已经摆脱了没有正式专门管理机构的状态，并从中央的盐务稽核总所到地方分所及所属机构，形成一个较为完整的专业管理体系，如图 2 所示。

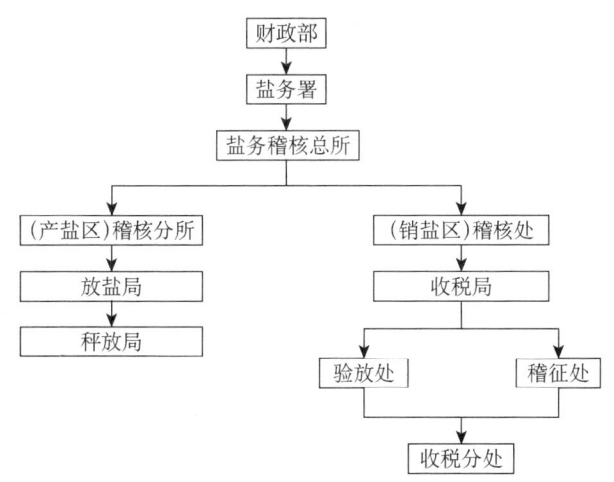

图 2　盐税二元化时期的盐务稽核所机构设置图

资料来源：金鑫等主编：《中华民国工商税收史：税务管理卷》，中国财政经济出版社 1998 年版，第 12 页。

（二）厘金的整顿

北洋政府建立之初，全国绝大多数省区仍沿清代厘金旧制继续征收。由于厘

---

① 《三十年来盐务机关改革之经过》，原载《盐务杂志》1933 年 1 月，总第 54 期。

金遇卡纳厘,节节抽收,成本加大,阻碍了商品的流通和销售。北洋政府迫于群众的多方抵制和自身的经济压力,对厘金征收进行改良。各省或仍沿旧制征收,不断提高比重,或改办统捐、产销税,或对属于本省出产的大宗土特产另立专章。经过整顿,厘金对生产和流通的危害状态略有改善。在此期间,各省商会曾先后向国会提出请愿书,纷纷要求裁撤厘金。裁厘加税工作前后经历十余载,逐渐发展成一种关税自主运动,并取得了一定成果,为以后实行关税自主和裁撤厘金奠定了基础。

(三) 烟酒税的建立

中华民国建立后,烟酒税经过了一个时期的畸形发展,逐步形成一个混合的税种。北洋政府之初,烟酒税包括烟酒牌照税、烟酒税和烟酒公卖费三项。1915 年4 月,实行烟酒公卖,在原来税厘的基础上征收公卖费,由各省所设的烟酒公卖局管理并代征。

(四) 矿税的整理

北洋政府时期的矿税共有三种,即矿区税、矿产税和矿统税。由于当时政局动荡,中央政令不能通行各省,除矿区税、矿统税课征按规定办理外,矿产税仍然各自为政,均未遵照办理。征收方法也因地各异,加上与政府订有合同的各大矿业公司仍按原订合同规定办理,所以整个矿税的轻重、减免均不统一,有的矿业公司仍暂免各税,有的只纳关税,有的只纳厘金与关税而不纳矿产税等,矿税整理徒具形式而未见成效。

(五) 关税自主的努力

辛亥革命后,西方各国害怕在华利益受损,借口南北政府对立,提出海关中立,并要求将海关的收支委托于总税务司处理,以维护"债权国"的利益。北洋政府接受了这一要求,成立海关联合委员会,决定由总税务司代收关税,并将所收关税税款存入汇丰等外国银行。从此,中国的关税管理权、关税收支和保管权全部落入外国手中。此后,迫于全国人民的压力和自身面临的财政危机,北洋政府不得不加强对外交涉,要求修订关税税则,做过收回关税主权的努力。

北洋政府对于关税自主权恢复的交涉最早是在 1921 年 11 月 23 日,时任国际联盟中国代表的顾维钧在华盛顿会议上提出了恢复中国关税自主权的要求。1922 年 2 月 6 日,《中国关税条约》签订,中国政府对关税的上涨调整权利被会议所承认。1924 年 10 月,王正廷作为全权代表,参加了 12 国代表出席的北京关税特别会议,不仅要求上调关税税率,而且再度提出收回关税自主权的要求。

对于中国政府的要求,与会各国的反应差异很大。英国代表主张中国需要先解决国内内战问题,并统一成为有能力保护外国人生命财产安全的独立国家体制后,再商议关税自主。美国则希望废除作为国内通关税的厘金,以此作为交换条件同意中国政府收回关税自主权。日本在其"协调外交"战略影响下,对中国政府恢复关税自主权的努力并未进行阻挠。就在各国商议和争论之时,北洋政府进入了军阀混战时期,中央政府的影响力和支配力逐步下降。1926 年 4 月,段祺瑞政权崩溃,北京地区一时间处于无政府状态,北京关税特别会议也因此中断。

第四节　中央与地方收入划分制度

北洋政府的税收制度最初完全沿袭清代的租税制度。1912 年 7 月,周学熙任财政总长,针对税制极端混乱的状况,着手整理,进行改革,实施划分中央和地方二级财政体系的方案,以促使财政走向近代化。他在向参政院报告其财政施政意见中陈述了财政困难的根源,认为财政紊乱的原因之一是财政系统制度安排不明,国家收支和地方收支未明确划分。1912 年 11 月,北洋政府公布了《国家税与地方税法(草案)》,将当时已存在和将来准备举办的各种税收统列成表,分别划入国家、地方两大体系,具体如下:国家税包括田赋、盐税、关税、常关税、统捐、厘金、矿税、契税、牙税、当税、牙捐、当捐、烟税、酒税、茶税、糖税、渔业税;地方税包括田赋附加税、商税、牲畜税、粮米捐、油捐、酱油捐、土膏捐、船捐、杂货捐、电捐、房捐、戏捐、车捐、乐户捐、茶馆捐、饭馆捐、肉捐、鱼捐、屠捐、夫行捐、其他杂税杂捐;将来新设国家税包括印花税、登录税、继承税、营业税、所得税、出产税、纸币发行税;将来新设地方税分为两类:一是特别税,包括房屋税、国家不课税之营业税、入市税、使用物税、国家不课税之消费税、使用人税;二是附加税,包括营业附加税、所得附加税。

这一方案虽经公布,但施行的阻力很大:一是地方军阀截留中央税款以自用;二是地方税收名目繁杂且不统一,征额相差悬殊,地方税制紊乱,从而使划分国家税和地方税失去意义。1913 年 9 月,熊希龄出任国务总理兼财政总长,他在向国会报告其财政施政方针时指出,财政状况十分"艰险",债务费占预算支出的三分之二,唯仰外债"以度岁月"。1913 年 11 月 22 日,北洋政府正式颁布《划分国家税地方税法(草案)》,确定的地方税税种如表 7 所示。

表 7   1913 年确定的地方税税种

现行税种	将来增设的税种	备注
1. 田赋附加税	甲、特别税:	地方特别税及附加税之限制:
2. 商税	1. 房屋税	1. 地方特别税有妨碍国税者,财政
3. 土膏捐	2. 国家不课税之营业税	部得禁止其征收,凡特别税经财政
4. 牲畜税	3. 国家不课税之消费税	部认为不当者,亦同
5. 粮米捐	4. 入市税	2. 田赋附加税不得超过 30%
6. 油捐及酱油捐	5. 使用物税	3. 营业附加税不得超过 20%
7. 船捐	6. 使用人税	4. 所得附加税不得超过 15%
8. 杂货捐	乙、附加税:	
9. 店捐	1. 营业附加税	
10. 房捐	2. 所得附加税	
11. 戏捐		
12. 车捐		
13. 乐户捐		
14. 茶馆捐		
15. 饭馆捐		
16. 鱼捐		
17. 屠捐		
18. 肉捐		
19. 夫行捐		
20. 其他之杂税杂捐		

资料来源:贾士毅:《民国财政史》上,上海书店 1917 年版,第 109～112 页。

    此次国地税划分草案的显著特点是将所有重要税源都划归中央,事权方面重要的政务也由中央办理,而地方则在省长公署下设立财政司,办理地方的财政收支,管理地方零星杂税。但是,当时各省军队数量猛增,军费支出庞大,多数省份已入不敷出,若不大幅裁减军费,则财政无法维持,而裁军又会遭到地方军阀的反对,故划分国地税行之一年有余,难以开展,许多实际问题也无法解决。1914 年 3 月,财政总长周自齐召开全国财政会议,要求按照清朝末年预算模式,恢复解款办法。1914 年 5 月,财政部呈准大总统将国家税、地方税名目取消,税收仍旧归各省财政厅直接管理征收,由财政部与各省单独协商,分省认定解款数额,按期上解中央。1914 年 6 月,正式宣布取消划分国税地税的方案,恢复由各省财政厅直接管理各项财税向中央解缴的体制。但这时的关税、盐税已经全部被外国控制,其他各税虽由地方征收上缴,实际上也多有截留。

    为了使中央的财政收入不至于完全落空,北洋政府于 1915 年再将国地税的划分体制与解款体制混合,提出一种折中的改革方案,即设立一种"专款制度",规定了五项"中央专款",后来还陆续有所增减。到 1919 年 1 月,又另设了烟酒事务局管理烟酒各税。同时,再度划分了中央和地方的收支权限,属于地方的收入有田赋、契税、当税、屠宰税和零星杂税杂捐。但因各地割据,基本处于财政自主状态,不受中央节制,在实际运行中很难实现上述规定。

1922 年以后,直系军阀掌握了北洋政权。1923 年 10 月 10 日,曹锟就任总统,颁布了《中华民国宪法》。为缓解各省的反对,求得妥协,依地方分权的主张,在宪法中规定了国家税、地方税的范围:关税、盐税、印花税、烟酒税、其他消费税及全国应行划一之租税,定为国家税;田赋、契税及其他省税,定为地方税;省税与县税之划分由省议会议决之。同时,对各省课税的种类及征收办法作了必要的限制。从国地税划分的体系看,分为中央、省、县三级更适合国情,比 1913 年的国家税、地方税划分略有进步。但由于全国一致反对曹锟贿选,故此宪法未能实行。翌年,段祺瑞就任北洋政府临时执政,该宪法即被废止。

总体而言,北洋政府时期中央与地方财政收支的划分与实施,虽颇多纠结,但仍应肯定是民国政府在统一全国过程中解决中央财政困难、重新确定中央与地方财政关系的重要举措,也是中国财政体制现代化进程中颇为重要的一步。

第五节　中央与地方支出划分制度

北洋政府厘定国地两税,划分中央与地方税收,是依据中央及地方政费范围的广狭来确定。1913 年,北洋政府财政部在初步明确中央行政和地方行政的范围与界限的基础上,颁布《国家费目地方费目标准案》,同《划分国家税地方税法(草案)》一并公布执行。至此,民国初年的中央和地方收支基本划分完毕。

支出方面,此次划分的国家费项目有 14 项:立法费(国会经费)、官俸官厅费(官厅行政职员俸给及公署费用)、海陆军费(包含中央直辖各省分属军队经费)、内务费(内务部直辖的内务费及国都与省会商埠警察费)、外交费(包含中央及各省的一切外交费)、司法官厅及监狱费(包含一切司法费)、专门教育费(教育部直辖机关及国立专门以上学校的经费)、官业经营费(邮电路航山林矿业及各部直接经营的官业等所需之费)、工程费(重大工程费与黄河工程费)、西北拓殖费、征收费(征收国家入款所需经费)、外债偿还费(中央政府筹措的外债偿还费)、内债偿还费(中央政府的国内公债偿还费)、清帝优待费。地方费项目有 10 项:立法费(地方议会经费)、教育费(除教育部直辖机关及国立学校外的一切教育费)、警察费(除国都、省会及商埠警察费外的一切警察费)、实业费(地方自办实业所需经费)、卫生费、救恤费、工程费(地方团体自己经营的工程经费)、公债偿还费(地方公债费)、自治职员费、征收费(地方收入征收费)。①

1914年6月,财政部呈准取消国地税名目,地方财政支出也随即改为财政官署一并支配。1915年,由于停办地方议会,地方预算不能成立,这种划分标准也暂时中止。1916年,国会重新召集,这种划分标准又经国务会议决议,照旧实行。不久,由于袁世凯称帝,南北对立,各自为政,这种划分标准又未能一致进行。

1921年,北洋政府重新召集地方行政会议,对于国家费和地方费的区分也有相关决议,但并未实行。1924年,曹锟任职总统后制定了新宪法,重新划分了国家费与地方费。国家费包括16项:外交费、国籍法实施费、国防费、司法费、划一度量衡、币制及国立银行费、国税征收费、邮电铁路国道及航空费、国债偿还费、国省财府整理费、专卖及特许费、中央行政费、两省以上的水利费、移民垦殖费、特种国营矿业费、其他本宪法所定国家事项度支费;地方费包括9项:省教育实业及交通费、省财产处理费、省水利及工程费、省税征收费、省债偿还费、省警察费、省慈善及公益费、下级自治费、其他国家法律赋予事项经费。但是,随着贿选的败露、曹锟的下台,新宪法被段祺瑞临时政府废除,这次中央和地方支出的划分也只是昙花一现。

总体来看,北洋政府时期,在国家财政与地方财政的开支项目与支出责任划分上曾经有过多次议定与法令制定,虽然由于各种客观原因并未真正付诸施行,但是这些措施比起清代的制度向前推进了一大步,并且对以后的国地支出划分产生了深刻影响。

---

① 贾士毅:《民国财政史》上,上海书店1917年版,第123~127页。

第三章

国民政府前期的财政制度

　　1927年，南京国民政府实现了政权名义上的全国统一，为新政权和中央政府运行带来了相对稳定的环境。为了改变晚清至北洋时期的税制混乱、货币紊杂、中央与地方财政划分不清等财税方面的弊政，国民政府在统治前期（1927—1937年）借鉴和引进西方财政制度，对财政制度进行修改完善，对财税体制进行了一系列改革实践，在将中国税制带入仿效西方资本主义税制阶段的同时，对中央和地方财政收支系统进行了进一步明确的划分，这些举措对于财政状况与统治基础以及国内市场的形成，都有一定程度的改善和稳固意义。

第一节　国民政府前期的财政概况

　　南京国民政府虽然完成了名义上的政权统一，但中华民国在向近代统一国家的转变中还存在很多坎坷和曲折。在军事战争不断、国内局势未稳、经济发展受到影响的情况下，财政亏空、中央与地方财政权责紊乱等问题十分突出，国家财政局面危如倾墙。可以说，北伐战争的胜利和南京国民政府的成立，与其说是形式上的统一，不如说是近代国家建设的起点。

　　由于从清末到北洋时期的内忧外患，国民政府前期的财政状况是堪忧的。近代以后，中国从政治、军事到经济财政领域一直受到外国列强支配，作为半殖民地半封建国家的整体经济构造的特征也比较明显。一方面，中国不得不保障西方国家的在华经济利益，并提供作为帝国主义经济基础的工业原料、资源以及廉价劳动力。另一方面，统治阶级为加速以封建社会制度为基础的生产结构现代化的进程，不得不接受外国巨额借款充作"资本投资"，"振兴中国的产业革命，向西欧日本等资本主义国家转型"。中国向工业社会转变的"资本投资"也逐渐累积成为天文数字,英、美、俄、法、德、日等发达工业国家竞相借款给中国。由于借款的利润巨大,列强之间也展开了激烈的竞争。外债借款的种类名目繁多,加上地方政府的借款,共有 100 多种。这些长达 30 年到 50 年不等的借款,虽打着以现金资本主义国家的工业社会建设为目标扶持、帮带中国的产业和经济基础的名义,但是累计数额却达到当时国家年预算的 100 倍。加之北洋政府时期各地军阀混战不休,这些所谓借款的产业资金作为军事资金充用的事件屡见不鲜。

此外,军费的膨胀大大超出政府预期,被迫通过增捐加税弥补赤字,结果孕育出史上罕有的约 1 万种类别的租税体系,加上各地繁杂的租税征收制度与复杂的税率,增税总额也急剧加大。1927—1937 年,国民政府财政收入的近九成来自关税、盐税和统税这三项税收收入,在这一异常的赋税结构下,所谓的"约 1 万种"的税收财源主要被各地方政府截留,这对于本就在财政上穷困尴尬的国民政府更是雪上加霜。

围绕着国家财源问题,国民政府一直致力于与地方政府势力的斗争(这些罗列在可查到的战役战争之外的斗争一直处于一个并不明朗的状态),另外,军事费用支出的急速膨胀和增税所得的岁入部分的比例相对较小,也是一个奇怪的经济构造特征。岁入财源的增税额,令关税、盐税和统税这三项成为政府财政支柱的主要税项,在 10 年间增加了 25 倍。而进入抗日战争时期,随着日军的逐步侵略、占领和支配,国民政府财政收入的根基被逐渐侵蚀,整体财政构造又发生很大变化。

纵观国民政府前期,国民党内部对立斗争是针对训政体制的具体政策方案展开的。与蒋介石对立的汪精卫、孙科、胡汉民等文人政治家的"理论斗争",最终在军事问题上与蒋介石存在利益妨碍关系的军事指导者(李宗仁、冯玉祥、阎锡山、李济深等)各派,在一定程度上产生了挂钩联结。从结果来看,在"革命理念"对立的基础上发展成为频起的军事冲突。国民革命军在北伐过程中通过改变和吸收旧军阀势力,虽然一时之间膨胀到 200 万作战人员以上的规模,但是其随之而来的庞大军费也成为中央政府的最大课题。同时,这也是蒋介石在实现通过军事一元化而达成国家真正统一这一目的时,面临的最直接问题。

国民党政权从确立到全面抗日战争爆发的 10 年间,由于前期作为"以党建国"的军事政权国家,财政支出中军费的压力无疑是巨大的。1927—1936 年,国民政府财政收入一直持续在赤字状态。1927 年前后,考虑到政府成立之初税收及混乱因素尚能理解,但针对近一半的亏短数额及占政府支出总额近九成的军费开支,国内舆论中精简军队规模、调整结构的呼声日渐高涨。①

　　1928 年 6 月,在上海召开了由中国工业界和银行界代表人物聚集参加的财政经济会议。作为重要议题之一的军队规模缩小调整问题正式提上议程,由此真正进入了国民政府领导者的视野。在会议上,工商金融业界的代表提出将军队规模削减至"50 个师团 50 万人",并在控制军费岁入岁出的同时将削减所得的经费与士兵人力,投入其他领域的生产事业。为保证工商金融业界的支持,成立伊始的国民政府在随后的 1929 年以中央政府的名义召集"全国军事领袖会议",同时召开"裁军措施之会议",最终决议"将海军空军之外,全国陆军人员限制于 80 万人之内"②。

　　1928 年,国民政府在表面上完成了形式上的全国统一,但是军队中派系分立,各地方政府仍然实质上由军阀及其派系控制,而对于地方军队的削减又是直接关系到地方军事指导者生死存亡的不可让步的问题,于是便产生了地方军事势力相互联合或与蒋介石之外的国民党派阀通过合纵连横以对抗中央政府的现象。即使中央政府召开会议作出决定,当时全国 19 个地方政府在地方军阀政府强化与中央对立的情况下,中央的"指示""决议"很难得到执行。

　　国民政府是建立在北洋政府的空虚财政基础之上的。北洋政府时期,军阀混战,财政来源几乎濒临枯竭,政府财政入不敷出,陷入"借新债还旧债"的恶性循环之中。同时,帝国主义国家为了摆脱 1929 年发生的经济危机,日益扩大其在华经济和政治权力,极大地危害了民族工业的生存和发展,农业也因农产品倾销和价格惨跌而受到严重破坏。国民政府成立后,内战频兴,军费等开支急剧增长,财政收支数不断膨胀,造成的财政赤字日趋庞大。国民政府从成立起,就背着 7 300 万元的赤字,占实际支出总额的 48.7%。从 1929 年开始,赤字平均达 1 亿至 2 亿元;从 1934 年开始,赤字平均达到 5 亿至 8 亿元,特别是 1935 年赤字达到 8 亿多元,占到了实际支出的 60% 以上。财政赤字的日益高涨,给国民政府造成严重的威胁。国民政府 1927—1936 年财政收支如表 8 所示。

表 8　　　　　　　　　　　国民政府 1927—1936 年财政收支表　　　　　（单位:百万元）

年份	财政实际收入数	财政实际支出数	财政赤字
1927	77.3	150.8	73.5
1928	332.5	412.6	80.1

---

① 张公权著、杨志信译:《中国通货膨胀史:1937—1949》,文史资料出版社 1986 年版,第 72 页。

② 参见吴冈编:《旧中国通货膨胀史料》,上海人民出版社 1958 年版。

续表

年份	财政实际收入数	财政实际支出数	财政赤字
1929	438.1	539.0	100.9
1930	497.8	714.4	216.6
1931	553.0	683.0	130
1932	559.3	644.8	85.5
1933	621.6	769.1	147.5
1934	638.2	1 203.6	565.4
1935	513.1	1 336.9	823.8
1936	1 293.3	1 894.0	600.7

说明:财政实收数不包括债款收入在内。

资料来源:根据杨荫溥的《民国财政史》(中国财政经济出版社 1985 年版)第 45 页、第 70 页表格整理而成。

在军事战争不断、国内局势未稳、经济发展受到影响的情况下,财政亏空、中央与地方财政分权等问题十分突出,国家财政出现严重危机。面临这样的形势,国民政府积极采取应对措施,进行了一系列财政制度改革,在其前 10 年的执政时间里取得了一定的效果。

第二节　以关税、盐税、统税为中心的税收制度

在军事争战不断的国民政府前期,财政收入的绝大部分充填于军费和债务费支出,税收作为国家财源最重要的支柱,在财政收入中占绝对重要地位,支撑了国家财政的运营,这是国民政府财政的一个重要特点。国民政府前期,每年的税收收入都占到了财政实收数的 60％以上,有不少年份甚至可达到 95％以上。国民政府 1927—1936 年财政及税收收入如表 9 所示。

表9　　　　　　　　　国民政府 1927—1936 年财政及税收收入

年份	财政实收数(百万元)	税收收入(百万元)	税收收入占财政实收数的百分比
1927	77.3	46.5	60.2％
1928	332.5	259.6	78.1％
1929	438.1	416.2	95.0％

续表

年份	财政实收数（百万元）	税收收入（百万元）	税收收入占财政实收数的百分比
1930	497.8	471.9	94.8%
1931	553.0	535.6	96.9%
1932	559.3	531.6	95.0%
1933	621.6	591.5	95.2%
1934	638.2	417.6	65.4%
1935	513.1	385.3	75.1%
1936	1 293.3	1 057.3	81.8%

说明：财政实收数不包括债款收入在内。1930—1933 年的税收收入，不含坐拨征收费及退税。
资料来源：根据杨荫溥的《民国财政史》（中国财政经济出版社 1985 年版）第 46 页表格整理而成。

在税收体系中，最主要的三大税源是关税、盐税和统税。国民政府成立的第一年，在财政体系尚不完善的情况下，关税、盐税和统税收入即占到了税收收入的 84.6%。从 1928 年开始，每年这三税的收入都占到了税收收入的 90% 以上。[1] 因此，这三大税源在税收体系中占绝对优势地位。但是，这三种税赋的税率并不是稳定的固定税率形态，而是在 10 年间膨胀了 25 倍[2]，平均每年涨幅达到 250% 的异常上升型构造。

一、关税自主权的收回

关税自主是一个国家独立的象征和实质性内容。国民政府时期的一项重要贡献就是将丧失多年的关税自主权收回。收回关税自主权，不仅是外交上的巨大成功，而且随着新关税税率的实施，国民政府也获得了一项作为相对稳定的财政基础的国家财源。

早在北洋政府时期，关于恢复关税自主权这一问题的准备和交涉，已经有了长足的进展。国民政府成立以后，借着中国民众爱国主义情绪高涨这一契机，收回关税权已是大势所趋。1927 年 4 月 21 日，国民政府发布公告：决定"采取攻势外交策略，先就关税权自动宣布独立"。但由于日、英、美等国的强烈反对，它并未真正得到实施。

随着南京政府完成对中国的统一，以及对军阀势力的整合再编，国民政府开始

---

[1] 杨荫溥：《民国财政史》，中国财政经济出版社 1985 年版，第 47 页。
[2] 殷崇浩主编：《中国税收通史》，光明日报出版社 1991 年版，第 413 页。

与相关国家分别交涉关税自主问题。在与美国关系匪浅的前外交部长伍朝枢、财政部长宋子文等人的努力推进下,国民政府在 1928 年 7 月 25 日率先与美国签订了《中美关税协定》,美国成为第一个承认中国关税自主权的国家。随后,以与美国的协议为基准,展开了与英、法等国要求恢复中国关税自主权的交涉。至 1928 年年末,与各国间的新关税协议基本上完成。

对于日本的条约交涉则进展缓慢,其中很大部分原因是"济南惨案"事后处理的纠纷,另一个重要原因则是随着中国关税自主权的恢复,中国政府为保护本国产业而实行新关税,制定的项目也必然会有棉纺、杂货等日本对华主要出口项目。此外,还有对于中国国民爱国主义的危机意识,以及在日本军国主义分子刻意扭曲下形成的"暴支膺惩"(日语口号,大意为"残暴的支那应受惩罚")社会舆论所代表的对华敌对与轻蔑意识作祟。最终,日本正式对国民政府表示承认,已经在签订《济南惨案协定》、日本将军队撤出山东的 1929 年 6 月,而对于中国关税自主权承认后新关税协定的正式签署,则是在又经过了一年的 1930 年 5 月。至此,从 1842 年《南京条约》之后即束缚中国经济发展达 80 余年的关税非自主这一枷锁,才最终解开,而在这段时期,多数新兴国家在部分经济领域已开始了产业化的摸索与推进,错过产业化发展的最佳时机,在很大程度上对中国经济与产业造成了难以弥补的创伤。

从短期来看,关税自主权的恢复为新成立的国民党政权脆弱的经济基础提供了相当大的支持。新订立的关税条约提高了关税税率,除原税率为值百抽五之外,还可以征收 5%~30% 的附加税。由此,关税收入逐年快速增加。进口税率的提高和关税收入的增加,有利于稳定国家财政,推动社会经济发展。而且,由于国内市场在一定程度上得到了有效控制,民族产业逐渐发展起来,在很大程度上再度强化了已成趋势的国民爱国主义情结。看到中国出现了民族产业和爱国情结快速发展的势头后,对中国抱有危机意识的日本开始强化对中国侵略的准备,这也是凡尔赛-华盛顿体系从内部崩盘的开始。

二、盐税的演变与改革

在国民政府前期,盐税占税收总收入的比例虽然有所下降,但作为支撑财政的稳定财源,盐税收入总额随着国民政府对盐税的整顿和对私盐截留的缉缴而在 10 年间的增加幅度高于 10 倍[1]。(见表 10)

---

[1]　丁长清编:《民国盐务史稿》,人民出版社 1990 年版,第 411~428 页。

表 10　　　　　　1927—1936 年国民政府盐税收入及其占税收总额比例

年度	税收收入(百万元)	盐税(百万元)	盐税占税收总额的比例
1927	46.5	20.8	44.7%
1928	259.6	29.5	11.4%
1929	416.2	122.1	29.3%
1930	471.9	150.5	31.9%
1931	535.6	144.2	26.9%
1932	531.6	158.1	29.7%
1933	591.5	177.4	30.0%
1934	417.6	206.7	49.5%
1935	385.3	184.7	47.9%
1936	1 057.3	247.4	23.4%

说明:计算过程中,1930—1933 年的税收收入,不含坐拨征收费及退税。
资料来源:杨荫溥:《民国财政史》,中国经济出版社 1985 年版,第 47 页。

　　1927 年 6 月,时任国民政府常务委员兼财政部长的古应芬推行财政改革,上书中央政治会议取消原设盐务稽核机关,并解雇外籍官员。请求获核准,同时设立盐务处,隶属财政部以负责各地盐务与盐税。由于取消原设稽核机关,以关税、盐税为首的政府税收收入大减,1927 年国民政府税收收入总数仅为 7 730 万元。8 月,古应芬离任财政部长,由钱永铭代理,10 月由孙科继任。孙科从巩固国民党统治基础前提出发,提出重设盐务稽核机构,由国民政府任命全部由中国人组成的稽核工作人员,并在 11 月颁布了《国民政府财政部盐务署稽核总所章程》,12 月于上海建立新的盐务稽核总所,由原盐务署长刘维炽兼任所长。之后开始筹备在各省设立分所事宜。然而,古应芬、钱永铭、孙科三任财政部长虽先后推行改革以期在税收方面进行改善,但都收效甚微,因此都任职数月后便草草辞职。

　　1928 年 1 月 3 日,孙科辞去财政部长一职后,由宋子文接手,积怨已久的盐税稽核与私盐抑制问题正式提上了议程。1929 年 6 月 20 日,国民政府通告各省政府及军事机关,各省盐税应由中央统一核收,如有困难可由中央补助,但不得增加附捐或自行提高盐税。此令出台后,遭到派阀林立的地方政府的明暗阻挠,加之1930 年 5 月起蒋冯阎李战争爆发,盐税收入比之上年不增反降。战争结束后,国民政府的实际控制地区扩大,并且获得了相对稳定的环境,终于正式开始处理盐税调整和私盐查禁的问题。1930 年 12 月末,国民政府通告各省政府及财政部,凡征收盐斤附加税的省份,均限于 1931 年 3 月 1 日后一律划归财政部统一核收,此后各地永不得另立名目再征盐斤附税。1931 年 2 月 23 日,国民政府财政部稽核总所办发表通令:统一称量秤种(盐斤数量一律以 100 市斤为单位),调整盐税税率趋于相对统一。紧接着立法院于 3 月通过了《新盐法》草案,并在 5 月 30 日由国民政府公布。《新盐法》一经公布,立遭各地盐商集体反对,直到全面抗战爆发,《新盐法》也未能真正实施。随着国民政府对盐税的逐步改革,在调整盐税税率时采取就高不就低原则的,同时缩小税率级差以缓和私盐的冲销势头,加之国民政府军队协助盐务稽核,私盐的售贩逐渐减少。大力整治积怨已久的私盐问题,在一定程度上对增加国民政府前期的财政收入产生了积极的效果。

盐税改革中最突出的成就是整理盐税税率,税目得以简化,税率差距逐渐缩小。1932 年 6 月,盐务总局受财政部之令召开整理盐务会议。这次会议议定:轻税区域的盐税税率应予提高;重税区域暂不变更;相邻的区域务使渐趋平衡,以均负担。7 月,财政部调整长芦、山东、淮北、扬州、松江、两浙、河东 7 区近场轻税地区税率,这是国民政府成立后第一次较为系统地整理盐税税率,取得了良好的成效。1933 年,盐务总局又对山东、淮北、扬州、两浙、松江、扬子四岸、河南、晋北等区的税率进行整理。1934 年,盐务、税务机关改行新度量衡制,不再使用司马秤。盐税税率依新衡之 1 市斤约合司马秤 13 两有余,仍照旧制征收。同年 5 月,第二次全国财政会议通过议案,决定设立盐政改革委员会,分期推行新盐法,禁止地方官抽收盐税附加。1934 年年底,国民党四届五中全会通过盐政改革决议案,要求在一个月内成立盐政改革委员会和产场筹备处,着手整理产场,限于 1936 年年底前完全实施新盐法。1936 年,国民政府财政部改订《湘鄂西皖四岸盐税税率表》,由盐务稽核总所执行;同时,调整两淮、松江、四川、山东、河南、西北等盐区的盐税税率,除鄂岸英山县(市)自每担 6.1 元增为 7.4 元外,其余各地每担减征 0.4 元至1.8 元不等。1937 年,国民政府在盐税项下另征"建设事业专款",用于国家经济建设事业,并确定淮、松、浙、皖、闽、鄂、赣、湘、鲁、豫 10 区,每担食盐征 1 元;芦、潞、晋北、两广、川、滇、陕西、西北八区,每担食盐征 0.5 元。同年,财政部修正盐法,将计量单位公斤改为市斤。税率为食盐每 100 市斤至多征国币 5 元,渔盐每 100 市斤至多征国币 2 角。

盐税改革增加了国民政府的盐税收入,同时也改变了盐税税率的混乱局面,有利于商品盐的流通和社会的安定。但是,盐是日常消费品,大幅提高盐税税率也给人民生活造成沉重负担。同时,增收盐税的最主要手段是提高税率、增加附加税,随之而来的往往是难以控制的走私。另外,值得注意的是,盐税作为国民政府核心税制的组成部分,虽肩负了一些外债担保的功能和任务,但其根本还是以维系政府存在为首要目标,扑灭叛乱军阀和共产党势力的军费开支,更是享有优先权利。

三、统税政策的发展

统税是对卷烟、麦粉、棉纱、火柴、水泥等主要民族工业厂商所征收的货物出厂税,属于内地税,是国民政府为弥补废除厘金的损失而设立的一种新税。统税遵循一物一税的原则,不得重复课税,在货物出厂时征收。

最早的统税是卷烟统税。由于卷烟为奢侈品,重征捐税基本上不会妨碍民生,加上卷烟捐税名目繁杂,急需整理,武汉国民政府于 1926 年 12 月颁布了《征收卷烟统税办法》,将名称划一,曰卷烟统税,一律值百抽 12.5,首先在湖南、湖北、江西三省试办,并得到了在华外商的承认。南京国民政府成立后,于 1927 年公布了《全国卷烟统税暂行简章》。然而,当时各省税务尚未划归统一,租界缉私也存在很大困难,于是改卷烟统税为卷烟税,并制定征收卷烟税的章程及施行细则,并于 1927 年 9 月公布,但并没有取得显著成效。南京国民政府遂将卷烟税恢复为卷烟统税,于 1928 年 1 月 18 日公布征收卷烟统税条例,取消原来的二五统捐、卷烟特税、吸户捐等,统一为卷烟统税,并明确规定卷烟统税为中央税,并设立卷烟统税处负责办理,同时分别宣布施行国纸和舶来纸卷烟与雪茄税税率表。至此,卷烟统税得以真正确立。

1931 年,国民政府裁撤厘金,导致财政收入骤减,虽然增加了海关进口税,仍不敷抵补。在这种情况下,开始考虑推行统税制度。1931 年 1 月,创办棉纱、火柴、水泥三项统税,同时将 1928 年 6 月开办的麦粉特税也改归统税系统,至此已有五项统税。1932 年 7 月,将熏烟和啤酒两税改为统税,并归统税机关办理。1935 年 1 月,又将火酒税改为统税。至此,完整的统税系统基本形成,抗战前实行统税的产品计有卷烟、麦粉、棉纱、火柴、水泥、熏烟、啤酒、火酒、机制酒九大类。

为配合开征统税,1931 年国民政府将财政部卷烟统税处扩充为统税署,各省原卷烟统税局也分别合并,组成各省区统税局。1932 年 7 月,又将印花烟酒税处与统税署合并,成立税务署,完善了统税系统及其征收管理机制。统税有三种征收方法:针对生产规模较大的机制产品,采取驻厂征收的方式;针对手工产品或农林产品,采取驻场征收的方式;针对产品较少的工厂或市场,采取商人自报、征收机关征收方式。统税的纳税人是各种商品生产的企业及个人,负税者则是广大消费者。

在统税系统中,卷烟统税是最大的税目。以 1935 年国民政府统税收入为例,卷烟统税收入达到 1 亿多元,占统税收入的 75% 以上(见表 11)。

表 11　　　　　　　　国民政府 1935 年统税各税实收数及其占总额比例

税目	数额(百万元)	占百分比
卷烟	114.5	75.1%
棉纱	20.0	13.1%
火柴	6.9	4.5%
麦粉	5.2	3.4%
熏烟	3.4	2.3%
水泥	2.3	1.5%
火酒	0.1	0.1%
合计	152.4	100%

资料来源:杨荫溥:《民国财政史》,中国财政经济出版社 1985 年版,第 50 页。

国民政府前期,统税不断发展,主要体现在统税税率的提高和征收范围的扩大。以水泥统税为例,1931 年最初实行时的税率是每桶 375 磅征税 6 角,到 1933 年 12 月改为每桶 175 公斤征税 1 元 2 角,税率增加了 1 倍。统税征收范围也逐步扩大。最初在江、浙、皖、鄂、鲁、豫、粤、桂、闽等省推行,到 1933 年,统税推行的区域已达 19 个省,主要是在华北、华东和中南地区,西北地区则只有陕西一省推行统税,1935 年又将川、甘、宁等省列入。到 1936 年,全国除东北四省及滇、康、青、新等省外,无一例外地都实行了统税。

统税政策的实行为国民政府开创了新的税源,大大增加了财政收入,充实了政府的财政,统税也逐渐成为仅次于关税、盐税收入的重要财源(见表 12)。另外,比起关税、盐税,统税具有更强的稳定性,加上其主要税源集中于南方地区,全面抗战爆发前受日本在华北侵略战争的影响相对较小,因此在国民政府税收系统中占有重要地位。1935 年,关税、盐税由于日本侵略华北而大幅锐减,统税受损较小,约占国民政府税收总收入的 40%。

表 12　　　　　　　　1927—1936 年国民政府统税收入

年份	统税收入(百万元)	占税收的比例
1927	6.0	12.9%

年份	统税收入(百万元)	占税收的比例
1928	29.7	11.5%
1929	40.5	8.8%
1930	53.3	10.0%
1931	88.7	14.4%
1932	79.6	13.7%
1933	105.6	15.9%
1934	115.3	27.6%
1935	152.4	39.6%
1936	131.3	12.4%

资料来源:陈勤:《试论南京国民政府的税制改革》,《南京社会科学》1998 年第 2 期。

统税政策的实行免除了厘金等苛捐杂税对民族工商业的困扰,有利于实现货畅其流,因此在一定程度上保护和推动了民族工商业的发展。一方面,它使得外资在华企业也依法同等纳税,改变了租界以往"巨大的走私漏税中心"的面目,减少甚至免除了外商在华的一部分或大部分特权。另一方面,尽管外商与民族工商企业实行同一税率,但由于民族工商企业实力较弱,竞争力远不如外商企业,实际上统税负担仍是不够均衡的。而且,为获取外商的支持和合作,国民政府还在征税上给予其很大优惠,很多政策是明显偏袒外商企业的。例如,国民政府通过预付税款的办法,给英美烟草公司等以很大折扣,预付 750 万元,即可抵 1 000 万元。[①] 因此,统税对民族工商业来说是很沉重的负担。但是,开办统税加重了广大民众的负担。由于统税属于间接税,征税的货物是民众衣食和日用必需的生活资料,而统税税率较旧税又有大的提高(例如,面粉开征统税前每包征银 4 分,而统税则增为银 1角),因此给广大人民造成沉重负担,影响了民众生活,而对于富裕之家则负担相对轻微,这不合税负均平的原则。

第三节　财政支出制度的畸形

国民政府前期,频繁的军事战争导致军费和债务的绝对支配地位决定了其财

---

① 陈勤:《试论南京国民政府的税制改革》,《南京社会科学》1998 年第 2 期。

政支出结构的畸形特点。虽然国民政府在一定时期内将部分财政收入用于基础设施建设,但是无法比拟军费与债务支出规模,而且有限的财政收入所修建和维护的基础设施中,很大一部分也是为军事服务的港口和铁路。经济建设支出和政务支出分别占财政支出的比重不足 20%,教育支出则通常仅占 3% 左右。政务费支出中,财务费所占的比例较大,通常会占 50% 以上;教育支出中则有相当一部分是用于军事教育,民间教育支出不超过 60%。1929—1936 年国民政府各项财政支出如图 3 所示。

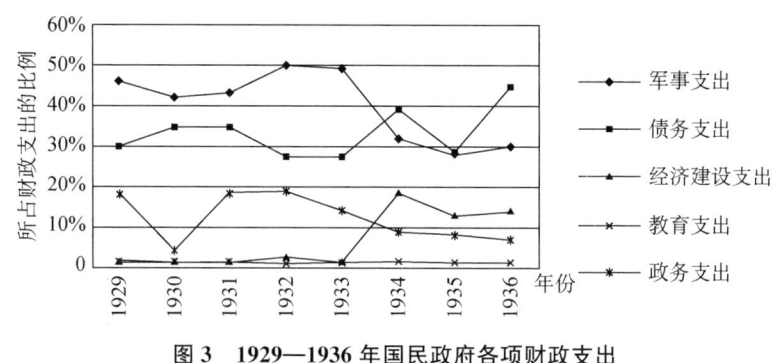

图 3 1929—1936 年国民政府各项财政支出

资料来源:王军、齐海鹏《中国财政制度变迁与思想演进》(第二卷),中国财政经济出版社 2009 年版,第 343~349 页。

一、军费和债务费支出

国民政府初期,对于各地军阀的统一管理问题,采取了拉拢分化军阀高层与裁军减员再编统管的方式,北伐结束后则继续进行战争,以求实现全国统一。1928 年,内战爆发,军费开支急剧增加。随着内战的推进,军费开支不断膨胀,1933 年以后,借债以弥补军费开支成为国民政府弥补财政亏空的重要方式。在国民政府前期,其财政的一大特点就是军费和债务支出基本占每年财政支出的 70% 以上,有些年份甚至占到近 90%(见表 13)。从当时国家预算立项类别来看,军费构成主要由五部分组成:一是军政部总务厅、航空署参谋本部、海军部及其所属各机关、中央各部队及其他军事机关的收支经费;二是军政部陆军署、军医司、军械司、军法司、军务司、军卫司及其所属各机关、兵工署及其所属各机关的收支经费;三是军政部军需署、军需学校、军事委员会、训练总监部、军事参议院、各绥靖公署、宪兵司令部、边防司令部总指挥部、边防司令部及所属各机关的收支经费;四是裁减兵力遣散费;五是军人安置费等。

表 13 1927—1936 年国民政府军费和债务实际支出情况

年度	实支总额（百万元）	军务费		债务费		合计	
		数额（百万元）	占实支比例	数额（百万元）	占实支比例	数额（百万元）	占实支比例
1927	150.8	131.2	87.0%	1.6	1.1%	132.8	88.1%
1928	412.6	209.5	50.8%	121.3	29.4%	330.8	80.2%
1929	539.0	245.4	45.5%	159.0	29.5%	404.4	75.0%
1930	714.1	311.6	43.6%	241.0	33.7%	552.6	77.3%
1931	683.0	303.8	44.5%	238.8	34.9%	542.6	79.4%
1932	644.8	320.7	49.7%	169.5	26.3%	490.2	76.0%
1933	769.1	372.6	48.5%	202.6	26.3%	575.2	74.8%
1934	1 203.6	386.6	32.1%	455.8	37.9%	842.4	70.0%
1935	1 336.9	362.0	27.1%	358.6	26.8%	720.6	53.9%
1936	1 894.0	555.2	29.3%	834.6	44.1%	1 389.8	73.4%

资料来源:杨荫溥:《民国财政史》,中国财政经济出版社 1985 年版,第 70 页。

在 1927 年南京国民政府成立伊始,由于北伐战争结束,蒋介石希望总揽军政大权,开始对编入国民革命军的各地军阀进行人员裁减及整编。1927—1928 年,整体财政收入与支出尚未趋于稳定,在总额较小的前提下,虽然军费支出总额不太大,却占据了政府岁支总额的近九成。纵观 1927 年,国民政府的战争支出,既有像龙潭、宁汉这样的大规模战役,也有对中国共产党"南昌起义"等武装力量的围堵追击。在这样一个无时不战、无处不战的背景下,军费支出惊人不难想象。从北伐军所到之处民众损失之大,也能看出战争耗费之巨,从主要方面可说明军费支出占据国民政府实际支出总额绝大部分的原因。

随着 1928 年年末关税自主权的收回以及盐税的稳定和此后统税制度的确立,三项主要税赋逐渐增加,成为财政收入的支柱,可供国民政府支配的总额也在增加。此时已经在形式上统一全国的国民政府,认为共产党武装力量壮大会带来威胁,于是进行了数次围剿,同时北伐战争直到东北易帜之后仍在继续。因此,1928 年的军费和债务开支十分巨大,比 1927 年增加了两倍。1934 年,也是军费和债务支出大幅增加的一年,比上年增长了近 1 倍。这是因为从这一年起,中国共产党武装力量开始更多采取游击战的方式,而为了追剿中国共产党的长征,更是动用了上百万政府军和无数飞机战车等军事力量,军费开支异常庞大。

二、经济建设支出与国民经济发展

国民政府前期的财政收入中,绝大部分是用在军费和债务支出上,本应成为财政支出大项的经济建设反而很少(见表 14)。1933 年以前,每年的经济建设支出仅占财政支出总额的 2% 左右。1934 年以后所占比例有所增加,但也不过在 15% 左右,比起军费和债务支出要少得多,而且经济建设中的基础设施如港口铁道,很大部分也是为军事目的服务的。

表 14 1929—1936 年国民政府经济建设支出 (单位:元)

年度	农矿费	工商费	交通费	建设费	合计	总支出	比例
1929	1 271 764	2 737 096	2 197 300	3 301 342	9 507 502	593 927 567	1.60%
1930	3 215 544(实业费)		4 861 107	1 354 800	9 431 451	706 219 865	1.34%
1931	7 434 362		3 998 243	2 197 614	13 630 219	893 335 073	1.53%
1932	6 167 323		5 895 514	7 086 195	19 149 032	788 346 637	2.43%
1933	4 234 922		5 083 738	715 000	10 033 660	828 921 964	1.21%
1934	4 248 168[①]	163 940 365[②]	5 338 344	47 256 707	220 783 584	1 257 981 793	17.56%
1935	5 130 369	63 910 610	5 332 131	78 014 550	152 387 660	1 086 049 917	14.03%
1936	4 708 432	120 367 410	11 915 935	54 933 734	191 925 511	1 334 873 290	14.38%

资料来源:项怀诚主编:《中国财政通史》(中华民国卷),中国财政经济出版社 2006 年版,第190 页。

原注说明:①为实业费支出数;②为国有营业资本支出数。

尽管如此,在国民政府前期,经济运营方面也取得了一定的成果。中国经济在"一战"后进入"民族工业黄金期"后,工业生产在 1914—1925 年保持了年均 10% 左右的增长。之后,虽然由于北伐战争的战火影响而停滞,但到 20 世纪 20 年代后半期,以轻工业等进口替代工业为中心的民族工业,仍然保持了一个较为稳定的发展趋势(见图 4)。以作为轻工业代表指标的纺织业为例,在国民政府成立初期,国产棉纺织品的自给率比此前十年大幅增长,棉丝的自给率甚至超过了 100%(见图 5)。

以在华纺织厂为代表的外国资本的压迫、分布不均衡的国内市场状况等现象,虽然确实存在,但国民政府确实已在国民经济逐渐形成的背景下,随着北伐战争的结束和全国的统一而正式登场。换言之,国民政府成立的时候,即处在中国的民族工业已经开始缓慢复苏的整体走势中。虽然国民政府在之后所打出的收回关税自主、发展民族经济口号有一定正面影响,但是其成立及之后取得全国统治权并不是

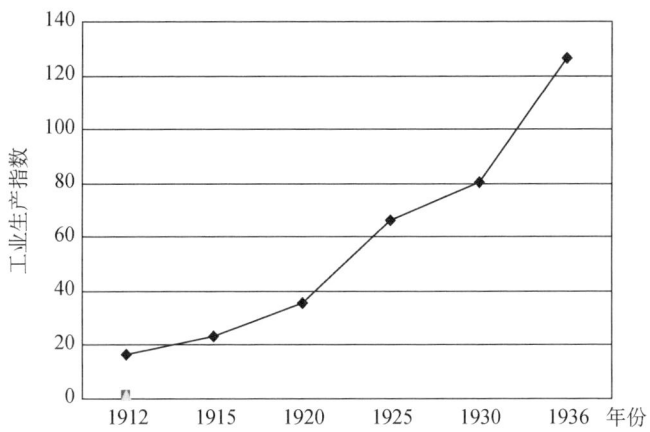

图 4　1912—1936 年工业生产指数的推移　（1933 年＝100）

资料来源：据久保亨《关于民国时期工业生产总值的几个问题》（《历史研究》2001 年第 5 期）整理。

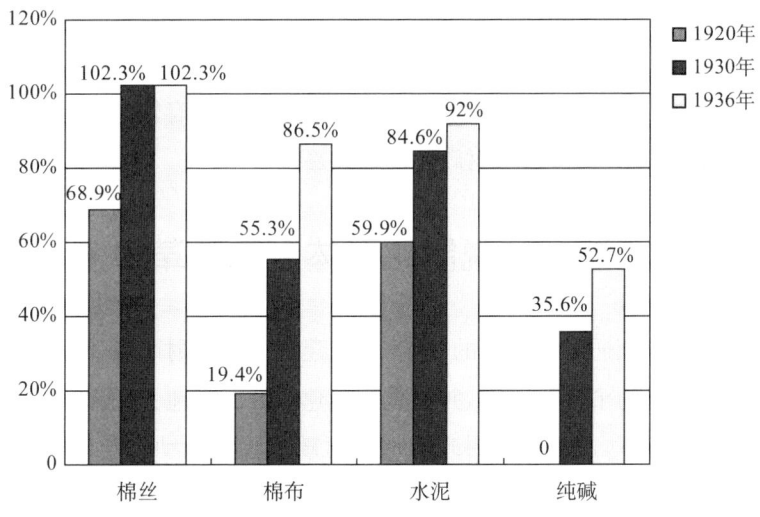

图 5　工业制品自给率的推移（1920—1936 年）

资料来源：久保亨等编：《现代中国历史》，东京大学出版会 2008 年版，第 66 页。

民族工业发展复苏的绝对主要原因。

　　在国家财政方面，与因爱国主义情结高涨不断推动的与列强针对不平等条约修改撤废的交涉结果不同，收回关税自主权的意义是重大的。时任财政部长的宋子文在恢复关税自主权之后推行的关税税率上涨，也在一定程度上保证了国内产业发展,关税占据国家财政收入总额近半,成为国家财源的支柱。它和同时期推行改订的盐税与新设置的统税,都是流通领域的间接税,占了 20 世纪 30 年代国库收入的 80%~90%。这固然与新政权所推行的新政策导向有直接关系,但是如果没有最重要的相对活跃的商品经济的存在这一背景,则不可能达成目标。此外,严重阻碍国内制造业产品流通于内地的厘金制度,也在 20 世纪 30 年代彻底废止,作为地方政府重要财源的厘金等通过税改废除后,从工厂出厂时便征收的统税,则是由中央政府决定征收比例。从这一角度来看,统税的推行和实施带有很鲜明的强化中央政府财政权力这一目的性。

同时,由于内战不息和对于共产党势力的频繁围剿,国民政府在财政支出方面也一直因庞大的军费负担而承受着巨大压力,加上过去的外债与赔偿金的债务负担,财政不可避免地陷入了常年入不敷出的窘境。为了维持政府运作与政权的正常运行,国民政府只好继续采取借债的措施,但是与北洋政府时期的全面依靠外债大为不同的是,国民政府前期还发行了总额高达 26 亿元的内债。除去内债(借款)用于内战与反共的反动性因素外,公债的发行是以政权的信用(即作为偿还金基础的稳定税收收入)、执行发行内债这一功能的银行业的发展,以及政府与银行之间协作关系这三者为基础的。从这个角度来看,国民政府较之晚清、北洋政府而言,在国家近代化进程中迈出了财政制度建设新的步伐。

第四节　分税制财政体制的改革探索

国民政府在前期通过一系列的变革,力求建立分税制财政新体制,划清中央政府和地方政府各自的事权和财权,并与之配套建立中央和地方两套税务机构,于国家法律制度的框架下,进行中央财政和地方财政的收支活动。改革与整理进程虽步履艰难,最终结果也未能彻底改变分裂、分散的财政状态,但对国地财权税权的一系列划分改革,还是取得了值得肯定的成就,这也是中国财政体制现代化进程中的重要里程碑,改革过程中的划分思路及经验教训,对当代也有一定的借鉴意义。

一、古应芬时期的中央与地方财政划分

国民政府成立之初,面临着整备军队、巩固政权、安内攘外等一系列重要任务,迫切需要坚实的财政经济基础,但面临着军阀割据、中央与地方财政收支划分混乱等问题。一方面,当时国内存在着军阀派系,各自割据混战,还有一省或者一个区

域的军事集团等,所谓的中央集权只是徒有虚名,政权也只是形式上的统一。由于中央能够有效控制的区域十分有限,地方截留中央税款的事情时有发生,国民政府的税收受到严重影响。另一方面,频繁的军事行动和新的国民经济建设项目使得中央政府的财政开支不断膨胀,入不敷出的财政困境直接威胁到中央政权的巩固,使国民政府面临严重的财政危机。随着北伐的步步推进,国民政府控制和管辖的省份日益增多,国地财政关系问题日益凸显,如何划定和理顺中央与地方的财政关系、加强中央政府的财力与财权,就成为国民政府亟待解决的问题。

1927 年 5 月 26 日,国民政府财政部成立,古应芬就任代理财政部长。6 月 22 日,古应芬在南京召开苏、浙、闽、皖、粤、桂六省参加的财政会议,与各省财政官员商讨中央与各省的财政关系,重新划分国家收支、地方收支,意在统一国税。会议根据"凡事务有全国一致之性质者划归中央,凡事务有因地制宜之性质者划归地方,不偏于中央集权或地方分权"原则,就中央和地方的收支划分标准拟定了暂行标准。7 月 19 日,国民政府公布实施了《划分国家收入地方收入暂行标准案》和《划分国家支出地方支出暂行标准案》。

《划分国家收入地方收入暂行标准案》将收入分为现行税目和将来新设税目两部分。在现行税目下,列入国家收入的有:盐务税、关税、常关税、烟酒税、卷烟税、煤油税、厘金及邮包税、矿税、印花税、国有营业收入及禁烟罚款等;列入地方收入的有:田赋、契税、牙税、当税、商税、船捐、房捐、屠宰税、渔业税和其他杂税杂捐。在将来新设税目下,属于国家收入的有:所得税、遗产税、交易所税、公司及商标注册税、出产税、出厂税及其他合乎国家性质的收入;属于地方收入的有:营业税、地税、普通商业注册税、使用人税、使用物税与其他合乎地方性质的收入。《划分国家支出地方支出暂行标准案》将属于国家支出的项目分列为 19 项:中央党务费、中央立法费、中央监察费、中央考试费、政府及所属机关行政费、陆海军航空费、中央内务费、中央外交费、中央司法费、中央教育费、中央财务费、中央农工费、中央侨务费、中央移民费、总理陵墓费、中央官业经营费、中央工程费、中央年金费与中央内外各债偿还费;属于地方支出的项目分列为 14 项:地方党务费、地方立法费及自治职员费、地方政府及所属机关费、省防费、公安及警察费、地方司法费、地方教育费、地方财务费、地方农工费、公有事业费、地方工程费、地方卫生费、地方救恤费与地方债款费。①

此次中央与地方收支划分的一大特点是:本着"地方既得有确定之财源,则一

---

①　贾士毅:《民国续财政史》(1),商务印书馆 1932 年版,第 19～32 页。

切事业之举办自不再陷昔日之覆辙"①的目的和均权的原则,将一向属于中央的税源如田赋、契税、牙税、当税、屠宰税等划给省地方,因此省级地方财政在国家财政中的地位有所提高。由此,在中国历史上首次明确地基于分税制,将财政划分为中央与地方两级制,地方财政以省为主体,县(市)附属于省,省控制着全部划归地方的税源,县(市)则没有独立的赋税收入,这标志着国民政府财政划分制度的初步形成。然而,由于当时中央控制区域范围有限,且军事争战不断,各省包括中央控制的浙、皖等"不能尊重法令一致奉行"。因此,尽管财政部呈请国民政府"严切申令各该省政府,须分清国省权限"②,但实际上国地收支划分暂时标准案并未能有效贯彻实施。

二、宋子文时期的国地收支划分

1928 年年初,宋子文出任国民政府财政部长。此时,蒋介石正在联合冯、阎、桂各派,准备继续北伐奉系军阀,军政开支浩大。因此,谋求财政统一、解决财政危机就成为宋子文首先要完成的任务。在统一财政、划分国地收支和均权思想的主导下,宋子文于 1928 年 7 月在南京主持召开第一次全国财政会议,其目的在于"财政之统一,税制之革新,国家地方之收支划分,预算、决算之厉行,金融制度之改进"③。会议就国地财政划分问题提出重要建议案,认为必须划分国家与地方财政收入的界限,明确关税、盐税、烟酒税、印花税和来自国家企业的财产权益为国家财政收入(见表 15)。宋子文提出对 1927 年颁布的划分国地收支暂行标准案进行修正,会议讨论通过了《划分国家收入地方收入标准案》和《划分国家支出地方支出标准案》,并于 11 月由国民政府公布施行。

此次划分国家收支与地方收支,基本继承了 1927 年古应芬主政财政部时制定的划分原则和内容,将财政划分为中央与地方两级制,结束了自清末到北洋政府时期中央与地方财政关系混乱的局面,"使中央和地方从税源上划分清楚,中央税由中央政府直辖征收机关经征,地方政府既没有措手其间的机会,国地税收,也就不致混淆不清。同时地方政府有了独立的税源,财政可比较富于弹性,不致如在附加税制度下,往往中央与地方互相牵制,常发生利害冲突之弊"④。以分税制为基础

① 贾士毅:《民国续财政史》(7),商务印书馆 1932 年版,第 3 页。
② 中国第二历史档案馆编:《中华民国史档案资料汇编》第五辑第一编(1),凤凰出版社 2010 年版,第 174~175 页。
③ 沈云龙主编:《近代中国史料丛刊》三编二十九辑,文海出版社 1986 年版,第 1 页。
④ 冯华德:《吾国国地财政划分之理论与实际》,《浙江财政月刊》1936 年第 9 卷第 10 期,第 89 页。

表 15   1928 年 7 月所定国地收支划分表

收支类型	中央	地方
现行收入	盐税 海关税及内地税 常关税 烟酒税 卷烟税 煤油税 厘金及一切类似厘金之通过税 邮包税 印花税 交易所税 公司及商标注册税 沿海渔业税 国有财产收入 国有营业收入 中央行政收入 其他属于国家性质之现有收入	田赋 契税 牙税 当税 屠宰税 内地渔业税 船捐 房捐 地方财产收入 地方营业收入 地方行政收入 其他属于地方性质之现有收入
将来新收入	所得税 遗产税	营业税 市地税 所得税之附加税
支出	中央党务费、中央立法费、中央监察费、中央考试费、政府及所属机关行政费、海陆军及航空费、中央内务费、中央外交费、中央司法费、中央教育费、中央财务费、中央农矿工商费、中央交通行政费、蒙藏事务费、中央侨务费、中央移民费、总理陵墓费、中央官业经营费、中央工程费、中央年金费、中央内外各债偿还费(共 21 项)	地方党务费、地方立法费、公安费、地方司法费、地方行政费、地方教育费、地方财务费、地方农矿工商税、公有事业费、地方工程费、地方卫生费、地方救恤费、地方债偿还费(共 13 项)

资料来源:李权时:《国地财政划分问题》,上海世界书局 1929 年印行,第 51 页。

的国地分级财政管理体制由此建立起来,中央与省级政府之间财政收支关系得到初步理顺。此次国地收支划分将重要税源都划归中央,更加突出中央税收的地位,同时在地方一级则侧重于省财政,县(市)财政没有独立的赋税收入,无法独立举办建设事业。

1928 年确定的国地收支划分标准,支撑了国民政府前期的国地财政分级管理体制。1930 年 2 月,国民政府公布《中华民国十九年度试办预算章程》,其中附有国地财政收支划分标准,规定将国地收支按会计性质各分普通会计与营业会计两类。由于当时仍面临全国财政尚未统一的困难,该标准的条文与 1928 年颁行的划分标准案略有差别。例如,在收入项目中,属于国家收入的项目增列了矿税和协款收入的项目,地方收入的项目中增列了补助款收入;在支出项目中,国家和地方支出项目中分别增列补助款和协款费用。但其基本原则和精神与1928年的划分国地收支标准案并无本质变化。1931年,主计处成立后,重新拟定预算章程及办理预算收支分类标准,但几乎没有变更。1933年5月,该收支标准曾作过一些调整,如增列抚恤金、补助金和协助金等条文,但变动并不大。[①]

三、孔祥熙对国地财政收支系统的调整

孔祥熙接任财政部长后,鉴于农村与工商经济仍显凋敝、地方财政窘迫的状况,于1934年5月召开第二次全国财政会议。此次会议以整理地方财政为中心,围绕废除苛捐杂税与减轻田赋附加、确定县(市)地方预算、整理田赋先举办土地陈报三项议题展开。孔祥熙在会上提出了在省与县(市)之间进行财政收支划分的问题,他主张收入划分的标准"当以税捐种类分别归属,不宜以正税附税为区分,如不能完全归省或县(市)者,宜按成数分配,使省与县(市)财政,各得相当稳固之基础";支出划分的标准则"当以其机关及事业设施目的之所属为依归,县(市)及其区乡镇等,则宜合为一体,使县(市)与区乡镇之财政,归于统一"。[②]孔祥熙向会议提交《财政收支系统法》草案,对国地收支系统作出修正,其中,特别对县(市)级财政收支权限予以确定。该法经会议讨论通过后,由国民政府于1935年7月24日公布。根据《财政收支系统法》的规定,将国地收入划分如表16所示:中央收入的项目包括税课收入、专卖收入、特赋收入等19项;地方收入划分为省和县(市)两级,其中,属于省级财政收入的项目有税课收入、特赋收入、惩罚及赔偿收入等17项;属于县(市)级财政收入范围的除税课收入一项与省级财政不同外,其他与省级财政项目相同。支出也划分为中央、省、县(市)三级:属于中央支出的项目包括政权行使、国务、行政、立法、教育及文化、营业投资及维持、国防、外交等23项;省级财政支出项目同中央相比,除了没有国务、司法、考试、监察、国防、外交、侨务支出外,多了一项保安支出,且将普通补助支出改为普通协助及补助支出,其他则完全相同,共17项;县(市)级财政支出项目计16项,除了少一项移殖支出项目外,其内容与省级几乎相同。

---

① 张连红:《论南京政府时期的中央与地方财政收支结构》,《史学月刊》2000年第2期。
② 台湾中华民国史事纪要编辑委员会编:《中华民国史事纪要(初稿)》,民国23年册,正中书局1983年版,第1093页;魏光奇:《国民政府时期县(市)国家财政与自治财政的整合》,《首都师范大学学报》(社会科学版)2005年第3期。

表 16　　　　　　　**1935 年《财政收支系统法》所定国地收支划分表**

	中央	省	县（市）
收 入	（1）税课收入，包括关税、货物出产税、货物出厂税、货物取缔税、印花税、特种营业行为税、特种营业收益税、所得税、遗产税、由直隶于行政院之市分得之 30％营业税、由县（市）分得之 10％的土地税和由直隶于行政院之市分得之 15％～45％的土地税 （2）专卖收入 （3）特赋收入 （4）惩罚及赔偿收入 （5）归公绝产收入 （6）规费收入 （7）代管项下收入 （8）代办项下收入 （9）物品售价收入 （10）租金使用费及特许费 （11）利息及利润 （12）公有营利事业之盈余 （13）补助及协助收入 （14）赠与及遗赠收入 （15）财产及权利售价收入 （16）收回资本收入 （17）公债收入 （18）长期赊借收入 （19）其他收入	（1）税课收入，包括营业税、由县（市）分得 15％～45％的土地税、由县（市）分得 15％～30％的房地税、由中央分给 10％～20％的所得税、由中央分给 15％的遗产税 （2）特赋收入 （3）惩罚及赔偿收入 （4）规费收入 （5）代管项下收入 （6）代办项下收入 （7）物品售价收入 （8）租金使用费及特许费 （9）利息及利润 （10）公有营业及事业之盈余 （11）补助及协助收入 （12）赠与及遗赠收入 （13）财产及权利售价收入 （14）收回资本收入 （15）公债收入 （16）长期赊借收入 （17）其他收入	（1）税课收入，包括土地税、房产税、营业牌照税、使用牌照税、行为取缔税、由中央分得之 20％～30％所得税、由中央分给之 25％遗产税、由省分给 30％之营业税 （2）特赋收入 （3）惩罚及赔偿收入 （4）规费收入 （5）代管项下收入 （6）代办项下收入 （7）物品售价收入 （8）租金使用费及特许费 （9）利息及利润 （10）公有营业及事业之盈余 （11）补助及协助收入 （12）赠与及遗赠收入 （13）财产及权利售价收入 （14）收回资本收入 （15）公债收入 （16）长期赊借收入 （17）其他收入
支 出	政权行使支出、国务支出、行政支出、立法支出、司法支出、考试支出、监察支出、教育及文化支出、经济及建设支出、卫生及治疗支出、保育及救济支出、营业投资及维持支出、国防支出、外交支出、侨务支出、移殖支出、财务支出、债务支出、公务人员退休及抚恤支出、损失支出、信托管理支出、普通补助支出和其他支出（共 23 项）	政权行使支出、行政支出、立法支出、教育及文化支出、经济及建设支出、卫生及治疗支出、保育及救济支出、营业投资及维持支出、保安支出、移殖支出、财务支出、债务支出、公务人员退休及抚恤支出、损失支出、信托管理支出、普通协助及补助支出和其他支出（共 17 项）	政权行使支出、行政支出、立法支出、教育及文化支出、经济及建设支出、卫生及治疗支出、保育及救济支出、营业投资及维持支出、保安支出、财务支出、债务支出、公务人员退休及抚恤支出、损失支出、信托管理支出、普通协助及补助支出和其他支出（共 16 项）

资料来源：中国第二历史档案馆编：《国民党政府政治制度档案史料选编》（下册），安徽教育出版社 1994 年版，第 236～256 页。

《财政收支系统法》确定财政收支系统分中央、省、县（市）三级，同时省县（市）收支原则也有明确规定，通过"损省益县（市）"保障县（市）级的财政来源，即将一部分原为省级所有的税源转移到县（市）级，如将田赋与附加合并之土地税划分为县（市）财政的主要税源，这样便在提高县（市）地方财政地位的同时，一定程度地限制了省一级的财权，由此也削弱了以省为界各自为政的军事实力派的势力，"这不能不说是吾国国地财政划分原则上的一个很大的进步"①。不过该法公布时并未规定实施日期，加上省级政府的延宕，实际上并未得到推行。1937 年 3 月，国民政府又公布《财政收支系统法施行条例》，对于财政收支划分的有关问题作出进一步具体规定，但由于全面抗战的爆发未能实施。

古应芬时期推行的第一次国地收支划分，由于实施时间较短，加上国民政府实际控制的地区十分有限，基本未发挥效力。孔祥熙时期的第三次国地收支划分，也由于省一级的阻挠和全面抗战的爆发未得到贯彻实施。因此，国民政府前 10 年主要阶段的国地收支系统，基本上是在宋子文时期国地收支划分标准基础上实施的，国地收支划分取得了一定的成效。根据国民政府财政部 1936 年度行政计划显示，截至 1935 年度，"所有四川、甘肃、宁夏等省国税，均经分别收回"；1936 年度可望切实收回晋、绥、湘等省国税，同时，"拟着手调查滇、黔、粤、桂等省国家收支款项，以便酌量情形逐渐收回，总以达到国库收支能完全统一为目的"。随着中央对两广控制的实现，国地收支划分在该两省相继贯彻实施。到 1937 年 7 月卢沟桥事变发生之时，除云南、贵州、山西等少数省份外，全国基本上实现了国地财政划分。②

四、国地财政划分体制下的地方财政状况

1928 年的中央与地方收支划分标准将主要税源收归中央，同时给予市（县）一定的财权，收入分配由各省自行决定，形成了"中央—省"两级财政分级体系。1929 年，国民政府颁布《地方财政暂行法》，规定中央有监督地方财政的权力。地方财政的法律体系框架由此初步确立，地方税也开始发展并逐步形成独立体系。地方财权实际上掌握在省一级手中，地方的主要税源也归省一级所有。而县（市）作为一级行政组织，需要负责管理各项政务及当地的管、教、养、卫等事业，同时还要完成省和中央交办的任务，如国民兵团、临时兵差、工役运输、军需供给等，但又缺乏必要的财力，这样就导致事权与财权的分离。因此，县（市）政府常常面临

---

① 冯华德：《吾国国地财政划分之理论与实际》，《浙江财政月刊》1936 年第 9 卷第 10 期，第 89 页。
② 刘慧宇：《论南京国民政府时期国地财政划分制度》，《中国经济史研究》2001 年第 4 期。

入不敷出的状况,为缓解这种状况,只能转向收取苛捐杂税,摊派各种费用。

为整顿地方税费状况,国民政府将裁撤厘金作为一项重要任务。1928 年 7 月,在第一次全国财政会议上,通过裁撤厘金案,拟于 3 个月内将全国厘金及类似厘金的各项通过税一律废除。同年 12 月,召开江苏、福建、安徽、江西、浙江五省裁厘会议,拟在此五省先行裁厘,但因国民党内派系倾轧导致互相征伐,裁厘工作被迫停顿。中原大战以后,国民政府的统治地位得到巩固,为裁厘创造了条件。1930 年 12 月,宋子文发出裁厘通电,训令各省对于厘金及类似厘金之统税统捐、专税、货物税、铁路货捐、邮包税、落地税及正杂各税捐之中含有厘金性质者,以及海关五十里内外常关税、其他内地常关税、子口税、复进口税等,均一律永远废除。1931 年 1 月,厘金裁撤后,国地财政均面临严重短亏,中央政府开征棉纱、火柴、水泥、卷烟、面粉统税作为抵补厘金正税的损失数额,地方则得以举办营业税以补助地方随厘附征收入短缺之数。同时,财政部向行政院呈报《各省征收营业税大纲》及其补充办法,后因立法院认为财政部前颁大纲与补充办法未经立法院审议通过,其内容亦有不妥之处,邀集财政部与江浙两省财政厅代表列席陈述意见后拟定《营业税法草案》,并于 1931 年 6 月 13 日由国民政府明令公布《营业税法》,各省原定条例与细则依此办理。田赋、营业税和契税逐渐成为地方的三大税源,尤其是田赋所占的比重最大。

孔祥熙时期再次调整国地收支划分标准,按其方案,形成了"中央—省—县(市)"三级财政分级体系,此框架中,国家税和地方税已经可以基本形成各自独立的系统。为解决地方财政困难且混乱的状况,国民政府对地方财政系统进行了改革。针对田赋征收制度改革,1934 年 5 月第二次财政会议上作出以下几条规定:第一,经征机关与收款机关分立,由县(市)政府指定当地银行、农业仓库或合作社收款,若无此等机关,则由县(市)政府财政局或科派员在柜收款;第二,串册应指明正附税银元额及其总额,并须预发通知单;第三,禁止活串,不得携串游征,不得预征;第四,确定征收费,并由正款项下开支,不得另征;第五,田赋折合国币,应酌量情形设法划一,革除一切陋规。① 这些规定有利于避免官吏中饱私囊,增强农民缴纳田赋的便利性,降低税收成本。与此同时,国民政府还采取措施限制田赋附加与废除苛捐杂税。通过议案要求各县(市)办理土地陈报,依照 1% 的税率征收地价税,附加税目一律取消,从 1934 年起不得以任何急需或任何名义再增加新的附加税,田赋附加超过正税者,应按期递减;并将妨害公共秩序、妨害中央收入来源、复

---

① 冯辉:《南京国民政府时期地方财政困难问题研究(1927—1937)——基于财政分权视角》,暨南大学 2011 年硕士学位论文。

税、妨害交通、为一地方之利益对他地方货物的输入实行不公平的课税、各地货品通过税六项,列为应予废除的苛杂之列。这些措施有利于减轻农民的税收负担,地方财政的混乱状况也得到一定整顿。总体而言,国民政府对地方财政的整理促进了县(市)级税收总量的增长,税收结构也有一定优化,推动了地方财政趋向现代化的进步,尤其是在县(市)一级,有助于县(市)财政体制从传统的家产式财政管理向公共财政方向转化。

第五节　公债政策及其调节作用

自国民政府成立至全面抗战爆发的 10 年间,为缓和财政困窘的局面,国民政府发行了大量内债。但是随着债务规模越来越大,国民政府背负的偿债负担也越来越沉重。加之由于战乱频发,国内经济始终难见景气,国际贸易衰落,以及日本侵华加剧,国民政府先后两次进行内债整理。同时,为恢复债信,以继续借助外债充实财政,国民政府对从北洋政府时期遗留的外债进行了整理并允诺偿还。内外债虽然在一定程度上推动了国内的经济建设,但是新旧债务交杂、负担沉重,也成为民众生活艰难的构成因素之一。

一、国民政府前期的内债

国民政府发行的内债可以在证券交易所自由买卖,也可以作为银行的发钞准备金。从发行主体来看,财政部是最主要的发行单位,此外铁道部、交通部、国家建设委员会等也可发行国内债券,如铁路借款、电气事业公债、电报电话短期借款等。国民政府发行的内债债券种类较多,主要包括公债券、国库券和短期债券三种,其中,最常发行的是公债券(见表 17)。

表 17　　　　　　　国民政府发行内债债券种类

债券种类	发行对象	偿还期及偿还方式	备注
公债券	银行、公司和个人	长期,一般为半年偿还一次利息,本金抽签偿付	—
国库券	银行或公司	短期,按月偿还利息和本金	—
短期债券	银行	短期,一般在几个月内偿清	政府向银行借取应付急需款项的债券

从发行方式来看,国民政府的内债主要由中央银行、中国银行、交通银行、中国农民银行四大银行承购。国民政府通过发行公债、用债券作为政府拨付中国银行、交通银行"增资"的手段,实际掌控了两行;中央银行、中国农民银行则是以"金融公债"债券为资本建立起来的。国民政府控制下的四大银行掌握了 60% 以上的内债,是内债的最主要承购者(见表18)。银行在承购时只以五折或六折付款,公债年利一般为 6~8 厘,到期时则按票面价值十足收回全部本息,因此银行通过承购公债可以获得暴利。由此,国民政府控制了金融命脉,国家财政与金融资本结合起来,构成了国家资本主义式的金融独占体系。

表 18   1935 年年底四大银行掌握公债情况表

行别	业务部分投资(百万元)		发行部分保证准备(百万元)		估计公债总数(百万元)	
	有价证券数额	估计公债数额①	保证准备数额	估计公债数额②	数额	百分比
中央银行	252.9	202.3	60.8	36.5	238.8	
中国银行	41.9	33.5	85.1	51.1	84.6	
交通银行	47.2	37.8	65.2	39.1	75.7	
中国农民银行	10.0	8.0	12.4	7.4	15.4	
合计	352.0	281.6	223.5	132.9	414.5	64.5%
其他银行合计	241.9	193.5	57.3	34.4	227.9	35.5%
共计	593.9	475.1	278.8	167.3	642.4	100%

备注:①以公债占 80% 计算;②以公债占 60% 计算。

资料来源:杨荫溥《民国财政史》,中国财政经济出版社 1985 年版,第 67 页。

国民政府前期发行的内债,以 1932 年第一次内债整理为界,可以分为两个阶段。

(一)第一阶段:1927—1932 年

国民政府首次面向国内举债是在 1927 年 5 月。当时国民政府面临着南北之间、国共之间、国民党内部各种力量之间分合与较量的战争形势,政权急需巩固,军费开支十分浩大。在这种情况下,国民政府财政部于 1927 年 5 月 1 日发行江海关二五附税国库券 3 000 万元,月息为 7%,本息自 1927 年 6 月开始在 30 个月内还清,其用途明确列为"充国民政府临时军需之用"。实际上,在国民政府成立初期,政权尚不稳定,国内财团不愿轻易"站队",因此,内债基本上是通过通令各地征收机关劝募、强令工商业者及银行界承购等强制手段进行推销的。尽管这是出于无奈的考虑，但国民政府能够取得北伐胜利和政权巩固，与发行内债提供的财力基础是分不开的。

北伐战事结束后，国民政府转而推行比较温和的内债政策，即通过提高政府信用、提供较高利率、规范公债用途等方式来吸引投资者购买公债。1929 年6 月，国民政府中央政治会议通过公债法原则十条，对政府募集公债的用途进行了切要而周详的规定。此外，在发行内债时指定担保品，并设立基金保管委员会等组织，对内债偿付进行监督。高利率、大折扣政策也是促进内债发行、扩充政府财源的重要措施，即以债票预先向银行抵押借款，等债券在市场出售后，以市价结算还清本息。

国民政府通过大量发行内债弥补国家财政不足，在一定程度上缓和了财政困窘的局面，但高利率、大折扣的温和内债政策又在财政上给政府带来沉重负担。到1931 年年底，内债已经达到很大规模，而为这些内债提供担保的各种税收在"九·一八"事变和"一·二八"事变后急剧减少，这样下去会导致"国家财政破产，社会金融亦必同陷于绝境"[1]，"借债还债"的恶性循环已然形成，债信危机一触即发，因此国民政府决定进行内债整理。1932 年 2 月 24 日，国民政府下令："就原颁之条例，重拟适当标准，并经决定每月由海关税划出八百六十万元，作为支配各项债务基金，其利息长年六厘，还本期限按财政部拟定程表办理。"财政部发布通告，明确了各项债券应付本息办法：其库券一项，原定还本一百元者，以四成为标准，并付给所余本金之息，按月以五厘计算，即凭各库券二月份本息票按照新定之数照付之，一面将债票收下，所短本金归入统案计算，补给新本息票；公债一项，除十七年金融长短期外，统按周息六厘付息，其还本标准，除十七年金融长短期外，均与库券同。[2] 此次内债整理的主要措施为：第一，每月由海关项下拨出 860 万元，作为偿付所有债券本息的基金；第二，内债一律以关税为担保，取消以前关税、盐税、统税、印花税都有担保的办法；第三，设立国债基金管理委员会；第四，除民国十七年金融长期公债不变外(原定为年息 2.5 厘)，所有债券改为年息 5 厘或月息 6 厘，同时将还本期限延长为以前的一倍左右。内债整理宣告了国民政府过去 5 年内债政策的重大调整，在一定程度上减轻了政府的财政负担，当年即减少债务支付近 1 亿元，缓解了财政危机，也促进了债市的良性转型。

---

① 千家驹：《中国的内债》，北平社会调查所 1933 年印行，第 49 页。

② 千家驹编：《旧中国公债史资料》，中华书局 1984 年版，第 211～214 页。

表 19　　　　　　　　　国民政府 1927—1932 年内债发行情况

年份	种类	债券名称	债额(百万元)
1927	2	江海关二五附税国库券	70
		续发江海关二五附税国库券	
1928	6	卷烟税国库券	150
		军需公债	
		津海关二五附税国库券	
		民国十七年善后短期公债	
		民国十七年金融短期公债	
		民国十七年金融长期公债	
1929	6	民国十八年赈灾公债	198
		民国十八年裁兵公债	
		续发卷烟税国库券	
		海河工程短期公债	
		民国十八年关税库券	
		民国十八年编遣库券	
1930	4	民国十九年关税公债	174
		民国十九年卷烟税库券	
		民国十九年关税短期库券	
		民国十九年善后短期库券	
1931	7	民国二十年卷烟税库券	466
		民国二十年关税短期库券	
		民国二十年统税短期库券	
		民国二十年盐税短期库券	
		民国二十年赈灾公债	
		民国二十年金融短期公债	
		江浙丝业公债	
1932	0		0
合计	25		1 058

资料来源:根据千家驹编:《旧中国公债史资料》,中华书局 1984 年版第 371~374 页内容整理。

注:表中所列内债,既包括财政部发行的内债,也包括铁道部、交通部、国家建设委员会等发行的内债。

从国民政府成立至 1932 年,共发行内债 25 种,债额达 10 亿多元(见表 19)。其中,1931 年是发行债额最多的一年,其原因在于"九·一八"事变的爆发使得东北地区的关税、统税、盐税丧失,财政收入来源大大减少,加上国内尤其是长江一带频繁发生洪灾,造成了重大财产损失,为弥补财政亏空,国民政府不得不增加内债的发行。

(二)第二阶段:1933—1937 年

1932 年,内债整理后,财政部长宋子文为信守其"不再发行新债用于军政费"的诺言,拒绝蒋介石发行内债用于"剿匪"的要求,于 1933 年 10 月辞去财政部长一职。继任者孔祥熙采取了量出为入的赤字财政政策,主要通过向银行界发行内债的方式弥补庞大财政赤字。1933 年到 1934 年中期,由于银行界的积极认购,国民政府发行了 7 笔内债,债额总计 2 亿多元。1934 年中期以后,由于美国的白银收购政策导致白银外流,金融市场收缩,金融业出现银根奇紧、存底减少的现象,银行界开始减少甚至抵制对政府内债的投资,政府内债发行条件受到动摇,财政危机四伏。为缓解财政困难的状况,国民政府采取强制方式发行内债。1934 年 7 月,国民政府颁布《储蓄银行法》,规定各银行都要用四分之一的存款购买公债或各种证券,并将此存入中央银行特设账户作储备之用。但由于银行界的强烈反对,该法未能实施。继而,国民政府通过对银行增资改组的方式逐步控制了金融界,其内债发行的规模和速度随即膨胀起来,仅 1935 年就发行内债 7 笔,债额达 4.7 亿元。国民政府 1933—1937 年内债发行情况如表 20 所示。

巨额债券的发行,使得国民政府背负了沉重的偿债负担。由于国内外经济不景气,国际贸易衰落,加上日本侵华加剧,尤其是 1935 年华北事变之后,关税逐渐减少,除拨付外债及赔款外,内债本息基金日渐短少,按期偿还内债本息的压力剧增。另外,1935 年币制改革实施之后,为稳定法币政策的基础,国民政府决定通过"将旧债还本期限延长,腾出财源,另发新债"的方法进行债务偿付,第二次内债整理由此产生。

表 20　　　　　　　　国民政府 1933—1937 年内债发行情况

年份	种类	债券名称	债额(百万元)
1933	2	民国二十二年爱国库券	24
		民国二十二年华北救灾短期公债	
1934	5	民国二十三年关税库券	100
		民国二十三年第一期铁路建设公债	12

续表

年份	种类	债券名称	债额（百万元）
1934	5	民国二十三年玉萍铁路公债	12
		民国二十三年六厘英金庚款公债	英金 150 万镑
		民国二十三年关税公债	100
1935	7	民国二十四年俄退庚款凭证	470
		民国二十四年统税凭证	
		民国二十四年金融公债	
		民国二十四年四川善后公债	
		民国二十四年整理四川金融库券	
		民国二十四年电政公债	
		民国二十四年水灾工赈公债	
1936	6	民国二十五年统一公债	1 882
		民国二十五年复兴公债	
		第二期铁路建设公债	
		第三期铁路建设公债①	
		民国二十五年四川善后公债	
		民国二十五年整理广东金融公债	
1937	4	民国二十六年京赣铁路建设公债	14
		第三期铁路建设公债	40
		民国二十六年劈浚广东省港河工程公债	美金 200 万元
		民国二十六年粤省铁路建设公债	英金 270 万镑
合计	24		国币 2654 百万元＋英金 420 万镑＋美金 200 万元

资料来源：根据千家驹编：《旧中国公债史资料》，中华书局 1984 年版，第 373～374 页内容整理。

注：表中所列内债，既包括财政部发行的内债，也包括铁道部、交通部、国家建设委员会等发行的内债，还包括整理旧债的统一公债。

1936 年 2 月 16 日，国民政府财政部公布《民国二十五年统一公债换偿旧有各

---

① 本期公债分三期发行（1936 年 3 月、1937 年 3 月、1938 年 3 月），每期 4 000 万元。

种债券办法》,次日发布《民国二十五年统一公债条例》,对历年所发的 30 多种债券及北京政府遗留的少量公债券进行整理,发行总额为 14.6 亿元的统一公债,年息 6 厘,将旧有内债按实欠债额、依原定清偿年限分为五类,以统一公债甲、乙、丙、丁、戊五种债票分别换偿。此次内债整理将各类内债偿付期限平均延长了约 12 年,减轻了国民政府的财政负担。同时,延期偿付旧债腾出了基金,使国民政府得以继续发行新债,债券的化整为零也促进了债券结构的简化。国民政府在 1936 年共发行内债 18.82 亿元,除去 14.6 亿元换发旧债外,实际发行新债 4.22 亿元。而且内债整理后发行的内债有相当一部分是用于铁路修建、河道工程等国民经济建设事业,因此有利于经济,也为日后的抗战奠定了一定的物质基础。

二、外债的整理与举借

在外债方面,国民政府采取的方针是整理旧债、举借新债:一方面对北洋时期所遗留的外债全部承认,并分期进行整理、负责清偿;另一方面为弥补巨额军费开支造成的财政亏空,继续向外国借款。

(一)整理旧债

国民政府成立后,面临着北洋政府遗留下来的大量外债。在国民政府接管全国政权前夕,中国债务总规模是 18.68 亿银元,其中,17.34 亿银元是清政府和北洋政府遗留下来的,这些债务中外债又占了 77.13%。[1] 这些债务主要包括两类:第一类是以关税和盐税等为担保的外债,包括俄法借款、英德借款、英德续借款、英法借款、善后借款等,这些外债一般有稳定的偿还能力;第二类是无确实担保的外债,这些外债久未还清,且债务关系十分混乱(见表 21)。

表 21 　　　北洋政府财交两部无担保外债欠债情况(截至 1925 年年底)(单位:万元)

国家	交通部欠款数(约)	财政部欠款数(约)	合计(约)
美国	3 616	3 451	7 067
英国	15 091	4 068	19 159
法国	3 487	123	3 610
意大利		7 195	7 195
日本	14 662	25 499	40 161

① [美]阿瑟·杨格著,陈泽宪、陈霞飞译:《1927—1937 年中国的财政经济状况》,中国社会科学出版社 1981 年版,第 120～121 页。

续表

国家	交通部欠款数(约)	财政部欠款数(约)	合计(约)
荷兰	1 635	108	1 743
比利时	100	34	134
丹麦	0.12	29.3	29.42
瑞典		5	5
合计	38 591.12	40 512.3	79 103.42

数据来源:徐锐:《略论抗战前南京国民政府的外债问题》,《民国档案》1993 年第 3 期。

　　为恢复债信、继续借债以解决财政困难,国民政府对旧债予以承认,并承诺整理和偿还。国民政府将外债分为"有确实担保之外债"和"无确实担保之外债"两类,分别进行整理;成立内外债整理委员会,由行政、监察两院长及财政、交通、铁道、外交等部长充之,并聘请外国专家为顾问。另外,从关税和盐税中拨出款项充作还债基金,决定自 1929 年 2 月起,每年从关税中拨出 500 万元基金,用于整理外债以及内债,盐税中拨出的基金则主要用于整理外债。1929 年 7 月,国民党中央执行委员会政治会议召开第 187 次会议,会上提出十项整理公债标准,其中前五项专门论及外债问题。

　　对于"有确实担保之外债",国民政府基本上一体认定下来,继续按期清还本息。偿还以关税为担保的外债的具体办法是,由海关总税务司按各还本付息表将相应税款额直接拨至有关经理银行。至 1931 年,俄法借款和英德借款的本息都已清偿完毕;英德续借款和善后借款也按期偿付了本息;庚子赔款除 1932 年、1933 年经与英、德两国协商缓付该两国份额一年之外,亦按约付至 1938 年年底。对于以盐税为担保的英法借款、湖广铁路借款、克利斯浦借款,则采用从盐税中拨付基金的方法进行偿还。但由于盐税逐年减少,国民政府无力按期偿还本息,出现延付现象:英法借款 1929—1931 年延付的本金于 1934 年才付清,1935 年以后又按照原定还本付息表继续偿还本息;湖广铁路借款到 1937 年 3 月才进行整理;克利斯浦借款积欠六期延付的本金,自 1935 年至 1940 年分六年补还,1941 年起,按原定还本付息表继续偿还本息。1927—1933 年,对有确实担保之外债,清偿本息达 2.49 亿余银元。

　　对于"无确实担保之外债",国民政府予以正式承认,按照"预存基金、协商整理"原则进行整理和清偿。1930 年 8 月,国民政府财政部将 67 项积欠无确实担保外债的名额、数额、借款缘由、用途等列出清单,铁道部和交通部也分别开具了所经管的无担保及担保不足之外债清单。同年 11 月,国民政府召开各国债权人代表会议,对整理和偿还外债作出保证,宣布"国民政府极欲将还本付息逾期之内国外国正常签订各项债务,早日为之整理结束,表示将以关税和铁路收入作为整理债务基金,在铁路未稳定之前,以关税为主,即每年划出一定数目,并逐年增加",并许诺"将在 30 年内清偿毕列入整理的债务"①。1934 年 5 月 25 日,国民政府行政院密令将 1925 年关税特别会议上北洋政府所承认整理之债务,由现政府财政部继续承认整理。由此,整理外债的范围大大扩展,这样做既获得了外国的赞赏,也提高了国民政府的债务信用。随着一系列财政改革措施的实行,国民政府的收入有所增加,除对有确实担保之外债按期进行还本付息外,无担保外债经过整理也进入了偿债阶段。对于小笔无担保借款,国民政府多采用一次还清的办法;对于额度大、期限长的无担保借款,内外债委员会提出"免让欠息、减低利率、延长年限、分期摊还"的建议,财政部公债司基本采纳了这些建议进行外债偿还。到 1937 年,国民政府已经将 1928 年以前拖欠的外债大部分清偿了。随着外债整理和清偿工作的开展,中国的债信逐渐得以恢复和提高,也促成了国民政府举借外债高潮的到来。

(二)举借新债

1927—1937 年,国民政府共举借新外债 14 种②,总计 4 亿美元左右。这些借款除用于政府开支所需和军事用途外,还用于通讯事业、文化事业、铁路建设、航空事业、赈灾救荒等方面。国民政府举借的外债有一部分用于经济建设,一定程度上促进了国内经济的复兴,推动了交通运输业、通讯事业等的发展,但也有其负面影响。

我们以中美棉麦借款为例。1933 年,财政部长宋子文出席华盛顿经济讨论会,与代表美国政府的财政改进公司(或译为"金融复兴公司")进行商谈,于 10 月代表国民政府与该公司签订中美棉麦借款合同,主要内容包括:第一,以 4 000 万元购买美国棉花,1 000 万元购买美国小麦面粉;第二,中国购买棉麦所用款项,由代表签具期票交付公司作为借款,运华销售所得全款归国民政府支配,年息 5 厘,每半年照付一次,至还清为止,还本期定为 3 年,若不能按期偿付,可延期 2 年;第三,指定统税为担保品,统税项目为卷烟、麦粉、棉纱、火柴、烟酒及印花税,连同海关水灾五厘附加税作为第二担保品,此项附加税须等欠款还清后方可移用。实际上,这笔借款是美国借机向中国推销剩余产品,当年中国粮棉收获颇丰,美国棉花和小麦的输入挤占了国内市场,影响了国内农产品价格,对国内农业造成沉重的打

---

① 《财政年鉴》(初编),商务印书馆 1935 年版,第 1 487 页。
② 杨荫溥:《民国财政史》,中国财政经济出版社 1985 年版,第 63 页。

击,使农民生活愈加困苦。国民政府得到这笔借款后,在 1933 年 8 月 23 日国民党中央政治会议上作出了"豫、鄂、皖、赣四省剿赤军费,治标一百八十万元,治本一千五百万元"的决议案。也就是说,这笔借款主要用于"剿匪",中美棉麦借款起到了增强蒋介石内战实力的作用。除中美棉麦借款外,这一时期比较有代表性的新债还有 1931 年美麦借款、1933 年美蒋航空密约等。另外,国民政府还就英美方面的旧债进行重订,包括 1936 年 10 月整理马可尼费克斯借款、1937 年 4 月整理芝加哥银行借款、1937 年 7 月整理太平洋拓业公司借款等。[①] 这些外债一方面推动了国内的经济建设,另一方面也极大地增补了国民政府的内战军费。

第六节 币制改革:废两改元与法币政策

国民政府成立后,意识到货币制度的混乱对国民经济发展的阻碍,以及改革货币制度的重要性,先后从货币本位制度、货币发行权制度和发行准备金制度三方面进行改革以稳定币值。国民政府推行的币制改革,在大方向上适应了当时社会经济发展的客观要求,有利于币制的近代化,同时这也是试图缓和财政危机、整顿金融市场、改善经济状况的重要举措。

一、废两改元

国民政府成立后,十分重视货币制度改革问题。1928 年年初,国民政府财政部颁布新税率,邀请部分金融界领袖调查各地财政情况,讨论拟定改革方案。3 月,马寅初提出《统一货币应先实行废两改元案》,经浙江省政府呈送给国民政府财政部,该案于 4 月 27 日在国民政府第 58 次会议上正式通过。6 月,全国经济会议在上海召开,决定把废两改元作为统一货币、解决银本位制度的第一步骤,计划"先定筹备时期为一年,积极筹备,并决定实施时期为民国十八年七月一日以明令公布"[②]。10 月,改组成立中央造币厂。

1929 年,国民政府聘请美国普林斯顿大学教授甘末尔等财政专家来华,成立中国财政设计委员会,协助讨论制定《金本位制条例草案》。此后,新军阀发生混战,加上世界经济危机爆发,国际银价的持续下跌以及中国无法在短时期内发行大

---

① 刘秉麟:《近代中国外债史稿》,三联书店 1962 年版,第 211~213 页。

② 中国人民银行总行参事室编:《中华民国货币史资料》第二辑,上海人民出版社 1991 年版,第 62~63 页。

量金币,废两改元方案未能付诸实施。1932年以后,世界白银价格回升,美国实施
"白银收购政策",造成中国白银大量外流,银价上涨,市面银根紧缩,物价下跌,工
农业生产受到影响,民众生活困苦,社会经济面临危机风险。1932年7月,国民政
府财政部长宋子文在上海召集银钱业代表谈话,说明废两改元的原则:一是完全采
用银元制度以统一币制,二是旧币仍准使用,三是每元法价决定后即开始决定新币
币值。7月23日,国民政府成立废两改元研究会,聘请银行界领袖为委员,该研究
会针对新币的重量、成色、银两对银元兑换率等进行研究,制定出废两改元的具体
办法,并依此向政府提出建议:第一,新银元成色减低为银88%,铜12%,总重量为
26.697 1克,含纯银23.493 448克,合上海规元0.699 230 5两;第二,两和元之间
的换算率为每元含银0.715两;第三,新银元的推行应有运输及兑换自由,并建立
相应的保证措施。这些建议后来基本上被财政部采纳。1933年2月28日,国民政
府财政部委托中央银行、中国银行、交通银行三行联合组成上海银元银两兑换委员
会,管理银元和银两的兑换工作。

币制改革分步骤进行,先从全国的经济金融中心上海开始试点,继而推广到其
他地区。1933年3月1日,国民政府财政部颁布上海先行实施废两改元令。3月
8日,国民政府财政部又公布《银本位币铸造条例》,规定银元重量为26.697 1克,
成色为88%(即含纯银为23.493 448克),由上海造币厂统一制造;新银币正面为
孙中山侧面像,背面为帆船,于1933年7月1日起发行。

1933年3月10日,国民政府财政部长宋子文宣布新银元的官定正式兑换率,
上海市正式施行废两改元。但由于银元定价较高,又没有处罚规定,金融业大多仍
在观望,争相以银元兑换银两。上海银元银两兑换委员会中,以银两兑换银元者仅
占绝对少数,"废两改元成废洋改两之局"。鉴于此,国民政府不得不提前实行全国
范围的废两改元。4月5日,国民政府财政部颁发《关于废两改用银本币的布告》,
规定自4月6日起,"所有公私款项的收付、所订立的契约票据和一切交易,均须一
律改用银元,不得再用银两"。如果在4月6日以前原订以银两为收付者,在上海
应以"规元银七钱一分五厘折合银币一元"为标准,概用银币收付;上海以外应按
4月5日申汇行市,先行折合规元,再以上述标准进行两、元兑换。凡是在4月6日
以后新订立的契约票据、公私款项收付和一切交易如仍以银两为单位的,在法律上
即为无效。持有银两(指现银)者,可请求中央造币厂代铸银币,或在中央银行、中
国银行、交通银行三银行兑换银币。[①] 对于出口的白银抽征2.25%的出口税(中央

---

① 洪葭管:《废两改元》,《中国金融》1988年第5期。

银行的白银可以不付关税自由出口)。

为保证废两改元的顺利实施,国民政府还同时采取了以下措施:(1)查禁劣币,取缔陕西省银行所铸民三袁头银币,严查各地所铸劣币劣角。(2)撤销民间银炉及公估局,委托中央银行、中国银行、交通银行兑换银币,使新银元铸造权专属中央造币厂。(3)确保新银元质量。由中外银行界人士组成的中央造币厂审查委员会严格化验新银元的重量及成色,使之昭信中外。(4)登记各行庄银两存底,按比例限期兑换新币。(5)尽量减少改铸银元的费用,便利改铸工作进行。①

全国实施废两改元的过程比较顺利。1933 年 4 月 6 日以后,各地行庄及交易所全部废除银两制度,所有交易均使用银元核计。田赋以前通常按石折合计算,实行废两改元后,经国民政府财政部制定《改元办法六项》通饬施行。海关方面征收税款原用银两,废两改元后一律改用银元缴纳。银两银元兑换委员会在上海、天津、汉口等银两聚积之地收兑银两,数目颇为可观,新银元在流通中站稳了脚跟。到 1933 年年底,全国金融市场呈现相对稳定局面,废两改元取得了基本成功。

废两改元作为国民政府改革币制的一项重大举措,具有重要的历史意义。第一,废两改元的实施使全国范围内通行形状、重量和成色划一的银元,从而大大简化了货币种类而统一了货币,改善了中国通货市场的紊乱状态,有利于市场经济的繁荣。货币统一后,繁复的银两兑换不复存在,节约了交易时间,简化了交易手续,符合商品经济发展的客观需要,促进了商品流通和经济生活的活跃,有利于国内工商业的发展,同时冲击了狭隘的地方经济观念,推动了社会经济的进步。第二,废两改元有利于中央政府更好地掌握税收这一重要财政来源。废两改元后,税收一律以银元计算和征收,解决了以往税收单位不统一的问题,方便了税款的征收和统计。第三,废两改元在技术层面为后来进行币制改革、实行法币政策奠定了基础,推进了中国货币制度现代化进程。第四,废两改元的实行标志着新式银行业在近代中国金融业确立了主体和主导地位。废两改元后银行业获得独立发展,而钱庄业既损失了银两与银元的兑换差额收入,更丧失了银两业务的传统优势。这迫使钱庄改变传统的经营管理办法,从家族合伙变为股份公司,由信用放款改为抵押放款等,逐渐改造为近代化的金融机构。②

但是,废两改元后,中国依然采取银本位制,存在严重弊端。中国不是产银国而是用银国,受世界银价涨落的影响很大。国际银价的波动会直接导致中国货币

---

① 王同起:《国民党政府"废两改元"述评》,《历史教学》1990 年第 9 期。
② 贺水金:《论国民政府的废两改元》,《档案与史学》1998 年第 4 期。

体制发生动荡,严重影响中国的货币金融,对中国的经济造成冲击。1934 年 6 月,美国实施《白银法案》后,高价收购白银,引起世界银价上涨。中国白银大量外流,银本位制受到动摇。在白银外流的影响下,1935 年中国发生了"白银风潮",国内出现通货紧缩。上海地区的批发物价指数 1933 年为基本正常的 100.59,到美国颁布《白银法案》后,下降为 89.47,通货紧缩的状况已十分严重。① "白银风潮"极大地影响了中国的金融业,银行没有硬通货作为发行钞票的准备金,发行钞票的数额也随之减少,不少银行因无法进行资金周转而导致破产。白银大量外流也使国民政府的税赋和财政收入急剧减少。"白银风潮"导致市场萧条,银行倒闭,企业破产,大规模失业爆发,国民政府面临着严重的经济危机。

二、法币政策

为应对白银危机,国民政府采取积极措施,严格控制白银外流。1934 年 10 月 14 日,国民政府财政部发布《白银出口税增收实施法令》,提高白银出口税,同时采取措施奖励白银进口,但这并未解决白银走私的问题。此外,国民政府试图通过外交手段与美国、英国磋商,向其寻求借款和帮助,也未取得进展。② 鉴于越来越严重的通货紧缩和愈发猖獗的白银走私,国民政府在多次求助外国未果的情况下,决定进行币制改革。

1935 年 9 月以后,英国政府派遣的财政顾问李滋罗斯在中国进行一系列经济调查,草拟了币制改革的方案,并同孔祥熙、宋子文等人讨论了改革的细节,推进了法币改革的实施。11 月 4 日,国民党政府以紧急法令的形式,公布了《财政部实施新货币政策通告》,指出经济危机的严重性,列出币制改革的六项措施。此次币制改革的主要内容为:第一,以中央银行、中国银行、交通银行(1936 年 2 月又增加中国农民银行)发行的钞票(纸币)作为法币,即法定货币,国内所有完粮纳税及一切公私款项之收付和市场货币流通,均使用法币,不得使用现金。第二,实行白银国有,禁止白银在市面上的流通,所有银元持有者,应立即将其缴存政府,照面额换领法币,白银收归国有作为外汇准备金。第三,法币与英镑固定的比价关系为"法币1 元＝英镑 1 先令 2.5 便士",由中央银行、中国银行、交通银行买卖外汇。

法币政策的实行使中国的货币脱离了银价,新币值和汇率下降,物价开始上

---

① 中国人民银行总行参事室编:《中华民国货币史资料》第二辑,上海人民出版社 1991 年版,第 152 页。

② [美]阿瑟·杨格著,陈泽宪、陈霞飞译:《1927—1937 年中国的财政经济状况》,中国社会科学出版社 1981 年版,第 234 页。

升,缓解了严重的通货紧缩局面,挽救了金融经济危机,有利于国民经济的恢复和发展。第一,法币改革增加了货币流通量,促使物价逐渐回升。1935 年 11 月初,中央银行、中国银行、交通银行和中国农民银行四家银行共发行钞票 4.6 亿元,到 1937 年 6 月底,发行数增加到 14 亿元,短短一年半的时间,发行量增加了两倍多,货币发行量的增加促进了物价的上涨。第二,通货紧缩得到缓解,民众购买力得以恢复,刺激了工农业生产发展和商业繁荣。1936 年秋冬两季,商品销售有了很大增加,全国农工生产得到明显恢复和发展,国民生产总值也大大增加,推动了经济的恢复发展,也为抗战进行了一定的物质准备。① 第三,促进了财政收入的增加,使财政危机得到一定程度的解决。币制改革后,经济形势逐渐好转,进出口贸易增长,关税收入大大增加,1936 年的税款收入超过以往的任何年度,达到 10 亿多元。第四,切断了白银同中国货币的直接联系,新的货币体系建立起来。货币发行权集中于当时的中央银行、中国银行、交通银行、中国农民银行,有利于统一货币流通市场的形成,促进了商品流通的扩大。

　　但是,国民政府的法币政策具有一定的半殖民地半封建性质,带来一定的弊端。法币政策实行后,法币的价值通过与英镑的固定比值体现出来。国民政府为保持法币币值的稳定,就必须在英国的银行存放大量外汇准备金才能不加限制地使用外汇,中国的金融因而被拉入英镑集团,成为英镑的附庸。针对英国对中国货币的控制权,美国立即作出反应,在英国伦敦停止收购白银,使银价大跌,同时在美国纽约自行收购白银,使国际白银市场由伦敦转移到纽约。这样既打击了英国,又动摇了中国的法币基础。在白银市场转移和法币基础动摇的压力之下,1936 年 5 月,国民政府与美国签订《中美白银协定》,规定由美国继续收购中国的白银,银价高于国际市场的价格,价款以美元交付;中国不得向其他国家出售白银,以防银价涨跌;规定法币与美元发生固定的比价关系,即法币 1 元等于 0.295 美元。从此,法币又同美元联系起来,也成了美元的附庸。此外,法币政策的实施还为后来的严重通货膨胀埋下了祸根。法币政策实施后,物价上涨的幅度已超过法币对外币汇率降低的幅度,法币的对内价值已经由于它自身的膨胀而贬低了,通货膨胀随之而生,这在全面抗战爆发后显得尤为突出。

---

① 黄如桐:《1935 年国民政府法币政策概述及评价》,《近代史研究》1985 年第 6 期。

第四章

国民政府后期的财政制度

国民政府前期,通过一系列的改革措施对财政体制进行了整顿与系统化完善,财政制度的变革对抗战初期的财政局面起到了稳定作用。但是,随着抗战的展开和国民党政权官僚化过程,国民政府虽试图以整理自治财政运动来挽救地方财政危机,结果却无济于事。地方财政已不能提供地方政权正常运转的财力,不少基层政权失控,基层社会失序。抗战胜利后,国民政府高层选择错误地发动内战,最终形成了主要由于内战影响而几何倍数放大的恶性通货膨胀,民心尽失,政权崩溃,失去了对大陆的统治。

需要说明的是,为了更好地阐述制度演变历程以呈现出连贯性,本章部分内容如预决算制度也一并分析了国民政府前期的情况。

第一节　财政机构的变化

国民政府成立后不久,便通过国家立法,在行政院下设财政部,作为管理和监督全国财政的最高机构,"举税务、币制各要政完全统辖于财政部"。后经过数次扩大与改组,最后将财政部确定为一厅、一处、三署、六司的机构模式,并确立了主计、审计、收支命令、出纳保管四大系统综联的财政管理体系,各系统有自己的主管机构,但同时又统一办理财政事务(见表 22)。其中,主计系统直接隶属于国民政府,负责预算的编审;审计系统隶属于监察院,负责审计稽查;收支命令系统隶属于行政院,由财政部执行;出纳保管系统由代理公库的中央银行经理。

在这套四大系统综联的机构体系中,每一项财政事务的处理都要经过行政、会计、出纳、审计等人员,有助于利用各系统的相互牵制和辅佐达到监督财政、防止徇私舞弊的目的。会计的职权是根据主管长官的行政计划编制预算,并登记收支事

表 22　　　　　　　　国民政府前期的财政管理体系

行政院—财政部	参事厅(拟订法案、命令等)
	秘书处
	关务署
	盐务署(1937 年 4 月改组为盐政司)
	税务署
	总务司
	赋税司(关、盐、直、货之外的税收)
	公债司
	钱币司(金融事务)
	国库司(国库出纳)
	会计司(1937 年 7 月改组为会计处)
监察院	审计部
主计处	岁计局
	会计局
	统计局

项,整理收支凭证,送交驻在各机关的事前审计人员查核;出纳的职权由代理国库银行或邮政机关代理,执行一切出纳事项;审计人员的职权是审核由会计人员整理的收支凭证,以及于收支终结后审核由会计人员编制的报告和决算。[1]

　　抗战时期,为适应战时需要,国民政府对中央理财机构进行了调整。1943 年3 月,财政部下设机构进行改组,将原来的烟酒、印花、卷烟、特税、禁烟等处合并为税务署和直接税署,将原来的关务署、盐务署合并为关务署,将原来的会计司改为会计处和统计处,会计、统计两处的处长则由直属国民政府的主计处任命。经过此次改组,财政部下设机构包括了五署(国库署、直接税署、关务署、税务署和缉私署)、六司(钱币司、公债司、盐政司、专卖事业司、地方财政司和总务司)、四处(人事处、秘书处、会计处和统计处)和两室(视察室和技术室)。地方财政管理机构大致分为两类:一类是中央派出处理国家收支的机构,如财政特派员、关监督、盐运使、统税局等;另一类是处理地方财政收支的机构,各省设财政厅,县设财政科,管理各

项税收、地方财政收支及预决算之编制等事务。①

在国库机构方面,国民政府的公库制度采用银行存款制,建立起统一的公库体系,公库系统负责现金及其他财物的出纳、保管、转移以及对票据、证券等原始单据的管理事务,以各级政府的财政机关为公库主管机关。中央一级的公库为国库,主管机关是财政部;省一级的公库为省库,主管机关是省财政厅;市一级的公库为市库,县一级的公库为县库,主管机关为市、县财政局,未设财政局的市、县则以该市、县政府为主管机关。1939 年,实行《公库法》后,领款机关若要动用款项,就需要经过主计机构、财务行政机构、审计机构和代理公库机构四个机构,因而减少了舞弊的机会。②

国民政府时期,代理国库的机构是中央银行。中央银行的代理国库业务经历了四个发展阶段:(1)国民政府成立至 1933 年。1927 年 8 月,《金库条例》公布,规定国库总分金库统一由中央银行代理。次年 11 月,中央银行成立,依照《金库条例》代理国库,于业务局设立国库科。当时的国库代理制度采用委托代理制,库款与央行资金分列,非经财政部长许可库款不得移作资金。当时财政收支尚未步入正轨,各行政机关自国库领得经费后,仍存放于往来银行。各收入机关自行经收税款,于缴解国库之前仍存放于往来银行,央行代理国库仅有虚名而已。1933 年 1 月,财政部颁行《中央各机关经管收支款项由国库统一处理办法》,此后国家收支已局部集中于国库管理,但由国库直接拨付或直接缴入国库的款项仍然较少。(2)1934 年国库局成立至 1938 年。1934 年 1 月,中央银行成立国库局,将委托代理制改为银行存款制,此后库款与央行资金合二为一,标志着代理国库制度的一大进步。然而,各机关的收解支拨仍自行决定,国库局仅担负会计的承转责任。至1936 年,中央政治会议通过《公库法原则》,国民政府公布《征收所得税法》,规定经征与经收应绝对划分,分别由两个机关主管办理,由此,央行得以代理国库直接经收。这一规定对于公库制度有所推进。(3)1939 年《公库法》施行至抗战结束。国民政府于 1938 年 6 月、1939 年 6 月先后公布《公库法》及其施行细则,于 1939 年10 月 1 日起施行,公库业务从此正式开展起来。《公库法》规定:"凡属应缴国家之款,不假任何人之手,直接缴纳代理国库之银行,国家应付机关团体或个人之款,亦不假任何人之手,直接由代理国库银行支付,向之自收、自支、自行保管、自行支配所产生之坐支抵解或拨支抵解等名称,概已一举廓清。"此外,政府内外公债也属于

---

① 陆仰渊、方庆秋主编:《民国社会经济史》,中国财政经济出版社 2006 年版,第 222~226 页。
② 项怀诚主编:《中国财政通史》(中华民国卷),中国财政经济出版社 2006 年版,第 63 页。

国库业务的一部分,原来平均委托给中央银行、中国银行、交通银行、中国农民银行四大银行,基金调拨和售款报解均各自为政,因而极不统一,难以稽考。1942 年,四联总处理事会议通过了中央银行、中国银行、交通银行、中国农民银行四大银行业务划分及考核办法。此后,所有政府内外债均由中央银行国库局统一经理,再由国库局转委托其他银行办理。(4)抗战胜利后至 1949 年。抗战胜利以后,国民政府决定改进公库制度,"如国库机构之复员,存汇办法之实行,新订国库出纳会计制度之修订,军政机关公款之移存央行,均为改进之大端,而使公库制度达于完备"①。但内战很快爆发,国民政府步步败退,公库制度的改进也未能如愿推行。

第二节　征税机构的沿革和减税政策

抗战开始后,国民政府进行了盐务相关法令的制定实施与相关机构改组,并把原属于地方税的田赋、营业税、契税等主要税源收归中央,形成中央税权高度集中的战时税制体系。抗战后期,"战时消费税"开征,并持续扩大货物税范围,税收重点由工商业转向农业,并把田赋改征实物,在很大程度上支撑了战争军需。

一、盐税机构的整合与完善

国民政府前期,于 1928 年全国财政会议作出决议后,经过近 3 年的起草,《盐法》于 1931 年 5 月 30 日正式公布,对盐及其副产品从产制储运到价格税收进行了较为系统全面的法令规定。随后,为筹备实行《盐法》与统一事权,提高效率,国民政府开始对盐务稽核系统进行改革,将盐务二元制时期的稽核行政分离改为盐务稽核兼理盐务行政的一元化模式。虽然盐务系统进行了种种改革与改变,但由于特殊的时代背景所限,盐税立法终归有其局限。税警等场产管理建设尚需时间,加之地方割据势力与专商的坚决抵制,《盐法》虽脱稿决议,但至 1937 年抗战全面爆发时并未得以真正实施。

1936 年 7 月,国民政府公布《财政部组织法》和《财政部盐务总局组织法》。经过半年准备,财政部从 1937 年 4 月开始对各盐务机关进行全面改组,将盐务署撤销改组盐政司,并依次裁撤稽核总所所属机关,在全国 11 个产盐区设立盐务管理局,7 个不产盐省设立盐务办事处。经过 1 年多的建设与改组,随着 1938 年 8 月贵州盐务办事处的设置,全国盐务机构的改组基本完成,如图 6 所示。

---

① 周燕萍选编:《民国时期中央银行历史沿革及业务状况》,《档案与史学》2003 年第 3 期。

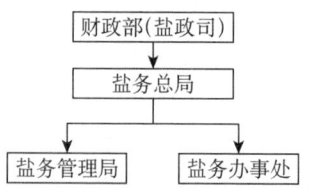

图6　1938年8月国民政府完成全国盐务机构改组后的系统图

资料来源:金鑫等主编:《中华民国工商税收史:税务管理卷》,中国财政经济出版社1998年版,第14～16页。

抗战全面爆发后,随着日军的逐步侵略,沿海沿江的长芦、淮北、山东、两浙、广东等相对富庶地区大部分被占领,盐税收入损失接近六成。国民政府在对后方产盐区实行增产与整顿税收的同时,采用官商并进办法抢运沿海存盐。由于官运存盐的推行,本就日渐微薄的专商引岸制度更是几近崩溃。1939年2月,国民党五中全会宣布废除积怨已深的引岸制度,将所有盐的供求调度均交由盐务机构负责。1941年,财政部长孔祥熙提议设立专卖事业设计委员会,将盐等6种物品纳入专卖设计。1942年1月由盐务总局主办,实行盐专卖,财政部随后于4月公布了《财政部盐务总局暂行组织规程》。总局设总办、会办各一人,总局内设总务、财务、场产、运销、人事、视察和硝磺7处。下属各盐务管理局就所辖事务需要可依《财政部盐务总局暂行组织规程》下设分局、批售所、仓坨办事处、场公署及运输处,并可酌情报经财政部核准后开设分支机关。至此,从1937年"民制、关收、官运、商销"纳入战时体制的盐政政策,到专卖制度和相关机构的改组增设,国民政府完成了战时盐务管理体制的转型,并通过推行专卖体制显著控制了盐价的增长指数,使其远低于其他物价增长比例,并通过平抑盐价充裕财政的政策改革,在一定程度上补充了浩繁的军费支出,在维持战时供需和坚持抗战最后胜利方面有其积极作用。

抗日战争胜利后,盐政局强调"战事敉平,全国盐务机构与人事的配备,应予通盘筹划,合理调整"[①],于1945年8月通电全国所属,战后盐务着重场产管理,逐步裁削战时设置的运、屯、销机构,同时彻底废除了专商引岸制度。对于为推进收复工作而新设于沦陷区的盐务机构,无论产销区均统称为管理局,同时恢复专卖前的编制。至1946年年底,全国盐务机构分为14个管理局、7个办事处,均下分三个等级,并在1947年依靠东北、长芦、台湾三区接受的敌伪盐业资产成立了中国盐业公司,负责管理三区盐务。

---

① 金鑫等主编:《中华民国工商税收史:税务管理卷》,中国财政经济出版社1998年版,第18页。

随着内战的展开和中国共产党军队的步步胜利,国民政府统治地域逐步缩小,而作为内战军费重要支柱的盐税收入也日渐微薄。1947年3月27日,国民政府为进一步控制和增加盐税收入,公布了《财政部盐务总局组织法》,再次对盐务机构进行改组和人事调整,将盐务总局的职责规定为"掌理全国盐务行政及有关业务,监管盐警事宜",并将原总局内的场产处和运销处合并为产销处,撤销视察处,增设了盐警管理处。但是,随着国民党军队在内战中的节节败退,国民政府可用的军力渐少,甚至将大部分盐警都投入战场,导致私盐贩售更为猖獗,查获私贩活动的效果甚微。

二、货物税

货物税是由统税扩大而成的,主要是由过去的统税和烟酒税合并而成,包括货物出厂税和货物取缔税,此外还包括矿产税和1942年开征的战时消费税。

在全面抗战爆发之前,征收统税的棉纱、面粉、卷烟、火柴、水泥、啤酒等工厂多设在沿海沿江一带大中城市,尤其以上海最为集中。随着战争的推进,沿海沿江地区沦陷以后,国民政府丧失了很多重要税源,税收损失十分惨重。1938年1月,财政部通饬各省税务机关,对上海及其他战区运入后方的统税货品一律实行移地征收,由入境第一道税务机关照章补征统税;对于没有统税机关的地方,则由海关代为征收,然后才允许内销。为弥补军费开支和税收损失带来的财政亏空,扩大税收收入,国民政府积极扩大统税的征税范围,将征收区域扩大至西部、北部和南部各省。与此同时,统税征税的品种也不断增加。在卷烟税方面,财政部于1938年将抗战后乘机兴起的各地手工卷烟及土雪茄烟列入卷烟统税范围,分别制定税章进行征收。自1939年起,又在原统税和烟酒税的基础上开征货物税。饮料品统税在战前的征收对象仅限汽水,至1940年则扩大到果子露、蒸馏水等饮料。同年,财政部还创办糖类统税,从价征收15%;到1941年,糖税收入占到了统税收入的第二位,成为统税系统中的重要税种。茶叶在1942年4月改征统税,税率与糖类相同。1943年3月起,原由海关征收的竹、木、皮毛、陶瓷、纸箔等项的战时消费税停征,规定此类物品也开征统税,同时规定,其税率按货物性质用途分别制定。对奢侈品的征收税率较高,如锡箔从价征收80%,贵重木材、细毛皮货等半奢侈品从价征收30%;对日用必需品征收税率则相对较低,如纸张和陶器从价征收6%,瓷器从价征收10%。

随着抗战时期物价的不断上涨,国民政府对货物税税率进行了调整。1940年9月,财政部决定将统税烟酒税原定税额提高一倍征收。1941年7月,国民政府公

布《货物统税暂行条例》，决定采用从价征税率，于 9 月在各省一律实行。从价税率
实行后，奢侈消费品税率增至 60%，比过去提高 30%；普通消费品税率基本没有增
加，如火柴、水泥等项税率是根据过去的从量税率与当时市场价格的百分比分别规
定的；日用消费品税率则比以前降低了 30%～50%，如棉纱由 5%减至 3.5%，面粉
由 5%减至 2.5%。1942 年 2 月至 7 月，国民政府分别对食糖、火柴、卷烟实行专
卖，由专卖事业管理局统一收购和批发销售。1945 年 1 月，取消茶叶、竹木、皮毛、
陶瓷、纸箔、面粉、水泥、烧酒、饮料等几种统税，并将卷烟、火柴两项由专卖改办统
税，卷烟税率由 80%提高为 100%，熏烟叶税率由 25%提高到 30%。① 抗战时期各
项货物税收入情况（1940—1945 年）如表 23 所示。

表 23　　　　　　　抗战时期各项货物税收入情况（1940—1945 年）　　　（单位：百万元）

年份	货物税收入数额				税收总收入	占税收百分比
	货物出厂税及取缔税	矿产税	战时消费税	合计		
1940	71	2	—	73	266	27.4%
1941	184	5	—	189	667	28.3%
1942	582	24	399	1 005	2 807	35.8%
1943	1 935	66	718	2 719	12 169	22.3%
1944	4 975	186	1 838	6 999	30 849	22.7%
1945	23 144	740	304	24 188	99 984	24.2%

资料来源：杨荫溥：《民国财政史》，中国财政经济出版社 1985 年版，第 109 页。

抗战时期，货物税通常占到税收总收入的 1/4 左右，个别年份甚至达到 1/3 以
上。货物税作为一种间接税，由生产和运销者缴纳，但实际上通过提高商品售价可
将税收负担转嫁给消费者，货物税的从价征收和高额税率给普通民众带来了生活
上的困难。

三、直接税

（一）直接税的征收概况

直接税是以纳税人的收入和财产价值为直接征收对象的税。抗战时期，国民
政府的直接税包括印花税、所得税、非常时期过分利得税、营业税和遗产税五种。

---

① 周岚：《抗战期间国民政府赋税政策述略》，《民国档案》1991 年第 1 期。

　　印花税创办于民国初年,1937 年 10 月,国民政府财政部公布《非常时期征收印花税暂行办法》,决定一律加倍征收,并扩大征税范围,主要规定包括:每件货价全额满 1 元以上但未满 3 元,应贴印花 1 分;呈文、申请书、诉愿书,每件贴印花 2 角;典卖不动产契据按典卖价每百元贴印花 4 分。1940 年 6 月,直接税处成立后,印花税划归直接税系统。1943 年 2 月,国民政府财政部修改印花税,扩大征课范围,提高起税点和税率。

　　所得税开征于 1936 年 10 月,全面抗战爆发后,国民政府决定扩大征税范围。1943 年 2 月 17 日,国民政府公布了新的所得税法,提高起征点,增加课税级差,税率逐级累进。

　　非常时期过分利得税和遗产税是全面抗战爆发后创立的新税种,分别开征于 1939 年 1 月和 1940 年 7 月。非常时期过分利得税是针对战时部分人的收入大大超过平时而征收的,征税对象为营利事业战时利得超过其资本额 20% 者和财产租赁所得超过 15% 者。遗产税是对被继承人死亡时的遗产总额课税,具体包括:凡遗产总额在 5 000 元以上者一律征 1%;超过 5 000 元者,除征 1% 比例税外,加征超额累进税,税率共分 16 等级,最低级征税 1%,最高级即超过 1 000 万元者征税 50%。

　　营业税原属于地方税收系统,全面抗战爆发前由各省办理,税则混乱。1941 年,决定将省级财政并入国家财政系统,原属省办的营业税改由中央直接税征收机关办理,1942 年 1 月划归直接税。抗战时期各项直接税收入情况(1940—1945 年)如表 24 所示。

表 24　　　　　抗战时期各项直接税收入情况(1940—1945 年)　　　(单位:百万元)

年份	直接税收入数额						税收总收入	百分比
	印花税	所得税	非常时期过分利得税	营业税	遗产税	合计		
1940	7	44	25	—	—	76	266	28.6%
1941	16	80	70	—	—	166	667	24.9%
1942	26	197	29	610	1	863	2 807	30.7%
1943	355	761	884	1 785	15	3 800	12 169	31.2%
1944	1 063	1 145	1 189	3 032	50	6 479	30 849	21.0%
1945	3 140	2 009	1 833	7 318	111	14 411	99 984	14.4%

资料来源:杨荫溥:《民国财政史》,中国财政经济出版社 1985 年版,第 112 页。

抗战时期,直接税收入通常占到税收总收入的 20% 以上,个别年份甚至可以达到 30% 以上,可见直接税是抗战时期国民政府的重要税源。在 1942 年营业税划归直接税之前,直接税系统中最主要的税种是所得税;至 1942 年以后,新划归直接税系统的营业税成为该系统中的最大税源。

(二) 抗战时期直接税征税机构的发展

1936 年 7 月 1 日,国民政府财政部设立直接税筹备处,展开直接税筹备工作,借由抗战的大环境积极推动直接税的征收。直接税筹备处原计划开征的税种包括所得税和遗产税,由于遗产税立法工作因抗战全面爆发而搁置,因而直接税筹备仅剩所得税一项。1936 年 10 月 1 日,所得税部分开征后,国民政府财政部将直接税筹备处改为所得税事务处,专职办理所得税事务,同时在各省市设稽征局。全面抗战爆发后,国民政府开征过分利得税、遗产税等直接税,并将营业税和印花税划归直接税系统。为应对征税需要,直接税征收机构也在不断调整,从所得税事务处逐渐改设为直接税处、直接税署,直接税在中央和地方的征收系统日益完善。

1940 年 3 月,国民政府公布《直接税处组织法》,规定直接税处听命于财政部长,负责掌理全国所得税、遗产税、过分利得税并兼办印花税事务。直接税处下设三科:第一科掌所得税及过分利得税税务之设计、改进、推行,税务之调查考核以及征免减退之事项;第二科掌遗产税及印花税之设计、推行和征收等事项;第三科掌文件、印信、职员监督等事务。直接税处另设秘书 2 人、科长 3 人、视察 2~4 人,分赴各地考察该处主管各税税务状况及调查交办之事件。另外,再设审核委员会,负责审核纳税人争议事项。关于地方机构,规定直接税处于每省或两省或直隶于行政院之市设直接税局,办理各税之征收事务。省局以下视事务繁简酌设分局。1940 年 5 月 15 日,国民政府财政部正式改所得税事务处为直接税处。

1941 年 8 月,国民政府财政部制定各省市直接税局组织条例,并公布实施。条例规定:各省市直接税局承财政部长之命,受直接税处之监督指挥,办理各省市直接税。直接税局置三课:所得税课办理所得税并兼办过分利得税之调查、复查、审核、督征、税额之退补及其他稽征事项;遗产税、印花税课办理遗产税及印花税之调查、审核、催征、督征税额之退补及其他稽征事项;事务课办理文件收发、绪校、保管、印信之典守、本局及所属机关职员之监督、考核及庶务、出纳事项。省直接税局以下设置直接税分局,分局视其税收状况及事务繁简,分为特等及一二三等,由国民政府财政部以命令定之;特等及一等分局设三股,二三等分局设二股,分掌直接税及印花税之稽征及会计、文书、庶务、出纳各事项。分局各股设股长一人,税务员、会计员、事务员及助理员各若干人;为便利查征,分局得呈准省直接税局,在其辖境内就地查征。各直接税局长、分局局长、课长、督查、审核员及股长,由财政部以命令调动其服务处所;省局及分局办税人员,由直接税处就考试训练合格人员遴选任用。[①]

营业税划归直接税之后,1944 年 3 月 10 日,直接税处根据《财政部组织法》的规定改组为直接税署,下设五科六室。五科设置如下:第一科主管所得税及过分利得税税务;第二科主管遗产税、印花税税务;第三科主管营业税税务;第四科主管财产租赁出卖所得税税务;第五科主管事务事宜。六室设置如下:秘书室承长官之命综理机要文书核稿等事项;会计室主管会计事宜;统计室主管统计事宜;视察室主管视察督导事宜;经济研究室主管本税章则法令及推进方法与理论之研究;人事室主管人事任免登记等事项。

(三) 直、货两税征税机构的分合

1941 年,国民政府第三次全国财政会议召开,将全国财政划为国家财政和自治财政两个系统。此次会议上作出统一征收机构的决议,决定将各省级之直、货两税机构裁并,统设国税机构合并征收。根据此决议,1943 年至 1945 年,各省直接税和货物税机关合并负责两税事务。税务管理局设局长 1 人和副局长两人,其下设八科五室:第一科主管所得税及过分利得税税务,第二科主管遗产税税务,第三科主管营业税、印花税税务,第四科主管卷烟、熏烟叶、洋油、啤酒、火酒、饮料、火柴、水泥、棉纱、麦粉等统税税务,第五科主管矿产税税务,第六科主管国产烟酒类税暂行条例所定各税税务,第七科主管自治财政系统各税税务,第八科主管事务。设秘书室办理机要文件核稿等事项,审核室审议章则及法令,督察室督查税务成绩,会计室主办会计事务,统计室主办统计事务。省以下县(市)征收机关在合并期则有各种情况,有改为税务征收局者,也有改为直接税征收局者,还有仍沿用区直接税分局者。

各省直、货两税机构合并后,因两税性质、稽征方法及稽征对象不同,加上直、货两税人事纠纷不断,影响了业务推进,并未达到"机构简单、节省开支并简化完税手续以利商民"的预期效果。鉴于此,国民政府开始考虑重新分设两税征收机构。1945 年 3 月,国民政府财政部提出《关于调整直货两税机构之提案并制定直接税局及直接税分局组织条例(草案)》,将两税机构一律分设:直接税部分,设置省区直接税局及县(市)直接税分局;货物税部分,设置省区货物税局及县(市)货物税分

---

① 江苏省中华民国工商税收史编写组、中国第二历史档案馆编:《中华民国工商税收史料选编》第四辑,南京大学出版社 1994 年版,第 583、第 586~587 页。

局。该案经行政院议决通过实施。由此,原有的全国 17 个税务管理局一并裁撤,取而代之的是川康区、云南区、鄂豫区、黔桂湘区、粤赣区、闽浙区、陕甘区、新青宁绥区、重庆和内江 10 个货物税局和川康区、云南区、鄂豫区、黔桂湘区、粤赣区、闽浙区、甘宁青绥区、陕晋区、重庆、成都 10 个直接税局。[1]

(四)抗战胜利后直接税征收机构的变迁

抗战胜利后,国民政府于 1945 年 9 月颁布《收复区税务紧急措施实施办法》,派员接收各地税务,并分别恢复及设置各地的货物税和直接税区局及分支机构。1946 年 6 月,全国财粮会议改订财政收支系统,恢复了中央、省(市)、县(市)三级财政,战时被纳入直接税体系的土地税、契税移交地方接管。《营业税法修订实施》后,财政部将由直接税署征管的营业税交由地方,并规定各县市机关于 9 月底完成移交手续。中央则举办特种营业税并由直接税署主管,以补损失。所得税方面,非常时期过分利得税在抗战胜利后停止征收,国民政府于 1947 年 1 月起开征特种过分利得税,而战时交由直接税署主管的印花税仍划归直接税办理。

随着抗战胜利后直接税政策的改革,直接税征收机构也发生了变迁,直接税署被裁并。1948 年 7 月,直接税署和税务署经行政院第七次会议议决合并改组为国税署,国税署隶属于财政部,掌理关税、盐税外之全国国税行政事务。各区直接税局及货物税局合并改组为各区国税管理局;各直辖直接税局、货物税局依旧分立;各直接税、货物税分局合并改组为国税稽征局。[2]

四、地方税

(一)地方税制的发展

国民政府成立后,经过第一次、第二次全国财政会议,形成了中央—省市—县(市)三级财政分级系统,但地方仍面临严重的财政困难。全面抗战爆发后,为增强国家财政的统筹力量,国民政府于 1941 年 6 月召开第三次全国财政会议,通过了《改订财政收支系统实施纲要》,于 1942 年起施行。根据纲要,国民政府的财政划分为国家财政和自治财政两大系统,此前确立的三级财政改为中央—县(市)两级财政。国家财政包括原属于中央及省与行政院辖市的所有收支;自治财政则以县为单位,并包括县以下各级地方自治团体财政收支系统,其收入有土地改良物税

---

① 江苏省中华民国工商税收史编写组、中国第二历史档案馆编:《中华民国工商税收史料选编》第四辑,南京大学出版社 1994 年版,第 2118 页。

② 江苏省中华民国工商税收史编写组、中国第二历史档案馆编:《中华民国工商税收史料选编》第四辑,南京大学出版社 1994 年版,第 2135 页。

（土地法未实行前为房捐）、屠宰税、营业牌照税、使用牌照税、行为取缔税（后改为筵席及娱乐税）、土地税之一部分（未实行土地法的地区为田赋及契税）和遗产税的25％、营业税的30％～50％、印花税的30％。

1946 年 3 月，国民党六届二中全会召开，重新将财政收支系统改为中央、省市、县市三级制。7 月，国民政府公布《财政收支系统法》和《财政收支系统法施行条例》，对省、县两级税收系统进行了划分。其中，省税包括营业税的 50％、土地税的 20％；院辖市税收包括营业税的 70％、土地税的 60％、契税、遗产税的 15％、土地改良物税、屠宰税、营业牌照税、使用牌照税、筵席及娱乐税；县市税包括营业税的 50％、土地税的50％、契税、遗产税的 30％、土地改良物税、屠宰税、营业牌照税、使用牌照税、筵席及娱乐税。① 在抗战爆发后的地方税系统中，营业税和土地税十分重要。

（二）营业税

1931 年，国民政府裁撤厘金后，新设营业税作为对地方财政的收入补充。1934 年 5 月，第二次全国财政会议通过《整理营业税办法》，对营业税的税率、行业分类、征收原则等作出规定。全面抗战爆发后，为增加财政收入，地方各省市对重要行业的营业税进行调整，主要措施包括调整税率、增课进口奢侈品营业税和严密稽征等。1941 年，国民政府财政部拟定《营业税法草案》，提交至第三次全国财政会议审定，经立法院通过，同年 9 月由国民政府公布修正《营业税法》，要求各省市遵照此法案修订营业税征收章程。对于营业税的课税标准、课税范围、征收方法及营业登记与账簿管理事项，一般按照修正税法规定执行；对于征收税率，由于修正税法仍是弹性规定，各省市修订的税率并不一致。第三次全国财政会议之后，1941 年公布的《改订财政收支系统实施纲要》，将原属于地方税收系统的营业税划归国家财政，由中央接管征收，具体由直接税机关负责经管经办，并采取调整征收机构、整顿税收业务等措施对营业税进行整顿。

抗战胜利后，国民政府财政部颁行了《收复区直接税征免办法》及单项法令，并再次修正《营业税法及其细则》，对营业税作出调整。其主要内容有：降低营业税税率，以营业总收入额为标准的减为 1.5％，以营业资本额为标准的减为 2％；对收复区营业税、运输业及粮食业营业税实行免税，减免书业营业税；重新制定公布免征营业税标准。1946 年 3 月，国民党六届二中全会将营业税划归省税及院辖市税，同时举办特种营业税作为中央税源。据此，由直接税机关经管经办的营业税也从当年 7 月 1 日起交由地方征收，营业税复归地方税系统。

---

① 金鑫等主编：《中华民国工商税收史·地方税卷》，中国财政经济出版社 1999 年版，第 3 页。

内战爆发后,国民政府再次修正营业税法,先后修正公布了《营业税法》和《营业税法施行细则》,同时颁行《特种营业税法》。1949 年 4 月,国民政府财政部制定《财政金融改革案关于直接、货物两税部分实施办法》,规定:除证券交易税及交易所税由中央继续课税外,自 7 月 1 日起,营业税与土烟、土酒、熏烟叶税同时移交地方征税。8 月,国民政府财政部又发布电令,对特种营业税除中央保留者外,已移交地方部分应与普通营业税一样办理。①

(三) 土地税政策②

民国初期,各地一般按自行制定的章则进行土地税的征收。最初的统一土地税法规为 1930 年 6 月 30 日公布的《土地法》,但并未实施。1935 年 4 月 5 日,国民政府颁布《土地法施行法》,仍未限期实行。迟至 1936 年 2 月,国民政府才明令《土地法》及《土地法施行法》自 3 月 1 日起施行。但由于当时政局不稳,天灾人祸不断,加上各地方地主士绅强烈阻挠,《土地法》施行效果并不明显。

1941 年,国民政府第三次全国财政会议召开后,形成两级财政体制,省级税收划归中央,土地税与田赋一同由财政部接管,对农村土地实行田赋征实。田赋作为土地税的主要组成部分,历来是政府的主要财政收入。国民政府成立以后,沿袭了过去田赋征收银钱的惯例。全面抗战爆发后,日益增加的军费支出使国民政府的财政状况不断恶化,通货膨胀日趋严重。为了稳定粮价,满足军队和公职人员的基本生活需要,国民政府对土地税收政策进行了重大调整,实行田赋征实政策。国民政府第三次全国财政会议对田赋征实作出具体规定,自 1941 年下半年起,各省田赋战时一律征收实物。③ 对于城市土地,国民政府试图推行《土地法》中规定的土地税政策,但因战争原因未取得进展。在这种情况下,财政部拟定了《战时征收土地税条例》,由国民政府于 1944 年 3 月 28 日公布施行。其主要内容包括:地价税率由比例税率改为累进税率;取消税地种类划分,均按同一税率征收;土地增值税免税额,按各地物价指数实行弹性规定,由省、县(市)参酌当地经济变动情况拟定报核;征收土地税的土地,所有各项附加税一律免除;不按期纳税者,就其所欠数目,按月加征滞纳罚款。与此同时,国民政府财政部建议地政署修订《战时地价申报条例》,与《战时征收土地税条例》一同作为战时征收土地税的法令根据,并协助

---

① 项怀诚主编:《中国财政通史》(中华民国卷),中国财政经济出版社 2006 年版,第 104～109 页。

② 参见金鑫等主编:《中华民国工商税收史:地方税卷》,中国财政经济出版社 1999 年版,第 268～297 页。

③ 陈国庆:《抗战时期国民政府土地税收政策的调整》,《广西师范大学学报》(哲学社会科学版)2009 年第 5 期。

地籍整理工作的开展。1945 年 3 月，由于田赋征实部分移交粮食部统一管理，原财政部田赋管理委员会也转归粮食部领导，原委员会管理的土地税、契税交由直接税署接管。除各大城市土地由直接税局直接征收外，其余各地的土地税由直接税署委托原田赋粮食管理处代征。县市土地税主管机关为直接税局或田赋粮食管理处。

抗战胜利后，国民政府于 1945 年 10 月下令废止《战时征收土地税条例》。1946 年，《土地法(草案)》及《土地法施行法(草案)》的修订工作完成，经立法院及最高国防会议通过，由国民政府于同年 4 月 29 日命令公布施行。1946 年 3 月国民党六届二中全会恢复中央、省市、县市三级财政体制，田赋、土地税、契税再次由中央划归地方。此次土地税交回地方接管征收后，县市土地税征收机关改为县市税捐稽征处。同年 9 月 5 日，国民政府财政部颁布《土地税移交地方接管办法》，规定：原由直接税机构征收部分移交当地政府接管；原由田赋粮食管理处代征的城市土地税，就地移交地方财政机关接管。征收土地税的法令仍由中央统一制定，财政部在同年 12 月 7 日公布《评定不动产标准价格注意事项》，行政院又于次年 2 月 14 日公布《征收定期土地增值税办法》，国民政府财政部、地政署于 3 月 22 日公布《土地改良物税规则》，督促地方扩大地税的征收。但在内战爆发后，土地税征管工作受到严重影响。随着国民党军队节节败退，土地税征收地区逐渐缩小，税源大大减少，物价上涨又导致土地税从价征收的依据归于混乱，土地税征收根本无法正常推行。

第三节　现代财政预决算制度的建设

国民政府前期，在借鉴和参考西方经验的基础上，对《预算法》进行修订和完善，进一步明确了现代国家财政体制中的预决算制度雏形，加强了中央对财政的控制，严格了国家预算制度。在 1934—1936 年，每年预算都能编制公布，而在战况复杂的抗战时期，预算委员会也仍坚持编制战时预算。抗战胜利后，随着国民政府高层发动内战导致通货膨胀无法控制，预决算制度也逐步陷入混乱失控状态。

一、初步成型的预算制度与部门编制建设

国民政府在 1928 年完成对中国形式上的统一后，开始着手各项法律制度的建设，而预决算制度的健全与完善作为中国财政制度近代化的重要标志之一，更是被

其视为构筑财政法制体系的基础与核心。国民政府从成立伊始便开始制定相关临时性规定,到政治环境相对安定的 1931 年之后总预算案获得立法院的通过,以及随后推行的一系列改革措施,均体现了其对预决算编制的重视程度,并对近现代中国的预决算制度初步成型起到了基础性作用。

(一) 对预算制度的改进和再建

为复苏经济、稳定政权,国民政府在 1927 年制定《会计则例》。1928 年 1 月,宋子文就任财政部部长,先后召开全国经济会议与全国财政会议,试图通过当时国内的经济工商业头面人物和财经问题专家学者的参会以确立新的财政体制和制定各项政策。为解决政府财政困难,宋提出限制军费开支与编制全国预算,并在同年 8 月的国民党二届五中全会陈词,通过了即行组建设立预算委员会的决议。会后,国民政府公布《审计法》,并整合明确了审计职权与审计方式①,为实施预算制度作准备。

"四·一二"反革命政变爆发后,国民政府基层组织一度处于瘫痪状态,建立完整的地方政府预算编制机构和制定永久性预算章程办法面临很大困难。因此,在 1927 年至 1931 年这段时间内,虽有《十六年度和十七年度预算例言及预算书式》和《财务机关编制十八年度预算章程》等文件指导当年年度预算,但均为按年度编制,具有较明显的临时性特征。1930 年,中原大战的爆发导致军费大幅增加,国民政府在直接向财政部及中央银行借垫的同时,在同年 2 月公布《十九年度试办预算章程》后,于年底议定追加预算补充文件《十九年度试办预算章程补充办法》加以应对,由此开始了对由于战争等不确定性因素的影响而对国家财政预算进行追加预算补充章程制定的先例。1931 年,由于先后三次发动对共产党的围剿,军费和岁出再度大幅增加,在以 1930 年的补充办法为根据的基础上,国民政府再次先后发布《二十年度国家预算与地方预算编造程序令》与《二十年度预算促成办法及二十年度预算未成立时暂行救济办法》。

(二) 预决算机构建设

随着 1928 年对废除不平等条约交涉的再展开,关税自主权也随着与各国新通商条约的签订而收回,到 1930 年破除日本单方面阻碍达成关税自主权全面收回后,关税也成为占据国民政府岁入近半的税收支柱。在此时期,对全国统一税务机构的建设也急需解决,这从一个侧面拖沓了预决算机构建设的进程。直到 1930 年 11 月 25 日公布《国民政府主计处组织办法》,次年 4 月在国民党二届五中全会确定

---

① 中国社会科学院近代史研究所中华民国史研究室编:《中华民国史》第八卷,中华书局 2011 年版,第 697～700 页、第 707 页。

建设国家预算编制机构近 3 年后,国民政府才设立直属部门主计处,下分岁计、会计、统计三局,分别负责办理全国的预决算有关事务、会计管理事务(包括各机关会计人员的任免、迁调、训练及考绩)和统计事务(包括各机关统计人员的任免、迁调、训练及考绩)。对国民政府所属各级机关及省、直属行政院之市政府,分别设立会计长、统计长;在各下属机关和县市政府,均设会计室与统计室,并且所有会计、统计人员全部由主计处统一派任调遣,对主计处负责,并分别接受其所在机关长官的指挥。这种以垂直纵向指挥为主的双重领导体制,在一定程度上保证了主计事务独立于所在机关之行政长官。

主计处成立后,编制全国总预算便提上日程。1931 年 11 月 2 日,国民政府公布了由主计处拟定后在国民党中央政治会议通过的《预算章程》和《办理预算收支分类标准》并予以施行,对各级政府的预算编制作了长期的自下而上的三级制规定:以每年的 7 月 1 日至次年的 6 月 30 日为一个会计年度;年度预算分为国家与地方两部分,按照国家规定的收支划分标准分别编制;每一年度内的所有收入、支出都必须编入预算;年度预算在未经主计处编成总预算案通过之前为概算;各机关编制的本级概算称为第一级概算,需在每年 11 月 30 日前送达各主管机关;中央各主管机关汇总一级概算而编制成的概算以及各省政府及各院辖市政府汇总一级地方政府概算而编制的省、市概算为第二级概算,并需在每年 1 月 15 日前完成后上呈主计处;主计处汇总第二级概算编制的概算为第三级概算,须交中央政治会议核定;主计处根据中央政治会议核定后的第三级概算编制成总预算后,交由行政院提交立法院核议,并于每年 6 月 15 日前最后呈请国民政府公布。

由于此时国民政府的计政(会计和统计)制度尚不完善,办理收支预算的分类标准仍以 1928 年公布的划分国家与地方收支标准为依据[1],并且各省、直属行政院之市的第二级概算书也仍由各省、市财政厅(局)编制,但《预算章程》规定二级概算书必须先送主计处审核后再经中央政治会议核定。之后,由主计处编成各省、市预算案再送中央政治会议议决,议决通过后呈请国民政府交行政院提请立法院核议,最后由立法院再交国民政府公布。

可以看出,《预算章程》对预算编制的程序和条例的相关规定是较为明晰的,这也是其自 1931 年颁布起便一直被当作预算编制基本制度沿用至 1937 年的一个原因。考虑到主计处编制总预算案和接受中央政治会议核定后修改、编制预算案的工作量较大,故对主计处编制总预算案的时间放大至一、二级概算编制的一倍

---

① 项怀诚主编:《中国财政通史》(中华民国卷),中国财政经济出版社 2006 年版,第 24 页。

(4 个月)。但并未对逾期未能提交的预算(概算)处理作出规定,这也造成了在 1931 年至 1937 年,有的年度预算不能及时编定。

二、《预算法》的演变

(一) 国民政府前期对《预算法》的完善与推行

在以《预算章程》和《办理预算收支分类标准》为基础制定了 1932 年度的国家预算之后,经过较长时间的准备,国民政府在 1932 年 9 月 24 日正式颁布了《预算法》。从 1927 年的《预算书式》到 1929 年和 1931 年的《预算章程》,再到 1932 年最终确立《预算法》,能够看到国民政府逐步对预算制度进行细化和完善的努力过程。新颁布的《预算法》将预算编制划分为三个阶段共 12 个步骤,并对《预算章程》中未对逾期概算作出明确处理规定的不足进行了补充。在之前将预算编制权力从财政部门部分转交主计处后,再赋予直属行政院的主计处代编甚至拒绝概算编制的权力,意在通过对预算编制的控制再次加强中央对财政控制的同时,也在一定程度上加强和严格国家预算制度。

但由于按《预算法》规定实施中的种种困难,加之入不敷出时财政部拟具办法,经行政院呈请国民政府委员会转送中央政治会议核定,手续繁重不适宜[1],从编制到实行前后需要近一年时间,而在内战频仍的情况下,提前一年开始准备国家预算显然是不合适的,因此《预算法》颁布后未能立即实际推行,国家预算仍然依照《预算章程》和《办理预算收支分类标准》办理。

此时,国民政府的财政收入情况在因东北逐步被日军占领沦陷后更加尴尬,经常入不敷出,虽通过依靠向江浙财团借贷和发行公债得以暂时维持,但面对无底洞般的巨额财政亏空,江浙财团及财长宋子文始终表示不满。由于蒋介石经常性需要的或收买拉拢派系军阀,或对中共"围剿"而增加军费[2],给国家财政预算带来不可控因素,受到极力主张建立完整严格的国家预决算制度的宋子文的反对,从而进一步激化了蒋介石与宋子文的矛盾,最终以 1933 年宋辞去行政院副院长及财长为结果。孔祥熙继任行政院副院长兼财政部长兼中央银行总裁。宋子文提倡的国家预算体系和相关法制建设再度搁浅,随后币制改革推行,公债频发,无疑为预算的规范化编制带来了更大的难度和阻力,系统严格地规范预算编制及实施更显遥遥无期。

---

[1] 王新铭:《新旧预算法的比较研究》,载《立信会计季刊》,立信会计师事务所 1937 年第 1 期。

[2] 参见陈明远:《那时的文化界》,山西人民出版社 2011 年版。

(二) 抗日战争时期对预决算法的补救与追加

全面抗战开始后,为了使国家预算如期成立,国民政府于 1937 年 4 月公布《审定二十六年度普通预算办法》通令执行,并重修了《预算法》,将会计年度期限修改为 1 月 1 日至 12 月 31 日。此外,还在时间分配和编制机关层级上再度作出调整:在维持原四级机关不变的情况下,对预算编制的步骤进行了改变,其中,最大的改动在于财政部重新加入预算编制程序,并增加了主计长与财长的说明义务,加之行政院也没有了核定的职权,在一定程度上虚化了主计处和行政院对预算编制调整的权力。另外,修订了 1932 年《预算法》中对于逾期的预算内容拒绝编入的规定,而改为由"主计机关得商同该上级主管机关拟定或由主计机关代为拟定",降低了各部门产生矛盾的概率,并对预算编制的执行有一定的促进作用。

新修订的《预算法》细节愈加清晰,条例更为明确,但相应的审核与编制程序也变得更为复杂。自概算筹划至预算成立,中间需经过十数次的法定程序,到预算执行的时间更长达 13 个月。对编制概算的程序计算则更为繁细,附书表多达 30 余种,如此复杂烦琐的程序和文牍主义,导致《预算法》始终未能适时执行。此外,全面抗战爆发之后,国内环境和军费支出变动频繁,与下年度的实际情况符合的可能性越来越低,故预算执行颇为曲折。抗战时期国民政府的财政状况如表 25 所示。

表 25　　　　　全面抗战时期国民政府的财政状况　　　(单位:百万元法币)

年份	支出	收入	赤字
1937	1 992	1 393	599
1938	2 215	723	1 492
1939	2 797	740	2 057
1940	5 288	1 325	3 963
1941	10 003	1 310	8 693
1942	24 511	5 630	18 881
1943	58 816	20 403	38 413
1944	171 689	38 503	133 186
1945	2 348 085	1 241 389	1 106 696

资料来源:张公权著、杨志信译:《中国通货膨胀史:1937—1949》,文史资料出版社 1986 年版,第 245~248 页。

1937 年的平津、太原、淞沪、南京等大规模作战导致军费的支出巨大和不可预测性,国民政府为掌握国家实际收支情况,于 1938 年 8 月公布了《决算法》,规定各级政府于每年终时办理决算,届时需将一切收入与费用编入其中,以衔接预算年度及收支方法。决算种类又分为总决算、单位决算、单位决算之分决算、附属单位决算、附属单位决算之分决算 5 种。与《预算法》不同的是,《决算法》所规定的总决算书与总说明书需由主计机关编制,而非《主计处组织法》中规定的由主计处岁计局编制预决算,制度机制上表现出了超然主计的特征。至此,不仅正式的《预算法》《决算法》已经公布,并在形式上形成了以《预算法》与《决算法》为基础的预决算法律制度体系,这标志着近代中国预决算制度已基本定型。

至 1939 年,鉴于 1938 年仅有上半年年度预算、下半年由于战局变化而无以为继的混乱状态,采取了沿用上半年计划的方式。1940 年 1 月,1937 年修订的《预算法》经再修审后与相关施行细则一起正式开始推行,但终因编审手续烦琐和制定时间过长,加之处于战争时期,导致相应机关很难及时按规定的编审程序办理。而随着抗战进入相持阶段,国民政府辖区骤缩,而组织相持和对抗、收复战役的军费更是以惊人的速度日益增加。加之战火遍及国土,交通通信颇为困难,以及四处举债以充军费的滥发法币政策导致通货膨胀,如何进一步简化预算编审程序以期缩短编审时间,出台适应战时需要的预决算制度成为另一项重要经济课题。

在先后制定和公布了一系列变通办法后,国防最高委员会于 1942 年 5 月 12 日通过了《战时国家总预算编审办法》,对预算编制程序进行了修改和简化。与 1937 年的《预算法》相比,此次简化了核定后再发回原机关的程序,将原来的编制时间缩减为半年,这是由于战争时期军费变动频繁、形势变化迅速,需要将预算编制时间缩减。另外,将全权编制预算的职权由财政部移交主计处,并且将核算的最高机关由中央政治委员会改为国防最高委员会,也是出于战时财政的需要。

与此同时,因通货膨胀而出现的各种名目的追加预算日益频繁。由于战时军费的庞大支出带来的对通货膨胀的影响、战时生产力下降导致民用物资供不应求、日军侵略破坏导致币值下跌加剧,以及国民党政策指导的失误等种种原因,1937 年至 1945 年,特别是 1940 年年底之后,通货膨胀速度惊人(见表 26)。尽管国民政府采取了增加税收、发行公债、强制储蓄、紧缩信用等手段试图回笼货币,但 1940 年后的货币投放量仍以几何级数增长。

表 26　　　　　1937—1945 年法币发行额、发行指数及物价总指数一览表

时间	发行额(10 亿元)	发行指数	物价总指数
1937.7	1.14	1.03	0.97
1937.12	1.64	1.16	0.98
1938.1	1.68	1.19	0.98
1938.6	1.73	1.23	1.03
1938.12	2.31	1.64	1.04
1939.1	2.31	1.64	1.08
1939.6	2.70	1.91	1.20
1939.12	4.29	3.04	1.77
1940.1	4.45	3.16	1.79
1940.6	6.06	4.30	3.36
1940.12	7.87	5.58	10.94
1941.1	8.2	5.82	11.08
1941.6	10.7	7.59	17.26
1941.12	15.1	10.71	28.48
1942.1	16.0	11.35	29.21
1942.6	24.9	17.65	41.62
1942.12	34.4	24.40	57.41
1943.1	35.7	25.32	58.93
1943.6	49.9	35.38	112.50
1943.12	75.4	53.46	200.33
1944.1	81.6	57.85	218.24
1944.6	122.8	87.07	544.70
1944.12	189.5	134.36	548.60
1945.1	202.9	143.86	658.60
1945.7	462.3	327.77	1645.00

说明:法币发行指数,基期为 1937 年 6 月＝1;物价总指数以重庆市基要商品为例,基期为 1937 年 6 月＝1。

资料来源:吴冈编:《旧中国通货膨胀史料》,上海人民出版社 1958 年版,第 92～95 页、第 165～170 页。

由于货币无限制发行,对物价上涨的控制也已濒临崩溃。通货膨胀的恶化直接导致主计人员对收支状况的预测更为困难,于是各种名目的追加预算纷沓而来,财政当局的应对更是捉襟见肘。财政部心有余而力有不逮,唯有下令所属机关自行设法,于经费中予以节支。[①] 此时,即使不允许财政部下属机关自行收支,"因物价涨势不能控制,政府收入之增加远落在支出之后",预算仍然无法执行。但是,一旦允许各机关自行收支,预算则被破坏得更为严重,决算更无法编制,财政预决算制度也随着通货膨胀的逐渐失控而处于混乱状态。

(三) 抗战结束后《预算法》修订的进步和执行的出师未捷

一方面,抗战胜利后,国民政府将主要精力放在对沦陷区的战后接收和对战后赔偿的交涉上,同时各项相应法规政策处于制定阶段,但并未将主要人力用于社会制度的重建与社会复兴。随着沦陷区的不断接收和相关管理机构的再设置与就位,相关制度的重新设计也作为国民政府的课题之一进入了规划筹备阶段。对预决算的调整和控制虽由于沦陷区不断收复、战火波及地域的受害情况调查尚未明确而暂时停滞,但对于结束"战争时期"进入"和平时期"的《预算法》的再修善工作被行政院再度提上了日程。另一方面,尽管抗战结束时国民政府面临通货膨胀和民生困迫,国内各地遭战火洗掠,但蒋介石和国民政府在战后还是获得了一定力量的支持。[②] 1946 年后,国民政府开始着手重建各项制度,而财政预算制度则是最为紧要的制度重建任务之一。7 月,国民政府改订财政收支系统,将战时一度混乱的财政体制恢复为之前的三级构造,并对各级政府收支进行重新分类,在对 1946 年下半年度总预算进行调整后,办理了各项岁入岁出预算的追加手续。

《预算法》重新修订后公布,为顺应"行宪",将"国民政府"更名为"总统府",并且由于"宪制"形式上的需要,中央政治委员会也退出了预算的编制程序。另外,《中华民国宪法》第 59 条明确规定:"行政院于会计年度开始三个月前(9 月底前),应将下年度预算案提出于立法院。"于是,在国民政府对预算编制程序最后一次的修改中,将对预算的核定权再次交给行政院,并简化了步骤和程序,将预算编制时间缩减为 8 个月。如果得以推行,对预算的编制和执行都将会较 1937 年的《预算法》有效和方便。但是,随着国民政府军队在三大战役中精锐丧失殆尽,败走台湾地区已成定局,而再修订的《预算法》也尚未实施便随着国民政府一起淡出了历史舞台。

---

① 马寅初:《财政学与中国财政》,商务印书馆 1948 年版,第 101 页。
② 田远:《战争的终结和中国人留日学生的境遇与选择:1945—1952》,日本中国文库 2014 年版。

三、预决算制度的弱点及教训

(一) 因战争带来的不确定性

自国民政府建立至败亡的 22 年中,战争是贯穿其始终的重要组成部分,从军阀混战到日本侵略再到国共内战,国民政府一直在进行着连续不断的战争。因此,作为最大财政支出项目的军费支出,成为阻碍预算编制和预决算执行的最重要原因。在宋子文主政财政部时期,虽与蒋介石意见相悖,但迫于压力仍针对军费浩繁频繁追加预算,如此一来,不仅淡化了预算法案的效力与严肃性,更使得翌年度的预算编制无以为继。而到了对蒋介石唯命是从的孔祥熙主政财政部时期,多次向财政部及中央银行借垫,更是直接破坏了预算制度。从国民政府建立伊始直至抗战后期,地方军队的军费问题一部分是自行筹措,而军队自筹无异于抢劫,完全不可称之为在预决算制度范围内。

(二) 蒋介石独裁训政统治方式导致权力凌驾于预算法律制度之上

在蒋介石的训政统治时期,作为国民党领导人与军事领袖的蒋介石掌握着最高国家权力,更手握不受监督框架体系内的独裁大权。预算制度本是在相对民主的政治环境下对权力的一种限制框架,而在独裁统治凌驾于预算法律之上的背景下,蒋介石所掌握的政治与军事权力对于预算制度的破坏也就成为必然,其直接结果就是经常在政策与预算法案之外,因军费增支或私赏拉拢军阀势力的实权人物,仅以手令或命令直接要求财政部或银行拨垫。这也是与致力于在中国建立严格的西方式预决算的宋子文频频产生冲突的根本原因。蒋介石为将银行当作"军需处",更于 1933 年 4 月开办了中国农民银行,在 1934 年 8 月至 1937 年 1 月两年多的时间里,"奉蒋公电令支拨各种款项 108 094 800 元"[1]。由此也导致了宋子文在1932 年 6 月和 1933 年 10 月先后两次辞职,从而对预决算制度的建设与完善造成了沉重打击,也标志着国民政府对预决算法律制度建设和推行的失败。

(三) 会计、审计人员的缺乏导致预决算制度实际运作困难

近代会计制度自清代才从西方引入中国,到国民政府成立时也不过经历了几十年的发展,"主计人才的难得,实在是推行超然主计制度十余年来的困难遭遇"。自 1931 年 4 月设立主计处至 1946 年间,全国中央机关多达数百个,有 20 余个省、2 000 余个县,公私营事业与企业机关更是无以数计,但仅有区区"会计人员二万零七十一人"。其中,技术低劣滥竽充数甚至同流合污于地方势力分赃民脂蛀空国库

---

① 中国人民银行金融研究所编:《中国农民银行》,中国财政经济出版社 1980 年版,第 121 页。

的更是不在少数。① 加之会计人员业务生疏,平日缺少或怠于登记,对于决算书表中附件如财产目录,经常由于对编制存在技术上的困难导致决算无法编成。②

此外,为制约行政首长对财务的支配权而设立的主计、审计和公库人员本应有相对超然的地位和相应权限,但事实上相对于控制整个机关事务甚至地方军务、实物的行政首长,仅有预算、会计、决算权的主计人员和仅有监督权且客居于各个机关中的审计人员在这种制衡关系中明显处于劣势,常有威胁利诱之事实发生。即使检举也会因为行政系统的官官相护而不了了之,所谓监督形同虚设。③

严格的预决算制度作为近代民主政治框架下法治中的一个环节,需要民主化的政治体制,而国民政府统治时期,中国尚处于半殖民地半封建的状态下,社会物质条件与人才培养后备未能达到建设法治社会的水平,对法治的信仰与执行力更是相距甚远。推崇孙中山"贤人支配"思想为上的国民政府的顶层设计者们所设计的"制度超乎理想国之上,事实沦于十八层地狱之下"④,对底层情况的把握不足及远离真正民生、空具理论上合理性的预决算制度,从设计出台的开始便已经注定了其一路曲折最终黯然离场的结局。

第四节　监察制度的完善

为保证财政事务的顺利进行,需要对财务进行监督。国民政府的财政监察机构主要由主计系统和审计系统组成,主计系统进行预算和决算编制,具体负责机构为主计处,审计系统则进行事前和事后的财政审核,具体负责机构为监察院审计部。监察院独立于其他权力机关之外,在监督预决算执行方面发挥了一定积极作用,在一定程度上保证了国民政府各级行政机构的运转。

一、主计机构

国民政府成立之初,全国总会计之权归财政部所有,尚无独立的会计专门机构。1928年立法院成立后,认为主计机关置于财政部之下无法发挥计政监督作用,遂决定将计政机构独立。1931年,主计处宣告成立,直属于国民政府,由主计

---

① 蔡世英编:《中国现行主计制度概论》,立信会计图书用品社1948年版,第122页、第149~151页。
② 马寅初:《财政学与中国财政》,商务印书馆1948年版,第104页、第474页。
③ 孙怀仁:《中国财政之病态及其批判》,生活书店1937年版,第6~8页。
④ 马寅初:《财政学与中国财政》,商务印书馆1948年版,第108页。

长综理处务,下设三局(岁计局、会计局、统计局)掌管、统筹全国主计事务。其中,岁计局掌管总概算、预算的编制和设计,颁行会计、统计表册等事务;会计局掌管全国日常的会计核算和会计人员的管理工作,如会计人员的任免、迁调、训练和考核等事务;统计局则主管全国统计事宜。自此,全国总会计之权由财政部移转于国民党政府主计处。各院部和地方政府的主计机关直接对主计处负责,主计人员的任免、培训、考核等事务也由主计处承担,不受所在机关长官的干预,各级主计人员均可依据会计法和统计法超然独立地运用其职权。"会计独立"的原则由此得以体现。

地方会计组织系统为总会计—分会计(包括普通会计、特别会计)—附属会计(包括普通会计、特别会计)。总会计为省级最高会计机关,其职权由财政厅长执行;分会计设主任会计一人,由总会计挑选合格人员担任。

二、审计机构

国民政府成立初期的审计机构为审计院。1928年3月,国民政府公布《审计院组织法》,规定审计院直属国民政府,审计院由第一、第二两厅和总务、秘书两处组成。第一厅设三科,负责事前审计,监督预算的执行;第二厅设六科,负责事后审计,审核决算;总务处内设四科,掌管文书、会计、统计、庶务等事项;秘书处设秘书长1人,秘书2~4人,办理正副院长交办的事务。1931年2月,审计部成立,隶属于监察院,明确规定"审计人员独立行使其审计职权,不受干涉"。审计部负责财政的审核,政府各机关编造和动用预算、报告决算均须送呈审计部进行审核,财政部各项支付款也须经审计部审核后签发支付命令,再由国库司核对金额和办理应履行的手续后,方可由中央银行国库局发放。审计部的重要审计事务须交由审计会议议决,审计会议对于本部审计事务的处理、审计权的行使拥有最后的决定权,而无须请示监察院院长,也不需要向监察院汇报。审计会议由部长、政务次长、常务次长与审计共同组成。部长、次长之下设以下机构,专门负责审计权行使的配套事务:审计、协审与稽察,分别执行审计、稽察职务,是审计权的主要行使者;三厅,第一厅掌理政府所属全国之事前审计事务,第二厅掌理其事后审计事务,第三厅掌理其稽察事务;厅下设科,处理具体的审计、稽察事务;总务处,掌理文书、庶务等事项;会计室、统计室、人事室,办理岁计、会计、统计、人事管理事务。1933年公布的《监察院组织法》第五条对审计部的职权作出了规定:掌理监督政府所属全国各机关预算之执行;核定政府所属全国各机关之计算及决算;核定政府所属全国各机关之收入命令及支付命令;稽察政府所属全国各机关财政上之不法或不忠职务之行为。①

　　1947年《中华民国宪法》公布实施后,国民政府进入所谓宪政时期。根据1948年颁布的《审计部组织法》,审计部的组织设置有如下改变:改部长为审计长,政务次长、常务次长为副审计长;增设第四厅,掌理就地审计事务;增设审计室,复核审计案件、办理其他不属各厅之审计事务及长官交办事务;增设驻审室及巡回审计组,执行各机关就地审计事务;增设会计、统计室及人事室,受审计长之指挥监督分别办理岁计、会计、统计及人事事务;增设参事、专门委员若干人。参事掌理撰拟审核关于审计之法案命令事项,专门委员办理专门业务;增加审计、协审、稽察员名额,设审计12～14人,协审24～39人,稽察18～26人;重新确定审计、协审和稽察之任用资格。② 审计部审计长的任命方式也发生了改变,不再由监察院院长提请国民政府任命,而是由总统提名,经立法院同意后任命。实际上,这在一定程度上破坏了监察院和审计部的独立性。另外,审计权的范围得到了扩充,增加了考核政府所属全国各机关财务效能、核定各机关人员对于财务上之责任等职能。

　　地方也有配套的审计系统。《审计部组织法》规定:审计部于各省及直隶行政院之市设审计处,掌理各该省市内中央及地方各机关之审计、稽察事务;其他不能依行政区域划分之机关,经国民政府核准,得由审计部设审计办事处;审计部置驻外审计、协审、稽察,分别执行各审计处、审计办事处之职务。③ 审计处设审计1人,兼任处长,协审2人,稽察、秘书各1人,均由审计部派驻。下设四组,前三组分管所在省或市中央及地方各机关的事前、事后审计以及稽察,总务组负责处理文书、统计、会计等事务。审计办事处则根据事务的繁简备有两种组织模式:事务繁多就按审计处之组织模式设立,事务简单即只设协审1人与佐理员。各处还设立审核会议,议决处理审计机关的重要审计案件。各省审计处、审计办事处与审计派驻机构的相继建立,扩充了审计组织体系,扩大了审计区域范围,结束了审计院时代地方无中央设立的审计分支机构的历史,使审计职权的行使逐渐推及地方的公共财政机关,为加强地方财政监督提供了便利条件,也为大规模推行就地审计奠定了组织基础。④ 然而,地方审计工作的实际推行结果并不理想。国民政府从1935年起才开始逐步在各省、特别市成立审计处,直到1947年全国也才建立了

---

① 夏寒:《民国的事前审计及其制度环境》,《审计研究》2013年第1期。
② 刘鼎铭:《民国时期的中央审计机器与审计制度述论》,《南京审计学院学报》2004年第2期。
③ 彭勃主编:《中华监察大典》(法律卷),中国政法大学出版社1994年版,第833页。
④ 鄢定友:《民国时期政府审计机构的递嬗路向与思考》,《会计之友》2012年第12期。

27 个省和特别市审计处,辽宁、黑龙江、北平、天津、青岛等十几个省和特别市并未设立审计处。至于普通市和县级政府则一直未设审计机构,因此地方审计机构和工作并不完善。

国民政府时期的审计对于监督政府的财政收支和预算决算的执行,发挥了一定的积极作用。一方面,在财政极端困难的情况下,它有利于政府增加收入、节约开支,维持了政府最基本的财政开支,确保了各级政府机制的运转。特别是在抗战时期,对确保大后方抗战经费的运用发挥了一定的积极作用,有力地支持了大后方的抗日战争。同时,审计也在一定程度上增加了政府财政收支的透明度,防止财政收支的暗箱操作,使政府的运作机制初步走上了近代化轨道。审计也暴露出一些官员在财政经济上的不法不忠行为,揭露了官员的贪污舞弊和渎职犯罪案件,有助于加强吏治建设,防止阶级矛盾激化,缓和社会危机。另一方面,审计部门常常存在着经费不足的问题,尤其是到了国民政府后期,人力财力均面临匮乏,审计工作难以正常开展。[1]

第五节　外债政策的调整

全面抗战爆发后,随着战争的不断扩大和深入,浩大的军费支出和战争造成的经济损失使国民政府的财政经济面临着严峻考验,财政赤字累累,财政危机日益严重。为保证战争需要,扩大财政来源,国民政府采取了一系列调整财政的措施,其中之一便是调整外债政策,外债举借方式、用途、条件和偿还办法等都出现了新情况。一方面,大量平准基金借款充实和稳定了战时动荡的中国货币市场,填补了部分财政亏短额,在很大程度上缓解了国民政府的财政危机。另一方面,外债削弱了国民政府的特矿生产和贸易主权,也使其财政金融进一步受制于英、美等国。

一、全面抗战时期外债政策的调整

全面抗战爆发后,随着日军的进攻和国土的沦丧,中国丧失了大量的农业生产基地和工业生产能力,社会经济萎缩,财政危机日益深重,财政赤字不断扩大。1937—1945 年,财政赤字增加了近 700 倍[2],财政亏空之严重程度由此可见一斑。为缓和财政危机,保证抗战的胜利,国民政府采取了增加税收、举借内债、发行钞票

---

[1]　史全生:《略论民国审计制度的建立与发展》,《民国档案》2003 年第 1 期。
[2]　杨荫溥:《民国财政史》,中国财政经济出版社 1985 年版,第 102 页。

和外汇管制等财政金融应急措施。这些措施对于筹措军费、坚持抗战起到了一定作用,但并不足以缓解日益严重的财政困难,为此不得不大量举借外债。

(一)外债举借情况

1937—1945 年,国民政府共借外债 25 笔(见表 27)。按最大债权国不同,可分为两个阶段:1937—1939 年为第一阶段,借款共计 15 笔,其中,借款总额最多的国家为苏联;1940—1945 年为第二阶段,借款共计 10 笔,其中,借款总额最多的为美国。

表 27　　　　　　　　1937—1945 年国民政府外债一览表

国别	年份	名称	年息(厘)	合同额	实际支用额
苏联	1938	第一次易货借款	3	50 000 000 美元	50 000 000 美元
	1938	第二次易货借款	3	50 000 000 美元	50 000 000 美元
	1939	第三次易货借款	3	150 000 000 美元	73 175 809 美元
美国	1939	桐油借款	4.5	25 000 000 美元	25 000 000 美元
	1939	联洲公司飞机借款	5	12 000 000 美元	4 424 000 美元
	1940	华锡借款	4	20 000 000 美元	20 000 000 美元
	1940	钨砂借款	4	25 000 000 美元	25 000 000 美元
	1941	平准基金借款	1.5	50 000 000 美元	10 000 000 美元
	1941	金属借款	4	50 000 000 美元	50 000 000 美元
	1942	财政援助借款	不详	500 000 000 美元	500 000 000 美元
	1945	永利化学公司借款	4	16 000 000 美元	2 000 000 美元
英国	1937	广梅铁路借款	不详	3 000 000 英镑	
	1937	第一次信用借款	5	3 000 000 英镑	2 988 000 英镑
	1937	浦襄铁路借款	不详	4 000 000 英镑	不详
	1938	京沪沪杭甬铁路支付洋员薪费借款	不详	不详	3 800 英镑
	1939	平准基金借款	2.75	5 000 000 英镑	5 000 000 英镑
	1941	印度航空公司飞机借款	不详	298 000 美元	298 000 美元
	1941	新平准基金借款	1.5	5 000 000 英镑	2 830 000 英镑
	1941	第二次信用借款	3.5	5 000 000 英镑	5 000 000 英镑
	1944	财政援助借款	不详	50 000 000 英镑	8120 000 英镑

226

续表

国别	年份	名称	年息(厘)	合同额	实际支用额
法国	1938	湘桂铁路南镇段借款	7	180 000 000 法郎	117 490 000 法郎
				144 000 英镑	130 000 英镑
	1939	叙昆铁路借款	7	480 000 000 法郎	1 290 000 法郎
捷克	1937	兵工厂军械借款	不详	1 610 000 英镑	1 610 000 英镑
比利时	1937	陇海铁路调换债券费用借款	不详	241 000 法郎	241 000 法郎
荷兰	1938	陇海铁路局经费借款	不详	417 000 费罗林	417 000 费罗林

资料来源:马金华:《中国外债史》,中国财政经济出版社 2005 年版,第 348~349 页。

(1) 苏联借款。1937 年 8 月 21 日,中苏签订互不侵犯条约,以此为契机,双方奠定了互相支援的政治基础。全面抗战爆发后,军事委员会军令部次长杨杰在访苏时与苏联国防委员会就军事援助问题进行了磋商。苏联也由此成为全面抗战时期第一个向中国提供借款和军事援助的国家。1938—1939 年,苏联向中国提供借款三笔,共计 2.5 亿美元,年息 3 厘,借款方式为易货。

(2) 美国借款。由于美国一直对日本采取绥靖政策,加上其国内独立主义盛行,中国直到 1939 年 2 月才从美国得到第一笔借款,即总额为 2 500 万美元的桐油借款。1941 年 12 月太平洋战争爆发后,美国加入世界反法西斯战争中,此后其对中国进行了数次大额借款。除借款外,美国还向中国租借物资。1942 年 6 月 2 日,中美签订《中美抵抗侵略互助协定》,即中美租借协定,规定:美国向中国提供军火和军用物资,中国向美国提供人力、材料和情报。此项租借物资总额为 8.7 亿美元。[1]

(3) 英国借款。抗战期间英国给予中国多次借款,但数额都较小,其中最大的一笔借款是总额为 5 000 万英镑的财政援助借款。1944 年 5 月 2 日,中英签订协约,规定英国向中国借款 5 000 万英镑,用途包括为公债作担保、购买战时物资等。

(4) 其他。除上述主要债权国外,法国、捷克、比利时、荷兰等国也曾给予中国借款,其中最多的是铁路借款。

(二) 战时外债的特点及其意义

全面抗战时期的外债有三大特点:第一,借款为易货性质,不以现金交付,即债权国不以现款交给国民政府,而是以其款额在该国国内或殖民地购买各种货物。

---

[1] 刘秉麟:《近代中国外债史稿》,武汉大学出版社 2007 年版,第 220 页。

同时,国民政府也不以现金还款,而是按照各年应付本息数额提供债权国所指定的农矿产品运往债权国销售,以所售得货款抵偿借款。第二,借款条件较为优惠。中国无须提供担保品,一般仅指定由中国运售农矿产品以售价抵偿,大部分借款属于"信用借款";借款均无折扣,且无经理费;利率较低,以实际动用额计算利息,除法国两笔铁路借款年息为7厘外,其余数额较大的借款年息一般为3~4厘;可随时偿还本金,并可全部提前清偿。第三,借款合同履行过程中变故较多。由于中国处于战争状态,国内局势动荡不定,加上主要债权国如苏、美、英、法等国相继卷入战争,部分借款合同因此无法照约履行,或被迫中途中止合同,或实际支用数与合同额相差较大。①

战时外债对于支持中国抗战以及世界反法西斯战争的胜利具有积极的意义。第一,大批军事物资的输入增强了中国抗战的军事力量。从借款的具体用途来考察,苏联借款主要用于购买军火和其他军用品,英、美借款则主要用于非军火购料和对国民政府的财政性金融性支持。国民政府依靠借款购置了大批军火物资,对于改善中国军队的武器装备起了很大的作用,同时,大量飞机、载重汽车、汽油、电讯器材、布匹和其他各种机械设备的购置有助于改善交通运输,提高通讯水平,在一定程度上增加了中国的军事和国防力量,为坚持抗战提供了物质基础。另外,战时借款的很大一部分是用于修建铁路。战时新建铁路主要集中在西南,为大后方坚持长期抗战起了巨大的保障作用。这些铁路修建在崇山峻岭、经济落后、条件艰苦的西南地区,也对后来这些地区的经济发展和中国边境的开发和稳定具有深远的意义。② 第二,大量平准基金借款充实和稳定了战时动荡的中国货币市场,填补了部分财政亏短额,缓解了国民政府的财政危机。国民政府依赖英、美借款设立中英、中美外汇平准基金等,采取维持黑市外汇比价的政策,努力巩固法币信用,对于稳定金融、稳定币值、抑制通货膨胀起到了重要作用,从而有助于维持国内外工商界对国民政府的基本信心。第三,外债所代表的心理上的支持和政治上的承诺在一定程度上鼓励了中国的抗战士气。

此外,各国向中国借款的根本出发点都是为了维护其在华利益,这一动机决定了战时外债具有一定的消极影响。第一,外债削弱了国民政府的特矿生产和贸易主权。相当部分的借款以易货偿债方式进行,通过两国政府间的协定扩大了债权国对华商品的输出。在偿债性易货活动中,国民政府不能根据国际市场的需求变

---

① 马金华:《中国外债史》,中国财政经济出版社2005年版,第349~352页。
② 金普森:《外债与抗日战争的胜利》,《抗日战争研究》2006年第1期。

化减少或增加出口,以保证出口产品价格的稳定或提高,而必须按照协定要求如期如数交付偿债产品,满足易货国对方对这些指定矿产品的需要,这就使其特矿生产和贸易在一定程度上受制于人。第二,借款使国民政府的财政金融进一步受制于英、美。依赖英、美借款设立外汇平准基金、维持黑市外汇比价的政策,是以损害国家主权、使外汇统制受制于英美为代价的。设立大量平准基金,基金管理委员会均有英美代表参加,法币既依附于英镑又与美元挂钩,英、美获得了对法币的控制支配权,牢牢地控制了法币的外汇汇率。日本则乘机大量收购套汇,既获取了惊人的暴利,又达到了削弱法币外汇基金储备的目的。中国既蒙受了重大经济损失,又丧失了法币自主权。第三,外债在很大程度上支持了国民政府发动内战。随着国民党对抗日态度的日趋消极,外国借款日益成为中国国内政治斗争的武器。英美的借款和租借物资,有相当一部分留到抗战结束后使用。国民党利用英美援助装备的部队,成了后来进行反革命内战的力量。[①]

（三）对旧外债的整理和摊存

国民政府成立后,对北洋政府遗留下的外债进行了清偿和整理。但随着抗战的爆发,国民政府军费开支激增,财政出现困难,整理外债政策的实施遇到了阻碍,如几项重大铁路外债无法按整理方案还本付息,以关税、盐税作担保的各债本息偿还出现困难。在政府财政困难日益加重的局面下,国民政府开始考虑对外债政策进行调整,暂缓偿还外债,实行新的债务偿还政策,并对此进行了周密安排:首先,停止偿付一部分外债本金,采取偿还利息、缓还本金的方案;其次,于 1939 年 1 月 15 日发布通告,暂停全部拨偿方法。缓付是将按期偿还方式变为摊存形式,在维持抗战前确立的外债整理方案基础上,进一步保全外债信用。具体而言,就是把每月海关担保各项债务之数额,按照各关所在地划分为战区(即日占区)及非战区(即国统区)两部分,各以上个月本区收入数目比照全国关税收入总数,定为各该区本月份应摊债额之标准;国民政府停止支付海关担保外债的本息,但把国统区各关应承担的份额存入中央银行备付,恢复支付的条件,是日占区各关将其以前欠缴之款(即至 1938 年年底的 1.75 亿元国币)补齐并每月向总税务司照旧解款。同年 3 月,国民政府又宣布停付以盐税担保各债本息,采用同样的摊存方法。[②] 缓付摊存是一种灵活的战时财政手段,在维持国家信用的前提下,既能促进国际社会支持中国抗战,也便于新外债谈判。

---

① 苏黎明:《抗战时期国民政府外债举借述评》,《中国社会经济史研究》2001 年第 1 期。

② 吴景平:《评南京国民政府的整理外债政策》,《近代史研究》1993 年第 6 期。

随着全面抗战的展开,国民政府财政赤字越来越严重,关税和盐税的不稳定状况也日益突出,慢慢影响了 1939 年确定的缓付摊存政策与处置措施。1942 年,国民政府财政部训令海关总税务司,要求海关一切收支应按《公库法》规定办理,"所有海关收入,应扫数解库,不得提付任何款项,即以关税为担保之债、赔各款之本息基金,亦非例外"。在《公库法》原则之下,国民政府对缓付摊存作出重要变动,出台了《关税担保外债摊存节略及转作特种基金处理意见》,"关税摊存债款自应作为特种基金存款列收库账处理"。根据该规定,关税直接归缴国库,再由国库拨为特种基金统一偿还外债,延伸到盐税,最后的方案是,"关税担保各债款之拨存额为全年应偿金额百分之十四,盐税担保各债之拨存额为全年应偿金额之百分之三十五","专款存储中央银行,以备战事结束后恢复偿付"[①]。摊存款项从总税务司的"专账"改为"库账"后,已经全盘变更了外债偿还程序。此前运行次序为:关盐税征收—摊存—存入中央银行账目—列为外债基金—留待战后偿付;变更后运行次序为:关盐税征收—国库—总税务司或盐务总局列报摊存数额—国库下拨基金存款—列为偿债基金户库账—留待战后偿付。这一调整的关键之处在于国库地位的凸显,"国库依照前项拨存额,海关总税务司及盐务总局分别编列应偿债款本息表,呈送国民政府财政部核定,列入国家预算,于年度终了时由国库以此拨存中央银行,按照债款分别开列特种基金存款户"[②]。

二、抗战胜利后的外债政策

抗战胜利后不久,国共内战爆发,内战的持续极大地破坏了社会经济,国民政府的财政赤字猛增,1947 年比 1946 年的赤字增加了 5.3 倍,金融体系面临崩溃。为解决财政危机,支撑内战的继续,国民政府一面继续战前的整理外债政策,一面大量举借外债,美国给予了国民政府大量借款和援助。

(一)外债整理与清偿

抗战胜利后,国民政府有关部门曾考虑恢复偿付关盐税担保外债本息,但并未付诸实施。截至 1946 年 4 月,抗战期间所举借的各笔外债,基本按约偿付了本息。对于全面抗战前所举借的外债,则按照国际公法进行处理,美麦借款、棉麦借款已清偿完毕。抗战期间停付以关盐税担保外债本息(不包括庚子赔款)累计已达到

---

① 财政科学研究所、中国第二历史档案馆编:《民国外债档案史料》第二卷,中国档案出版社 1991 年版,第 517、第 450 页。

② 张侃:《抗日战争时期中国政府外债摊存及偿债基金之演变》,《中国社会经济史研究》2010 年第 3 期。

2 130 余万英镑和 650 余万美元(按当时官方汇价合计国币 1 422 余亿元),而同期摊存于中央银行的仅为 1.37 亿元国币,根本无力偿付。此外,关盐税实际收入也远低于战前水平,偿债能力十分低下。在这种情况下,1946 年 4 月 20 日,国民政府财政部提出《战前各债恢复偿付办法》,将抗战期间停付的各项外债,"一律作为延付八年,并自民国三十五年七月一日起,开始补付,顺序递移,至偿清之日为止",其中八年的延付利息不予计算。此外,该文件还对"关盐税担保各项外债延付办法"作出了八条具体规定。[①] 与此同时,交通部也提议对其所经管的 81 项外债进行整理,与有关债权国交涉重订合同,并从 1947 年恢复偿付。国民政府财政部则因交通事业本身尚无盈余可以拨付,认为应暂缓恢复交通部经管各项积欠外债的本息。另外,由于行政院迟迟未作出决定,国民政府财政部关于 1946 年下半年恢复关盐税担保外债本息的提议也无法付诸实施。1946 年 10 月,国民政府财政部重新拟定关盐税担保各项外债恢复偿付办法,并呈请行政院审核,很快得到行政院的核准。[②] 但行政院长宋子文表示反对,认为关盐税担保八项外债恢复偿付应从缓实施,他甚至致函主计处,要求将 1947 年度国家总预算内有关恢复偿付外债的部分一律予以删除。

尽管一再遭遇阻碍,国民政府财政部和交通部仍致力于谋划拟定切实可行的恢复外债偿付办法。1948 年 12 月,行政院第 32 次会议决定采用财政部所提方案中范围最窄的一种,即只恢复关盐税担保八项外债利息的一半,从 1949 年起实施,但由于国民政府的节节败退而再次搁浅。半年之后,国民政府的统治在中国大陆完全崩溃,其对外债的整理也彻底失败。

(二)美国借款与援助

抗战即将结束之际,出于战时国民经济损耗严重和战后复兴经济之需要的考虑,国民政府开始筹划战后举借外债的事宜。然而,英国、法国、苏联等欧洲国家在第二次世界大战中遭受巨大创伤,无力向外输出资本,较晚卷入战争的美国则维持了一定的经济实力。因此,在国民政府的战后举借外债计划中,美国成为主要的借贷对象。在战后国民政府所举借的外债中,除两项为加拿大借款外,其余全部为美国借款,见表 28。而且,这两笔加拿大借款实际上是与美国借款性质一致的:"一方面是商承美国政府的意旨,与美国侵华政策相辅并行;另一方面是推销战后自己的剩余物资。"[③]抗战结束后国民政府外债情况如表 28 所示。

---

① 财政科学研究所、中国第二历史档案馆编:《民国外债档案史料》第二卷,中国档案出版社 1991 年版,第 481 页、第 483～484 页。

② 马金华:《中国外债史》,中国财政经济出版社 2005 年版,第 367～368 页。

③ 刘秉麟:《近代中国外债史稿》,武汉大学出版社 2007 年版,第 227 页。

表 28　　　　　　　　　抗战结束后国民政府外债一览表

年份	外债名称	年息(厘)	金额
1945	美军让售华西剩余物资欠款	2.375	1 703.84 万美元
1946	中加信用借款	3	6 000 万加元
1946	中美棉花借款	2.5	3 300 万美元
1946	中美铁道购料借款	3	1 665 万美元
1946	中美租借剩余物资借款	2.375	5 890 万美元
1946	中美发电机借款	3	880 万美元
1946	中美购船借款	3.5	260 万美元
1946	中美采煤设备借款	3	150 万美元
1946	民生公司加拿大购船借款	3	1 275 万加元
1947—1948	中美四批船舶借款	3.5	1 650 万美元
1948	中美购买轮船十艘借款	3.5	424.3 万美元

资料来源:财政科学研究所、中国第二历史档案馆编:《民国外债档案史料》第十一卷,中国档案出版社 1991 年版,第 477～638 页。

美国对国民政府的援助并不仅限于借款("美债"),此外还有"美援"。"美援"大致可分以下几类:战后租借物资、联合国救济总署物资(美国部分)、剩余物资售卖、"中美合作"军事援助、美国援外物资等,其中绝大部分为美国向国民政府提供的军火及军需品。[1] 据估计,自全面抗战起至 1948 年,此类美援共 15 笔,包括救济物资 4 笔、租借物资 2 笔、军事援华 2 笔、让售和赠与物资 7 笔,总值为 67 亿多美元,动用债额及物资净值为 57 亿多美元。[2] 具体而言,美援的物资包括四部分:一是联合国救济总署运华的救济物资;二是战后租借物资;三是根据"中美合作"和 1948 年《军事援华法》拨交的军事援助物资;四是美国战时运储在太平洋各区尚未动用的物资,即习惯称的"剩余物资"。其中,剩余物资售卖实为美国存放在中国境内及西太平洋各岛之作战物资。第二次世界大战结束,美国已无此需要,就作价售卖给国民政府。除以上援助外,美国还协助国民政府进行军事训练等。

战后美国对国民政府的借款和援助,在一定程度上缓和了国民政府的财政危机,支持了其内战的进行,但并不能够挽救国民政府军队的溃败和政府的覆亡。

---

① 金普森、许法根:《抗日战争胜利后南京国民政府之内外债》,《浙江大学学报》(人文社会科学版) 2007 年第 5 期。

② 吴承明:《帝国主义在旧中国的投资》,人民出版社 1955 年版,第 78 页。

第六节　通货膨胀状况与相关政策

随着全面抗战的爆发,国民政府的赤字率空前攀升,几乎全靠发行纸币填补。在战争大形势与法币投放过多的影响下,通货膨胀状况迅速恶化,这一弊端随着抗战正面战场进入相持阶段后被多倍地放大和加剧,使得本就不堪重负的国内经济体系和金融市场的控制雪上加霜。抗战胜利后不久,再度爆发的内战和1948年金圆券币制政策的彻底失败,形成恶性通胀的爆发和国统区金融体系的全面崩溃。

一、全面抗战时期的通货膨胀

(一) 1940 年前通胀的缓慢增长

随着抗战的全面爆发,为避免因战争影响而导致经济、金融受到过大冲击以致瘫痪,国民政府财政部于 1937 年 7 月 27 日采取临时性应急措施,授权中央银行、中国银行、交通银行、中国农民银行四大银行在上海合组联合贴放委员会,联合办理战时贴现和放贷事宜,以"活泼金融,安定市面"。淞沪会战、太原会战爆发和华北地区被日本侵略军占领后,上海战局颇为紧张。时任财政部长孔祥熙召集张群等人商讨增发纸币以应对财政急需,增发纸币这一决议虽然通过,但尚未决定增发法币还是另起新的流通券。

在全面抗战初期,国民政府虽大幅增加法币投入量,但主要通过公债的发行和接受国外贷款援助的方式弥补财政赤字,从而并未导致法币发行投入的失控。而随着南京大屠杀等引出越来越多国民同仇敌忾后团结局面的出现,国民政府所发行的公债从 1937 年至 1939 年被认购近 3 亿元。同时,在此期间国民政府还获得了 0.084 47 亿英镑和 2.75 亿美元折合同期法币约为 20.0 亿～32.7 亿元的援助贷款。[①] 由此看来,如要弥补财政赤字,需要增发 14.13 亿～26.8 亿元的法币,而实际增发数额为 31 亿元,同数额法币购买能力降低 3.6 倍。考虑到国难当头,全土遭战火洗劫,纸币或在战线后迁所带来的难民迁徙中丢失,或毁于战火,加之抗战引发民众恐慌,距离沦陷地区较近的部分较为富裕的阶层纷纷将固定财产变卖为现金以便随时逃亡,又有因战火波及导致内陆至沿海口岸交通困难,商业资本周转速度减缓等因素影响,物价虽有上涨,但尚属缓和。

国民政府虽在 1938 年 3 月和 6 月分别公布了《购买外汇请核办法》和《限制携

---

① 张公权著、杨志信译:《中国通货膨胀史:1937—1949》,文史资料出版社 1986 年版,第 94 页。

运钞票办法》来阻止和限制法币的不正常流失,日本政府也在 1938 年 7 月通过了《适应时局的中国的谋略》,决议"设法造成法币崩溃,取得中国的外汇,以期在财政上使中国现中央政府自行消灭"①。随后,日本在占领上海后加大吸套法币的力度,并在上海外汇市场套取外汇。但在抗战初期,仍有近 10.9 亿元的法币从大后方流至沦陷区,而由于日本对沦陷区的经济封锁,从沦陷区回流的法币则很少。② 这样就导致了用来弥补赤字所增发的法币有一半或一半以上退出了国统区市场流通,增发法币对市场的影响也随之减弱,"甚至市场仍有通货紧缩之感"③。

在全面抗战初期的 3 年中,国民政府对经济开发和工农业、交通建设的投资亦迅速增加,其占政府总支出的比例从 1937 年的 8% 增长至 1939 年的 13%④。不能不提到的是,此时的中国仍是处于半殖民地半封建社会,对工人的工资调整也远未能达到"与发达国家那样和生活费、市场完全一致"的程度,"上涨迟缓",农民更是"远离市场"⑤。加之全面抗战爆发后虽然大后方建设投资增加迅猛,但在人力方面却多采取无偿征用民夫、士兵的形式进行,这也在一定程度上避免了因工资收入增加而导致的"成本推动的通货膨胀"和因民众消费支出增加而导致的"需求推动的通货膨胀"。另外,国民政府在内迁的同时采取了增加农业贷款、改良推广新技术、鼓励垦荒和扩大粮棉种植、兴修水利扩大灌溉等一系列扶助农业发展的政策与措施,而且 1937—1939 年西南、西北的自然气候环境较好,大后方的粮棉总产量增幅均超过一半,食品价格指数颇为稳定且低于物价总体水平,甚至在 1938 年还有微量下跌。粮食的价格相对平稳,也在一定程度上稳定了大后方的物价水平,使得普通国民得以较平稳地维持生计,从而间接使得民众对国民政府统治地区的经济和作为通货的法币的信心趋于稳定。

需要指出的是,全面抗战初期人民的同仇敌忾与众志成城是在全面抗战这一大背景之下,在诸多原因的综合作用下,以及在国民政府统治区域并未出现剧烈通货膨胀的情况下而产生的,是以对国民政府的信任和希冀为基础的,换言之,出于"倾全国之力"而抵抗侵略的广大民意,也在战争时期使得国民政府的统治力与向心力空前高涨。这导致以孔祥熙为首的财经界战时政策主导者产生了"印发法币填补空白省时

---

① 日本外务省编:《日本外交年表与重要文书 1840—1945》(下卷),东京原书房 1969 年版,第 309 页。
② 齐春风:《中日经济战中的走私活动(1937—1945)》,《近代史研究》2003 年第 5 期。
③ 董长芝、李帆:《中国现代经济史》,东北师范大学出版社 1998 年版,第 193 页;项怀诚主编:《中国财政通史》(中华民国卷),中国财政经济出版社 2006 年版,第 181~194 页;张公权著、杨志信译:《中国通货膨胀史:1937—1949》,文史资料出版社 1986 年版,第 14 页。
④ 项怀诚主编:《中国财政通史》(中华民国卷),中国财政经济出版社 2006 年版,第 181~194 页。
⑤ 张公权著、杨志信译:《中国通货膨胀史:1937—1949》,文史资料出版社 1986 年版,第 14 页。

省力"的错觉,因而在一定程度上促使了进入抗战相持阶段后通货膨胀的爆发。

(二)1940 年后的通货膨胀的爆发

1938 年 10 月以后,随着日本攻陷广州与武汉,将中国沿海沿江地区的大部分城市基本占领,这无论是对国民政府赖以支撑收入的税收,还是平衡通货膨胀的经济生产力,都造成了致命打击。1939 年 1 月,财政部长兼央行总裁孔祥熙在国民党五中全会上作财政报告,提出要设法抑制物价高涨,防止恶性通货膨胀流弊,将合理增发法币作为战时财政方针之一。

随着日军占领大部分中国沿海城市及主要重镇的铁路线与运输线,以及国民政府迁都重庆,物价上涨已经出现恶化发展迹象。1939 年 9 月 8 日,取得局部性胜利的国民政府由四联总处公布《巩固金融办法纲要》,公开修改法币准备金办法,把国民政府发行的公债充当准备金,并扩大至短期商业票据货物栈单、生产事业之投资三项,同时将实施法币政策时所规定的法币准备金局限至金银与外汇两项。至此,国民政府中央全会正式批准了大量法币的增发,法币印制发行的限制被极大地削弱,通货膨胀趋势已成必然(见表 29)。

表 29　　　　　　　　　　全面抗战中后期财政金融情况一览表　　　　　(单位:亿元)

年度	财政收入	财政支出	军费	财政赤字	银行垫款	法币增发
1940	13.17	52.88	39.12	39.71	38.34	36
1941	11.84	100.03	66.17	88.19	94.43	72
1942	52.69	245.11	152.16	192.42	200.81	193
1943	165.17	588.16	429.39	422.99	408.75	410
1944	362.16	1 716.80	1 310.80	1 354.64	1 400.90	1 141
1945	1 500.65	12 150.89	10 607.37	10 650.24	10 432.57	8 424

资料来源:陆仰渊、方庆秋主编:《民国社会经济史》,中国经济出版社 1991 年版,第 555~557 页;杨荫溥:《民国财政史》,中国财政经济出版社 1985 年版,第 102、第 157 页。

在 1940 年之前,国民政府统治区域经济流通中的纸币总量与社会经济生产对纸币需求量的比例虽微有失调,但总体趋近平衡,即使沦陷地区增加、工厂技术人员内迁、生产下降导致商品缺乏,通货膨胀也并未恶化。但是随着时间与战况的推移,从 1940 年起,物价上涨愈发明显,成为社会最严重的问题之一。随着日军对沦陷区封锁的加强,物资的不足和通货(法币)、公债的大量增发和囤积倒卖之风的盛行,最终导致通货膨胀的恶化和扩大。1940 年,粮食的价格上涨到战前的 5 倍有余,而到 1941 年则超过了 20 倍。随着欧洲战场英法两国的形势出现不利,国民政府在抗战初期秉信的"人民内负公债,政府外集援资"也面临窘迫的局面。1940年,法币的发行量达到了1939年增发总量的1.8倍,而1941年比之1940年更是达到了2倍。

随着市场流通环节中货币总量的增加,物价上涨已经颇为明显,曾作为执行储蓄手段职能而增发的货币亦被越来越多的投入流通领域,导致社会总需求增加且生产出现扩大趋势这一"虚假的繁荣"现象。物价的上涨固然在一定程度上可以刺激生产,但也终归有其极限所在,而超过极限之后物价的高涨对于生产则变为否定作用。物价极限上涨后,如泡沫崩碎一般的通货膨胀在不久之后的1942年紧随而至。

1942年后,物价上涨的逐渐失控不仅是对民生,更是对战时工业生产造成了极大的破坏。全面抗战爆发后,大后方工业在初期"新厂繁兴、产额骤增,始呈突飞猛进之势",但到了1943年,工业生产开始急速下滑,在作为大后方工业中心的重庆,871家加工厂中因通货膨胀和运输问题导致原材料及生产困难而停工停产的占据1/3。[1] 随着生产环境和供给需求剪刀差的继续恶化,至1944年2月,已"最多再维持半年或一年,一年以后,北极路上,不会再看见烟囱冒烟了"[2]。

抗战后期通货膨胀爆发至失控的另一个重要原因在于大发国难财的奸商与资本家的囤积倒卖。特别是1941年年末香港沦陷后囤积之风弥漫了整个国民政府统治区域,一个"发国难财的阶层"也迅速形成。他们人为地将对物价高涨的恐慌进一步放大,以至于"中央为国库而囤积,省方为省库而囤积,不仅商人囤积,每个人都在囤积,囤来囤去,物价到了最高点"[3]。可以说,抗战后期通货膨胀的恶化和不可收拾不仅是日军侵略烧抢的结果,更有受战时大发国难财的自私心理驱使、毫无民族归属感的投机囤积商人和部分大资本家的"人祸"影响。而这一现象的出现又直接源于国民政府对中下层约束力的不足和党内向心力的减弱,这也是国民党的最大弱点。

二、雪上加霜的内战与恶性通货膨胀的爆发

尽管对于中下层国民政府官僚和上层资本家囤积倒卖、大发国难财心有愤慨,但面对日本侵略者这一关乎民族存亡的共同敌人,民众仍然选择了坚忍。这种民

① 凌耀伦等:《中国近代经济史》,重庆出版社1982年版,第475页。
② 《大公报》1944年2月10日。
③ 徐盈:《滨海工业》,福建《企业通讯》1944年1月第1卷第1期。

众举家与个人生存方面表现的坚忍,与抗战结束本以为新生活即将来临的希望一起,最终被无情地破灭于国民党发动的内战战火之中,随后彻底变为对国民政府的失望与愤怒。

抗战胜利后的初期,国民政府作为国际承认的合法政权,虽然社会生产力降至其统治时期内的最低点,但政权运营却获得了前所未有的稳定的民意支持。如重庆物价指数,虽然抗战期间的通货膨胀愈加剧烈,但每年的上涨率并未超过"600%的恶性通货膨胀幅度"①。而以政府信用为基础的法币,虽然在抗战时期中增发了5 569亿元,膨胀了近400倍②,但法币仍然作为通货流于市场。由此可见,抗战期间虽然有严重的通货膨胀,但尚未走到彻底崩溃的地步,这也从一个侧面反映了国民政府在战后初期政权的稳定性。

随着内战的全面爆发,社会安定受到严重影响,导致法币流通基础动摇。进入1946年,先是由于国共摩擦加剧而爆发的军事冲突使得华北地区南北纵向铁路(主干线津浦、平汉等)遭受严重破坏,运输的困难造成了以煤炭与粮食为主的物资生产与消费的严重脱节,导致"官办的电灯公司,因无煤,停滞供电;面粉公司无电停磨",由此引起土面价格飞跃增长③。1946年6月以后,随着中原突围和大同集宁战役的打响,中南地区各地由于战火影响,运输困难造成煤荒,粮食与煤炭资源的短缺进一步推动了物价的上涨与通货膨胀的加重。同年9月,激战近两个月的大同集宁战役结束,国民政府军占领张家口,国共谈判彻底破裂。山西地区更是"烽火燎原于全晋",物价疯涨,甚至"普通公务员及平民已陷饥寒交迫",社会性的恐慌进一步加剧。相对于全局的内战形势,普通百姓显然更关注关系举家生存的物资价格涨落的现实问题。"相较于中国军队攻城略地,太原各界民众均认此严重局面尚属次要问题,太原物价有涨无落,人人感到生活的重压与前途之危殆,咸恨贪污无门,囤积无资,点金乏术。"④

进入1947年,恶性通货膨胀开始失控爆发(见图7)。这一年法币的恶性贬值大体可以分为四个阶段。

第一阶段为1947年1月下旬到2月中旬《经济紧急措置办法》颁布。这段时

---

① Milton Friedman: *Studies in the Quantity Theory of Money*, University of Chicago Press, 1956, p. 25.

② Arthyr N. Young: *China Wartinie Finance and Inflation*（1937—1945）, Cambridge Massachusetts, 1965, p. 365.

③ 《豫省民生疾苦》,天津《大公报》1946年3月22日。

④ 《物价有涨无落,太原痛恨奸商》,天津《大公报》1946年11月26日。

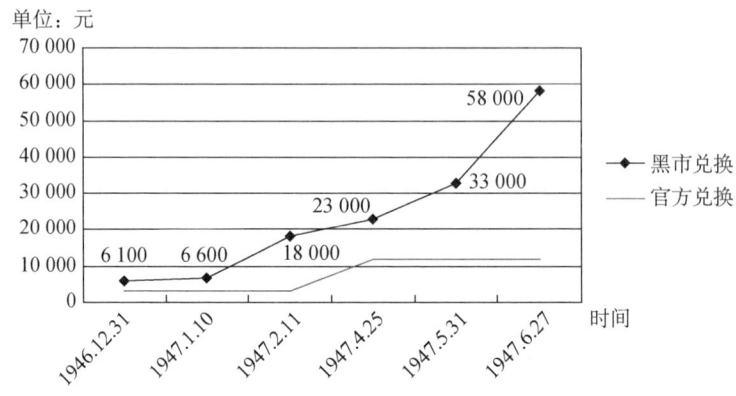

单位：元

图 7　以美元为基准的法币暴跌推移表

资料来源：日本银行调查局编：《战后的中国通货膨胀》，日本国会图书馆藏，笔者整理。

间法币恶性贬值的一个重要原因是，美国派出的调节国共冲突总统特使马歇尔归国。马歇尔的归国意味着美国对和平解决国共冲突期望的破灭，其对华经济援助姿态也自然趋于缓和消极。法币赖以维系的政府信用度再度下降，与此同时，又逢至正月春节这一时段性消费高峰，人民对于物价上涨、法币贬值的恐慌借此再次放大，导致本就已经泛滥于流通市场的游资大规模充斥到黄金和美元的兑换市场。另外，法币的贬值还与马歇尔在华期间国民政府发表实施的对于出口外汇结算补偿金制度协议有关。根据此协议，对以奢侈品为主的进口物资收取 50% 从价计征的进口税，而对将所得外汇于政府性银行售汇的本国出口商，则补贴 100% 的出口补偿金。由此，战后官方所制定的 1 美元兑换 3 350 元法币的汇率，上涨为近 1 倍之高的进口 5 025 元、出口 6 700 元这一实际汇率。而且针对此协议，美国方面又第一时间发表将征收 100% 的进口税，更是将民间早已弥漫的资金转化为实物的"换物"风潮再次推高，物价也以美元的实际兑换率的持续升高为推动力，开始出现暴涨。

　　第二阶段为 1947 年 4 月上旬至 5 月初。国民政府于 2 月 16 日出台《经济紧急措施方案》，宣布停售黄金和美元，并严查黑市倒卖，各地区的物价也在剧烈上涨后相对而言保持了约为一个半月的平稳。国民政府借此机会发行了约 1 亿美元的公债和约 3 亿美元的国库券，吸收回笼了约 4 亿元的市场游资。但不久之后，在相当数量的国民党中高层干部的私心作祟和奸商投机综合影响下，上海及周边地区的倒卖投机复燃。而普通民众的恐慌与紧张情绪也再次集中于上海市场，从而带动了大米溢价率上涨，成为导致之后粮荒的核心主因。在已经吸收了大量市场游资的情况下，法币币值暴跌速度仍然居高不下，以及上海市场的哄抢与恐慌，都从侧面表现了国民政府政策的执行能力(即将顶层设计向中、下层级推行渗透的行动力)严重不足,且因国共和解无望,普通民众对于政府的向力心日渐减弱。

第三阶段为 1947 年 5 月。随着 5 月 31 日国民参政会对于国民政府所提出的金本位制通货议案表决通过,市井坊间开始流传兑换汇率再次上涨和对于进口限制即将撤废的流言,法币跌幅开始再次加剧,仅 5 月 31 日当天上海的黑市美元汇率便从 25 000 元跌至 33 000 元。为防止范围性恐慌的再次出现,国民政府财政部当局主动发表言论,以不容否定的言辞和态度对已呈扩散趋势的流言进行否定,法币的跌落速度虽仍很高,但与 2 月的金融恐慌相比,尚未彻底失控。

第四阶段为 1947 年 6 月之后。随着 5 月中旬孟良崮战役的结束,在共产党的舆论宣传和因战火流离的民众口口相传之下,陕北、运城、孟良崮战役国民政府军的失利消息在 6 月散布到了国民政府统治区域的大部分地区。几乎参与了抗日战争华中地区所有战役的"王牌模范师",仅仅 3 天便随其师长张灵甫一起被全歼于解放军华东野战军之手,以"军政"树立的国民政府的公信力再次下降至冰点。加上以 6 月 30 日前为限的美国对华 5 亿美元借款随着期限临近而愈加无望,黑市美元汇率在 6 月 24 日上午从 41 000 元仅数小时后便跌至 44 000 元,3 日后终于跌破 58 000 元大关。物价爆炸般上涨的恶性通货膨胀,终于随着共产党军队夏季攻势的愈见取胜优势而正式凸显,在端午节前后的消费高峰期,以上海及"外埠"为中心,全面爆发。

图 8　埋头清点法币的印刷厂工人和需用卡车运输的法币麻袋

摄影者:马克·考夫曼(Mark Kauffman),原载美国《LIFE》杂志。

随着法币的暴跌和恶性通货膨胀的彻底爆发(见图 8),国民政府的经济亦走到了全面崩溃的边缘,无时无刻不在飞涨的物价成为国民党于大陆统治末期最鲜明的时代特征。物资短缺,货物匮乏,收入减少,物价飞涨,种种负面因素叠加综合,已使得"穷苦的小民发愁的连泪都流不出来了! 坐在办公室的老实公务员都呆得一声不响,即便有话,也是含着泪的"①;"士农工商皆在涨的环境中谋生活"②,且"人民街谈巷议,咸以物价为话题"③。因粮食价格飞涨所带来的对于能否继续维持生计的恐惧,全面超过了对内战局势和政局走向的关心,民众对于政治仅存的关心变为对政府的不满与怨恨,而国民政府作为一个政权的威信与约束力,也在国民的叹息、担忧和恐慌、怨恨中逐步消失殆尽。

1947 年下半年到 1948 年,物价飞涨、货物短缺导致了抢购风潮和囤积之风的再次盛行。为了挽救濒临崩溃的国民经济,1948 年 8 月 19 日,国民政府召开中央政治会议,正式出台金圆券改革方案,宣布以金圆券为本位币,发行总限额为 20 亿元,法币 300 元折合金圆券 1 元,东北流通券 30 元折合金圆券 1 元,限期收兑人民所有黄金、白银、银币及外国币券。全国物价一律冻结在 8 月 19 日水平,是为"八一九限价"。但是,此时的通货膨胀已经完全超出了国民政府的控制能力范围,加之民众对国民政府的信任已近破灭,对新货币的信心自然不足。金圆券推行后滥发无度,1948 年 10 月,上海由于烟税调整香烟加价,一般民众若惊弓之鸟般估测物价即将再度飞涨,抢购之风瞬间兴起,随后蔓延于全部国统区。金圆券改革与限价政策仅仅在表象上使物价稳定了一个半月,便因"人民经受长期通货膨胀物价上涨的痛苦经验,心里十分脆弱敏感,一闻涨声,对币值的信心立刻动摇"④。至此,国民政府再无能力控制彻底爆发并弥漫全统治区的抢购囤积之风,对于物价上涨和通货膨胀的控制和调整已经彻底失败,国统区国民经济已近完全崩溃。1949 年1 月,中国人民解放军顺利接管北平防务,北平和平解放,国民政府彻底失去了民众支持,走上了经济全面崩溃和军事战场上溃败局面一泻千里的穷途末路。6 月,南京与上海顺利解放,国民党政府自此败走台湾。

三、抗战胜利后通货膨胀的特征

(一) 内战的影响是最主要原因

战后的通货膨胀,本就是此时期各国共通的问题,除去各国都有的受战争影响而导致的财政不均衡、生产规模缩减、国土荒废等经济方面原因之外,战后中国通货膨胀的重要原因还有继起的内战这一政治和军事方面因素的强烈影响。战后通

---

① 《地方通信:太原涨风愈吹愈凶》,天津《大公报》1948 年 6 月 25 日。
② 《生活的曲线》,天津《大公报》1948 年 1 月 13 日。
③ 《各地简报:兴城》,天津《大公报》1947 年 2 月 19 日。
④ 《社评:最近的抢购现象》,天津《大公报》1948 年 10 月 8 日。

货膨胀的失控,是由经济方面的原因而发端,却是受内战的影响而以几何倍数的放大发展,最终国民党大陆统治彻底崩溃,甚至可以说相比于经济原因,内战这一政治因素才是导致通货膨胀失控和经济崩溃的首要要因。

随着内战的激化,美国的对华援助政策也变得消极迟滞,人民对于国民政府的信赖感亦同步降低减弱,而对政权和政府的不信任最直接的反应,就是对以政府信用为基础的法币感到不安,从而急于脱手兑换实物,进而导致其加剧贬值。另外,由于内战的逐步展开,中国再度从形式上的统一变为以军事力量划分统治地域的分割局面,地域性的统一被进一步打破,自然导致币制统一的困难。加之共产党解放区1945年之后由华中银行所印制发行的抗币一直保持较为稳定的通货信用度(见表30),法币的处境更为尴尬。

表30　　　　　　　　抗币在东北地区与法币的兑换比例表　　　　　(单位:元)

年度	抗币	法币
1946	1	2.3
1947	1	2.5
1948	1	2.8

资料来源:日本银行调查局编:《战后的中国通货膨胀》,日本国会图书馆藏。

(二)战后通货膨胀在一定程度上属于局部地域性现象

中国的经济生产大部分由农业所构成,由于抗战时期工厂和相关技术工作人员的大量内迁和日军侵略对工业生产力的破坏,战后中国整体经济中工业生产所占的比例非常低。抗战结束后便再度爆发内战的中国经济,从整体上来看,还大部分处在前资本主义阶段。

通货膨胀原本是属于经济层面的物价上涨现象,在第二次世界大战时期及战后初期,受战争的影响,通货膨胀成为多数近代资本主义国家中渗透至国民经济每个角落和环节的共同现象。但在抗战结束的中国,由于整体经济构造较为特殊,加上较之国民政府统治区域而言,解放区和东北等日军占领区域处于"相对独立状态",作为统一通货的法币的流通面和市场相对狭小,通货膨胀亦主要集中在大陆沿岸地带的港口城市和内陆物资集散城市,相对而言较为局部化地区化,即地域性现象较强,并未充分蔓延渗透至解放区等相对边缘化于国民政府统治区域之外的地域。

同时,由于国民政府统治区域的流通经济范围相对狭小,并且逐步缩减,相比于物资交易,消费和货币流通的重心更倾向于对外贸易,即原料的出口和产品的进口。在通货膨胀的背景下,从官员到商人的外汇、黄金投机倒卖之风颇为盛行,这也在很大程度上加剧了国民政府统治区域内通货膨胀的进一步恶化。因此,通货膨胀的凸显和极度恶化局限在一定的国统区地域范围内,并未达到影响波及整个中国的最坏局面,也是战后中国通货膨胀的另一个特征。

总之,在抗日战争结束后,虽然通货膨胀已经达到较为惊人的规模,但此时的国民政府统治从政治民心层面而言反而相对稳定,经济更远未达到完全崩溃的最坏局面。如果国民政府能够采取相应的积极措施加以应对,并在争取战后赔偿上投入更多精力以恢复国内社会重建事业,而不是错误地、而利令智昏地发动反对共产党势力的内战,或许仍然有挽救的余地。抗战时期,为生死存亡而"倾全国之力"的民众团结心理,在一定程度上弱化了因国民政府政策调整失衡而导致的通货膨胀。抗战结束后,由于没有了日本军国主义侵略者这一民族意义上具有致命存亡威胁的敌人存在,加上国民政府将抗战胜利后早已贫弱的国家再次带入内部战火,使本就生活在水深火热之中的民众对当时作为执政党的国民党的信任与信心迅速冷却,又由于内战中军事行动的节节败退,内部派系斗争暗涌所带来的政局不安,金圆券改革方案彻底失败对广大民众财产形成的残暴掠夺和对恶性通胀的火上加油,可知其实国民政府从发起内战之时,便已经注定了其最终民心尽失、一败涂地的结局。

第五章

革命根据地的财政制度

1927 年"八一"南昌起义后,中国共产党领导的中国革命走上了"工农武装割据"的道路。在长达 22 年的新民主主义革命时期,各革命根据地适应各时期政治、军事斗争形势发展要求,积极开展财政工作,建立各级财政组织系统,注重各项财政制度的建设,从初期实行分散管理、合理负担的财政制度,向局部统一的方向完善。中国共产党创立和建设的审计机构,更是在极为艰难的条件下,不断根据经济情况修改完善审计法规及规章制度,创造性地制定和实行了一系列方针政策,形成了较为健全的审计法规体系。革命根据地的财政制度建设也为 1949 年后的新中国财政制度建设提供了一些宝贵经验。

第一节 建立健全各级财政组织系统

中华苏维埃临时中央政府成立之前,各根据地就已经开始重视建立健全财政组织系统并在各辖区进行了建立财政机构的尝试。1931 年,中华苏维埃临时中央政府正式成立,中央执行委员会第一次会议决定,在人民委员会下设中央财政部作为中央革命根据地财政的最高领导机关,并训令省、县、区政府均成立财政部,由中央财政部垂直领导,同时也要接受同级政府和同级军事机关的命令和指挥。在抗战以及解放战争时期,各边区、解放区财政组织系统在探索中不断完善,各区都加强了对财政工作的统一领导。

一、土地革命时期革命根据地的财政组织系统

1931 年 11 月,中华苏维埃临时中央政府成立以后,把建立健全各级财政组织系统作为一项重要任务,这是开展财政工作、加强财政管理、完成财政统一的组织

保障。建立健全各级财政组织系统的第一步,是中央财政部的成立与组织机构完善,继而是中央与地方财权的划分。

(一)苏区中央政府成立前各根据地的财政组织建设

在苏区中央政府建立之前,各根据地就意识到建立健全财政组织系统的重要性,在其辖区内进行了建立财政机构的尝试。赣南、闽西根据地创建初期就在工农民主政府内建立了财政机构。1928 年,中国共产党第六次代表大会作出的《苏维埃政权组织问题决议案》中指出:"为更普遍地提高苏维埃委员会的效率起见,应分置各部,执行各项职务。"其中,财政部的职能是主管税务、没收及处置财产等。湘鄂西根据地设立特委经济委员会,负责全区的财政管理工作。各县取得的收入都解交特委,再由特委经济委员会集中分配到各项工作中。各县也设立经济委员会,负责统筹县内的财政经济事宜。湘鄂西苏维埃成立以后,成立了省苏维埃财政部,负责管理全省的财政工作。鄂豫皖根据地于 1931 年 7 月召开"二苏大",通过了《苏维埃政府临时组织大纲》,决定在根据地建立各级财政经济委员会,负责管理各级财政经济事项。特区财经委员会之下设有会计科、建设科、设计科、税务科等。会计科负责管理钱银收支,审查各地账目,制定预决算;建设科负责苏维埃经济建设事项,包括兴修道路、豢养牲畜、植树造林等;设计科负责制定财政经济计划;税务科负责征收统一累进税。此外,税务局、工农银行、经济公社都受财经委员会的直接领导,工农银行和经济公社受特区财经委员会和人民委员会的双重领导。①

(二)中央财政部的成立与组织健全

1931 年 11 月,中华苏维埃第一次代表大会在瑞金召开,中华苏维埃临时中央政府正式成立。中央执行委员会第一次会议决定,在人民委员会下设财政人民委员部,即中央财政部,作为中央革命根据地财政的最高领导机关,任命邓子恢为财政部长。财政人民委员部设部长 1 人,副部长 2 人,局长 4 人,处长 3 人,合作社指导委员会主任 1 人。12 月 27 日,中央政府人民委员会第三次会议召开,讨论通过了《中华苏维埃共和国暂行财政条例》和统一财政的训令,规定了财政部门的组织系统、隶属关系和各级财政部门的职责等。训令规定:"财政人民委员部作为根据地的最高财政主管机关,在其之下,省、县、区政府均成立财政部;红军中设立总经理部,军团或军设经理处,各师设军需处。各级财政机关,应由上而下地去指挥和监督所属下级机关的财政,下级财政机关自接到上级财政机关之命令和办法后应

① 财政科学研究所编:《革命根据地的财政经济》,中国财政经济出版社 1985 年版,第 26 页。

迅速执行,并按月向上级汇报,尤其是有关于财政上的新财源,更应随时向上级财政机关报告,以便增加新的收入。各级财政机关,也必须受各级政府的行政负责人和军事负责人的领导。"①12月29日,财政人民委员部颁布了第一号训令,具体建立了各级财政机关,规定了编制、组织系统、领导关系和各级财政职能。由此,地方政府及红军中的各级财政机构,在中央财政部的垂直领导之下,构成一个完整的财政组织系统。根据地的财政机关属于双重领导性质,即一方面受上级财政机关的直接领导,另一方面也要接受同级政府和同级军事机关的命令和指挥(见图9)。

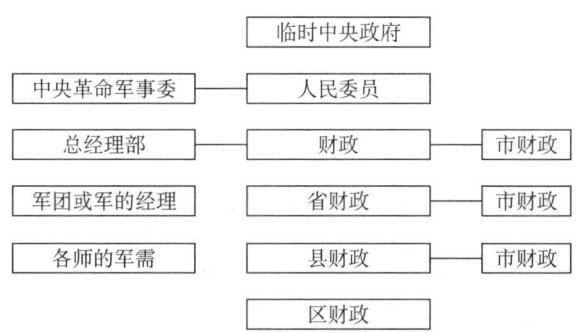

图 9　中央革命根据地的财政组织系统

　　财政人民委员部最初的工作组织尚不健全,只有工作人员3～5人,且无内设机构。在邓子恢到职之前,苏区中央政府决定先成立中央财政委员会,由临时中央政府副主席项英代理财政部部长一职并暂任中央财政委员会主任,财政部日常事务由苏维埃国家银行行长毛泽民暂时负责。1932年五六月间,邓子恢到职,开始逐渐充实财政人民委员部的机构编制和工作人员。8月,临时中央政府人民委员会第二十二次常会通过了《中央政府财政人民委员部暂行组织纲要》,其中第五条规定:财政人民委员部负责执行国家的财政政策,对岁入岁出制订计划,并具体管理税收、国库、公债、钱币、会计、银行国有资产、合作社等事项;财政人民委员部下,暂时设立会计处、审计处、总务处、税务局、公债管理局、钱币管理局、国产管理局、合作社指导委员会(见表31)。除上述机构外,财政人民委员部可在必要时组织各种专门委员会,针对专门问题进行研究;各管理局和处也可以组织专门委员会研究和处理相关问题。② 图10为革命根据地发行的纸币。

---

①　财政科学研究所编:《革命根据地的财政经济》,中国财政经济出版社1985年版,第67页。

②　许毅主编:《中央革命根据地财政经济史长编》,人民出版社1982年版,第549～551页。

表 31	财政人民委员部的机构设置（1932 年 8 月）
会计处	编制总预决算、登记金钱物品、确立会计制度
审计处	审核总预决算、检查簿记、审核国家预备支出国库现金及存款
总务处	掌管财政部各种财产、文件及一切杂务
税务局	计划、整理和征收税务，建立和监督各级税务机关，在国家局成立之前兼管工商业登记
公债管理局	公债的计划、发行推销、还本付息、买卖抵押、登记注册及各种证券的管理和取缔
钱币管理局	币制统一、国币制造和发行、银行和造币厂的管理和监督、金融调剂
国产管理局	国有山林、矿山、店铺、房屋、工厂、企业的经营、出租及租金征收
合作社指导委员会	指导和计划合作社的建立和发展

图 10　革命根据地发行的纸币

资料来源：竹内实监修：《长征之路》，日本 Intercontinental 出版社 1986 年版。图中中心部分以列宁肖像为主体。

1933 年 3 月，中央人民委员会召开第三十八次常委会，修改了《财政人民委员部暂行组织纲要》。财政人民委员部内部设立没收征发局、税务局、债务局、国有财产管理局、秘书局、国库局、会计局、预算局共 8 个机构，同时还兴办印刷厂，并在国家银行内设立总金库。随着苏区的不断扩大，工作任务、职能不断拓展，临时中央政府于 1933 年 4 月迁到沙洲坝，财政人民委员部也随之迁址。此时的财政人民委员部职能已初步健全，管理也日趋完善。财政人民委员部是当时中央各部中最大的一个，其工作人员于 1934 年发展到 40 余人。

（三）地方财政系统的建立和中央与地方的财政关系

1931年12月，财政人民委员部发出的训令对地方财政机构设置作出了明确规定。省财政部设正副财长各1人，负责计划全省财政收入及指示督促各级财政、财政部工作，下设各科中，农业税征收科负责征收整理土地税、山林税，指示下级税委工作；国有财产管理科负责登记、整理发展或出租全省国有财产；会计科负责管账、指示、检查下级账目；审计科负责审查各级预决算。另设支书、财政指导。县财政部设正副部长各1人，会计2人，农税科2人，商业科3人，国库科1~3人，支库1~3人。区财政部设部长1人，会计1人，国库管理员1人，商税征收处1人，土地税征收处3人（临时）。

根据财政人民委员部的训令，各省苏维埃政府和红军部队着手建立本系统的财政机构。各省苏维埃政府纷纷在省政府之内设立财政部，省、县两级财政机构规模较小、人员编制较少，结构与中央财政部的机构设置基本相同。各级财政部或财政科直接隶属于上级财政机关，是垂直的上下级领导关系，需执行上级财政机关的命令。与此同时，也要接受同级政府主席团的指导。下一级的财政部长，经同级苏维埃执行委员会或城市苏维埃选举产生之后，必须报告上级财政部批准。财政部须设财政委员会，编制为3~11人，各级财政委员会的委员由各级政府主席团委任之后，须报告上级财政部批准。[①]

二、抗战时期边区财政组织系统的发展

（一）陕甘宁边区

陕甘宁边区政府成立后不久，便开始努力建设财政组织。1937年10月，中央财政部改组为边区政府财政厅，随后开展了统收统支、会计、审计、公产管理等业务。各县财政部改为财政科。边区金库也建立起来，具体由边区银行代理，各分区设分金库，各县金库则由财政科代理。税收管理方面，1937年在三边建立了税务局；1940年1月，边区财政厅内设税务总局，下设延安市、延川县、张家畔等分局，三边税务局改组为支局，财政厅统一了各级税务机关的名称，分区税务机关为税务分局，各县为征收局，县以下为税务分卡。1941年4月，在财政厅所在地设立边区税务总局，在各分区专员公署所在地设立税务分局，在各县政府所在地设立县税务局，在各县重镇要口设立税务所，税务组织系统由此得以健全。粮食管理方面，建立了边区粮食局，负责领导边区救国公粮的征收；在边区适当地点设立粮食仓库，

---

① 舒龙、凌步机：《中华苏维埃共和国史》，江苏人民出版社1999年版，第334页。

由边区粮食局管辖,负责救国公粮的保管;边区粮食局在各分区各县设立仓库管理处,负责管理该地各仓库。后来,为加强粮食管理,在各专署、各县府第二科之下增设粮食股,股长由第二科副科长兼任。

1942 年 10 月,西北财经办事处成立,其任务是统一陕甘宁边区和晋绥边区财经工作的领导。办事处的主要职责是:为边区党政部门拟定国民经济建设计划,审查人民负担情况,向党政领导提出报告;编制财政预算,由财政厅执行;搜集与研究金融贸易情况,审定相应的计划方案;掌握农民银行钞票发行情况,掌握脱离生产人员及其编制与供给情况;管理财经干部,领导各分区财经事务。财经办事处还直接指导和检查边区财政厅、建设厅、银行、物资局、贸易局、贸易公司、各财经分会及西北军区后勤部等部门的工作。①

(二) 晋察冀边区

晋察冀边区行政委员会设秘书处和民政、财政、教育和实业四厅,各厅不久改称处,其中,财政处负责编制预决算、公债、田赋、税收、公产公营、金融、物质及其他有关事项。按照晋察冀的政权组织层级,分别设置财政科、财政助理员、财政委员会等。同时,还专门设立了负责税务稽查和县级税捐的税务稽征局及各级分局。② 晋察冀边区的财政管理体系由此形成。

(三) 晋冀鲁豫边区

1941 年,中共中央北方局决定把冀鲁豫和太行、太岳、冀南(亦称晋冀豫区)合并统称晋冀鲁豫边区,成立晋冀鲁豫边区政府。为节约财政开支,边区于 1942 年年初到 1943 年实行了三次精兵简政。民政厅、教育厅合并为第一厅,财政厅和建设厅合并为第二厅,工商行政管理总局和税务总局合并为一个局。抗日战争时期晋冀鲁豫边区的财政体制是边区政府(兼太行行署)行署区一级的统收统支制度,即由八路军前方总部和边区政府大体规定行署、军区、专署、县(包括区)的军政编制、供给标准,由各区依照自己地区情况确定支出。收入由边区政府、行署根据本地区的敌情、经济情况、负担人口确定征粮、征款数,分配到专署、县负责完成。专署、县在自己承担的征粮征款数内留下自己的支出后,余额上解边区政府、行署。但银行的发行、存款、贷款除冀鲁豫区外,其他各区统由北方局、前方总部、边区政府管理。③

---

① 张杨:《西北财经办事处》,《西北大学学报》(哲学社会科学版)1980 年第 4 期。
② 张彦琛:《晋察冀边区财政工作中的结构与变革》,《理论界》2013 年第 8 期。
③ 戎子和:《晋冀鲁豫边区财政工作的片段回忆》(十一"财政体制"),《中国财政》1984 年第 11 期。

三、解放战争时期解放区的财政组织系统

(一)陕甘宁边区

解放战争时期,陕甘宁边区财政机构建设的重点是结合战争的财税实际需要,对部分财税机构作了一些局部调整,财税机构建设力度并不是很大。1946 年 1 月,边区政府决定,将三边税务分局与盐务总局合并为三边盐务总局。根据边区第三届参议会一次会议上确定的"紧缩专署、区公署,加强县政府、乡政府"的原则,各分区的税务分局于 6 月 9 日取消。随后,对财政厅及附属机关人员的编制作出了具体规定。财政厅编制为干部 24 人,杂务人员 4 人。各附属机关的编制如下:粮食局为干部 82 人(包括各地仓库人员),杂务人员 9 人,其他运输人员等 132 人;税务局为干部 310 人(包括各县税务局及分所人员),杂务人员 36 人。11 月,边区第二次政府委员会召开,决定在各分区成立财政分处,各分处设处长(由专员兼任)、副处长、审计各 1 人,巡视员 2 人。在粮草管理方面,1946 年 12 月 16 日,边区政府作出了加强边区战时粮草管理的指示,决定在粮草分散保管的地区,各区应指定 1 人专门负责保管;各乡成立粮食管理委员会,负责粮草保管(不脱产)。1947 年 4 月,边区政府又发出加强粮秣组织的指示:自然村及行政村之粮秣由村长和行政村主任负责;乡设粮秣委员会,乡长为主任(委员均不脱产);区设粮秣助理员,由区长兼任。5 月,边区政府决定将边区粮食局改为边区直辖局,后又将其改为西北局后方委员会直辖局。10 月,边府决定取消边区被服局,以精简机构,节约财政支出。1948 年 3 月,为加强各分区税务工作的领导及各县局间的业务联系,边区政府决定将各分区税务中心局改为分局,机构、人员仍维持不变。1949 年 5 月,边区政府发出通知,决定除边区税务总局受财政厅领导、行署税务局受行署财政处领导外,其余各级税务局为各级政府组成部分之一,其职权等于各级政府之科,同时受上级税务局与同级政府之领导。①

(二)晋察冀边区

1946 年 1 月财经会议之后,为管理出入口税及地方税,晋察冀边区成立各级税务局。随后,为适应战时财政管理的需要,将各地工商部门、地方税收、贸易管理部门合并,成立工商管理局或贸易管理局。解放战争爆发后,为加强对财政工作的统一领导,晋察冀中央局决定成立中央局、分局、区党委三级的财政经济委员会。该委员会的职能包括:决定全区的财经政策与方针,审查党政军民的财经计划,批

---

① 陕西省档案馆编:《陕甘宁边区政府大事记》,档案出版社 1991 年版,第 293 页、第 328 页。

准与审核预决算,检查各地区、各机关、各部队的财经供给工作,并处置有关财经紧急措施。① 1947 年以后,根据"统一领导、分散经营"的方针,边区取消各级税务局,将税收权下放至省级政权。

(三) 晋冀鲁豫边区

抗战结束后,北方局、八路军前方总部撤销,边区另成立晋冀鲁豫中央局和晋冀鲁豫军区司令部,1945 年 11 月成立太行行署。邯郸战役胜利后,晋冀鲁豫中央局召开了党政军高级干部会议。会后,边区政府和大军区司令部成立了边区军政财政经济联合办事处,拟定了统一财政经济的工作方案,财政体制改为边区政府、行署两级的统收统支制度。1946 年 9 月,成立中央局、各区党委两级财经委员会,对外称军政联合财经办事处。1948 年 1 月 5 日,边区政府进行整编,将边区军政财经联合办事处与边区政府合并,设七厅一处一局一行,成立财政厅,由边区政府副主席戎子和兼任厅长。

第二节　制定颁布新的财政管理制度

革命根据地建立初期,实行分散管理的财政制度,虽然适应了当时的革命环境,但是存在诸多弊端,如管理混乱、流弊滋生等,因而加强财政的计划性以保障革命战争的供给成为当务之急。首先开展的是局部的统一财政工作,县级范围的财政开始实行统一管理。中央苏区逐步完善财政集中管理,其中,包括统一的预决算制度、税收制度、国库制度、会计审计制度。抗战时期财政管理制度继续完善,由自收自支到"统一领导、分散经营"再到"统一领导、分区统筹",体现了原则性与灵活性的统一,其中,陕甘宁边区的财政管理制度建设极具代表性和指导意义。

一、革命根据地建立初期的财政分散管理体制

革命根据地建立初期,在政权组织尚未完备的情况下,财政处于分散管理的状态。随着革命斗争形势的发展和政权建设的逐步完善,苏区政府采取措施对财政进行统一,制定颁布了一系列新的财政管理制度。

(一) 财政的分散管理

根据地创建初期,红军采取的是游击作战的形式,没有固定的作战路线。根据地规模很小,又处于被敌人分割包围的境地,尚未连成一片,而且根据地范围不固

---

① 中央档案馆等编:《晋察冀解放区历史文献选编(1945—1949)》,档案出版社 1998 年版,第 207 页。

定,其边界随着游击作战形势的变化而变化。另外,苏维埃政权分散而孤立,且没有任何外来的财政援助,也没有固定的经常性财政来源,红军的收入主要来自打土豪筹款和战争缴获。财政无法进行计划,"丝毫没有预算和决算",只能是"来一点用一点"①。因此,在中央苏区完全形成之前,根据地各级政府和赤卫队、暴动队等对财政的管理基本上是自筹自给、自收自支。

根据地创建初期财政的分散管理,适应了当时的革命战争环境,保障了红军和根据地政府的给养和供给,为红军的发展壮大、根据地的建立和扩大发挥了积极作用,也为后来的财政统一奠定了基础。

(二) 财政分散管理的局限性

尽管财政分散管理适应了根据地建立初期的客观要求,但客观上存在着很大的局限性。财力的大量浪费和下级瞒报少报造成财政困难,影响了战争供给,加上各地财政收支缺乏制度约束,财力使用不当的现象十分普遍。有些地方区政府一个月用到1万元,乡政府用到几千元之多,下级埋伏短报,上级提款不动,这样必然会发生贪污浪费现象,把政府财政大部分用到无用之地。江西苏区"各级政府对于财政总无整体计划与节省,以致时常发生经济恐慌,临时开支的现象"②。另外,财政分散管理导致管理混乱和流弊滋生等问题,也影响了苏维埃政府的信誉。

随着革命战争形势的发展变化,分散的财政管理体制越来越不适应客观形势的要求。革命战争的推进使许多小块根据地连成了一片,如鄂东、豫南、皖西原是分散的若干小块根据地,后来连接起来形成了一块统一的鄂豫皖根据地;闽西、赣南原来也是独立的两块根据地,第三次反"围剿"战争胜利之后,这两块根据地连成一片从而形成了中央根据地。随着红军力量的发展壮大和根据地的扩大,财政支出日益浩繁,打土豪筹款等临时性筹集财政收入的办法与坚持长期武装割据发生了矛盾,因而加强财政的计划性以保障革命战争的供给便成为当务之急。③

二、局部的统一财政工作的开展

(一) 县级范围的财政集中管理

在根据地财政全面统一实现之前,首先进行的是局部的财政集中管理。早在

---

① 王礼琦、李炳俊:《土地革命时期革命根据地的财政(中)》,《中国财政》1981年第1期。
② 曾一石:《浅论中央苏区的财政建设》,《福建党史月刊》2012年第24期。
③ 陶永立:《中央革命根据地财政的建立与统一》,《财政》1980年第9期;王礼琦、李炳俊:《土地革命时期革命根据地的财政(中)》,《中国财政》1981年第1期。

1928年6月,广东省委就曾提出,应规定一切财政收入支出均须归县政府支配。① 同年12月,井冈山根据地颁布《井冈山土地法》,规定土地税由县苏维埃政府征收,交高级苏维埃支配。1930年2月,龙岩县第二次工农兵代表大会在《政权问题决议案》中提出"统一全县税收,厘定财政用途",在县政府之下组织财政委员会,开始在一个县的范围内统一财政。永定县第二次工农兵代表大会通过了《整理财政问题决议案》和《税收问题决议案》,规定区乡政府每月须有预算、决算,按月报告公布,土地税和山林税都由县政府统一征收。随后,永定县第二次执委扩大会议也提出财政要"实行统一征收统一支配,并定出详细计划,通告各级政府遵照执行"②。同年3月,闽西第一次工农兵代表大会通过《财政问题决议案》,规定一切税收以县为单位,由县政府统一征收,各区乡政府机关经费概由县政府发给,肃清以前滥行开支的流弊。统一税种和征收办法推动了财政局部统一的发展。鄂西特委代表大会也于同年在《经济问题决议案》中指出,因地方主义,经济不能交特委,保留在本县党内独行消费,会造成一般同志腐化的危险。因此鄂西特委决定,"特委组织经济委员会各县取得的经济,都解交特委,集中用到全鄂西党的工作必需上"。同时还规定:"各县的经济,不论自给或由特委津贴的,要有经常的预算和决算,交特委审查和批准。"12月,湘鄂赣省苏维埃政府鄂东南办事处也召开财政会议,专门讨论了整理财政和统一财政的问题。1931年8月,鄂豫皖苏维埃政府颁发了整理财政和统一财政的通令,对财政税收政策、财政组织系统和财政规章制度开始进行统一。③

局部财政统一的地域范围是局部的,没有扩及整个中央根据地。同时,财政统一的内容也是局部的,只是在一定范围内对征税税则、开支标准、预决算制度进行了有限的统一。

(二)闽西地区建立财政制度的尝试

中央苏区是由赣南和闽西两块根据地分别发展后联合形成的,在苏区中央政府成立之前,闽西苏维埃政府就曾尝试建立财政制度。1930年3月,闽西工农兵第一次代表大会通过了《财政问题决议案》,对财政建设进行了初步规划。首先是确立了预决算和政府收支制度。决议案提出:"一切税收以县为单位,由县政府统一征收,各区乡政府机关经费概由县政府发给;各县政权机关经费应按照规定登记

---

① 赵效民:《中国革命根据地经济史》,广东人民出版社1983年版,第123页。
② 陶永立:《中央革命根据地财政的建立与统一》,《财政》1980年第9期。
③ 王礼琦、李炳俊:《土地革命时期革命根据地的财政(中)》,《中国财政》1981年第1期。

制定预算,由县政府汇集提出县代表大会通过;临时费之支出每月份中乡以 20 元、区以 50 元为限,超出规定数月时须报告县政府批准后始得开支;各级政府经费之支出每月应造定决算表交县政府审核公办。"其次是将财政收入来源规定为土地税、商业税和公产三种,制止以打土豪为唯一收入来源。同年 9 月,闽西第二次工农兵代表大会召开,对财政与税收问题作出以下修正:第一,乡区临时支出报批数额限制更严,乡由 20 元减至 10 元,区由 50 元减为 20 元;第二,地方红军红二十军的经费统一由闽西政府财政部划拨,"各纵队每月预算表要在每月 1 日以前送交闽西政府常委会批准";第三,调整田地税和商业税的起征点,田地税起征数由 3 担上调为 5 担,商业税起征数由 200 元下调为 100 元。[①]

闽西苏维埃政府建立预决算制度,规范税收行为,消除财政专打土豪盲动倾向,为苏维埃运动走向政权建设的良性轨道打下了基础。但由于经验不足,其建设财政制度的尝试也出现了一些问题。例如,土地税并非按累进税则进行征收,富农中农贫农一样缴纳土地税。富农税收负担较轻,不但减少了政府的经费来源,而且相应地加重了贫农中农的负担。由于土地革命初期土地分配工作的偏差,许多富农隐瞒了肥田,使贫雇农分得坏田。但闽西土地税征收恰恰不是以实际产量而是以田地面积征收,"结果分得坏田瘠田的贫农中农与分得好田肥田的富农一样照面积缴纳土地税,贫农中农加重了负担,富农得到了利益"。另外,征收土地税时"收银而不收谷",也在客观上加剧了因工农业产品剪刀差而导致的农民现金紧张。[②]

三、中央苏区财政集中管理制度的确立

1931 年 11 月,中华苏维埃共和国中央政府成立。为适应革命形势的发展,巩固根据地政权,中央政府决定建立统一的财政管理制度。12 月 27 日,中央政府人民委员会第三次会议召开,讨论通过了《中华苏维埃共和国暂行财政条例》和统一财政的训令。中央政府提出统一财政之后,经过 1 年的整顿和准备,基本完成了统一的财政管理制度的建立。

(一)建立统一的预决算制度

根据中央人民委员会的训令,中央苏区的财政机关由临时中央政府人民委员会下设的职能部门财政人民委员部,垂直领导省、县、区三级基层财政部,并明确规

---

① 江西省税务局等编:《中央革命根据地工商税收史料选编》,福建人民出版社 1985 年版,第 22 页、第 34～35 页。

② 王明前:《中央革命根据地财政体系演变新探》,《中国经济史研究》2011 年第 2 期。

定:"各该级财政机关应由上而下地去指挥和监督各该下级机关的财政;各该下级财政机关一方面应经常地检查自己所执行的工作程度如何;另一方面应由下而上地按月向上级作报告。"同时,各级财政机关"同样地要受各该政府之行政负责人员和军事机关之军事负责人员的命令和指挥;对于每月之预算和决算以及向各该上级机关领款或大宗款项付出时所属各该财政机关均须经过各机关之负责人员之批准和署名盖章方为有效"。①《中华苏维埃共和国暂行财政条例》第三条规定,各级行政经费、各军伙食杂用等经费,统由各该部分的财政机关造就预算,交直接上一级财政机关审查,并报告中央财政部批准,统由中央财政部依据批准之预算付款。第四条、第七条则分别具体规定了中央财政部各级(直接)下一级财政机关向中央财政部报送下月预算、上月决算的时限。此外,还对报送及批准下达预算、发款、领款和报送决算的手续作了详细规定。

(二)建立完善划一的税收制度

1931 年,《中华苏维埃共和国暂行财政条例》对统一税收制度作出明确规定:"为实行财政统一,一切国家税收,拟由国家财政机关中央及各省县区财政部及城市财政科,按照临时中央政府所颁布的税则征收,地方政府不得自行规定税则或征收。"同时,各级财政机关征收的税款亦应按照财政统一于中央的原则上缴到中央财政部。当年 12 月 1 日,中央政府颁布了《中华苏维埃共和国暂行税则》,规定中央苏区税收分为商业税、农业税(即土地税)和工业税三种。对税收实行统一的累进税制。商业税主要包括关税和营业税。关税是对进出根据地的货物征收的税,税率视货物种类而定:奢侈品税率较高,最高的税率甚至达到 100%;而对于根据地急需的生活必需品和军用物品,税率则相对较低或者免税。营业税根据商店规模、营业额、利润等因素,按累进税率征收。农业税是最主要的税收收入,其税率一般占农作物收成的 10%～20%,并贯彻贫农中农轻税、富农重税、雇农和红军家属免税的原则。工业税则一般低于商业税。② 1932 年 8 月 16 日,中央财政部训令各县苏维埃财政部,宣布统一税收于临时中央政府:"自 8 月份起,凡土地税商业税以及店租房租矿产租金等各项租税收入,各级财政部都应另立账簿分别收入,按月解缴上级,汇送中央或中央所指令之用途。"③统一税收制度的确立,使中央财政部集中了全国税收,同时也使根据地获得了固定的财政收入来源。

① 江西省税务局等编:《中央革命根据地工商税收史料选编》,福建人民出版社 1985 年版,第 64～65 页。
② 朱汉国、杨群主编:《中华民国史》第三册,四川人民出版社 2006 年版,第 306 页。
③ 江西省税务局等编:《中央革命根据地工商税收史料选编》,福建人民出版社 1985 年版,第 115 页。

（三）建立国库制度

1932 年 11 月,中央人民委员会第 28 次会议通过了《国库暂行条例》规定:国库掌管国家所有现金项目收入、保管及支出等项业务,各级金库应有主任、会计、出纳;各种经费的支出,应当按照各机关所编成的预算,送交各级会计主管部门审查后,再申请财政部批准,然后才可由国库管理局开出支票。国库由中央财政部国库管理局负责管理,具体由国家银行代理;在总行设总金库,分行设分金库,支行设支金库;未设立分支行的省县,则由总库指定专人组织国库分支库,附设于省县财政部之内,但不受省县财政部支配。国库只凭国库管理局所发支票付款,无支票者概不支付。也就是说,金库制度的原则是,一切收入必须交金库,一切支出必须凭财政部支付命令。每笔支付款项,与之有关的金库和财政部可同时记账,收支项目和金额能一目了然,分支库的库存成为总库库存的一部分。银行不得擅自动用库款,但库款有余时,中央财政部可酌情提取一部分库金存入银行生息。中央财政部和工农检查部可以协同派人随时检查国库。① 国库制度的建立对于推进会计制度的建设起到了重要作用。

中央政府在完善国库制度的同时,也相应建立起中央银行制度。1932 年 5 月,国家银行成立。《国家银行暂行章程》规定,国家银行隶属于财政部,在瑞金设立总行,各地设立分行,启动资金国币 100 万元由国库预算拨付,须增加资本时可呈请财政部核准由国库拨付。国家银行的业务以"帮助发展生产,对于国有工商业或合作社事业得为有抵押和无抵押之放款"为优先,同时亦有商业票据贴现、代管贵重物品以及收受各种存款等一般银行业务。国家银行受临时中央政府委托办理国库和公债业务,因而拥有发行钞票的特权。国家银行的管理由财政部任命的管理委员会负责。每年 12 月是国家银行的总决算期。②

（四）会计制度建设

1932 年 12 月,中央财政部发布了"统一会计制度"的训令,其主要内容包括:第一,将收入、管理、领取、支配四个机关分开,便于归类核算。"收钱机关税委和财政部只准收钱,收到了款分文解缴管钱机关各级国库;领钱机关即各级政府各部门各级司法教育机关须按月作预算,按照系统送交本部批准发给支票才得向国库领款;国库收到之款只准送到上级国库或照上级支票付款。"第二,分别划分各级收入与支出,使之各成系统。租税归各税委收缴,打土豪罚款归财政部或裁判部经收缴库,行政费归财政部领支,教育费归文化部,司法费归司法部经领。第三,确定会计

---

① 项怀诚主编:《中国财政通史》(革命根据地卷),中国财政经济出版社 2006 年版,第 55 页。
② 王明前:《中央革命根据地财政体系演变新探》,《中国经济史研究》2011 年第 2 期。

核算科目,对各项收入及开支项目作出一定名称和一定范围的规定。第四,统一簿记及单据,确定记账方法。颁布了《财政机关交代规则》和《会计规则》,制定了会计科目表、预决算规则、财政人员交接条例等,并印发了统一的簿记、表格和单据。同时,还明确财政部会计处为中央财政会计工作的职能部门,"根据国库与国库管理局及附属机关各报告,每日并按月编制报告表呈部长审核"。①《会计规则》对会计事项作了较为系统和规范的规定,对于会计制度的完善起到了积极作用。

(五)审计制度的确立

《中央政府审计条例》明确审计工作的意义在于"为着保障苏维埃财政政策的充分执行,裁判检举对贪污浪费的行为,使财政收支适合于目前革命战争的需要"。为加强财政管理,严防贪污浪费,监督各级财政机关和国家企业事业单位合理使用资金,1933 年,中央人民委员会第四十九次会议决议成立中央审计委员会,作为中央财政审计工作的负责机关。审计工作的范围是中央财政的岁入岁出预决算、全国行政经费预决算、军事预决算、经济建设收支预决算以及中央政府补助群众团体经费预决算。除中央审计委员会外,省县两级还设有分委员会,负责审查地方财政工作。

中央苏区统一财政管理制度的确立,在很大程度上克服了分散主义,解决了地方政府各自为政的问题,对于纠正乱收滥支、防止贪污浪费弊病起到了重要作用,有利于增加收入、节约开支,集中物力财力,有力地支援了根据地的建设和保障革命战争的供给。但统一财政管理把某些财政管理权限规定得过于集中,有些制度规定得过繁过死,有时与根据地经常被包围、被分割、被封锁的战时特殊环境不相适应。因此,1933 年 8 月,中央政府在一个训令中指出:"在分散作战的目前状况之下,切不可将一切物资供给责任都由上面领导机关负起来,这就束缚了下面广大人员的手足,又不可能满足下面的要求。"②尽管存在一定的局限性,但中央苏区制定的统一财政管理制度是根据地建设的重要组成部分,也为抗战时期和解放战争时期的财政管理制度建设提供了宝贵经验。

四、抗战时期根据地的财政管理制度

(一)抗战时期根据地财政体制演变概述

抗战时期,军事战争形势处于不断变化中,相应地,抗日根据地的财政管理制

---

① 江西省税务局等编:《中央革命根据地工商税收史料选编》,福建人民出版社 1985 年版,第 150～153 页。

② 唐滔默:《土地革命战争时期革命根据地财政概述》,《中央财政金融学院学报》1986 年第 4 期。

度也随之而改变。抗战初期,各抗日根据地刚刚建立,统辖范围尚未固定,政权建设也很不完善,财政组织机构还不健全。在这种情况下,根据地财政一般采用自收自支的形式,并未建立统一的财政制度。1939 年以后,抗日根据地逐渐扩大,边区政府组织也陆续健全,但根据地尚未完全连成一片,而是处于分割状态,加上各根据地内部也面临着人力、物力、财力分散的局面,"统一领导、分散经营"的财政方针得以贯彻执行。这一方针适应了当时的战争形势和客观需要,根据地各自为政、财政管理混乱的问题得到了一定程度的缓解,精兵简政、没收敌伪财产、发展经济、实行农业统一累进税等宏观财政政策也逐渐统一起来。实行"统一领导、分散经营"的财政管理制度之后,根据地的财政组织机构也逐渐健全起来。

1942 年以后,中国共产党领导抗日根据地军民粉碎了国民党的反共高潮,根据地得到进一步巩固和发展。为适应战争形势的发展,克服分散经营体制的弊端,各根据地先后实行"统筹统支为主,生产自给为辅"的财政管理制度,即粮草、被服、食盐、纸张等物资的供给由边区政府统一筹集、统一拨付。在这一体制下,部队、机关、学校生产自给的任务减轻了,各自为政和苦乐不均的问题也得到很大程度的解决。统一供给不足的部分,由部队、机关、学校生产自给,不仅保证了军政开支需要,也支持了各单位的生产自给。但由于这一体制过于集中,缺乏灵活性,不能依照各根据地的实际情况及时作出调整,因而当根据地财政状况得到好转之后,它便不能适应客观形势的需要了。

1943 年起,根据地开始实行"统一领导、分区统筹"的财政管理制度。边区政府统一制定、统一执行各项财政方针、财政标准和财政制度,在此前提下,以各边区为单位进行统筹。边区政府根据各分区脱产人员的数量、生产基础、地方税收数额等因素,分别给予一定的补助,包干给各分区统筹供给。[①] 这种财政制度首先在陕甘宁边区实行,之后推广到其他抗日根据地。"统一领导、分区统筹"的财政管理制度既可以克服各自为政、乱收乱支和违法舞弊的弊端,又可以调动地方政府筹集资金的积极性,体现了财政体制原则性与灵活性的统一,它一直沿用至解放战争初期。

(二)陕甘宁边区的财政管理制度

陕甘宁边区作为抗战时期中共中央所在地,其财政管理制度的建设在各抗日根据地中具有代表性和指导意义,根据地的很多财政制度都是在陕甘宁边区率先实行的。

---

① 　财政科学研究所编:《革命根据地的财政经济》,中国财政经济出版社 1985 年版,第 91 页。

1. 边区财政管理方针的演变

土地革命时期,陕甘宁革命根据地的财政缺乏统一领导,也没有统一的制度和收支计划安排,各地处于各自为政、自收自用的分散游击状态。全面抗战爆发后,边区财政才逐渐健全和统一起来,其财政制度建设在不断探索中发展。

1937年12月21日,边区政府发出《统一财政问题》的通令,要求"不论任何机关、部队、团体,必须遵照统一财政的原则,建立起财政系统,绝对不许再有自收自用事情发生"①。1938年,边区政府又两次发出通令,要求遵照统一财政的原则建立财政系统,各地、各单位所需经费应由边区政府统筹解决。"一切大小收入、没收、罚款、募捐等收入,均应统一于财政机关;坚决废止不经过边区政府批准而用各种名义向群众进行募捐的现象。"②边区的财政收入统一纳入金库,按照预算开支,遵循一定手续支取。这种统筹统支的财政管理制度,消除了各自为政、自收自用的分散游击现象。相对规范的财政制度也相应建立起来,如颁发了公粮和税收条例,逐步建立起金库制度、预决算制度和多种供给标准制度等。

皖南事变以后,边区财政面临严重困难,统筹统支的财政管理制度难以继续实行。在这种情况下,陕甘宁边区从1942年起实施"统收统支为主,自给自足为辅"的财政管理制度,规定:粮食、马料、被服、药材、书报、食盐费由边区政府统筹统支;兵工器材、津贴、保健、保育等由政府供给;伙食费、办公杂费、路费、特别费由边区政府部分供给,各机关单位部分自给;蔬菜、肉食由各单位全部自给;县以下的各级政府另外自给一个半月的粮食。③"统收统支为主,自给自足为辅"的财政管理制度,一方面减轻了部队、机关、学校的负担;另一方面也能够克服各地各自为政的现象,恢复和建立起必要的财政制度。然而,这一制度给边区政府造成了沉重的财政供给负担,同时由于其过分强调统一集中,致使一些单位和部队不能及时得到必要的供给,给这些单位造成一定的困难。

1942年12月,陕甘宁边区高级干部会议在延安召开。毛泽东在会上作了《抗日时期的经济问题和财政问题》的报告,提出"发展经济,保障供给,是我们的经济工作和财政工作的总方针"。此后,边区开展起大生产运动。为克服"统收统支为主,自给自足为辅"财政管理制度的缺陷,适应边区大生产运动发展的形势,

---

① 陕西省档案馆、陕西省社会科学院编:《陕甘宁边区政府文件选编》第一辑,档案出版社1986年版,第36页。

② 陕西审计学会、陕西省审计研究所编著:《陕甘宁边区的审计工作》,陕西人民出版社1989年版,第127页。

③ 刘秉扬:《抗日战争时期的陕甘宁边区财政》,《西北大学学报》(哲学社会科学版)1986年第3期。

1943 年起,边区开始采取"统一领导、分区统筹"的财政工作方针,边区的财政政策、标准、制度逐步统一起来,各分区的收入经边区政府认可后,由各分区包干使用、统筹分配。这种统一和分散相结合的财政管理体制,将统一集中和因地制宜有效地结合起来,既可以克服各自为政、苦乐不均、违法乱纪等现象,又能够发挥地方的灵活性。

2. 预决算制度

陕甘宁边区政府成立初期,由于缺乏必要的财务制度和预决算制度,开支任意报销,不可避免地出现了浪费贪污现象。1937 年 12 月,边区政府在《统一财政问题》通令中要求:各机关、部队、团体,一切开支必须先造预算,呈由各该上级批准通知财政厅之后,由财政厅发给支付命令或电报,向当地金库支取。[①] 边区财政厅被赋予了编制预算决算的职权。1941 年,边区政府拟定了《陕甘宁边区暂行预算章程》《陕甘宁边区暂行决算章程》《陕甘宁边区各级政府、部队、机关编制预算分配表章程》《陕甘宁边区各级政府、部队、机关、学校编制支付预算章程》四个有关预决算管理的草案。1943 年,边区政府又颁布了《陕甘宁边区暂行预算条例》和《陕甘宁边区暂行决算条例》,对财政预算的编制、执行及决算的编制程序等作出了详细规定。

边区的预算分为总预算和各单位分预算两种。每年自 1 月 1 日起至 12 月 31 日止为一会计年度,各机关每季度编制一次预算。各机关岁入、岁出按来源用途各分门、款、项、目编入预算。预算采取自上而下和自下而上相结合的办法进行编制,财政厅每年 10 月以前通知各主管机关、部队在 10 月前编造各机关单位本年度财政状况及下年度财政计划;于每季开始 40 天前通知各机关按照经费标准及规定的表格编制下季度预算;边区政府预算的编制,自最下级机关开始,依次呈送至最高机关。决算的编制和审核,从执行预算的单位开始,自下而上地编制和汇总,自上而下地审核。决算由岁入和岁出构成。各机关的决算由财政厅审核,如遇疑问,有权查询并限期答复;审核各机关决算及证明单据时,认为正当者,应发给核准状,认为不正当者,应通知各主管机关首长,执行处分或呈边区政府处分;决算审查结束后两年内发现其有错误、遗漏、重复及伪造之证据情形者,得再为审查。边区总决算经财政厅审核后,呈报边区政府,送参议会备查。[②]

---

① 陕西省档案馆、陕西省社会科学院编:《陕甘宁边区政府文件选编》第一辑,档案出版社 1986 年版,第 37 页。

② 张丽萍:《抗战时期陕甘宁边区的财政预决算管理》,《辽宁教育行政学院学报》2012 年第 5 期。

预决算的批准审查权在边区参议会。1939 年 1 月召开的陕甘宁边区第一届参议会通过了《陕甘宁边区各级参议会组织条例》,规定边区参议会具有"通过边区政府所提出之预算案"的职权。1941 年 11 月,边区第二届参议会召开,对该条例进行了修订,明确规定边区参议会具有"通过边区政府提出之预算,并审查其决算"的职权。① 预决算的审核权则在审计部门,即边区政府审计处和县政府审计员。边区审计处的职权之一便是"审核全边区行政机关之预算决算"。边区第二届参议会通过了《边区县政府组织暂行条例》,规定审计员专司审核县区征粮及金库收支、公产收入及县经费预算决算等事项。1939 年年底,中央财政经济部下设审计处,其主要职责是根据各单位的人马数量,对照标准开支制度,审查正常的经费预算;根据各单位开支后所编造、送审的单据,审查、核销经费决算。也就是说,边区审计部门对预决算的审核主要是收支预算的审核和决算的核销。② 边区预决算制度的实行,有助于节约开支、减少贪污浪费现象,有效地保证了抗日经费的供给,同时也推进了规范的财政管理制度的建设。

3. 税制的建设与发展

陕甘宁边区十分重视税制建设。边区政权建立初期,因边区经济十分薄弱,税收工作仅限于宣传,并没有进行实际征收。边区最初征税是针对盐和其他少数货物,因而最早的征税机关就产生于盐的主要产地和贩运必经之地。1937 年,在三边建立了税务局,下辖定边、盐池、苟池、盐场堡、莲花池 5 个分局。随后又在张家畔设立税务局,这两个税务局都直属于边区财政厅领导。10 月,三边税务局颁布了《征收条例》,规定征收食盐、甘草、烟酒、牲畜交易税,税率为 2%。由此,边区政府开始在三边等地征收盐税与少量货物税。1939 年 3 月,边区政府颁布了《陕甘宁边区政府财政厅税收条例》,规定征收食盐、皮毛、烟酒、牲畜、甘草、特产、年佣 7 项税收,并明确了征收办法、税率、征收手续及偷税处理,这意味着边区税收的初步形成。全面抗战期间陕甘宁边区的财政与税收收入如表 32 所示。

1940 年 1 月,边区财政厅内设税务总局,下设延安市、延川县、张家畔等分局,三边税务局改组为支局。后来,财政厅统一了各级税务机关的名称,分区税务机关为税务分局,各县为征收局,征收局局长由第二科科长兼任,县以下为税务分卡,设征收员 1 人、开票员 1 人。由此,税收机构初具规模。与此同时,边区政府颁布了《陕甘宁边区营业税条例》,营业税的征收范围包括食盐、牲畜、皮毛、药材、动植物油、蜂蜜、烟

① 中国科学院历史研究所第三所编:《陕甘宁边区参议会文献汇辑》,科学出版社 1958 年版,第 118 页。
② 张丽萍:《抗战时期陕甘宁边区的财政预决算管理》,《辽宁教育行政学院学报》2012 年第 5 期。

草、酒类、宗教品。5月,又以《陕甘宁边区货物税暂行条例》取代了《陕甘宁边区营业税条例》,规定货物税的征收对象为食盐、皮毛、药材、烟酒和宗教品。其中,食盐、皮毛、药材征收产地税,烟酒和宗教品征收消费税,过境税仅收 2% 的查验手续费。

表 32 全面抗战期间陕甘宁边区的财政与税收收入 （单位:万元）

年份	税收收入	财政总收入	税收收入占财政总收入的比例
1937	5.93	56.34	10.5%
1938	25.09	109.27	23.0%
1939	57.53	700.44	8.2%
1940	154.89	973.06	15.9%
1941	778.1	1 960.5	39.7%
1942	22 772.9	27 867.5	81.7%
1943	9 384.86	10 449.38	89.8%
1944	27 508.86	50 838.04	54.1%
1945	127 262.75	161 007.43	79.0%

资料来源:延安地区财政志编委会:《延安地区财政志》,陕西人民出版社 2000 年版,第 66 页。

1941 年 4 月,边区政府修订公布《陕甘宁边区各级税务局所组织规定》,规定在财政厅所在地设立边区税务总局,在各分区专员公署所在地设立税务分局,在各县政府所在地设立县税务局,在各县重镇要口设立税务所。税务总局受财政厅领导,同各税务分局、县局、税所是垂直领导关系,可以单独行文,在经费供给、干部调配等方面也都是独立的。税务总局成立后,税收系统得以独立开展工作。后又健全和充实财政厅机构,增设有关科室,并成立税收研究委员会,负责对边区各项税收政策的研究。[1] 边区税务机构组织由此健全起来。

1941 年 5 月颁布的《陕甘宁边区施政纲领》第十三条指出:边区"实行合理的税收制度,居民中除极贫者应予免税外,均须按照财产等第或所得多寡,实施程度不同的累进税制",并明确规定了边区纳税人的范围。从 1941 年起,边区政府先后三次修订货物税、营业税条例,颁布新税法,还制定了相应的各种配套税务行政法规。税种上新增加了商业税,废除了对商人的摊派募捐,并开始贯彻累进原则。1941 年 10 月,《陕甘宁边区货物税修正暂行条例》颁布,规定"凡应税货物均须缴

---

[1] 陕西省档案馆编:《陕甘宁边区政府大事记》,档案出版社 1991 年版,第 96 页。

纳货物税",征税对象由此得以扩大,同时降低起征点,提高了税率,但对必需品征收的税率较低。过境税依然较低,征收过境税的货物包括盐、烟、酒、宗教品、布匹、杂货、棉花及其制成品,仅从价征收2%的查验手续费。① 1942年10月,边区对货物税再次修订,主要体现了边区战时物资管理政策。为防止边区外的货物倾销,配合战时物资管理,货物税从1943年起取消固定税率,实行活动税级制与过境回税法:活动税级制仅限于半必需品,活动税率为5%～30%。1944年7月,边区政府颁布了《修正陕甘宁边区货物税暂行条例》,增加税目,提高税率:条例规定的应税货物有140余种(包括出口、过境、入口),税率也进行了不同程度的提高。在修订货物税的同时,边区政府对营业税条例也进行了修订。修订后的营业税,扩大了征收范围,增加了屠宰税,将牲畜买卖税、粮食买卖手续费等并入营业税,并提高了酒类牌照费的定额。②

4. 会计制度

会计制度建设是陕甘宁边区财政管理制度建设的重要组成部分。边区建立初期,要求边区各厅处院以及其他主管收支机关收入款项,统一解交边区金库核收,不得提前借支和使用;各主管机关本身收入也应解交金库,所属机关收入由主管机关代缴至财政厅;各主管机关及所属机关经费,统一由边区金库统筹核发。③ 边区财政厅还要求各单位和税务机关统一会计科目和计算单位,统一采取复式簿记借贷原理记账。每年度的财政收入和支出进行分类转账;财政收入包括中央拨款即国民政府拨发的经费、公粮收入、税收收入、地方收入、公债、经济建设盈余和杂项几项;财政支出包括中央、边区、军委经费,经济建设费,粮食费及其他经费。在让予县一级一定地方财政权力后,会计制度依然是边区财政建设的重点。边区政府要求各县"建立金库,确实执行支付命令,严格制止金库随便借款的现象",并规定各分区和各县市应把地方收入和边区收入划分清楚。其中,地方收入只能"在所指定地方收入范围内动用,不准随便将未拨地方收入之款开支"。④ 会计制度的建设和健全,有效地规范了边区财政收支,在一定程度上改变了边区和各分区财政管理混乱的局面。

---

① 陕西省档案馆、陕西省社会科学院编:《陕甘宁边区政府文件选编》第四辑,档案出版社1988年编,第214页。

② 陕西省档案馆、陕西省社会科学院编:《陕甘宁边区政府文件选编》第八辑,档案出版社1988年版,第259页。

③ 陕甘宁革命根据地工商税收史编写组、陕西省档案馆编:《陕甘宁革命根据地工商税收史料选编》第四册,陕西人民出版社1986年版,第432～433页。

④ 陕甘宁革命根据地工商税收史编写组、陕西省档案馆编:《陕甘宁革命根据地工商税收史料选编》第二册,陕西人民出版社1985年版,第33～34页、第29页。

5. 国库制度

国库制度是与会计制度建设同步的。边区政府规定,边区财政的现金、出纳和保管由边区各级金库负责,各级金库对财政厅负责。边区金库共包括三级,边区设总金库,各分区设分金库,县设支金库。一切财政收入和支出款项,均由金库收纳或支付;支出款项时,须有财政厅长盖章的支付命令,否则总金库不得得款;下级金库须有上级金库的支票,才能给机关拨款。各级税务机关的税款也要上缴金库保管,除依法令规定或奉财政厅命令划拨外,均须按期如数清解指定之金库,绝对不许随便动用或挪借。1942 年 10 月,边区政府要求:"各级局所经征税款,除依法令规定或奉财政厅命令临时划拨外,均须按期如数清解指定之金库,不准私自动用或挪借。"1945 年 4 月,边区财政厅总金库再次强调,各税务局及三边盐务局所收之税款,务必迅速缴纳到金库,数目多时应每日缴库,数目少时也须每 5 天缴库一次;月底必须缴清并电告全月总数;银行只有得到总金库的调动命令方可支配存款;金库、税务局和盐务局每 5 天联名将 5 天所缴库款项电告财政厅和总金库以备清查。[①] 国库制度建设有助于完善会计制度建设,同时也促进了统收统支的实现。

第三节　审计制度的建立与发展

革命根据地的审计机构经历了从无到有、不断发展完善的过程。省港罢工委员会审计局的建立是中国共产党在非正式政权组织中建立审计制度的尝试,也是红色中国审计制度的萌芽。土地革命时期,为了巩固新生的红色政权,中央苏区开始着手建立审计机构。审计制度的建立大致经历了设置审查委员会、财审合一体制、财审分离体制三个阶段,独立审计制度逐步建立起来。中央审计委员会在新的制度框架下广泛开展了审计工作,增强透明度和公开性。全面抗战爆发后,各抗日根据地政府为解决财政收支乱象问题积极采取了一系列措施加强财政审计与监督。根据地的审计制度建设对加强财政监督、节约财政开支、保证各时期的供给和军事战争的开展都起到了重要作用。

一、土地革命时期革命根据地的审计工作

(一) 审计制度的萌芽——省港罢工委员会审计局的建立

中国共产党领导下最早建立的审计机构是省港罢工委员会的"审计局"。

---

① 王明前:《陕甘宁抗日根据地财政体系演变新探》,《中国延安干部学院学报》2014 年第 6 期。

1925 年 6 月 19 日,广州、香港等地的工人在共产党人苏兆征、邓中夏等领导下,为反对帝国主义、支援五卅运动而举行省港大罢工。罢工委员会几乎每天要查缉大批违禁的财物,经办相当数额的募捐款项,供给数万罢工工人的生活开支。为防止贪污舞弊现象,管理好财物工作,罢工委员会除设立专门管理财政收支的财政委员会外,还设审计局,审核各机关开支账目。① 1926 年 3 月,罢工委员会专门公布《审计局组织法》,对审计局的组织机构和职权作出了具体规定:审计局直隶于省港罢工委员会,由省港罢工工人代表大会选出 11 名委员组成;设正副局长,分设预算、决算、调查、核数各员;审计局有审计自省港罢工委员会以下各机关所有经常费用之审计权,审计局如审计出各机关之进支数目及购办物件有舞弊事情,应即据实呈报省港罢工委员会查办之;审计局须将已审计之数目单据汇表,每日向省港罢工委员会呈报一次。审计局在罢工委员会的支持下开展工作,加强了财务监督,有助于严格监督各罢工机构的财务收入,做到合理开支、财尽其用,并防止少数人的违法舞弊行为,加强革命法制和纪律,同时也体现了委员会的廉洁。省港罢工委员会审计局的建立,是中国共产党在非正式政权组织中建立审计制度的尝试,体现了其对审计工作的重视,也为此后革命根据地审计机构的建立和审计工作的开展提供了宝贵经验。

(二) 中央苏区审计制度的建立与发展

1931 年年末,中华苏维埃临时中央政府在瑞金成立。到 1932 年,工农红军已发展到数十万人,大大小小的革命根据地遍布全国 14 个省、拥有人口 1 000 万人。② 为巩固刚刚诞生的红色政权,有效克服根据地内存在的收支混乱现象,整肃贪污浪费等问题,加强财政管理,监督各级财政部门合理地节约使用资金,保障革命斗争的物质供给,中央苏区开始着手进行审计机构的建立和审计工作的开展。

1. 审计制度建立的三个阶段

(1) 第一阶段是 1931 年 11 月至 1932 年 8 月。中华苏维埃临时中央政府成立后,颁行了《苏维埃地方政府的暂行组织条例》,设置审查委员会以监督财务。1932 年 3 月,《对于财政统一的贡献》进一步提出,实行财政统一,必须建立审核制度,即在中央政府和省政府财政部之下设稽核员,专门负责审核各机关收支预决算,签发发款通知书,国库或分库将发款通知书汇解中央政府存查;各机关每月终造表决算送中央财政部汇交稽核员审核,如确无滥支时,仍须与发款通知对照核

---

① 张希坡:《革命根据地的审计立法及其基本经验》,《法学杂志》1982 年第 6 期。
② 徐苏:《土地革命时期的中央苏区审计》,《审计研究》1987 年第 5 期。

销;每月中央或省财政部须向中央政府或省政府作一详细报告。除中央苏区外,一些地方苏维埃政权也相继建立起审计监督机构。如 1931 年 12 月 18 日,湘鄂赣省工农兵苏维埃政府东南办事处召集各县各区财政委员会联席会议,提出了整理财政的具体办法,规定办事处财政科设审计股,审查各机关各部队的预算和决算。次年 5 月,《中华苏维埃共和国革命互济会湘鄂赣省第一次代表大会决议案》中规定:各县须组织审计委员会,审查账目,实行经济统一;按各县工作情况,规定办公费;各县自下而上将预算决算表送交省审核。在湘鄂西和湘鄂川黔边区也建立了审计机构,负责审核同级机关单位和下级苏维埃政府的预决算。在湘鄂川黔边区,师以上部队设有审计委员会,各项经费的预决算和会计工作,都要经过审计机关审核、军政首长把关。① 但由于政权尚未稳固,财政也没有统一,该时期的审计工作开展十分有限。

(2) 第二阶段是 1932 年 8 月至 1933 年 8 月。这一阶段实行的是财审合一体制,即审计机构隶属于财政部门而开展工作,不承担对财政系统内部的监督。1932 年 8 月 13 日,中央人民委员会第 22 次常委会通过的《财政部暂行组织纲要》规定:在中央财政部下设审计处,省财政部设审计科,县财政与省相同,但不设审计科;中央财政部审计处的职责为审核国家总预决算,检查会计账目,审核国家预备费支出,检查国库现金及存款等。随后,中央人民委员会和中央财政部又相继颁布了一系列财务规章制度和财经纪律,加强财政监督。苏区的审计制度逐渐建立起来,中央和地方政府以及红军中逐步设置审计机构,配合稽核人员,开展审计工作。② 中央财政部审计处经常派人到各县区检查财政与提款,预决算制度部分建立起来,过去贪污浪费、打埋伏等弊病减少了许多。③ 但地方审计工作的开展很不完善。有些省财政部根本没有设置审计科,因而不能详细审核预决算。1933 年 1 月 24 日,财政人民委员部在《国库建立后各级财政部的当前工作中》指出,省审计科对各县预算毫不加以审查,特别是县这一级,由于没有建立审计机构,更"没有建立检查,下面又没有报告",致使"还有打埋伏的和浪费的"。④

(3) 第三阶段是 1933 年 8 月至 1934 年 2 月。财审分离体制的独立审计在该阶段逐步建立起来。为健全财政体系,适应革命斗争形势的发展,1933 年 8 月

---

① 邢俊芳:《中央革命根据地的审计监督制度》,《中共党史研究》1989 年第 5 期。
② 项怀诚主编:《中国财政通史》(革命根据地卷),中国财政经济出版社 2006 年版,第 56 页。
③ 中国审计学会、审计署审计科研所编:《中国革命根据地审计史料汇编》,北京工业大学出版社 1990 年版,第 205 页。
④ 卢琳秉:《革命根据地时期政府审计探析》,江西财经大学 2010 年硕士学位论文。

25 日,中央政府发出了《整顿财政部工作的训令》,撤销了原设的审计处,决定成立中央审计委员会。1934 年 2 月 3 日,第二届中央执行委员会召开第一次会议,选举阮啸仙为中央审计委员会主任。2 月 17 日,《中华苏维埃共和国中央苏维埃组织法》公布,对中央审计委员会的隶属关系、机构设置、人员编制等作出了明确规定:中央审计委员会与最高行政机关(人民委员会)及革命军事委员会、最高法院相并立,同隶属于中央执行委员会;中央审计委员会由 5～9 人组成,由中央执行委员会主席团委任之,设立主任、副主任各 1 人,其他职员按需要设置。中央审计委员会的职权是:审计国家的岁入与岁出;监督国家预算之执行。中央审计委员会独立于财政部门的地位由此确立下来。2 月 20 日,中央执行委员会颁布《中华苏维埃共和国中央政府执行委员会审计条例》,规定了中央审计委员会审查的范围:"岁入与岁出的预决算;全国行政费的预决算;海陆空军的预决算;关于经济建设的收支预决算;由中央政府发补助费的群众团体的预决算。"该条例还对地方审计机构作出了规定:地方审计机关为中央审计委员会分会;在省及中央直属市执行委员会之下设审计分会,隶属于中央审计委员会,同时受省及中央直属市执行委员会及其主席团的指导和节制。中央审计委员会分会审查的事项包括四项:省苏维埃及省一级机关,中央直属市、县及市、区苏维埃的预决算;各县、市苏维埃的预决算;地方武装的预决算;受中央审计委员会命令审查之件。通过制定该条例,中央赋予了中央审计委员会很大权力,并保证了审计工作的独立性。[①]

2. 审计工作的展开

中央审计委员会的成立,确立了财审分离体制下的独立审计制度。中央审计委员会先后开展了对中央政府各厅、部及瑞金直属市、粤赣省苏维埃政府财政预决算的审计,并开展了对中央印刷厂、中央邮政总局、苏维埃国家银行等中央单位及群众团体财务收支状况等多项审计活动。第一,对国家企业进行审计,在一定程度上打击了舞弊贪污行为。例如,中央审计委员会对中央印刷厂进行审计时,查明中央印刷厂会计科长杨其兹与军委印刷厂会计科长路克勤相互勾结,采取购进材料加价,多报原料和工人工资等手段贪污公款的行为,在对中央邮政局和中央造币厂审计时也发现了侵吞公款的现象。第二,对中央机关财务收支和财政预决算进行审计。1934 年 3 月,中央审计委员会围绕中央政府的工作重点,对中央政府总务厅、财政部、劳动部、教育部、司法部、内务部、土地部、国民经济部、粮食部、工农检

---

① 《中央政府执行委员会审计条例——中华苏维埃共和国执行委员会命令(中字第 2 号)》,1934 年2 月 20 日。

察部、国家银行等 11 个中央机关的行政经费进行了审计,查明中央各机关行政经费已经大幅度减少。[①] 第三,对苏区群众团体进行审计。中央审计委员会对互济总会进行审计时,发现其存在挪用救济费用于机关经费、会费收支混乱、各种捐款缺少检查三个方面的问题。在审查反帝拥苏总同盟时,也查出了几起贪污月费案。第四,对国家银行进行审计。中央审计委员会在处理国家银行出纳科职员袁雨山、刘道彬贪污行为一事上发挥了重要作用。第五,开展反贪污浪费斗争的专项审计。中央审计委员会针对反贪污浪费安排了专项审计,从财务部门入手,从检查会计账簿入手,查处了一批贪污腐败分子。[②]

中央审计委员会在对苏维埃共和国行政、企业单位的经济活动进行审计后,把其结果刊登于《红色中华》报上,增强了审计工作的透明度和公开性,更好地发挥了审计的作用。中央审计委员会对财政的审计监督,有助于苏区财政的统一,同时对于加强财政监督、严格财经纪律、节约财政开支、保证军队供给和革命斗争的开展都起到了重要作用。中央苏区军民交口称赞苏维埃政府是"空前廉洁的政府",审计委员会主任阮啸仙和全体审计人员则被誉为"苏区经济卫士"。[③]

二、抗日革命根据地的审计工作

全面抗日战争爆发后,随着抗日根据地的不断发展,边区政府机构增多,各项费用也日益增长。在这种情况下,根据地政府的财政收支出现紊乱,有些地方甚至出现了自收自用、任意募捐、滥用职权、贪污公款、伪造单据、携款潜逃等现象,严重影响了根据地的政权建设。为解决这些问题,各革命根据地采取一系列措施加强了财政审计和监督。

(一) 陕甘宁边区的审计工作

1937 年 9 月 20 日,陕甘宁边区政府正式成立。基于一切以军事支出为优先的战时财政原则,为适应抗战时期政治、军事、经济形势的变化,陕甘宁边区和其他革命根据地的审计机构是一种处于频繁变动之中的战时审计体制,有时独立于财政机关,有时则是与财政机关合并的财审合一体制。

(1) 1937 年 9 月至 1939 年 11 月。这一阶段,审计机构独立于财政部门,审计工作具有相对独立的地位。陕甘宁边区政府成立后,下设审计处,1938 年 3 月改

---

① 《苏区的审计工作(一)》,《审计与理财》2006 年第 9 期。
② 《苏区的审计工作(二)》,《审计与理财》2006 年第 10 期。
③ 《苏区审计的先驱》,《审计与理财》2006 年第 12 期。

为财政厅下属的审计科。到 1939 年 1 月,陕甘宁边区参议会经过完备的立法程序,通过了《陕甘宁边区政府组织条例》,规定边区政府下设审计处,赋予其八项职权:审核边区行政机关的预算、决算事项;审查全边区行政机关的公有物事项;审核边区征税、征粮及其他有关机关的收支证据事项;审核金库收支事项;审核公产估价变卖事项;审核公营事业的收支事项;审核由政府补助民营事业的收支事项;检举贪污、舞弊事件。由于当时政府机构刚刚建立,无法进行审计人员的配备,审计处的具体工作人员只有 1～2 人,审计工作的开展范围十分有限,审计处只能对边区行政机关的预算、决算进行审查。

(2) 1939 年 12 月至 1940 年 9 月。这一阶段,审计机构隶属于政府财政部门。1939 年年底,国民党开始对边区实行军事包围和经济封锁,边区财政经济遭遇严重困难。为解决财政经济危机,建立预决算制度与会计、审计制度,中共中央于 12 月作出决定,中央财政经济部建立会计处和审计处,对边区党政军的经费开支进行集中管理和审计,边区政府审计处随之撤销。中央机关及所属单位的预决算审计工作原由中央书记处的总务处管理,中财部审计处成立后,中央直属机关的审计工作也由其统一管理。

(3) 1940 年 10 月至 1941 年 8 月。1940 年年底,国民党掀起了第二次反共高潮,对陕甘宁边区进一步加紧经济封锁和军事包围,边区面临着十分严峻的政治和经济形势。为了渡过难关,毛泽东发出了"自己动手,丰衣足食"的号召,在发展生产自给的新形势下,财政预算和审计体制随之发生了变化,由过去的集中管理转向按系统分级管理。[1] 1940 年 10 月,中央财政经济部被撤销,并将党中央机关、军队系统、边区党政机关按系统分别设立了三个财经处,统管所属单位的财政经济工作。财经处下设审计科,对所属各单位的经费预决算进行审计。此时,边区政府审计处在名义上被恢复,并与财经处并存,但实际上具体工作由财经处下设的审计科办理,依问题性质决定用审计处或审计科署名。

(4) 1941 年 9 月至 1942 年 6 月。1941 年 9 月后,边区财经处撤销,将原管会计工作和经济建设工作分别移交给有关部门。审计处由此获得独立地位,负责审核边区及地方一级经费决算,预算则归财政厅审核。审计处按照整编的要求,起草了《陕甘宁边区审计处规程》《各分区县市审计工作暂行规程》《审计制度示范》等一系列审计工作的法规文献。这一时期,各分区、县市也开始设审计员。1942 年 1 月发布的《陕甘宁边区县政府组织暂行条例》中规定:在县政府下设审计员,"专

---

① 李淑琴等:《艰苦的岁月,光辉的足迹——中国革命根据地审计史概述》,《陕西审计》2003 年第 3 期。

司审核县、区征粮及金库收支,公产收入及县经费预决算事项"。在审计处的领导下,边区审计工作逐渐向正规化方向发展。然而,此时审计处的名义虽继续存在,但实际上已合并于财政厅。

(5)1942 年 7 月至抗战结束。边区政府审计处于 1942 年 7 月被撤销,审计工作划归边区政府财政厅负责,先后由财政厅二科和三科主管,审计机构再次划归财政部门管理。当时边区正大力鼓励发展生产自给,以解决经费不足的问题,财政和审计部门则很少过问生产自给的收支。尽管这一政策有利于促进边区发展经济和财政状况的好转,但由于缺少审计和监督,也产生了不少问题。例如,由于财政与审计无法了解生产自给的全部实际收支情况,各机关出现了自筹自支、各自为政、分配不均、浪费贪污等现象。

(二)晋冀鲁豫边区审计事业的发展

抗战时期,晋冀鲁豫边区政府根据当时情况,没有单独设置审计机构,而是将审计机构设在财政部门之下。1941 年 9 月,《晋冀鲁豫边区政府组织条例》公布,其中,规定了财政厅掌理的事务共有 8 项,第 6 项是"关于财政审计事项"[1]。次年4 月,《晋冀鲁豫边区岁入岁出审计规程》公布,对审计工作作出了安排:边区政府财政厅内设审计处,各行署财政处内设审计科,一般有五六名专职人员,各专署县财政科内设 1 名审计员,负责各级政府的审计工作。各级审计机关、审计人员在行政系统上仍属于各级财政部门,由财政主管人员领导之。上下级审计机关、审计人员之间并没有行政隶属关系,而只有工作指导关系。此外,各工商局、粮食局、银行等部门也都设有审计科或审计室。各级军政机关尽管没有设独立的审计机构,但审计工作也由主要负责人领导进行。

晋冀鲁豫边区政府下辖的 4 个区大都在省际交界处,来往联系困难,因此各区在审计机构设置和审计工作实践上有一定的独立性。如太行行署自 1943 年 1 月1 日起各县预决算之审核权完全归专署,在专署财政科下增设审计股,有股长 1人,审计员 1 人,由财政科长领导。1945 年 3 月颁布《太岳行署暂行审计制度》规定:行署、专署、县府设立审计委员会,审查决定重大经费变动及临时粮款开支。专、县审计委员会的决定以不超过该级政府的审计职权为限。行署级审委会 7 人,有边区主任及处长、秘书组成;专、县各 5 人,以专员、县长、秘书、科长组成。[2]

---

① 中国审计学会、审计署审计科研所编:《中国革命根据地审计史料汇编》,北京工业大学出版社1990 年版,第 213 页。
② 卢琳秉:《革命根据地时期政府审计探析》,江西财经大学 2010 年硕士学位论文。

三、解放战争时期解放区的审计工作

抗战胜利后,由于国民党军队的进攻及受国统区通货膨胀的影响,又加上一些解放区军政机构不断扩大,财政开支大为膨胀,各解放区曾一度面临严峻的财政经济困难。同时,财政预决算制度和审计制度受到了一定程度的削弱。在这种情况下,各解放区都根据自己所在区域的政治、军事、经济工作方面的特殊情况,分别建立了较为独立、完善的审计体系和审计制度。

中央所在地的陕甘宁边区,其审计机构在解放战争初期就得以重新组建,并加强了领导。1946 年 10 月公布的《陕甘宁边区宪法草案》规定,行政委员会下设审计处。《陕甘宁边区暂行审计规程》(草案)制定后,边区审计处于同年 12 月正式重新建立,由边区政府副主席刘景范兼任审计处处长。与此同时,边区第二次政府委员会通过了成立各分区财政分处的决议,财政分处下设审计员 1 人。12 月 28 日,边区政府颁布的《陕甘宁边区建立县财政自给大纲》规定:县最高审计机关应为政府委员会,日常审计事宜应由县财政科办理。至此,边区、分区、县三级审计系统建立起来。① 1947 年年初,在国民党军队全面进攻陕甘宁边区的局势下,边区财经会议决定取消审计委员会,其原先负责工作归并到财经办事处。随着解放战争形势的转变,审计工作又提上了日程。1948 年 10 月,以陕甘宁边区政府、陕甘宁晋绥联防军区司令部和中国共产党西北中央局联合命令的形式颁布的《陕甘宁晋绥边区暂行审计条例》规定:西北财政经济委员会下设审计处,为其日常办事机关;陕甘宁边区政府秘书处、联防军后勤部、西北局秘书处各设立审计科;陕甘宁边区晋绥行署所属各分区设立审计室,受分区财政经济委员会领导;各分区所属各县设审计员,由县委统一领导。1949 年 6 月颁布的《陕甘宁边区暂行审计条例》则对西北财政经济委员会下的审计机构作出了调整,基本上把审计纳入了行政或财政系统的领导之下。

其他解放区的审计工作也逐步发展起来。1946 年 2 月,山东省政府颁布了《山东省暂时审计规程》。1947 年,东北财政部颁布了《审计暂行条例》。苏皖解放区也进一步加强和完善了抗战时期的审计程序和方法。1948 年 2 月,晋冀鲁豫边区政府颁布了《边区级党政民学审计制度》。1949 年 7 月,华北人民政府公布实施《华北区审计规程》。②

---

① 方宝璋:《陕甘宁边区审计机构与立法》,《当代审计》1997 年第 1 期。
② 李淑琴等:《艰苦的岁月,光辉的足迹——中国革命根据地审计史概述》,《陕西审计》2003 年第 3 期。

第四节　统一财经工作的完成

解放战争初期,延续了抗战时期"统一领导、分区统筹"的财政管理制度,有助于发挥各解放区的积极性,克服暂时的财政困难。但随着战争规模扩大,作战区域往往跨地区,动用兵力也较多,各根据地分区统筹的情况已经越来越不适应形势的发展,统一财经工作提上了日程。

一、抗战胜利后统一财经工作的启动

(一) 各解放区内部的统一财政工作

财经统一工作的第一步是各解放区内部的财政统一。在 1947 年以前,华中、山东、晋冀鲁豫、晋察冀等根据地就意识到财政统一的必要性,对各分区财政自理的管理体制进行调整,在其辖区内开展了货币统一和预算管理体制的建设。

1945 年 10 月,中共中央华中局财经委员会召开财经工作会议,通过了《关于统一华中盐务管理的决定》等文件,确定了苏中、苏北及淮南、淮北之路东分区的财政收支统一的具体步骤。次年 1 月,中共中央华东局财经委员会作出了《对山东 1946 年上半年财经工作的指示》,山东财政厅召开了滨海、鲁中、鲁南三个地区财政处长会议,根据华东财委会的指示提出了五项工作任务,其中涉及财政统一的内容包括:统一北海币的发行;进行农业统一累进税的试点工作;严格财粮制度,加强金库、粮库管理,统一财粮工作的领导和统一收支,实行预决算预报制度。1 月 17 日,山东省政府发出《关于今后会计工作的命令》,决定大鲁南地区(鲁中、鲁南、滨海)实行财政统筹统支,一切财粮收入均缴省政府委托的金库、粮库,一切财粮支出均由省政府财政厅根据预算分期支拨。22 日,省政府还规定撤销鲁中、鲁南、滨海三区的工商总局,合并成立省工商总局,同时规定大鲁南地区统一发行货币,大鲁南地区的财经工作实现了初步统一。1946 年 10 月,中共晋冀鲁豫中央局作出《关于财经工作的决定》,指出在财政管理上实施全边区统一财经工作的方针。

(二) 华北财经会议的召开与华北财经办事处的成立

1947 年 1 月,在晋察冀中央局的建议下,中共中央作出了《关于召开华北财经会议的指示》,会议由晋冀鲁豫中央局负责组织,各中央局、各区党委、各军区财经供给机关派出代表参加。3 月 10 日至 5 月上旬,华北财经会议在邯郸召开,除东北

解放区外,其他各解放区(陕甘宁、晋察冀、晋冀鲁豫、晋绥、山东、华东、中原)负责财经工作的领导干部代表都参加了会议。会议分三个阶段进行。第一阶段从 3 月 10 日开始,开为期 10 天的预备会,交流各地区的财政经济状况,提出问题。第二阶段为 3 月 25 日至 4 月 14 日的正式会议,各地区代表分别作了本地区财政经济情况的综合报告或专题报告,总结各解放区的财政经济工作经验。第三阶段为正式会议结束后直至 5 月中旬,起草向中央的报告和讨论定稿。会议根据讨论的结果,由董必武主持起草了《华北财经会议决议》和《华北财经会议综合报告》,提出了财经工作的基本方针和具体方案措施。该会议提出:基于各解放区多数已连成一片但经济发展不平衡、交通不便的情况,华北财政经济应实现适当的集中统一;为实现统一,应设立统一的财政机关,统一各区财政政策和对敌经济斗争,调节贫富差距,平衡各地人民负担,统一规定各地供给标准,统一计划掌握各地货币发行,在此基础上逐渐达到各解放区财政工作的统一。① 会议还作出了成立华北财政经济办事处的决定,由其负责领导和调整各地区的货币贸易关系,并在财政上进行适当调剂。华北财经会议在解放战争进入战略反攻阶段前夕召开,为整个华北解放区的统一财经工作奠定了基础。

1947 年 7 月,解放战争进入战略反攻阶段,华北、华东、西北三大解放区连成一片,各解放区相互之间的财经统一工作势在必行。根据华北财经会议的决定和中央的批准,华北财经办事处的筹备由董必武主持进行。10 月,华北财经办事处成立,由董必武担任主任。其主要任务是:在中央及其工委领导下,统一华北各个解放区的财政经济政策,指导华北各解放区财政经济工作的执行;除特别重大的问题需经中央及工委会讨论并通过中央局执行外,在一般经常的行政问题上,可直接指挥各解放区的财经办事处。华北财经办事处的主要职权包括:制定华北解放区国民经济建设的方针;审查各解放区的生产、贸易、金融计划,并及时作必要的管理与调剂;掌握各个解放区的货币发行;指导各个解放区的对敌经济斗争;筹建中央财政及银行;审定各个解放区的人民负担;审查各个解放区的脱产人数及其编制与供给情况;审核各个解放区的财政预算并提出必要的调剂办法。华北财经办事处内部办事机构设秘书处、财政组、经济组、军事供给组、调查研究室。② 从其任务和职权来看,华北财经办事处实际上起着中央临时财经机构的作用。

---

① 项怀诚主编:《中国财政通史》(革命根据地卷),中国财政经济出版社 2006 年版,第 175 页。
② 薛暮桥:《解放战争时期华北解放区的财经工作》,《现代财经》2000 年第 3 期。

(三) 三个专业工作会议的召开

华北财经办事处成立后,随即制定了各组的工作计划,召开了三个专业工作会议。[①] 办事处还筹备召开财政供给会议,研究各种财经工作的统一方案,并着手筹备建立统一的银行和盐业公司。

1. 华北军工生产供给会议

华北各解放区的军工企业,均创建于抗战时期,分属于各解放区,缺少统一的领导和统一的生产计划,因而无法充分发挥效益。解放战争进入全面反攻阶段后,军工企业的重要性更加凸显。为统筹华北各解放区的军工企业,1947 年 12 月 10 日,华北军工生产供给会议召开,各解放区代表参加了会议。会上,各解放区代表汇报了各自军工企业的生产状况,对华北地区的战争形势作出分析,并指出应充分利用华北各解放区已连成一片、资源丰富、军工企业已有相当数量机器设备和技术人员的良好条件,在中央工委的统一领导下,统筹华北各解放区的军工生产,实行合理分工协作,从而节约财政投资,充分发挥军工企业的效益,保障对前线的军火供应。会议决定,由华北财经办事处军工组统一领导华北各解放区军工企业,并负责对其进行统一筹划。会议还对华北军工建设总方针、军工厂的领导和工厂管理等具体事项作出了规定。[②] 华北军工会议对于统筹各解放区军工企业的发展起到了重要作用,为华北地区军工生产的统一奠定了基础,保障了军火弹药的补给和解放战争的胜利。

2. 华北交通会议

1947 年 12 月 20 日,在董必武的主持下,由华北各解放区代表参加的华北交通会议召开。会议分析了华北地区的目前形势,指出其恢复建设交通事业的必要性和可能性,并提出了交通运输建设的方针,即"一切为着争取战争的胜利,一切服从于战争的需要,同时促进国民经济的发展"。会议还具体提出了交通运输建设的四项任务:第一,恢复铁路交通。首先是恢复阳泉到德州的铁路,此后随着战争形势的发展,又陆续恢复了解放区的其他铁路。到 1949 年上半年,华北解放区的大部分铁路得到了恢复。第二,修筑公路。会议决定修建四条"两纵两横"的公路干道:从陕甘宁边区经晋绥、晋察冀到山东东部的入海口,从晋冀鲁豫边区到山东南部的入海口,从晋察冀边区到东北解放区,从冀鲁豫边区到黄河沿岸。这四条公路的修

---

① 　关于三次会议的具体召开情况,参见项怀诚主编:《中国财政通史》(革命根据地卷),中国财政经济出版社 2006 年版,第 177～179 页。

② 　参见赵秀山等编撰:《华北解放区财经纪事》,中国档案出版社 2002 年版。

建,有效地加强了华北各解放区的联系。第三,河运建设。会议决定,首先疏通临清至黄河岸边的运河故道,继而沟通滏阳河与运河,将漳河水引入滏阳河,从而将各河河道连接起来。会议还决定,设立统一的河运管理委员会,负责卫河和运河的管理工作,统筹治河工程和制定船舶管理办法。第四,邮政和电讯建设。会议决定,公私邮件一律收费,适当提高邮费,并统一了邮票式样;汇兑业务归邮政办理,将邮局的名称统一改为"中国人民邮政";将各解放区之间的邮路干线衔接起来;邮政机关还兼管大城市的公私电话和长途电话业务。

3. 华北金融贸易会议

1948年3月下旬至5月中旬,华北金融贸易会议在石家庄召开。会议指出,今后金融和贸易工作的中心任务是发展生产和支援战争,根据这一精神,会议提出了金融和贸易工作的具体任务。第一,关于金融工作。会议确定了统一货币的方针:对于已经合并的晋察冀和晋冀鲁豫解放区,其财政已经统一,银行和贸易公司也准备合并,因而货币的统一发行和自由流通已无任何困难,应首先宣布两种货币的固定比价,将两区货币按十与一之比价(接近于统一流通前的自然比价)进行自由流通,并使其中一种停止发行,继而在两种旧货币中收回一种,而使另一种在两个地区统一流通。对于山东和西北解放区,由于其财政尚未统一,货币的固定比价和统一流通也有困难,应使比价相当稳定,尽可能地避免波动,具体措施是设立两区银行的联合办事处以掌握货币比价,并用有计划的物资调拨及财政调拨,来平衡两地区间物资交换和货币兑换数量,以保证比价相当稳定;计划于1年之内,实现华北各解放区货币的完全统一。会议决定,对外汇管理实行统一领导,一方面,由高级领导机关统一掌握牌价(但应给予地方一定的机动权),计划外汇的统一调剂;另一方面,要有地方性的统一领导,如设立出入口委员会或出入口管理局来统一掌握货币斗争、贸易斗争以及进出口税等。关于信贷工作,会议指出,银行必须有一定数量的资金用作生产贷款,并在生产贷款资金中划分比例,一部分用作农业贷款,一部分用作工商业贷款。第二,关于贸易工作。会议提出了对外贸易工作的主要任务:推销各种剩余土产;采购各种军用器材、重要生产资具和一部分民用的必需品,争取有利交换。会议决定,应制定统一的税则税率和共同的进出口计划,并加强对外贸易工作的统一领导。在天津、济南等地外围,分别成立出入口管理委员会,在中央财经部领导下吸收各地代表参加,其任务为掌握出入口的政策方针,商讨出入口计划,调解各地区间关于出入口的纠纷;各地区成立出入口管理委员会或出入口管理局,来统一领导该地区的对外贸易、外汇管理及出入口税等。为统一军用器材的采购工作,除在天津外围已成立统一的采购公司外,在胶东增设统一的采购委员会,受中央财经部及华东财办的双重领导,商讨采购计划,分配采购物资。内部贸易的主要任务有三项:调剂供求,平稳物价;组织各地区的物资交换,使各解放区结合而成一个整体;保障供销,扶助生产发展。会议还指出要保护和鼓励私营工商业的发展,应保护工商业者的财产所有权和经营自由权以及正当的营业利润,撤销各解放区之间的关税壁垒,统一各解放区货币,取消内地物资交流中的各种不必要的限制等。

(四) 中央财政经济(以下简称"中央财经部")部的成立与运营

1948 年 5 月,中共中央由陕北到达华北平山县西柏坡村,中央工委即行撤销,与中共中央合并;同时,将晋察冀和晋冀鲁豫两个边区合并成立华北人民政府。在这种情况下,统一财政经济成为客观需要,华北财经办事处已不符合形势的发展。因此,中共中央作出了撤销华北财经办事处的决定,于 1948 年 7 月成立中央财政经济部,由董必武任部长。

中央财经部成立后,下一步的工作是统一华北、山东、西北的货币、贸易和财政。1948 年 10 月,华北财经委员会成立,统一领导三区的财政、金融、贸易和交通等工作,并决定自 1949 年 1 月起,三区财政实行统收统支,并合并其银行和贸易机关。华东与西北各设财经分会,受华北财经委员会领导。11 月,华北人民政府第二次政务会议召开,决定将华北银行、北海银行和西北农民银行合并,成立中国人民银行;从 12 月 1 日起发行中国人民银行钞票,在华北、山东、西北解放区流通,由此三区货币得以统一。

二、统一财经工作的完成

1949 年元旦,中央召开财经座谈会,参会的各大区领导人提出了建立全国统一的财经工作领导机关的建议。1 月 27 日,中央财经部据此向中央提出了统一财经工作方案,提议建立一个比较充实而健全的中央财经工作领导机构,取消中央财经部,另行组织财政经济委员会。1949 年 7 月,中央财经部被撤销,在中国人民革命军事委员会之下另行组建中央财政经济委员会(以下简称"中央财委会"),统一计划并领导全国的财政经济工作。陈云任中财委主任,在他的领导下,对中财委的机构设置作出了规划,并要求各大区、各省市都要建立财政经济委员会,国家财政统一工作的组织准备至此基本完成。

中央财委会成立后,即着手进行全国的财经统一工作,这项工作首先从上海开始。1949 年 7 月 27 日至 8 月 15 日,上海财经会议在陈云主持下召开,华东、华中、华北、东北、西北五大区财经领导干部参加了会议。根据陈云提出的财经工作思路,会议确定了 1949 年下半年的全国财经工作部分计划,确定了发行公债、整顿税收以紧缩通货、加强征收公粮、成立全国统一内外贸易的专业公司、统一集中掌握与调运物资,以及召开各类专业会议等各项解决财政经济困难的措施。9 月 2 日,陈云在中共中央政治局扩大会议上作了关于上海财经会议的报告。毛泽东在给华东局的电报中明确说:"中央同意此次上海会议决定的总方针及许多具体办法。我们必须维持上海,统筹全局。"①

上海财经会议结束后,全国财经统一工作进一步展开。第一,中财委的机构得到充实,原华北人民政府所属财经各部和军委所属铁道部及电讯总局划归中财委领导。第二,加强了对贸易工作的领导。改组贸易机构,成立专业贸易公司。第三,组织地区间物资调拨,稳定物价。这些工作的开展为全国财经统一创造了条件。新中国成立后,随着 1950 年 2 月全国财经会议的召开,统一财经工作迅速展开并得以完成。

---

① 《毛泽东关于必须维持上海、统筹全局问题的电报》,载《党的文献》2010 年第 1 期。

现代卷

第一章

计划经济时期的财政制度

从 1949 年新中国成立到 1978 年党的十一届三中全会召开,新中国财政为社会主义革命和建设的顺利开展作出了重要贡献。计划经济时期的财政是以革命根据地财政为雏形,根据新中国成立后的社会政治制度和生产关系的需要而建立和发展起来的,实行的是以城市为中心的集中统一的财政制度,建设型财政是其基本特征。这一时期财政制度的建立和调整,主要是围绕预算管理制度、税收管理制度以及中央与地方、国家与企业的分配关系为主要内容展开的。

第一节　新中国财税体制的建立与健全

新中国财政是在极其严重的经济困难中,从战争废墟上建立起来的。但是,在中国共产党的英明领导下,凭借此前已有的 22 年领导根据地政权财经工作的经验,新中国成立后迅速建立并完善了国家财税管理体制,使国家的财经面貌焕然一新。

一、新中国财税体制的建立基础

新中国的财政,是以革命根据地和解放区的财政为雏形,伴随着新中国的成立,在新的社会政治制度和生产关系的基础上建立和发展起来的。

从抗日战争全面爆发直到 1949 年的 12 年间,各解放区的财经工作,只有政策是大体统一的。1947 年,华北、华东、西北三大解放区逐渐连成一片,财经工作统一的范围和程度也随之增加。首先是货币的统一,继而又陆续统一了税则、税目、税率等,但就财经工作的全局来说,基本上仍是分散经营的,只统一了支出,而未统一收入。随着形势的发展,为了克服财经困难,平衡财政收支,稳定金融物价,统一全国财经工作,使其由基本上分散经营前进到基本上统一管理,已经显得十分必要,而且地域、交通、物资交流、关内货币等方面已经统一的情况,也为这种统一管理提供了可能。

1949 年 3 月,党的七届二中全会召开,决定建立全国财经工作的统一指挥机构——中央财政经济委员会,进一步推进全国财经工作的统一。7 月 12 日,由中共中央财政经济部与华北财政经济委员会合并组成中央财政经济委员会。新中国成立后,10 月 21 日,根据中央人民政府组织法,该委员会正式称为中央人民政府政务院财政经济委员会,仍简称"中财委",作为政务院所属行政机构,统一领导全国财政经济工作。

二、统一全国财政政策

1950 年 3 月,政务院通过《关于统一国家财政经济工作的决定》,统一全国财政收支、物资和现金管理,初步形成高度集中的统收统支财政体制。为充分发挥地方积极性,减少资金在周转过程中的停滞浪费,政务院于 1951 年 3 月发布了《关于1951 年度财政收支系统划分的决定》,以统一领导、分级负责为指针,将全国财政划分为中央、大行政区和省三级财政,并明确划分了中央与地方的财政收支范围。同月,中共中央发出了《关于全党保证实现〈中央人民政府政务院关于统一国家财政经济工作的决定〉的通知》。1951 年 5 月,政务院又发布了《关于划分中央与地方在财政经济工作上管理职权的决定》。

统一财政经济工作的范围很广,基本内容有以下四项。

(一)统一全国编制和待遇

1950 年 3 月,中财委成立了以薄一波为主任、聂荣臻为副主任的全国编制委员会,各大区、省、市均分设编制委员会,制定并颁布各级财政机关人员、马匹、车辆等编制与供给标准。

(二)统一全国财政收支管理

财政收入是统一财政收支的重点,当时的财政收入主要是公粮和工商税收。对于公粮,规定除 5%～15% 的地方附加粮外,所有公粮的征收、支出、调度,均统一于中央,征收公粮的税则、税率,统一由中央人民政府政务院规定。对于税收,除批准征收的地方税外,所有关税、盐税、货物税、工商税的收入,均归中央人民政府财政部统一调度使用;全国各大城市及各县限于 1950 年 3 月中旬建立国库,并代理地方库业务,从 3 月份起,所有税款均逐日入库;各地人民政府未经政务院批准,不得自行变动和增减税则、税目、税率；国营企业除需按时纳税外，需将利润及基本折旧金的一部分，按企业隶属关系如期分别缴中央或地方金库。上述各项财政收入，没有中央人民政府财政部的支拨命令，不得动支。

统一支出的目的在于保证军队与地方人民政府的开支及恢复国民经济的必要投资。为此，在预算拨款上坚持先前方、后后方和先军队、后地方的原则。为保证这一原则的贯彻实施，中央重申要"增加生产，厉行节约"。为了控制支出，决定统一全国编制与供给标准，不准虚报冒领；各机关未经批准不得超过编制自行增添人员，编外和编余人员由全国和各地编委会统一调配；节省一切可能节省的开支，缓办应该缓办的事项，集中财力于军事上消灭残敌、经济上重点恢复。由于各级政府认真贯彻统一支出、节约支出的方针，行政费用大为节省，年末行政费支出比概算减少了 4.5%[①]，对平衡财政收支起了重要作用。

（三）统一全国物资调度

统一全国物资管理的目的在于将国家掌握的所有重要物资用于国家的急需方面，为此，1950 年 3 月成立了全国仓库物资清理调配委员会，各大区、省、市、县，各后勤部，各工商企业均分设仓库物资清理调配委员会，进行清仓查库。所有仓库物资由财经委员会统一调度，合理使用。中央人民政府贸易部统一规定各地国营贸易机构的业务范围和统一负责物资的调配，而不受地方政府的干预；经济单位在营业往来中，凡发生重大经济纠纷时，可向法院起诉；一切部队、机关不得擅自经营商业等。由于统一了物资管理，国家可以灵活地调节国内供应，有利于组织对外贸易，也有利于有计划地供应物资和回笼货币。

（四）统一全国现金管理

1950 年 3 月，中央人民政府指定中国人民银行为国家现金调度的总机构，人民银行设立分支机构，代理国库；外汇牌价和外汇调度也由中国人民银行统一管理；一切军政机关和公营企业的现金，除按规定保留若干近期使用额外，一律存入国家银行，不得对私人放贷，不得存入私人银行、钱庄；国家银行大量吸收公私存款，但国家银行因本身业务需要使用这些存款时，不得超过政务院财经委员会规定的限度。中国人民银行实行集中管理调度，从而避免了社会通货过多现象的发生，大大增加了国家能够使用的现金。

自《中央人民政府政务院关于统一国家财政经济工作的决定》发布以后，中共中央又向各级党委发出了《关于保证统一国家财政经济工作的通知》。决定和通知

---

① 戎子和：《一九五零年财政工作总结及一九五一年工作的方针和任务》，《山西政报》1951 年第 4 期。

下发之后,全国各地认真贯彻执行,从 3 月到 6 月,仅用了 4 个月的时间,就统一了全国的财政经济工作。自 1950 年 3 月之后,绝大多数地区统一执行了中央的各项规定,做到了全国财政收支由中央统一调度。全国财政经济工作的统一,使国家集中掌握了主要的财政收入、资金和重要物资,迅速改变了新中国成立初期资金与物资管理上的混乱状态,避免了国家财力物力的分散和浪费,达到了集中使用的目的。

三、编制国家财政概算

1949 年 9 月 29 日,中国人民政治协商会议第一届全体会议通过的《共同纲领》规定:要"建立国家预决算制度,划分中央和地方的财政范围,逐步平衡财政收支,积累国家生产资金"。新中国的财政管理工作起步后,作为基本财政计划的国家预算的编制,立即被提上工作日程。1949 年 12 月 2 日,在中央人民政府委员会第四次会议上,财政部长薄一波作了《关于一九五〇年度全国财政收支概算草案编成的报告》,中央人民政府批准了这个概算草案。这次会议还正式通过了《关于发行人民胜利折实公债的决定》,决定 1950 年发行人民胜利折实公债。

1949 年 12 月 27 日,政务院发出《关于 1949 年财政决算及 1950 年财政预算编制的批示》,要求各级政府和中央直属企业部门对 1949 年的财政收支决算和 1950 年的预算按规定时间编制上报,并明确规定我国预算实行历年制。1950 年 12 月 1 日,政务院又颁布了《关于预决算制度、预算审核、投资的施工计划和货币管理的决定》,决定实行预算审核制度和决算制度。1951 年 7 月 20 日,政务院又发布了《预算决算暂行条例》。该条例分总则、预算的编制及核定、预算的执行、决算的编造及审定、附则 5 章,这是新中国成立以来第一个预算方面的正式法规。至此,新中国预算制度初步建立起来。

四、统一税收、制定税收法规

为统一全国税政,建立新税制,结束暂时沿用的旧税法和税政不统一的局面,1950 年 1 月 30 日,政务院发布了《关于统一全国税政的决定》的通令,决定以《全国税政实施要则》作为今后整理与统一全国税政税务的具体方案,建立各级人民政府及财政税务机关并立即执行。要求各级政府抽调可能的力量,加强税务机关,并随通令附发了《全国税政实施要则》《全国各级税务机关暂行组织规程》《工商业税暂行条例》《货物税暂行条例》4 个文件。

《全国税政实施要则》是当时统一全国税政、建立新税制的纲领性文件,规定了各级政府的税收立法权限,明确了税务机关的任务和职权。该文件规定了14种税,它的公布施行是全国税政统一、新税制建立的标志。除了工商业税和货物税两个主要税法外,四五月间,财政部先后发布印花税、利息所得税、特种消费行为税、使用牌照税、屠宰税、房产税、地产税 7 种条例草案。而交易税,各地暂用原行办法;薪给报酬所得税、遗产税均缓期开征;盐税、关税则由盐务机关及海关主管。

1950 年元旦,国家税务总局成立,隶属中央财政部。各地也根据《全国各级税务机关暂行组织规程》规定,建立健全了各级税务机构。

在税法和税务机构统一的同时,国家相应建立了计划、会计、统计、检查监督等各项管理制度。一系列规则的制定和实施,保障了税务工作基本制度的建立与贯彻,这是加强税收征管、增加税收收入的重要保证。近代以来中国税政长期不统一的局面从此宣告结束。

五、调整与健全财政管理体制

1950 年,在抗美援朝战争的大背景下,为了保证"边抗、边稳、边建"方针的实施,并使财政工作适应生产力的发展,中央政府对已建立的财政制度又做了调整和健全工作。

(一) 建立统收统支和分级管理的财政体制

1950 年 3 月统一全国财经工作以后,我国开始实行统收统支、高度集中的财政管理体制,这对于实现财政收支平衡、稳定市场和国民经济的初步恢复起到了保障作用。1950 年 9 月 27 日,政务院在《关于编造一九五一年度财政收支预算的指示》中,对有关财政体制的问题提出:"决定在统一集中的总方针下采取中央、大行政区、省(市)三级分工管理制度,县以下的乡村地方粮款收支,应暂另行单独编造,不列入省的预算管理范围内。"1951 年 3 月 29 日,政务院在《关于一九五一年度财政收支系统划分的决定》中明确提出:"国家财政的收支系统,采取统一领导、分级负责的方针。"其主要内容如下:一是财政实行分级管理。国家财政分为中央级、大行政区级和省(市)级三级财政(1953 年取消大行政区区一级财政,成立了县一级财政),中央级以下统称为地方财政。二是划分收支范围。按照企、事业和行政单位的隶属关系和业务性质,划分中央财政收支和地方财政收支的范围,同时确定中央与地方的收入解交比例。三是地方财政收支额,中央每年核定一次,其支出首先要用地方财政收入抵补,不足部分按比例截留收入抵补,地方的财政结余分别列为各级财政收入,并编入本年预算,抵充支出。属于中央财政收入的农业税超收部分,50%留给地方使用。

1951年5月,政务院发布了《关于划分中央与地方在财政经济工作上管理职权的决定》。8月,又颁发了《中央人民政府政务院预算决算暂行条例》,其中规定了国家预算的组织体系,各级人民政府的预算权,各级预算的编制、审查、核定与执行的程序,决算的编报与审定程序等。这一条例的公布与实行,进一步健全了财政管理制度,加强了财政纪律与财政的计划性。11月29日,财政部颁布《关于1952年度财政收支系统划分的补充规定》,积极贯彻政治协商会议《共同纲领》中关于建立国家预决算制度的规定,巩固新的财政分级体制。1951年的财政体制同1950年的财政体制相比较,在预算管理上由收支两条线改为收支挂钩,地方财政可在本身收支范围内,从本地区组织的收入中留用一部分抵充本身的财政支出,这有利于调动地方理财的积极性。这一条例的公布与实行,进一步健全了财政管理制度,加强了财政纪律与财政的计划性。

新的财政管理体制是原有财政管理体制的重大发展,成为我国由统一财政管理体制向分级财政管理体制过渡的开端。它符合《共同纲领》规定的"既利于国家统一,又利于因地制宜划分中央和地方财政范围"的要求,也适应抗美援朝时期国内的经济发展情况,因而收到了很好的效果。

1954年及以后的几年,财政体制又作了部分改变,但总的精神仍然是在保证国家集中主要财力进行重点建设的前提下,实行划分收支、分级管理的体制。地方有固定的收入来源和一定的机动财力,但基本上是集中统一、分级管理为主的体制。这种模式对以后影响很大。

(二) 建立基本建设拨款制度

1950年以后,国家的基本建设投资逐步增加。为了提高投资效益,政务院于1950年12月1日通过了《关于决算制度、预算审核、投资的施工计划和货币管理的决定》。其中,原则规定了建设项目必须审慎设计,作出施工计划、施工图案和财务支拨计划,并要经过相应的各级人民政府或有关机关批准后方可拨款。随后,又在1951年3月颁布了《基本建设程序暂行办法》,1952年1月颁布了《基本建设工作暂行办法》,1952年8月颁布了《基本建设拨款暂行办法》,逐步建立了较为正规的基本建设拨款制度。这些制度的建立,有利于节约国家资金,加快建设速度,为全国大规模经济建设高潮的到来作了必要的准备。

（三）整顿城市地方财政

为了迅速把以农村为中心的财政转变为以城市为中心的财政,把供给财政转变为建设财政,政务院于 1951 年 3 月发布《关于进一步整理城市地方财政的决定》。该文件具体规定了城市地方财政收入的范围,以这些收入促进城市经济的发展,为城市财政收入奠定了可靠的基础。该决定颁行后,各大城市不仅仅依靠地方附加税解决地方财政需要,而是在全国统一计划下,积极举办一些轻工业和其他小型工厂等市营企业,以增加地方财政收入。从此,城市地方财政收入大幅度增加。到 1952 年年底,地方预算外资金达到 12.53 亿元[①],其中主要是市营企业收入。这些资金,促进了城市经济的发展,有力地配合了整个国家的国民经济恢复工作。

（四）建立财政监察制度

为了对财政资金的建立、分配和使用加强监管,1949 年中央人民政府成立之际,中央财政部就建立了专门的财政监察组织。1950 年 10 月,政务院批准公布《中央人民政府财政部设置财政检查机构办法》(1951 年 9 月政务院批准将"财政检查"改为"财政监察"),该文件规定了财政监察机构的组织系统、各级监察机构的职权等内容,从而进一步加强了财政监察工作。

第二节　"一五"时期财税管理体制的调整与完善

1953 年,我国启动大规模的经济建设,开始实施第一个五年计划。为适应大规模的经济建设和对农业、手工业、私营工商业的社会主义改造的需要,财政体制也作了相应改进,主要是适当降低了集中程度,实行既集中统一,同时又在许多方面有一定的分散性和灵活性的办法。

一、改进财政预算管理体制

（一）撤销大行政区,确立三级预算体制

我国国家预算通常实行一级政权一级财政,每级财政都建立一级总预算。新中国成立初期,国家行政管理体制分为中央、大行政区、省三级,共有华北、东北、西北、华东、中南、西南 6 个大行政区。与此相对应,财政管理体制实行中央、大行政区和省(市)三级体制,这是一种带有统收统支、集中统一特征、又形成分级管理框架的模式。

---

① 　财政部网站:《2006 年财政预算报告解读》《统计数据—预算外资金分项目收入》。

经过国民经济恢复时期,为了适应 1953 年即将开始的全国大规模的有计划的经济建设与文化建设的新形势和新任务,1952 年 11 月,中央人民政府委员会第 19 次会议通过《关于改变大行政区人民政府(军政委员会)机构与任务的决定》。改制后的大行政区,不再是一级行政机关,而是作为中央机构的派出机构或代表机构,是中央政权在地方的延伸。1954 年 4 月,中共中央政治局扩大会议决定撤销大行政区一级党政机关,各大行政区委员会随同各中央局、分局一并撤销。6 月 19 日,中央人民政府委员会第 32 次会议通过了《关于撤销大区一级行政机构和合并若干省、市建制的决定》。至 10 月份,大行政区撤销的任务完成。随着行政管理体制的变革,从 1953 年开始,财政管理体制也由中央、大行政区和省(市)三级改为中央、省(市)和县(市)三级。同时,为适应地方工作发展的需要,逐步建立起县、市级财政和民族自治地方财政,降低了集中程度,适当地下放了管理权限。

(二)1954 年改革预算管理体制

1953 年开始的财政体制虽说是三级,但实际上是"一级半财政":中央算一级财政;省一级财政只有三项:5％的农业税附加、3％的预备费和一部分自筹资金,算半级。这实际上仍是高度集中的体制。1953 年 6 月,中央召开全国财税会议,各地对中央财政"统得多,统得死""年终结余全部收回""年终一刀砍"提出意见,要求适当扩大地方财权。在这种情况下,继续实行高度集中的财政管理体制难以符合当时的政治经济形势的要求,为此,国家又开始对预算管理体制进行探索和改进,适当向地方下放财政权力,以调整财政上下级之间和财政同企业、事业单位之间的利益关系。

1954 年,预算管理体制作了进一步的改进,其主要内容有:(1)预算收入实行分类分成办法。将国家预算收入划分为固定收入、固定比例分成收入和调剂收入三类。属于中央的固定收入有:关税、盐税、烟酒专卖收入以及中央管理的企业、事业收入和其他收入;属于地方固定收入的有 7 种地方税(印花税、利息所得税、屠宰税、牲畜交易税、城市房地产税、文化娱乐税、车船使用牌照税)以及地方国营企业、事业收入和其他收入。属于固定比例分成收入的有农(牧)业税、工商业营业税、工商所得税。属于中央调剂的收入有商品流通税和货物税,这项收入由中央用于弥补地方的不足,每年调剂的具体比例由财政部分别核定。以上固定收入和固定比例分成收入两项合计,划给地方的部分一般可达到各省(市)、自治区预算支出的60％～80％。这样就使地方预算有了固定的收入来源,保证了地方预算的稳定性,从而发挥了其组织收入的积极性。(2)在预算支出方面,基本按照隶属关系划分:

属于中央的企业、事业和行政单位的支出,列入中央预算;属于地方的企业、事业和行政单位的支出,列入地方预算。(3)按照收支划分,地方的财政支出,首先用地方的固定收入和固定比例分成收入抵补,差额由中央财政划给调剂收入弥补。分成比例一年一定。预算执行结果,如收入超收,支出结余,一般留给各级人民政府支配;如收入不能按计划完成,或支出必须增加时,也由各级政府负责调剂解决。

总的来说,第一个五年计划时期实行的是保证国家集中主要财力进行重点建设的财政管理体制,但已有别于新中国成立初期的完全集中体制,成为分级财政管理体制的开端,使地方有固定的收入来源和一定的机动财力。

(三) 1957 年下放财政权力

1956 年 4 月 25 日,毛泽东在政治局扩大会议上作了《论十大关系》的报告,指出国家安排国民经济计划和国家预算要以农轻重为序,改进中央和地方的财政管理体制,改进国家和企业、事业单位财务管理体制,更多地发挥地方和单位的积极性;兼顾国家、生产单位和个人三方面的利益,使企业在统一领导下有更多的机动性,这对财政工作具有重大指导意义。根据这一精神,在财政工作方面做了以下几方面的调整:(1)在中央与地方关系上,1957 年实行"以收定支,五年不变(后改为三年不变)"的办法。在财政收入方面,除原有地方税和地方企业利润作为固定收入外,还有在地方中央管理的企业利润分成收入;根据各地不同情况将营业税、所得税等税种收入,划一定比例,作为调剂收入。在财政支出方面,地方经常性支出,由地方自行安排,中央专项安排的支出(包括基建拨款),由中央专项拨款,每年确定一次,列入地方指标。对于有的地方收入(包括固定收入、企业分成收入、税收调剂收入)不能满足正常支出需要的,不足部分由中央拨款补助。(2)在国家与企业的关系上,实行利润分成办法。从 1958 年起,在国营企业实行利润全额分成制度,企业留成比例由各个管理部门核定。(3)基本建设试行投资包干制度。(4)在税收制度上,实行合并税种、简化征税的办法,即把商品流通税、货物税、营业税和印花税合并为一种税,叫工商统一税。实行新财政体制,坚持五条原则:集中统一下的因地制宜,大统一,小不统一;既要保证重点建设,又要发挥地方积极性;编制预算要做到平衡,既积极,又稳妥可靠;地方要加强财政、信贷、物资的平衡工作;对于每年国家预算收入增长部分,中央多得、地方少得的原则不变。

与此同时,制定了《关于改进税收管理体制的规定》,确定了改进税收管理体制的基本原则:凡是由省、自治区、直辖市负责管理的税收,应当交给省、自治区、直辖市管理。若干仍由中央管理的税收,在一定范围内给省、自治区、直辖市以机动调整的权限,并且允许省、自治区、直辖市制定税收办法,开征地区性的税收。据此规定,将印花税、利息所得税、屠宰税、牲畜交易税、城市房地产税、文化娱乐税、车船使用牌照税7种地方税收交给省、自治区、直辖市管理;商品流通税、货物税、营业税、所得税4种税收的税收管理权限基本上归中央集中掌握。允许省、自治区、直辖市根据农业税条例并结合实际情况,对所属地区、粮食作物和经济作物、农业生产合作社和个体农民之间的负担作必要调整。允许省、自治区、直辖市在原有征税办法的基础上,根据实际情况,对盐税税额作必要调整,并报国务院备案。此外,给予自治区更大的管理权限。1958年6月5日,第一届全国人民代表大会常务委员会第九十七次会议通过这个规定,6月9日由国务院公布试行。

二、加强财政监察工作

随着财政监察工作的推进,1952年至1956年上半年,国家陆续制发了一系列关于财政监察工作的政策、法规和规章制度。主要包括:政务院于1952年12月颁布的《省(市)以上各级人民政府财经机关与国营财经企业部门监察室暂行组织通则》,财政部于1953年2月制发的《各级财政监察机构执行财政监察工作实施细则》,以及金库条例、税务机关监察工作细则、预算编制程序、基本建设拨款办法和各种会计制度等。这些政策、法规和规章制度的制发和执行,不仅在指导和规范财政监察工作中起到重要作用,为财政监察工作的顺利开展提供了重要的保障,也使得新中国的财政监督制度体系得到了巩固。

1953年,随着国民经济的恢复、国家财政的状况也逐步好转,我国进入大规模经济建设时期,为保证重点建设资金和地方机动财力的筹集使用,发挥财政监察在大规模经济建设和地方财政管理中的作用,各级财政的财政监察工作都得到了进一步加强。到1954年年底,全国共建立各级财政监察机构2 158个,配备财政监察干部3 300余人。1954年12月,财政部根据各大行政区撤销后财政监察工作的新形势,召开了全国监察工作会议,会议在深入研究财政监察工作的地位、作用,财政监察机构与财政部门各业务单位的工作分工,财政监察人员编制等问题的基础上,对一个时间的财政监察工作在系统检查、重点检查、临时案件检查、推动自查等方面提出了具体要求。至此,从中央到地方普遍设置了财政监察机构,并研究制定了较为明确的职责、权限、制度,确定了财政监察工作的方式、方法。据统计,从1950年到1956年6月,各级财政监察机构共检查了35 000多个单位(次),查出贪污浪费违反财经纪律问题57 646件,涉及款项4.2亿元。财政监察工作的开展,对于健全财政制度、维护财政纪律、增加收入、节约支出、反对浪费，以及加强企业和事业单位的财务管理，都起到了积极作用。

另外，1954 年 9 月 9 日，党中央批准中财委的建议，在财政部系统内设立中国人民建设银行[①]，专门监督基本建设拨款的合理使用。1956 年 2 月 3 日，为正确供应基本建设资金并监督资金的节约使用，国务院公布了《基本建设拨款暂行条例草案》。这些都是加强财政监察工作的有力举措。

"一五"时期的财政体制，是与高度集中的计划经济体制相适应的。但与新中国成立初期相比，地方与企业又有了一定的可自行支配的财力，如地方可支配的财力约占全国的 25%。预算执行结果，地方也有相当的结余。在国家同企业的关系上，尽管企业留用资金比较少，但企业在这期间共提取企业奖励基金和超计划利润分成21.4 亿元。所以总的来看是适应当时情况的，对促进经济发展和人民生活的改善起了积极的作用。国家一方面集中资金进行重点建设；另一方面通过税收、信贷、利率等经济杠杆进行灵活调节，有力地保证了工业化建设和社会主义改造的顺利进行。

第三节　"大跃进"时期财政体制的改革探索

"一五"时期，我国的财政体制在保证建设资金供应方面和促进各项建设事业发展方面发挥了积极作用。但当时的财政体制也存在若干缺点，而且随着客观原因的变化，有些原来合理的规定也变得不再适应经济发展的需要。1958 年开始，受经济建设中"左"的思想的影响，我国发生了以农业的高指标和工业的大炼钢铁为主要标志的"大跃进"运动。这一时期，中央根据毛泽东同志"在巩固中央统一领导的前提下，扩大地方的权力，给地方更多的独立性，让地方办更多的事情"的指示精神，以很大的决心和动作分权给地方，对财政管理体制作出了一些调整。但是由于经济工作总体指导思想上的失误和财政分权过度，宏观调控不当，财政管理趋于混乱，很快又不得不收回了权力。

一、"大跃进"时期财政管理体制的改革举措

（一）1958 年实行"以收定支，五年不变"的预算管理体制

1958 年以前，在中央与地方的财政关系上，实行的是"以支定收，一年一变"的

---

① 陈如龙主编：《中华人民共和国财政大事记：1949—1985》，中国财政经济出版社 1989 年版，第 95～96 页。

体制,即先确定地方的财政支出,然后再按支出划给一定的收入,并每年核定一次。1957 年 11 月,国务院发布《关于改进财政管理体制的规定》,其基本内容是在保证国家重点建设的前提下,进一步扩大地方财政的管理权限。按照这个规定,从1958 年 1 月起,确定地方财政的收支范围、收入项目、分成比例,基本上三年不变。后来,根据地方的建议,为了与"二五"计划相配合,同年 4 月,决定把三年不变改为五年不变,以便中央和地方都能按照"二五"计划的要求安排经济建设。因此,1958 年改进以后,就变表述为"以收定支,五年不变"。

这次改革的主旨是扩大地方财权,使地方的财政收入同财政支出密切结合,以有利于调动地方的理财积极性。"以收定支,五年不变",意图是既改变每年安排预算时地方争指标的不合理情况,也便于地方根据本地区的情况,瞻前顾后统筹安排经济建设和文化事业的发展。

(二)转变为和逐步试验改进"总额分成,一年一变"的财政管理体制

1958 年的"大跃进",使当年国民经济发展速度大大加快,但违背客观规律急于求成的指导思想所带来的一系列问题也很快显露。在此过程中,原来已明确的"以收定支,五年不变"财政体制执行不到 1 年,便难以为继,很快又决定对各省(市)实行"总额分成,以收定支"的财政管理体制。

1958 年 9 月,国务院通过《关于进一步改进财政管理体制和改进银行信贷管理体制的几项规定》,决定从 1959 年起,实行"收支下放,计划包干,地区调剂,总额分成,一年一变"的财政管理体制,简称"总额分成,一年一变"。其基本精神是,在继续下放收支项目的同时,适当收缩一部分地方的机动财力。其主要内容有五项:一是收支下放,二是计划包干,三是地区调剂,四是总额分成,五是一年一变。

(三)建立民族自治地方财政管理办法

1958 年 6 月 13 日,国务院公布了《民族自治地方财政管理暂行办法》。该办法指出,自治区的财政,是国家财政的组成部分,自治区、自治州、自治县都应建立一级预算。民族自治地方的自治机关,在财政管理上,根据统一领导、分级管理的财政方针,服从上级国家行政机关的领导;上级国家行政机关保障民族自治地方的自治机关行使财政管理的职权。民族自治地方的自治机关,依照国家的财政经济制度和上级国家行政机关批准的经济计划,根据实际情况,对本地方的经济、文化建设事业的财政支出,作统一合理的安排。民族自治地方的年度预算,由民族自治地方的自治机关根据本地方的年度经济计划和财政核算标准编报;上级国家行政机关只核定其收支总额。国家财政在核定自治区的预算时,收入多于支出的,采取定额上缴中央办法,收入少于支出的,由中央拨款补助。中央对辖有民族自治地方的省,在划分收入分成比例时,应该有适当的照顾,以便省对自治州、自治县划分收入时进行调剂。为了适应自治州、自治县的经济、文化的发展,中央对辖有民族自治地方的省,在计算支出基数时,在全省的支出总额以外,对自治州的支出基数增加了 7%～8%,对自治县的支出基数增加了 4%～5%,作为特殊照顾。①

(四)改革企业财务管理制度

(1)实行利润留成,改革企业财务管理制度。1958 年,为了调动中央、地方和企业的积极性,国家对经济和财政管理体制进行改革,将大批企业下放给地方,财务关系也相应下放,目的是扩大地方和企业自主权。与此相适应,开始实行企业利润留成制度。

1958 年 5 月,国务院颁发了《关于实行企业利润留成制度的几项规定》。国务院决定,自 1958 年起在国营企业实行企业利润留成制度。企业留成比例,以主管部门为单位计算,留成比例确定以后,基本上五年不变。主管部门可在本系统企业留成总额的范围内,根据具体情况,分别确定各个企业的留成比例,并可酌量提取一部分,集中掌握,调剂使用。

(2)改进若干专用资金的管理办法。主要包括:①把原来上缴财政的报废固定资产变价收入,全部留给企业用于更新改造;②取消了大修理基金不得开支"增值""变形"费用的规定,允许企业结合固定资产大修理进行更新改造的费用支出,在大修理基金中核销;③为了照顾一些企业的实际困难,国防工业中新种类产品试制费用,以及其他企业特别重要的新种类产品的试制费用,如果超过本企业负担能力,财政仍给予一定拨款。

(3)试行"全额信贷"管理办法。国营企业的流动资金以往由财政和银行"两口供应",即由财政拨款供应国营企业的定额流动资金,由银行贷款供应国营企业的非定额流动资金和超定额流动资金。定额和超定额的界限在实践中难以区分,且定额核定以后在实践中往往多年不变,因此造成资金定额和生产发展之间出现不相适应的情况,常常使财政和银行之间发生矛盾。"大跃进"时期,这一矛盾尤为突出。为了解决这一矛盾,1958 年 12 月,国务院决定国营企业的流动资金改由中国人民银行统一管理。为了执行国务院这一规定,1959 年 2 月,财政部和中国人民银行总行对国营企业流动资金的管理又作了补充规定。这一管理制度,习惯上称为"全额信贷"。

---

① 龚育之主编:《中国二十世纪通鉴》(第 3 卷),线装书局 2002 年版,第 1173 页。

（五）改革基本建设财务管理制度

1958 年 7 月,国务院发布《关于改进基本建设财务管理制度的几项规定》。该规定指出,对基本建设投资试行包干制度。具体办法是:在年度确定的基本建设投资额的基础上,在不降低生产能力、不推迟交工日期、不突破投资总额、不增加非生产性建设比重的条件下,将基本建设投资交由建设部门和单位统一掌握,自行安排,包干使用。原定的建筑工程竣工后,投资如有结余,仍然留给建设部门和单位另行使用,节约越多,基本建设规模可以搞得越大。如果到年终工程未完,投资有余,这些资金可以结转到下年继续使用,不再收回。基本建设投资包干的实质是下放权力,明确责任,调动企业管好用好投资,提高投资效益的积极性。但受"左"倾思想的影响,基本建设偏离了经济责任制的轨道,加之缺乏经验,投资包干办法暴露出缺陷,如只强调发挥地区、部门和单位的积极性,没有强调计划管理和综合平衡;只强调包干结余留给建设部门和建设单位,没有强调超支不补;只强调年终结余可转入下年使用,没有强调钱物结合;只强调群众监督,没有强调专业管理。

（六）改革城乡人民公社财务管理体制

（1）国家对城乡人民公社中属于国家的财政收支部分,实行"收入分项计算,分别上缴;支出下拨,包干使用,结余归社"的办法,对收入和支出分别进行管理。城乡人民公社所属企业、事业单位,都应当根据国家税法的规定,缴纳税款。下放给人民公社管理的国营企业实现的利润,除按规定提取企业留成资金外,应当全部上缴国家财政。

（2）国家支援农村人民公社的投资、农村救济款和抚恤费,专款专用,不准挪作他用(其中,救济费经省、自治区、直辖市党委批准,可以用于以工代赈)。支援公社的投资,除省、自治区、直辖市可以在规定的范围内留出必要的机动数额外,市、县(市)不得扣留;应当拨给生产队的,公社也不得扣留。

（3）国营企业和城乡人民公社交换固定资产、原材料和产品,必须坚持等价交换的原则,不得无偿调拨。

（七）改革税收体制

"大跃进"时期的税制改革主要是下放税收权力,合并和精简税种,简化税制,目的在于充分发挥地方的积极性和自主性。但由于受"左"倾思想的影响,改革并不切合实际。

1. 改进税收管理体制

1958 年 6 月,国务院公布试行经过全国人民代表大会常务委员会批准的《关于改进税收管理体制的规定》。这是当时改革工商税制的一项重要措施,主要是把原属中央管理的一部分税收管理权限,下放给地方管理。改进的原则是:凡是可以由省、自治区、直辖市负责管理的税收,应当给予省、自治区、直辖市机动调整的权限,并且允许省、自治区、直辖市制定税收办法,开征地方性的税收。

此外,在管理体制规定的范围内,省、自治区、直辖市有权根据当地实际情况,对某些企业、某些产品或某些纳税人采取减税、免税或者加税的措施,并且允许对某些利润较大的土特产品和副业产品增列为货物税的税目,或制定单行办法开征地方性的税收;对于少数民族地区的征税和遭受自然灾害地区的税收减免问题,也全部授权省、自治区、直辖市处理。

为了更好地发挥中央和地方两个积极性,根据统一领导、分级管理的原则,适当下放一部分税收管理权限是必要的。但是过多地下放权限,就会不可避免地影响中央的集中统一,出现地区间执行差别过大以及过多的减税、免税等问题,并且还出现把税收管理权限层层下放的问题。

2. 试行工商统一税

这可以说是新中国成立后工商税制的第二次重大改革。税收工作分为两步走,第一步先解决简化税制问题,第二步再作全面改革,解决调整税利比例问题。

1958 年 9 月,国务院公布的《中华人民共和国工商统一税条例(草案)》,把对工商企业征收的商品流通税、货物税、营业税和印花税 4 个主要税种,合并简化为一个税种,定名为"工商统一税"。原有 4 种税的有关规定,一律废止。对有关工商业税暂行条例中所得税的规定仍继续执行,改称为"工商所得税"。

3. 试行税利合一

1958 年 4 月和 6 月,先后停征了各级供销合作社和实行定息的公私合营企业应纳的所得税,改为上缴利润。接着,又对国营企业采取试点方法,试行税利合一。1959 年 5 月,停止税利合一的试点。1961 年,随着供销合作社从国营商业分出来,恢复征收所得税。到 1966 年 1 月,县以上的供销合作社企业又由缴纳所得税改为上缴利润,实行利润留成;县以下供销社基层单位仍继续缴纳所得税,税后利润留作企业增补流动资金。

4. 实行农村财政包干

1958 年冬,决定建立公社一级财政,对农村人民公社实行"两放、三统、一包"的财政贸易管理体制。由于实行"两放、三统、一包"办法,农村税务机构和人员统统被裁并、削减,税收名存实亡。对此,1959 年作了调整。调整后的农村财政管理体制,主要是把"收支包干,差额上缴"的办法,改为对公社上缴的财政收入,采取分项计算、分别征收,支出包给公社,结余留用的办法。对农村人民公社工商税征税办法的改进,主要是恢复对农村社队征收工商税,并对 1956 年《关于农村工商税收的暂行规定》中有关征免界限作了进一步的明确和补充,对征收手续作了进一步的简化。

5. 统一全国农业税制

1958 年 6 月,国家主席令公布施行《中华人民共和国农业税条例》废止了原来实行的累进税制,在全国范围内统一实行分地区的比例税制,并继续采取"稳定负担、增产不增税"的政策。各年的征收额基本上稳定在 1958 年征收的水平上,不予提高。

此外,1958 年 7 月,将盐税的征收管理工作移交税务部门接管。1959 年,停征利息所得税。这样,当时全国的税种,共有工商统一税、工商所得税、盐税、关税、农(牧)业税、屠宰税、文化娱乐税、城市房地产税、车船使用牌照税、牲畜交易税、契税共 11 种。

二、"大跃进"时期财政体制改革存在的问题

"大跃进"运动不切实际的高指标和违背客观规律的"大炼钢铁"等错误举措,要求财政集中大量的资金用于经济建设,在急躁冒进的氛围中,新的财政管理体制大幅度扩大了地方的财政权限,并因此产生了诸多副作用。

(一) 不顾实际情况过急、过多地下放企业管理权限,加剧了经济的混乱局面

为了扩大地方的权限,中共中央于 1958 年 6 月 2 日决定对中央所属企业进行下放。中央要求各部门在 6 月 15 日以前一律下放完毕,前后只用十几天时间就要完成下放企业的交接手续。这次下放使中央各部所属企业、事业单位从 1957 年的 9 300 多个骤减到 1958 年的 1 200 个,下放了 88%;中央直属企业的工业产值占整个工业总产值的比重,由 1957 年的 39.7% 下降为 13.8%。

1958 年 6 月 23 日,财政部发布了《关于中央下放企业、事业单位财务处理的几项规定》,决定中央各部门所属企业、事业单位下放给地方管理后,其财务管理权限随同下放。随着企业体制的下放,财务隶属关系和管理权限的变化,中央掌握的财力大大减少,在当时高指标的要求下,支出负担却异常沉重,过急、过多地下放企业加剧了财政收支的不平衡。

(二) 过多地扩大地方对基本建设投资的管理权限

1958 年 4 月,中共中央决定对各类产品要实行国家与省、自治区、直辖市以及

市、县分级管理、分级平衡的制度;对计划管理工作,要在全国范围内逐步实行"双轨"制的计划体制,以便处理"条条"与"块块"之间的矛盾。与此相适应,对基本建设程序作了一些改变,放松了国家对限额以上基本建设项目的审查管理。对地方兴办限额以上的基本建设项目,除了提出简要的计划任务书报送中央批准外,其他设计和预算文件一律由省、自治区、直辖市审查批准。某些与中央企业没有协作关系、产品不需要全国平衡的限额以上建设项目,其计划任务书也可先经省、自治区、直辖市批准,再报送中央有关部门备案;限额以下项目,完全由地方自行决定。同年 7 月,中央又提出对地方基本建设投资实行包干制度,允许在包干范围内,地方只要有钱,就拥有投资权。由于中央企业大批下放,各地又盲目追求不切实际的高指标、高速度,因此这些规定实际上为地区盲目地乱上基建项目、拉长基建战线,开了方便之门。

(三) 不适当地在农村推行"两放、三统、一包"

1958 年 12 月,在农村财贸工作中试行的"两放、三统、一包"新体制,更是助长了公社内部的"共产风",使财政、金融、商业、企业、事业单位之间乱挪、乱用资金的现象更为严重。特别是实行财政包干制度,把公社财政、财务混为一谈,造成了财政收入、物价、经济核算和财政监督等方面的混乱。这一体制于 1959 年 5 月停止执行。

(四) 不切实际地试行税利合一

1959 年 1 月,财政部确定石家庄、南京、成都、开封、锦州等 7 个城市试办的税利合一,虽然简化了手续,使企业更加关注整个积累的完成,但也存在诸多弊病:在物价方面,出现了企业自行降价提价、工商争利等问题。在经济核算方面,由于税款转化成利润,掩盖了企业的财务状况,出现了企业乱摊成本、乱列开支等问题。在财政收入方面,出现了企业拖欠上缴财政收入,增加利润留成等问题。试点城市普遍反映,税利合一弊大于利,严重削弱了税收的经济杠杆作用。有鉴于此,1959 年 5 月中央决定停止试点。

(五) 破坏了财务管理的正常秩序

"大跃进"期间片面强调群众的主观积极性,不讲客观条件和可能,把必要的规章制度统统看成是束缚群众手脚的条条框框,是不相信群众的表现,强调"先破后立"。在这种情况下,财政部在 1958 年 7 月废除了 6 个工业会计制度。此外还将12 个工业会计方面的制度办法交由中央各主管企业部门及各省、自治区、直辖市财政厅(局)根据具体情况自行决定是否继续使用、修改或废除。由于这批制度是在一味减并的精神下废止的,实际上摒弃了许多合理的规章制度,使许多不讲经济核算、"吃大锅饭"的做法合理化、合法化。有的地方甚至搞"无账会计""口袋会计",不讲经济核算的情况普遍发生。后来虽然采取了一些纠正措施,但在当时国民经济管理混乱的情况下,无法从根本上制止,严重地破坏了财政、财务管理的正常秩序。

第四节　国民经济调整时期财政体制的整顿与变革

"大跃进"的失误给国民经济带来了巨大损失,财政和经济都出现负增长,国民经济到了崩溃的边缘。1961年开始,我国进入国民经济调整时期,为了解决国民经济比例失调和克服经济困难,实行了集中统一的财政管理体制,但不是新中国成立初期和"一五"计划时期集中体制的简单恢复。调整开始时主要是纠正"大跃进"时期一些"左"的错误,把下放过头的权力收回,以保证经济调整任务的完成。后来随着经济形势的好转,注意了集中当中要有适当分散,要调动地方、企业和单位的积极性,要在国家计划指导下实行市场调节,发挥价格、税收、信贷等经济杠杆的作用。正是因为实行了各项集中统一的重大措施,使中央直接掌握的财政收入增加,才有效地保证了国家有限的资金用于发展和充实薄弱环节,有力地促进了各项经济调整措施的顺利落实,从而较快扭转了国民经济困难局面。

一、改进预算管理体制,加强对预算内外资金的管理

针对1958—1960年财政体制中出现的问题,中共中央于1961年1月15日批转了财政部《关于改进财政体制,加强财政管理的报告》,又于4月20日发布了《关于调整管理体制的若干规定》。这两个文件规定,国家财权应当基本上集中到中央、大区和省、自治区、直辖市三级。大区是一级财政,它有对各省财政指标的分配调剂权,有对所属省份财政工作的领导权和监督权,国家每年从总预备费中拿出一部分给大区直接掌握使用。在财政体制方面,除继续执行1959年开始的"收支下放,地区调剂,总额分成,一年一变"的办法外,收回了一部分重点企业、事业单位的收入,作为中央的固定收入,并将基本建设拨款改为中央专案拨款,以利于对基本建设资金进行严格的控制。这样从收支两方面加强了管理。同时,适当缩小了专区、县(市)、公社的财权,专区、县(市)以下的基本建设投资、国家支援人民公社的投资和特大灾害救济费等,一律改由省级财政专案拨款解决。在"大跃进"中不适

当下放给地方的一些财权,如允许地方搞两本账、允许地方发行公债、对地方搞基本建设不加控制等,这次一律取消,做到"全国一盘棋",将有限的资金用在最需要的地方。对国营企、事业的部分预算外收入和支出,从 1963 年起逐步纳入预算管理。对各地区、各部门的预算外资金,采取有的纳入预算,有的减少数额的办法进行整顿。

二、改进企业财务管理体制

1961 年 1 月 23 日,中共中央批转财政部《关于调低企业利润留成比例,加强企业利润留成资金管理的报告》,决定调低企业利润留成比例,全国企业平均利润留成比例从 13.2%降低到 6.9%,调低了 48%,并明确规定企业利润留成资金必须绝大部分用于"四项"费用,进行技术革新、技术革命和实行综合利用所需的支出,同时按照国家的规定安排奖金和职工福利开支。企业主管部门集中的留成资金,不得超过企业留成资金总额的 20%,并且只能用于企业之间的调剂,不得用于其他开支。1962 年 1 月,财政部和国家经委发布了《1962 年国营企业提取企业奖金的临时办法》和《国营企业四项费用管理办法》,规定自 1962 年起,除了商业部门仍实行利润留成办法外,其他部门的企业由利润留成改为提取企业奖金的办法①;企业所需要的技术组织措施费、新产品试制费、劳动安全保护费、零星固定资产购置费四项费用,改由国家拨款解决。

同时,1961 年 2 月、10 月和 11 月,国家计划委员会和财政部先后发出了《关于加强国营企业成本管理工作的通知》《关于加强成本计划管理工作的通知》《关于1962 年国营企业若干费用划分的规定》,要求企业加强成本管理的基础工作,认真编制和执行成本计划,开展全面经济核算,努力降低成本,并明确规定:属于大修理基金、利润留成资金和基本建设投资以及行政、事业经费中的开支,严禁挤入企业的成本,企业的行政管理费开支,必须按照当地行政机关的开支标准执行,企业不得另定较高的开支标准。

此外,企业必须严格划清流动资金和基本建设资金的界限,两种资金要分别管理,分别使用,严禁互相挪用。而且,非经中央批准,不准预付货款,不准赊销商品

---

① 提取企业奖金的办法是:国营企业在完成国家规定的主要指标后,可按工资总额的 3.5%提取;没有全面完成国家计划的,按规定扣减一定比例的奖金;超额完成国家计划的企业,盈利企业可从超计划利润中提取 10%,亏损企业可从超计划成本降低额中提取 20%的超计划企业奖金。企业奖金的使用范围包括:发给先进生产者和先进集体的奖金,社会主义竞赛奖金,对困难职工的临时救济,改善职工物质、文化生活的各种集体福利设施。

和挪用国家的商品和物资,不得以物易物,不准支付农产品预购定金。

三、改进基本建设财务管理,加强拨款监督工作

1961年中央批转的报告中,规定任何经过批准的基建投资,都必须由中国人民建设银行进行拨款监督。基本建设单位的投资包干竣工结余资金,仍然留归包干单位使用。若用于新增建设项目,必须报经国家计划部门的批准,纳入国家统一的基本建设计划。如果计划未经批准,建设单位应当把多余的结余资金上缴主管部门,由主管部门根据基本建设计划管理体制的规定进行处理。基本建设单位的应完未完工程,经过国家计划部门批准结转下年度继续施工的,必须纳入下年度的国家基本建设计划和国家预算,统一平衡。

四、改进税收管理体制,加强税收管理工作

凡属工商统一税税目的增减和税率的调整、盐税税额的调整,应当报经中央批准。凡属工商统一税纳税环节的变动,凡是牵涉一个大区内两个以上省、自治区、直辖市的,应当报经中央批准;牵涉两个大区的,应当报经中央批准。

凡属开征地区性的税收、地方各税税目税率的变动,以及在中央规定的所得税的税率范围内确定具体税率,必须报经中央批准。

凡属工商统一税中有关新试制的产品、以代用品作原料生产的产品,或者由于灾情等原因,需要给予减免照顾的,由省、自治区、直辖市批准。地方各税的征税范围、减税免税、对小商小贩加征所得税的比例和起征点的确定,也由省、自治区、直辖市批准。

在经济调整时期,税制方面也进行了一系列的调整和改进。1961年年初,随着经济调整,税收工作也逐步得到恢复和加强。到1963年,全国除上海市外,各个省、自治区、直辖市从上到下都恢复了税务机构,实行财、税分开,充实了各级税务机关的力量。在税收政策和税收制度上,这一时期主要是配合调整国民经济调整税收负担,改进征收办法,严格财经纪律,恢复和健全征收制度,以加强税收工作,努力完成为国家筹集资金的艰巨任务。这一系列措施的实施,使税收管理有所加强。

五、健全会计机构,严格经济核算

1962年2月28日,中共中央发出《关于迅速充实银行财政和企业事业部门的

计划、统计、财务、会计、信贷、税务人员的紧急通知》。通知要求,1958 年以后从银行、财政、商业部门调走的领导骨干和计划、统计、财务、会计、信贷、税务骨干人员,凡这些部门需要的,除少数特殊情况以外,应一律立即归队,并从全国各部门中挑选一些人员,去充实这些部门的财务机构,人员配齐以后,要求稳定,不要轻易调动;还要求充实加强工业交通、基本建设、文教卫生部门和企业事业单位的财务机构,增加财政、银行、商业部门的编制人员。同年 6 月 23 日,中共中央批转财务部和中国人民银行《关于全国会计工作会议情况的报告》,要求财政部重新审定全国会计制度,保证会计制度的贯彻执行,抓好会计制度的基本环节。通知还要求建立一支能够担当会计工作任务的队伍,培训财务会计人员,提出会计人员技术职称和技术等级制度。根据中共中央的指示,国家财政工作采取了一系列措施:制定出《国营企业会计核算工作规程(草案)》,经国务院批转发布,成为我国第一个会计工作的基本法规。1963 年 1 月,国务院发出《关于发布〈会计人员职权试行条例〉的通知》,对各单位财务会计机构的设置、会计人员的职责和权限、会计人员的任免和奖惩等都作了比较全面和明确的规定。1963 年 10 月,国务院批转国家经委、财政部《关于国营工业、交通企业设置总会计师的几项规定(草案)》,对总会计师的条件、职责、任免办法等作了具体规定。

六、划清国家财政收支与人民公社财务收支的界限

国家对城乡人民公社中属于国家的财政收支部分,实行"收入分项计算,分别上缴;支出下拨,包干使用,结余归社"的办法,对收入和支出分别进行管理。城乡人民公社所属企业、事业单位,都应当根据国家税法的规定,缴纳税款。下放给公社管理的国营企业实现的利润,除按规定提取企业留成资金外,应当全部上缴国家财政。国家支援农村人民公社的投资、农村救济款和优抚费,专款专用,不准挪作别的用途(其中,救济费经省、自治区、直辖市人民政府批准,可以用于以工代赈)。支援人民公社的投资,除省、自治区、直辖市可以在规定的范围内留出必要的机动数额外,专、县(市)不得扣留;应当拨给生产队的,公社也不得扣留。国营企业和城乡人民公社之间交换固定资产、原材料和产品,必须坚持等价交换的原则,不得无偿调拨。

七、恢复并强化财政监察工作

1958 年"大跃进"开始后,财政监察工作被视作"条条框框"受到冲击,财政部

不得不在1958年11月结合精简机构工作报请中央同意后撤销了财政监察司,全国各地的财政监察机构也随之陆续撤销,财政监督管理体系的建设被迫中断。随着"调整、巩固、充实、提高"八字方针的提出与贯彻,1962年4月,党中央、国务院颁布了《关于严格控制财政支出的决定》,要求各级财政部门切实担负起经济监督的职责,加强对违反财经纪律等问题的检查和处理工作。1964年,财政部专门下发了《关于大力开展1964年财政监察工作的通知》,标志着财政监察工作在第一次中断后又得以恢复。1962年,国家提出派设中央企业财政驻厂员后,1963年4月财政部又制定了《关于中央国营企业财政驻厂员工作的暂行规定》,进一步加强了对中央国营企业的财务监管,从而形成了一个新的财政监督网络,促进了财政监督职能的发挥和财政监督工作的巩固与发展,从而为财政调整提供了强有力的保障。

这一时期的财政体制集中程度比较高,将"大跃进"中下放的许多权力重新收了回来,但并不是过去高度集中体制的简单重复。正是因为采取了这样一系列集中财力的措施,适应了当时经济调整的需要,使中央直接掌握的财政收入由原来的50%提高到60%左右,有效地保证了调整方针的顺利实行。另外,这一时期的财政体制注意了集权与放权的统一,该松的松,该紧的紧,调动地方和企业的积极性,从而对迅速扭转国民经济困难局面发挥了重要作用。

第五节　计划经济时期财政体制运行的总体特征

在计划经济时期,财政体制运行的总体特征是以低价收购农副产品和低工资为基础,以企业利润上缴为主要形式的特殊财政收入机制、大而宽的财政支出机制、高度集中的财政管理机制。这种财政体制在很大程度上保障了特殊时期经济社会建设发展的需要,并通过不断地调整试图加以完善。总的来说,计划经济时期的财政体制已是在集权与分权的权衡探索中力求指出一种相对稳定的财政制度安排,以较好完成时代赋予的使命,而其存在的种种缺陷也成为后来改革开放年代中继续调整的对象。

一、计划经济时期我国财政体制调整过程概览

从新中国成立到改革开放初期,根据不同时期的政治经济形势,我国财政运行机制进行了多次重大调整。

(1) 1951年调整财政管理体制,开始改变最严格的统收统支办法,实行统一领

导,分级负责体制。1950年,在实行统一财政经济,统一税制,建立统收统支、高度集中财政体制后,国家财政收支状况迅速好转。针对新形势,中央决定调整财政体制,采用统一领导,分级负责形式,扩大地方财权。如规定按企事业单位、行政机构隶属关系划分各级预算和收支范围,地方政府有自己独立的收入;依率计征的农业税超计划规定者,其超过部分留50%给地方等。

(2) 1953年修正税制。自1953年起,国家开始执行第一个五年计划,并进行社会主义改造,因存在税种重复、零星分散、手续烦琐等问题,财政部与有关部门多次协商,修正了工商税制。其主要内容有:开征商品流通税,对应税商品在第一次批发和调拨环节征税,商品进入流通环节后均不征税;修正货物税,将应税货物原来应交的印花税、工业营业税、商业批发营业税及附加,并入货物税,调整了税率,减并了税目,改变了计算价格;修正工商营业税,将工商业应纳的营业税、印花税及营业税附加,并入营业税征收;此外,还调整了其他税种。这次修正税制尽管存在一些失误,但基本达到了预期目的。

(3) 1958年财政改革。在"大跃进"推动下,1958年我国进行了大规模财政改革。财政体制方面,实行"以收定支,五年不变",扩大地方财权;国有企业财务方面,实行企业利润留成制度;税收制度方面,扩大地方税收管理权限,将商品流通税、货物税、营业税和印花税合并,开征工商统一税,全国统一开征农业税等。各项改革的基本指导思想无疑是正确的,如扩大地方、企业的自主权,调动各方积极性等,但在"大跃进"的极"左"思想及急躁冒进冲击下,这是一次不成功的改革,不少政策只执行寥寥数月便草草收场。

(4) 1961年和1962年是国民经济调整时期的体制调整。财政体制调整的内容主要是加强集中统一,国家财权基本集中到中央、大区和省、自治区、直辖市三级,预算管理开始实行中央、地方"总额分成"体制;对各地区、各部门和单位的预算外资金,采用"纳、减、管"的办法进行整顿,即有的纳入预算,有的减少数额,都要加强管理;对企业财务管理体制进行了调整,调低企业留成比例,全国企业平均利润留成比例从13.2%降到6.9%,并规定了用途;在税收管理体制上,进一步集中了税权,规定凡工商统一税税目的增减和税率的调整、盐税税额的调整,应报国务院批准等。此外,还改进了基本建设财务管理,加强拨款监督工作。1962年,中共中央、国务院下达执行《关于严格控制财政管理的决定》(即财政"六条")。上述措施对调整比例严重失调的国民经济,稳定大局发挥了积极作用。

(5) 1973年税制改革。这次税制改革把工商统一税及其附加、城市房地产税、车船使用牌照税、盐税、屠宰税合并为工商税,合并后,对国营企业只征收工商税,对集体企业只征收工商税和工商所得税。对税目、税率进行了简化,税率由过去的141个减为82个,实际上不同的税率只有16个,多数企业可以简化到只用一个税率征收①。同时,还把部分管理权限下放给地方。显然,税种、税目、税率过多简化,税收在经济领域活动范围大大缩小。

(6)"文革"期间财政体制频繁调整。由于"文革"时期政局动荡,生产停滞不前,国家财政为维护社会基本稳定,最大限度地满足国家政权机关正常运转而进行被动式调整,收支指标、分成比例基本一年一变。

二、计划经济时期财政体制运行的特征

(一)高度集中财政管理制度的基本特征

1. 财政管理体制的基本指导思想

从新中国成立后不久到改革开放前,我国财政管理体制的基本指导思想是"统一领导,分级管理"。统一领导是指中央的统一领导,主要包括政策统一、计划统一、制度统一。政策统一是指国家关于财政经济的路线、方针、措施必须统一,并在全国各地贯彻执行。计划统一是指国家财政收支计划的统一。中央、地方都按统一要求编制财政收支计划,纳入国民经济和社会发展计划,统一组织国家预算的编制、执行和决算工作。制度统一是指重要财政法律制度由中央统一制定。

分级管理是指在保持中央统一领导的前提下,给各地区、各部门和单位一定的财权、自主权,以调动其积极性,促进地方经济和各项社会事业发展。我国在1952年、1954年、1958年和1971年,曾多次改革财政管理体制,下放财权,但由于种种原因,并未达到预期目的。在党的第一代领导集体中,毛泽东、邓小平、陈云等领导人,曾多次提及要给各地区、部门和单位一定的自主权。毛泽东在《论十大关系》中专门讲到中央与地方关系。但受经济工作指导方针严重失误的影响和极"左"思想及"文化大革命"的冲击,这些主张并未很好地在现实工作中得到积极探索和完善,在统一领导与分级管理的关系上,经历了"放、乱、收、死"的循环,基本保持了中央高度集中、带有统收统支色彩的财政体制格局。

2. 高度集中财政管理体制的主要内容

高度集中的财政管理体制,从根本上讲,是由传统体制下社会资源配置方式决定的。高度集中的计划经济体制,必然要求高度集中的财政管理体制。计划经济

---

① 王诚尧:《建国以来税收制度的建立和改革概况(上)》,《财政研究》1983年第1期,第80页。

是通过行政命令、计划指标配置社会资源的,而财政作为国家筹集运用资金,实现国民经济和社会发展计划的主要工具,其管理体制和运行机制,自然要服从、服务于这种资源配置方式,深深地打上计划经济体制的烙印。以下从预算管理体制、税收管理体制、国有企业财务管理体制和基本建设财务管理体制等不同角度,分别简述传统财政管理体制的运行。

(1) 预算管理体制。预算管理体制是财政管理体制的核心,其根本任务是在中央与地方,及地方各级政府之间划分预算资金管理权限。在传统体制下,预算管理以企事业单位的行政隶属关系为标准,划分中央与地方财政收支范围,即属中央管理的企事业单位、行政机构为中央财政收支范围,属地方管理的企事业单位、行政机构为地方财政收支范围。这也是新中国成立后企事业单位隶属关系在中央("条条")和地方("块块")形成的行政性"条块分割"格局中频繁上收下划的重要背景原因:讲放权,一大批企事业单位下放地方;讲集中,一大批企事业单位上收中央。在预算管理权限划分上,主要管理权集中在中央,地方管理权限较小。尽管1950—1978 年预算管理体制多次调整,但只是中央集中程度有所不同,绝大部分时间段都是以集权为特征的。在机动财力安排上,地方有一定的预备费,支出结余也留给地方财政,不过这些资金数额很小。在预算外资金安排上,为满足各部门、各地区和各单位某些预算难以顾及的需要,将一部分财政性资金由其自收自支,自行管理,但直到改革开放前,预算外资金相对于预算内资金的比例并不大。在民族地区预算管理权限上,给民族地区较多的照顾,如:民族地区预备费为预算支出的5%,高于一般地区;每年增加一笔民族自治地方补助费,作为解决一些特殊性开支的专款;民族自治地方财政收入超收部分,全部留用,中央不参与分成等。改革开放前,相对稳定的预算管理体制是"总额分成,一年一定",即中央和省级为代表的地方"一对一"地确定每一年度的收入分配方案。

(2) 税收管理体制。在税收管理体制方面,税收管理权主要集中于中央,地方税收管理权很小。具体来说,立法权集中于中央,地方没有立法权,税收条例、实施细则都由中央颁布,各地区只能制定某些具体执行办法;解释权与立法权相对应,也集中于中央;开征、停征权由中央统一掌握,地方无权开征新税,未经中央批准,也不能停征已开征税种。下放地方管理的地方性税种,各地区有较大管理权限,但不能随意停征;税目、税率调整权,以中央为主,地方有一定调整权,如农业税的地区差别比例税率,各地区可根据上级下达的平均税率,结合实际情况确定;减免税权主要由中央和省、自治区、直辖市两级掌握,各地区有一定减免权。

（3）国有企业财务管理体制。财政对国有企业实行统收统支的财务管理体制，概括地讲就是利润全上缴，亏损国家补，投资国家拨，福利按工资比例计提。

（4）基本建设财务管理体制。财政对基本建设实行无偿拨款管理体制。在传统体制下，基本建设支出居各项财政支出首位，财政成为最重要的社会投资主体，基本建设财务管理体制对国民经济运行和国民经济发展计划，具有举足轻重的影响。

新中国成立后，对基本建设财务管理体制进行了多次改革尝试：1954年，中国人民建设银行成立，隶属财政部，专门办理基本建设拨款；1958年试行投资包干体制，当时规定，在年度确定的基本建设投资额的基础上，在不降低生产能力、不推迟交工日期、不突破投资总额、不增加非生产性建设比重的条件下，将基本建设投资交由建设部门和单位统一掌握，自行安排，包干使用。原定建设工程竣工之后，投资如有节约，留给建设部门和单位另行使用。同年，中国人民建设银行被撤销，在国民经济调整时期，1962年恢复中国人民建设银行；1970年4月，中国人民建设银行并入中国人民银行；1972年4月，恢复中国人民建设银行建制。

总之，这一时期基本建设财务管理体制，没有突破财政按国民经济计划无偿拨付基建投资的模式，中国人民建设银行几经沉浮，也只是专门办理财政基建拨款的部门，虽有一定监督功能，但与真正意义的银行完全不可同日而语。在该体制之下，基本建设投资责、权、利脱节，缺乏内在的投资约束机制。基建投资项目由计划部门审批、立项，列入国民经济计划，财政部门按国民经济计划编制国家预算，安排基本建设支出，将资金拨付给中国人民建设银行，建设银行根据审批的基建计划，为建设单位提供资金，并监督资金使用。建设项目成功，皆大欢喜，一旦失败，计划、财政、中国人民建设银行也很难单独承担责任。统收统支下的建设部门、单位，更没有基本建设投资风险之虑。因而争项目、争投资以及随之极易发生的基本建设规模失控和投资低效，成为计划经济体制下的顽症。

（二）以非税收入为主的财政收入制度

1. 以低价统购农副产品和低工资制为条件，财政收入得以超常扩大

20世纪50年代，国家先后颁布的《关于粮食的计划统购计划供应的命令》和《国营企业、事业和机关工资等级制度》，奠定了我国实行农副产品统购销和城镇职工低工资制度的基础。这种制度为国家财政集中超常水平的财政收入提供了可能。在农副产品统购销制度下，农民要按国家规定的价格将剩余农副产品统一卖给国家，由国家按计划统一供应给城镇工商业部门和城镇居民消费。它使政府可

以通过农副产品的低价统购和低价统销,从农业中聚集起一大批资源,并转移给城镇工商业部门和城镇居民。低价的农副产品,不仅降低了工业的原材料投入成本及商业营业成本,也使城镇居民获得了实物福利并降低了工商业的劳动投入成本。由国家统一掌管国有企业、事业和机关单位的工资标准,统一组织这些单位职工工资的升级,政府可以通过压低工资标准来控制工商业的劳务投入成本。在低成本的基础上,工商业获得较高的利润。政府通过财政上的统收,将工商业部门的高利润集中到国家手中,形成了超常水平的财政收入,使财政收入占国民收入的比重,得以在相当长的时间保持在 30% 以上(1978 年为 37.2%)的水平。

在为期近 30 年的时间里,中国政府的职能在很大程度上正是凭借着这样一种特殊的财政收入机制所提供的超常水平的财政收入,才得以正常履行其职能。

2. 国营企业利润几乎全额上缴

以低价收购农副产品和低工资制、工商企业获得高利润为基础,国家财政对国有企业实行统收统支,企业创造的利润(纯收入),基本都上缴国家财政,企业能够自主支配的财力极其有限。国有企业利润上缴成为传统体制下财政收入的主要形式,1950—1978 年,国家财政管理体制、企业财务管理体制虽多次调整,但这一财政收入的主要机制基本未变。

(1)"一五"时期,曾建立了企业奖励基金制度和主管部门超利润分成制度。这一时期,工业企业在完成国家规定的计划指标后,可以分别从计划利润和超计划利润中按一定比例提取企业奖励基金。从 1954 年开始,以主管部门为考核单位,实行超计划利润分成。超计划利润的 60% 上缴国家,40% 留给企业主管部门。当时的企业和主管部门从利润中取得的奖励基金、超计划利润留成,主要用于发展生产,一部分用于社会主义竞赛奖金和职工福利。职工正常的奖励和劳保福利主要在成本中开支。整个"一五"时期,共提取企业奖励基金和超计划利润留成 21.4 亿元,占同期企业收入的 3.75%。[①]

(2)1958 年"大跃进"时期实行利润分成制度。以各工业部门"一五"时期拨付的四项费用,加上企业奖励基金和 40% 的超计划利润为基数,由国家核定各工业部门的利润分成比例,再由企业主管部门按企业的具体情况核定企业留成比例。

(3)1963—1965 年调整时期,恢复一度取消的企业奖励基金制度。"文革"期间,取消企业奖励基金制度,统并为职工福利基金。企业奖励基金制度的废除,使我国国有企业利润分配变成了彻底的统收统支,即企业实现的利润几乎全部上缴

---

① 周太和主编:《当代中国的经济体制改革》,中国社会科学出版社 1984 年版,第 502 页。

国家,企业不得持有除职工福利基金之外的任何基金。

(4) 1978年恢复企业基金制度。规定企业在完成国家各项计划指标后,可以按工资总额的5%提取企业基金。主管部门或企业还可以从超计划利润中再提取一定比例的企业基金。同时,恢复了职工奖金制度。

3. 国有企业固定资产折旧上缴制度

在传统体制下,不仅国有企业实现利润基本全部上缴财政,而且企业固定资产折旧亦由财政集中。在经济性质上,固定资产折旧,是固定资产消耗的价值补偿部分,应留给企业,用于维持简单再生产的正常进行。尽管在当时大批国有企业新建投产,还未进入固定资产更新改造时期,财政集中固定资产折旧投入国家经济建设,有一定合理性,但为后来大量国有企业设备老化时,技术改造力量不足,生产经营陷入困难,留下了隐患。

国有企业固定资产折旧上缴的财政收入机制,直到1978年改革开放后才得以改变,逐步取消。

4. 国有、集体经济税收收入居次要地位

在1950—1978年的财政收入中,税收的地位、作用经历了两个不同阶段。在国民经济恢复和社会主义改造时期,国家非常重视税收,不仅为国家经济建设积累资金,而且注意发挥税收调节功能,有力地支持了经济恢复与社会主义改造。1956年社会主义改造完成后,理论界出现"非税论",认为社会主义制度建立后,公有制内部分配关系不需要税收。1958年曾在部分城市搞"利税合一"试点,试图取消税收,以失败而告终。但"非税论"的影响根深蒂固,加之极"左"思潮的冲击,税收对社会主义经济建设的功能作用被贬低甚至否定。1958年、1973年的税制改革,都以合并税种、简化税制为重点。1973年税制改革后,只剩工商税、工商所得税等为数不多的税种。因此,总体而言,在财政收入运行机制中,税收收入居于次要地位。据统计,1956—1978年企业收入占国家财政收入的52.45%,而税收收入占国家财政收入的46%。

(三) 事无巨细、大包大揽的财政支出体制

在传统的计划经济模式下,国家财政顺理成章地在社会资源配置中扮演主要角色。城乡分治,农民被基本锁定于农村区域,加上其余由城市、企业(各类厂矿、商业组织等)和事业单位构成的全社会如同一个大工厂,国家财政便是大工厂的财务部。社会再生产过程的各环节都由统一的财政计划加以控制,企业财务部门在很大程度上失去了独立性,成为国家财政的基层环节。财政职能延伸到社会各个

微观主体,包揽生产、投资,乃至职工消费,几乎覆盖了包括政府、企业、家庭在内的所有经济活动。

1. 经济建设支出浩大,财政成为社会投资主体

在计划经济体制下,基本建设拨款居财政支出首位,占国家财政支出的30%~40%。高额基建拨款支出,对国家财政收支及整个国民经济运行都会产生决定性影响。受急躁冒进、急于求成思想的影响,加之基本建设投资责、权、利脱节,传统体制下,普遍存在"投资饥饿症",基本建设规模膨胀,成为国民经济比例关系失调、经济发展大起大落的主要原因。基建拨款剧烈变动的年份,也往往是国民经济波动起伏很大的时候。

除基本建设拨款外,国家财政还承担为国有企业供应主要的流动资金的任务。当时的流动资金分为定额流动资金和非定额流动资金,分别管理。定额流动资金指满足企业正常生产经营所需资金,由财政部门定期核定。非定额流动资金是企业季节性、临时性资金需要。

在计划经济体制下,国有企业定额流动资金主要由财政无偿拨付,非定额流动资金几经变革,主要由银行供应。1950—1978 年,国有企业流动资金供应管理体制的演变主要有:1951—1954 年,实行定额流动资金由财政和银行分别供应;1955—1957 年,流动资金计划数额全部由财政供应;1958 年,恢复定额流动资金由财政银行分别供应的办法;1959—1961 年下半年,全部流动资金都由银行供应,即"全额信贷";1962—1965 年,定额流动资金全部由财政供应;1966—1971 年,在核定的流动资金占用总额内,由财政、银行分别供应;1972—1978 年,恢复定额流动资金由财政供应的办法。

2. 财政包揽各项社会事业和企业职工社保

在传统财政支出运行机制中,财政除承担国防、外交、行政经费等国家政权建设支出外,还几乎包揽了科技、教育、文化、卫生等社会事业。

(1)国家财政筹集巨额资金,投资兴建各项社会事业。新中国成立后的一段时间,在极其困难的条件下,国家财政筹集资金,建立了我国比较完整的科技、教育、文化、卫生等社会事业体系。各项社会事业的发展,促进了我国经济建设和社会的文明进步。不过,这些社会事业长期主要由国家举办,财政负荷沉重,资金匮乏,反过来,又制约了社会事业进一步的繁荣发展。

(2)国家财政实际上承担国有企业职工"从摇篮到坟墓"的社会保障体系。与统收统支,高就业、低工资体制相适应,国有企业为职工建立"从摇篮到坟墓"的社

会保障制度。职工住房、医疗、离退休金等由企业支付,这在财政统收统支体制下,与财政拨款无异,而行政事业单位职工福利,由财政直接支出。这种独特的社会保障制度,随着人口的增加,国有企事业单位的扩展,管理漏洞越来越大,财政负担日益加重,各种弊端也日益显露出来。

三、对计划经济时期财政运行机制的简要评述

综观中国近现代社会发展道路及现代化进程,传统财政管理体制和运行机制扮演了承前启后的重要角色,既努力完成时代赋予的历史使命,又以自身弊病的逐渐显露,为人们认识财政体制改革的必要性和紧迫性提供了现实的佐证并推动了改革。

(一) 传统体制下财政体制与运行机制为中国社会主义经济建设和社会发展作出了巨大贡献

新中国成立后,中国走上社会主义道路,实行计划经济,建立高度集中的经济管理体制,这是历史与当时现实条件下的必然选择。从 1949 年到 1978 年,尽管经历了 1958 年"大跃进"、十年"文化大革命"等重大挫折,社会主义经济建设和社会发展还是取得了相当大的成就,与计划经济体制相适应的财政管理体制及其运行机制发挥了重要作用。

第一,在迅速医治战争创伤,稳定金融物价,恢复国民经济的过程中,财政管理体制为新中国的建立和巩固作出了历史贡献。新中国成立初期面对的形势是:国民党政权留下了长达 12 年的恶性通货膨胀,物价飞涨,民族工业奄奄一息,工人大量失业,部队仍在前线扫清残敌,开支浩大,而各地财税政策尚不统一,收入组织缓慢,新生的国家政权还不巩固。中央果断采取统一财政经济方针,实行统收统支,高度集中的体制,在很短时间内,迅速稳定了金融物价,使国家财政经济形势好转,1951 年国家财政收支实现平衡,略有结余,为恢复国民经济,改善人民生活,打击投机资本,支持抗美援朝战争,巩固新生的国家政权,建立了历史功绩。

第二,支持了社会主义制度的建立。凭借统收统支、高度集中的财政运行机制,国家筹集巨额建设资金,投资兴建大批国有企业,同时积极推进社会主义改造,把资本主义工商业改造为国有经济,使国有企业掌握了经济命脉,成为国民经济主导力量。国家财政还支持、配合对农业、手工业的社会主义改造,建立集体所有制经济。随着公有制经济发展,社会主义改造完成,社会主义制度在我国正式确立,这是中国社会发展史上一次翻天覆地的变革,在一个被称为半殖民地半封建的国

家,依据马克思主义基本原理,把社会主义理想变为现实。在此历史进程中,财政体制、机制发挥了重大作用。

第三,支持建立比较完整的国民经济体系,特别是工业体系。计划经济体制下,国家利用特殊财政收入机制,大而宽的财政支出机制,高度集中的管理体制,筹集巨额建设资金进行大规模经济建设,建立了比较完整的国民经济体系,特别是独立的、门类较齐全的工业体系,明显改变了中国社会的发展进程,把中国由一个贫穷落后的农业国,变成了初具规模、走上工业化道路的新兴国家。据统计,1950—1978 年,国家预算内基本建设支出累计达 5 621.56 亿元,奠定了我国工业化的基础。

第四,支持发展各项社会事业,促进社会全面进步。国家通过高度集中的财政体制,举办科技、教育、文化、卫生等各项社会事业,建立起比较全面的国有事业单位体系,几乎覆盖了所有的社会事业领域,在许多方面都是从零开始,为新中国经济发展和社会进步提供了条件。

(二) 传统体制下长期实行的统收统支、高度集中的财政运行机制,其弊病随中国经济社会发展而逐渐显露,带来了不可忽视的消极影响

计划经济体制下的财政体制和运行机制,在我国大规模工业化建设初期,对于集中全国的人力、物力和财力进行重点建设,无疑发挥了巨大的作用,建立了历史功绩。但随着社会主义经济建设规模不断扩大,经济关系日趋复杂,人民物质文化生活需求不断提高,这种体制与运行机制的弊病逐渐显露。

第一,高度集中的财政运行机制,使权力过分集中,政府职能膨胀,压抑了各地区、各部门及各单位的积极性、创造性,不利于社会生产力的长期持续发展。以低价收购农副产品和低工资制为基础的特殊财政收入形成机制,使国家财政几乎集中了物质生产部门创造的所有纯收入;大而宽的财政支出机制,高度集中的财政管理机制,使国家财政控制了各部门、各地区及各企事业单位的支出、财政取代企业微观决策职能,并包办各项社会事业。因而严重限制了各地区、各部门、各企事业单位的积极性、创造性,难以适应经济事务的丰富性和多样性,不利于充分发挥各方潜力、提高资源配置效益和促进社会生产力的进一步发展。

第二,传统体制下的财政运行机制,忽视物质利益原则,不利于调动劳动者的积极性和创造力。统计资料表明,在 1957—1977 年的 20 年间,城镇职工工资基本没有提高,农民收入徘徊不前。1978 年,家庭人均年纯收入只有 133.57 元,农村贫困人口达 2.5 亿。正是在这一时期,国家利用以低价收购农副产品和低工资制为基础的特殊财政收入形成机制和高度集中的管理机制,积累资金,进行大规模投资,迅速改变了旧中国落后的国民经济结构,建立了比较完整的国民经济体系,1970 年工业总产值已占全社会总产值的 60%(1950 年这一指标为 27.9%)。然而,传统体制下的财政运行机制,长期忽视人民生活水平的提高,"重经济建设、轻人民生活",背离了社会主义生产目的。当然,在我国这样一个人口众多、经济文化落后、地区发展不平衡的发展中大国进行现代化建设,为了人民群众的长远利益、根本利益,在一定时期内,作出一些眼前利益的牺牲是能够理解的,但长期实行高度集中体制,人民生活多年处于贫困状态,就会严重挫伤和损害劳动者的积极性,甚至会动摇对社会主义制度的信心。

第三,传统体制下的财政运行机制,迟迟没有走向规范化、法制化。30 年间,中国财政运行中的体制变动频繁,在大部分年份,地方收支指标、分成比例都由中央审核批准,一年一变。到 1978 年为止,财政分配领域还没有一项规定、制度完成立法程序成为国家正式法律,税收、企业收入、预算、基本建设财务等财政分配主要环节,其依据都是行政法规,因而,可以说 30 年的财政运行机制,在规范化和法制化方面,具有明显欠缺,不利于形成清晰、稳定的制度体系和提高运行效益。

总之,这种高度集中的财政管理体制,由于中央政府基本上实行统收统支,忽视了各地方、各部门和各企业的经济利益和经济自主权利,在历史进程中愈益成为妨碍我国经济发展活力的重要因素,成为经济市场化改革需要打破的重要环节。

第二章

走向市场经济时期的财政制度

从1978年党的十一届三中全会召开，到1992年党的十四大召开，是中国经济体制从计划经济逐步向市场经济转轨的重要时期。在此期间，为了配合经济社会发展的需要，财政体制多次作出重要调整，突破了过去高度集中的生产建设型与供给型管理模式，跨越了过渡性的财政包干制，不断拓宽税收调节领域，逐步理顺国家与企业的分配关系，由微观管理转向宏观调控管理，由直接管理转向间接调控管理，为社会主义市场经济体制的建立逐渐铺平了道路。

第一节　财政体制改革成为经济体制改革的突破口

1978年，党的十一届三中全会作出了把全党工作的重心转移到经济建设上来的战略决策，决定实行经济管理体制改革。针对我国经济结构比例严重不协调的状况，提出要按农、轻、重的顺序来安排生产，加强农业的基础地位，抑制因基本建设规模与国力不相适应带来的财政困难和其他产业比较薄弱的状况，实行适度从紧的财政政策。1979年，中央工作会议提出，财政体制改革是经济体制改革的突破口，要先行一步，拉开经济体制改革的序幕。由此，财政体制改革成为经济体制改革的重要组成部分和突破口。

一、财政体制改革的背景

（一）传统财政体制存在明显弊端

从新中国成立至改革开放之前，我国基本上实行的是高度集中的统收统支财政体制，这是由计划经济体制下社会资源的配置方式所决定的。计划经济是通过行政命令、计划指标配置社会资源的，而财政作为国家筹集和运用资金、实现国民

311

经济和社会发展计划的主要工具,其管理体制和运行机制自然要服从于、服务于计划经济这种资源配置方式。虽然在有些时期对财政体制做过一些调整,向地方政府下放过部分财权和财力,但都是在特定情况下的短期措施,未能形成规范化的分权。高度集中的财政体制与运行机制在我国大规模工业化建设初期,对于集中全国的人力、物力、财力进行重点建设无疑发挥过巨大的作用,但在社会主义经济建设规模不断扩大、经济关系日趋复杂、人民物质文化生活需求不断提高的新形势下,却表现出明显的弊病。

1. 抑制了各方面的积极性、创造性

高度集中的财政体制和运行机制,使权力过分集中,政府职能膨胀。从财政收入机制看,以低价收购农副产品和低工资制为基础的特殊财政收入形成机制,使国家财政几乎集中了物质生产部门创造的所有纯收入;从财政支出机制看,大而宽的财政支出范围、高度集中的财政管理机制,使国家财政控制了各部门、各地区及各企事业单位的支出,财政取代企业微观决策职能,并包办各项社会事业。特殊的财政收入形成机制加上过于宽泛的财政职能严重限制了各部门、各地区和各事业单位的积极性、创造性,难以适应经济事务的丰富性和多样性,不利于充分发挥各方潜力,不利于提高资源配置效率和促进社会生产力进一步发展。

2. 重积累轻消费,不利于人民生活水平的提高

在高度集中的财政体制下,由于过分强调积累,居民的工资收入一直较低,农村贫困人口规模庞大。1957—1977年,国家积累资金进行了大规模经济建设投资,建立了比较完整的国民经济体系。然而,这种"重经济建设、轻人民生活"的倾向,背离了社会主义生产目的,使人民生活长期处于贫困状态,严重挫伤了劳动者的积极性。

3. 财政体制不规范,运行效率低

在大部分年份,地方收支指标、分成比例由中央审核批准,一年一变。截至1978年,财政分配领域除1958年6月全国人民代表大会常务委员会通过的《中华人民共和国农业税条例》外,还没有一项其他方面的规定、制度完成立法程序,成为国家正式法律,税收、企业收入、预算、基本建设财务等财政分配主要环节,其依据都是行政法规。这不利于形成稳定规范的制度体系,造成财政运行效率低下。

(二)经济发展形势对财政体制改革提出新要求

1976年10月后,社会秩序逐步恢复正常,广大人民群众长期被压抑的生产积极性开始发挥出来,国民经济摆脱了长期停滞的局面,开始出现生机。农业总产

值,1977 年比 1976 年增长 1.7%,1978 年比 1977 年增长 9%。工业总产值,1977 年比 1976 年增长 14.3%,1978 年比 1977 年增长 13.5%。由于国民经济迅速恢复,财政状况也有所好转,1977 年财政总收入为 874.46 亿元,比 1976 年增长 12.6%;总支出为 843.53 亿元,比 1976 年增长 4.6%;收支相抵,结余 30.93 亿元,扭转了过去连年收入完不成计划、支大于收的状况。1978 年财政总收入为 1 132.26 亿元,比 1977 年增长 29.5%;总支出为 1 122.09 亿元,比 1977 年增长 33%;收支相抵,结余 10.17 亿元。经过努力,财源扩大,收入大幅度增长,国家财政经济状况好转。

在国民经济迅速恢复的同时,由于过去长期存在的"左"的思想未得到及时清理,在新的情况下又出现了急于求成的思想。在这种思想指导下,1978 年不断追加基本建设投资,扩大引进规模。在未经充分论证和综合平衡的情况下,仓促上马,引进了 22 个耗能大的项目。除了基建投资追加过多、国外技术引进过急之外,对职工奖金的发放范围和标准也掌握得不够好,以致奖金发放失控。这加剧了原已长期存在的积累与消费、农轻重以及工业内部等重要国民经济比例关系的失调,如不及时调整,不仅严重影响国民经济发展,加剧国家财政困难,而且必然对以后年度的财政平衡产生不利影响。

急于求成的错误指导思想在财政工作中的表现,主要是"寅吃卯粮",以非正常的财政收入安排财政支出。1978 年下半年,中央要求全国财政收入全年突破 1 000 亿元大关,同时作出了地方当年超收数额全部留给省、自治区、直辖市使用的决定。结果导致地方为实现更多的增收,采取费用该摊销的不摊销,机器设备该报废的不报废,挂账问题该处理的不处理,甚至提前发货、提前实现财政收入等手段。此外,在加强财政工作中,过去税收上应收未收、各单位应缴未缴的收入,这次也作为当年收入入库,而这些收入实际上并不是当年创造的,所以当时人们将之称为"扫浮财"。急于求成的结果是,1978 年尽管财政收入突破了 1 000 亿元大关,并且实现了财政收支平衡,但由于财政执行"寅吃卯粮",虚收实支等政策,当年看起来多收了,下一年很可能要少收,当年多支了,基数上去了,下一年还要多支,将矛盾逐年后推,影响到以后几年的收支平衡。为了制止经济上的冒进,推动社会主义经济建设健康、持续发展,必须分清中央和地方财政的责权范围,这就需要从财政体制上来解决问题。

(三) 党的十一届三中全会提出要加快改革财政体制

党的十一届三中全会提出,要"对经济管理体制和经营管理方法着手认真的改革","现在我国经济管理体制的一个严重缺点是权力过于集中,应该有领导地大胆下放,让地方和工农业企业在国家统一计划的指导下有更多的经营管理自主权"。

党的十一届三中全会以后,中央和地方的一些领导同志经过对实际情况进行深入调查研究,认识到国民经济比例失调的严重性。1979年3月,陈云、李先念等同志根据国民经济中存在的问题,提出应对国民经济进行调整,并建议在国务院设立财政经济委员会,作为研究制定财经工作方针政策和决定财经工作大事的决策机关。

1979年4月,中央召开工作会议,讨论了当时的经济形势和对策。在这次会议上,中央正式提出对国民经济进行"调整、改革、整顿、提高"的八字方针,要求坚决纠正前两年工作中的失误,认真清理过去在这方面长期存在的"左"倾错误影响。李先念代表中共中央在大会上作了《调整国民经济,改革经济管理体制》的重要讲话,分析了当时国民经济比例失调的严重情况,阐明了调整国民经济的必要性和方针任务,提出"体制改革的确是一件关系到国民经济全局的大事,是一件极其复杂和艰难的工作,我们的态度要积极,但改革的方法步骤一定要稳妥可靠"。在财政体制改革方面,提出"中央和地方以至企业的权限究竟如何划分,怎样才能更有利于用经济的办法管理经济,都要作出明确的规定。在进行这些局部改革的同时,要认真调查研究,搞好试点,作好准备,提出比较全面的改革方案,经中央批准后,到条件成熟时再着手进行"。

(四)财政体制改革先行一步的必然性

党的十一届三中全会以后,财政体制改革之所以先行一步,成为我国经济体制改革的突破口,是因为在改革初期,首要的是在维护国民经济基本运转的同时,打破旧体制束缚而引入新体制的活力,让新旧体制配置资源的能力和范围发生此消彼长的变化,使新的体制逐渐酝酿、形成。由于国民经济无法"停车检修",传统体制计划功能在中国不宜以"大爆炸"式改革一夜取消,而国家财政是高度集中的计划财政,绝大部分经济资源控制在财政范围,因此财政作为计划体制下资源配置的枢纽,可以首先松动,成为渐进式改革中"解锁"传统体制在宏观层面的突破口,以便让体制内的一部分资源和体制外的资源能够寻求自发组合的方式,这就决定了财政"放权让利"的先导地位。放的是一部分资源配置权,让的是地方层面配置资源的范围,从而在计划体制的边界上跟随地方分配权的扩大,陆续有企业自主权的扩大、多种所有制形式的发展、企业和个人收入分配比重的提高、银行经营业务的扩大、物资流通的放松等,而这一切正是形成以利益为导向、以供求为平衡机制、以资本社会动员和形成为核心的市场化体制的雏形。正因为如此,中央选择财政体制改革作为我国经济体制改革的重要突破口,发挥改革先导的作用。

根据中央的要求,财政体制改革总的指导思想是:既要有利于促进经济的调整和发展,又要有利于财政的平衡稳定;既要有利于调节和保护各方面的经济利益,又要有利于促使微观经济活动符合宏观决策的要求。因此,改革必须在巩固中央统一领导和统一计划,确保中央必不可少的开支的前提下,明确划分各级财政的权力和责任,做到权责结合,各司其职,各尽其责,充分发挥中央和地方两个积极性,共同承担国家财政收支的责任,保证和促进整个国民经济持续、稳定、协调发展。

二、财政体制改革的探索

(一) 1980 年以前对财政体制改革的初步探索

从 1977 年开始,江苏省就试行比例包干办法,其主要内容有:根据江苏省1976 年决算口径,参照历史上该省财政总支出占财政总收入的比例,确定一个收入上缴与留用的比例,一定 4 年不变;留给地方的部分由地方根据中央的方针和该省的实际情况统筹安排,多收多支,少收少支,自求平衡;除特大自然灾害等重大变化外,上缴和留用的比例一般不作调整;在年度执行过程中,如企事业单位隶属关系有变动,在年度决算时,通过上缴或补助办法另行结算;实行这种体制后,中央各主管部门对于应当由地方安排的各项事业,不再归口安排支出,也不再向地方分配财政支出指标,但江苏省财政预算要报国家审批;考虑到当时国家财政平衡较紧的情况,经财政部和江苏省共同商定,1977 年暂按上缴 58%、留用 42% 的比例执行;1978—1980 年,按上缴 57%,留用 43% 的比例执行。根据新体制的运行情况,1978 年又对江苏省财政包干办法作了部分调整,适当缩小财政包干范围,相应调整江苏省财政收入的留缴比例,从 1978 年起,按上缴 61%、留用 39% 的比例执行。

江苏省财政包干办法是财政体制改革迈出的重大一步,它扩大了地方自主权,把过去的以"条条"为主改变为以"块块"为主,从而调动地方当家理财的积极性,也避免一年一度在预算指标上的争论。但由于缺乏经验,在执行中出现了一些扯皮现象,同时地方的包干范围和分成比例也定得宽了一些,该体制执行到 1980 年到期,从 1981 年起基本上改按全国的体制来运行。

在江苏省试点后,又开始在其他省市进行了多种形式的探索,以进行比较,选择有效的改革模式新路子。为了进一步调动各方面的积极性,促进增产增收,1978 年在 10 个省、市试行"增收分成、收支挂钩"的体制,后又改为"收支挂钩、超收分成"的体制。这种体制的主要内容是:地方预算支出仍同地方负责组织的收入挂钩,实行总额分成;地方预算收支指标及中央和地方的收入分成比例仍是一年一定;地方机动财力的提取按当年实际收入比上年增长部分确定的分成比例计算,实行地方机动财力与地方预算收入增长部分挂钩,地方多增收可以多得机动财力。从改革结果看,这种体制的实施对于调动地方积极性有一定的积极作用。但由于1978 年经济工作在指导思想上仍然存在"左"的错误,片面追求产值,盲目扩大基建,致使国民经济比例严重失调;在国家预算方面,出现了寅吃卯粮、财政虚收的现象。结果,地方财力增加,而中央预算则出现了赤字,1978 年地方的滚存结余增长64%,中央预算则出现支大于收的现象。这个体制只执行了 1 年,除江苏实行的"固定比例包干"体制,广西、内蒙古、新疆、宁夏和西藏 5 个少数民族自治区和云南、青海、贵州等视同民族地区待遇的省实行民族自治地方的财政管理体制以外,其他各省市又暂时改为"收支挂钩、超收分成"的过渡办法。

此外,1979 年对少数民族地区实行特殊体制,规定在广西、内蒙古、新疆、宁夏和西藏 5 个少数民族自治区和云南、青海、贵州等省实行核定基数、超收全部留用的财政体制。它的特点是:收支指标一年一定;预备费比一般省市多,一般省市为3%,这些地方是 5%;除正常支出外,另加 5% 的机动金;中央财政增拨一笔民族地区的补助费;超收部分全部留给自治区或省。

总体来看,我国在 1980 年以前对财政体制改革进行的初步探索,为以后的改革积累了一定的经验。这些体制在形式上与以前实行过的某些体制有许多相似之处,但具体内容已有所改进,而且同一时期对不同地区分别实行四种不同体制形式,这是以往从没有过的。但是,这几年实行的几种财政体制从实践过程看,也存在着不少问题,主要是体制本身不完善,矛盾很多,如每年核定财政收支,一年一变,年初吵"盘子"、年中吵追加、年底吵遗留等,高度集中、吃"大锅饭"的局面仍未得到根本改变。

(二) 1980 年"分灶吃饭"财政体制改革

从 1980 年起,国家下放财权,在财政管理体制上实行"划分收支、分级包干"的办法,俗称"分灶吃饭"体制。这次改革的基本原则是:在巩固中央统一领导和统一计划、确保中央必不可少的开支的前提下,明确划分各级财政和经济单位在财政管理方面的权力和责任,做到权责结合、各行其职、各负其责,充分发挥中央和地方两个积极性。其基本内容是:按经济管理体制规定的企业隶属关系,明确划分中央和地方的收支范围;收入实行分类分成,分为中央固定收入、地方固定收入、固定比例分成收入和调剂收入;中央和地方的支出范围按企事业单位的隶属关系划分,地方的预算支出首先用地方的固定收入和固定比例分成收入抵补,有余者上缴中央,不足者从调剂收入中解决,并确定相应的调剂分成比例;若三项收入仍不足以平衡地方预算支出的,由中央按差额给予定额补助;中央与地方对收入的各项分成比例或补助定额确定后,原则上 5 年不变。地方在划定的收支范围内多收可以多支,少收则要少支,自求收支平衡。

1."分灶吃饭"财政体制的做法

由于我国幅员辽阔,各地的实情不同,因此"分灶吃饭"的做法在各地不尽相同。除了北京、天津、上海三大直辖市实行"收支挂钩、总额分成、一年一定"的体制外,各地的做法大致有以下几种。

(1)对广东、福建两省实行"划分收支、定额上缴或定额补助"的特殊照顾办法。广东、福建两省靠近港澳,华侨多,具有加快经济发展的许多条件,因此中央对两省的对外经济活动实行特殊政策和灵活措施,给两省更多的自主权,使之利用有利形势先行一步,把国民经济尽早发展起来。在财政收入方面,除中央直属企业、事业单位的收入和关税划归中央以外,其余收入均作为地方收入。在财政支出方面,除中央直属企业、事业单位的支出归中央外,其余的支出均作为地方支出。按照上述划分收支的范围,以这两省 1979 年财政收支决算数字为基数,确定一个上缴或补助的数额,5 年不变。执行中收入增加或支出结余部分全部留归地方使用。在财政体制上,对广东实行"划分收支、定额上缴"的包干办法,对福建实行"划分收支、定额补助"的包干办法。这种做法使地方得到的好处多一些,能促使这两省尽快把生产建设发展起来,为国家多创造外汇收入。

(2)对四川、陕西、甘肃、河南、湖北、湖南、安徽、江西、山东、山西、河北、辽宁、黑龙江、吉林、浙江等省实行"划分收支、分级包干"的办法。所谓"划分收支",就是按照企业隶属关系,明确划分中央和地方的收支范围。在收入方面,中央企业收入、关税收入归中央财政,作为中央财政的固定收入;地方企业收入、盐税、农牧业税、工商所得税、地方税和地方其他收入归地方财政,作为地方财政的固定收入。经国务院批准,上划给中央部门直接管理的企业,其收入作为固定比例分成收入,中央分 80%,地方分 20%。工商税则作为中央和地方的调剂收入。在支出方面,中央所属企业的流动资金、挖潜改造资金和新产品试制费、地质勘探费、国防战备费,对外援助支出,国家物资储备支出,以及中央级的文教卫生科学事业费,农林、水利、气象等事业费,工业、交通、商业部门事业费和行政费等,归中央财政支出。

地方的统筹基本建设投资,地方所属企业的流动资金、挖潜改造资金和新产品试制费,支援农村人民公社支出和农林、水利、气象等事业费,工业、交通、商业部门事业费,城市维护费,文教卫生科学事业费,抚恤和社会救济费,行政管理费等,归地方财政支出。有些特殊支出,如特大自然灾害救济费、支援经济不发达地区的发展资金等,则由中央专项拨款。所谓"分级包干",就是按照划分的收支范围,以 1979 年收入预计数字为基数计算,地方收入大于支出的,多余部分按比例上缴;支出大于收入的,不足部分由中央从工商税中确定一定比例进行调剂;个别地方将工商税全部留下,收入仍小于支出的,由中央给以定额补助;分成比例和补助数额确定以后,5 年不变;在包干的 5 年中,地方多收了可以多支,少收了就要少支,自行安排预算,自求收支平衡。该办法的好处是有利于地方在 5 年内统筹规划生产建设和各项事业的发展,有利于促进增产节约、增收节支,也有利于鼓励先进、鞭策落后。

(3) 内蒙古、新疆、西藏、宁夏、广西 5 个自治区和云南、青海、贵州少数民族比较多的 3 个省,仍然实行民族自治地方财政体制,保留原来对民族自治地区的特殊照顾,并在两方面进行了改进和完善:一是对这些地区也采取包干的办法,参照上述第二种办法划分收支范围,确定中央补助的数额,并由一年一定改为一定五年不变;二是地方收入增长的部分全部留给地方,中央对民族自治地方的补助数额每年递增 10%。这两项措施体现了党和国家的民族政策,对于民族地区加快发展发挥了重要作用。

(4) 江苏省继续试行固定比例包干办法。如前所述,江苏省从 1977 年就开始试行固定比例包干的财政管理体制执行到 1980 年。从 1981 年起,改按"划分收支、分级包干"的办法执行。

2. "分灶吃饭"财政体制的特点

实行"分级包干"的财政管理体制打破了计划经济时期高度集中财政体制的僵化局面,是国家财政管理体制的一次重大改革,调动了地方和企业的积极性,为经济体制改革打开了突破口,具有十分重要的意义。它在收支结构、财权划分和财力分配等方面都发生了很大变革,同传统的财政体制比较具有自身的特点。

(1) 由"一灶吃饭"改为"分灶吃饭",打破了统收统支、吃"大锅饭"的局面,有利于在中央统一领导和计划下调动两个积极性,有利于经济的调整和整顿。

(2) 财力的分配由"条条"为主改为"块块"为主,改变了"条条"管理体制下地方难以统筹安排的局面。地方可根据中央的方针政策、国家计划和自有财力统筹安排,大大增加了地方的财政权限,有利于因地制宜地发展地方生产建设及社会服务事业。

（3）分成比例和补助数额由一年一定改为五年一定，减少了中央和地方之间的利益之争，便于地方制定和执行长远规划，发展地方的经济和社会事业。

（4）探索了事权和财权统一、权力与责任统一。这种财政体制是根据计划与财政实行两方协调管理的原则设计的，财政的收支范围又是根据企事业单位的隶属关系划分的。谁的企业，收入就归谁支配；谁的基建、事业，支出就由谁安排。其事权与财权比较统一，"分灶吃饭"自求平衡，权力与责任也挂得比较紧。

实践证明，"分灶吃饭"财政体制作为财政分权改革的重大部署，在一定时期内体现了它的优越性，不仅扩大了地方的财权，同时也加强了地方的经济责任，因而促使地方各级领导加强对财政工作的指导，使地方有了发展本地区生产建设事业的内在经济动力和能力，促使他们大力挖掘本地区的生产、物资和资金的潜力，合理、节约、有效地安排和使用资金，提高资金的使用效果，不断增加财政收入，促使地方加快了对国民经济结构调整的步伐。

3. "分灶吃饭"财政体制的调整和改进

"分灶吃饭"财政体制在执行过程中也暴露出一些缺陷，如统收的局面已被打破，而统支的局面却没有完全打破，地方发生一些当地财力解决不了的事情还是向中央要钱。中央财政收入逐年下降，而中央财政支出却未减少，致使中央财政相当困难，国家重点建设资金缺乏保障，以致中央财政不得不向地方财政借款以弥补缺口。

为此，1983年在总结前三年实践的基础上，对"分灶吃饭"的财政体制又作了一些调整和改进：（1）除广东、福建两省继续实行大包干财政体制外，相当一部分省、自治区、直辖市实行收入按固定比例总额分成的包干办法。（2）由于1979—1981年国家财政连续几年发生赤字、中央财政困难，将中央财政向地方财政的借款改为调减地方的支出包干基数，或者减少补助数额予以解决。（3）将卷烟、酒两种产品的工商税划归中央财政收入，以限制其盲目发展。（4）凡是中央投资兴建的大中型企业收入，属中央财政收入；中央与地方共同投资兴建的大中型企业收入，按投资比例分成。（5）将县办工业企业的亏损由中央财政分担80%、县财政负担20%的分担办法，改由中央财政和县财政各负担一半的办法。"分灶吃饭"财政体制经过调整和改进之后，有效调动了地方政府发展生产、增收节支的积极性，促进了财政经济体制改革的深入。

（三）1985年的"分级包干"财政体制改革

1983—1984年，我国对国家和企业的分配关系进行了改革，对企业先后实行了两步"利改税"改革,税收成为国家财政收入的主要形式,税后利润归企业自主安排使用。在此基础上,中央决定从 1985 年起实行"划分税种、核定收支、分级包干"的财政管理体制,其目的是在总结前几年财政管理体制经验的基础上,存利去弊、扬长避短,继续坚持"统一领导、分级管理"的原则,进一步明确各级财政的权力和责任,做到权责结合,充分发挥中央和地方两个积极性。其主要内容包括:按税种将收入分为中央固定收入、地方固定收入、中央和地方共享收入;按隶属关系划分中央财政支出和地方财政支出,对不宜实行包干的专项支出,由中央专项拨款安排;按基数核定的地方预算收支,凡是固定收入大于支出的,定额上解中央,固定收入小于支出的,从中央和地方共享收入中确定一个分成比例留给地方,地方固定收入和中央地方共享收入全留地方仍不足以抵补其支出的,由中央定额补助;收入分配办法确定以后,一定 5 年不变,地方多收多支、少收少支、自求平衡。

在收入方面,按照第二步"利改税"改革以后的税种设置,划分各级财政收入:

(1) 中央财政的固定收入包括:中央国营企业的所得税、调节税;铁道部和各银行总行、保险总公司的营业税;军工企业的收入;中央包干企业的收入;烧油特别税;关税和海关代征的产品税、增值税;进口调节税;海洋石油、外资合资企业的工商统一税、所得税和矿区使用费;国库券收入;国家能源交通重点建设基金;其他收入。石油部、电力部、石化总公司、有色金属总公司所属企业的产品税、营业税、增值税,以其 70% 作为中央财政固定收入。

(2) 地方政府的固定收入包括:地方国营企业的所得税、调节税和承包费;集体企业所得税;农牧业税;车船使用牌照税;城市房地产税;屠宰税;牲畜交易税;集市交易税;契税;地方包干企业收入;地方经营的粮食、供销、外贸企业亏损;税款滞纳金、补税罚款收入;城市维护建设税和其他收入。尚待开征的土地使用税、房产税和车船使用税,将来也列入地方财政固定收入。石油部、电力部、石化总公司、有色金属总公司所属企业的产品税、营业税、增值税,以其 30% 作为地方财政固定收入。

(3) 中央和地方财政共享收入包括:产品税、营业税、增值税(以上三种均不包含石油部、电力部、石化总公司、有色金属总公司四个部门所属企业以及铁道部、各银行总行和保险总公司缴纳的部分)、资源税、建筑税、盐税、个人所得税、国营企业奖金税,以及外资、合资企业的工商统一税、所得税(不含海洋石油企业缴纳的部分)。

在支出方面,仍按照隶属关系划分各级财政支出:

（1）中央财政支出包括：中央基本建设投资；中央企业的挖潜改造资金、新产品试制费和简易建筑费；地质勘探费；国防费；武装警察部队经费；人民防空经费；对外援助支出；外交支出；国家物资储备支出以及中央级的农林水利事业费；工业、交通、商业部门事业费；文教科学卫生事业费；行政管理费和其他支出。

（2）地方财政支出包括：地方统筹基本建设投资；地方企业的挖潜改造资金、新产品试制费和简易建筑费；支农支出；城市维护建设费，以及地方的农林水利事业费；工业、交通、商业部门事业费；文教科学卫生事业费；抚恤和社会救济费；行政管理费（含公安、安全、司法、检察支出）；民兵事业费和其他支出。

（3）对于不宜实行包干的专项支出，如特大自然灾害救济费、特大干旱和防汛补助费、支援经济不发达地区的发展资金、边境建设事业补助费等，由中央财政专项拨款，不列入地方财政支出包干范围。

为了适应经济体制改革中变化因素较多的情况，正确处理中央与地方的关系，在1985年和1986年两年内，除了中央财政固定收入不参与分成外，把地方财政固定收入和中央、地方共享收入加在一起，同地方财政支出挂钩，确定一个分成比例，实行总额分成。

此外，对广东、福建两省继续实行财政大包干办法，原定上解或补助数额，应根据上述收支划分范围和第二步"利改税"后的收入转移情况进行相应的调整。对民族自治区和视同民族地区待遇的省，按照中央财政核定的定额补助数额，在五年内继续实行每年递增10％的办法。经国务院批准实行经济体制改革综合试点的重庆、武汉、沈阳、大连、哈尔滨、西安、广州等城市，在国家计划中单列以后，也实行全国统一的财政管理体制。

在"分级包干"财政体制执行过程中，由于企业、事业单位的隶属关系改变，应相应地调整地方的分成比例和上解、补助数额，或者单独进行结算。除国务院另有规定外，一律不因价格调整、职工工资增加和其他改革措施而再调整地方的分成比例和上解、补助数额。中央各部门未经国务院批准和财政部同意，均不得对地方下达减收增支的措施。

此外，从1983年起，财政部根据中共中央、国务院的部署逐步开展了乡镇财政建设工作，各地采取试点、探索、逐步完善的办法，确定了不同的体制形式，主要有以下几种：一是收支挂钩。即定收定支，收支挂钩，总额分成，一年一定或一定几年。二是超收分成。即定收定支，收入上缴，超收分成（或增长分成），支出下拨，超支不补，结余留用，一年一定。三是收支包干。即县财政对乡镇财政划分一定的收支范围,确定收支基数后,计算上缴或补助数额,一年一定或一定几年不变。

(四) 1988 年的财政包干体制改革

1985 年实行的"划分税种、核定收支、分级包干"的财政管理体制,存在着两方面弊端:一方面,是"鞭打快牛",地方留成比例小,不利于调动地方发展经济和组织收入的积极性,有的地区甚至出现了财政收入下滑的情况;另一方面,中央财政经过几年下放财权,中央本级直接组织的收入占全国财政收入的比例逐年下降,中央负担的支出有增无减,以致连年发生赤字。针对这些问题,1988 年 7 月 28 日,国务院发布了《关于地方实行财政包干办法的决定》,要求从 1988 年开始,对全国 39 个省、自治区、直辖市和计划单列市,除广州、西安两市财政关系仍分别与广东、陕西两省联系外,其余 37 个地区分别实行不同形式的包干办法。

1. 收入递增包干办法

该办法以 1987 年决算收入和地方参与分成收入为包干基数,参照各地近几年的收入增长情况,确定地方收入递增率(环比)和留成、上解比例。在递增率以内的收入,按确定的留成、上解比例实行中央与地方分成;超过递增率的收入,全部留给地方;收入达不到递增率,影响上解中央的部分,由地方用自有财力补足。实行该办法的地区有 10 个,它们的收入递增率和留成比例分别为:北京市 4% 和 50%,河北省 4.5% 和 70%,辽宁省(不包括沈阳市和大连市)3.5% 和 58.25%,沈阳市 4% 和 30.29%,哈尔滨市 5% 和 45%,江苏省 5% 和 41%,浙江省(不包括宁波市)6.5% 和 61.47%,宁波市 5.3% 和 27.93%,河南省 5% 和 80%,重庆市 4% 和 33.5%。

2. 总额分成办法

该办法根据前两年的财政收支情况核定收支基数,以地方支出占总收入的比重确定地方的留成和上解中央比例。实行该办法的地区有 3 个,其总额分成(地方留用)比例为:天津市 46.5%、山西省 87.55%、安徽省 77.5%。

3. 总额分成加增长分成办法

该办法在上述总额分成办法的基础上,对收入比上年增长的部分另加分成比例,即每年以上年实际收入为基数,基数部分按总额分成比例分成,增长部分除按总额分成比例分成外,另加增长分成比例。实行该办法的地区有 3 个,其总额分成比例和增长分成比例分别为:大连市 27.74% 和 27.26%,青岛市 16% 和 34%,武汉市 17% 和 25%。

4. 上解额递增包干方法

该方法以 1987 年上解中央的收入为基数,每年按一定比例递增上缴。实行该办法的地区有 2 个,其上解额和递增包干比例分别为:广东省 14.13 亿元和 9%,湖南省 8 亿元和 7%。

5. 定额上解办法

该办法是按原来核定的收支基数,收大于支的部分确定固定的上解数额。实行该办法的地区有 3 个,其上解额分别为:上海市 105 亿元,山东省(不包括青岛市)2.89 亿元,黑龙江省(不包括哈尔滨市)2.99 亿元。

6. 定额补助办法

该办法按原来核定的收支基数,支大于收的部分实行固定数额补助。实行该办法的地区有 16 个,中央对它们的补助数额分别为:吉林省 1.07 亿元,江西省 0.45 亿元,福建省 0.5 亿元(1989 年开始执行),陕西省 1.2 亿元,甘肃省 1.25 亿元,海南省 1.38 亿元,内蒙古自治区 18.42 亿元,广西壮族自治区 6.08 亿元,贵州省 7.42 亿元,云南省 6.73 亿元,西藏自治区 8.98 亿元,青海省 6.56 亿元,宁夏回族自治区 5.33 亿元,新疆维吾尔自治区 15.29 亿元;湖北省和四川省划出武汉、重庆两市后,由上解省变为补助省,其支出大于收入的差额分别由两市从其收入中上缴省一部分,作为中央对地方的补助,两市上缴本省的比例分别为 4.78% 和 10.7%。

上述各省、自治区、直辖市、计划单列市的财政包干基数中,都不包括中央对地方的各种专项补助款,这部分资金在每年预算执行过程中,根据专款的用途和各地实际情况进行合理分配。

各省、自治区、直辖市和计划单列市对所属市、县的财政管理体制,由各地人民政府根据国务院的上述决定精神和当地的情况自行研究决定。

(五) 1992 年分税制财政体制改革试点

在财政包干体制的改革与调整过程中,关于分税制改革的理论与政策探索也在不断深入中。1990 年 3 月 20 日,国务院总理李鹏在第七届全国人民代表大会第三次会议上的《政府工作报告》中提出要在有条件的地方,积极进行分税制的试点。1991 年 4 月,第七届全国人民代表大会第四次会议通过的《中华人民共和国国民经济和社会发展十年规划和第八个五年计划纲要》中指出:"八五"期间,在继续稳定财政包干体制的同时,有条件的城市和地区应积极进行分税制改革的试点工作。

根据中央精神,财政部从 1990 年开始提出了分税制财政体制改革试点方案,1992 年公布了《关于实行分税制财政体制试点办法》,并选择天津市、辽宁省、沈阳市、大连市、浙江省、武汉市、重庆市、青岛市、新疆维吾尔自治区 9 个地方进行分税制试点,其基本内容如下。

1. 明确划分中央和地方的财政收支

在财政收支范围的划分上,基本按照第二步"利改税"后实行的财政体制框架,但在固定收入和共享收入的内容上增加了税收的成分,将各种收入划分为中央固定收入、地方固定收入和中央地方共享收入。支出方面未作调整,维持原体制的划分格局。固定比例分成收入、专项收入,继续按原体制操作。

2. 确定补助或上解

补助与上解以 1989 年的决算数为基础,进行必要因素调整加以确定。按照试点体制的收支范围计算,凡是地方固定收入加地方分享收入大于支出基数的部分,一律按 5% 递增上解;凡地方固定收入加地方分享收入小于地方支出基数的部分,由中央财政给予定额补助;对少数民族地区给予适当照顾。

3. 原来实行固定比例分成的收入以及专项收入继续执行不变

中央和地方按固定比例分成的收入,包括能源交通重点建设基金、国家预算调节基金、耕地占用税、城镇土地使用税、保险公司上缴收入,以及列收列支的专款收入(包括征收排污收入、城市水资源费收入、电力建设资金、社会保险基金、下放港口以港养港收入和教育附加收入等),不列入分税制财政体制范围,仍按现行办法执行。外贸企业出口退税由中央和地方共同负担,其中,中央财政负担 80%,地方财政负担 20%。卷烟和酒的产品税分成办法,由环比增长分成办法改为定比增长分成办法,增长分成比例不变,定比的基数按照 1991 年实际征收额来核定。

三、财政体制改革的成效及存在问题

1978—1992 年的财政体制改革是对传统财政体制的重大改革。这些改革打破了原来僵化的体制,调动了地方和企业的积极性,促进了社会生产力的发展,为下一阶段的财政改革奠定了基础。

(一)取得的成效

20 世纪 80 年代的财政体制改革,无论是 1980 年实行的"分灶吃饭",还是在此大框架下 1985 年的"分级包干",或是 1988 年的地方财政包干体制,尽管其形式和内容各有不同,但其实质都是财政包干体制。与传统的财政体制相比,这一时期的财政体制改革取得了突破性进展。

第一，打破了高度集中财政体制的僵化局面。分灶吃饭、分级包干的财政体制打破了高度集中财政体制的僵化局面，为经济体制改革打开了突破口。财权划分和财力分配等方面实行"分灶吃饭"，改变了过去"吃大锅饭"的局面，中央和地方的收入、支出都有了比较明确的划分，有利于调动中央和地方两个积极性，有利于经济的调整和整顿。财力的分配也由"条条"为主改为"块块"为主，地方可以根据需要统筹安排、调剂使用，大大增加了地方的财政权限，有利于因地制宜地发展地方生产建设事业。在分成比例和补助数额方面，由一年一定改为五年一定，便于地方制定和执行长远规划，发展地方的经济和社会事业。总之，这期间的财政体制改革使国家财政体制原来存在的财权集中过多、分配统得过多、管得过死的僵化局面被打破，转而积极构建一个比较合理的、分层次的国家财力分配结构，有利于调动地方政府组织财政收入的积极性，从而推进了地方经济发展。

第二，地方和企业发展步伐明显加快。分灶吃饭、分级包干的财政体制使地方每年应得的好处很明确，扩大了地方的财力和自主权，因而提高了地方的生产积极性，使地方有了发展本地区生产建设事业的内在经济动力和能力。地方政府为促进当地经济发展，主动为本地的企业发展创造宽松和良好的环境，扶植乡镇企业、私营企业、外资企业等非国有经济成分或非公有制经济成分的发展，使体制外经济比重上升，形成了市场主体多元化格局，促使地方加快了国民经济结构调整的步伐。由于划分收支、自求平衡，不仅扩大了地方政府的财权，同时也加重了它们的责任，促使地方各级政府加强对财政工作的指导，加强了地方政府的财政管理责任，形成一个增产节支的管理机制。

第三，初步构建了有利于市场机制形成的体制环境。财政体制改革和放权让利开始打破仅以计划手段配置资源的方式，促进了以公有制为主体、多种所有制并存的经济格局的形成。相应地，市场交易逐步恢复，交易规模不断扩大，自主经营的市场主体开始形成并日趋增加，市场价格机制和竞争机制逐渐发挥作用。

随着农村和城市改革的逐步推进，个体、私营经济等非公有制经济作为公有制经济的必要补充，获得了一定的发展空间，开始成为所有制结构中的重要组成部分。在对外开放战略思想的指导下，政府积极支持涉外经济发展，鼓励引进和利用外资，中外合资经营企业、合作经营企业和外商独资企业也获得了较快发展，混合所有制经济成为中国所有制结构中极富活力的增长点（见表33）。

表 33　　　　　　　　1978—1992 年部分经济指标的所有制格局

项　目	1978 年	1980 年	1985 年	1990 年	1991 年	1992 年
1. 工业总产值比例						
全民所有制	77.6%	76.0%	64.9%	54.6%	52.9%	48.1%
集体所有制	22.4%	23.5%	32.1%	35.6%	35.7%	38.0%
个体经济			1.8%	5.4%	5.7%	6.8%
其他经济类型		0.5%	1.2%	4.4%	5.7%	7.1%
2. 国家财政收入比例						
全民所有制	86.8%	85.4%	73.1%	70.2%	67.9%	66.1%
集体所有制	12.7%	14.0%	21.8%	17.4%	16.0%	14.6%
个体经济	0.5%	0.6%	4.1%	7.3%	10.5%	14.5%
其他经济类型			1.0%	5.1%	5.6%	4.8%
3. 社会商品零售总额比例						
全民所有制	54.6%	51.4%	40.4%	39.6%	40.2%	41.3%
集体所有制	43.3%	44.6%	37.2%	31.7%	30.0%	27.9%
个体经济	0.1%	0.7%	15.4%	18.9%	19.6%	20.3%
其他经济类型	2.0%	3.3%	7.0%	9.8%	10.2%	10.5%

资料来源:《中国统计年鉴 1993》《中国财政年鉴 1993》。

　　虽然分税制财政体制改革试点仅在少数省、自治区、直辖市进行,但是其意义重大而深远,为 1994 年正式实施的分税制财政体制积累了经验。一是 1992 年的分税制财政体制试点扩大了地方固定收入范围,进一步调动了地方政府组织财政收入的积极性。二是将各类企业政策性亏损补贴由中央与地方共享改为全部由地方负担,有利于促进地方政府关注企业经济效益。三是在一定程度上缓解了区域封锁和盲目建设,有利于产业政策的贯彻实施。分税制财政体制试点对流转税采取中央和地方"五五"分享的办法(民族地区"二八"分享),在一定程度上淡化了地方政府对流转税的追求,遏制了地方政府盲目发展高税率产品和片面追求产值、速度的冲动,有利于产业政策的贯彻实施。四是淡化了过去一向实行的各级政府对企业的"条块分割"式的行政隶属关系控制,有利于促进企业自主经营、公平竞争。五是有利于各级政府调整和明确各自的事权,重新核定各级财政支出范围。除中央政府要承担一些大型、长周期、跨地区的重点建设项目投资外,大量的一般营利性项目交给企业和企业联合体去办,地方财政把支出重点放在基础设施、公用事业等方面。

（二）包干制改革存在的主要问题

第一，削弱了中央宏观调控能力。财政收支难以平衡，两个比重下降，弱化了政府尤其是中央政府的宏观调控能力。随着"分灶吃饭"财政体制改革的不断推进，财政收入占 GDP 的比例由 1985 年的 22.2％降低到 1992 年的 12.9％，中央财政收入占全国财政收入的比重由 1985 年的 38.4％下降为 1992 年的 28.1％（见图 11）。在财政包干体制下，财政收入不能随着经济的增长而同步增长，中央财政收入不能随着财政收入的增长而相应增长。国家财政从 1979 年起连续几年发生赤字，中央财政非常困难。为了解决中央财政困难，适当集中资金进行重点建设，中央财政不得不向地方财政借款，第一次借款从 1981 年开始，1989 年停止借款，9 年间共向地方借款 689.77 亿元。地方政府采取某些保护地方利益的措施，税收优惠和减免过滥，自定某些政策藏富于企业。特别是一些地区，随意减免税导致经济秩序紊乱，造成市场的无序竞争，冲击了税制的严肃性和权威性，形成税负畸轻畸重，丧失税收公平；同时，也造成国家财政收入的大量流失。而在支出方面，中央财政增支因素不断增加。两个比重同时下滑，以及中央支出的增加，造成了中央政府调控能力的弱化和中央财政的被动局面。

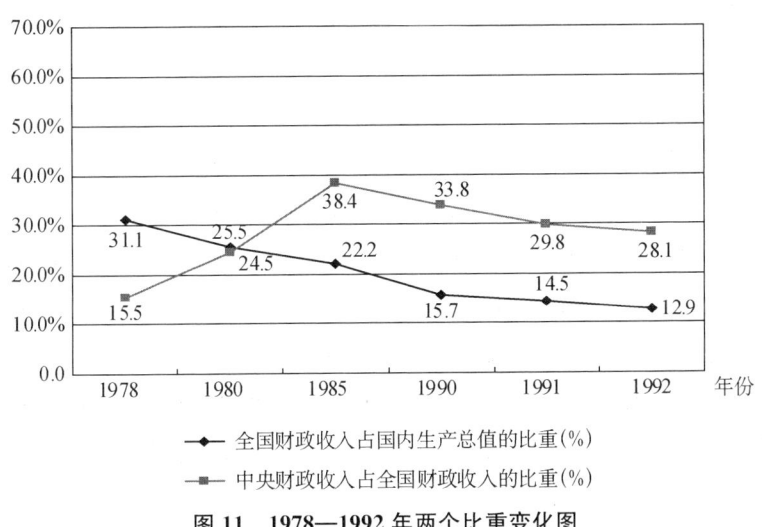

图 11　1978—1992 年两个比重变化图

资料来源：根据《中国统计年鉴 1993》相关数据整理。

第二，强化了地方保护与无序竞争，助长了地方保护主义和市场分割。地方政府出于增加本级收入的目的，一方面从中央政府那里争夺各种体制性资源和各种优惠政策;另一方面倾向于投向资金需求少、建设周期短、收效快的短、平、快项目,造成盲目生产和重复建设,加剧投资膨胀和产业结构失调。各地滥行减免税、低水平重复建设、市场分割和地方保护主义措施纷纷出台,演化成"诸侯经济",割裂统一市场,妨碍市场竞争和产业结构的优化升级。

第三,强化了对企业的行政干预。各级政府热衷于尽力多办"自己的企业"并对其过多干预与"关照",对收入不属于本地区的企业则漠不关心,不能形成规范的优胜劣汰、资产重组机制。在人事任用方面,国营企业的厂长、经理对上级任用机构负责而非对企业盈利负责,存在大量的行政性直接控制或变相的行政控制,企业自主经营仍步履维艰,各种形式的"大锅饭"难以有效消除。

第四,加剧了制度的不规范性和不稳定性。在核定收支基数和上缴(或补助)比例时缺乏充分的客观性,每一次体制调整都以地方政府前期的既得财力为主确定基数。中央和地方的关系仍然缺乏稳定性,在许多具体事项上并不能划清范围,结果"包而不干",打破了统收却实际并未打破统支的局面,地方财力解决不了的事情,还是向中央要钱。最后,矛盾集中反映到中央财政,中央财政不得不填补地方上的收支缺口。

(三)分税制财政体制试点的缺点

当时税制不够完善,并带有明显的旧体制痕迹,因此它不是严格意义的分税制财政体制。

一是财政收入的划分不尽合理,过于复杂。分税制试点将财政收入划分成中央固定收入、地方固定收入、中央与地方共享收入、固定比例分成收入、列收列支的专项收入等几大块,其中的分成比例也不一样,如耕地占用税收入中央与地方"三七"分成,能源交通建设基金收入中央与地方"七三"分成,城镇土地使用税中央与地方"五五"分成等,在税票填列、缴库和资金划解上比较烦琐,执行难度较高。

二是实施办法不够科学。按企业隶属关系划分收入,难以克服各级政府对所属企业干预过多的弊病,同时也因企业隶属关系的变动而给中央和地方间财政关系带来很大的不确定性。同时,在中央与地方的收入划分中仍然沿用基数法,没有对地区财力分布进行合理调节。

三是配套措施不够完善。由于当时的税制不完善,加之在机构设置上财政收入虽然按中央、地方不同级次进行了划分,但其收入仍按条条由原有的税务机构进行征管,条块矛盾依然存在。在制度建设方面,分税制试点办法出台后,相应的制度建设没有跟上,如分税制试点地区的预算管理制度、预算会计报表制度、税收报表制度、金库报表制度等,各试点地只能根据现有的制度因地制宜地加以改进,暂时使用,无法统一。

第二节　建立和完善新的税收制度

税收是国家财政收入的主要来源,是国家进行宏观调控的重要手段,是规范收入分配秩序的制度保障。建立健全税收制度,对于深化体制改革、促进经济发展具有重大而深远的影响。改革开放后,过度简化的税制对内不能适应发展社会主义商品经济的实际需要,对外不能适应利用外资、引进先进技术、扩大国际交往的新形势。为了适应改革开放的要求,在 1978—1992 年,经过全面改革与完善工商税制和建立涉外税制等,初步建立了一套适应社会主义有计划商品经济发展的、以流转税和所得税为主体、其他税种相配合的复合税制体系,在组织财政收入、加强宏观调控、规范分配程序、促进经济健康发展中发挥了重要作用。

一、税制改革的背景

(一) 改革开放前税制过度简化

新中国成立以后,中央人民政府政务院于 1950 年 1 月 30 日发布《全国税政实施要则》,在清理旧税制的基础上,建立了一套以多种税、多次征为特征的复合税制。这套新税制的建立和实施,对于保障革命战争的胜利成果,实现国家财政经济状况的根本好转,促进国民经济的恢复和发展,以及国家对农业、手工业和资本主义工商业的社会主义改造,建立社会主义经济制度,发挥了重要作用。在此之后,由于"左"的指导思想和苏联经济理论及财税制度的影响,片面否定税收的经济杠杆作用,我国的税制建设走了一条过度简化的道路。我国先后在 1958 年和 1973 年进行了两次大规模的税制改革,这两次税制改革的核心都是简化工商税制,改革的结果导致税种越来越少,税制越来越简单。1973 年以后,我国工商税制一共只设 7 种税,对国营企业只征收一道工商税,对集体企业只征收工商税和工商所得税两种税,城市房地产税、车船使用牌照税、屠宰税仅对个人和极少数单位征收,工商统一税仅对外适用。税制的过度简化大大缩小了税收在经济领域中的活动范围,严重妨碍了税收职能的发挥。

(二) 改革开放以后多种经济成分不断发展

党的十一届三中全会作出了改革开放的战略决策,我国经济开始由单一的封闭式产品经济向多样化的开放型商品经济转变。一是在以国营经济为主导、多种经济形式并存的政策引导下，城乡集体所有制经济迅速发展，个体经济也日益活跃。二是随着对外开放不断深入，外商和外资的进入，中外合资企业、外资企业大量涌现。而原有的税收制度因税种过少，难以适应多种经济成分并存的新形势，也不利于对外开放政策的施行。三是某些税种征税范围过窄，税负不公平，集体商业和个体工商业户的税负偏重，不利于多种经济成分公平竞争。因此，必须对税收制度进行改革。

（三）国营企业利润分配制度改革逐步深入

为了改革和规范国家与企业的分配关系，调动和激发企业发展生产的积极性，我国先后于1983年、1984年实行了两步"利改税"改革。第一步"利改税"后，各类国营企业均要根据实现利润和适用税率缴纳企业所得税，税后利润再按相关规定在国家和企业之间进行分配。"利改税"第二步改革，是将原来的工商税分为产品税、增值税、营业税和盐税；国营企业收入按11个税种向国家缴税，税后利润归企业自主安排使用。1988年开始，又实行了"税利分流"改革，国家在参与国有企业利润分配过程中，明确区分政府的社会管理者身份与财产所有者身份，在开征一道所得税后，再以财产所有者身份参与国有企业税后利润的分配，形成税收和利润的分渠分流，即把国家和国营企业的利润分配关系概括为"税利分流、税后还贷、税后承包"。两次"利改税"和"税利分流"改革直接推动了工商税制的相关改革。

（四）生产、流通和分配结构发生明显变化

在生产领域，改革开放推动了经济改组、工业专业化协作生产的发展，各种联合企业、专业公司相继出现，合作生产企业和补偿贸易等经济形式发展很快。在商品流通领域，改变了国营企业一家独揽的局面，出现了流通渠道多样化的格局，市场开始繁荣兴旺，交易活动内容开始扩展。在分配领域，由于多种经济成分的发展和国营企业利润分配制度的改革，企业职工和居民个人的收入水平开始增长，同时个人收入差距也开始拉大。这些变化了的经济环境要求改革以往过度简化的税制，建立健全新的税收体系。

二、改革工商税制

（一）工商税制改革的原则

根据当时经济体制改革和经济发展的要求，工商税制的改革贯彻了以下原则：一是适应经济情况的复杂性和所有制性质、经营形式的多样性，逐步恢复一些税种,使每个税种在生产经营的各个领域发挥各自不同的作用。

二是加强经济责任制,逐步把国营企业上缴的一部分利润改为征税,以促进企业加强经济核算,改善经营管理,提高经济效益,增加财政收入。

三是根据国家经济政策的要求,按不同产品和不同行业规定高低不同的税率,从经济利益上来调节生产和消费。根据发展对外贸易的政策,税制要鼓励扩大出口,保护国内生产,要有利于有计划地利用外资和引进先进技术设备。

四是在当时市场价格调节机制尚不健全的情况下,用税收杠杆来调节一部分企业的利润,适当解决企业之间由于价格和资源条件不同而形成的利润水平悬殊的问题。

五是在保证国家财政收入的前提下,兼顾地方、部门、企业合理的经济利益,以调动各方面的积极性。

六是将各项工商税收划分为中央税、地方税、中央和地方共享税,使中央和地方政府都有相应的财力来源和税收管理权。

(二)改革流转税制

流转税对稳定财政收入、引导生产方向、协调产业结构、贯彻鼓励和限制的政策,有着十分重要的作用。流转税制度的改革首先是从引进和试行增值税,以解决原来工商税存在的重复征税弊病开始的。改革的进程可以划分为两个阶段:第一阶段从开始考虑引进增值税并进行调查研究和试点到 1984 年工商税制全面改革前,初步建立了新的流转税体系;第二阶段是从 1984 年 10 月以后,进一步改革流转税的内部结构,逐步完善流转税的征收制度。

1. 设立独立的产品税、增值税和营业税

从 1979 年下半年开始,借鉴国际上推行增值税的经验,选择部分城市对机器机械、农业机具和部分日用机电产品进行了增值税的试点。试点首先在湖北襄樊市进行,随后扩大到上海、柳州、长沙、株洲等城市。经过几年的试点,证明增值税确实是一个既有利于贯彻公平税负,适应生产结构和产业结构的调整,促进社会化大生产的发展,又有利于增加和稳定财政收入的税种。1984 年 9 月,第六届全国人民代表大会常务委员会第七次会议根据国务院的建议,决定授权国务院在实施国营企业第二步"利改税"的同时,改革工商税收制度,拟定有关税收试行条例草案。经国务院决定,将原工商税按性质划分为产品税、增值税、营业税和盐税 4 种税。1984 年 9 月 18 日,国务院发布了《中华人民共和国产品税条例(草案)》《中华人民共和国增值税条例(草案)》和《中华人民共和国营业税条例(草案)》,均自

1984 年 10 月 1 日起试行。至此,新的流转税体系基本建立起来了。

产品税制的主要内容有:(1)建立独立税种。既保留了历史上以产品为课税对象的征税特征,又强化了产品税的作用。产品税以产品为课税对象,按产品设计税率,基本上在商品实现销售时征收,从财政方面来讲,它具有收入及时、稳定、计算简便等优势。从调节经济来说,由于产品税对不同产品使用差别税率,在产品课税对象和调节深度上都具有选择性,可以起到调节生产、调节消费的作用。(2)改进税目设置。由工商税的大部分按行业设置税目改为按具体产品和产品类别设置税目,使税收调节与当时产品结构的现状和产业政策的要求相适应,以有利于发挥调节经济的作用。对那些同一产品因生产能力、原材料结构等不同而形成的利润水平相差悬殊的产品,单独设置税目,分档定率,使之在税率上体现国家的奖励和限制的政策。在当时发布的条例(草案)中,将产品税税目由原来工商税的 44 个划细为 270 个,其中工业品部分有 260 个税目,农林牧水产品部分有 10 个税目。(3)税率的设计打破了历次税制调整所强调的"保持原税负"的框框。根据有利于经济调整、有利于经济改革和合理负担的原则,为实现社会供需总量平衡、资源合理配置和国民经济协调发展的目标,对税率作了必要的调整。产品税税率档次多,差别幅度大,最高税率为 60%,最低税率为 3%。(4)对进出口产品的税收政策作了较大的调整。对出口的产品实行了免税或退税政策,以促进中国产品进入国际市场,增加出口创汇能力,推动国际贸易的发展。对进口产品除国家根据政策需要鼓励引进的产品和经批准可以减免税的以外,实行进口征税政策,以平衡进口产品与国内产品的税收负担,维护国家权益,保护国内生产。

增值税是为了适应生产结构的调整和促进专业化协作生产的发展,避免因企业向外扩散生产环节、实行专业化协作而增加企业的负担,以及因企业实行联合而减少国家的财政收入等问题,借鉴国外做法,把按产品销售额全额征税改为按生产销售环节产品销售额中的增值部分征收的一种税。由于各方面的条件尚不成熟,增值税最初的征收范围比较小。根据 1984 年 9 月国务院公布的《中华人民共和国增值税条例(草案)》规定,开始只在机器机械、汽车、机动船舶、轴承、农业机具、钢坯、钢材、自行车、缝纫机、电风扇、印染绸缎、西药等少数产品范围内实行。在计算方法上,分别采用"扣额法"(从销售收入中扣除外购原材料、燃料、动力、包装物等金额后计算税额)和"扣税法"(从销售收入乘以税率计算的总税额中扣除为生产应税产品外购部分的已纳税额)两种计算方法,并且两种方法对扣除项目既可以按当期购入数计算(简称"购进法"),也可以按实际耗用数计算(简称"实耗法")。

营业税是对经营商品批发、零售业务和各种服务业取得的营业收入征收的一种税。1950 年我国曾经征收过营业税,1958 年和 1973 年改革税制,把营业税并入了工商统一税、工商税。1984 年,恢复征收营业税,同时作了一些重大改进:一是调整了征税范围,确定营业税只对商业、出版业、娱乐业、加工修理业和其他各种服务业征收;二是对批发业务征收的营业税由过去按销售全额征税改为按进销差额征税,适应了多环节经营的特点,避免了重复征税;三是对国营粮食企业按平价销售粮油的收入,农业机械站、排灌站的机耕和排灌收入,外贸出口商品的调拨和出口销售收入等,给予免税,以体现国家对这些企业的奖励和鼓励发展的政策。

通过 1984 年的改革,一个适合经济发展要求的新的流转税体系初步建立起来了。由于受当时各种主客观条件的限制,不可避免地还存在着一些缺陷和问题。主要表现在以下几方面:一是增值税的征收范围过窄,工业环节重复征税的现象仍然普遍存在。对出口产品不能实行彻底退税,影响了对外贸易的进一步发展。二是增值税征收制度不规范,主要表现在税率档次多,扣除范围不一致,计算方法复杂而又不统一,出现了高税率低扣除、低税率高扣除和未征税照扣除的现象,造成税制复杂、税负不平衡、税企双方扯皮,使增值税普遍调节、稳定收入的合理性和优势没有得到很好的发挥。三是在产品税、增值税和营业税结构的组合中,也存在着与经济发展不适应、不合理的问题,不利于流转税聚集财政收入和调控经济功能的发挥。

针对这些问题,根据税制必须适应生产专业化发展、促进国际经济交往、促进商品经济发展的要求,国家有计划地采取了一系列进一步完善流转税制度的改革措施。

2. 调整增值税和产品税的征税范围

为了逐步解决重复征税问题,从 1985 年开始,先后选择了纺织品通用机械、日用电器、电子产品、轻工产品、建材、有色金属等产品试行增值税,不断扩大增值税的征收范围。1989 年 3 月,国家税务局又发出了《关于对工业性加工、工业性修理、修配改征增值税的通知》,对已经实行增值税的工业企业从事的工业性加工、工业性修理、修配业务,由征收营业税改为征收增值税。

经过改革,征收增值税和产品税的范围发生了很大变化。从征收税目上看,产品税的税目由 270 个减少到 96 个,增值税由过去的几个行业几个产品试行,发展到除卷烟、酒、石化、电力等产品以外的大部分工业产品。由于增值税范围的扩大,大大缓解了流转税重复征税的矛盾,促进了经济体制改革和国民经济的发展。从收入规模上看,1988 年增值税收入占工商税收的比重由 1985 年的 13.46% 上升到 25.87%,占产品税、增值税的比重由 1985 年的 19.90% 上升到 44.42%,增值税已成为我国税收体系中的重要税种之一。

3. 规范增值税的计税及征收制度

在扩大增值税征收范围的过程中,对增值税的征收制度也进行了改革和完善。1987 年 3 月财政部发布《关于完善增值税办法的若干规定》,对征收增值税的扣除项目范围、适用税率和计税方法等方面都作了统一规范。在扣除项目的范围上,由原来只扣除主要原材料或零部件,增加到扣除原材料、燃料、动力、低值易耗品、包装物和支付的委托加工费 6 项,即把固定资产以外的物化劳动部分都列入了扣除范围,为彻底排除重复征税的因素、最终实现税收负担合理化创造了条件。在税率的使用上,由原来分产品换算税率、税率档次多样化,逐步朝着简化税率方向发展,把差别税率的使用限制在一定范围内,初步形成 14% 的基本税率,从而向实现增值税税率的规范化目标迈进了一大步。在计税方法上,由最初的"扣额法"与"扣税法"并用,统一到"扣税法",由"购进法"与"实耗法"并用,逐步向"购进扣税法"过渡。这一改进有利于建立增值税凭发票注明税款扣税制度的实施。

针对计税方法中存在的问题,1988 年年初,财政部、国家税务总局在调查研究和充分论证的基础上,同意在武汉、上海纺织行业进行"价税分流购进扣税法"试点。1989 年,经财政部同意,国家税务总局下达通知,要求各省、自治区、直辖市和计划单列市按照自愿的原则,选择一两个城市(或区、县)试点,并决定在全国统一选定纺织、有色金属两个行业和自行车、铝制品、搪瓷制品三项产品进行试点。"价税分流购进扣税法"的基本原理是:增值税应纳税额的计算与企业产品成本的核算分离,企业在生产环节以不含税的价格进行成本核算,在产品的销售环节以整体税额作为销售税金计算利润。这样,企业的利润就不会因当期应纳税额的变化而发生变化,避免了按"购进扣税法"计算增值税而使企业利润核算不均衡的问题。"价税分流购进扣税法"的试点,对探索增值税规范化的途径和解决增值税计算复杂等问题具有积极的意义。

4. 调整营业税若干政策,增设新的营业税税目

营业税开征初期,对国营商业企业经营的商品批发业务只就石油、五金、交电、化工 4 类商品征收营业税,引起了不同行业税负之间的不公平。财政部于 1985 年 9 月发出通知,对国营商业企业(包括国营物资、供销、外贸、医药、文教及其他国营企业)经营其他商品的批发业务取得的收入,从 1985 年 11 月 1 日起征收营业税。

1986 年 12 月,财政部发出《关于对国营建筑安装企业承包工程收入恢复征收营业税的通知》,决定从 1987 年 1 月 1 日起,对国营建筑安装企业承包建筑安装工程、修缮业务及其工程作业所取得的收入一律恢复征收营业税。

为了适应经济体制改革中出现的新情况,发挥税收调节经济的作用,贯彻公平税负的原则,统一税收政策,1988 年 5 月 18 日,财政部发出了《对典当业征收营业税有关问题的通知》,决定在营业税税目中增设典当业,下设"典当物品的保管费和利息"与"死当物品销售"两个子目,税率分别为 5% 和 3%。1990 年 8 月 22 日,财政部又发出了《关于营业税增设"土地使用权转让及出售建筑物"和"经济权益转让"税目的通知》,决定在营业税税目中再增设"土地使用权转让及出售建筑物"和"经济权益转让"两个税目,税率为 5%。营业税的税目由原来的 11 个增加到了14 个,使一切有营业收入的单位都应依法纳税的原则得到了进一步贯彻,同时也进一步发挥了营业税调节经济的作用。

(三) 建立健全所得税制

所得税制改革在税制改革乃至整个经济体制改革中占有重要的地位。建立健全所得税制度,正确处理国家与企业、个人之间的分配关系,对于深化改革、促进各种所有制经济公平竞争、引导和促进经济健康发展具有深远影响。

1. 征收国营企业所得税

在经济改革初期,国家就陆续在一些地区的部分国营企业中进行征收所得税的试点。在总结经验的基础上,1983 年 4 月,国务院批转了财政部《关于国营企业利改税试行办法》,财政部发布了《关于对国营企业征收所得税的暂行规定》,对国营大中型企业(包括金融、保险)实现的利润按 55% 的税率征收所得税。所得税后的利润,一部分上缴国库,一部分按照国家核定的留利水平留给企业。对国营小型企业,根据实现利润按八级超额累进税率征收所得税,税后利润原则上归企业支配。1984 年 9 月,在总结第一步"利改税"经验的基础上,国务院批转了《国营企业第二步利改税试行办法》,同时发布了《中华人民共和国国营企业所得税条例(草案)》和《国营企业调节税征收办法》,规定有盈利的国营大中型企业,按照 55% 的固定比例税率缴纳所得税后,按照核定的调节税率计算缴纳调节税。1989 年3 月,财政部、国家经济体制改革委员会发布了《关于国营企业实行税利分流的试点方案》,规定所有盈利的国营企业一律改按 35% 的比例税率缴纳所得税,取消调节税,推行多种形式的承包办法。为了进一步完善和规范税利分流试点办法,1991 年 8 月 14 日财政部、国家经济体制改革委员会又发布了《国营企业实行"税利分流、税后还贷、税后承包"的试点办法》,所得税税率降低到33%。这有利于进一步理顺和规范国家与国营企业的分配关系,增强企业的活力。

2. 完善集体企业所得税制度

集体企业所得税是由原来的工商所得税演变而来的。对集体企业征收工商所得税一直是按1963年国务院《关于调整工商所得税负担和改进征收办法的试行规定》执行,采用八级超额累进税率。改革开放以后,原来集体企业所得税制度累进起点和最高一级的所得额都显得偏低,难以起到调节收入的作用;同时,国营企业第二步"利改税"以后,对国营小型企业已按新的八级超额累进税率征收所得税,税负比原来实行的八级超额累进税率有所减轻。为了平衡集体企业和国营小型企业之间的税负,有必要对原来的工商所得税办法加以调整。在调查研究和总结经验的基础上,国务院于1985年4月11日发布了《中华人民共和国集体企业所得税暂行条例》,从1985年度开始实施。

新的集体企业所得税条例适当调整了八级超额累进税率,降低了所得税负担。同原来的八级超额累进税率相比,新的八级超额累进税率最低一级累进起点由300元调为1 000元,最高一级由8万元调为20万元,最高一级税率仍维持为55%,中间级距都相应地拉开,使各个级距的负担都有所降低。税法经过这样修改后,集体企业的税负与国营小型企业的税负基本持平,有利于鼓励国营企业与集体企业在同等税负的基础上开展竞争,也使各类企业所得税逐步向着简化、统一的改革方向迈进了一步。

在对城镇集体企业所得税进行调整和改革的同时,也对农村乡镇企业(社队企业)征收所得税的办法和税收负担作了一系列重大调整和改革。根据中共中央《关于加快农业发展若干问题的决定》,1981年和1982年,国务院两次发出通知,调整了农村社队企业的税收负担。1983年,国务院办公厅又转发了财政部《关于调整农村社队和基层供销社缴纳工商所得税税率的规定》,对农村社队企业和基层供销社所得一律改按八级超额累进税率征收工商所得税,停止执行原来实行的20%和39%的比例税率,并取消了社队企业所得税起征点。经过这一改革,平衡了城镇集体企业与农村社队企业之间的税收负担,适应了农村经济发展的要求,促进了集体经济的全面发展。第二步"利改税"后,对农村社队企业也改按《中华人民共和国集体企业所得税暂行条例》执行。

3. 开征城乡个体工商业户所得税

我国对个体经济历来都是征收所得税的。1963年以前,一直按照《工商业税暂行条例》中有关所得税的规定执行。1963 年调整所得税时,规定对个体经济适用十四级全额累进税率,并对全年所得额在 1 800 元以上的实行加成征税。

党的十一届三中全会后,为鼓励扶持个体经济适当发展,经国务院批准,从 1980 年起,对个体工商业户所得税作了适当调整,由各地比照八级超额累进税率自定征收办法,减轻了税收负担。针对各地做法不一、税负很不平衡、个体工商业户税收征管困难等问题,国务院于 1986 年 1 月发布了《中华人民共和国城乡个体工商业户所得税暂行条例》,规定对从事工业、商业、服务业、建筑安装业、交通运输业及其他行业,经工商行政管理部门批准的城乡个体工商业户从 1986 年开始按条例规定征收所得税。城乡个体工商业户所得税,按十级超额累进税率征收;最低一级年所得额不超过 1 000 元的,税率为 7％;最高一级年所得额超过 3 万元的,税率为 60％;对年所得额超过 5 万元以上的部分,可加征 10％～40％的所得税。

4. 开征私营企业所得税

随着个体经济的恢复和发展,私有资产规模不断扩大,以雇佣劳动关系为基础的私营企业也产生和逐步发展起来。为了调节私营企业的收入,保护私营企业的合法利益,调动私营企业经营者的积极性,加强对私营经济的引导、监督和管理,1988 年 6 月 25 日,国务院发布了《中华人民共和国私营企业所得税暂行条例》,从 1988 年度起,开征私营企业所得税,采用 35％的比例税率。同时,国务院发布了《关于征收私营企业投资者个人收入调节税的规定》,明确规定:对私营企业投资者参加经营取得的工资收入征收个人收入调节税;对私营企业投资者将私营企业税后利润用于个人消费的部分,按 40％的比例税率征收个人收入调节税;对用于发展生产基金的部分国家不再征税。

三、建立涉外税收制度

实行改革开放战略以后,我国政府采取了一系列重大战略举措促进对外开放,但当时并没有相应的涉外税法,无法有效维护国家税收权益,也不利于中外合资经营企业的发展和对外开放政策的进一步落实。为了适应改革开放以后对外经济交流日益扩大的新形势,在平等互利、维护国家主权和经济利益的原则下,促进对外经济交流的发展,亟需建立一套完整的涉外税收制度。

(一) 初步建立涉外所得税制

为适应对外经济关系发展的需要,财政部从 1979 年开始即着手调查研究,参照国际惯例,拟定有关涉外税收法规。1980—1981 年,先后经过第五届全国人民代表大会第三次、第四次会议审议,通过并颁布了《中华人民共和国中外合资经营企业所得税法》《中华人民共和国个人所得税法》《中华人民共和国外国企业所得税法》,并经国务院批准,由财政部分别颁布了这三个税法的实施细则。1984 年,国务院又公布了经济特区及 14 个开放城市对外税收的有关规定,以及其他一些有关税收的规定。经过短短几年时间,初步建立了一套比较完整的涉外税收法规。在此期间,我国还逐步建立了涉外税收机构,办理涉外税收业务,并同一些国家签订了避免双重课税协定和其他单项税收协定,使中国的对外税收从立法到执法,走上了正常发展的轨道。

1.《中华人民共和国中外合资经营企业所得税法》

1980 年 9 月 10 日,第五届全国人民代表大会第三次会议通过了《中华人民共和国中外合资经营企业所得税法》。这部法律主要规定了征税范围、税率和税收优惠等方面的内容,在维护国家权益的前提下,体现了税负从轻、优惠从宽、手续从简的原则。

(1) 征税范围。主要是对设在中国境内的中外合资经营企业生产、经营所得和其他所得征税。但考虑到中外合资经营企业的发展,在中国境内和境外可能设立分支机构的情况,税法采取国际税收通行的做法,对这类企业分支机构的所得,由总机构汇总缴纳所得税,并规定它在国外缴纳的所得税,可在总机构应纳所得税额内抵免。这样规定,既维护了中国的税收主权和利益,也充分照顾了国际间税收管辖权的合理划分。

(2) 税率。采用比例税率。中外合资经营企业所得税税率为 30%,另按应纳所得税额征收 10% 的地方所得税,两项合计共为 33%。这个税率在当时是比较低的。为了鼓励外商将分得的利润在中国使用或转为投资,还规定对外国投资者将从合营企业分得的利润汇出国外的,按汇出额缴纳 10% 的所得税;不汇出的,不征税。

(3) 优惠规定。对新办的中外合资经营企业,合营期在 10 年以上的,从开始获利的年度起,头 2 年免征,第 3~5 年减半征税。对从事农业、林业等利润较低的和在经济不发达的边远地区开办的中外合资经营企业,给予特别优惠,在规定享受减免税期满后,经财政部批准,还可以在以后的 10 年内继续减征 15%~30% 的所得税。对中外合资经营企业的合营者,从企业分得的利润在中国境内再投资,期限不少于 5 年的,可以退还再投资部分已纳所得税款的 40%。

所有这些规定,都有利于在平等互利的基础上,积极利用外资,引进新技术,为发展我国经济服务，也有利于在维护国家权益的前提下，充分保障投资者的合法权益。

2.《中华人民共和国个人所得税法》

在 1980 年 9 月第五届全国人民代表大会第三次会议通过《中华人民共和国中外合资经营企业所得税法》的同时，还通过了《中华人民共和国个人所得税法》，建立了我国的个人所得税制度，也解决了外籍人员的个人所得课征问题。该法既是一项国内税法，又是一部涉外税法的适用法规。这部法律主要规定了征税对象、征税范围和税率等方面的内容。

（1）征税对象。凡在中国境内居住满 1 年，并从中国境内和境外取得所得的个人，都要按税法规定征税；不在中国居住或者居住不满 1 年的个人，只就从境内取得的所得征税。这样规定既有利于维护中国的经济利益，行使税收管辖权，也符合国际通例，便于按对等原则订立税收协定。

（2）征税范围。税法规定的征税项目较少，只列举了工资、薪金所得，劳务报酬所得，特许权使用费所得，利息、股息、红利所得，财产租赁所得 5 个项目。考虑到对外经济往来正在发展，可能出现需要征税的新项目，增列了"经中华人民共和国财政部确定征税的其他所得"一项；同时还明确规定，对科学、技术文化成果奖金等 8 个项目，免于征税。

（3）税率。采取分项计算征收办法。规定两种税率：一是工资、奖金所得，按月计征；使用七级超额累进税率，最低一级为 5％，最高一级为 45％；确定计税所得额时，每月定额减除 800 元，作为本人及赡养家属的生活费用及其他必要费用，只就超过 800 元的部分征税。二是劳务报酬所得，以及其他所得，使用 20％比例税率；劳务报酬和特许权使用费所得，在确定计税所得额时，每次收入在 4 000 元以上的，按定率减除 20％的费用，就其余额征税；每次收入在 4 000 元以下的，按定额减除 800 元费用，就其余额征税；但不在中国居住的人，不能扣除 20％的费用。这样既缩小了征税面，也照顾了所得较少而费用较多的纳税人。至于利息、股息、红利所得，则按国际通例不扣除费用，就收入全额征税。

与世界很多国家的法律规定相比，我国的个人所得税法具有征收面小、税率低、扣除额宽、计算简便的特点。据测算，外国来华的经济专家在中国缴纳的个人所得税，实际负担大都低于他们在本国的负担。

3.《中华人民共和国外国企业所得税法》

1981 年 12 月 13 日，第五届全国人民代表大会第四次会议通过并公布了《中华人民共和国外国企业所得税法》,规定了更广泛范围的所得税减免优惠政策,更进一步地为外国投资和先进技术进入中国创造了条件。这部所得税法的主要内容包括:

(1)纳税义务人。其包括三个方面:在中国境内设立机构、场所、独立经营的外资企业,在中国境内同中国公司、企业合作生产、经营的外国企业,以及在中国境内没有设立机构而有来源于中国的股息、利息、租金、特许权使用费和其他所得的外国企业。

(2)税率。实行超额累进税率,按企业所得额大小分为五级。最低一级是年所得额不满 25 万元部分,税率为 20%;最高一级是年所得额超过 100 万元的部分,税率为 40%。另外,按应纳的所得额,征收 10% 的地方所得税。这样设计的好处是:第一,不分国籍,不分行业,都用同一个税率表征税,体现同等对待原则,有利于外国企业在中国缴纳的所得税得到本国政府的抵免,并为中国政府与外国政府签订税收协定奠定法律基础。第二,可以适应大小企业的不同情况,体现利多多征、利少少征的原则。

(3)预提所得税。税法规定,凡外国企业在中国境内没有设立经营机构,但有来源于中国的股息、利息、租金、特许权使用费等项所得,缴纳 20% 的所得税。这就是国际上通常所说的预提所得税。

(4)减免税优惠。对在中国从事农业、林业、牧业和深井开采煤矿等利润低的中外合作经营企业和外资企业,经营期在 10 年以上的,从开始获利的年度起,给予免征所得税 1 年,减半征收 2 年;免征、减征所得税期满后,经财政部批准,还可以在以后 10 年内继续减征 15%~30% 的所得税。对国际金融组织贷款给中国政府和中国国家银行的利息所得,以及外国银行按照优惠利率贷款给中国国家银行的利息所得,可免于征收预提所得税等。此外,各省、自治区、直辖市人民政府,可以根据国家政策和发展本地区经济的需要,给予外国企业适当减征或免征地方所得税。这些优惠政策,对于吸引外国企业投资起到了积极的推动作用。

4.《中华人民共和国外商投资企业和外国企业所得税法》

随着我国对外开放步伐的进一步加快和外资经济的进一步发展,涉外税收制度本身的不完善和固有的缺陷进一步显露了出来。为更好地贯彻落实对外开放和实施沿海地区经济发展战略的方针政策,解决《中华人民共和国中外合资经营企业所得税法》和《中华人民共和国外国企业所得税法》与经济形势发展不相适应的矛盾,改善投资环境,促进对外经济技术交流,更好地按照我国的产业政策和鼓励投资的重点引导外资投向,实现税法的连续性、稳定性和适应性的有机结合,更好地维护国家税收权益,1991 年 4 月 9 日,第七届全国人民代表大会第四次会议通过并公布了《中华人民共和国外商投资企业和外国企业所得税法》,同时相应废止了《中华人民共和国中外合资经营企业所得税法》和《中华人民共和国外国企业所得税法》,实现了外商投资企业和外国企业在所得税制度上的统一。这部税法是立足于改革开放的基本国策,以维护国家权益为前提,以服务于对外开放为中心,是在总结前面两个涉外企业所得税法 10 多年实践经验的基础上制定的,是涉外企业所得税制基本完善的标志。

(二) 建立涉外流转税、财产税和行为税制

在流转税方面,涉外企业一直适用 1958 年全国人民代表大会常务委员会原则通过的《工商统一税条例(草案)》。然而,随着改革开放的进一步深入,当时内外有别的流转税制度已经出现了不适应。为了适应新形势的要求,改革工商税制,从 1978 年年底开始,财政部就着手进行税制改革的研究和探索工作。经过 3 年多时间的试点,提出了税制改革的轮廓设想。1981 年 9 月,国务院批转了财政部《关于改革工商税制的设想》,明确了工商税制改革的指导思想,提出了根据国家经济政策的要求,按不同产品和不同行业规定高低不同的税率,从经济利益上来调节生产和消费。

在财产和行为税方面,对外资企业一直适用 1951 年政务院发布的《城市房地产税暂行条例》和《车船使用牌照税暂行条例》。1988 年,国务院发布了《中华人民共和国印花税暂行条例》,内外资均适用。

1978—1992 年,经过 10 多年的努力,从所得税到流转税、财产税,从税法到细则,一套比较完整的涉外税收制度初步建立。全国人民代表大会常务委员会陆续对上述税法作了适当修改,进一步放宽了优惠政策,有效促进了我国吸引外资、引进技术、扩大对外经济交流与合作。

(三) 建立和完善关税制度

1.《中华人民共和国进出口关税条例》的颁布和修订完善

关税是国际通行的税种,是国家根据本国政治经济的需要,按照国家制定的方针政策,用法律形式确定的由海关对进出口货物和物品所稽征的一种税,是调节进出口和组织财政收入的重要工具。但在改革开放以前,关税的作用没有得到很好的发挥,"文化大革命"期间甚至曾停止征收关税。1980 年,我国恢复征收关税。

在 1984 年前,我国一直以 1951 年中央人民政府政务院公布实施的《海关进出口税则暂行实施条例》为征收关税的法律依据。1985年3月,我国发布了修改后的《中华人民共和国进出口关税条例》,将原来的16条扩大为8章37条,补充完善了关税管理,作为稽征关税新的法律依据。

为了维护国家主权和利益,促进对外经济贸易和科学技术文化交往,强化海关对进出境运输工具、货物和物品的监督管理,根据深化改革、扩大开放的要求,1987年1月22日,第六届全国人民代表大会常务委员会第十九次会议通过了《中华人民共和国海关法》,自1987年7月1日起施行。在《中华人民共和国海关法》中,除了规定国家的进出关境监督管理机关及其职权,确立进出境运输工具、进出境货物和进出境物品管理制度外,还专设一章规定关税。《中华人民共和国海关法》关于关税的规定有:(1)准许进出口的货物、进出境的物品,除本法另有规定外,由海关依照进出口税则征收关税。(2)进口货物的收货人、出口货物的发货人、进出境物品的所有人,是关税的纳税义务人。(3)纳税义务人逾期不缴纳关税,由海关征收滞纳金;超过3个月仍未缴纳的,海关可以责令担保人缴纳税款或者将货物变价抵缴,必要时可以通知银行在担保人或者纳税义务人存款内扣缴。(4)进口货物以海关审定的正常到岸价格为完税价格,出口货物以海关审定的正常离岸价格扣除出口税为完税价格。(5)减征或者免征关税的进出口货物、进出境物品包括:无商业价值的广告和货样,外国政府、国际组织无偿赠送的物资,在海关放行前遭受损坏或者损失的货物在规定数额以内的物品,法律规定减征、免征关税的其他货物、物品以及中华人民共和国缔结或者参加的国际条约规定减征、免征关税的货物、物品;对经济特区等特定地区进出口的货物,外商投资企业等特定企业进出口的货物,有特定用途的货物,用于公益事业的捐赠物资等。《中华人民共和国海关法》关于关税的规定,确立了中国关税制度的基本内容,为健全和完善中国的关税制度提供了法律依据。

随着经济体制改革的深化和对外开放的扩大,中国关税制度逐步健全,关税结构不断优化,进出口税收持续增收。同时,关税职能不断完善,关税对经济的调节作用越来越充分地发挥出来,在加强和改善宏观调控、推动产业结构优化升级、促进双边多边经贸合作等方面取得了显著成效。

2. 国务院成立关税税则委员会

1987年3月,为适应改革开放的需要,更好地发挥关税在调节进出口、保护和促进国内生产的作用,国务院批准成立国务院关税税则委员会。作为国务院常设的高层次议事协调机构,关税税则委员会由国家宏观经济及各主要行业部门的领导组成,不定期地对涉及国家利益及行业的重大关税事项进行审议。

3. 两次修订《中华人民共和国进出口税则》,关税制度逐步与国际接轨

我国曾在 1985 年、1992 年先后再次修订《中华人民共和国进出口税则》,关税制度逐步与国际接轨。

1985 年 3 月起,我国开始实施以《海关合作理事会税则商品目录》和《中华人民共和国进出口关税条例》为基础的进出口税则,大幅度降低了部分商品的进口关税税率,降低了税级起点税率,平衡了税率结构,减少了征收出口关税的商品品种。

从 1992 年 1 月起,为适应进一步深化改革开放和对外经济贸易快速发展的需要,我国开始实施以国际上通行的《商品名称及编码协调制度》为基础的进出口税则。新税则除 5 019 个基本税目外,根据我国进出口商品的实际结构和体现关税政策的需要,增加了部分子目,税目总数达到 6 250 个,比转换前增加了 4 042 个;从税率情况看,总体税率水平有一定幅度的降低,也有少数商品的税率有所提高。

关税制度改革的成就很大,促进和保护了国内生产,支持和发展了对外经济贸易的技术合作,体现了新时期国家关税政策的正确性。在关税收入方面,1980—1991 年,海关累计征收了 1 529 亿元。关税已成为国家财政特别是中央财政的一个重要收入来源。

为了更好地适应进一步深化改革、扩大开放的新形势,同时为了履行我国在复关谈判中给出的基本承诺,尽快恢复我国在关贸总协定中的缔约国地位,从 1992 年起,我国开始大规模进行自主降低关税,第一步自主降低关税的实施时间是 1992 年 12 月 31 日。

(四) 签署多个国际税收协定,加强税收制度的国际协调与合作

1978 年以前,我国与其他国家一般只是通过税收换文或在某些经济活动的协定中写上税收条款,达到对某项特定经济活动的收入或所得实行税收互免的目的。1978 年以后,我国同外国缔结税收协定工作才起步,并从签订单项税收协定开始。最早签订的单项税收协定是 1979 年 1 月 23 日在巴黎签订的《中华人民共和国政府和法兰西共和国政府关于互免航空运输企业税捐的协定》。为了适应引进外资和技术、发展对外经济合作的需要,从 1981 年起,我国开始进行同外国缔结综合税收协定的谈判工作。最早签订的综合税收协定是 1983 年 9 月 6 日在北京签订的《中华人民共和国政府和日本国政府关于对所得避免双重征税和防止偷漏税的协定》。截至 1992 年年底,中国已先后同日本、美国、英国、法国、德国等 30 多个国家正式签署了避免双重征税协定。这些协定的签署有利于维护国家主权和经济利

益,也有利于我国税收制度同国际接轨,使我国经济更好地融入世界。

（五）建立涉外税制意义十分重大

1. 有利于在对外经济交往中维护我国主权和经济利益

税收管辖权是国家主权的重要组成部分。对境内的经济活动主体依法征税,是一国主权的重要体现。建立涉外税制,在行使税收管辖权时有法可依,有章可循,是维护国家主权的需要。依法行使税收管辖权,能更好地处理国家与国家之间、国家与涉外企业之间的税收分配关系。而国家与国家之间、国家与涉外企业之间的这种税收分配关系,实际就是一种经济利益关系。因此,建立涉外税制有利于在对外经济交往中维护我国主权和经济利益。

2. 有利于吸引外资、引进技术,加快经济建设步伐

改革开放之初,我国经济发展水平落后,经济建设缺乏资金,技术水平较低,迫切需要吸引大量资金和引进先进技术,因此,建立健全涉外税收制度,有利于我国充分运用各种税收优惠措施更好地吸引外资、引进先进技术,保证外国投资者的利益,发挥其生产经营积极性,加快中国经济建设步伐。

3. 有利于加强对涉外企业的监督和管理,促进涉外企业的健康发展

外国投资者在我国进行投资和生产经营活动,必然保持着某些和我国具体国情不一致的生产经营方式、经济核算方法和内容等。对此,我国一方面可以通过必要的行政管理方法来进行监督;另一方面可以通过税收征管对其生产经营、经济核算等方面加强管理和监督,促进涉外企业健康发展,引导其为我国的经济建设服务。

4. 有利于我国税收制度的完善,开拓了更为广阔的财源

涉外税收制度是一国税收制度中重要的组成部分。我国涉外税制的建立,填补了我国在涉外税收领域的制度空白,是完善税收制度的重要一步,为以后健全和完善税收制度打下了坚实的基础。建立涉外税收制度,运用税收手段对外国企业和个人的经济活动进行调节,既是以法律的形式承认其投资经营的合法性,又是以税收的形式参与其经营成果的分配,调节其经济活动,为政府开拓了一项重要的财政收入来源。

四、税制改革的成效及问题

1978—1992 年,为了充分发挥税收调节作用,促进经济增长与结构调整,除了前面着重讲的工商税制改革和建立涉外税收制度外,国家还先后开征了一些新税

种和恢复开征了部分具有特定目的的老税种,主要包括烧油特别税、建筑税(1991 年起改为固定资产投资方向调节税)、国营企业工资调节税、个人收入调节税、耕地占用税、印花税、资源税、房产税、城镇土地使用税、车船使用税和城市维护建设税等。经过上述改革和完善,我国初步建成了一套内外有别的,以流转税和所得税为主体,其他税种相配合的新的税制体系。这一阶段的税制改革,突破了长期以来封闭型税制的约束,转向开放型税制;突破了统收统支的财力分配关系,重新确立和规范了国家与企业的分配关系;突破了以往税制改革片面强调简化税制的框框,注重多环节、多层次、多方面地发挥税收的经济杠杆作用,由单一税制转变为复合税制。但在取得这些成绩的同时,由于经济体制中一些因素的束缚和税制构建过程中为缓和矛盾而作出的妥协,这一时期的税制改革也存在一定的缺点和不足,并成为 1994 年税制改革的主要原因。

（一）税制改革的主要成效

这一期间税制改革的突破与发展使中国的税制建设开始进入健康发展的新轨道,与国家财政经济体制改革的总体进程基本一致,并为加强国民经济调整,推进改革开放事业,打下了良好基础。

1. 初步形成一套多税种、多环节、多层次的复合税收体系

1978—1992 年,我国改变了以往片面强调简化税制的做法,重视发挥税收的调控作用,经过一系列的改革,初步建立了一套以流转税、所得税为主体,其他各税相结合的多税种、多环节、多层次的复合税收体系。它突破了原计划经济体制下统收统支的分配格局,调节的对象遍及工农业生产、商品流转、劳务服务、企业各种所得、个人各种所得、资源土地利用、财产占用、利润分配、工资奖金发放、特种行为的各个方面和多个环节,大大拓宽了税收调控作用的范围,强化了税收调控的力度,基本上适应了当时发展有计划商品经济体制下多种经济成分、多种组织形式、多种经营方式、多种流通渠道并存的经济发展模式。至 1992 年,我国的税种已达37 种。

2. 逐步建立了以税收为主体的国家财政收入筹集模式

经过税制改革,国家财政收入结构也发生了很大的变化,由"税利并存,以利为主"的模式,转变为以税收为主体的模式,税收占财政收入的比重不断增加。两步"利改税"基本理顺了国家与企业的利润分配关系,用法律的形式将国家与企业的分配关系固定下来,扩大了企业自主权,增强了企业活力,也使国家财政收入实现了稳定增长。"利改税"后,税收为国家建设聚集了巨额资金,并已成为国家财政收

入的主要支柱。党的十一届三中全会以后的 10 多年,通过税收组织的财政收入,就已超过以往 30 年收入的总和(见表 34 和图 12)。

表 34　　　　　　　1980—1992 年我国税收收入占财政收入的比重

年度	税收收入(亿元)	财政收入(亿元)	税收收入/财政收入
1980	571.7	1 159.9	49.29%
1981	629.89	1 175.7	53.58%
1982	700.02	1 212.3	57.74%
1983	775.59	1 366.95	56.74%
1984	947.35	1 642.86	57.66%
1985	2 004.79	2 004.82	99.99%
1986	2 090.73	2 122.01	98.53%
1987	2 140.36	2 199.35	97.32%
1988	2 300.47	2 357.24	97.59%
1989	2 627.40	2 664.90	98.59%
1990	2 821.86	2 937.10	96.08%
1991	2 990.17	3 149.48	94.94%
1992	3 296.91	3 483.37	94.65%

资料来源:《中国财政年鉴 2007》。
注:财政收入中不包括国内外债务部分。

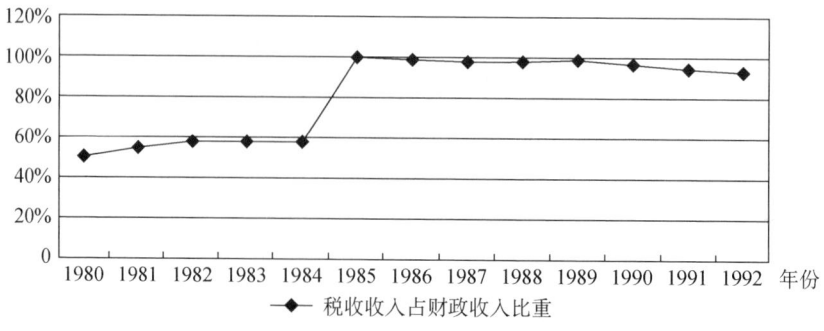

图 12　1980—1992 年税收收入占财政收入比重

资料来源:《中国财政年鉴 2007》。

3. 税收的经济调节作用得到有效发挥

税收在促进产业结构和产品结构的调整、理顺产品价格、缓解社会分配不公等方面,都较好地发挥了经济杠杆的作用。1978 年以来,税收保障了国家财政收入逐年持续快速增长,宏观调控能力明显增强,对于贯彻国家的经济政策,调节生产、分配和消费,起到了积极的促进作用,同时成为国家监督和引导微观经济活动的有力手段。通过税制改革,逐步为企业建立了公平税负、鼓励竞争的外部环境,也有利于社会主义统一市场的建立和推动商品经济持续、稳定和健康发展。

4. 推动对外开放事业,初步建立和完善了涉外税收制度

按照维护国家权益、优惠政策适度、尊重国际惯例和手续从简的原则,我国初步建立和完善了涉外税收制度,促进了对外开放事业的蓬勃发展。为了改善外商投资环境,推动引进外国资金和先进技术,在维护我国国家利益的基础上,本着税负从低、优惠从宽、手续从简的原则,适时建立了涉外税收制度,并陆续制定了一些税收优惠政策,基本上适应了对外开放的新形势。

(二) 税制改革的主要问题

这一时期建立起来的税收制度,在一定程度上还保留着计划经济体制下国家用行政手段管理经济的痕迹。

第一,所得税制按照不同经济成分设立税种,有的实行累进税率,有的实行比例税率,税负高低不一,不利于各种经济成分之间开展公平竞争。所得税税前归还银行贷款的办法,实际上形成了投资的"大锅饭",既不利于控制基本建设规模,也加重了国家财政的负担。同时,缺乏严格的监督管理,所得税制度软化。

第二,产品税、增值税互不交叉的流转税制度,不能完全适应调整产业结构和消费结构的需要。产品税内容过于繁复,几百种税率,设计的客观依据不足。增值税还没有在工业环节全面推行,没有实行增值税的行业仍然存在着重复征税的问题,增值税本身也不够完善、不够规范。它不能充分地体现产业政策,同时还存在税负不合理的问题。这些都不利于市场的完善和企业公平竞争。

第三节　基本建设投资管理体制改革

改革开放后,随着投资规模的增长,原先无偿分配和使用资金的办法暴露出许多弊端,主要是企业无偿使用投资资金,缺乏权、责、利相统一的自我约束机制,助长了部门、地方、企业争投资、争项目的倾向,固定资产投资领域长期存在的"长(战线长)、散(资金分散)、乱(管理混乱)、费(损失浪费严重)、差(投资效果差)"问题显得更加突出,国家投资资金使用浪费严重,投资效益低下。在改革开放初期,投资

体制改革还没有全面展开,基本建设的投资主体仍以政府为主的情况下,为了解决基本建设战线存在的上述问题,提高投资效益,控制投资规模,开始从国家预算内基本建设投资管理体制入手进行了改革。

一、推行基本建设投资"拨改贷"

预算内基本建设拨款改贷款试图通过把基本建设投资由财政无偿拨款改为银行贷款有偿使用(简称"拨改贷"),以增强基本建设资金使用单位的经济责任。

(一)"拨改贷"的试点与推广

1979 年 8 月,国务院批转了国家计划委员会、国家建委和财政部《关于基本建设投资试行贷款办法的报告》,决定从 1979 年开始对国家预算内投资有偿还能力的基本建设项目,逐步由财政拨款改为中国人民建设银行贷款,并责成中国人民建设银行承担此项改革任务。同年,中国人民建设银行根据国务院批准的《基本建设贷款试行条例》,制定了《基本建设贷款实施细则》,并选择少量条件较好的项目进行了试点。

到 1980 年年底,试点工作在全国 28 个省(自治区、直辖市)和电力、纺织、煤炭、交通等 10 多个行业展开。中国人民建设银行与这些试点行业的 619 个项目签订了 32 亿元的贷款合同,当年贷款发放额为 15 亿元。在总结试点经验的基础上,国务院决定从 1981 年起,扩大拨款改贷款试行范围,凡是实行独立核算的有还款能力的企业,都应该实行基本建设拨款改贷款的制度。到 1983 年年底,"拨改贷"投资占预算内基建支出的比例提高到 11.3%。进展较快的电力、冶金、建材、广播电视等行业和部门试行"拨改贷"的比重占到预算内基建支出的一半以上。

但是在 1983 年和 1984 年扩大"拨改贷"试点的过程中,实际进展缓慢,实行"拨改贷"的投资只维持在 30 亿元左右,实行"拨改贷"的建设项目占预算内投资的比重下降到 10%左右。主要原因:一是改革不配套。计划管理体制同实行基本建设贷款的要求不相适应,增加了推广"拨改贷"的阻力。投资没有中长期计划,缺乏通观全局的长远打算和综合平衡,建设项目靠指令性计划,物资供应靠分配,施工力量靠排队,计划经济体制下的投资管理体制没有改变,贷款单位的自主权得不到应有的发挥。二是财政"分灶吃饭"的体制与基本建设投资"拨改贷"办法有矛盾。各部门下放地方企业的基本建设投资由中央直接供应,企业经营收入归地方财政,而"拨改贷"后收回的贷款归中央财政,地方积极性不大,不愿实行"拨改贷"。三是基本建设投资长期习惯于无偿拨款办法,一些行业亏损企业较多,没有还款能力,难以承担"拨改贷"的经济责任。上述诸多因素交织在一起,影响了"拨改贷"的普遍推行。但从试点情况看,"拨改贷"已逐渐显示出优越性,因此国务院决定进一步全面推广"拨改贷"。

1984 年 7 月,国务院颁布了《建筑业和基本建设管理体制改革的规定》,规定指出:为了促使建设单位、项目主管部门缩短工期,按期或提前建成,投产发挥效益,凡是需要国家财政预算内安排的基本建设投资,都需按照资金有偿使用的原则改财政拨款为银行贷款。实施这一重大改革主要是考虑到在财政拨款和银行贷款两种资金供应方式并存的条件下,仅靠宣传动员拨款改贷款困难很大,必须从立法上规定基本建设投资一律实行贷款,切断无偿拨款的资金供应渠道。对于那些确实无还款能力的项目,经有关部门批准,可豁免本金或利息。为了实施这项改革措施,1984 年 12 月,国家计划委员会、财政部、中国人民建设银行发布了《关于国家预算内基本建设投资全部由拨款改为贷款的暂行规定》,决定从 1985 年起,凡是由国家预算内安排的基本建设投资,全部实行拨款改贷款。为了保证"拨改贷"的顺利实施,该暂行规定就计划管理与资金来源、贷款利率、借款合同、贷款的支付、贷款本息的偿还与豁免、奖励与惩罚等方面提出了具体要求,这对保证"拨改贷"的顺利推行起到了推动和监督作用。该暂行规定下达后,"拨改贷"得到全面推行。1985 年"拨改贷"投资总额为 551 亿元,占当年预算内投资的 92%,其中,中央预算内投资改为贷款 368 亿元,占中央预算内投资的 95.3%。

(二)实行拨款和"拨改贷"的双轨制

1985 年,基本建设拨款改贷款的全面实施,对于增强部门、企业投资使用的责任感,提高资金的使用效益起到了积极促进作用。但是,也遇到一些困难和问题,主要是由于豁免贷款本息的项目过多,一些没有偿还能力的行政事业单位和偿还能力很差的工业建设项目一面申请贷款,一面请求豁免,给资金管理带来许多困难。另外,由于其他方面的改革滞后,贷款项目在项目决策、计划安排以及资金分配等方面与以前实行拨款时的体制基本相同,难以真正建立权、责、利相统一的机制。

针对"拨改贷"全面实施中出现的新问题,1985 年年底,国家计划委员会、财政部、中国人民建设银行联合颁发了《关于调整国家预算内基本建设投资拨款改贷款范围等问题的若干规定》,决定从 1986 年起,对国防科研项目、各级各类学校等10 类无经济效益的项目不再采用"拨改贷"管理,恢复拨款办法;国家预算直接安排的基本建设投资分为国家预算内拨款投资和国家预算内"拨改贷"投资两部分,并对拨款投资安排的建设项目限定了范围,对经营性项目仍实行"拨改贷"。

实行拨款和"拨改贷"双轨制后,"拨改贷"管理进一步规范化,避免了资金有偿使用流于形式,减少了中国人民建设银行和项目主管部门大量的事务性工作。经过调整后的"拨改贷"投资每年大约为 100 亿元,约占预算内基本建设投资的 1/3。到 1988 年年末,实行基本建设基金制时,中国人民建设银行经办的"拨改贷"贷款余额为 806.89 亿元;到 1993 年年底,"拨改贷"贷款余额为 700 多亿元。

(三)"拨改贷"的成效与缺陷

从 1979 年试点起,到 1988 年实行基本建设基金制,"拨改贷"制度对于突破计划经济体制下的传统投资管理模式,改变预算内基本建设资金无偿使用,加强财政资金使用单位经济责任,起到了改革创新的舆论先导和实践探索作用。尽管由于外部条件不配套,在推行中经历了一些曲折,但它在有限条件下取得了积极成果,为今后的改革积累了经验。

"拨改贷"的成效主要有以下几点:一是促进观念的转变。推行"拨改贷"促进了观念上的转变,促使贷款单位改变过去那种盲目争项目、争投资的现象,慎重选择建设方案,深入细致地对建设项目的经济效益作出科学的评估和预测,促使项目的主管部门改变过去只注重进度、不注重效益,只重生产、不重还贷的做法,促使其进行科学的投资决策。二是有利于建立财政、银行和企业之间的经济约束机制。实行"拨改贷",对建设单位用款建立了经济约束机制(包括计划约束、合同约束、指标约束、利率约束、借款期限约束等),打破了改革前长期形成的"国家拿钱、计委分配、部门花钱、建行报销、财政核算"的吃"大锅饭"的投资管理体制,改变了拨款体制下建设单位与建设银行之间单纯的资金领拨关系,形成了负有经济和法律责任的债权和债务关系。因此,在当时的条件下,"拨改贷"促进了投资效益的改善,并在国家财政收支矛盾尖锐的情况下,回收了一部分建设资金,是一个具有创新意义的探索。

但是,"拨改贷"并不是国家投资管理体制的实质性改革,只是改变了预算内基本建设投资的资金供应方式。这一改革的缺陷表现在以下几点:第一,没有从根本上解决投资主体的问题。由于当时按行业归口切块分配投资计划的做法并未改变,企业不是真正的投资主体,仍然没有投资决策权。第二,改革初期各项改革的不配套,使得"拨改贷"制度条件先天不足,推进改革难度较大。第三,在全面推行"拨改贷"的过程中,一部分建设单位还款能力不强,成为后期银行不良资产扩大的一个重要原因。

二、建立基本建设基金制和国家专业投资公司

基本建设基金制和国家专业投资公司的设立,是继"拨改贷"后国家预算内投

资管理体制的又一项重要改革。

(一) 建立基本建设基金制度

20 世纪 80 年代后期,在深化经济体制改革的进程中,随着财政和投资管理体制深化改革措施的实施,我国投资领域出现了投资渠道多样化、投资主体多元化、投资决策分权化的局面。这对搞活经济、调动各方面的积极性发挥了重要作用,但随之也带来两大问题:一是在资金运用上形不成整体合力,资金分散使用导致了一般性的重复建设屡禁不止,效率低下。二是当时受中央财政的财力限制,每年安排的预算内基本建设投资数额相对较小且不稳定,无法保证关系国计民生的重点建设项目和基础设施建设,也无法用中央投资来引导地方投资,从而无法实现投资的宏观调控目标。在这种情况下,急需寻求一种较稳定的中央投资基金来源,一方面保证国家重点建设的资金需要;另一方面实现对地方和预算外投资的引导。基本建设基金制就是在这样的经济背景下建立起来的。

1986 年,国家有关部门酝酿投资体制改革方案时,提出改革政府投资的分配方式和经营方式,建立基本建设基金制度,并设立若干国家专业投资公司从事经营性基金经营管理的改革思路。1988 年 7 月,国务院发出了《关于印发投资管理体制近期改革方案的通知》,并附发了《国家基本建设基金管理办法》,决定从 1988 年起,对中央级预算基本建设投资实行基本建设基金制度。中央财政从预算中划出以下五项资金作为中央基本建设资金的来源:(1)征收的能源交通重点建设基金由中央使用的部分;(2)征收的建筑税收入由中央使用的部分;(3)铁道部包干收入中用于预算内基本建设的部分;(4)国家预算内"拨改贷"投资收回的本息(利息部分扣除建设银行的业务支出);(5)财政定额拨款。随后,中央基本建设基金制度正式建立。上述基本建设基金在国家预算中列收支,但与财政经费性开支分开,由财政部按期拨给中国人民建设银行,中国人民建设银行按计划负责实施,实行专款专用。基本建设基金的使用必须符合国家的产业政策、投资政策、生产力布局和中长期计划的要求,坚持量入为出的原则。

基本建设基金分为经营性和非经营性两种类型。经营性基金中一部分由国家计划委员会切块安排给国家能源、交通、原材料、轻工纺织、农业、林业投资公司分配使用,主要用于中央主办的重大能源、原材料工业基地,面向全国的交通运输、邮电、通讯骨干设施,关键的机械、电子、轻纺工业项目,重大农业基地和重点防护林工程,以及一些新兴产业项目的建设;另一部分由国家计划委员会安排给行业主管部门,由行业主管部门分配使用。非经营性基金由国家计划委员会安排给主管部门包干使用,主要用于国家计划委员会确定的中央各部门直接举办的没有直接经济效益的文化、卫生、教育、科技和大江大河治理等大中型项目建设;小型项目由国家计划委员会核定基数后主管部门包干使用。基金管理办法还规定,在基本建设基金中每年确定一定数额的银行贷款贴息资金,按国家规定对基建贷款项目贴息。

实行基本建设基金制度以后,尽管国家财政十分困难,但在每年的国家预算中尽可能地保证了基金基数,使能源、交通、原材料等重点建设项目有稳定的资金来源。据统计,从1989—1994年,在实行基本建设基金制度的6年时间里,不包括铁道包干投资、下放港口以港养港投资、补助地方包干建设的拨款投资等,中央经营性基金贷款余额达到1 000多亿元,其中由中国人民建设银行经办的6个国家专业投资公司委托贷款和经营性基金部门贷款各500亿元左右,支持了一批重点项目按计划建成投产,增加了能源、交通、原材料等基础工业的生产能力,为国民经济的持续稳定发展提供了一定保障。

(二)成立国家专业投资公司

作为基本建设基金制的配套改革措施,国务院批准在中央一级设立了能源、交通、原材料、机电轻纺、农业、林业6个国家专业投资公司,它们使用中央基本建设基金,分别经营本行业中央投资的经营性项目(包括基本建设和技术改造)的固定资产投资,经营与本行业有关的横向交叉和综合利用等方面的项目;向地方、企业投资的项目参股,经营利用外资、中外合资(合作)经营项目和对外投资,并确保新增生产能力和国家建设任务完成;通过基本建设、技术改造和对地方、企业资金的导向,不断优化产业结构和地区结构。国家专业投资公司既是从事固定资产投资开发和经营活动的企业,又是组织中央经营性投资活动的主体;既具有控股公司的职能,使资金能够保值增值,又承担有国家政策性投资的职能。同时,各个国家专业投资公司实行独立核算,用经济办法进行管理。其中,能源、交通、原材料、机电轻纺4个投资公司由国家计划委员会归口领导,行业归口主管部门参与指导;农业、林业投资公司由国家计划委员会与部门归口领导,以国家计划委员会为主。

基本建设基金制度的实施和国家专业投资公司的建立,是我国改革开放前期在投资领域实行的重大改革,在保证重点建设资金来源和改革基本建设投资管理体制方面发挥了积极的作用。但是随着经济体制改革的深入,逐渐遇到了一些问题,如:国家专业投资公司与中国人民建设银行、行业归口部门的关系不顺;客观经济形势变化、社会财力结构及社会积累模式的变化,使作为基金来源的5项资金的数量和结构发生了新的变化,如能源、交通重点建设基金等逐步减免,资金来源得不到保证。到了 1994 年 3 月,国务院将 6 个国家专业投资公司并入国家开发银行,同时筹组国家开发投资公司。

第四节　加强国有资产管理

随着改革开放的不断深入,计划经济体制下的国有资产管理体制已不能适应新形势的发展要求,管理中出现了许多问题,主要表现为:管理混乱、家底不清;国有资产大量流失;国家投资损失浪费严重,投资效率低下;国营企业"啃老本"问题;对国营企业经营人员的激励约束机制没有建立起来;国有资产管理效益下降等。因此,必须理顺国有资产管理体制,加强国有资产管理。

一、改革开放初期的国有资产管理

在计划经济时期,国有资产管理主要是以中央各部门为主体进行全国资源的配置,实行中央集中统一管理。由于没有单独的国有资产管理概念,所以国有资产的管理主要是通过对国有资产占有、使用单位的管理来实现的。改革开放以后,随着国营企业经营和改革的不断深入,国有资产管理问题逐渐突出。在这一阶段我国国有资产管理进行了以下工作:

第一,对国有资产进行清产核资。党的十一届三中全会后,为了贯彻党中央确定的对国民经济实行"调整、改革、整顿、提高"的方针,建立健全良好的生产秩序和工作秩序,提高经济管理水平,1979 年 4 月,国务院决定在全国开展清仓查库、扭亏增盈工作的基础上进行清产核资工作。至 1981 年 2 月,清产核资工作结束时,全国工交企业清出闲置固定资产 100 亿元,多余流动资产 9 亿元,短缺流动资产 14 亿元,划出超储积压物资 272 亿元;商业企业清出有问题的商品 100 多亿元。当时 1 年全社会固定资产投资才 900 多亿元,国家投资不过 200 多亿元,清产核资工作取得了巨大成绩。

第二,向地方和国营企业下放资产管理权利。以国营企业改革为主要载体,在企业隶属关系和收益权利调整等问题上,中央不断向地方和国营企业放权让利,降低中央过高的集中度。在调整中,较好地坚持了国有资产权利和责任的一致性,地方、企业在不断增加自身权益的同时,对国有资产管理的责任也越来越重大。

第三,推行"利改税"和"税利分流"改革。财政在解决国家和国营企业分配关系的过程中,如何体现国家对国营企业的经济权益,国家作为资产所有者的问题逐渐显化。综合考虑国家对国营企业双重身份,我国推行了"利改税"改革,通过把国营企业上缴利润改为按照国家规定的税种和税率缴纳税款,税后利润由企业支配的办法,体现了国家对于国营企业的双重权力,并为后来的政企分开、政资分开打下了基础。

二、专职管理机构建立后的国有资产管理

1988 年,为加强国有资产管理、推进国有资产保值增值、防止国有资产流失,按照政府的社会经济管理职能与国有资本所有者职能分开的原则,国务院决定设立国家国有资产管理局作为国家国有资产的代表者,行使国家赋予的国有资产所有者的代表权、国有资产的监督管理权、国家投资的收益权、国有资产的处置权。该局为国务院直属机构,归财政部管理,工作范围是对境内和境外的全部国有资产行使管理职能,重点是管理国家投入各类企业的国有资产。国家国有资产管理局成立后,做了大量国有企业改革及基础性的管理工作。

(一)明确国有资产管理任务

1989 年 11 月党的十三届五中全会通过的《中共中央关于进一步治理整顿和深化改革的决定》中,明确提出了"认真清产核资,加强国有资产管理"的任务。1990 年 1 月召开了第一次国有资产管理工作会议。1990 年 7 月,国务院又下发了《关于加强国有资产管理工作的通知》。该通知明确指出要在八个方面加强管理:一是在全国范围内有计划地开展清产核资、核实国家资金、摸清国有资产"家底"(简称清产核资)的工作;二是坚决防止和纠正损害国有资产产权的行为;三是完善企业的国有资产产权管理机制,继续深化企业改革;四是改进、完善企业经济效益考核内容;五是切实加强对国家固定资产投资的管理;六是在深化经济体制改革中,逐步建立与社会主义有计划商品经济相适应的新型的国有资产管理体制;七是按照统一领导,分级管理的原则,逐步建立和健全国家国有资产管理机构;八是要求各省、自治区、直辖市人民政府,按照这个通知要求,对本地区、本部门如何加强国有资产管理工作进行研究,提出贯彻落实措施。

(二)开展清产核资、产权登记和资产评估工作

根据党中央、国务院的精神,国家国有资产管理局有计划、有步骤地开展了清产核资工作,积极进行国有资产产权登记工作,大力推进国有资产的评估工作。

关于清产核资,国家国有资产管理局于 1990 年 2 月成立了清产核资工作办公室,向国务院报告了在全国范围内组织开展清产核资工作的初步设想,并草拟了

《清产核资总体方案》《清产核资办法（初稿）》等文件。

关于产权登记，1990年年底，财政部、国家工商行政管理局、国家国有资产管理局联合发布了《国有资产产权登记管理办法（试行）》，要求各地区、各部门结合实际组织试行。

关于开展资产评估，1989年9月国家国有资产管理局发布了《关于在国有资产产权变动时必须进行资产评估的若干暂行规定》；1989年10月，国家编委批准国家国有资产管理局成立资产评估中心，此后，各省也相继成立了资产评估机构；1990年5月，又发布了《资产评估机构管理暂行办法》。从此以后，全国的资产评估工作逐步开展起来。

由于采取了上述的一系列措施，国有资产的管理得到加强，国有资产流失的势头得到一定程度的遏止。

（三）参与清理整顿公司和完善企业承包经营责任制工作

为了确保国有资产的保值增值，国有资产管理局参与了清理整顿公司和完善企业承包经营责任制工作。

一是参与清理整顿公司工作。1989年，中共中央、国务院作出了《关于进一步清理整顿公司的决定》。这个决定发布之后，为了保证国有资产在清理整顿过程中不遭受损失，各级国有资产管理部门在全国清理整顿公司领导小组的统一领导下，与有关部门密切配合，连续颁发了一系列文件，加强国有资产管理工作。如1989年12月财政部、中国人民银行和国家国有资产管理局联合发出了《关于做好撤销、合并全民所有制公司债权债务工作的通知》。1990年4月，国家国有资产管理局发出了《关于做好撤销、合并全民所有制公司国有资产清理收缴工作的通知》。1990年6月，国家国有资产管理局与财政部、国家工商管理局发出了《关于立即组织力量做好清理整顿公司中国有资产的清理、划转和收缴工作的紧急通知》。当年12月，国家国有资产管理局又发出了《关于对清理整顿公司后保留公司进行产权登记有关问题的通知》。这些文件的发布和贯彻执行，有力地推动了清理整顿公司的工作，同时及时地保证了国有资产免受不应有的损失，保护了国有资产的安全和完整，推动了国有资产管理工作的开展。

二是参与完善企业承包经营责任制工作，建立国有资产保值增值的考核指标和管理制度。在1990年7月国务院发布的《关于加强国有资产管理工作的通知》中，明确提出新一轮承包要"在正确处理国家、企业和个人利益关系的原则下，确定承包合同中的资产、财务指标，严格考核，确保国有资产完整和增值"。依据这一精神,国家国有资产管理局与财政部、国家经济体制改革委员会和国务院生产办公室联合制定发布了《关于加强承包经营责任制企业国有资产管理的试行办法》。该办法规定了加强国有资产管理、防止国有资产流失、严格按规定提取和使用各项基金、提高国有资产使用效益、确定国有资产保值增值指标,明确要求承包企业国有资产的保值增值指标要与企业职工与经营者的利益挂钩等。国家国有资产管理局参与完善企业承包经营责任制工作,建立国有资产保值、增值的考核指标和管理制度,对加强承包企业的产权约束,增强企业的产权意识,维护国有资产所有者的权益起了积极作用。

三、国有资产管理的主要成绩

(一) 开创了国有资产管理职能独立的新时代

1988年,我国国有资产管理职能开始独立于政府其他职能。尽管机构经过多次调整,但是国有资产管理职能独立的做法却一直延续下来,其观念也已深入人心。国有资产管理职能的独立是我国理顺政企关系、政资关系的重要基础。国有资产管理职能的独立实现了政府的一般经济管理职能、国有资产管理职能和企业经营职能的分开。这种分开既有利于维护国家所有权的统一性,保证国家对国营企业的领导和监督,巩固全民所有制经济,又有利于在两权分离基础上明确企业的权利和义务,把企业的权、责、利有机地结合起来,使之在社会主义市场经济中成为具有一定生机和活力的独立商品生产者和经营者。

(二) 为国营企业深化改革创造了条件

在国营企业改革初期,经济决策上的一些失误,削弱了资产所有者从国家宏观利益出发对经营者行为的必要约束,加剧了资产配置和产业结构的失调,降低了经济和社会效益,并给国家、企业、职工三者的分配关系带来了不利影响。为此,必须继续推进国企改革,落实企业的经营权,使企业逐步成为自主经营、自负盈亏、自我发展、自我约束的商品生产者和经营者;又必须建立起所有权对经营权的合理有效约束机制,保障国家的所有权。

(三) 初步实现了国有资产的价值管理

在计划经济时代和改革初期,一般只强调对国有资产的实物管理,没有界定国有资产的种类,也没有进行产权登记。随着改革开放的深入进行,出现了多种经济成分并存和混合所有制的新型企业组织,资产开始进入市场进行交易,国有资产也不例外。为保障国有资产不流失,不使资产的账面价值与实际价值发生背离,初步建立了国有资产价值管理模式,包括实施产权登记、清产核资、资产评估等,既维护了国有资产权益和经营者各方的权益,也成为实现国有资产保值增值的重要手段。

第五节　财政监督制度

1978—1992 年的财政监督,主要是以财政为主体对社会经济的各个领域进行收入管理的财务大检查。这一时期的财务大检查工作,为避免国家财政收入流失,维护正常的国民经济秩序作出了重要贡献。

一、开展财务大检查的背景

在改革开放初期,正常的财经秩序还没有完全建立起来,财经法制建设滞后,财政领域监督机制也不健全,监督机构力量比较薄弱,财政监督处于起步阶段。而此时财经领域的一些问题却相当突出:一方面,企业税收"跑、冒、滴、漏"的情况非常严重,一些部门和单位不能正确处理国家、集体和个人三者之间的分配关系,应上缴国家的收入不能及时足额地收缴入库,转移、截留、挪用国家财政收入的情况时有发生,财政收入流失情况非常严重;另一方面,两步"利改税"后,财政收入比较紧张,平衡预算难度较大。因此,为了实现财政收支平衡,必须狠刹铺张浪费,堵塞"跑、冒、滴、漏"。1981 年,按照国务院部署,财政部开始对企业进行财务大检查;1984 年,财政部在全国范围内再次开展了企业财务大检查。从执行情况看,两次财务大检查所反映出来的一些问题比较突出,个别问题甚至非常严重,需要进一步把这个大检查的规格提高,范围扩大,作用进一步发挥。1984 年,财政部向国务院提交《财政部关于开展财务大检查的情况和进一步严肃财经纪律的报告》,国务院批转了该报告,要求最近两三年内每年都要集中力量和时间开展财务大检查。此后,自 1985 年 8 月起,开始了历时 13 年的一年一度的全国税收、财务、物价大检查。

二、财务大检查的主要情况

为了加强财政监督,整顿财政纪律,以保证国民经济调整的顺利进行,国务院于 1980 年 4 月抽调了 138 人,组成了 28 个工作组,分别到各省、直辖市、自治区协助当地党委和政府开展了以全面检查核实 1979 年财政支出为内容的财政纪律大检查。这次检查工作,领导重视,力量集中,上下联动,自查、互查和重点检查相结合,基本达到了预期的目的。

这次检查到 1980 年 5 月底基本结束,检查出有问题的资金达 37.9 亿元。从检查所发现的情况看,问题相当严重。比如:在截留坐支财政收入问题上,不仅企业擅自做,有的地区和部门还授意企业这样做;在企业归还贷款问题上,不仅普遍存在贷款项目还没有投产就先拿应上缴的利润归还,而且发展到用弄虚作假的手法随贷随还,甚至未贷先还,使应上缴的利润留为己有。在处理历年遗留问题上,有的发展到以处理历年遗留问题为名而处理当前问题,甚至把未来的问题也当作"遗留"问题来处理;在扩大企业财权的问题上,有些地区不按国家规定的办法执行,自定办法,随意开口子,有的企业留成数字占当年增长利润的 67%,有的企业在"月超、月提、月奖"之外,年终又总算,再提一笔,搞重复提成;在收入退库问题上,有的地方为了压低当年收入基数,发展到地方党委出面,布置任务,强行退库;在发奖金问题上,滥发奖金,名目繁多,五花八门,除了规定的综合奖、节约奖以外,还有什么"采购奖""推销奖""收账奖""找米下锅奖""操心奖""疲劳奖"等,据统计有上百种之多。像这样大规模地全面检查核实财政收支,是新中国成立后的第一次。它对推动增产节约、整顿财政纪律和加强财政财务工作都有很大的作用。

为了加强财政监督工作,在这次财经纪律大检查结束之后,国务院于 1980 年 7 月 2 日向全国转发了《财政部关于监察工作的几项规定》,指出:"做好财政监察工作,对于加强社会主义法制,维护财政纪律,正确贯彻国家财政政策,促进社会主义四个现代化建设,有着重要的意义。"该规定还明确了全国各地财政部门中财政监督机构的设置问题,规定了财政监督工作任务、职权范围等。仅 1980 年全国财政监督机构就检查了各种违反财经纪律的案件 12 000 多件,查出挤占、挪用、挥霍国家的资金 6.8 亿元。1981—1983 年,国务院连续 3 年发出或批转财政部关于开展财务大检查的通知,在全国范围内进行了两次大检查。但在检查内容上,没有把违反物价和外汇政策、法规的问题纳入检查范围,检查时间也不统一。1984 年 4 月,国务院指出:目前违反财经纪律的问题非常严重,已成为"常见病""多发病",在之后的两三年内,每年都要集中力量和时间开展财务大检查。1985 年 8 月,国务院转发了财政部关于开展税收、财务大检查的通知,决定当年起在全国范围内开展税收、财务、物价大检查,并决定设立非常设机构——税收、财务大检查办公室(1986 年更名为税收、财务、物价大检查办公室,简称"大检办"),同时国务院要求各地设立"大检办"。1989 年 8 月,国务院要求把"大检办"变为常设机构,挂靠同级财政部门(也有的地区与财政部门并列),负责本地区大检查工作的日常工作。

"大检办"组织体系的形成,为 1985—1997 年连续 13 年轰轰烈烈的大检查工作顺利开展、有效推进提供了组织保证。

与此同时,作为维护当时财经秩序的重要组成力量,财政部门的驻厂员机构也积极发挥作用。1988 年,仅中央财政就在全国派设了 32 个中央企业财政驻厂员处,而且根据工作的需要还将机构延伸到地市一级,即在地市财政局设立了 173 个中央企业财政驻厂员组(科);各省、自治区、直辖市财政厅(局)比照中央财政的做法,又进一步扩大了财政驻厂员规模。1987—1991 年,全国财政驻厂员机构就查出各类违纪金额 200 多亿元,有效地维护和整顿了当时的财经纪律,促进了国民经济调整的顺利进行。

三、财务大检查的成效与不足

(一)财务大检查取得的成效

在全国范围内连续 13 年开展税收、财务、物价大检查是在我国市场经济改革初期,在经济管理各项法规制度还不完善的情况下推行的,在当时的历史条件下,为保障财政收入,加强财经纪律,维护国民经济调整的顺利进行作出了重要贡献。总体来看,大检查取得了以下五方面的成绩。

一是增加财政收入,平衡财政预算。1985—1997 年这 13 年,全国累计查出各种违法违纪金额达到 2 044 亿元,追回财政收入 1 331 亿元,占 13 年累计财政收入的 2.66%,减少了财政收入的流失,对平衡预算发挥了较大的作用。

二是强化了财经纪律。大检查发现并纠正了违反党的方针、政策,侵害群众利益,违反财经纪律和财务制度,违反税收法规,浪费资金等现象,严厉打击了一部分贪污盗窃,化公为私的不法行为,维护了国家有关政策的严肃性,对配合整顿党风,打击经济领域严重犯罪活动有积极作用。财务大检查不仅是抓钱,而且对纠正个人主义、本位主义、分散主义、无政府主义的不正之风有重要作用。所以,大检查不仅有经济意义,而且有政治意义。

三是增强了单位和个人的法制意识。通过税收、财务、物价大检查,国家有关税收、财务、物价方面的政策、法规、规章、制度得到了广泛、深入、系统的宣传和行之有效的贯彻落实,增强了有关单位和个人的法制意识,提高了单位和个人遵守和执行国家各项经济政策的自觉性。

四是帮助企业改善经营管理,健全财务管理制度。对单位已经发生的各项经济业务的事后监督,可以发现这些单位经营管理中的问题以及财务核算,制度建设等方面的薄弱环节。在大检查过程中,一旦发现问题,检查人员会认真负责地传授核算知识,宣传法规、制度,并针对问题提出改进意见和措施。因此,大检查可以促进和帮助企业改善经营管理,健全财务管理制度,搞好经济核算,有效地杜绝和防止违纪问题的重复发生。

五是有助于完善财税法规建设。通过大检查,及时发现财税法规和财政管理上的漏洞,从而改进财税法规建设,完善财政管理制度,促进了财政的改革与发展。

(二)财务大检查存在的不足

大检查服务中心的指导思想和指导方针十分明确,且贯彻执行有力有效,从而得到各级党政领导的重视与支持,得到社会各方面的关注和拥护。在那个财政立法不健全、执法不规范时期,税收、财务、物价大检查的成效毋庸置疑,但大检查也有其局限性。

一是集中突击性检查与经常性检查没有紧密结合。大检查有一个特别明显的局限性,就是扫浮财、算总账。每一次的财政大检查都是检查上一年度的财经违纪问题,尽管它有积极作用,但是这种突击性的检查,是一种事后行为,不利于正常监管机制的建立和推进。

二是重点查盈利大户,不利于亏损企业整改建制。大检查的实施范围包括所有企业、事业、行政单位。但是,由于财政大检查的主要目的是增加财政收入,因此,大检查的主要检查对象是盈利大户,对亏损企业和事业单位则有所疏漏。因为,亏损单位和事业单位即使查出了问题,也因缺乏资金而无法入库。这种做法不但不能发现亏损企业失败的原因,更不能通过帮助其整改建制从而最终走出亏损困境。

三是大检查时间安排不尽合理,增加了被查单位的工作量。每年税收、财务、物价大检查在第四季度开始,并要求在当年年底前结束,这样部署的目的是希望借此增加当年的财政收入。但是,各单位在年终还要进行清查盘点、结转账务和编报预算,工作很繁忙。因此,此时进行财政大检查势必会增加各单位年终工作的负担。

税收、财务、物价大检查是国家对企事业、行政单位以及个体工商户执行财经法纪情况的集中性监督检查活动,总的来说,连续 13 年的税收、财务、物价大检查成效显著,尽管大检查也有其局限性,但是实践表明,它是治理经济环境、整顿经济秩序、全面深化改革的一项重大措施,是运用经济、行政、法律手段进行综合治理、加强宏观调控的一个重要方面,是符合我国当时国情的有效监督形式。

第六节 财政法规建设

改革开放之后,随着国民经济发展,加强财政法制建设、强化财政监督成为现实生活的迫切要求和深化财政体制改革的重要内容。从党的十一届三中全会召开到 1992 年,我国财政法制建设取得了重大进展,财政立法层层推进,法制体系日臻完善,执法行为日益规范,依法理财深入人心,对推进和深化财政改革起到了有力的支撑作用。

一、建立财政法制工作机构,规范财政立法活动

为了适应加强社会主义法制建设的新形势和财政法制建设发展的需要,随着全国人民代表大会常务委员会法制工作委员会和国务院经济法规研究中心的相继成立并开展工作,财政部于 1982 年 5 月正式成立条法司。条法司的职责主要包括:一是汇总、制定财政立法规划,并检查执行情况;二是参与研究和拟订全国性主要财政、税收、财务法规;三是参与研究和拟订同国外签订有关财政协议的文本草案;四是组织审查中央各部门草拟的主要法规中涉及财政问题的条款,并提出修改建议;五是宣传财政法规,介绍国外财政立法情况。财政部是国务院各部门中较早成立专门的司局级法制机构的部门之一,体现了财政部对新时期财政法制建设的高度重视。由专门的财政法制机构承担财政法制建设职责和任务,有专门的财政法制干部研究、思考、解决财政法制问题,从事财政法制日常工作,是确保财政法制工作效率和质量的基础。

为了加强财政法制建设,规范财政立法活动,财政部于 1985 年 1 月制定了《财政立法工作规则》。经过 5 年的实践,根据新形势的要求,又于 1990 年 2 月制定了新的立法工作规则,主要就财政立法的原则,财政立法项目计划的制订,财政法规的起草、审查和发布,法规的审核、协调等都作了明确的规定。

二、清理各项财政规章制度

根据国务院办公厅 1983 年 9 月转发的国务院经济法规研究中心《关于对国务院系统过去颁发的法规、规章进行清理的建议》的要求,财政部从 1983 年 10 月开始,用 3 年左右的时间对新中国成立以来发布的财政法规进行了一次全面系统的清理。据统计,从 1949 年 10 月到 1984 年年底,共发布财政法规 3 500 多个,其中,

属于全国人民代表大会及其常务委员会发布的财政法律、法律性文件共有 60 多个,属于国务院发布和经国务院批准发布的行政法规有 350 多个,其余是财政部发布的。这些财政制度大多是根据当时的政治经济情况制定的,在历史上起过积极作用,但已不适应党的十一届三中全会以后改革开放新形势。经过有组织、有步骤、全面系统的清理,财政部确定废止、宣布失效财政规范性文件 2 091 个,其中废止 941 个,失效 1 150 个。通过这次清理,基本上摸清了新中国成立以来财政法规立法情况,为以后历次财政法规清理以及在此基础上制定新的法规奠定了扎实的基础。①

三、创建财政管理新制度

1982 年新宪法的颁布,是我国民主法制建设的一个伟大里程碑。在此基础上,《民法通则》等一批重要法律颁布实施。在财政立法方面,遵循党和国家制定的一系列方针政策和财政经济任务,根据主客观条件成熟的程度,国家相应制定了一批反映财政工作需要的财税法规,为财税改革提供了法律保障。这其中主要包括以下各项。

(一) 规范国家与企业利润分配关系,打破"大锅饭",增强企业活力方面的财政制度

1984 年 3 月 5 日,国务院发布《国营企业成本管理条例》。财政部于 1985 年先后制定发布了国营工业、交通企业、建设业、商业、金融业的成本管理条例实施细则。《国营企业成本管理条例》及相关实施细则的实施,促使企业加强和改善成本管理,增收节支,努力降低成本,提高经济效益,使我国企业成本管理工作上了一个新台阶。1985 年 4 月 26 日,国务院正式发布并实施《国营企业固定资产折旧试行条例》。为了配合该条例的实施,财政部于 1988 年 5 月 19 日制定发布《国营企业固定资产折旧试行条例实施细则》,对条例有关内容作了具体规定。此外,国务院还制定了《关于国营工交企业实行利润留成和盈亏包干办法的若干规定》《国营企业第二步利改税试行办法》《国营企业所得税条例(草案)》《国营企业调节税征收办法》《国营企业奖金税暂行规定》《国营企业工资调节税暂行条例》等。

(二) 改革预算管理体制,实行分级包干财政体制,调动地方理财积极性方面的财政制度

为了确保 1981 年财政收支平衡,消灭赤字,国务院于 1981 年 1 月 26 日发布

---

① 财政部网站:《走向法治财政》,财政部条法司。

《平衡财政收支、严格财政管理的决定》。为了贯彻落实党的十二届三中全会《关于经济体制改革的决定》，适应逐步实现四个现代化的需要，国务院决定从 1985 年起实行"划分税种、核定收支、分级包干"的财政管理体制。为了进一步深化财政改革，充分调动部门、单位和职工增收节支积极性，提高资金使用效益，促进行政事业发展，1988 年 5 月 27 日，财政部制定了《关于文教科学卫生事业单位、行政机关"预算包干"试行办法》。

（三）改革税收制度，加强税收经济杠杆作用方面的财政制度

全国人民代表大会于 1980 年 9 月 10 日通过并颁布《中华人民共和国个人所得税法》。1984 年 9 月 28 日，发布《产品税条例（草案）》，该条例自 1984 年 10 月 1 日起试行；1984 年 9 月 18 日发布《增值税条例（草案）》。此外，国务院还颁布了《营业税条例（草案）》《盐税条例（草案）》《资源税条例（草案）》《建筑税暂行条例》《个人收入调节税暂行条例》《事业单位奖金税暂行规定》《耕地占用税暂行条例》等。

（四）贯彻中央对外开放方针，实行鼓励引进外资、引进技术的财税政策

全国人民代表大会常务委员会在 1980 年和 1981 年分别颁布《中华人民共和国中外合资经营企业所得税法》和《中华人民共和国外国企业所得税法》，对中外合资企业和外国企业规定了税负从轻、优惠从宽、手续从简的措施。1984 年，国务院发布《关于经济特区和沿海 14 个港口城市减征、免征企业所得税和工商统一税的暂行规定》，1986 年又发布了《关于鼓励外商投资的规定》，基本上确立了我国对外资企业的税制框架和格局。1991 年 4 月，为适应改革开放新形势需要，在统一中外合资企业所得税和外国企业所得税的基础上，全国人民代表大会颁布了《中华人民共和国外商投资企业和外国企业所得税法》，对涉外企业的所得税实现了税率、税收优惠和税收管辖权的统一适用。此外，财政部还发布《贯彻国务院〈关于鼓励外商投资的规定〉中税收优惠条款的实施办法》和《中外合资经营企业财务管理制度》等。

（五）改革资金拨款制度和管理办法，提高资金使用效益方面的财政制度

为了提高基本建设项目的投资效益，1979 年 8 月国务院批准《关于基本建设投资试行贷款办法的报告》，开始在基本建设领域进行"拨改贷"的试点，打破基建设施由政府财政无偿拨款的计划经济模式。为了有偿使用国家财政资金，提高经济效益，1984 年，国家计划委员会、财政部、中国人民建设银行联合发布《关于国家预算内基本建设投资全部由拨款改为贷款的暂行规定》，决定从 1985 年起，凡是由国家预算内安排的基本建设投资全部由财政拨款改为银行贷款。

（六）搞活城乡经济,促进集体经济、个体经济和横向联合方面的财政制度

1985 年 4 月,国务院发布《集体企业所得税暂行条例》,分别对国营企业、集体企业和私营企业开征企业所得税。财政部相继发布《城镇集体工业企业财务管理制度》和《乡镇企业财务制度》。1986 年 1 月 7 日,国务院发布了《个体工商业户所得税暂行条例》,该条例自 1986 年度起施行。为了支持和鼓励发展横向经济联合,发挥税收的经济杠杆作用,根据国务院《关于进一步推动横向经济联合若干问题的规定》,1986 年 3 月 29 日财政部发布《关于促进横向经济联合若干税收问题的暂行办法》,针对横向经济联合的各种问题,在税收方面作出具体规定。1986 年 4 月 23 日,财政部发布《关于国内联营企业若干财务问题的规定》。

（七）加强会计管理,强化会计监督、规范会计核算方面的财政制度

为适应市场取向改革的需要和企业结构的变化,1985 年全国人民代表大会颁布《中华人民共和国会计法》。此外,国务院发布了《会计人员职权条例》和《注册会计师条例》,财政部发布了《会计档案管理办法》《中外合资经营企业会计制度》《外商投资企业会计制度》《乡镇企业会计制度》等。

上述一系列财政法律、行政法规、规章制度的颁布实施,为及时调整各方面的分配关系,促进经济体制改革和对外开放,巩固社会安定团结,改善人民生活水平,逐步实现国家财政经济的根本好转,奠定了制度基础。

四、建立健全财政法规监督检查制度,保证财政法规顺利实施

除了财政立法,财政法制建设的一个重要方面是财政法规的监督检查。这是使各项财政法规顺利实行、维护正常的财政秩序、促进财政经济健康发展的重要保证。

（一）发挥财政监督机构的作用

1979 年 12 月,财政部召开了恢复财政监督机构后的第一次全国财政监察工作会议,1980 年国务院批转《财政部关于财政监察工作机构设置的几项规定》,这一法规性文件对于财政监督机构的重建与恢复给予了有力的推动,开启了财政监督工作新纪元。其后,各地很快全面恢复或重建了财政监察机构。

1990 年 8 月,财政部发布了《财政监察工作规则》,进一步明确了财政监察部门的职责任务,规定了各项具体的财政监察工作制度,要求财政监察部门调查处理违反财政法规的案件必须以事实为根据,以法律为准绳,做到事实清楚、证据确凿、定性准确、处理恰当、手续完备,并按照受理、立案、调查、处理、结案 5 个程序办事。

据统计,1987 年至 1991 年,全国各级财政监察机构共查处各种违反财政法规的金额 25 亿元,收缴入库 9 亿元;查处违纪干部 6 302 人,其中给予党纪处分的 581 人,政纪处分的 3 103 人,移送司法机关追究刑事责任的 520 人。它有力地打击了各种违法违纪行为,维护了财政财务制度,促进了改革开放的顺利进行。

（二）建立财政法规实施情况的监督检查制度

随着改革开放的不断深化,财政监察工作面临的任务日益繁重。为了使财政监察工作适应形势发展的要求,并做到规范化、制度化,1987 年 6 月,国务院发布《关于违反财政法规处罚的暂行规定》,财政部发布了《违反财政法规处罚的暂行规定实施细则》《关于加强财政监察工作的若干意见》。1989 年 9 月,财政部发出文件,就建立财政法规实施情况的监督检查制度提出要求,规定了具体措施。一是建立财政法规实施情况的报告制度和财政法制员联络制度,以加强上下联系,沟通情况、交流经验,推动工作;二是建立地方财政规范性文件的备案审查制度,以加强对地方财政规范性文件的监督和管理,及时发现和解决地方财政规范性文件中存在的矛盾和问题。财政规章制度的不断完善,有力地促进了财政监督业务工作的深入开展。

1990 年 1 月 1 日《中华人民共和国行政诉讼法》实施后,1991 年 1 月 1 日《中华人民共和国行政复议条例》正式实施,对保护公民、法人和其他组织的合法权益,强化行政机关内部的层级监督,提高行政管理水平,加强政府的工作,都有重要意义。行政复议工作是行政机关一项新的职责和任务,建立和完善复议机构是搞好这项工作的重要保证。1990 年 3 月,财政部成立行政复议委员会,其工作机构行政复议办公室设在条法司,具体办理财政行政复议、应诉和国家赔偿费用管理等事项。1991 年 6 月,财政部收到第一件财政行政复议申请。这一时期,财政行政复议、应诉案件主要发生在基层。财政部行政复议和应诉工作的重点是制定相关制度,明确职责,规范程序,加强培训。财政部先后发布《财政部门贯彻实施〈行政诉讼法〉的通知》和《财政部门贯彻实施〈行政复议条例〉的通知》,并组织多种形式的讲座、培训活动,为财政部门行政复议、应诉工作奠定了制度和干部队伍基础。

第三章

构建分税制和公共财政框架下的财政制度

1992 年在邓小平"南方谈话"之后,当年 10 月,党的十四大明确提出,我国经济体制改革的目标是建立社会主义市场经济体制。2002 年 11 月,党的十六大把"完善社会主义市场经济体制"作为 21 世纪头 20 年经济建设和改革的主要任务之一。与之相适应,从 1993 年开始,中国财政进入了一个新的发展时期。按照社会主义市场经济发展的要求,财政实施了具有里程碑意义的分税制改革,其后,我国开始构建具有公共财政特征的财政运行模式。

第一节 公共财政框架体系的提出及构建

20 世纪 80 年代,"公共财政"这一概念再次被中国的学术界提起,进入 90 年代以后,针对这一概念还有过比较热烈的讨论。1992 年,党的十四大确立了建立社会主义市场经济的改革总目标之后,1994 年我国开展了以财政分税制为重点的经济体制改革。其后,财政部门的主要改革任务又进一步推进到建立公共财政性质的财政制度框架。

一、建立社会主义市场经济体制改革目标的确立

1992 年春,邓小平同志视察中国南方并发表重要谈话,带来了一次大的思想解放。邓小平同志指出,计划经济不等于社会主义,资本主义也有计划;市场经济不等于资本主义,社会主义也有市场。计划和市场都是经济手段。计划多一点还是市场多一点,不是社会主义与资本主义的本质区别。[1] 这个精辟论断,从根本上解除了把计划经济和市场经济看作属于社会基本制度范畴的思想束缚,使我们在

---

[1] 邓小平:《邓小平文选》第 3 卷,人民出版社 1993 年版,第 373 页。

计划与市场关系问题上的认识有了新的重大突破,为深化改革指明了方向。改革开放之后 10 多年,市场范围逐步扩大,大多数商品的价格已经放开,计划直接管理的领域显著缩小,市场对经济活动调节的作用大大增强。实践表明,市场作用发挥比较充分的地方,经济活力就比较强,发展态势也比较好。我国要优化经济结构,提高效益,加快发展,参与国际竞争,就必须继续强化市场机制的作用。

1992 年 10 月,党的十四大胜利召开,第一次把社会主义市场经济确立为中国经济体制改革的目标模式,标志着中国改革开放进入了一个新的发展阶段。党的十四大明确指出:我国经济体制改革的目标是建立社会主义市场经济体制,以利于进一步解放和发展生产力。我们要建立社会主义市场经济体制,就是要使市场在社会主义国家宏观调控下对资源配置起基础性作用,使经济活动遵循价值规律的要求,适应供求关系的变化;通过价格杠杆和竞争机制的功能,把资源配置到效益较好的环节中去,并给企业以压力和动力,实现优胜劣汰;运用市场对各种经济信号的反应比较灵敏的优点,促进生产和需求的及时协调。同时,也要看到市场有其自身的弱点和消极方面,必须加强和改善国家对经济的宏观调控。我们要大力发展全国的统一市场,进一步扩大市场的作用,并依据客观规律的要求,运用好经济政策、经济法规、计划指导和必要的行政管理,引导市场健康发展。

二、建立公共财政框架的提出

社会经济体制决定财政体制。在我国计划经济体制下,政府是资源配置的主体。国家财政不仅要满足从国防安全、行政管理、公安司法到环境保护、文化教育、基础科研、卫生保健等方面的社会公共需要,进行能源、交通、通讯和江河治理等一系列社会公共基础设施和非竞争性基础产业项目的投资,而且还要承担为国有企业供应经营性资金、扩大再生产资金以及弥补亏损的责任,甚至还要为国有企业所担负的诸如职工住房、医疗服务、子弟学校、幼儿园和其他属于集体福利设施的投资提供补贴等。正是由于财政职能范围所带有的事无巨细、包揽一切的特征,我们将计划经济体制下的财政称为"生产建设财政"。

随着建立社会主义市场经济体制改革目标的确立,迫切要求有与之相适应的财政体制,党的十四大召开以后,财政实践就开始向以财政改革匹配社会主义市场经济体制的深刻变革和转型迈进。1994 年的财税体制配套改革,适应了社会主义市场经济发展和建立宏观间接调控体系的要求,朝着建立社会主义公共财政方向作出了重要的铺垫。1998 年年末,经过长期探索,全国财政工作会议明确提出了建立公共财政基本框架的目标。之后,公共财政建设不断推进。

这一时期,我国按照公共财政的内涵特征提出的基本要求,以"经济性分权"的分税制为基础的分级财政体制为依托,从解决政府"越位"和"缺位"问题入手,加快财政改革与发展,着力构建公共财政框架体系。

三、构建公共财政框架体系的基本要求

世界上实行市场经济体制国家的财政运行机制,尽管形式各异,侧重点多样,但其基本的模式具有相似的共性。这就是,以满足社会的公共需要为口径界定财政职能范围,并以此构建政府的财政收支体系。这种为满足社会公共需要而构建的政府收支活动模式或财政运行模式,在理论上被称为"公共财政"。公共财政的内涵特征,对中国实现适应经济社会转轨的财政转型、构建公共财政框架体系提出的基本要求,可认为至少包括如下几点。

(一) 以满足社会公共需要作为财政分配的主要目标和工作重心

这一特征与要求的实质,是在财政分配中正确处理公共性与阶级性的关系。在社会主义初级阶段,为了社会的共同利益和不断进步,在政府职能上强调满足社会公共需要,并以此作为政府理财系统的主要目标和工作重心,与阶级消亡的历史发展趋势相吻合,和我们现代化阶段上以经济建设为中心最终实现共同富裕的具体任务紧密结合。当然,在理直气壮地强调财政服务于社会和谐、全面小康、共同富裕的同时,也要客观地、实事求是地看待和正确处理还未消失净尽的、全球竞争背景下的阶级属性因素。

(二) 以提供公共产品和服务作为满足公共需要的基本方式

这一要领的实质,是正确地处理政府和市场的关系。市场应该成为资源配置的基础与决定性机制,以利于寻求生产力的解放和最高的总体效益。事实证明,市场主体在分散决策下的运行机制和资源配置机制更有利于解放生产力,这是现阶段的基本现实。但是市场也有其缺陷,有其失灵的领域,政府就必须在这些领域,主要是在公共产品和服务由市场不能有效提供的领域,担负起应尽的责任。政府与市场的"分工合作"有利于生产力的解放和社会总福利与社会效益总水平的最大化。

(三) 以公民权利平等、政治权力制衡前提下的规范的公共选择作为决策机制

公共财政和原来没有进入到此状态的财政以及原来状态下的整个政府理财及

相关决策机制之间的本质的不同,就是要实行政府理财和公共事务管理的法治化、民主化、科学化,这种权力制衡前提之下规范的公共选择制度安排,正与公共财政对应匹配,其实质是要求我们从理念到制度规范义无反顾地走法治化、民主化的道路。

(四) 在管理运行上以现代意义的具有公开性、透明度、完整性、事前确定、严格执行、追求绩效和可问责的预算作为基本管理制度

现代意义的预算是落实公共财政所有理念、原则、目标和功能的现实载体与操作形式。这一特征和要求归结起来,实质内容是以周密的理财制度防止公权扭曲和落实公共财政的目标、原则与机制。需以透明、完整的预算内容和合理、严谨的预算程序,防范以行使公权形式导致的公共资源误配置,接受公众监督,实施全面的绩效评估与问责约束,形成提高财政分配绩效的长久机制。

四、从解决政府"越位"与"缺位"问题入手

从公共财政角度来看,财政"以政控财,以财行政"主要是为社会提供公共产品与服务,同时还要纠正市场失灵。如果政府提供公共产品与服务不足或纠正市场失灵不够及时,可称为政府"缺位";如果政府做了本应由市场来做的事情,可称为政府"越位"。构建公共财政框架体系,就是从解决政府"越位"与"缺位"入手,"越位"的领域逐步退出,"缺位"的领域尽快进入。

总的来讲,过去政府做的属于"越位"的事项不少。比如,竞争性领域的投资是典型的市场活动,按照"市场能干的,就交给市场"的原则,财政应从一般性投资的竞争性领域退出去。又如,应用性研究与基础科学研究的性质不同,后者属于公共物品或服务范畴,其成果为社会共享,不能作为商品出售,财政理应给予支持,负担主要的相关经费;前者的成果可以直接运用于生产和生活,在专利制度下其知识产权可以作为商品出售,研究费用既可以由此得到补偿,还可获得相应盈利,财政就不应负担或不应全部负担其经费。再如,一般性文艺团体,它们的经营收入,同样可以弥补成本并获得盈利,应当实行企业化管理,财政不应提供经费。此外,弥补国有企业亏损(特别是弥补竞争性领域的国有企业亏损),以及给予一般加工工业的投资补贴,从发展和完善社会主义市场经济和公共财政的角度看,它们不是社会公共需要领域的事项,财政有必要逐步退出去。

可以视为"缺位"的事项也有不少。比如,在实行市场经济制度的国家中,社会保障作为一种社会公共需要颇受各国政府重视,财政在社会保障方面的支出应是

财政资金发挥功能作用的重要组成部分。随着我国市场化进程的逐步加快,社会保障体系欠缺对于改革与发展的制约作用已越来越突出地显露出来,财政应当加大这方面的投入。又如,调节收入分配方面,从计划经济走向市场经济,政府不再拥有直接调节全部收入分配的合理性和可行性,而需要使用经济杠杆为主的间接手段,以转移支付、税收等调节社会再分配,但在这个方面,财政很长时间没有多少作为。再如,义务教育从其给全社会带来的综合效益看,属于社会公共需要,相对于世界各国的平均水平而言,我国对义务教育事业的财政投入不足。除此之外,诸如环境保护、维护市场秩序等,都是市场本身所不能解决的问题,财政在过去给予的注意与支持也存在着明显不足。

从"越位"的领域退出并补足"缺位"的事项,即纠正因"越位"和"缺位"而带来的政府职能"错位"现象,科学合理界定财政的职能范围,成为向市场经济所要求的公共财政职能转变的重要切入点。

第二节　分税制财政体制改革及其完善

为了适应社会主义市场经济发展的需要,在借鉴市场经济的国际经验并充分考虑国情的基础上,我国于 1994 年进行了影响极为重大和深远的分税制财政体制改革。这一财政体制改革突破了行政性"让利、放权"的传统改革思路,向构建市场经济条件下"经济性分权"的财政体制与财政运行机制迈出了关键的一步,也是新中国成立以来政府间财政关系方面涉及范围最广、调整力度最强、影响最为深远的重大制度创新,在新中国财政史上具有里程碑意义。分税制改革实施后,按照税种划分中央、地方收入,同时打破了长期以来实行的"条块分割"的行政隶属关系,使不同类型的各种企业,都在依法纳税后公平竞争,既增强了中央宏观调控能力,又调动了地方和企业的积极性,促进了全国统一大市场的形成,为社会主义市场经济的发展提供了有力的财政体制支撑。

一、1994 年的分税制财政体制改革

(一) 分税制财政体制改革的背景

党的十四大确立了建立社会主义市场经济体制的总体目标后,我国各项经济体制都按照市场经济的要求加快改革。财政体制改革首当其冲,原有财政体制采取多种形式的包干办法,是不规范的"条块分割"和以行政隶属关系控制企业格局

下的行政性分权,已明显不能适应社会主义市场经济的要求,一方面各类企业得不到公平竞争的"一条起跑线",另一方面包干体制弱化了中央财政宏观调控能力,造成地方政府减免税等方面的无序竞争,以及重复建设和区域封锁等问题,弊端已呈愈演愈烈之势。在这种背景下,分税制财政体制改革被提上重要的议事日程,目的就是按照改革和发展的需要,适应市场经济体制改革的基本要求。

1. 社会主义市场经济需要建立统一的、开放的大市场

在市场经济体制下,资金、人才、劳动力、生产资料和消费资料应可自由流动,通过产权明晰、公平竞争中的流动使资源达到合理配置。这要求政府营造良好的经济发展环境,以利于企业在市场经济条件下公平竞争焕发活力,实现资源的有效配置,达到提高全社会综合经济效益的目的。但包干体制下"条块分割"未变,只是"条条为主"的行政性集权变为"块块为主"的行政性分权,从中央到地方各级政府仍按企业的行政隶属关系组织财政收入和控制企业,对不同产品按不同税率征收的流转税纷繁复杂、客观依据严重不足,并导致各地政府在自身利益的驱动下,热衷于发展那些税高利大的企业,重复建设和资源浪费严重;因此,这种体制无法真正弱化政府对企业生产经营的干预,不利于政企职能的分离、企业公平竞争和政府行为矫正错位而合理化。

2. 社会主义市场经济体制要求构建间接调控的财政政策工具

市场经济条件下,国家对经济的调控要由过去的以计划手段为主的直接管理向以经济杠杆为手段的间接调控为主转变。财政调控是间接调控的重要政策工具。但是在包干体制下,很难建立有效的政府对企业和中央对地方的协调机制,政府对企业仍按照行政隶属关系实施控制和组织财政收入;中央财政调控手段单一,对上解地区基本上只是控制一个上解比例;对收不抵支地区基本上只是运用无条件的补助形式。包干制本身缺乏建立间接调控机制的基本条件。此外,中央财政收入占全部财政收入的比重不断下降,困难日益加剧,也严重弱化了中央的调控能力,与建立社会主义市场经济体制的总体目标相悖。

3. 社会主义市场经济要求有全国统一、规范而又稳定的财税制度

社会主义市场经济要求减少不必要的波动和人为因素的干扰,而财政包干体制种类繁多,计算复杂,人为因素影响大,容易造成各地区间的苦乐不均,不利于地方经济的均衡发展,不利于营造规范的社会主义市场经济环境。

在财政连年困难、亟待振兴的情况下,至1993年上半年,国家财政特别是中央财政更显十分紧张:整个财政收入一季度比1992年同期下降2.2%,按可比口径也仅仅持平;工商税收1 400亿元,比上年同期增12%,扣除出口退税因素,

仅比上年同期增长 1.4％。[1] 财政收入增长与经济增长比例失衡,全国生产增长速度很高,而国家财政特别是中央财政十分紧张。税收增幅小,开支却大幅增长。资金不到位的情况多方出现:粮食收购财政亏损性补贴资金不到位;重点建设资金不到位,很多重点建设项目被卡住脖子,如铁路、港口、民航等。按照往年的进度,重点建设资金上半年至少要拨付全年的 40％,而 1993 年上半年为 19.5％,差了将近一半;重点生产企业和重点出口企业缺乏流动资金。与此同时,需要由中央财政收入中支出的硬支出,一分也不能少。正是在上述情况下,党中央果断决策,一场具有深远影响的分税制改革在中国拉开了序幕。

1993 年 11 月,党的十四届三中全会通过了《中共中央关于建立社会主义市场经济体制若干问题的决定》,特别指出要积极推进财税体制改革,其宗旨就是建立与社会主义市场体制相配套的、合理规范的财政体制。财税体制改革的重点:一是要把现行地方财政包干制改为在合理划分中央与地方事权与财权基础上的分税制,建立中央税收和地方税收体系。把维护国家权益和实施宏观调控所必需的税种列为中央税;同经济发展直接相关的主要税种列为共享税;充实地方税税种,增加地方税收入。通过发展经济,提高效益,扩大财源,逐步提高财政收入在国民生产总值中的比重,合理确定中央财政收入和地方财政收入的比例。实行中央财政对地方的返还和转移支付制度,以调节分配结构和地区结构,特别是扶持经济不发达地区的发展和老工业基地的改造。二是按照统一税法、公平税负、简化税制和合理分权的原则,改革和完善税收制度。

(二) 分税制财政体制改革的主要内容

1993 年 12 月,国务院发布了《关于实行分税制财政管理体制的决定》,决定从 1994 年 1 月 1 日起在全国实行分税制财政体制。这次改革是按照"存量不动、增量调整,逐步提高中央的宏观调控能力,建立合理的财政分配机制"的原则设计的。在原包干体制确定的地方上解和中央补助基本不变、不触动地方既得利益的情况下,结合税制改革,对财政收入增量分配进行了重大调整。

分税制财政体制改革,既要考虑社会主义市场经济体制的一般要求,又要兼顾我国的具体国情;既要考虑经济发展的长远目标,又要兼顾当时的客观现实;既要考虑中央的需要,也要兼顾地方的利益。因此,当时确定分税制财政体制改革的指导思想包括四个方面:一是正确处理中央与地方的分配关系,调动两个积极性,促进国家财政收入的合理增长。既考虑地方利益,调动地方发展经济、增收节支的积

---

[1] 吕冰洋:《改革事权和支出责任划分》,《中国社会科学报》,2014 年 5 月 28 日。

极性,又逐步提高中央财政收入的比重,适当增加中央财力,增强中央政府的宏观调控能力。中央从财政收入的增量中适当多得一些,以保证中央财政收入的稳定增长。二是合理调节地区之间财力分配。既有利于经济发达地区继续保持较快的发展势头,又有利于通过中央财政对地方的税收返还和转移支付制度,扶植经济不发达地区的发展和老工业基地的改造。同时,促使地方加强对财政支出的约束。三是坚持统一领导与分级管理相结合的原则。划分税种不仅要考虑中央与地方的收入分配,还要考虑税收对经济发展和社会分配的调节作用。中央税、共享税以及地方税的立法权都集中在中央,以保证中央政令统一,维护全国统一市场和企业平等竞争。税收实行分级征管,中央税和共享税由中央税务机构负责征收,地方税由地方税务机构负责征收。四是坚持整体设计与逐步推进相结合的原则。分税制改革既要借鉴国外经验,又要从我国的实际出发。在明确改革目标的基础上,力求规范化,抓住重点,分步实施,逐步完善。通过划分税种和分别征管堵塞漏洞,保证财政收入的合理增长;先把主要税种划分好,其他收入的划分逐步规范;作为过渡办法,原有补助、上解和有些结算事项继续按原体制运转;中央财政收入占全部财政收入的比重要逐步提高,对地方利益格局的调整也逐步进行。

根据上述指导思想,1994 年分税制财政体制改革的基本内容如下。

1. 中央财政与地方财政支出划分

根据中央政府和地方政府的事权划分,合理确定中央财政与地方财政的支出范围,这是实行分税制财政体制的重要内容。1994 年分税制财政体制改革确定中央与地方支出划分的基本原则是:中央财政主要承担国家安全、外交和中央国家机关运转所需经费,调整国民经济结构、协调地区发展、实施宏观调控所必需的支出以及由中央直接管理的事业发展支出。地方财政主要承担本地区政权机关运转所需支出以及本地区经济、事业发展所需支出。经过划分,中央财政支出主要有 14 个方面,地方财政支出主要有 13 个方面(见表 35)。

2. 中央财政与地方财政收入划分

立足本国国情,合理借鉴国际经验,并考虑到各税种的特殊情况,分税制财政体制改革将维护国家权益、实施宏观调控所必需的税种划为中央税;将同经济发展直接相关的主要税种划为中央与地方共享税;将适合地方征管的税种划为地方税,并充实地方税税种,增加地方税收入。

在 1994 年分税制收入划分中,中央固定收入有 8 种,地方固定收入有 18 种,中央与地方共享收入有 3 种(见表 36)。

表 35 1994 年中央与地方财政支出划分表

中央财政支出	地方财政支出
1. 国防费 2. 武警经费 3. 外交和援外支出 4. 中央级行政管理费 5. 中央统管的基本建设投资 6. 中央直属企业技改和新产品试制费 7. 地质勘探费 8. 由中央财政安排的支农支出 9. 国内外债务的还本付息支出 10. 中央本级负担的公检法支出 11. 中央本级负担的文化支出 12. 中央本级负担的教育支出 13. 中央本级负担的卫生支出 14. 中央本级负担的科学支出	1. 地方行政管理费 2. 公检法支出 3. 部分武警经费 4. 民兵事业费 5. 地方统筹的基本建设投资 6. 地方企业技改和新产品试制费 7. 支农支出 8. 城市维护建设支出 9. 地方文化支出 10. 地方教育支出 11. 地方卫生支出 12. 价格补贴支出 13. 其他支出

表 36 1994 年中央与地方税收划分表

中央固定收入	地方固定收入	中央与地方共享收入
1. 关税 2. 海关代征的消费税和增值税 3. 消费税 4. 中央企业所得税 5. 地方银行和外资银行及非银行金融企业所得税 6. 铁道部门、各银行总行、各保险总公司等集中缴纳的营业税、所得税、利润和城市维护建设税 7. 中央企业上缴的利润 8. 外贸企业的出口退税	1. 营业税（不含铁道部门、各银行总行、各保险公司集中缴纳的营业税） 2. 地方企业所得税（不含地方银行和外资银行及非银行金融企业的所得税） 3. 地方企业上缴利润 4. 个人所得税 5. 城镇土地使用税 6. 固定资产投资方向调节税 7. 城市维护建设税（不含铁道部门、各银行总行、各保险总公司集中缴纳的部分） 8. 房产税 9. 车船使用税 10. 印花税 11. 屠宰税 12. 农牧业税 13. 农业特产税 14. 耕地占用税 15. 契税 16. 遗产和赠与税 17. 土地增值税 18. 国有土地有偿使用收入	1. 增值税 中央分享 75％ 地方分享 25％ 2. 资源税 海洋石油资源税归中央，其他资源税归地方 3. 证券交易税 中央分享 50％ 地方分享 50％

需要说明的是,关税、海关代征的消费税和增值税体现国家权益,作为中央收入;消费税的宏观调控功能较强,如果划归地方,受地方利益机制的影响,不利于国家宏观调控政策的实施,同时宏观经济政策的变动会造成收入的波动,不利于地方收入的稳定,也容易形成国家政策对地方预算平衡的冲击,因此作为中央固定收入。出口退税增量改为全部由中央财政负担,主要是因为实行新的收入划分办法后,消费税全部作为中央收入,增值税也大部分作为中央收入,改变了改革前那种征税在地方,退税在中央的状况。资源税,按照资源国有的原则,应当划归中央,但考虑到资源大部分集中在中西部地区,资源大省一般都是财政穷省,因此将资源税划为共享税,除海洋石油资源税划归中央外,其他资源税全部划给地方,以体现对中西部地区的政策照顾。

3. 中央财政对地方财政的税收返还制度

为了使财政体制改革顺利运行,分税制财政体制的方案确定了维持地方1993年既得利益的政策。实行按税种划分收入的办法后,原属地方支柱财源的"两税"收入(消费税和增值税收入的75%,下同)上划到中央,成为中央级收入,如果中央不采取相应补偿措施,必然影响地方的既得利益,不利于新旧体制的平稳转换,为此,分税制财政体制改革制定了税收返还的办法。即以1993年为基期年,按分税后地方净上划中央的收入数额,作为中央对地方的税收返还基数,基数部分全额返还地方。为了尽量减少对地方财力的影响,调动地方政府的积极性,国务院还决定,不仅税收返还基数全额返还地方,1994年以后还要给予一定的增长。增长办法是:从1994年开始,税收返还与消费税和增值税(75%部分)的增长率挂钩,每年递增返还。关于税收返还的递增率,按当年全国增值税和消费税平均增长率的1∶0.3系数确定。1994年8月,根据各方面的意见和要求,为了更充分地调动各地区组织中央收入的积极性,将税收返还的递增率改为按各地区分别缴入中央金库的"两税"增长率的1∶0.3系数确定。即各地区"两税"每增长1%,中央财政对该地区的税收返还增长0.3%。

核定中央对地方税收返还基数关系到中央和地方的切实利益。财政部根据《国务院关于实行分税制财政管理体制的决定》中以1993年为基数的政策,和《国务院批转国家税务总局工商税制改革实施方案的通知》中有关税种的改革办法,制定了中央对地方税收返还基数的计算方法。由于分税制财政体制改革与税收管理体制改革同步进行,分税制体制又以原税制的1993年数字为基数,因此在计算税收返还的时候,需要将原税种数字转换为新税种数字。

对分税制税收返还基数的影响主要是在流转税的税种变化上面,税制改革中流转税各税种变化情况如下:原税制下的产品税、增值税、特别消费税、烧油特别税、烟酒专项收入等分别转到新税制下的消费税和增值税。(1)对农林牧水产品征收的产品税转入农业特产税;(2)对生猪、菜牛、菜羊征收的产品税转入屠宰税;(3)冶金企业、两碱(烧碱、纯碱)企业等由于税制改革后增值税税负下降,部分税收通过征收资源税以保持原税负,因此,冶金企业和两碱企业的部分增值税转入资源税;(4)除上述三项外,其余部分转入消费税和增值税。按 1992 年税收普查资料测算,26.95% 转入消费税,73.05% 转入增值税。

原营业税主要分解为两部分,商业批发零售营业税改为征收增值税,劳务和第三产业继续征收营业税。

原工商统一税按三资企业的经营品种和性质,分别转入消费税、增值税和营业税。

税收返还基数是按分税制规定的地方净上划中央的收入计算的。净上划收入是指地方上划收入和中央下划收入相抵后的余额。按分税制办法规定,地方上划中央的收入项目主要有消费税、增值税(75%)、证券交易税(50%)、外资银行及地方非银行金融企业所得税。中央下划地方的收入项目主要有城镇土地使用税(50%)、耕地占用税(30%)、国有土地有偿出让收入等(个别地区还包括资源税)。为了计算方便,原来中央与地方实行固定比例分成的流转税收入和烟酒专项收入,采取先下划地方、再上划中央的办法。

先计算中央下划地方收入,计算出产品税、增值税、烟酒专项收入、批发和零售营业税总额。计算公式如下:

$$各税总额 = 原地方收入部分 + 原中央收入部分$$

然后确定税收返还基数,计算公式如下:

税收返还基数=(产品税、增值税、烟酒专项收入、批发和零售营业税总额-转特产税和屠宰税部分)×消费税转换比例+(产品税、增值税、烟酒专项收入、批发和零售营业税总额-特产税和屠宰税部分)×增值税转换比例×75%+批发和零售营业税×75%+工商统一税转消费税的收入+工商统一税转增值税的收入×75%+茶叶、原木、盐等转入增值税收入×75%+地方金融企业所得税+证券交易税×50%-中央下划收入-联合矿山新增资源税×75%-卷烟应上解中央的收入

4. 配套改革和其他政策措施

(1) 改革国有企业利润分配制度。根据建立现代企业制度的基本要求,结合税制改革和实施《企业财务通则》《企业会计准则》,合理调整和规范国家与企业的利润分配关系。

(2) 同步进行税收征管体制改革。从 1994 年 1 月 1 日起,在现有税务机构基础上,分设中央税务机构和地方税务机构,分别征税,这是分税制改革的一个重要的特点。国家税务局负责征收中央固定收入和中央与地方的共享收入,地方税务局负责征收地方固定收入。

(3) 改进预算编制办法,硬化预算约束。实行分税制之后,中央财政对地方的税收返还列中央预算支出,地方相应列收入;地方财政对中央的上解列地方预算支出,中央相应列收入。中央与地方财政之间都不得互相挤占收入。改变此前中央代编地方预算的做法,每年由国务院提前向地方提出编制预算的要求。地方编制预算后,报财政部汇总成国家预算。

(4) 建立适应分税制需要的国库体系和税收返还制度。根据分税制财政体制的要求,原则上一级政府一级财政,同时,相应要有一级金库。在执行国家统一政策的前提下,中央金库与地方金库分别向中央财政和地方财政负责。实行分税制以后,地方财政支出有一部分要靠中央财政税收返还来安排。为此,要建立中央财政对地方税收返还和转移支付制度,并且逐步规范化,以保证地方财政支出的资金需要。

(5) 建立并规范国债市场。为了保证财税改革方案的顺利出台,1994 年国债发行规模适当增加。为此,中央银行开展了国债市场业务,允许国有商业银行进入国债市场,允许银行和非银行金融机构以国债向中央银行贴现融资。国债发行经常化,国债利率市场化,国债二级市场由有关部门协调管理。

(6) 妥善处理原由省级政府批准的减免税政策问题。考虑到有些省、自治区、直辖市政府已经对一些项目和企业作了减免税的决定,为了使这些企业有一个过渡,在制止和取缔越权减免税的同时,对于 1993 年 6 月 30 日前,经省级政府批准实施的未到期地方减免税项目或减免税企业,重新报财政部和国家税务总局审查、确认后,从 1994 年起,对这些没有到期的减免税项目和企业实行先征税后退还的办法。这部分税收中属中央收入部分,由中央财政统一返还给省、自治区、直辖市政府,连同地方收入部分,由省、自治区、直辖市政府按政策规定统筹返还给企业,用于发展生产。这项政策执行到 1995 年。

5. 解决原体制遗留问题

1994 年实行分税制后,原包干体制的地方上解和补助办法基本不变。即原实行递增上解的地区,仍按原规定办法继续递增上解;原实行定额上解的地区,仍按原确定数额继续定额上解;原实行总额分成的地区和原分税制试点地区,改为一律实行递增上解,即以 1993 年实际上解数为基数,从 1994 年起按 4% 的递增率递增上解。

为了进一步规范分税制财政体制,1995 年对上述办法进行了调整,规定:从 1995 年起,凡实行递增上解的地区,一律取消递增上解,改为按各地区 1994 年实际上解额实行定额上解。

6. 过渡期转移支付

(1) 背景。作为分税制财政体制重要组成部分的转移支付制度,不仅是完善分税制财政体制的需要,也是确保地方财政健康运转的现实要求。作为 1994 年分税制改革的配套措施,中央财政在深入研究并借鉴国际经验的基础上,引入了旨在均衡地区间财力差异的过渡期转移支付,经国务院批准后于 1995 年开始实施。其指导思想是:不调整地方既得利益,中央财政从收入增量中拿出一部分资金,逐步调整地区利益分配格局;兼顾公平和效率,转移支付力求公正、合理、规范,同时,适当考虑各地的收入努力程度;转移支付有所侧重,重点缓解地方财政运行中的突出矛盾,体现对民族地区的适度倾斜。

(2) 基本思路与方法。按照规范的办法,均衡拨款应参照各地方政府的"标准收入"和"标准支出"确定。但是,由于各税种税基的基本数据难以取得,大部分收入项目的"标准收入"测算比较困难。因此,过渡期转移支付按照"财力"低于"标准支出"的差距作为确定转移支付的基础,同时适当考虑各地的收入努力程度。收入努力不足的地区,其"财力"低于"标准支出"的差距,应通过强化征管、合理利用税基等途径增加收入予以弥补,仍有缺口的,其财力不足额则作为计算转移支付的依据。"标准支出"确定的基本思路是:选择对地方财政支出影响较为直接的客观因素,根据经验数据,运用多元回归的方法,建立标准支出模型。

过渡期转移支付制度除了对全国 30 个地区按统一因素、统一公式计算转移支付外,还针对民族地区的财力状况,建立了对民族地区的政策性转移支付,以解决民族地区当时突出的矛盾。少数民族地区财源基础薄弱,人均财政收入水平低,加之主要分布在西部边远地带,自然条件较为艰苦,不仅财政支出成本高,而且财政收入自给率低。为贯彻《中华人民共和国民族区域自治法》,切实帮助解决民族地区的困难,将 8 个民族省区和民族省区之外的民族自治州纳入政策性转移支付的范围,选用"财政供养人口人均财力""财政供养人口""1979 年以来的财力递增率"3 项综合性指标,增加对民族地区的政策性转移支付。

各地享受转移支付额的计算公式如下:

$$\begin{matrix} 某省区转移 \\ 支付补助数 \end{matrix} = \left(\begin{matrix} 该省区 \\ 标准支出 \end{matrix} - \begin{matrix} 该省区 \\ 财力 \end{matrix} - \begin{matrix} 该省区收入 \\ 努力不足额 \end{matrix} \right) \times \begin{matrix} 客观因素转 \\ 移支付系数 \end{matrix} + \begin{matrix} 政策性转 \\ 移支付额 \end{matrix}$$

(3) 基本评价。"过渡期转移支付办法"从我国的国情出发,合理借鉴国外的经验,在客观因素的选择和具体计算方法方面,有明显的现实性、政策性和较强的可操作性,主要优点有:一是不触动地方既得利益,保持了分税制的相对稳定,保护了地方发展经济、组织收入的积极性,方案的整体思路符合分税制改革的指导思想,也符合转移支付的长远目标与基本原则;二是中央从收入增量中拿出一部分资金用于转移支付,适度向民族地区及财力薄弱地区倾斜,既体现了民族政策,又有助于缓解地方财政运行中的突出矛盾;三是方案首次采用现代计量经济学的办法,初步达到了科学、规范的基本要求,是我国财政体制改革的一次重大创新。

7. 经济特区与开发区财政管理体制

改革开放后,为利用部分地区经济发展的优势,迅速提升国力,国家对经济特区等各类经济区域制定了一系列财税优惠政策,对促进对外经济贸易往来、吸引外来资金、发展高新技术、带动内地经济发展起到了积极作用。分税制财政体制改革充分考虑了经济特区和开发区的特点,对经济特区和开发区实行了一定时期的特殊财政体制。

(1) 经济特区财政体制。1993 年以前,中央政府对经济特区实行特殊的财政体制并给予优惠政策,1994 年以后,除原体制继续执行外,各经济特区统一执行分税制财政体制。

深圳经济特区:1979—1989 年,收入全留,支出以 1979 年为基数,由广东省财政按比例拨款并逐步过渡到全部自理。从 1990 年起,中央财政对深圳市实行上解额递增包干办法,递增率为 9%。

珠海经济特区:广东省对该特区实行与深圳一样的财政体制。

汕头经济特区:广东省对该特区实行自收自支的财政体制。

厦门经济特区:初期实行向福建省"定额上解"的财政体制。1991—1993 年,福建省对其实行"划分收支、递增上解(7%)、一定三年"的财政体制。1993 年,厦门市财政实行单列,对福建省财政实行递增上解,递增率为 9%。

海南特区:一直实行吃补贴的财政体制,建省前享受中央财政对特区、沿海开放城市、开发区的各项优惠政策。1988 年建省以后,一直到 1995 年,中央对海南省实行"收支包干、定额补贴"的财政体制。在此期间,每年由中央财政定额补贴,同时从 1988 年开始,广东省按体制上缴中央的收入全部补助海南省。从 1991 年开始,取消广东省上缴中央的收入补助海南的政策,改由中央专款补助,用于海南省各项事业的发展。

浦东新区:1990 年,中央决定开发开放浦东。"八五"期间,新增财政收入全部留用。"九五"期间,在统一实行分税制的前提下,以 1993 年上划中央"两税"收入为基数,新区的"两税"收入增幅在 15% 以内的,按规定应上划中央财政收入部分全部进入浦东发展基金;超过 15% 部分,50% 上划中央,50% 进入浦东发展基金。经国务院同意,浦东新区的财政优惠政策 2000 年到期后,按 2000 年返还额的一半再补助一年。

(2)经济技术开发区财政体制。1984—1985 年,国家先后设立天津等 14 个沿海开放城市经济技术开发区。开发区从建立之日起至 1995 年,新增财政收入全部留用;1996—1998 年,以 1995 年中央对开发区收入的返还额为基数,按 75%、50% 和 25% 的比例递减补助 3 年;1999 年起统一执行分税制财政体制。

1992—1993 年,国家设立 14 个边境经济技术开发区,"八五"期间,新增财政收入全部留用;1996—1998 年,按 1995 年的税收返还额定额补助;1999 年起统一执行分税制财政体制。

1993—1994 年起,设立武汉等 10 个经济技术开发区,从批准之日起,5 年内新增财政收入全部留用。经国务院同意,1999—2001 年,以 1998 年返还额为基数,按 75%、50% 和 25% 的比例再递减补助 3 年。北京与乌鲁木齐的经济技术开发区由于批准晚 1 年,相应推后 1 年。

(3)苏州工业园区财政体制。1994 年,经国务院批准,设立苏州工业园区。在统一执行分税制的前提下,园区新增财政收入 5 年内全部留用。经国务院同意,从 1999 年起,以 1998 年中央财政对园区的"两税"返还额为基数,按 80%、60%、40% 和 20% 的比例再递减补助 4 年。

开发区特殊财政体制的实施,增强了开发区的自我发展能力,促进了特定区域的快速发展,但是开发区优惠政策在执行过程中也出现了一些问题:一是容易引发地区间攀比。部分享受优惠政策的开发区要求比照惯例延长补助期限,一些未纳入优惠政策范围的开发区要求享受体制照顾。二是出现违反财政政策、挤占中央财政收入的现象。一些开发区存在区内注册、区外经营,将区外收入转作区内收入和虚报开发区"两税"收入,骗取中央财政的"两税"增量返还。

　　针对上述问题,为了进一步理顺财政分配关系,促进社会主义市场经济体制建设,经国务院同意,对开发区收入分配政策进行了调整。调整的主要内容是:停止执行大连、天津等 14 个沿海开放城市经济技术开发区及苏州工业园区新增收入全留政策;黑河、绥芬河等 14 个边境经济技术开发区"两税"定额返还政策;浦东新区政策期满后,按到期返还额的 50% 再补助 1 年;北京、乌鲁木齐等 10 个经济技术开发区新增收入返还政策到期后,按照到期年返还额的 75%、50% 和 25% 的比例递减补助 3 年。

二、分税制财政体制的进一步完善

　　分税制改革实施以后,根据经济形势的发展变化,我国在稳定分税制体制框架的基础上,采取了一系列调整和完善措施。一段时期内的几项重点调整与完善措施如下。

(一)调整证券交易印花税中央与地方分享比例

　　实行分税制财政体制初期,证券交易印花税中央与地方(上海市和深圳市)各分享 50%。随着我国证券交易市场的发展,证券交易规模不断扩大,证券交易印花税大幅增长。为妥善处理中央与地方的财政分配关系,增强中央宏观调控能力,国务院决定,自 1997 年 1 月 1 日起,将证券交易印花税收入分享比例调整为中央80%、地方 20%。后因证券交易印花税税率由原来对买卖双方各征收 3‰ 调高到5‰,调高税率增加的收入全部作为中央收入,因此,中央与地方证券交易印花税分享比例折算为中央 88%、地方 12%。2000 年,国务院再次决定,从当年起分 3 年将证券交易印花税分享比例逐步调整到中央 97%、地方 3%。中央由此增加的收入主要用于支持西部贫困地区发展,并作为补充社会保障资金的一个来源。

(二)调整金融保险营业税收入划分

　　为了发挥税收的调控作用,进一步理顺国家与金融、保险企业之间的分配关系,促进金融保险企业间平等竞争,保证国家财政收入,国务院决定,从 1997 年 1 月 1 日起,将金融保险营业税税率由 5% 提高到 8%。提高营业税税率后,除各银行总行、保险总公司缴纳的营业税仍全部归中央收入外,其余金融、保险企业缴纳的营业税,按5% 税率征收的部分归地方财政,提高 3 个百分点征收的部分归中央财政。为了支持金融保险行业的改革,从 2001 年起,国务院决定,金融保险业营业税税率每年下调1 个百分点,分 3 年将金融保险业的营业税税率降至 5%,中央分享部分也随之取消。

(三)实施所得税收入分享改革

　　针对所得税划分存在的问题,在深入调查研究和广泛征求地方意见的基础上,国务院决定,从 2002 年 1 月 1 日起实施所得税收入分享改革。改革的指导思想是:根据社会主义市场经济发展的客观要求,并借鉴国际通行做法和经验,在保持分税制财政体制基本稳定的前提下,进一步规范中央与地方的财政分配关系,为企业改革发展和公平竞争创造良好环境,促进地区之间协调发展和经济结构合理调整,维护社会稳定,逐步实现共同富裕。改革的基本原则是:第一,中央因改革所得税收入分享办法增加的收入全部用于对地方主要是中西部地区的一般性转移支付。第二,保证地方既得利益,不影响地方财政的平稳运行。第三,改革循序渐进,分享比例分年逐步到位。第四,所得税分享范围和比例全国统一,保持财政体制规范和便于税收征管。改革的主要内容包括:一是除铁路运输、国家邮政、中国工商银行、中国农业银行、中国银行、中国人民建设银行、国家开发银行、中国农业开发银行、中国进出口银行以及海洋石油天然气企业外,其他企业所得税和个人所得税收入实行中央与地方按统一比例分享。二是中央保证各地区 2001 年地方实际所得税收入基数,实施增量分成。2002 年所得税收入中央与地方各分享 50%;2003 年中央分享 60%、地方分享 40%,2003 年以后年度,根据实际情况确定中央地方分享比例。三是中央因改革所得税收入分享办法增加的收入全部用于对地方主要是中西部地区的一般性转移支付。四是为了保证所得税收入分享改革的顺利实施,妥善处理地区间利益分配关系,跨地区经营企业集中缴纳的所得税中地方分享部分,按分公司(子公司)所在地的企业经营收入、职工人数和资产总额三个因素在相关地区间分配,其权重分别为 0.35、0.35 和 0.3。

(四) 完善财政转移支付制度

作为分税制财政体制改革的配套措施,1995 年开始实施过渡期转移支付,随着经济社会形势的发展变化,结合分税制财政体制改革的逐步深入,中央财政不断完善对地方的财政转移支付制度。2002 年我国实施的所得税收入分享改革,建立了转移支付资金稳定增长的机制,过渡期转移支付同时改称为一般性转移支付。之后,逐步构建了以财力性转移支付和专项转移支付为主的财政转移支付体系。其中,财力性转移支付体系主要包括一般性转移支付、民族地区转移支付、县乡财政奖补资金、调整工资转移支付、农村税费改革转移支付、年薪结算财力补助等。

三、分税制财政体制改革的成效

分税制财政体制与以往财政体制相比,有着质的区别,财政体制的调节理念和运行方式都发生了巨大转变,不仅打破了原有的按行政隶属关系组织财政收入的格局,形成了保证财政收入正常增长的良性机制,而且规范了政府与企业、中央与地方的财政分配关系。分税制财政体制改革开创了新中国财政史上的新纪元,成为新中国成立以来财政体制改革的里程碑。实践证明,分税制财政体制改革取得了显著成效。

(一)增强了中央宏观调控能力

分税制改革按税种明确划分了中央与地方的财政收入,把与全国性经济、社会调控相关的税种划为中央税,把带有地方性和便于地方管理的税种划为地方税,把少数关系到国计民生的重要税种划为共享税。此后,我国财政收入保持了较快增长势头,国家财政实力显著增强,"两个比重"不断上升,实现了中央和地方财政收入增长的"双赢",也增强了中央宏观调控能力。

1. 中央本级收入占全国财政收入比重大幅提高

分税制财政体制改革后,中央本级收入大幅度提高。1988 年,中央本级财政收入占全国财政收入的比重是 32.9%,到 1993 年这一比重下降为 22.0%。1994 年,中央本级财政收入占全国财政收入的比重为 55.7%,1995 年这一比重为 52.2%,1996 年为 49.4%。虽然随后几年这一比重有所下降,但自 1998 年以后,这一比重又稳步上升,2002 年中央本级财政收入占全国财政收入的比重达到 55.0%,见图 13。从分税制国家的一般经验看,中央本级财政收入占全国财政收入的比重普遍在 60% 以上,有些国家在 70% 以上。我国这一比例虽然略低于全球平均水平,但从我国地方政府级次多、承担事权较多的实际看,还是比较适合当时阶段上我国国情的。

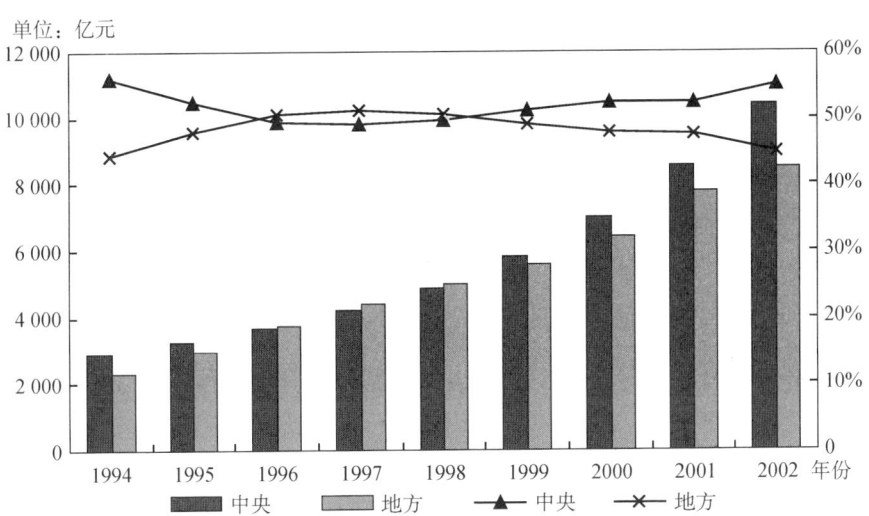

图 13　分税制改革后中央和地方本级财政收入占全国财政收入比重的变动情况

数据来源:《中国财政年鉴 2008》。

2. 中央对地方转移支付力度逐步加大

我国地域辽阔,条件各异,地区间经济发展很不平衡。在财政包干体制下,地区差距拉大,中央宏观调控能力减弱,难以协调地区间发展差距。分税制财政体制改革后,为缩小地区间财力差距,促进公共服务均等化,我国逐步完善了政府间转移支付制度。一方面,转移支付力度逐步加大:1995—2002 年,地方财力规模由 4 383.2 亿元提高到 12 721.3 亿元,其中近 60% 来自中央政府的各项补助。另一方面,转移支付结构渐趋合理,财力性转移支付占转移支付比重由 1994 年的 38.7% 上升到 2002 年的 44.8%,上升了 6.1 个百分点。具体见图 14。转移支付机制为调节不同地区间财力的差距,保证各地区协调发展,强化地方政府的财政能力,促进地方政府管理效能的有效发挥,产生了积极而显著的作用。

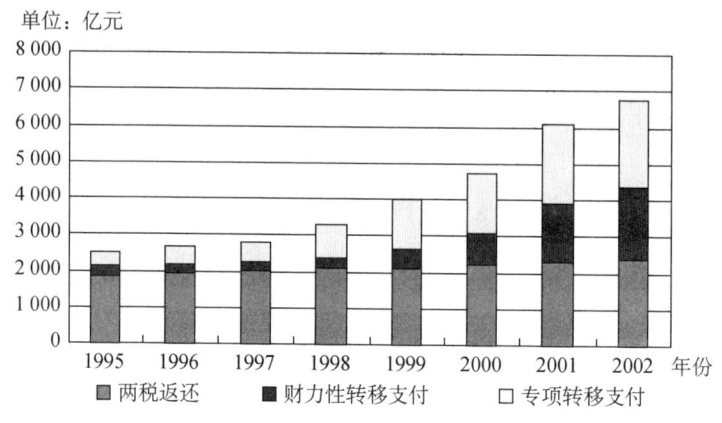

单位:亿元

图 14   1995—2002 年中央补助地方规模及结构示意图

数据来源:《中国财政年鉴 2008》。

3. 财政政策实施能力明显增强

分税制财政体制改革后,我国根据国内外形势的变化,采取了不同的宏观调控措施,从而有效保证了国民经济持续稳定快速发展。在调控的方式上,宏观调控综合性加强,直接调控减少,重点加强了间接调控。财政调控的成功转型,也意味着中央宏观调控能力大为提高。

针对 20 世纪 90 年代初出现的经济过热,我国政府坚持以适度从紧的财政、货币政策为主,再辅之以产业政策、外贸政策以及利率、汇率、价格、关税等经济杠杆,对国民经济实行间接宏观调控。经济增长由 1992 年的 14.2% 逐步减为 1996 年的 9.7%,年均降低近 1 个百分点;物价上涨幅度由 1994 年的 21.7% 回落到 1996 年的 6.1%,回落了 15 个百分点。这次宏观调控使我国经济回到了"高增长、低通胀"

的运行轨道,成功地实现了国民经济运行的"软着陆"。亚洲金融危机爆发后,1998 年我国财政政策开始转变为积极的财政政策,采取扩大预算赤字、增加国债发行、加大政府支出等政策,遏制通货紧缩趋势,扩大内需,刺激经济增长。通过加大政府投资带动社会投资,到 2002 年累计发行 6 600 亿元长期建设国债,有力地拉动了经济的快速增长。同时,还通过其他措施,如提高工资收入以刺激居民消费等,都收到了一定效果。这一时期宏观调控取得了明显效果,成功地抵御了亚洲金融危机的不利冲击,国民经济保持了持续稳定快速增长,宏观调控也积累了防止通货紧缩的经验。

(二) 调动了地方政府积极性

分税制财政体制改革在规范中央与地方的财政关系方面开辟了新的路径。在处理中央与地方的财政分配关系时,不是按照行政隶属的"条块"关系对财政收入进行分割,而是按照税种进行划分。中央与地方都有自己的税源,从而调动了地方发展经济、依法组织收入和加强税收征管的积极性。

1. 调动了地方政府培养和开辟财源、增加收入的积极性

分税制财政体制改革按照税种划分中央与地方的收入,打破了财政包干制下地方辖区内税收和国有企业利润上缴同地方政府利益挂钩的做法,较为彻底地改变了过去那种讨价还价、鞭打快牛的不合理状况,调动了地方政府培养和开辟财源、增加收入的积极性。各级地方政府在巩固共享税源的同时,从实际出发,重点培植有利于地方财政增收的财源。分税制财政体制改革后,地方财政收入保持持续增长态势。1994 年,地方财政本级收入为 2 311.6 亿元,到 2002 年地方财政本级收入达到 8 515.0 亿元,2002 年为 1994 年的 3.68 倍,地方财政实力也由此大大增强。

2. 调动了地方政府加强税收征管的积极性

分税制财政体制改革后,由于税务机构分设和税政的统一,强化了税收征管。尤其是地方税务机构建立后,加强了对小税、分散税种的征收管理,扩大了税源基础,极大地提高了地方政府的征税努力程度,特别是富裕地区的征税努力程度,减少了税收流失。

3. 调动了地方政府推进产业结构调整和资源优化配置的积极性

分税制财政体制改革后,消费税成为中央税,营业税、地方企业所得税和个人所得税成为地方税,增值税成为共享税,制约了地方盲目发展烟、酒等高税产品,减少了各地的重复建设。由于营业税、涉农税收成为地方固定收入中的主体税种,促

进了地方发展高效农业和第三产业的积极性,从而促进了产业结构调整,资源得以优化配置。由此,我国产业结构发生了重大变化,基本符合世界范围内产业结构的演变规律:一是第一产业比重下降,第二产业和第三产业比重上升,各产业内部结构也得到提高。第一、第二、第三产业占国内生产总值的比重,1978 年为 28.1:48.2:23.7,1995 年为 19.8:47.2:33.0,1999 年达到 16.2:45.8:38.0,2002 年这一比例调整为 13.5:44.8:41.7。二是工业持续快速增长,工业化水平进一步提高。三是服务业得到长足发展。这些都充分证明了分税制财政体制对我国产业结构合理调整和资源配置不断优化起到了积极的促进作用。

(三) 促进了全国统一大市场的形成

包干制弱化国家宏观调控,也强化市场割据,制约了我国统一市场的发育。1994 年的分税制财政体制改革,为全国统一大市场的形成扫清了体制障碍,有力地促进了全国统一市场的形成。

1. 促进企业成为独立的市场主体

在传统财政体制下,由于是按照行政隶属关系组织各级政府的财政收入,相应地,各级政府对"自己的企业"过多干预与过多关照。尽管政府实行了各种"放权让利"措施,但"放权"难以真正放到企业,多数国有企业仍然迟迟不能"搞活",各类企业得不到"一条起跑线"的公平竞争环境,企业很难成为独立的市场主体。分税制按税种划分收入,使地方财政收入与企业的行政隶属对应关系与以前相比明显淡化,在政府和企业的关系方面,于全国范围内打开了一个消除"条块分割"关系的新局面,使中央政府和地方政府都开始不再按照企业行政隶属关系而是依法按照税种组织财政收入。它标志着我国改革在经过多年的集权—放权的循环后,终于走过了由"行政性分权"向"经济性分权"的转折点,企业开始成为自主经营、自负盈亏的市场主体。

2. 促进各种所有制经济共同发展

市场经济强调的是平等竞争,各类企业都应该有平等发展的权利。分税制改革为企业创造了规范、宽松的财税制度环境,有利于各种所有制经济的公平有序竞争,强化了市场对资源配置的基础性作用,促进了市场经济中不同经济成分的共同发展。1992 年,我国国有企业工业总产值占全国工业总产值比重为 52%,2002 年这一比重下降为 41%;1992 年,集体企业工业总产值占比为 35%,2002 年锐减到9%;而其他经济类型的占比则从 1992 的 13%上升为 2002 年的 50%。2002 年,其他经济类型主要包括除国有控股企业以外的股份有限公司、外商投资企业、港澳台商投资企业及其他私营企业。10 年间,不同经济成分尤其是非公有经济获得长足发展(见图 15)。

图 15　1992 年和 2002 年不同经济成分的工业总产值比重变化示意图

资料来源:《中国统计年鉴 1996》和《中国统计年鉴 2003》。

3. 促进商品和要素自由流通

商品和要素在整个大市场中能否自由流通,是衡量市场发育成熟程度的重要标志。长期以来,包干制使得地方政府实行经济上的地区封锁,市场在资源配置中的基础作用难以发挥。分税制财政体制改革将消费税全部和增值税的大部分划归中央,营业税等划归地方,按税种组织收入,必然会改变地方政府热衷于发展税高利大产品的倾向,引导地方政府把更多的精力用于促进第三产业的发展和各种经济成分的发展,这有利于转变政府职能,优化产业结构,有利于地方政府改变割据观念,促进统一市场的形成和商品要素的自由流通。

4. 促进企业公平竞争

分税制财政体制改革前,我国税制设计烦琐,税负不公平,且中央和地方各级政府都有权对个别企业审批减免税,税收优惠和减免过滥,冲击了税制的刚性,不利于企业作为独立的市场主体参与公平竞争。与分税制财政体制改革相配套,1994 年我国实行全面的工商税制改革。按照"统一税法,公平税负,简化税制,合理分权,理顺分配关系,建立符合社会主义市场经济要求的税收体系"的指导思想,这次改革形成了以流转税和所得税为主体,辅之以若干辅助税种的较规范的、完整的复合税制体系。其中,统一内资企业所得税,初步解决了原来企业所得税制对不同经济成分之间税负不公平的问题,使国内企业真正站到一条起跑线上。虽然统一内外资企业所得税的工作没有同步进行,但是向税制统一、税政统一、税负统一的方向迈进了一大步。对内外资企业实行统一的流转税制,改变了原产品税和工商统一税重复征税、不利于专业化分工和社会化大生产发展的弊端,也促进了企业的公平竞争。严格了政策性减免税,取消了困难性、临时性减免税,以往过多过乱的随意减免税、越权减免税现象得到了遏制,树立了税法的权威,使市场机制作用得以充分发挥,为企业公平竞争创造了良好的市场环境。

第三节 新税制改革及其完善

1994 年实施的税制改革,是新中国规模最大、范围最广、成效最显著、影响最深远的一次税制改革,它使得我国的税收制度朝着统一、简明、公平和适应市场经济的目标迈出了重要步伐。其后税收制度逐步完善和规范,实现了从计划经济体制下传统税制向市场体制和开放型经济下新税制的转变,初步建立了一个与社会主义市场经济相适应的税制体系,为经济发展创造了更加良好、更为公正的税收环境。

一、1994 年的税制改革

建立社会主义市场经济体制目标模式的确立,客观上要求有一套全新的税收制度与之相适应。这就决定了当时的税制改革必须是全方位的革故鼎新,摒弃计划经济的色彩,体现市场经济的本质特征,而不能只在原有基础上修修补补。同时,治理通货膨胀,实现宏观经济尽快"软着陆",提高"两个比重",建立规范的分税制财政体制,增强财政宏观调控能力,都对全面深化税收制度改革提出了迫切要求。

1993 年 11 月 14 日,党的十四届三中全会通过的《中共中央关于建立社会主义场经济体制若干问题的决定》明确提出,"要按照统一税法、公平税负、简化税制和合理分权的原则,改革和完善税收制度"。1993 年 11 月 26 日,国务院原则通过《工商税制改革实施方案》和增值税、消费税、营业税、企业所得税、资源税和土地增值税 6 个税收暂行条例。1994 年,遵循统一税法、公平税负、简化税制、合理分权、理顺分配关系、保证财政收入的指导思想,我国对税制进行了全面改革。

(一) 统一税制,打破按经济成分设置税种

1. 改革动因

我国 1994 年税制改革之前,为吸引外资,对外资企业和外商投资企业给予各种优惠,逐步形成了国内税制和涉外税制两个不同的税制体系;同时,国内税制在一定程度上也保留了计划经济体制下的痕迹,出现税种不统一的情况。税制不统一,造成税负不公平,不利于企业平等竞争,已不适应社会主义市场经济的需要,统一税制势在必行。

流转税制的不统一主要表现为:(1)不同所有制的企业适用税种不同。对于内资企业,征收的是产品税、增值税和营业税。其中,产品税和增值税是在 1984 年的工商税制改革中从工商税中分离出来的税种。产品税在流转税中处于主体地位,对从事工业品生产和进口应税产品的单位和个人征收。增值税是为了避免重复征税所进行的改革试点,只对部分产品征收,最初设有机器机械、汽车、机动船舶等12 个税目。而对于涉外企业,未适用产品税、增值税和营业税的改革,一直沿用1958 年 9 月 11 日全国人民代表大会常务委员会第一百零一次会议通过的《中华人民共和国工商统一税条例(草案)》,使得国内企业和涉外企业以两套不同的税制运行。(2)流转税税率差别过大。在计划价格为主条件下,有些税率是为缓解价格不合理的矛盾设计的,造成税率档次过多,高低差距很大。例如,产品税有 24 类、270 个税目,并有 22 个税率,最高税率达到 60%,最低税率为 3%,税负悬殊过高,引发了许多矛盾。(3)重复征税的问题严重。从作为流转税主体税种的产品税来看,由于按产品销售全额征税,对以前环节转移而来的已税因素需要重复课税。

所得税制的不统一主要表现为:(1)按不同所有制企业分别设置税种。从企业所得税来看,按照所有制设置的税种有:国营企业所得税、国营企业调节税、集体企业所得税、私营企业所得税、国营企业奖金税、集体企业奖金税、事业单位奖金税、国营企业工资调节税、外商投资企业和外国企业所得税。不仅内外资企业实行两套税制,内资企业之间也差别悬殊。(2)企业所得税税率差别较大。例如,国有大中型企业税率为 55%,集体企业实行八级超额累进税率(最高 55%,最低 5%),私营企业税率为 35%,乡镇企业税率为 20%,外商投资企业和外国企业的税率为33%等。(3)个人所得税也不统一。在对个人所得征税上,存在着个人所得税、个人收入调节税和城乡个体工商业户所得税等多个税种,个人所得税适用于外籍人员,导致个人所得税制的不统一和不规范。

除了流转税制和所得税制的不统一外,税制中还存在着大量的减免税。改革开放之后,面临着一系列新情况、新问题,在简政放权、减税让利的情况下,出现了许多违背统一税制的行为,各地自行出台减免税政策的现象较为普遍。同时,在对外开放领域,一些地方为了引进外资,也争相出台税收优惠政策,造成了各地的优惠政策各异、差别较大。

2. 改革内容

在 1994 年税制改革中,特别强调了统一税制和公平税负的要求,即通过统一企业所得税和流转税,减少税收减免,使各类企业之间的税负大致公平,进而为企业平等竞争创造条件。

（1）统一内外资企业流转税制度。1994 年的流转税制改革，取消了产品税和工商统一税，普遍征收增值税。对包括工业生产、商品流通、加工修理修配等经营活动均开征增值税，对各个行业和各种经济成分实行同等对待，建立了以增值税为主体的新的流转税制：①扩大增值税范围，建立以增值税为核心的流转税体系。新的流转税制取消了产品税，在生产制造环节，改变原先产品税与增值税并存的格局，由增值税完全取代产品税，并且将增值税扩展到流通环节，商品批发、商品零售、公用事业的水热气电销售、服务业的加工修理修配也适用增值税，税率由原11 档简化为两档（17％和13％），对经营的每一环节的增值部分进行课征。②取消工商统一税，实现流转税的税制统一。新税制对外商投资企业和外国企业不再征收工商统一税，与内资企业一样适用新的流转税制。首先在流转税方面实现了内外企业的税制统一，为整个税制的逐步统一创造了良好的条件。③新设消费税，建立与增值税相配套的消费税和营业税。扩大增值税课征范围后，税收对经营活动的普遍调节增强了，但两档税率无法满足对产品生产和经营进行特殊需要的调节。为此，国家新设消费税，建立了与增值税相配套的消费税、营业税等流转税体系。消费税的税目主要包括烟、酒、化妆品、贵重首饰、摩托车、小汽车、汽油、柴油等。营业税对提供应税劳务、转让无形资产和销售不动产征收，设有交通运输、建筑、金融保险、邮电通信、文化体育、娱乐、服务、转让无形资产和销售不动产等税目，实行行业差别比例税率。

（2）统一内资企业所得税制度。1994 年的企业所得税制改革，取消了按内资企业所有制形式设置所得税的做法，对国有企业、集体企业、私营企业以及股份制企业和各种形式的联营企业，均实行统一的企业所得税制度，逐步实现了企业所得税制的统一：①统一内资企业所得税。一是统一税种，将原国营企业所得税、集体企业所得税、私营企业所得税三个税种统一合并为企业所得税。二是统一税率，把对各种经济成分适用的不同税率以及减征税率，统一为适用 33％的较低税率，对一些利润低的小规模企业，适用 27％和 18％的低税率。三是统一计税标准，改变过去计算应纳税所得额依附于各行业、各经济成分企业财务、会计制度的做法，明确统一按国家税法规定执行，使各种企业的计税口径一致，计算方法相同。四是统一征收方法，明确规定对国有企业不再实行承包上缴所得税的办法，统一由税务机关计算征收。②保留了涉外企业所得税。为了保持我国对外开放的连续性，吸引外资，引进先进技术和管理方法，1994 年的税制改革没有对内外资企业所得税进行统一，仍然保留了外商投资企业和外国企业所得税法，体现了税法的相对稳定。

但从名义税负水平看,税率都设置为 33%,初步实现了企业所得税的统一。

（3）统一个人所得税制度。1994 年的税制改革也将原个人所得税、个人收入调节税和城乡个体工商业户所得税合并,建立统一的个人所得税制。新的个人所得税制扩大了征税范围,所有中国居民和有来源于中国所得的非居民,一律适用个人所得税,并规范了税基,进一步体现了"公平和效率"原则:①增加应税项目。由于个体工商业户所得税并入个人所得税,新增"个体工商户的生产、经营所得"和"对企业事业单位的承包经营、承租经营所得"项目。适应各种动产、不动产交易日渐活跃和有奖活动日趋增多情况,新增了"财产转让所得"和"偶然所得"项目。②调整费用扣除额。把中国籍公民的生活费用扣除标准,从原 400~460 元提高为 800 元,同时新增了附加扣除费用的规定,适用于外籍人员。③调整税率。规定对不同的应税项目,分别适用不同的九级和五级超额累进税率以及统一的 20% 比例税率。对劳务报酬所得一次所得畸高的,还有加成征税的规定。④采用统一的计算征收办法。统一采用"分项扣除、分项定率、分项征收"的征税模式,以利于实现源头扣除、堵塞税收征管漏洞。

（4）统一规范税收优惠政策。1994 年的税制改革还统一和规范了税收优惠政策,严格了税收减免权限,进一步满足了统一税制的要求:①严格税收减免权限。1993 年 6 月,党中央发出 6 号文件,提出加强和改善宏观调控的 16 条措施,其中第 13 条专门涉及税收:"各地超越权限自行制定的各种减免税政策,一律停止执行",同时"中央和地方都不再出台新的减免税政策,临时性、困难性的减免税一律暂停审批"。根据国务院的指示,1995 年地方政府取消了非法制定的数百个税收政策,除财政部和国家税务总局以外的部委不再享有税政制定权。通过税收立法和制定政策的法治化,严格了政策性减免税。②规范税收优惠政策。在对流转税制和所得税制进行统一后,也对各个税种的优惠政策进行了统一和规范。税收优惠政策以配合国家产业政策和区域政策为主,取消了困难性、临时性减免。例如,企业所得税统一后,明确了企业所得税的优惠原则和项目,取消了原有过多、过滥的减免税优惠。

（二）税收中性化,减少对市场的扭曲

1. 改革动因

税收中性化的实践意义在于,尽量减少税收对市场经济正常运行的干扰,在市场对资源配置起基础作用的前提下,有效地发挥税收的调节作用,使市场机制和税收机制达到最优结合。在市场有效的领域中,税收不应该进行非中性的干预和调节;而在市场无效的领域,税收应该配合社会主义国家的宏观调控措施,主动发挥区别对待的调节功能。

长期以来,我国税制的设置一直强调税收的调节性,表现在税制整体上或个别税种和税率上,就是实行"区别对待""有奖有限"的差别政策。例如,在社会主义改造时期,对公有制和非公有制企业适用不同的税种税率,以达到通过高低不同的税负扶持公有制发展、配合社会主义改造的目的。1994年税制改革前实施的产品税,一直是以差别悬殊的税率实行一品一率,以便实现"奖短""限长",配合产业政策的目标。这些具有确切针对性的差别税收政策,在不同时期的政策目标方面都取得了显著的成效。

但在实施市场经济体制之后,再强调税收的调节性,就会对市场机制的运行产生极大的负面影响。以产品税作为流转税的主体税种,就商品流转的全额征收,这决定了流转税必然存在重复课税,结果是专业化生产不及全能生产,税制制约了社会化大生产的发展。同时,产品税较多地配合计划价格,实行价内税,不利于价格杠杆充分发挥作用,也制约了税收作用的发挥。因此,为了适应社会主义市场经济的需要,有必要通过税制改革,强调必要的税收中性,减少税收对市场的扭曲。

2. 改革内容

从税收中性的角度来看,1994年的税制改革主要在以下几个方面体现了该原则:

(1)普遍开征增值税。增值税是以企业所生产的商品或服务的市场增值额为课税对象的一种税。由于只对增加值而不是对全部收入征税,增值税避免了在销售的中间环节和最终环节对同样的投入重复征税。增值税不仅使企业在税负方面更为平等,而且可以促进企业提高效率。显然,增值税是与税收中性化所要求的效率原则和普遍原则最相符合的一个税种。

1994年的税制改革,实行以增值税为主体的流转税制,普遍征收基本统一的增值税,再以消费税为特殊调节。即以在生产和流通环节普遍课征的增值税取代原有产品税,以增值税比较划一的两档税率替代原产品税一品一率的差别税率,并采用价外税。同时,在流通环节增设消费税,以其差别税率和列举税目,又能一定程度地强化国家对消费倾向的引导和调控。这样,新的流转税制就彻底摒弃了过去在计划经济条件下,分不同产品制定税率,税率档次过多,税负差别大,而且"道道征税""重复征税"的做法,消除了原税制价税不分对市场造成的干扰,体现了税收中性原则。

（2）统一内资企业所得税和个人所得税。在所得税制方面，1994年的税制改革一方面统一了内资企业所得税，另一方面统一了个人所得税。统一后的内资企业所得税，因其不再按企业的所有制性质区别课税而大大减少了税收对企业行为的扭曲；中外个人所得税的并轨，避免了税收对人力资源配置的干扰。因此，企业所得税制的改革也体现了税收中性原则。

（3）规范税收优惠政策。为了增进税制中性，并体现税负公平，有必要减少税收的特殊优惠政策，以避免由于过多的优惠政策造成的行业之间，及不同形式和来源的所得之间的实际税率的差异。据此，1994年的税制改革也严格了税收减免权限，统一和规范了税收优惠政策。

（三）简化税种，降低社会成本

1. 改革动因

简化税种一方面可以使税制结构进一步科学、合理，更富有效能，减少税制本身对经济和社会运行带来的扭曲，提高社会效率；另一方面还可以降低征纳双方的税收成本和税制的社会成本。复杂的税制，对纳税人而言会增加其"遵从成本"，并可能强化其偷逃税动机；对税务部门而言，会增加征收成本和降低税收征管效率；此外，还会带来其他隐性的社会成本，所以必须简化税种。

在1994年之前，我国已将原来适应计划经济的一套单一化税制，改为以流转税和所得税为主体，其他税种相互配合的多税种、多环节、多层次征收的复合税制体系，税种也由改革前的13种增加到37种。可以看到，税种过多、税制不够简化是1994年前税制的一个主要问题。

一是部分税种已经不能适应形势的需要。原有税制配合短期经济政策而设置的特定税种，已经不能适应社会主义市场经济的发展要求。例如，原有税制中存在的国营企业奖金税、集体企业奖金税、事业单位奖金税、国营企业工资调节税、烧油特别税、市场交易税、牲畜交易税和筵席税，都是在计划经济时期以满足特定调节需要而设立的，其调控作用已日益弱化。

二是税种重复设置的现象严重。原有税制针对不同所有制成分设置税种，如流转税分内、外资企业分别征收产品税（增值税）和工商统一税，企业所得税分各种所有制成分征收国营企业所得税、国营企业调节税、集体企业所得税、私营企业所得税、外商投资企业和外国企业所得税。这种按所有制设置税种的做法，既造成税种数量过多、设置重复，也导致税制不统一。

三是具体税种的制度设计复杂。从具体税种来看，税种本身的制度设计也较为复杂。例如,产品税设置了 22 个税率,最高税率达到 60%,最低税率 3%;集体企业所得税设置了八级超额累进税率(最高 55%,最低 5%)。这些税种自身的设计过于复杂,增加了整个税制的复杂性。此外,原有税制即使设置了 37 个税种,但相对于经济发展和市场主体的多元化而言,一些该建立的税种没有建立,税制漏洞明显。

2. 改革内容

在 1994 年的税制改革中,有关简化税种的改革内容包括以下各项:

(1) 取消不必要的税种。一是取消调控作用日益弱化、已无存在必要的税种,如国营企业奖金税、集体企业奖金税、事业单位奖金税、国有企业调节税、国营企业工资调节税、烧油特别税、市场交易税和牲畜交易税。二是将影响不大的屠宰税和筵席税的开停征及一定立法权,下放给地方。其中,筵席税原计划取消,但因有关方面提出不同意见而当时未能取消。三是在取消部分税种的同时,还取消了其他一些规定。如取消在国有企业所得税前归还贷款,并分步取消了对税后利润征收的国家能源交通重点建设基金和国家预算调节基金。

(2) 合并内容重复的税种。一是流转税制的简并。它包括将工商统一税、产品税和增值税合并,在生产和流通环节统一征收增值税;将特别消费税、烧油特别税并入具有特殊调节作用的消费税。二是所得税制的简并。它包括将国营企业所得税、集体企业所得税、私营企业所得税和国营企业调节税合并为新的内资企业所得税,将个人收入调节税、个人所得税和城乡个体工商户所得税简并为个人所得税。三是其他税种的简并。它包括盐税与资源税合并,将属于资源税类、原按盐产区资源确定税率的盐税合并为资源税的一个税目;将原征收产品税的 10 个农林水产品税目与原农林特产农业税合并,改称农业特产税,将烟叶、牲畜产品列入农业特产税的征收范围,解决了部分产品交叉征税的问题。

(3) 对具体税种的制度进行简化。对仍然保留的税种,也在计税方法、征管办法等方面进行简化。例如,改革后的营业税由原 14 个税目减为 9 个税目。原营业税中的一些项目改征了增值税。对提供劳务、转让无形资产和销售不动产要征收营业税,同时简化了税率。根据基本保持原税负和简便的原则,改革后的营业税,大部分行业税率为 5%,一部分行业税率为 3%。

(4) 开征必要的税种。在对税种进行简化的同时,也根据经济发展的需要开征一些新税种。例如,为了规范土地、房地产市场交易秩序,合理调节土地增值收益,维护国家权益,开征了土地增值税。遗产税和证券交易税也属于计划开征的税种,但没有立法开征。

二、新税制的进一步完善

为了巩固 1994 年税制改革的成果,1994 年以后,根据社会经济的发展变化及新税制运行过程中出现的新情况,我国对新税制进行了调整和完善。到 2002 年,大致可以分为前后两期:前期是 1994—1997 年,主要是为保证新税制的顺利推行,采取了一些过渡性税政措施,同时为适应市场化改革的需要,在税制、税政上采取了一些补充调整措施;后期是 1998—2002 年,主要是在实施积极财政政策、反经济周期调节、启动内需、扩大出口、保持经济发展速度方面,适时地采取了有增有减的多项税收政策措施。

(一) 调整和完善增值税政策

为体现国家产业政策,优化产业结构,促进农业和采掘业的健康发展,将农产品、农用水泵、农用柴油机、金属矿和非金属矿采选产品的增值税税率由 17% 调低为 13%。明确了征收增值税的农产品的范围,对农产品的征税范围作了注释和明确。对增值税一般纳税人支付的运输费用和收购的废旧物资准予按 10% 的扣除率计算进项税额予以抵扣。针对商业零售环节税收漏洞较多、税源难以控制的情况,重新确定了商业一般纳税人的认定标准,将商业小规模纳税人的增值税征收率由 6% 调至 4%。将增值税一般纳税人购进农业生产者(含增值税小规模纳税人)销售的农产品进项税额扣除率统一由 10% 提高到 13%。根据运价逐渐提高、运费中物耗比重逐渐下降、运费中所负担的流转税也在下降的实际情况,将增值税运费的抵扣率由 10% 调减为 7%。

(二) 调整和完善消费税政策

鉴于实行新税制后金银饰品加工企业税负加重和金银饰品价格有所上涨的实际情况,本着不影响金银饰品零售价格和促进金银饰品加工业健康发展的原则,自 1995 年 1 月 1 日起,将金银首饰消费税纳税环节由生产环节改为零售环节,并将税率由 10% 下调为 5%。1998 年,将"护肤护发品"税目的雪花膏、面油、头油、花露水、发乳、洗发水、护发素的消费税税率从 17% 调减到 8%。根据烟酒企业普遍存在侵蚀税基、规避税收以及税负不公平等问题,自 2001 年 5 月起,分别对烟酒产品实行了从量与从价相结合的税率制度;对啤酒按出厂价格高低也实行两档定额税率。将钻石、黄金、铂金以及上述 3 种贵重金属的制品消费税纳税环节后移至零售环节。对香皂实行了停征消费税政策。

(三) 调整和完善营业税政策

从 2001 年起,将夜总会、歌厅、舞厅、射击、狩猎、跑马、游戏、高尔夫球、保龄球、台球等营业税税率由原来实行 5%～20% 的幅度税率改为统一实行 20% 的比例税率,鉴于保龄球、台球已逐渐成为全民健身活动的内容,又将保龄球、台球的营业税税率调整为 5%。对以无形资产、不动产投资入股,参与接受投资方利润分配,共同承担投资风险的行为,不征收营业税;对股权转让不征收营业税。从 2003 年起,将按期纳税营业税起征点幅度由月销售额 200～800 元提高到 1 000～5 000 元;按次纳税营业税起征点幅度由每次(日)营业额 50 元提高到 100 元。

(四) 调整和完善所得税政策

为缓解内外资企业在缴纳所得税税前列支政策上的差异,国家逐步提高了内资企业的计税工资标准,扩大了内资企业用于特定捐赠支出的扣除比例。为公平税负,解决个人独资、合伙企业重复征收所得税的问题,促进个体、私营经济的发展,自 2000 年 1 月 1 日起,对个人独资、合伙企业停止征收企业所得税,其投资者的生产经营所得,比照个体工商户的生产经营所得征收个人所得税。调整和完善个人所得税制度。

(五) 调整和完善关税、出口退税等政策,停征固定资产投资方向税

我国还改革和完善了关税制度,1993—2002 年我国除关税水平有了大幅度的下降外,在结合外经贸发展的实际情况、借鉴其他国家经验、遵循国际惯例的基础上,对税则税目、征税方法等也进行了较大的改革。调整和完善了出口货物退(免)税政策,亚洲金融危机前,为了既支持外贸的发展,同时又兼顾出口货物的实际税负,调低了出口退税率;亚洲金融危机后,为了促进外贸出口,又提高了出口退税率。1995 年以后,我国还根据经济社会发展的需要,适时对证券交易印花税、契税、房产税、资源税等地方税的政策进行了相应的调整和完善;自 2001 年 1 月 1 日起停征固定资产投资方向调节税;2000 年 10 月,国务院颁布了《中华人民共和国车辆购置税暂行条例》,用车辆购置税取代车辆购置费。

三、税制改革的成效

(一) 改革调整后的税收体系

经过 1994 年税制改革及后来的调整和完善,我国已建立起适应社会主义市场经济发展需要的、较为完善的复合税收体系。税种由原来的 37 个减少为 23 个,税制简化,结构趋于合理,税负趋于公平,税收筹集财政收入和调控宏观经济的功能有所增强。

(1) 流转税类(4 种税),包括增值税、消费税、营业税和关税。

（2）所得税类（3 种税），包括企业所得税、外商投资企业和外国企业所得税和个人所得税。

（3）资源税类（2 种税），包括资源税和城镇土地使用税。

（4）财产税类（2 种税），包括房产税和城市房地产税。

（5）行为目的税类（10 种税），包括城市维护建设税、耕地占用税、固定资产投资方向调节税、土地增值税、车船使用牌照税、车船使用税、印花税、契税、屠宰税和筵席税。

（6）农业税类（2 种税），包括农业税（含农业特产税）和牧业税。

1994—2002 年税收体系简况表如表 37 所示。

表 37　　　　　　　　　　　1994—2002 年税收体系简况表

税类	税种	颁布时间	实施时间	备　注
流转税类	增值税	1993 年 12 月 13 日	1994 年 1 月 1 日	
	消费税	1993 年 12 月 13 日	1994 年 1 月 1 日	
	营业税	1993 年 12 月 13 日	1994 年 1 月 1 日	
	关税	1985 年 3 月 7 日	1985 年 3 月 10 日	
所得税类	企业所得税	1993 年 12 月 13 日	1994 年 1 月 1 日	
	外商投资企业和外国企业所得税	1991 年 4 月 9 日	1991 年 7 月 1 日	
	个人所得税	1993 年 10 月 31 日	1994 年 1 月 1 日	
资源税类	资源税	1993 年 12 月 25 日	1994 年 1 月 1 日	
	城镇土地使用税	1988 年 9 月 27 日	1988 年 11 月 1 日	
财产税类	房产税	1986 年 9 月 15 日	1986 年 10 月 1 日	
	城市房地产税	1951 年 8 月 8 日	1951 年 8 月 8 日	
行为目的税类	城市维护建设税	1985 年 2 月 8 日	1985 年度	
	耕地占用税	1987 年 4 月 1 日	1987 年 4 月 1 日	
	固定资产投资方向调节税	1991 年 4 月 16 日	1991 年度	
	土地增值税	1993 年 12 月 13 日	1994 年 1 月 1 日	
	车船使用牌照税	1951 年 9 月 20 日	1951 年 9 月 20 日	
	车船使用税	1986 年 9 月 25 日	1986 年 10 月 1 日	
	印花税	1988 年 8 月 6 日	1988 年 10 月 1 日	

续表

税类	税种	颁布时间	实施时间	备 注
行为目的税类	契税	1997 年 7 月 7 日	1997 年 10 月 1 日	
	屠宰税	1950 年 12 月 19 日		征收与否和如何征收由各省、自治区、直辖市自行决定
	筵席税	1988 年 9 月 22 日	1988 年 9 月 22 日	征收与否和如何征收由各省、自治区、直辖市自行决定
农业税类	农业税	1958 年 6 月 3 日	1958 年 6 月 3 日	含农业特产税（1994 年 1 月 30 日颁布实施）
	牧业税			无全国性法规，征收办法由开征此税的省、自治区人民政府自行制定

（二）税制改革成效显著

1994 年的税制改革，在我国税制建设的历史进程中，是一个具有重要意义的里程碑。这次税制改革是新中国成立以来规模最大、范围最广泛、内容最深刻的一次税制改革，在世界上也属罕见，国内外普遍评价较高。这次改革总体上保持了原税负水平，不仅没有增加企业的负担，没有引起物价大的波动，没有影响对外开放，没有给经济发展带来不利的影响，而且对社会主义市场经济体制的建立和完善发挥了重要的作用。实践证明，这次税制改革取得了突破性进展和历史性成功。

（1）初步统一了税法，实现了公平税负，为市场经济的发展创造了良好的税收环境。新税制统一了内外资企业的流转税，消除了原产品税和工商统一税重复征税、不利于专业化分工和社会化大生产发展的弊端；统一了内资企业的所得税，改变了过去按企业所有制性质设置所得税的做法，体现了公平税负的原则；严格了政策性减免税，取消了困难性、临时性减免税，以往过多、过乱的随意性减免税、越权减免税的现象得到了有效的遏制，树立了税法的权威，使市场机制作用得以充分发挥。

（2）基本理顺了税收分配关系，逐步扭转了税收占国内生产总值比重逐年下降的局面。新税制较好地处理了国家与企业、个人之间的分配关系和中央与地方之间的分配关系，通过统一税法、简并税种，初步实现了税制的简化和规范化，税制要素的设计更为科学、合理、规范,适应了经济发展和税制建设的需要。在经济增长、理顺分配关系和加强管理的基础上,实现了税收收入的持续、快速增长,逐步扭转了税收占国内生产总值比重逐年下降的局面,且总体上没有增加纳税人的负担。同时,提高了中央财政收入占全国财政收入的比重,加强了中央政府的宏观调控能力,税收的宏观调控作用得到了较好发挥。

(3) 较好地体现了国家的产业政策,促进了经济结构的有效调整,从而促进了国民经济的持续、快速、健康发展。新税制使行业间、产业间、产品间、企业间以及地区间的总体税负格局基本趋于合理,加上消费税、资源税、农业特产税等政策的配合引导,促进了社会资源的有效配置,加快了产业结构和产品结构的调整。一方面,加强了农业、交通、能源、原材料工业等产业的基础地位,保证了粮、棉、油等生活必需品和农业生产资料等重要物资的生产和销售,支持了"菜篮子工程"和国防、教育、民政等事业的发展;另一方面,使一些重复建设、资源浪费严重的企业,如大量的小烟厂、小酒厂改弦更张,有效地限制了不合理的资源配置。

(4) 积极借鉴了国外税制建设的有益经验,从而使中国税制进一步与全球化相融合,并保持了税法的相对稳定性和对外税收政策的连续性,促进了对外开放。新的税制和管理办法与国际通行的做法更加接近,既有利于外商来华投资、洽谈生意,也有利于我国企业对外经贸合作、参与国际竞争。新税制在统一内、外资企业流转税的同时,适当保留了对外商投资企业和外国企业的优惠政策,体现了税法的相对稳定性、连续性,维护了我国对外开放的一贯原则,受到了外商的普遍欢迎,得到了世界银行和国际货币基金组织的高度赞扬,外资继续以较高的增幅进入中国。

(5) 平稳过渡,保证了社会的稳定,促进了经济的发展。为避免新税制对社会经济造成过大的震动,采取了一系列的过渡性措施,如:在对内资企业普遍征收33％所得税的同时,考虑到部分国有企业利润水平较低和原有适用低税率的集体企业的实际情况,暂时增设了27％和18％两档照顾税率;对1993年12月31日以前批准设立的外资企业,其因流转税改革而新增加的税负在5年内予以返还等。这些措施避免了因新税制的实施使部分企业税负上升进而对物价可能发生的影响,减缓了一些企业和行业的压力,保证了社会的稳定和经济的持续发展。

第四节　预算管理制度改革

改革预算管理制度,是推动财政管理规范化、法治化和科学化,提高财政运行透明度的重要基础。1994年,财税体制改革取得初步成功,财政支出改革提到议事日程,预算管理制度改革随之推开。1998年,建立公共财政框架目标要求提出后,财政部门按照公共财政的导向,积极推进部门预算、国库集中收付、政府采购等预算管理制度改革,促进了财政资金使用效益的进一步提高。

一、实施部门预算改革

(一)背景和内容

预算编制是实施有效预算管理的前提和基础,也是决定政府部门职能作用发挥的关键环节。实行部门预算改革前,我国预算编制有几个明显的缺陷:一是过于分散,一个部门同时编制多个预算,互相之间没有整合,部门规费等预算外收入没有纳入预算管理,整个部门没有一个完整的预算,收支盘子和家底不清;二是内容太粗,预算支出的具体内容不明晰、不清楚,内行说不清,外行看不懂;三是编制不规范,预算编制缺乏严格可操作的标准和依据。这些问题的存在,也导致了预算执行的随意性较大,追加支出的现象较多,资金使用难以得到有效的监管。针对传统预算编制存在的问题,财政部在深入研究的基础上,1999年7月向国务院报送了《关于落实全国人大常委会意见改进和规范预算管理工作的请示》,提出了细化预算编制,实施部门预算改革的构想。经国务院批准,财政部提出了《关于改进2000年中央预算编制的意见》,决定从2000财政年度开始,推行中央部门预算改革试点。

部门预算改革的主要目的是规范政府的财政分配行为,有效地保证政府各部门履行自身职责的需要。改革的总体目标是:从预算编制入手,全面提高预算管理的规范性、科学性和有效性,最终建立适应社会主义市场经济体制的科学规范、高效廉洁、完整统一、公开透明的现代部门预算管理制度。部门预算改革的主要内容包括:一是结合深化收支两条线管理改革,部门预算要反映部门及所属单位全部财政资金收支状况;二是采用零基预算的方法,将预算支出分为基本支出和项目支出,基本支出实行定员定额管理,项目支出实行项目库管理,并建立绩效评价体系;三是实行综合财政预算,实现"一个部门一本预算";四是探索编制滚动预算,推行预算编制科学化、精细化;五是预算科目体系设计科学、预算编制细化。

(二)进展情况

中央部门预算改革遵循"积极稳妥,稳步推进"的原则,2000年实现了"一个部门一本预算"的统筹安排,在形式和内容上初具综合预算雏形,将一个部门所有的收入和支出都按照统一的编报内容和形式在一本预算中反映,并选择了教育部、农业部、科技部、劳动和社会保障部四个部门的预算上报全国人民代表大会审议。2001年,进行了基本支出和项目支出预算编制试点,基本支出预算试用定员定额的方法编制,项目支出预算试行项目库的方法编制,提交全国人民代表大会审议的部门预算由4个增加到26个,上报内容进一步细化,上报形式也有所改进。2002年,部门预算改革进一步深化:一是继续推进基本支出定员定额试点,扩大定员定额试点范围;对项目支出按轻重缓急排序安排,体现了集中财力办大事的原则。二是规范政府行为,实行综合预算管理。结合深化收支两条线管理改革,选择了33个部门预算外收入纳入预算管理和实行收支脱钩试点,对税务和海关实行完全预算制,收支不挂钩,改变部门代行财政职能、进行二次财政分配的做法。与此同时,全国各地也积极推进部门预算改革,省级部门预算改革已经逐步推开,部分地市、县也实行了部门预算。

二、实施收支两条线管理改革

(一) 背景和内容

在经济转轨时期,由于新旧体制的冲突、各项规章制度的不完善和监督的缺位,一些地方和部门在利益驱动下乱罚款、乱收费、乱摊派,或者通过各种非法手段将部分预算内资金划为预算外资金,导致国家财政收入流失,预算外资金迅速膨胀。这既分散了国家财政资金,削弱了政府宏观调控能力,扰乱了市场经济秩序,加重了企业和人民群众的负担,又造成私设"小金库"、贪污浪费等问题,损害了党和政府的形象,助长了不正之风和腐败现象的滋生。为此,中央决定明确对行政事业性收费和罚没收入等财政性资金实行收支两条线管理的改革。收支两条线管理的核心是按照公共管理的要求,将全部财政性收支逐步纳入财政预算管理,要解决的是公共财政收支的管理范围和政府收支行为规范化合理化问题。

(二) 进展情况

1990年,中共中央、国务院发布《关于坚决制止乱收费、乱罚款和各种摊派的决定》,明确规定集资资金实行收支两条线管理,这是中共中央、国务院首次在有关文件中提出收支两条线概念。为从体制、制度上刹住乱收费的不正之风,1993年中共中央先后转发了财政部《关于治理乱收费的规定》和《关于对行政性收费、罚没收入实行预算管理的规定》,确定了收费资金实行收支两条线的管理模式,要求对尚未纳入预算管理的行政性收费、专项收费及事业性收费实行财政专户储存。

1996年,国务院《关于加强预算外资金管理的决定》,将收支两条线管理范围扩大到预算外资金。1998年,中共中央办公厅、国务院办公厅要求公安、检察院、法院和工商行政管理部门行政性收费和罚没收入实行收支两条线管理。1999年,财政部、监察部等部门联合发布《行政事业性收费和罚没收入实行"收支两条线"管理的若干规定》,对收支两条线管理制定了具体规定。2000年,国务院发布《违反行政事业性收费和罚没收入收支两条线管理规定行政处分暂行规定》,对国家公务员和法律、行政法规授权行使行政事业性收费或者罚没职能的事业单位工作人员违反收支两条线管理规定行为的,制定了行政处分规定,把收支两条线管理改革提升到了法规层面。

2000年前后,此项改革的两个核心问题仍然没有得到很好解决:一是单位上缴的收费和罚没收入与其支出安排仍在挂钩,部门的预算未将预算内外资金统筹安排;二是大部分收费仍由单位自收自缴,没有实行收缴分离。针对存在的问题,党的十五届六中全会和2001年中央经济工作会议对收支两条线改革再次提出明确要求。2001年12月,国务院办公厅转发《财政部关于深化收支两条线改革进一步加强财政管理的意见》,就深化收支两条线管理改革再次作出部署,核心内容是收缴分离、收支脱钩。一是将公安部、最高人民法院、海关总署、工商总局、环保总局5个执法部门按规定收取的预算外资金收入全部纳入预算,全额上缴中央国库,支出采用零基预算的方法由财政部按部门履行职能的需要核定。二是对质检总局等28个中央部门的预算外资金实行收支脱钩管理,其预算外收入缴入财政专户。各部门统筹安排年度支出,编制综合财政预算。三是改革预算外资金收缴制度,实行收缴分离。四是改革国税、海关经费收支挂钩的做法,实行支出预算制。五是进一步规范和推动地方收支两条线改革。地方特别是省一级公安、法院、工商、环保、计划生育等部门的预算外资金收入也要全部上缴地方国库,纳入预算管理。之后,改革进展总体上比较顺利,至2002年年底时取得了明显的成效。

三、实施国库集中收付改革

(一) 背景和内容

良好的预算执行管理体系,是提高预算资金使用效益、规范政府部门行为的重要基础,也是创造公平市场环境、提高市场运行效率的关键环节。国库集中收付制度改革前,我国实行以预算单位设立多重存款账户为基础的分级分散收付制度,财政收入项目由征收部门通过设立过渡存款账户收缴,收入退库比较随意;财政支出通过财政部门和用款单位各自开设的存款账户层层拨付,预算单位的大量预算外资金未纳入财政预算统一管理。这种做法使得财政收支信息反馈迟缓,资金运行效率和使用效益低下,难以实现科学管理,制约了其他改革措施的推行。

改革财政国库管理制度,推行国库集中收付,就是参照国际惯例,建立一种对财政资金实行集中收缴和支付的管理制度,也称国库单一账户体系。其目的是解决财政资金的支付方式问题,核心是通过国库单一账户体系对财政资金的运行进行管理,确保严格和规范地进行预算执行,确保财政资金安全、提高财政资金使用效益。改革的主要内容:一是由财政统一设立国库单一账户体系,所有财政资金全部在国库单一账户体系中运作;二是财政收入通过国库单一账户体系直接缴入国库,财政支出按预算通过国库单一账户体系由财政直接支付或授权预算单位支付给商品或劳务供应者;三是建立高效的预算执行机制、科学的信息管理系统和完善的监督检查机制。

（二）进展情况

2000 年 8 月,财政部向国务院呈报了《关于实行国库集中收付制度改革的报告》,详细汇报了建立现代财政国库管理制度的必要性和基本构想。根据国务院领导指示,中央财政从 2000 年 10 月起,对山东省、湖北省、河南省和四川省的 44 个中央直属粮库建设资金实行财政直接拨付。2001 年 1 月起,又对黑龙江省、江苏省、海南省、云南省、山西省和新疆维吾尔自治区的车辆购置税交通专项资金实行财政直接拨付到建设项目或用款单位。在此期间,地方财政部门也积极进行了国库管理制度改革试点,包括实行财政供养人员工资由财政统一发放、对基本建设投资、政府采购支出等大额支出实行财政直接支付。这些工作的开展,标志着财政国库管理制度改革已经开始起步。

2001 年 3 月,国务院批准了《财政国库管理制度改革方案》,我国财政国库管理制度改革正式开始实施。为了保证试点工作的顺利进行,财政部、中国人民银行制定发布了《中央财政国库管理制度改革试点资金支付管理办法》,并选择水利部、科技部、财政部、法制办、中国科学院、国家自然科学基金会等部门作为第一批试点单位。2001 年 8 月,新成立不久的财政部国库支付中心拨出了改革试点的第一笔资金,标志着改革进入实质性操作阶段。

2002 年,实行国库集中收付改革的中央部门增加到 38 个。同年,财政部、中国人民银行联合制定发布了《预算外资金收入收缴管理制度改革方案》和《中央预算单位预算外资金收入收缴管理改革试点办法》,启动了收入收缴制度改革,并分两批对 15 个中央部门实施了收入收缴改革。各地也积极推进国库集中收付改革。四川、安徽两省于 2001 年 11 月在全国率先进行了国库集中收付改革试点后，2002 年全国已有十几个省份进行了集中收付改革试点，有十几个省份进行了收入收缴改革试点。为顺利推进改革，财政部与中国人民银行联合发布了《国库存款计付利息管理暂行办法》，开始实行国库存款计息，这是新中国成立以来财政资金首次按照货币市场化计息。

四、实施政府采购制度改革

（一）背景和内容

政府采购是指各级国家机关、实行预算管理的事业单位和社会团体，采取竞争、择优、公正、公平、公开的形式，使用财政预算内、外资金等财政性资金，以购买、租赁、委托或雇佣等方式获取货物、工程和服务的行为。政府采购制度改革要解决的是财政性资金的使用方式问题，是市场经济国家管理购买性支出（如公共设施等）的一项基本手段，是公平市场环境建设的重要基础条件。政府采购制度改革前，各财政资金使用单位的采购行为是分散进行的，采购资金分配和使用脱节，采购过程不透明，资金使用效益不高，对于"吃回扣"等损公肥私的腐败行径，财政无法实施有效的监督，而且还往往强化了地方保护主义，不利于全国统一市场的形成。实施和推进政府采购是发展社会主义市场经济和建设公共财政的基本要求。

（二）进展情况

在广泛深入研究西方国家公共财政支出管理以及国际政府采购规则的基础上，财政部于 1996 年 10 月完成了政府采购第一阶段的研究任务，提出了把推行政府采购制度作为我国财政支出改革方向的政策建议，并于次年正式向国务院提出制定政府采购条例的请示。在财政部加强研究政府采购制度的同时，上海市、河北省、深圳市等地陆续开展了政府采购试点活动，为推进政府采购制度改革提供了宝贵的经验。

1998 年，国务院赋予财政部"拟定和执行政府采购政策"职能，标志着政府采购制度改革正式开始。1999 年 4 月，财政部制定发布了我国有关政府采购的第一部部门规章，即《政府采购管理暂行办法》，明确我国政府采购试点的框架体系。在这几年里，财政部大力推动政府采购试点工作，全国政府采购范围不断扩大，政府采购规模由 1998 年的 31 亿元扩大到 1999 年的约 130 亿元。

2000 年 6 月，财政部在国库司内设立了政府采购管理处，负责全国政府采购的管理事务。新机构设置以后,继续扩大政府采购试点范围和规模,2002 年全国政府采购规模突破了 1 000 亿元,同时在政府采购规范化管理和透明度建设等方面也迈出了坚实的步伐:一是加强规范化建设。确立采购模式,强化采购规程,从制度上、管理上和操作上规范采购行为。二是加大推行政府采购制度的力度。从 2001 年开始编制政府采购预算并制定政府采购计划,凡是列入政府采购预算的采购项目,都必须按照政府采购计划的要求实行政府采购。建立政府采购资金实行财政直接支付制度,规定政府采购资金财政直接支付的方式和程序,开设了政府采购资金专户。三是进一步加强透明度建设。丰富了政府采购信息指定发布媒体,明确政府采购信息发布内容及程序,改进了政府采购统计体系。四是会同有关部门研究拟定中央国家机关全面推行政府采购制度的方案。五是探索适合政府采购要求的招标方法,确立并推广了政府采购协议供货制度。六是积极参加政府采购立法活动,推动政府采购法律出台。

通过几年的努力,至 2002 年年底时,我国政府采购工作取得了重要进展,为 2003 年开始全面推行这一制度奠定了坚实的基础。

五、逐步推进决算管理

伴随着预算编制和预算执行制度的改革,我国财政决算管理也发生了很大变化。1994 年 3 月,《中华人民共和国预算法》正式颁布,确立了决算的法律地位。该法第五十九条规定:"决算草案由各级政府、各部门、各单位,在每一预算年度终了后按照国务院规定的时间编制。编制决算草案的具体事项,由国务院财政部门部署。"第六十一条规定:"各部门对所属各单位的决算草案,应当审核并汇总编制本部门的决算草案,在规定的期限内报本级政府财政部门审核。各级政府财政部门对本级各部门决算草案审核后发现有不符合法律、行政法规规定的,有权予以纠正。"第六十四条规定:"地方各级政府应当将经批准的决算,报上一级政府备案。"1995 年 11 月,《中华人民共和国预算法实施条例》发布实施,对决算管理提出了较为细致的要求。该条例第六十八条规定:"各单位应当按照主管部门的布置,认真编制本单位决算草案,在规定期限内上报。各部门在审核汇总所属各单位决算草案的基础上,连同本部门自身的决算收入和支出数字,汇编成本部门决算草案并附决算草案详细说明,经部门行政领导签章后,在规定期限内报本级政府财政部门审核。"

受预算编制管理模式的制约,在很长一段时间里决算管理是按照经费管理渠道,由财政部门各个业务口分别设计、布置和汇总的,形成了财政总决算、行政事业单位决算和预算外资金(基金)及附加收支决算的局面。这虽然在一定程度上满足了财政部门内部各个业务部门的特殊管理需求,但也带来了"决算表样各异、口径解释不同,行政事业单位需要同时填报多套报表"等问题。1996年前后,财政部对行政事业单位财务会计制度进行了改革,使行政事业单位财务管理和会计核算方法趋向统一,这为行政事业单位决算管理的统一创造了有利条件。财政部决定从1998年度决算开始实施"统一报表",即按照"统一设计、口径一致、集中布置、一表多用、数据共享"的原则,有计划地建立全国统一的决算报表体系。2000年,财政部决定推行部门预算改革,"将单位全部收支编入一本预算"。从2004年开始,为全面准确反映预算执行结果和单位财务收支情况,财政部对财政总决算、预算外资金收支决算和行政事业单位决算进行了整合。

六、规范行政事业单位财会制度

财务工作是财政工作的重要组成部分,也是促进规范市场经济秩序的重要环节。党的十四大以来,随着财政改革深入推进,行政事业单位财务管理不断强化,管理方法不断创新。

(一)逐步规范行政单位财务管理

长期以来,我国行政单位一直与事业单位执行相同的财务管理制度。1996年,《事业单位财务规则》颁布后,两者才相对独立、各自成为一个体系。1998年以前,我国对行政单位一直实行"预算包干"的预算管理体制,即按国家核定的当年预算包干使用,年终结余全部留归单位支配,超支不补,并可从增收节支中提取职工福利和奖金。随着时间的推移,预算包干带来的问题越来越突出。1998年,经国务院批准,财政部发布了《行政单位财务规则》。其主要内容包括:一是将"预算包干"改为"收支统一管理,定额、定项拨款,超支不补,结余留用"的预算管理办法。二是明确规定各项收入的取得,应符合国家规定,及时入账,并按照财务管理的要求,分项如实填报。三是规范行政单位应建立、健全各项支出的管理制度,各项支出由单位财务部门按照批准的预算和有关规定审核办理,防止多头审批和无计划开支,对不同的支出实行不同的管理办法。四是行政单位的预算外资金收入应按规定实行收支两条线管理。五是要求行政单位建立内部审计制度和岗位责任制,健全内部监督机制等。《行政单位财务规则》的发布实施标志着独立的行政单位财务制度体系的初步确立,为全面规范行政单位财务活动提供了制度保障。并以此为依据,对人员经费、公务用车、差旅费、国内公务接待费、会议费、因公出国经费和移动通信费等重要支出项目管理进行了改革。与此同时,当年根据国务院办公厅转发的《关于深化国务院各部门机关后勤体制改革的意见》,进一步规范了机关后勤行政管理职能,建立和完善了机关与后勤服务单位的结算制度,明确了机关后勤服务商品化、市场化和逐步实现自负盈亏的改革目标。

(二)探索改革事业单位财务管理

随着政府职能转变和财政管理体制改革的深入推进,事业单位进行分类改革的要求日益迫切。1992年,财政部相继颁发了《社会文教事业全额预算管理单位财务管理暂行办法》和《关于加强事业单位收入财务管理的规定》等重要文件,对事业单位财务管理开始新的探索。主要是实行全额预算管理、差额预算管理和自收自支三种预算管理形式,实行有条件的全额预算管理单位应逐步向差额预算管理单位过渡、有条件的差额预算管理单位应逐步向自收自支管理单位过渡的“两个过渡”政策,探索实行预算支出定额管理,实行基金管理制度、周转金制度和资金使用追踪问效制度。1996年10月,财政部发布《事业单位财务规则》。之后,教育、科学、文化、卫生、农业、林业、水利等13个行业事业单位财务制度也相继出台。各事业单位纷纷结合本单位实际情况,制定了本单位内部的财务管理规定。由此,形成了由事业单位财务规则、事业单位财务管理制度和事业单位内部财务管理具体规定三个层次组成的事业单位财务管理体系:一是改革事业单位预算管理形式,由“三种预算管理形式”改为实行“核定收支、定额或者定项补助、超支不补、结余留用”的预算管理办法;二是改革事业单位收入管理,确立事业单位“大收入”概念,并全部纳入单位预算之中,统一核算,统一管理;三是改革事业单位支出管理,确立事业单位“大支出”概念,使事业单位开展正常业务活动的支出及事业支出能够全面、准确地反映;四是实行了统一规范的事业基金和专用基金管理,专用基金主要有修购基金、职工福利基金、医疗基金、科技成果转化基金和其他基金,并对各类专用基金的提取、使用分别作出了规定。

(三)深入推进预算会计改革

预算会计核算及管理模式必须与一定时期的经济体制、经济发展水平相适应。随着我国计划经济向社会主义市场经济体制逐步转轨,财税体制、金融体制、行政事业单位财务管理体制等方面都发生了巨大的变化。为此,财政部于1993年正式启动预算会计改革,根据改革探索经验积累,1997年发布了《财政总预算会计制度》《行政单位会计制度》《事业单位会计准则》和《事业单位会计制度》。这次改革建立了一套与当时经济体制和行政管理体制基本相适应的预算会计体系和核算办法,标志着我国现行预算会计体系的建立,对加强财政管理和预算单位的财务管理起到了积极促进作用,为预算会计的进一步完善打下了良好基础。2001年后,根据预算管理制度改革的总体要求,我国预算会计制度再次进行调整:一是为适应国库管理制度改革引起的支付方式变化,2001年和2002年,先后发布了《财政国库管理制度改革试点会计核算暂行办法》和《〈财政国库管理制度改革试点会计核算暂行办法〉补充规定》,满足集中支付改革对会计核算的需求;二是适时对财政总预算会计部分事项,以及行政单位、事业单位和国有建设单位年底应支未支留存国库的结余资金的会计核算实行权责发生制;三是改进现行行政事业会计制度,使之能够全面准确集中核算单位向职工个人发放的工资津补贴及其他个人收入情况。2003年后,我国开始积极准备推进政府会计改革。

第五节 企业财务会计制度改革

财务制度既是指导和约束企业财务行为的基本规范,也是协调国家与企业、企业所有者与经营者等内外部利益关系的重要手段。会计制度既是企业进行有效财务评价的基本工具,也是衡量经济成果、进行公平交易的核算基础。推进财务会计制度改革,对于营造和维护良好的市场经济秩序,促进企业公平竞争、共同发展,具有重要意义。

一、建立规范的企业财务管理制度

党的十四大明确我国社会主义市场经济体制的改革目标,是实行"公有制为主体、多种所有制经济共同发展"的政策后,企业财务管理改革朝着培育真正的市场主体方向迈出重要步伐,初步建立了统一、规范、科学的企业财务管理体系。

(一)以实施《企业财务通则》为重点改革企业财务制度

1992年,为适应建立现代企业制度的需要,国务院授权财政部发布了《企业财务通则》。随后,财政部又陆续颁发了工业、农业、商品流通、运输共10个行业的财务制度,对企业财务管理进行全面改革:一是统一了原先按所有制、组织形式、经营方式和行业分别制定的企业财务制度;二是废除了计划经济下形成的资金管理按照固定资金、流动资金、专项资金"三段平衡"的模式,建立了有利于明晰产权的资本金制度;三是改革了固定资产管理制度,促进了企业技术进步;四是改革了传统的完全成本法,实行制造成本法和期间费用制度;五是改革了财务会计报告制度,建立企业财务评价指标体系。其中,资本金制度的确立,充分借鉴了市场经济国家的经验,使得企业所有权和经营权分离在财务上成为可能,"国营企业"逐渐淡出人们的视野,取而代之的是"国有企业"。这阶段的企业财务制度改革,对此后《中华人民共和国公司法》的出台以及现代企业制度的建立和国有企业公司改制等,奠定了坚实的基础。

(二) 以加强国有资本管理为核心探索建立政府出资人财务制度

在前期改革探索的基础上,2001 年,财政部发布《企业国有资本与财务管理暂行办法》,构建了政府出资人财务制度的框架,成为继 1992 年发布《企业财务通则》之后又一重大改革举措:一是清晰界定了主管财政机关、母公司、子公司的国有资产与财务管理职责与权限,构建了层次分明的企业资本与财务管理体制;二是对财务制度的定位转型进行了突破性的探索,剔除了传统财务制度中关于会计核算和税收管理的内容,转而对国有资本投入、营运、收益全过程的重要财务行为进行规范和管理;三是明确了投资者对企业实施财务考核与评价,以有效减少经营者"内部人控制"等道德风险问题;四是规定了资产财务管理的法律责任,增强了财务制度的权威性。

(三) 以建立稳健高效的金融市场为目标完善金融企业财务管理制度

配合《企业会计准则》和《企业财务通则》的实施,以 1993 年颁布《金融保险企业财务制度》为标志,财政部继续不断完善金融财务管理制度:一是完善金融企业财务管理制度。《金融保险企业财务制度》在规范金融企业财务行为、保证财政资金安全等方面发挥了重要作用,最大限度地促进了企业间公平竞争。二是建立国有金融企业财务管理制度。财政部先后印发了《关于国有独资商业银行财务管理的规定》《国家政策性银行财务管理规定》以及《中国人民保险(集团)公司财务管理规定》等一系列规定,明确要求各国有金融企业于每年年初上报年度财务计划,经财政部批复后方可执行。

1997 年亚洲金融危机以后,我国对金融风险的认识更加深刻。为配合金融体制改革攻坚,确保金融秩序稳定和经济社会可持续发展,财政部及时采取相关措施,加强金融企业财务管理,有力地防范和化解了金融风险:一是加快消化国有金融企业历史包袱,防范和化解金融风险。修改金融企业呆账准备计提及呆账核销管理办法;逐步缩短金融企业应收利息的核算期限;发行特别国债补充国有商业银行资本金,及时消化国有金融机构历史包袱;规范资产管理公司内部财务管理行为,颁布的《金融资产管理公司财务制度(试行)》,对资产管理公司内部财务管理事项作了详细规定。同时明确有关奖罚措施,建立对资产管理公司的激励和约束机制。二是改革金融企业财务与资本监管模式。改革对金融机构财务收支计划的审批方式;建立费用专户管理制度,实行国有金融机构费用零增长的控制办法,严格控制固定资产购建规模,防止金融企业的经营资金被挤占挪用;允许金融企业在一定范围内自主决定其财务政策;按季度跟踪分析研究国有金融机构财务状况。三是规范和约束金融机构财务行为。按照分业经营、分业管理的原则,从《金融保险企业财务制度》中分设出《保险企业财务制度》和《证券公司财务制度》,并下发了《国有投资公司财务管理若干暂行规定》;加强对金融机构的财务监督检查工作,提高财务会计信息真实可靠性;健全抵债资产管理制度,控制接收抵债资产的范围,严格接收标准;建立大宗采购项目招标投标制度。

二、深化企业会计管理改革

这一阶段,紧紧围绕整顿和规范会计秩序这条主线,在建立与完善企业会计准则制度、健全企业内部控制规范、加强注册会计师行业管理等诸多方面取得了长足进展,为推动建立社会主义市场经济体制发挥了重要作用。

(一)适应多种所有制经济平等发展的要求推进企业会计管理体制改革

1992 年后,我国所有制结构已不再是单纯的国有经济,私营企业、乡镇企业、股份制企业以及各种农村经济组织也得到了较快发展,特别是以公司制为代表的现代企业制度逐步形成。这就要求在加强会计监管的同时,充分发挥会计在企业经营管理中的职能作用。1995 年,财政部印发的《会计改革与发展纲要》提出,会计宏观管理要适应转变政府职能的要求,逐步实现以会计法规为主体,法律、行政、经济手段并用,建立充分发挥地方、部门、基层核算单位积极性和创造性的管理体制。宏观方面,通过建立完善会计规范体系,加强法律约束,各级财政部门以对会计的适度监管为原则,逐渐减少直接行政干预,主要采取指导形式进行管理。微观方面,赋予企业会计人员参与经营管理的必要权限,同时要求企业健全内部控制和激励约束机制,从而充分发挥会计管理职能。

(二)以"两则两制"发布实施为重点推进企业会计准则制度改革

1992 年,财政部发布《企业会计准则》《企业财务通则》以及 13 个行业的会计制度和 10 个行业的财务制度(简称"两则两制",1993 年 7 月 1 日起施行),着手改革企业会计准则制度:一是突破所有制、行业和部门的界限,建立了 13 个全国性的统一会计制度;二是改革传统会计平衡模式,采用国际通行的"资产＝负债＋所有者权益"会计平衡公式;三是采用国际通行的以资产负债表、损益表和财务状况变动表为三张主要报表的会计报表体系;四是借鉴运用国际通行的应收账款计提坏账准备等会计核算方法;五是基本统一了各行业会计处理方法和程序,会计科目和会计报表项目、内容也尽可能做到一致。"两则两制"的发布和实施也拉开了中国会计准则建设的序幕,1997—1999 年,财政部先后发布了现金流量表、债务重组、非货币性交易、建造合同、收入投资等 9 项具体准则。其间,财政部还于 1998 年 1 月在原《股份制试点企业会计制度》的基础上,正式颁布了《股份有限公司会计制度——会计科目与会计报表》,自 1998 年 1 月 1 日起在股份有限公司中施行。为了进一步规范企业会计核算行为,提高我国企业的会计信息质量,1999 年修订了《中华人民共和国会计法》,2000 年发布了《企业财务会计报告条例》和《企业会计制度》,2001 年 11 月发布了《金融企业会计制度》。通过这一阶段的改革,我国会计核算基本上实现了由计划经济模式向市场经济模式的转换。

(三) 适应现代企业管理需要推动企业内部控制规范的实施

内部控制是社会经济发展到一定阶段,随着单位对内强化管理、对外满足投资者和社会公众需要而不断丰富和发展起来的。随着我国改革开放的不断深入和国外先进管理理念、方法的引入,企业内部控制制度体系建设也逐渐引起重视并提上改革议程,企业管理实践也急需政府推动这项改革。为了引导企业进一步加强内部控制,1999 年修订的《中华人民共和国会计法》,第一次以法律形式对建立内部控制制度提出了原则要求。财政部随后相继发布了《内部会计控制规范——基本规范(试行)》和《内部会计控制规范——货币资金(试行)》等 7 项内部会计控制规范,要求企业加强内部会计及与会计相关的控制,形成完善的内部牵制和监督制约机制,以堵塞漏洞、消除隐患,保护财产安全,防止舞弊行为,促进经济活动健康发展。内部会计控制规范的发布实施,是我国重视并加强单位内部控制建设的重要创举,也适应了我国加入 WTO 的迫切要求。

(四) 推进注册会计师行业建设和会计国际交流与合作

1993 年 10 月,全国人民代表大会常务委员会通过了《中华人民共和国注册会计师法》,成为全面推进注册会计师行业建设与管理,大力发展注册会计师事业的重要里程碑。与之相配套,财政部发布了《会计师事务所设立及审批暂行办法》《注册会计师注册审批暂行办法》等多个管理办法,形成了较为完善的法律法规体系。从 1998 年起,以执行证券相关业务会计师事务所为突破口,启动会计师事务所脱钩改制工作。2002 年 10 月,财政部收回原委托中国注册会计师协会行使的行政管理职能,由财政部有关职能机构行使,注册会计师协会履行行业自律管理职能。至此,注册会计师行业管理体制得以初步理顺。其间,我国以实现会计国际趋同、增强国际会计话语权为目标积极推动会计国际交流与合作。1997 年,中国加入了国际会计师联合会和国际会计准则委员会(IASC),并成为 IASC 理事会的观察员,参加了历次理事会会议。与此同时,中国还积极参与创建和发展地区性会计论坛,促进区域性会计交流与合作,提升中国在本地区会计领域的影响力。在增强我国国际会计话语权的同时,会计审计准则国际趋同(等效)取得了积极进展,主持召开了多次会计准则国际研讨会,研究我国会计与国际会计惯例的协调问题。2002年,与日本、韩国签署了《中日韩三国会计准则制定机构西安会议备忘录》,就会计国际趋同及三方合作问题达成共识,也为推动新兴市场和转型经济国家会计准则建设和国际趋同作出了积极的贡献。会计国际交流与合作,对于提升我国会计管理水平起到了重要作用。

第六节 国债管理制度改革

新中国成立后,为迅速医治战争创伤,恢复国民经济,1950 年我国发行了人民胜利折实公债。随后在 1953—1958 年第一个五年计划期间,分 5 次累计发行了 34.45 亿元的国家经济建设公债。1968 年公债全部偿清后,我国出现了一段"既无外债,又无内债"的时期。改革开放后,随着经济体制改革深入和国民收入分配关系调整,1979 年和 1980 年中央财政连续两年出现赤字。为平衡财政预算、改变困难局面,我国决定重新启用国债工具。继 1979 年恢复举借外债后,中国政府从 1981 年开始恢复内债发行,以发行国债的方式筹集财政收入。

一、国内债务管理改革的历程

从管理方式的变迁来看,我国国内债务管理改革大体可以分为发行额管理和余额管理两个阶段。

(一) 国债发行额管理阶段(1981—2005 年)

为控制国债规模,自 1981 年恢复内债发行起至 2005 年,我国一直采用控制国债年度发行额的方式管理国债。每年 3 月初,财政预算经全国人民代表大会审议批准后,国债发行规模一般成为刚性指标,不得突破也不得减少,财政部按照债务预算制定国债年度发行计划。国债发行规模由当年财政赤字和以前年度发行的到期国债本金构成。财政部于3月底将制定完成的发行计划上报国务院,在得到批准后,由财政部具体组织国债发行工作。在每年财政预算报告批准前的第一季度,国债发行额度控制在此期间国债到期还本付息额度内。

这一时期,我国采用控制国债年度发行额的方式管理国债规模,与当时我国国民经济的发展状况、筹资规模和市场发育程度相适应。但随着国民经济持续快速发展、国债筹资规模的不断扩大和国债市场的发展完善,国债发行额管理的弊端也逐渐显现,如不能有效控制和全面反映国债规模及其变化情况,不利于降低国债筹资成本和国债市场的发展,不利于财政政策和货币政策的有效配合等,需要进行改革。

（二）国债余额管理阶段(2006 年至今)

为了适应新形势下国内债务管理的需要,2005 年 12 月,第十届全国人民代表大会常务委员会审议通过了国务院关于实行国债余额管理的建议,决定从 2006 年开始改国债年度发行额管理为余额管理,实现了国债管理方式的重大变革。

我国国债余额包括中央政府历年财政预算赤字和盈余相互冲抵后的赤字累积额、统借统还外债累积额和经全国人民代表大会常务委员会批准发行的特别国债累积额,是中央政府必须偿还的国债价值总额。国债余额管理是指每年全国人民代表大会及其常务委员会为当年年末国债余额规定一个限额指标,当年中央政府可在该限额指标内自行决定国债品种结构、期限结构和发债节奏。

我国国债余额管理制度主要包括以下内容:(1)在每年向全国人民代表大会作预算报告时,报告当年年度预算赤字和年末国债余额限额,全国人民代表大会予以审批;(2)在年度预算执行中,如出现特殊情况需要增加年度预算赤字或发行特别国债,由国务院提请全国人民代表大会常务委员会审议批准,相应追加年末国债余额限额;(3)当年年末国债余额不得突破年末国债余额限额;(4)国债借新还旧部分由国务院授权财政部自行运作,财政部每半年向全国人民代表大会有关专门委员会书面报告一次国债发行兑付情况;(5)每年第一季度在中央预算批准以前,由财政部在该季度到期国债还本数额以内合理安排国债发行数额。

实行国债余额管理是提高我国财政透明度的具体举措,有利于加强财政管理和防范财政风险。国债余额管理,既能增强全国人民代表大会及其常务委员会对政府债务的控制能力,又能增加国务院灵活调整国债品种和期限结构的回旋余地,有利于形成较为合理的国债品种和期限结构,扩大国债投资需求,促进国债顺利发行以及国债市场的发展和完善。

二、国债管理改革取得的成效

经过改革开放 40 余年的发展,我国的国债发行制度日趋完善,国债筹资功能不断增强,国债市场持续稳定健康发展,国债管理在国家宏观调控中的地位明显提高。

(一) 国债筹资规模逐年增加,宏观调控职能不断加强

自 1981 年恢复国债发行以来,我国国债筹资规模逐年扩大。特别是 1998 年实施积极财政政策以来,中国国债筹资规模更是呈现快速增长态势。据统计,1981 年中国国债预算筹资额为 48.66 亿元,1998 年增加到 3 808.77 亿元,2007 年更是上升到 7 698.83 亿元,如果算上购买 2 000 亿美元外汇储备用于中国投资有限公司资本金所发行的 15 500 亿元特别国债,2007 年国债发行筹资总额达到 23 198.83 亿元。随着国债筹资规模逐年扩大,我国国债余额也较快增长。据统计,2007 年年末国债余额为 52 074.65 亿元,其中内债 51 467.39 亿元,主权外债 607.26 亿元。从国债负担率(即年末国债余额占当年 GDP 的百分比)变化看,1981 年为 4.66%,2007 年达到 20.87%,增加了 16.21%。与主要发达国家相比,我国国债负担率尚处于较低水平,国债负担控制在合理范围内。

随着国债发行规模的逐年扩大和国债筹资能力的逐步增强,国债在宏观调控中的地位明显提高。

(1) 国债成为财政政策的重要工具。在 1994 年以前,中央财政赤字是通过发行国债和向央行借款或透支两种方式来弥补。继《中华人民共和国中国人民银行法》和《中华人民共和国预算法》出台后,为彻底斩断财政赤字和通货膨胀之间的直接联系,从 1994 年开始,中央财政赤字完全通过发行国债来弥补,国债成为弥补财政赤字的唯一手段,成为确保预算收支平衡和实施财政政策的重要工具。

(2) 为积极财政政策的有效实施提供了保障。为扩大国内需求,抑制通货紧缩趋势,1998 年开始实行以增发及发行长期建设国债扩大基础设施建设为主要内容的积极财政政策,直至 2005 年实行稳健财政政策。长期建设国债的连年发行对于扩大国内有效需求、促进经济持续稳定增长起到了支持和保障作用。

(3) 对于促进金融改革和理顺财政政策与货币政策关系发挥了积极作用。其主要表现在:一是 1998 年向四大国有商业银行发行 2 700 亿元特别国债,专项用于补充这四家国有商业银行资本金;二是 2003 年向中国人民银行发行 1 663 亿元

转换国债,用于解决 1994 年以前财政向央行借款的历史遗留问题,基本理顺了财政部与中国人民银行之间的财务关系;三是 2007 年发行 15 500 亿元特别国债购买外汇作为中国投资有限公司资本金,对于缓解流动性过剩和推进外汇储备管理体制改革发挥了重要作用。此外,国债利率在金融市场中的基准定价作用正在逐渐显现出来,国债收益率曲线基本建立并逐步得以完善。

(二)国债发行方式不断完善,市场化水平逐步提高

自 1981 年恢复发行国债至 1987 年,由于我国刚刚进行经济体制改革、实行对外开放,国债作为一个新的金融商品没有被人们普遍接受,国债发行主要采用行政分配的方式,认购国债是一项政治任务,国债发行计划基本靠行政手段完成。国债以收据和实物为载体,发行之后不能流通转让,没有国债二级市场。发行对象主要是国有企业和事业单位,之后随着人民生活水平的提高,个人才逐步开始成为国债购买主体。行政分配的发行方式效率较低,发行成本居高不下,而且扭曲了国债价格,抑制了社会公众的认购积极性。

1988 年是我国国债发展进程中的一个重要转折时期。这一年,我国开始尝试通过商业银行的柜台销售方式,向广大城乡居民发行实物国债,这标志着国债一级市场的出现。在同一年,开始了国债流通转让试点,解决了国债变现难的问题,国债二级市场即柜台交易市场初步形成。1991 年 4 月 20 日,财政部首次试行通过承购包销方式发行国债,即通过与国债承销团成员签订承购包销合同方式,顺利发行了 25 亿元国债,标志着我国国债发行开始向市场化的道路迈进。随后几年,财政部一直坚持着市场化发行国债的努力方向。

1993 年,受投资热、房地产热和股票热冲击,国债承销机构不愿接受国债发行条件,已经停止使用多年的行政分配发行方式在特殊情况下又重新启用,各级政府出面组织推销国债,确保国债发行任务顺利完成。1993 年,对提高国债发行市场化水平具有重要意义的一步是建立了国债一级自营商制,为国债发行采用招标方式奠定了基础。1995 年,我国首次尝试通过招标方式发行国债并取得成功。在随后的国债发行中,我国国债发行市场化步伐明显加快,所有可上市交易的国债均采用了招标方式发行。

为确保国债顺利发行,促进国债市场稳定发展,1998 年起财政部积极发展国债承销团制度,并于 2000 年开始每年组建一次银行间债券市场记账式国债承销团制度,从 2002 年开始每年组建一次交易所债券市场记账式国债承销团制度和凭证式国债承销团制度。至此,比较完善的国债承销团制度基本形成。

按照《中华人民共和国行政许可法》和国务院发布的《全面推进依法行政实施纲要》有关规定,2006年7月,财政部与中国人民银行、中国证券监督管理委员会联合发布了《国债承销团成员资格审批办法》。该办法的主要内容包括:按照品种划分,国债承销团制度包括凭证式国债承销团制度和记账式国债承销团制度,即把银行间债券市场记账式国债承销团制度和交易所债券市场记账式国债承销团制度统一为记账式国债承销团制度;每3年组建一次,其间可以根据情况稍作调整;对国债承销团成员的权利和义务,以及资格审批程序作了明确规范。这标志着国债承销团组建及承销团成员资格审批工作进入法制化、规范化、透明化的轨道,为国债顺利发行提供了有力保障。

从国债招标方式来看,在2004年之前,记账式国债发行主要采用规定招标利率上限的单一利率招标方式。之所以规定招标利率上限,主要是因为当时国债机构投标不够理性,经常出现投标利率大幅偏离市场利率的情况,导致国债市场剧烈波动。为保持国债市场运行稳定,财政部在每次招标前都会参考相同期限的国债在二级市场上的收益率水平,再上浮一定的幅度,然后规定并公布一个国债招标利率上限。国债承销团成员在招标利率上限内投标,超过上限的为无效投标。事实表明,规定招标利率上限的单一利率招标方式,与当时我国国债市场发展状况基本适应,对于推进国债发行市场化进程、提高国债发行定价的准确性和合理性起到了积极作用。

规定招标利率上限的招标方式存在一定的局限性,主要是招标利率上限水平难以合理确定。2004年,随着通胀预期不断加强,国债市场利率持续上升。这种情况下,如何合理确定国债招标利率上限成为一大难题:定得低,可能导致国债发行流标;定得高,则会引导市场利率进一步上升。为有效应对市场变化,促进国债顺利发行,2004年4月,财政部开始推行多种利率(混合式)招标方式,即混合式利率招标。混合式利率招标吸收了单一利率招标和多种利率招标方式的优点,规定全场加权平均中标利率为当期国债票面利率,低于或等于票面利率的标位,按面值承销;高于票面利率一定数量以下的标位,按各自中标利率与票面利率折算的价格承销;高于票面利率一定数量以上的标位,为落标标位或无效标位。混合式利率招标解决了招标利率上限确定难的问题,既调动了记账式国债承销团成员投标的积极性和主动性,也有利于引导国债承销团成员进行理性投标,有利于促进国债顺利发行,促进国债发行定价准确合理。

目前,记账式国债全部通过记账式国债承销团成员招标方式,向银行间市场和交易所市场上的各类投资者发行,以及通过商业银行柜台市场向个人投资者发行。记账式国债承销团成员由商业银行、证券公司和保险公司组成,分为甲类成员和乙类成员,目前甲类成员有 17 家、乙类成员有 43 家,共计 60 家。记账式国债招标方式分为单一式利率招标、多种式利率招标和混合式利率招标 3 种,主要以利率为招标标的。中长期国债发行主要采用混合式利率招标方式,1 年以内的短期国债发行采用多种式利率招标方式。

凭证式国债是通过凭证式国债承销团成员采用承购包销方式发行,购买对象主要是个人投资者,目前凭证式国债承销团成员由 39 家商业银行组成。储蓄国债(电子式)是通过试点商业银行采取代销方式面向个人投资者发行,目前试点商业银行有 11 家。凭证式国债和储蓄国债(电子式)均为储蓄性质的国债品种,发行利率由财政部参照相同期限的商业银行定期存款利率和个人投资者购买需求情况确定。

(三) 国债品种不断丰富,期限结构日益完善

为圆满完成国债发行任务,充分满足投资者需求,促进国债市场持续稳定发展,自 1981 年恢复发行国债以来,我国不断改进国债产品设计,使得国债种类逐步简化,国债期限逐步规范化和标准化,国债载体由实物券过渡到电子记账和购买凭证。1993 年以前发行的国债均为实物国债,印制成本较高,保管、调运成本很高,容易出现假券问题。1993 年,首次采用电子记账方式发行国债即记账式国债。1994 年,开始发行重点面向个人投资者的凭证式国债品种,并逐年减少直至取消了实物国债发行。2006 年,又开发了面向个人投资者的储蓄国债(电子式)品种,与凭证式国债一起统称为储蓄国债。我国国债主要是记账式国债和储蓄国债两大类。

记账式国债是以电子记账方式记录债权的国债品种,可以在市场上流通转让,上市流通场所包括银行间市场、交易所市场和商业银行柜台市场。按照期限长短划分,记账式国债包括短期国债(1 年以内,不含 1 年)、中期国债(1~10 年,不含 10 年)和长期国债(10 年及以上期限),其发行利率采用向国债承销团成员招标的方式确定。

储蓄国债是不可上市流通转让的国债品种,但投资者在持有半年之后可以提前兑付。按照债权记录方式划分,储蓄国债分为凭证式国债和储蓄国债(电子式)两种,前者以纸质凭证方式记录债权,后者以电子记账方式记录债权。储蓄国债主要通过商业银行承销发行,期限为 2 年、3 年和 5 年。

按照付息方式划分,目前我国国债可以分为零息国债(即在到期日以前不支付利息)和附息国债(即在到期日以前定期支付利息)两种。就记账式国债而言,1年期及以下期限的记账式国债为零息国债,1年期以上的记账式国债为附息国债,其中10年期以下的记账式国债每年付息一次,10年期及以上期限的记账式国债每半年付息一次。对储蓄国债来说,凭证式国债为零息国债,到期一次还本付息,储蓄国债(电子式)为附息国债,每年付息一次。

国债发行期限日趋丰富,长期国债乃至超长期国债的发行取得了成功。在1981年至1985年期间,国债发行以6年至10年为主;为满足个人投资者短期化投资需求,1986年以后国债发行以3年期、5年期的中期国债为主。随着机构投资者逐步成长壮大,1996年开始恢复发行长期国债;1998年成功发行了10年期的长期建设国债,为超长期国债发行积累了一定经验;2001年,首次发行了15年期和20年期的超长期记账式国债;2002年,成功发行了30年期的超长期记账式国债。长期国债乃至超长期国债的成功发行,表明我国国债市场建设和投资者队伍建设取得了重大进展,我国已经成为世界上为数不多的能够发行超长期国债的国家之一。

在长期国债和超长期国债成功发行的同时,短期国债开始定期滚动发行,国债发行期限逐渐规范化和标准化,期限结构日趋合理。自2006年实行国债余额管理制度后,我国开始定期滚动发行3个月、6个月的短期国债,以及定期滚动发行1年期、3年期、7年期和10年期等关键期限记账式国债,使得中国国债发行初步形成了从3个月到30年的短期、中期、长期合理搭配的国债期限结构。这既满足了全社会各类投资者的多样化需求,又提高了国债市场流动性,促进了国债收益率曲线的建立和完善。

(四)国债发行透明度明显提高,二级市场不断发展

为提高国债发行政策透明度,我国从2000年开始提前公布记账式国债季度发行计划;从2007年起将储蓄国债发行一并纳入季度发行计划并提前公布;从2003年开始提前公布关键期限记账式国债的全年发行计划,目前关键期限国债品种包括1年期、3年期、7年期和10年期,其年度发行总额约占当年全部记账式国债发行总额的70%。

尽管关键期限记账式国债品种还没有把期限短于1年的短期国债和长于10年的长期国债乃至超长期国债包括进来,但是提前公布的季度国债发行计划,已经包含了该季度所要发行的全部国债。在每个季度召开一次的筹资会议上,财政部还就季度国债发行计划中涉及的国债发行品种安排、期限结构以及国债发行政策措施等问题,充分听取广大国债承销团成员的意见和建议。这些举措有助于提高国债发行的可预见性,有利于投资者合理安排投资计划,降低国债筹资成本,促进国债市场稳定发展。

与此同时,自 1988 年开始进行国债流通转让试点以来,国债二级市场不断发展和完善。目前,我国国债二级市场包括场内市场和场外市场,其中,场内市场由上海证券交易所和深圳证券交易所组成。除商业银行等存款类金融机构外,所有机构投资者和个人都可以通过交易所市场买卖国债。场外市场由银行间市场和商业银行柜台市场组成。银行间市场面向除个人投资者之外的所有机构投资者,它是国债交易和托管的主要场所;商业银行柜台市场主要面向非金融机构和个人等中小投资者。在国债托管结算方面,中央国债登记结算公司负责国债总托管和银行间债券市场的国债登记结算,中国证券登记结算公司负责交易所债券市场的国债登记托管结算。

国债交易方式不断创新,国债交易规模逐年增加。目前,国债交易方式已由最初的现券交易,逐步发展到质押式回购、买断式回购、远期交易、互换交易等多种交易方式。随着国债交易方式的不断创新,国债交易规模逐年增加。据统计,2007 年记账式国债交易总额为 19.46 万亿元,其中,现券交易 2.27 万亿元,回购交易 17.18 万亿元,远期交易 81.80 亿元。

三、国债管理存在的问题

改革开放 40 余年来我国国内债务管理取得了明显成效,但与中国资本市场的发展目标和国际成熟市场经济国家相比,仍存在着诸多问题。

(一) 法规、制度建设滞后

相对于我国国债市场的快速发展而言,有关法规和制度建设较为滞后。一是缺少一个全面的、根本性的法规。规范国债市场运作的法规一段时间里还停留在 1992 年的《国库券条例》上,由于该条例没有对国债发行、流通、兑付和托管结算等国债活动的各个环节进行相应规定,使得市场管理无法可依,严重制约了国债市场深化发展的进程。二是银行间和交易所债券市场缺少完善的监管制度。《全国银行间债券市场债券交易管理办法》和《商业银行柜台记账式国债交易管理办法》是规范银行间债券市场交易行为的主要规定。但随着近年来银行间债券市场参与机构的不断增加和金融创新品种的逐渐推出,这些办法已无法涵盖所有的市场交易行为。从交易所债券市场看,其监管制度主要建立在《中华人民共和国证券法》的基础之上,而由于国债的特殊性,其发行、交易等活动又不能适用《中华人民共和国证券法》的有关规定,这就不可避免造成了交易所市场国债交易行为和市场监管的扭曲。由于国债市场根本法规的缺失和市场监管制度的不足,给市场稳定运行和风险防范带来诸多不利影响。

(二)国债市场长期处于分割状态

由于历史原因,我国国债市场由银行间市场和交易所市场组成,两个市场相对独立,形成割裂的市场格局。尽管这些年来财政部采取跨市场发行国债等措施,部分消除了国债市场因割裂所带来的问题,但还没有从根本上实现市场的统一:一是导致市场效率下降。目前,商业银行仍然没有获准进入交易所市场进行国债交易。两个市场国债由不同机构实施托管和结算,并且有的券种只能在单个市场交易。即使可以跨市场交易的券种,也必须办理转托管手续,而转托管又存在着效率低的问题。这些明显差异,不仅降低了国债的流动性,而且造成两个市场间国债交易价格出现差异,导致市场效率下降。二是监管不统一造成市场缺位错位。在割裂的市场格局下,我国国债市场的监管体系也出现了分割。目前,银行间市场的具体监管由中国人民银行负责,交易所市场则由中国证监会负责。不同部门在监管思路上存在着差异,难免会在一定程度上造成监管标准和交易规则的不一致,而且还时常导致监管重复和监管缺位现象的出现,不利于国债市场健康发展。

(三)国债基准利率作用不明显

我国国债利率还不能较好地发挥基准利率作用。一方面,国债市场分割客观上致使统一的市场利率基准无法形成;另一方面,由于现阶段中国利率体系表现为"双轨制",即法定存贷款利率由中国人民银行制定,市场利率则受宏观经济发展以及市场供求变化相互影响而形成,两者时常存在较大差异。在国债发行时,可流通记账式国债票面利率通过招标方式市场定价,不可交易凭证式国债票面利率以中国人民银行公布的法定存款利率为基础确定,由于这两种国债机制相差很大,一旦经济发生变化,市场利率会先于央行法定利率变动,导致两个国债品种的收益率出现较大差异。国债利率的不统一,影响到其基准利率作用的发挥,使债券市场的稳定性受到一定程度的削弱。

(四)交易方式单一

在市场经济发达国家,国债交易方式丰富多样,各种国债衍生产品的单日交易量接近于可流通国债总存量。与国际市场相比,我国国债市场交易方式单一的问题还比较突出。现阶段,中国国债市场上的交易方式仅有现券、质押式回购以及买断式回购等少数几种方式,不仅难以满足投资者多样化的交易需求,而且使投资者缺少应有的避险工具,无法对冲利率风险,严重影响投资者的信心,致使行情时常出现较大波动。

(五) 投资者结构失衡

近年来,我国银行间市场的投资者群体得到了很大丰富,逐步由银行和非银行金融机构发展到非金融机构法人和参与商业银行柜台交易的个人投资者。但银行间债券市场存在的机构失衡问题仍然较为明显,银行和保险公司占据了市场主导地位,其中又以四大商业银行和中国人寿为主,五家机构几乎垄断了债券投资和资金供给的 60% 以上,其一举一动都对市场产生着剧烈影响。同时,银行间债券市场以商业银行为主体的投资者结构,也使得交易行为具有很强的趋同性,从而不可避免地大大降低了市场流动性,特别是在宏观经济出现变化、市场波动较大时,交易特别清淡,经常出现有行无市的现象。目前,交易所债券市场由于缺少商业银行的参与,在投资者的普遍性方面大打折扣,导致了市场稳定性不足,市场行情的公信力较差。

(六) 国债发行有待继续完善

相对于流通市场,国债发行市场化改革进程较快,但仍存在着一些不足:第一,从发行品种看,受各种因素限制,中国发行可流通国债平均期限仍然偏长,超过了世界一些主要发达国家,1 年期以下的短期国债尚不能做到持续、滚动发行,不利于国债市场的健康发展。第二,从发行方式看,虽然记账式国债已全部实现了招标方式发行,但招标规则中的一些限制性条款仍然制约着投标机构自由投标。第三,从国债发行和流通的衔接看,招标与上市交易之间间隔时间较长,普遍在 10 天以上。在如此长的期间内,国债二级市场价格可能会出现较大波动,使国债承销商面临着较大风险,而且也在一定程度上影响到国债一、二级市场的稳定。

第七节　财政法制建设

市场经济是法治经济,公共财政是法治财政。从管理视角而言,依法理财是公共财政管理的重要内容和手段,财政法律制度是公共财政活动和管理的基本依据。1992 年 10 月,党的十四大明确提出建立社会主义市场经济体制,此后,我国开始构建具有公共财政特征的财政运行模式。在此过程中,围绕贯彻落实"实行依法治国,建设社会主义法治国家"的基本方略,财政法制建设不断完善并加强,对推进和深化财税改革起到了有力的支撑作用。

一、确定法治财政新目标

2004 年,国务院召开第二次依法行政工作会议,印发《全面推进依法行政实施纲要》(以下简称《纲要》),确定建设法治政府的目标,明确今后 10 年全面推进依法行政的指导思想和具体目标、基本原则和要求、主要任务和措施。财政部在认真学习、领会《纲要》基本精神和主要内容的基础上,经过充分的调查研究,结合财政部门的具体情况,2005 年 4 月,制定《财政部门全面推进依法行政依法理财实施意见》(以下简称《实施意见》)。《实施意见》明确提出,全面推进依法行政、依法理财,经过 10 年左右坚持不懈的努力,基本实现建设法治财政的目标。《实施意见》规定了加强依法理财 24 项具体措施。在财政制度建设方面,《实施意见》提出要努力建立健全适应社会主义市场经济条件下的财政法律制度体系,并对财政立法项目作出整体规划。

《实施意见》是财政部门进一步推进物质文明、政治文明和精神文明建设,促进和谐社会建设的重要文件,成为财政部门依法理财、科学理财、民主理财和推进财政部门全体干部特别是领导干部转变理财观念、提高执政理财能力的文件依据。制定并实施《实施意见》是财政部门贯彻依法治国基本方略的重要举措,是建立适应社会主义市场经济发展要求的公共财政体制的重要步骤,标志着社会主义公共财政体制建设向法治化轨道迈出了坚实的一步。

二、财政法律体系初步建立

在积极推进财政立法进程中,由财政部门组织实施的现行法律、行政法规和部门规章等规范性文件,逐步涵盖税收管理、支出管理、财务会计管理、国有资产管理、财政监督等财政工作的各个方面,财政法律体系框架基本建立。

(一)改进立法工作程序和方法

规范立法、民主立法、科学立法成为我国财政立法的新要求,集体审核、专家论证、立法前评估、立法后评估等工作相继开展,为进一步提高财政立法质量提供了重要保证。

(二)建立政府采购法律制度

2003 年 1 月 1 日,《中华人民共和国政府采购法》正式实施,标志着我国政府采购制度改革试点工作至此结束,进入全面实施阶段,全国政府采购工作步入新的发展时期。该法的颁布实施,有力地推动了政府采购改革的深入进行,为建立与国际接轨的政府采购制度奠定了基础。政府采购法正式实施以来,财政部还相继出台了一系列配套规章和规范性制度,初步建立了以政府采购法为统领的政府采购法律制度体系。2007 年年底,启动了加入 WTO《政府采购协议》(GPA)的谈判。利用这些交流合作机制,积极宣传了我国政府采购制度改革成效,有针对性地了解国际政府采购制度及改革动态,熟悉并参与了国际规则制定。

(三)完善税收法律制度体系

2005 年 12 月,全国人民代表大会常务委员会通过《全国人民代表大会常务委员会关于废止〈中华人民共和国农业税条例〉的决定》,终结了延续 2 600 年的种粮纳税的历史,促进了农民的收入增长。2007 年 3 月,全国人民代表大会通过《中华人民共和国企业所得税法》,统一了内、外资两套企业所得税制度。实行新的统一、规范的企业所得税制度,对建立平等竞争的市场环境,促进国民经济健康发展具有十分重要的意义。以《中华人民共和国企业所得税法》颁布为标志,我国的企业税收法律制度更加完善。2011 年 2 月 25 日,第十一届全国人民代表大会常务委员会第十九次会议通过《中华人民共和国车船税法》,自 2012 年 1 月 1 日起施行。另多次修订了《中华人民共和国个人所得税法》,根据经济发展,合理调节国民收入。2011 年 6 月 30 日,全国人民代表大会常务委员会第二十一次会议审议通过《关于修改〈中华人民共和国个人所得税法〉的决定》,并重新公布了修订后的个人所得税法,自 2011 年 9 月 1 日起施行。

这期间,国务院还相继发布《中华人民共和国车辆购置税暂行条例》《中华人民共和国烟叶税暂行条例》《国家赔偿费用管理条例》《中华人民共和国船舶吨税暂行条例》,修订《中华人民共和国城镇土地使用税暂行条例》《中华人民共和国耕地占用税暂行条例》《中华人民共和国资源税暂行条例》,废止《国务院关于对农业特产收入征收农业税的规定》《中华人民共和国屠宰税暂行条例》《中华人民共和国固定资产投资方向调节税暂行条例》等。

(四)建立健全财政监督法律制度

2004 年 11 月,国务院颁布《财政违法行为处罚处分条例》,将涉及财政资金收支活动的单位和个人均纳入其调整范围,进一步明确财政违法行为的主体、客体和法律责任。该条例的发布弥补了财政监督立法的不足,为执法机关对财政违法行为的处理、处罚、处分提供了法律依据,强化了执法手段。《财政违法行为处罚处分条例》使财政监督的执法地位和执法手段得到强化,标志着财政监督事业在法制化进程中迈出了一大步。随后,财政部制定《财政检查工作办法》,进一步规范了执法程序。2010 年 2 月,财政部公布《财政部门内部监督检查办法》,于 3 月 1 日起施行。这一系列行政法规和规章的颁布实施,为加强财政监督,维护健康的财政经济秩序提供了有效的法律保障。

(五) 相继建立了一批基础性财政规章制度

财政部高度重视规章立法工作,健全财政制度,规范财政管理行为,以创新制度促进财政发展,构建财政管理新机制,相继颁布或修订发布了一批财政基础性规章制度。主要包括:《企业财务通则》《金融企业财务规则》《企业会计准则——基本准则》《行政单位国有资产管理暂行办法》《事业单位国有资产管理暂行办法》《财政部信访工作办法》《国家农业综合开发资金和项目管理办法》《国家蓄滞洪区运用财政补偿资金管理规定》《国际金融组织和外国政府贷款赠款管理办法》《财政机关行政处罚听证实施办法》《彩票管理条例实施细则》《事业单位财务规则》《行政单位财务规则》《事业单位会计准则》等。

(六) 财政法规清理更加制度化、规范化

财政部自 1986 年至 2008 年的 20 多年间,先后组织财政规章规范性文件清理 10 次,有步骤地对新中国成立以来财政部发布及财政部与其他部委联合发布的规章制度进行全面、系统的清理、鉴定,总计废止和宣布失效财政规章和规范性文件 5 835 件。通过不断地立新、汰旧,基本实现了财政制度建设与财政改革和发展同步推进,有力地促进了财政改革和发展,保障了财政宏观调控措施的实施。

三、财政行政执法监督机制不断健全

加强财政执法监督是保证财政行政执法的重要环节。认真组织行政复议和行政应诉,是行政执法监督的重要内容。这一时期,在行政复议和行政应诉工作中,财政部为构建和谐社会,树立财政机关依法行政依法理财的良好形象,做了大量工作:一是注意并坚持不断健全和完善财政行政复议和应诉工作制度,规范执法监督行为;二是注意并坚持依法办案,依法维护当事人合法权益;三是注意并坚持加强与当事人的沟通与联系,妥善化解纠纷,把矛盾解决在基层,解决在萌芽状态;四是注意并坚持不断创新工作机制,提高办案质量和效率;五是注意并坚持及时对典型案件进行总结分析,提出加强财政立法与财政执法工作的建议,促进执法水平提高。

四、财政行政审批制度改革深入推进

为规范财政部行政审批事项的管理,根据《中华人民共和国行政许可法》《全面推进依法行政实施纲要》《建立健全教育、制度、监督并重的惩治和预防腐败体系实施纲要》以及国务院行政审批改革有关规定,财政部从制度建设入手,通过制定实施《财政部行政许可监督管理办法》等手段,使财政审批监督检查工作制度化、规范化和经常化,逐步建立了与公共财政体制相适应的财政审批管理制度。

在建设社会主义市场经济的过程中,为了推进改革,消除制约长期发展的体制障碍,处理好政府和市场的关系,充分发挥市场在资源配置中的决定性作用,进入21世纪以来,中央政府一直高度重视简政放权,多次取消和调整行政审批项目。截至2014年11月底,财政部共有行政许可事项15项,其中,行政许可7项,非行政许可审批8项。国家税务总局共有行政审批事项78项,其中行政许可7项,非行政许可审批71项。

第八节　构建公共财政的主要制度建设

建立公共财政的基本思路是:按照建立社会主义市场经济体制的要求,调整和优化财政支出结构,充分体现政府满足社会公共需要的职能范围和方向,强化财政宏观调控职能,建立起较为规范的政府公共预算管理体系,促进社会经济健康稳定地发展。以此为指导,有关部门从调整政府公共支出范围,优化支出结构,改进公共预算编制方法,强化预算约束力,加强公共支出管理,推行政府采购制度等几个方面展开了公共财政制度建设。基于前述自1994年财政分税制配套改革之后的各方面制度建设的历史进程,可对这一时期构建公共财政的主要制度进行重点简要小结。

一、以构建公共财政为导向的财政改革措施

(一) 推广实行部门预算

实行部门预算,有助于顺应分税制体制变革来改变传统的条块分割的预算管理模式,实现预算的统一性;将部门或单位所有的收入和支出纳入一本预算,有利于保证预算内容的完整性;对支出事项的构成因素进行细化分解,采用定员定额和项目库标准化预算分配方法,有利于实现预算分配的科学合理绩效提升;部门的预算从基层预算单位编起,逐级汇总,所有开支项目落实到具体的预算单位,实现"一个部门一本预算",预算按法定时间批复到有关预算单位,从预算编制方式、预算决策机制、预算批复时间等方面体现了"依法行政、依法理财"的要求。

1999 年 9 月 20 日,经国务院批准,财政部在广泛征求部门意见的基础上,提出了《关于改进 2000 年中央预算编制的意见》,并着手实施部门预算改革。1999 年 9 月 29 日,财政部召开中央部门 2000 年部门预算编制工作会议,正式向中央各部门布置了 2000 年部门预算编制工作,并提出具体的编制要求,由此拉开了中央部门预算改革的序幕。

2002 年 9 月,在总结 2000 年部门预算编制工作的基础上,财政部制定发布《关于在国家计划委员会等 10 个部门进行基本支出预算和项目支出预算试点工作的通知》,决定在国家计划委员会、外经贸部、科技部等 10 个部门进行基本支出和项目支出预算编制试点,首次提出按照基本支出和项目支出编报部门预算,对部门预算中的基本支出实行定员定额管理,对专项支出实行项目审核管理的模式,初步改变了按照传统的"基数法"编制预算的方法,积极探索预算管理新方式,根据国家财力按轻重缓急顺序来确定部门预算的规模,并细化到具体支出内容、项目和单位。

到 2003 年止,与社会主义市场经济体制相适应的部门预算框架已基本构成。为进一步完善政府收支分类,2003 年财政部对政府收支科目又作了进一步的修改、调整和完善:一是根据 2002 年实施的情况,将 44 个"一般预算支出目级科目"调整归并为 35 个,以更好地适应单位核算和财政预算管理的需要;二是按支出功能分类的一般原则先行对农业、教育、科学等部分支出的类、款、项科目进行修改,重点把项级科目修改为能够反映出政府工作职能和任务的工作计划,以便在编制部门预算过程中将这些工作计划具体落实到分部门的项目支出预算安排上。同时,为进一步规范基本支出与项目支出预算管理,财政部在认真总结、广泛听取各方面意见的基础上,重新修订了《中央本级基本支出预算管理办法》《中央本级项目支出预算管理办法》,并制定了《中央本级项目库管理规定(试行)》,对 2003 年部门预算中项目的管理作了进一步的细化和明确的规定。

(二)推进国库集中收付制度改革

作为与市场经济体制相适应的一项高效、规范的公共财政预算执行制度,国库集中收付制度有助于从制度上更好地解决财政资金收付过程中的公平与效率问题。根据党中央、国务院的要求,财政部会同中国人民银行制定了《财政国库管理制度改革试点方案》。2001 年 2 月 28 日,国务院第九十五次总理办公会议原则同意改革方案,并决定从 2001 年 3 月起在中央实施改革试点,"十五"期间在中央和地方全面实施国库集中收付制度。为了保证试点工作顺利进行,财政部、中国人民银行制定发布了《中央单位国库管理制度改革试点资金支付管理办法》,并选择水利部、科技部、财政部、法制办、中国科学院、国家自然科学基金会等部门作为第一批试点单位。

国库集中收付制度的改革重点，首先放在了制度创新上，初步确立的国库集中收付制度基本框架主要包括：第一，制定发布财政国库管理制度改革的总体方案，确立国库集中收付制度改革的总体目标和战略部署。《财政国库管理制度改革试点方案》确立了我国财政国库管理制度改革的目标、指导思想和原则、改革的内容、配套措施及实施步骤。第二，制定发布《中央单位财政国库管理制度改革试点资金支付管理办法》和一系列配套管理办法，形成统一规范的财政资金支付管理制度，有效地保证了改革的顺利实施。第三，制定发布《预算外资金收入收缴管理制度改革方案》和《中央单位预算外资金收入收缴管理改革试点办法》，改革和规范政府非税收入收缴管理。第四，制定发布《国库存款计付利息管理暂行办法》等配套管理办法，建立新的国库资金运作模式。

此外，按照《财政国库管理制度改革试点方案》的总体要求，适应加强国库集中收付制度运作管理的要求，制定发布了《中央单位银行账户管理暂行办法》，以及《财政资金专用支出和汇兑凭证管理办法》和《财政收入退库管理办法（征求意见稿）》等配套管理办法，为不断完善改革提供了制度保障体系。

国库集中收付制度改革的具体内容包括以下三项：（1）建立国库单一账户体系，相应取消各类收入过渡性账户，预算单位的财政性资金逐步全部纳入国库单一账户管理；（2）规范收入收缴程序，包括划分收入类型、规范收缴方式、确定收缴程序等；（3）规范支出拨付程序，包括划分支出类型、确定支付方式、设定支付程序等。

（三）推进政府采购制度

建立政府采购制度是社会主义市场经济体制下加强财政支出管理的客观需要，也是社会主义市场经济体制下宏观调控的客观要求。社会主义市场经济体制离不开国家宏观调控，政府采购制度作为政府支出活动，能够在提高采购支出资金管理水平的同时，与其他政策手段配合，实现政府宏观调控目标。另外，建立政府采购制度也是适应国际经济一体化的必然选择。

1994 年实行分税制后，我国财政改革的重点开始转移到财政支出领域。财政部在 1995 年开始研究财政支出改革问题，其中，政府采购制度成为一项重大课题。1999 年 4 月，财政部颁布《政府采购管理暂行办法》，明确我国政府采购试点的框架体系。这是我国第一部有关政府采购的全国性部门规章，从而填补了我国政府采购长期以来无法可依、无章可循的局面。截至 2000 年 6 月，全国绝大部分地区都颁布了地区性的政府采购管理办法。同年,各地区一致明确政府采购的管理职能由财政部门承担,并相应设立或明确了行政管理的职能机构。

2000年6月,财政部对内部机构进行改革,在国库司内设立了政府采购处,负责全国政府采购的管理事务。新机构组建以后,进一步从制度上、管理上和操作上规范了采购行为。2003年1月1日,《中华人民共和国政府采购法》正式实施,我国政府采购制度改革步入新的发展时期和全面推行阶段,全国政府采购工作开始运行。2014年12月31日召开的国务院常务会议审议通过《中华人民共和国政府采购法实施条例(草案)》,由此,政府采购纳入法治化的轨道,政府采购的透明度得到了进一步强化。

(四) 进一步深化收支两条线管理改革

各项财政改革,如部门预算改革、国库集中收付制度改革和政府采购制度改革,均在客观上要求进一步深化收支两条线管理。针对收支两条线管理方面中存在的不足,2001年年底,国务院办公厅转发了《财政部关于深化收支两条线改革,进一步加强财政管理意见的通知》,该通知以综合预算编制为出发点,以预算外资金管理为重点和难点,以强调收支脱钩为中心,以国库管理制度改革为保障,明确提出进一步深化收支两条线改革的步骤与相关措施,成为新时期加强财政资金管理的纲领性文件。

以这个文件为指导,2002年财政部进一步加大和深化了收支两条线管理工作。其主要内容包括:(1)清理整顿现行收费、基金项目;(2)对中央部门区分不同情况,分别将预算外资金纳入预算管理或实行收支脱钩管理等办法,编制综合预算;(3)改革预算外资金收缴制度,实行直达国库;(4)重点选择公安部、最高人民法院、最高人民检察院等8个部门,对其政策外津贴发放问题进行调查研究,逐步规范这8个部门的津贴发放制度,并以此为基础,逐步规范所有中央部门的津贴发放制度;(5)促进地方加大收支两条线改革力度。

二、新时期公共财政体系建设的新发展

2002年11月,党的十六大报告提出全面建设小康社会,开创中国特色社会主义事业新局面。自此,中国的改革和发展进入一个新的历史时期,财政改革与发展也迈入了新阶段。按照中央的有关决策部署,公共财政体系得到不断健全和完善,取得了明显成效,初步建立起适应社会主义市场经济发展要求的公共财政体系的基本框架。除建立和巩固了财政收入稳定增长机制、财政支出进一步调整优化外,

公共财政体系的建设成果还集中体现在财税体制改革不断深化、财政管理水平显著提高、财政宏观调控能力明显增强等方面。

（一）财税体制改革不断深化

1. 税收制度趋向成熟

根据党的十六届三中全会提出的"分步实施税收制度改革"的任务和"简税制、宽税基、低税率、严征管"的指导原则,财税部门积极稳妥推进各项税制改革,进一步巩固了 1994 年税制改革成果。其主要措施包括:统一内外资企业所得税制度,全面实施增值税转型改革,完善个人所得税政策,健全消费税制度,全面取消农业税,颁布实施烟叶税条例,改革资源税制度和车船税制度,修订实施城镇土地使用税条例,推进耕地占用税制度改革,推进"营改增"改革,深化资源税改革,实施成品油等税目消费税改革。现行税收制度无论是组织财政收入能力,还是调节经济和收入分配能力都显著增强,对于保证财政收入稳定增长,促进国民经济健康发展发挥了重要作用。

2. 分税制财政体制进一步完善

在稳定分税制财政体制基本框架的基础上,对分税制财政体制及转移支付制度采取了一系列调整和完善措施,进一步理顺各级政府间的财政分配关系,更好地发挥国家财政职能作用,增强中央宏观调控能力,促进社会主义市场经济体制建立和国民经济持续快速健康发展:一是进一步扩大和完善中央对地方财政转移支付。为了缩小地区间财力差距,促进公共服务均等化,中央财政在集中财力的基础上,不断加大转移支付规模,逐步建立和完善了财力性转移支付和专项转移支付体系。二是改革出口退税负担机制。建立与完善了出口退税中央与地方的共担机制,明确了中央与地方的分担比例。三是创新缓解县乡财政困难的机制。2005 年,开始实行"三奖一补"政策。2006 年,完善了存量与增量结合、激励与约束并重的奖补机制。四是调整和完善省以下财政体制。在合理界定各级政府事权范围的基础上,进一步明确各级政府的财政支出责任,相应调整了省以下各级政府间收入划分,进一步规范省以下转移支付制度,适当增强财政困难县乡的财力,保证各级地方财政的平稳运行。同时,推动省以下财政管理方式创新,推进省直管县、乡财县管、扩权强县等财政管理方式创新。

（二）财政管理水平显著提高

积极推进各项财政管理制度改革,财政管理的法制化、规范化、科学化、精细化程度显著提高,具体表现在以下几个方面。

1. 预算管理制度改革向纵深拓展

一是改革和完善部门预算制度。全面推行部门预算改革,增强预算编制的统一性、完整性和公平性。探索建立财政支出的标准体系,开展实物费用定额和预算支出绩效考评试点,实施项目预算滚动管理,加强财政拨款结余资金管理。强化非税收入管理,深化收支两条线管理改革,规范了财政资金范围,预算内外资金统筹安排使用的程度有所提高。

二是国有资本经营预算制度逐步推进。2007年9月,国务院发布《关于试行国有资本经营预算的意见》,标志着我国开始正式建立国有资本经营预算制度,标志着国家以所有者身份依法正式向国有企业收取国有资本收益,对于增强政府的宏观调控能力,完善国有企业收入分配制度,推进国有经济布局和结构的战略性调整,集中解决国有企业发展中的体制性、机制性问题等具有重要意义。

三是顺利实施政府收支分类改革。2007年,全面使用新的政府收支分类科目编制政府预、决算,组织预算执行。这是新中国成立以来我国财政收支分类统计体系的大调整,也是我国政府预算管理制度的又一次创新。新的政府收支分类体系有利于更加清晰完整地反映政府收支全貌和职能活动情况,进一步提高政府预算透明度,强化预算管理与监督。

四是改革完善国库管理制度。全面推进国库集中支付改革,深化非税收入收缴改革,开展财税库银税收收入电子缴库试点等,逐步构建起中国特色现代财政国库管理体系。

五是健全政府采购制度,初步建立起"管采分离、职责清晰、运转协调"的政府采购管理体制,依法采购水平全面提升,采购规模不断扩大,并在节能、环保、自主创新等方面较好地发挥了扶持和导向作用。

2. 财政法律制度体系不断完善

制定《财政部门全面推进依法行政依法理财实施意见》,坚持把依法行政、依法理财贯穿财政工作始终;不断完善财政法律制度体系,《中华人民共和国企业所得税法》等多部财政法律、行政法规相继颁布,《企业财务通则》等一批财政部门规章公布执行;积极推进财政审批制度改革,财政行政执法水平明显提高。

3. 财政监督不断深化

初步建立了实时监控、综合核查、整改反馈、跟踪问效的财政监督机制,坚持事前审核、事中监控、事后检查相结合,加大对重大财政政策执行和涉及民生资金的监督力度。同时,自觉接受全国人民代表大会和审计、纪检监察部门的监督以及社会团体和舆论的监督。

4. 会计、审计和资产评估等基础工作不断加强

建立了与国际标准趋同的会计、审计两大准则体系;实施了会计领军人才培养工程,进一步完善了会计专业技术资格评价制度及继续教育制度等;开展了企业内部控制标准研究制订工作;强化了注册会计师行业和资产评估行业监管。

5. 财政管理信息化建设稳步推进

顺应新技术革命的时代潮流、积极运用现代信息技术实施"金财工程",成功开发并应用了中央预算管理系统、国库集中支付管理系统、工资统一发放系统等业务系统,建立了预算编制、集中支付和工资发放监控等基础数据库,制度建设、标准建设及网络安全建设不断加强,形成了覆盖资金运行全过程的总体框架。中央和省级财政部门、部分地市级以及县级财政部门都建成了局域网,财政部至各省份、计划单列市及专员办的广域网已全部联通,部分省市已建成二级、三级骨干网。

此外,还建立和完善了行政事业单位国有资产管理制度,开展国有资本经营预算试点,完善了金融国有资产管理制度等。

第四章

新时代现代财政制度建设

　　1994 年建立的分税制财政体制以及随后的调整、完善和稳健运行,对推动建立社会主义市场经济体制、充分发挥中央和地方积极性、促进经济社会发展、全面扩大对外开放、提高人民生活水平、维护社会和谐稳定发挥了重要作用。随着经济社会的发展变化,尤其是党的十八大以来,中国经济进入新常态之后,稳定增长、转型升级、区域协调发展、深化改革开放、改善民生等一系列建设任务给财政提出了新的重任。与此同时,现行财税体制仍存在的矛盾问题也日益凸显,表现为预算管理制度不够规范透明;税收制度不够健全完善,不利于发展方式转变、社会公平和市场统一;中央和地方事权与支出责任划分不清晰、不合理,不利于建立健全财力与事权相匹配的财政体制等。这些问题不但影响到财政自身的稳定性和可持续性,更制约着国家现代化发展战略的顺利实施。有鉴于此,2013 年 11 月召开的党的十八届三中全会通过的《关于全面深化改革若干重大问题的决定》明确提出要深化财税体制改革、建立现代财政制度。中共中央政治局于 2014 年 6 月 30 日召开会议,审议通过《深化财税体制改革总体方案》,明确了深化财税体制改革的思路原则、主要任务和时间安排。由此,一场事关中国现代化事业发展的深刻变革拉开了帷幕。

第一节　党的十八届三中全会提出财税体制改革新任务

　　党的十八届三中全会开启了中国改革开放和社会主义建设的全面改革新阶段,会议通过的《关于全面深化改革若干重大问题的决定》将"完善和发展中国特色社会主义制度,推进国家治理体系和治理能力现代化"作为全面深化改革的总目标,确立了指导全局的现代国家治理理念,是中国共产党治国理政思想的一个重大创新。该决定的另一个突出亮点在于,指明了现代国家治理的一个重要抓手,即"财政"。该决定指出:"财政是国家治理的基础和重要支柱,科学的财税体制是优化资源配置、维护市场统一、促进社会公平、实现国家长治久安的制度保障。"在此次会议上,习近平总书记强调财税改革是全面深化改革的重点之一,而这个"之一"在全文中只提到过两项,即财税体制改革和司法体制改革。由此可见,构建现代财政制度,作为新时期的新任务,对于完善和发展中国特色社会主义制度,推进国家治理体系和治理能力现代化,推进发展方式变革,具有十分重要的现实意义和深远的历史意义。

过去,人们常常将财政视为收支工具、技术性手段和国家实施宏观调控的工具,将财政部门简单地看作是提供公共产品和服务给予资金保障的职能部门。该决定则将财政的地位提高到了前所未有的高度,将其视为实现国家治理现代化的重要基础和保障,相应地,财税体制改革也成为全面深化改革的重要突破口。

一、财税体制改革的历史新背景

经过 40 余年改革开放,中国的总体经济实力显著提升。2010 年,中国国内生产总值(GDP)规模超越日本成为世界第二大经济体,2014 年年末的人均 GDP 已达约 7 485 美元。进入 21 世纪以来,全国财政收入伴随着经济发展呈现出跃升之势,2014 年的财政收入已达 14.03 万亿元。

经历了 40 多年的高速增长后,中国经济正在进入一个新常态:经济增速从高速增长转向中高速增长,经济发展方式从规模速度型粗放增长转向质量效率型集约增长,经济结构从增量扩能为主转向调整存量、做优增量并存的深度调整,经济发展动力从传统增长点转向新的增长点。与此同时,我国的社会发展也出现了新的变化:

一是社会结构的历史性变化。近代以来,我国发展的主要任务就是在一个以小农经济占主导地位的落后国家快速实现以工业化为主的现代化。经过不断探索新中国建立初期,我国实现工业化的道路走的是一条从农业当中提取积累,以农业来养活工业,以农村来养活城市的道路,实行计划经济体制也是与此相适应的。而到改革开放后,经过近百年的积累和发展,到 21 世纪初期的 2004 年、2005 年,我国现代化、工业化的第一阶段已经结束,进入了第二个发展阶段,就是以工业反哺农业,以城市引领农村发展的阶段。其表现在政治表述上,就是中共中央提出了全面建成小康社会、实现社会主义现代化和中华民族伟大复兴的发展目标和经济建设、政治建设、文化建设、社会建设、生态文明建设"五位一体"的总布局。这一总布局已经超越了经济领域,上升到国家治理体系层面,它既明确了发展的目标和路径,同时也从另一个方面说明,在步入新的发展阶段的同时,"五位一体"发展方面还存在很多的矛盾和不足,解决这些矛盾和问题将成为新时期改革发展的显著特征和主要任务。

二是社会阶层的巨大变化。随着中国工业化和市场经济的发展,特别是改革开放之后,大量农民走出农村融入工业化、城市化发展进程。根据中国人口普查资料,20世纪80年代之后,离乡打工的农民工有近3亿人,如此庞大的农民工群体目前还大量游走在城乡之间,能够接入工业化而无法融入城镇化,这在世界历史上都是空前的。同时,受城镇经济发展、国有企业改革等因素的影响,我国社会阶层的职业分化、人员流动、身份转换都在加快。这种加快不仅表现在速度上,还表现在庞大的数量和缺乏规则秩序上,这些都对新时期政府公共产品提供和民生保障提出了高难度的历史性任务。

三是现代公民意识的快速增长。随着计划经济体制下的经济单位逐步解体,国家放松了对公民的各种控制,市场经济运行规则增加了公民自主选择的权利,同时也明确了公民的经济利益边界。随着市场经济的不断发展,公民的维权意识与日俱增,竞争意识、契约精神、委托代理理念逐渐深入人心,并已从经济领域渗透到公共政治生活领域。

四是社会动员机制的变化。随着社会利益结构的变化,各类社会利益群体表达自身诉求的组织方式和表达方式也在发生变化,总体上呈现多元化和多样化的趋势,规范的和不规范的方式并存。同时,随着网络技术和市场化运作新闻传媒(包括大量"自媒体")的快速发展,人们的信息沟通渠道显著增多,沟通效率大幅提高,这进一步提升了民众的民主法制观念,强化了民众主动参与社会公共生活的意识和手段,也使得舆论监督的任务量大大增加。

五是社会组织的力量逐步壮大。随着市场经济的发展,为经济主体和各类社会人群提供服务的各类社会组织、中介机构、智库、公益团体等不断涌现。同时,在"全能型政府"向"服务型政府"转变的过程中,社会组织承接了越来越多从政府转移出来的工作并发挥着越来越重要的作用,已成为实现社会多元主体协商互动、和谐善治与可持续发展的重要力量。

中共中央在对经济社会形势和国家改革发展进程作出科学判断的基础上,将"完善和发展中国特色社会主义制度,推进国家治理体系和治理能力现代化"作为全面深化改革的总目标。财政、军队、司法是国家存在的三大支柱。国家治理职能的履行离不开财力的保障,国家治理体系的有效运转,也需要科学的财税制度作为基础性支撑。因此,财税改革对于推动国家治理现代化目标的实现有着至关重要的意义,在这一领域实施的改革,其方向和内容也必须以有利于实现国家治理体系和治理能力的现代化为目标和标准。

所谓国家治理体系,是指一个国家用来规范国家权力运行和维护公共秩序的一系列制度和机制的总称。国家治理能力的现代化主要有三个标志:一是治理主体由过去的政府单一主体转为政府、社会组织、社会公众等多主体,多主体之间呈现管理与自管理、组织与自组织、调控与自调控熔于一炉的合作共赢的关系。其中,政府作为组织者和公共产品和服务的提供者,仍是维护社会发展与稳定的核心,但要寻求"有效市场+有为、有限政府"的合理结合。二是追求全面法治,以制度现代化作为国家治理现代化的保证。三是追求公平正义,提倡以人为本。

建立现代国家治理体系,需要全面推进"五位一体"总布局的改革和制度建设,综合协调政府、市场和社会多元治理主体之间的关系,培育国家维护社会公平正义、推进制度改革、促进发展、稳定公共秩序的治理能力;实现国家治理体系和治理能力的现代化,要求多主体、多渠道参与,这必然涉及权力和利益的重新分配。从行政组织结构角度看,调整中央和地方的关系,发挥中央和地方的两个积极性成为权力和利益分配的重点。合理分权的目的是为了使各个层级的政府、市场和社会组织的运转更加顺畅。在此过程中,上下级政府之间如何实现科学合理的分权,如何做到财权与事权相顺应、财力和支出责任与事权相匹配等,都成为实现国家治理体系和治理能力现代化的关键环节,也成为深化改革的重要任务。

二、财政制度在国家治理中的地位和作用

财政是国家治理的基础和重要支柱。中共中央十八届三中全会从政治、经济、社会、国家安全四个方面对财政进行了论述。财政制度安排体现在政府与市场、政府与社会、中央与地方关系,涉及政治、经济、社会、文化和生态文明等各个领域。深化财税体制改革、建立现代财政制度,是完善社会主义市场经济体制、加快转变政府职能的迫切需要,是转变经济发展方式、促进经济社会持续稳定健康发展的必然要求,是建立健全现代国家治理结构、实现国家长治久安的重要保障。

回顾中国40余年的改革开放历程可以发现,财政管理体制改革一直充当着经济体制改革先行者的角色,一直是经济体制改革的突破口和主要环节之一。为此,

财政部门率先在政府间关系方面作出了一次又一次的重大改革：1978—1983年是改革开放的探索期，财政改革以"分灶吃饭"为特征，打破了原有的高度集中的财政管理体制；1984—1991年是经济体制改革全面推进时期，财政改革以包干为特征，以放权让利为主线，调动了地方政府的积极性，为其他方面的改革提供了条件；1992—2000年是社会主义市场经济体制框架建立时期，分税制财政管理体制改革的实施基本奠定了适应市场经济的现代财政管理体制；2001年至党的十八大召开，是构建社会主义和谐社会的重要时期，财政改革以完善分税制财政管理体制为重点，有力地促进了经济、社会各项事业的协调发展。

改革开放以来，已有的财政改革举措大多着眼于经济层面和技术层面，改革对象主要集中在经济领域，这也是顺理成章的。但十八大后中国经济社会发展新阶段提出的新任务，要求新一轮改革必须是经济、政治、社会、文化以及生态领域联动的改革。只有启动这种价值高度的系列改革，才能促进社会主义和谐社会的发展，实现社会的长治久安。党的十八届三中全会通过的决定将财政的地位和作用概括为"国家治理的基础和重要支柱"，明示出对其给予的厚望。这就明白无误地表明，财税体制改革是未来很长一段时期内全面深化改革的重点内容，它是撬动全面改革的支点，也是实现国家治理目标的一个内生引擎。

财税体制改革之所以能够担负起如此重要的使命，是由财政在社会政治经济生活中的独特地位决定的。因为作为连接经济、社会、政治这三大社会子系统的媒介，财政问题从来不是单纯的经济问题，它首先是政治问题和法律问题，从根本上来说，调整利益格局的财政改革，是一种政治决策。

财政作为由公共权力主导的资源配置，不仅是经济制度的组成部分，更是政治制度的集中体现。古今中外，任何时代和社会制度之下，政府的运作必然都要建立在一定的财政基础上，财政作为国家政权的经济支柱，既是政府经济收入与经济支出的反映，又体现经济资源在国家政权体系和全体公民之间的分配，涉及一国公共事务的政治决策过程。

财政与政治的密切关系，首先体现在财政深刻地影响民生，关联公平，进而影响社会政治局面的和谐或动荡。财政直接参与并调节国民收入及社会财富的分配，涉及国家和社会各阶层、各群体的切身利益。国民收入与社会财富分配如有利于民生安定，社会就和谐，反之，就会产生冲突和动荡。其次是财政改革不能仅停留于经济领域的技术性变革，势必同时改变利益格局，顺应民意诉求，改进政治层面，否则改革难免会举步维艰。

　　财政分配手段属于上层建筑层面的内容,但各项具体的政策在实施过程中更多是以经济调节工具形式加以表现的。因此,在上层建筑体系的各个组成部分中,财政分配手段与经济基础的联系更为自然和紧密,财政分配手段的改革对经济基础的影响也因此更为直接和及时。此外,作为上层建筑的组成部分,财政分配手段的改革对整个政治上层建筑也有着重要的影响和带动作用。因此,从某种意义上说,财政分配手段是经济基础与上层建筑之间一道距离最短的桥梁。

　　未来的中国改革,是经济、政治、社会、文化、生态"五位一体"的全方位改革,其中,既包括对经济基础的调节,又包括对上层建筑的改进。财政分配手段作为沟通经济基础与上层建筑的天然渠道,在全方位改革中,其所依托的制度安排层面的"财税体制改革",应当居于基础地位,发挥中心环节的作用。牵住了以财税体制改革构建现代财政制度这个"牛鼻子",全方位改革的成功就有了更大把握。由于涉及利益分配,财政改革完成这一新任务对经济、政治、社会、文化、生态领域的影响直接而明确,具有"牵一发而动全身"的效果。

第二节　建立现代财政制度的顶层设计

　　经过 40 多年的改革,全面深化改革已进入攻坚期和深水区,渐进改革中累积的矛盾和一些旧的思想观念、利益藩篱成为阻碍改革推进的障碍。全面推进财税改革中,为了有效排除阻碍改革的因素,提高财税改革的效率,有必要通过优化顶层设计来提出更有系统性和可操作性的财税改革实施方案,由中央从全局的角度,系统地对改革任务进行统筹规划,调配资源,以图高效地实现改革目标。

　　2014 年 6 月 30 日,中共中央政治局召开会议审议通过《深化财税体制改革总体方案》。会议指出,深化财税体制改革的目标是建立统一完整、法治规范、公开透明、运行高效,有利于优化资源配置、维护市场统一、促进社会公平、实现国家长治久安的可持续的现代财政制度。同时,明确提出新一轮财税体制改革 2016 年基本完成重点工作和任务,2020 年基本建立现代财政制度。

　　会议提出,财税体制改革重点应推进三个方面的改革:改进预算管理制度,强化预算约束、规范政府行为、实现有效监督,加快建立全面规范、公开透明的现代预算制度;深化税收制度改革,优化税制结构、完善税收功能、稳定宏观税负、推进依法治税,建立有利于科学发展、社会公平、市场统一的税收制度体系,充分发挥税收筹集财政收入、调节分配、促进结构优化的职能作用;调整中央和地方政府间财政关系,在保持中央和地方收入格局大体稳定的前提下,进一步理顺中央和地方收入划分,合理划分政府间事权和支出责任,促进权力和责任、办事和花钱相统一,建立事权和支出责任相适应的制度。这次会议的文件与政策精神,成为新一轮财税体制改革的指南。

一、深化财税体制改革的基本思路和原则

时任财政部领导指出,新一轮财税体制改革的基本思路,是围绕党的十八届三中全会决定明确的 6 句话、24 个字展开:一是完善立法。树立法治理念,依法理财,将财政运行全面纳入法制化轨道。二是明确事权。合理调整并明确中央和地方的事权与支出责任,促进各级政府各司其职、各负其责、各尽其能。三是改革税制。优化税制结构,逐步提高直接税比重,完善地方税体系,坚持立税清费,强化税收筹集财政收入主渠道作用。改进税收征管体制。四是稳定税负。正确处理国家与企业、个人的分配关系,保持财政收入占国内生产总值比重基本稳定,合理控制税收负担。五是透明预算。逐步实施全面规范的预算公开制度,推进民主理财,建设阳光政府、法治政府。六是提高效率。推进科学理财和预算绩效管理,健全运行机制和监督制度,促进经济社会持续健康发展,不断提高人民群众生活水平。[1]

深化财税体制改革是一项复杂的系统工程,具体实施时应坚持以下原则:处理好政府与市场的关系、发挥中央与地方两个积极性、兼顾效率与公平、统筹当前与长远利益、坚持总体设计和分步实施相结合、坚持协同推进财税与其他改革。

二、建立现代财政制度的重点工作[2]

(一) 建立完整、规范、透明、高效的现代政府预算管理制度

现代政府预算制度是现代财政制度的基础。预算编制科学完整、预算执行规范有效、预算监督公开透明,三者有机衔接、相互制衡,是现代预算管理制度的核心内容。为此,要重点推进以下几个方面的改革和制度建设。

1. 改进年度预算控制方式

党的十八届三中全会上通过的《关于全面深化改革若干重大问题的决定》明确提出:"审核预算的重点由平衡状态、赤字规模向支出预算和政策拓展。"与此同时,收入预算应从约束性转向预期性。这是我国预算审批制度的重大改革,将有利于

① 韩洁、高立、何雨欣:《推进国家治理现代化的深刻变革》,新华网 2014 年 7 月 3 日。
② 楼继伟:《建立现代财政制度(学习贯彻十八届三中全会精神)》,《人民日报》2013 年 12 月 16 日。

加强人民代表大会对政府预算的审查监督,也有利于改善政府宏观调控、促进依法治税。

2. 建立跨年度预算平衡机制

预算审核重点由财政收支平衡状态向支出政策拓展后,收入预算从约束性转为预期性,预算执行结果有别于预算预期的平衡状态将成为常态,特别是年度预算赤字可能突破。要进一步严格规范超收收入的使用管理,原则上不安排当年支出。年度预算执行超赤字,要建立跨年度弥补机制。为确保财政的可持续性,全国年度总赤字规模应设置一定的警戒线。为实现跨年度预算平衡,还应抓紧研究实行跨年度的中期财政规划管理,增强财政政策的前瞻性和财政可持续性。

3. 清理规范重点支出挂钩机制

据统计,2014 年时与财政收支增幅或生产总值挂钩的重点支出涉及教育、科技、农业、文化、医疗卫生、社保、计划生育 7 类,2012 年仅财政安排的这 7 类重点支出即占全国财政支出的 48%。支出挂钩机制在特定发展阶段为促进上述领域事业发展发挥了积极作用,但也不可避免地导致财政支出结构固化僵化,肢解了各级政府预算安排,加大了政府统筹安排财力的难度,而且不符合社会事业发展规律,容易引发攀比,甚至导致部分领域出现了财政投入与事业发展“两张皮”“钱等项目”“敞口花钱”等问题。这也是造成专项转移支付过多、预算管理无法全面公开、资金投入重复低效的重要原因。为此,《关于全面深化改革若干重大问题的决定》明确提出:“清理规范重点支出同财政收支增幅或生产总值挂钩事项,一般不采取挂钩方式。”这有利于增强财政安排的统筹协调功能和资金投入的针对性、有效性和可持续性。各级财政部门要实事求是地推进清理规范工作,并继续把这些领域作为重点予以优先安排,确保有关事业发展的正常投入。

4. 完善转移支付制度

完善一般性转移支付的稳定增长机制。增加一般性转移支付规模和比例,更好发挥地方政府贴近基层、就近管理的优势,促进地区间财力均衡,重点增加对革命老区、民族地区、边疆地区、贫困地区的转移支付。中央出台减收增支政策形成的地方财力缺口,原则上通过一般性转移支付调节。清理、整合、规范专项转移支付项目。大幅度减少专项转移支付项目,归并重复交叉的项目,逐步取消竞争性领域专项和地方资金配套,严格控制引导类、救济类、应急类专项,对保留的专项进行甄别,属于地方事务且数额相对固定的项目,划入一般性转移支付,并根据经济社会发展及时清理专项转移支付项目。

5. 建立政府性债务管理体系

为切实加强政府债务管理、防范和化解财政风险,《关于全面深化改革若干重大问题的决定》提出:"建立权责发生制的政府综合财务报告制度,建立规范合理的中央和地方政府债务管理及风险预警机制。"这意味着要建立在地方政府信用评级基础上地方发债的管理体制。

6. 实施全面规范的预算公开制度

借鉴国际经验,从我国实际情况出发,注重顶层设计、明确实施步骤,积极稳妥推进预算公开。逐步扩大公开范围、细化公开内容,不断完善预算公开工作机制,强化对预算公开的监督检查,逐步实施全面规范的预算公开制度。

(二) 建设有利于科学发展、社会公平、市场统一的税收制度体系

1. 深化税制改革需要把握五个原则

一是有利于促进经济发展方式转变、调节社会财富分配、节约能源资源和保护环境,促进经济社会持续稳定发展。二是坚持税费联动、有增有减,保持宏观税负相对稳定。既要考虑保障国家事业发展和人民生活的正常需要、适当集中财力,也要考虑有关方面特别是企业和居民的承受能力。三是有利于培育地方主体税种,调动地方组织收入的积极性和自主性。四是尽可能不开征新税种,适当简并现有税种与税率,税制设计尽可能简单透明,减少自由裁量权,降低征管成本。五是加快税收立法步伐,推进依法治税。

2. 进一步发挥消费税的调节功能

随着经济社会发展和居民消费水平提高,现行消费税制度存在征收范围较窄、课税环节单一且靠前、税基偏小、税率结构欠合理等问题,对消费行为调控作用总体偏弱,迫切需要进行改革。消费税改革的重点是:适应经济社会发展和居民消费水平的变化,适当扩大消费税的征收范围,将一些高耗能、高污染产品以及部分高档消费品等纳入征税范围;调整征收环节,弱化政府对生产环节税收的依赖,促进解决重复建设和产能过剩问题,努力提高经济发展质量;调整部分税目税率,进一步有效发挥消费税的调节作用。

3. 加快房地产税立法,适时推进相关改革

完善房产税等相关制度,有利于稳定市场预期,引导居民形成合理的住房消费,也有利于为地方政府提供持续、稳定的收入来源。要坚持积极稳妥的方针,认真总结房产税改革试点经验,在充分论证的基础上立税清费,适当减轻建设、交易环节的税费负担,提高保有环节的税收。

4. 加快资源税改革

从经济发展角度考察,资源税从量计征,极易造成税负水平偏低,难以发挥促进资源节约和环境保护的作用,改革重点是推进煤炭等重要矿产品资源税从价计征改革,清理相关收费基金;适当提高其他仍实行从量计征的资源品目税额标准,进一步发挥税收的调节作用。

5. 推动环境保护费改税

为发挥税收在节能减排和环境保护方面的调控作用,促进资源节约型、环境友好型社会建设,要按照立税清费、循序渐进、合理负担、有利征管的原则,参照国际通行做法,将现行排污收费改为环境保护税,税率设计要综合考虑现行排污收费标准,原则上从负担平移起步。

6. 全面推进增值税改革

按照税收中性原则,全面实行营业税改征增值税,建立符合产业发展规律、规范的消费型增值税制度,消除重复征税问题,更好地发挥市场作用,激发企业活力,推进产业转型升级与商业模式创新。要在交通运输业和部分现代服务业全面实行"营改增"的基础上,适时将其他服务行业分步纳入改革范围,实现"十二五"完成"营改增"的改革目标。同时,适当简化税率。

7. 清理规范税收优惠政策

现状是各种税收优惠区林立,已批准或正在申请待批的优惠政策几乎涵盖了全国所有省、自治区、直辖市;有些地方政府或财税部门执法不严或出台"土政策",甚至通过税收返还等方式,变相减免税收,制造政策"洼地"。区域性税收优惠政策过多过滥,不利于实现结构优化和社会公平,影响了公平竞争和统一市场环境建设,不符合建立现代财政制度的要求。因此,《关于全面深化改革若干重大问题的决定》明确提出:"按照统一税制、公平税负、促进公平竞争的原则,加强对税收优惠特别是区域税收优惠政策的规范管理。税收优惠政策统一由专门税收法律法规规定,清理规范税收优惠政策。"

(三) 健全中央和地方财力与事权相匹配的财政体制

中央和地方财力与事权相匹配是包容性很强的表述。如何科学合理配置事权和财力,《关于全面深化改革若干重大问题的决定》提出了明确要求。

1. 完善中央与地方财政事权和支出责任划分

现状是我国中央和地方财政事权和支出责任划分不清晰、不合理、不规范,制约市场统一、司法公正和基本公共服务均等化。一些应由中央负责的事务交给了地方承担,一些适宜地方负责的事务中央承担了较多的支出责任。同时,中央和地方职责交叉重叠、共同管理的事项较多。这种状况客观上造成地方承担了一些不适合承担的事务,而中央不得不通过设立大量专项转移支付项目对地方给予补助。这种格局不仅容易造成资金分配"跑部钱进""撒胡椒面"现象,而且容易造成中央部门通过资金安排不适当干预地方事权,影响地方的自主性、积极性,还会造成地方承担中央事权与地方的积极性不一致,导致执政行为不当,影响市场统一、公正。贯彻落实《关于全面深化改革若干重大问题的决定》要求,应立足于建立现代财政制度,在转变政府职能、合理界定政府与市场边界的基础上,充分考虑公共事项的受益范围、信息的复杂性和不对称性以及地方的自主性、积极性,合理划分中央地方事权和支出责任。一是适度加强中央事权。将国防、外交、国家安全等关系全国政令统一、维护统一市场、促进区域协调、确保国家各领域安全的重大事务集中到中央,减少委托事务,以加强国家的统一管理,提高全国的公共服务能力和水平。二是明确中央和地方共同事权。将具有地域管理信息优势但对其他区域影响较大的公共产品和服务,如社会保障、跨区域重大项目建设维护等作为中央与地方共同事权,由中央和地方共同承担。三是明确区域性公共服务为地方事权。将地域信息性强、外部性弱并主要与当地居民有关的事务放给地方,调动和发挥地方政府的积极性,更好地满足区域公共服务的需要。四是调整中央和地方的支出责任。在明晰事权的基础上,进一步明确中央承担中央事权的支出责任,地方承担地方事权的支出责任,中央和地方按规定分担共同事权的支出责任。中央可通过安排转移支付将部分事权支出责任委托地方承担。根据事权和支出责任,在法规明确规定前提下,中央对财力困难的地区进行一般性转移支付,省级政府也要相应承担起均衡区域内财力差距的责任,建立健全省以下转移支付制度。

2. 进一步理顺中央和地方收入划分

《关于全面深化改革若干重大问题的决定》提出:"保持现有中央和地方财力格局总体稳定,结合税制改革,考虑税种属性,进一步理顺中央和地方收入划分。"这一要求综合考虑了我国地方政府承担事权和支出责任的实际情况,既有利于保证中央履行职能和实施重大决策,又有利于保障地方既得利益、培育地方主体税种、调动地方积极性,从而有利于形成改革共识、确保改革顺利进行。贯彻落实《关于全面深化改革若干重大问题的决定》要求,要根据税种属性特点,遵循公平、便利和效率等原则,合理划分税种,将收入周期性波动较大、具有较强再分配作用、税基分布不均衡、税基流动性较大、易转嫁的税种划为中央税,或中央分成比例多一些,将其余具有明显受益性、区域性特征、对宏观经济运行不产生直接重大影响的税种划为地方税,或地方分成比例多一些,以充分调动两个积极性,为实现"五位一体"的全面小康社会提供制度保障。

第三节　建立现代财政制度的阶段性进展

2015 年 10 月召开的党的十八届五中全会审议通过了《中共中央关于制定国民经济和社会发展第十三个五年规划的建议》,其中,财税改革成为"十三五"规划的重点之一。该建议提出,要建立健全现代财政制度、税收制度,这与党的十八届三中全会的提法一脉相承。2017 年 10 月 18 日,党的十九大在北京开幕,习近平总书记在党的十九大报告中提出了中国发展新的历史方位——中国特色社会主义进入了新时代。党的十九大报告从全局和战略的高度强调加快建立现代财政制度,并明确了深化财税体制改革的目标要求和主要任务:建立权责清晰、财力协调、区域均衡的中央和地方财政关系;建立全面规范透明、标准科学、约束有力的预算制度,全面实施绩效管理;深化税收制度改革,健全地方税体系。党的十九大报告明确指出,我国社会主要矛盾已经转化为人民日益增长的美好生活需要和不平衡不充分的发展之间的矛盾,作出了实现第一个百年奋斗目标和向第二个百年奋斗目标进军的战略部署。此时,加快建立现代财政制度,是更好地发挥财政在国家治理中的基础和重要支柱作用的客观需要,是服务于加快国家治理体系和治理能力现代化进程,决胜全面建成小康社会、实现现代化"中国梦"的重要保障。自党的十八届三中全会以来,深化财税体制改革的重点工作领域,已取得了不同程度的进展。

一、现代预算制度逐步建立

2014 年 8 月 31 日,全国人民代表大会常务委员会通过了《中华人民共和国预算法》修正案,修正后的《中华人民共和国预算法》(以下简称《预算法》)于 2015 年 1 月 1 日正式实施。新的《预算法》体现出许多重要的创新与进步:

第一,强调政府预算信息的公开与透明,提出要"建立健全全面规范、公开透明的预算制度"。对于人民代表大会批准的各级政府的预算、预算调整、决算、预算执行情况等报告,以及各级政府财政部门批复的部门预算、决算,要在规定的时限内向社会公开。除此之外,有关财政的一些专项工作,例如,政府采购情况、转移支付政策与执行等情况,对于针对有关预算执行和其他财政收支所作出的审计工作报告等,也应当向社会公开。

第二,明确规范以一般公共预算、政府性基金预算、国有资本经营预算和社会保险基本预算四种具体形式构成预算体系。

第三,明确提出了预算绩效的概念,并将绩效思维贯穿于预算编制、预算执行、决算以及预算审查的各个环节之中。

第四,将全部政府财务行为都纳入预算管理与监督的制度范畴之中。此举有利于维护预算管理的完整性与规范性,强化社会监督,预防腐败。

第五,对财政转移支付制度进行了系统化规范,明确了构建转移支付制度框架的原则、目标、范围、形式、重点以及机制等要件。

第六,明确了预算审查权限与责任。预算的制定、执行、监督、管理、审计等权限在各部门间的分工非常明确,对于违法行为责任主体的界定和处罚的规定也非常具体。

第七,贯彻对地方政府债务"开明渠、堵暗沟"的"堵不如疏"原则,正面规定了中国地方债"怎么借,怎么用,怎么还"的相关制度规范和要领,成为中国地方政府债务管理制度建设的重大创新突破。

在具体工作方面,2014 年 9 月,国务院印发了《关于深化预算管理制度改革的决定》,中期财政规划管理、加强地方政府性债务管理、改革和完善中央对地方转移支付制度、盘活财政存量资金、权责发生制政府综合财务报告制度改革等一系列政策文件也陆续出台。这些政策标志着预算管理制度改革取得了重要进展。

特别是在地方政府性债务管理方面,2014 年 10 月,根据修订后的预算法,国务院印发《关于加强地方政府性债务管理的意见》,从如何规范地方政府举债融资、如何控制地方举债规模、如何防范地方债务风险、如何完善配套制度以及如何妥善处理存量债务和在建项目后续融资等多方面作出部署。

2015 年 8 月,全国人民代表大会常务委员会批准《国务院关于提请审议批准 2015 年地方政府债务限额的议案》,正式启动了对地方政府债务的限额管理,将 2015 年的地方政府债务限额定为 16 万亿元。另外,财政部还下达了 6 000 亿元新增地方政府债券和 3.2 万亿元地方政府债券置换存量债务额度,以缓解地方政府偿债压力和支持地方发展。

2015 年 12 月,财政部发布《关于对地方政府债务实行限额管理的实施意见》,根据预算法、《国务院关于加强地方政府性债务管理的意见》和全国人民代表大会常务委员会批准的《国务院关于提请审议批准 2015 年地方政府债务限额的议案》

有关要求,提出要合理确定地方政府债务总限额,在对地方政府债务实行限额管理中,要求逐级下达分地区地方政府债务限额。该文件明确了地方政府限额确定的程序、方式及类别。其中,明确省级和计划单列市地方政府为债务的举借主体。同时,从建立债务预警指标体系、风险化解应急处置机制和监督考核问责机制等方面加强对地方政府债务的管理。此外,该文件还强调了对存量债务和或有债务的妥善处理,明确了对或有债务的处置原则和方式。

在完善国有资本经营预算方面,2017 年 3 月,财政部印发《中央国有资本经营预算支出管理暂行办法》,9 月,印发《中央国有资本经营预算编报办法》,基本建立起完整规范的中央国有资本经营预算管理制度体系。《中央国有资本经营预算支出管理暂行办法》指出,中央国有资本经营预算支出除调入一般公共预算和补充全国社会保障基金外,主要用于解决国有企业历史遗留问题及相关改革成本支出、国有企业资本金注入、其他支出。一方面,通过向投资运营公司注资、向产业投资基金注资以及向中央企业注资,可以引导投资运营公司和中央企业更好地服务于国家战略,将国有资本更多投向关系国家安全和国民经济命脉的重要行业和关键领域;另一方面,通过支持中央企业剥离国有企业办社会职能、解决国有企业存在的体制性机制性问题、弥补国有企业改革成本等,促进国有企业轻装上阵、公平参与竞争,集中资源做强主业。《中央国有资本经营预算编报办法》对中央国有资本经营预算收支范围、预算编制内容及程序、形式、时间等作出了全面细致的规定。进一步完善预算编报办法,有助于适应中央国有资本经营预算管理改革的新情况。2017 年 3 月,财政部颁发《关于取消、调整部分政府性基金有关政策的通知》,要求取消和调整诸如城市公用事业附加、新型墙体材料专项基金、残疾人就业保障金等部分政府性基金,这不仅有助于切实减轻企业负担,促进实体经济发展,也是完善政府预算体系的重要举措之一。

在预算绩效管理制度方面,2017 年 10 月,党的十九大对预算改革提出了新的明确部署,提出要建立全面规范透明、标准科学、约束有力的预算制度,全面实施绩效管理。2018 年 9 月 25 日,中共中央、国务院印发《关于全面实施预算绩效管理的意见》(以下简称《意见》),党的十九大报告提出的"全面实施绩效管理"的丰富内涵、实现路径和制度体系由此得以明确,这也标志着预算绩效管理改革进入了一个全新的阶段。《意见》围绕"全面"和"绩效"两个关键点,对全面实施预算绩效管理作出部署。总体思路是:创新预算管理方式,更加注重结果导向,强调成本效益,硬化责任约束,力争用 3～5 年时间基本建成全方位、全过程、全覆盖的预算绩效管理体系,实现预算和绩效管理一体化,着力提高财政资源配置效率和使用效益,改变预算资金分配的固化格局,提高预算管理水平和政策实施效果,为经济社会发展提供有力保障。

《意见》遵循的基本原则:一是坚持总体设计、统筹兼顾,统筹谋划全面实施预算绩效管理的路径和制度体系,既聚焦解决当前最紧迫的问题,又着眼健全长效机制;二是全面推进、突出重点,预算绩效管理既要全面推进,又要突出重点,坚持问题导向,聚焦提升覆盖面广、社会关注度高、持续时间长的重大政策和项目实施效果;三是科学规范、公开透明,既要抓紧健全科学规范的管理制度,又要大力推进绩效信息公开,主动向同级人大报告、向社会公开;四是权责对等、约束有力,既要明确各方预算绩效管理职责,又要健全激励约束机制,调动地方和部门的积极性和主动性。

具体来说,《意见》明确从"全方位、全过程、全覆盖"三个维度推动绩效管理全面实施。一是构建全方位预算绩效管理格局。要实施政府预算、部门和单位预算、政策和项目预算绩效管理。将各级政府收支预算全面纳入绩效管理,推动提高收入质量和财政资源配置效率,增强财政可持续性。将部门和单位预算收支全面纳入绩效管理,增强其预算统筹能力,推动提高部门和单位整体绩效水平。将政策和项目预算全面纳入绩效管理,实行全周期跟踪问效,建立动态评价调整机制,推动提高政策和项目实施效果。二是建立全过程预算绩效管理链条。将绩效理念和方法深度融入预算编制、执行、监督全过程,构建事前、事中、事后绩效管理闭环系统,包括建立绩效评估机制、强化绩效目标管理、做好绩效运行监控、开展绩效评价和加强结果应用等内容。三是完善全覆盖预算绩效管理体系。各级政府需将一般公共预算、政府性基金预算、国有资本经营预算、社会保险基金预算全部纳入绩效管理。积极开展涉及财政资金的政府投资基金、主权财富基金、政府和社会资本合作(PPP)、政府采购、政府购买服务、政府债务项目绩效管理。

《意见》就健全预算绩效管理制度提出要求:第一,完善预算绩效管理流程。完善涵盖绩效目标管理、绩效运行监控、绩效评价管理、评价结果应用等各环节的管理流程,制定预算绩效管理制度和实施细则,使预算绩效管理有章可循、有规可依。加快预算绩效管理信息化建设,促进各级政府和各部门各单位的业务、财务、资产等信息互联互通。第二,健全预算绩效标准体系。建立健全定量和定性相结合的共性绩效指标框架,构建分行业、分领域、分层次的核心绩效指标和标准体系,逐步实现绩效信息横向可比较、纵向可追溯。创新评估评价方法,提高绩效评估评价结果的客观性和准确性。

为使绩效真正有用和有约束力,《意见》明确提出硬化预算绩效管理约束,具体措施包括:第一,明确绩效管理责任约束。按照党中央、国务院统一部署,财政部要完善绩效管理的责任约束机制,地方各级政府和各部门各单位是预算绩效管理的责任主体。项目责任人对项目预算绩效负责,对重大项目的责任人实行绩效终身责任追究制,切实做到花钱必问效、无效必问责。第二,强化绩效管理激励约束。按照权责对等原则,在明确绩效管理责任的同时,赋予部门和资金使用单位更多的管理自主权,调动其履职尽责和干事创业的积极性。同时,要求各级财政部门抓紧建立绩效评价结果与预算安排和政策调整挂钩机制,将本级部门整体绩效与部门预算安排挂钩,将下级政府财政运行综合绩效与转移支付分配挂钩。对绩效好的政策和项目原则上优先保障,对绩效一般的政策和项目要督促改进,对交叉重复和碎片化的政策和项目予以调整,对低效无效资金一律削减或取消,对长期沉淀资金一律收回并按照有关规定统筹用于亟需支持的领域。

《意见》在关注财政资金使用效益的同时,着眼健全长效机制,力求从整体上提高财政资源配置效率。主要体现在以下几个方面:

第一,拓展预算绩效管理实施对象。即从政策和项目预算为主向部门和单位预算、政府预算拓展,从转移支付为主向地方财政综合运行拓展,逐步提升绩效管理层级,在更高层面统筹和优化资源配置,这也是大部分市场经济国家预算绩效改革的普遍路径。

第二,开展事前绩效评估。为从源头上防控财政资源配置的低效无效,《意见》将绩效管理关口前移,提出建立重大政策和项目事前绩效评估机制。各部门各单位要对新出台重大政策、项目开展事前绩效评估,投资主管部门要加强基建投资绩效评估,评估结果作为申请预算的前置条件。财政部门要加强新增重大政策和项目预算审核,必要时可以组织第三方机构独立开展绩效评估,审核和评估结果作为预算安排的重要参考依据。需要说明的是,事前绩效评估不是另起炉灶、另搞一套,而是结合预算评审、项目审批等现有工作来开展,更加突出绩效导向。

第三,实施预算和绩效"双监控"。各级政府各部门各单位对绩效目标实现程度和预算执行进度实行"双监控",发现问题要及时纠正,确保绩效目标如期保质保量实现。通过开展"双监控",不仅有利于及时调整预算执行过程中的偏差,避免出现资金闲置沉淀和损失浪费,而且有利于及时纠正政策和项目实施中存在的问题,堵塞管理漏洞,确保财政资金使用安全高效。

第四,建立多层次绩效评价体系。《意见》明确提出,各部门各单位对预算执行情况以及政策、项目实施效果开展绩效自评,各级财政部门建立重大政策、项目预算绩效评价机制,逐步开展部门整体绩效评价,对下级政府财政运行情况实施综合绩效评价,必要时可以引入第三方机构参与绩效评价。通过建立绩效自评和外部评价相结合的多层次绩效评价体系,不仅能够落实部门和资金使用单位的预算绩效管理主体责任,推动提高预算绩效管理水平,而且能够全方位、多维度反映财政资金使用绩效和政策实施效果,促进提高财政资源配置效率和使用效益,使预算安排和政策更好地贯彻落实党中央、国务院重大方针政策和决策部署。

为确保全面实施预算绩效管理改革落实到位,《意见》还提出了三点保障措施:

一是加强绩效管理组织领导。坚持党对全面实施预算绩效管理工作的领导。财政部要加强对全面实施预算绩效管理工作的组织协调。各地区各部门要加强对本地区本部门预算绩效管理的组织领导。

二是加强绩效管理监督问责。审计机关要依法对预算绩效管理情况开展审计监督,财政、审计等部门发现违纪违法问题线索,应当及时移送纪检监察机关。各级财政部门要推进绩效信息公开,重要绩效目标、绩效评价结果要与预决算草案同步报送同级人大、同步向社会主动公开。

三是加强绩效管理工作考核。各级政府将预算绩效结果纳入政府绩效和干部政绩考核体系,作为领导干部选拔任用、公务员考核的重要参考。各级财政部门负责对预算绩效管理工作情况进行考核。要建立考核结果通报制度,对工作成效明显的地区和部门给予表彰,对工作推进不力的进行约谈并责令限期整改。

二、税制改革稳步推进

(一)增值税改革取得重要成效

营业税改增值税自 2012 年启动后,不断取得进展,试点地区由点扩面再到全国,试点行业也不断扩大。2012 年 1 月 1 日,"营改增"开始在上海的交通运输业和部分现代服务业开展试点,并于 2013 年 8 月 1 日推广到全国试行,同时将广播影视作品的制作、播映、发行等服务纳入试点。2014 年 1 月 1 日起,铁路运输和邮政服务业正式纳入改革试点;6 月 1 日,电信业也全面实行"营改增"。自此,"营改增"试点行业已覆盖交通运输业、邮政业、电信业三大行业和研发技术、信息技术、文化创意、物流辅助、有形动产租赁、鉴证咨询、广播影视七个现代服务业。2016 年 5 月 1 日,"营改增"试点全面实施,营业税被增值税彻底取代,范围进一步扩大到建筑业、房地产业、金融业、生活服务业四大行业,并将所有企业新增不动产所含增值税纳入抵扣范围,确保所有行业税负只减不增。

"营改增"的意义在于从制度上解决货物和服务税制不统一和重复征税的问题,贯通服务业内部和第二、第三产业之间的抵扣链条,从而减轻企业税负,并简化税制,降低征纳成本,有助于促进服务业的发展,促进就业尤其是新型劳动力的就业,出口退税也增强了出口的竞争力。

"营改增"实施后,在实践中暴露出还存在税率档次多、抵扣项目不完整等问题,使得这一中性税种特征体现不足,低税率的大量使用也给未来的改革造成障碍。有鉴于此,国家多次推出了深化增值税改革的举措。

2017年3月5日,国务院总理李克强在第十二届全国人大第五次会议上所作的《政府工作报告》中提出简化增值税税率结构,由四档税率简并至三档,营造简洁透明、更加公平的税收环境,进一步减轻企业税收负担。7月1日,简并增值税税率有关政策正式实施,原销售或者进口货物适用13%税率的全部降至11%,涉及农产品、天然气、食用盐、图书等23类产品,其他档次税率保持不变。

党的十九大报告作出深化税收制度改革的总体部署后,2018年的《政府工作报告》提出"改革完善增值税制度,按照三档并两档方向调整税率水平,重点降低制造业、交通运输等行业税率,提高小规模纳税人年销售额标准"的要求。国务院常务会议决定,从2018年5月1日起,实施以下深化增值税改革措施:一是适当降低税率水平。将制造业等行业增值税税率从17%降至16%,将交通运输、建筑、基础电信服务等行业及农产品等货物的增值税税率从11%降至10%,预计全年可减税2 400亿元。出台上述改革措施后,现行17%、11%、6%三档税率调整为16%、10%、6%。二是统一增值税小规模纳税人标准。将工业企业和商业企业小规模纳税人的年销售额标准由50万元和80万元上调至500万元,并在一定期限内允许已登记为一般纳税人的企业转登记为小规模纳税人,让更多企业享受按较低征收率计税的优惠。三是退还部分企业的留抵税额。对装备制造等先进制造业、研发等现代服务业符合条件的企业和电网企业在一定时期内未抵扣完的进项税额予以一次性退还。

2019年3月5日,李克强总理在第十三届全国人大第二次会议上所作的《政府工作报告》提出了2019年深化增值税改革的具体安排和工作要求。3月20日,财政部、税务总局、海关总署联合发布公告,宣布自4月1日起,增值税一般纳税人发生增值税应税销售行为或者进口货物,原适用16%税率的,税率调整为13%;原适用 10％税率的,税率调整为 9％;购进农产品,原适用 10％扣除率的,扣除率调整为 9％;购进用于生产或者委托加工 13％税率货物的农产品,按照 10％的扣除率计算进项税额。原适用 16％税率且出口退税率为 16％的出口货物劳务,出口退税率调整为 13％;原适用 10％税率且出口退税率为 10％的出口货物、跨境应税行为,出口退税率调整为 9％。预计这些措施加上降低社保缴费负担和减少行政性收费等举措,全年可减轻企业和纳税人负担 2 万亿元以上。

几次深化增值税改革,在注重突出普惠性的同时,通过完善税制向建立现代增值税制度的目标不断迈进,并为下一步税率三档并二档预留了空间。此外,为落实好税收法定原则,增值税立法进程也在加快。2019 年 3 月 20 日,财政部条法司发布的《2019 年财政部立法工作安排》中提出,力争年内完成增值税法的部内起草工作,及时上报国务院。

（二）个人所得税改革有重要进展

2018 年 8 月 31 日,全国人大常委会通过了关于修改《中华人民共和国个人所得税法》(以下简称《个人所得税法》)的决定,修改后的《个人所得税法》从 2019 年 1 月 1 日起全面施行,其中部分减税政策先行自 2018 年 10 月 1 日起施行。本次《个人所得税法》修改的重点内容主要有以下几点:

第一,改进完善了关于纳税人的规定,借鉴国际经验明确了居民个人与非居民个人两类概念,并把非居民的制定标准由是否在中国境内居住满 1 年调整为是否满 183 天,扩大了中国的税收管辖权。

第二,将原个税把应税所得分为 11 类实行不同征收办法,改为将其中的部分劳动性所得实行综合征税(具体是将工资薪金、劳务报酬、稿酬、特许权使用费四项所得定为综合所得),使用统一的超额累进税率。相应于此,居民个人改为按年合并计算个人所得税,非居民则按月或按次分项计算。这体现了讨论多年的"综合与分类"改革取向终于迈出实质性的步伐。

第三,优化调整了税率结构,降低了适用 3％、10％、20％税率纳税人和部分适用 25％税率纳税人的税负,中等收入水平以下的社会成员税负下降将较为明显;适用 30％、35％和 45％税率纳税人的税负不变。由于前边有四个级距的适用税率的税负下降,最高边际税率达到后三个级距的纳税人,工薪收入方面的税负也会有所下降,但是如考虑其他收入归并之后的综合计征,情况就得专门分析了:原来在稿酬、劳务收入、知识产权收入方面占个人与家庭总收入比重较大的纳税人(主要是一部分"高级专家和知识分子")实际税负将会明显上升。同时,对经营所得的五级超额累进税率不变,但最高档税率级距下限,从 10 万元提高至 50 万元,明显降低了个体工商户和承包经营者的实际税负。

第四,综合所得的基本减除费用标准(俗称"起征点")拟定为每月 5 000 元(每年 6 万元),这与前面的税率调整措施一起,将有利于降低中等以下收入群体的实际税负。

第五,增加了对于子女教育和继续教育支出、大病医疗支出、赡养老人支出、住房贷款利息支出和住房租金等的专项扣除。这一改进具有社会多年热议的认识基础,也是符合国际惯例的改进,将明显地提高我国个税调节的差异化、针对性与负担的合理化,有利于税制公平。

第六,增加了反避税条款,有利于加强个税的依法管理。

本次修改后的《个人所得税法》,在综合与分类结合的大方向上迈出了实质性步伐(四种劳动收入实行综合按年度计征),有利于减轻税负和扩大中等家庭居民可支配收入,有助于刺激消费和经济的平稳增长,增加专项附加扣除有助于推动各部门实现信息共享,提高国家治理水平。

(三)环境保护税立法

2016 年 12 月 25 日,第十二届全国人大常委会第二十五次会议表决通过《中华人民共和国环境保护税法》(以下简称《环境保护税法》),该法自 2018 年 1 月 1 日起实施。

《环境保护税法》共五章 28 条,它是党的十八届三中全会提出"落实税收法定原则"要求后,全国人大常委会审议通过的第一部单行税法,其立法的总体思路是由"费"改"税",即按照"税负平移"原则,实现排污费制度向环保税制度的平稳转移。将"保护和改善环境,减少污染物排放,推进生态文明建设"写入立法宗旨,明确了"直接向环境排放应税污染物的企业事业单位和其他生产经营者"为纳税人,并确定大气污染物、水污染物、固体废物和噪声为应税污染物。

环境保护税的征收建立起两个机制:一是正向减排激励机制,多排多缴、少排少缴、不排不缴;二是在设定税额标准时赋予了地方一定的自主性和选择空间。《环境保护税法》对大气和水污染物设定了税额上限,各省、自治区、直辖市可参考排污费标准,在规定幅度内确定大气污染物和水污染物的具体适用税额。

与过去的排污收费制度相比,征收环境保护税有两点不同:第一,环境保护税增加了企业减排的税收减免档次。之前施行的排污费制度只规定了一档减排税收减免,即纳税人排放应税大气污染物或者水污染物的浓度值低于规定标准 50%

的,减半征收环境保护税。为鼓励企业减少污染物排放,《环境保护税法》增设了一档减排税收减免,即纳税人排放应税大气污染物或者水污染物的浓度值低于规定标准30%的,减按75%征收环境保护税。第二,环境保护税进一步规范了环境保护税征收管理程序。原有的排污费由环保部门征收管理,而环境保护税由税务机关依法征收管理,增加了执法的规范性和刚性。同时,考虑到环境保护税的征收管理专业性较强,《环境保护税法》还强调了环保部门和税务机关的信息共享与工作配合机制,实行"企业申报、税务征收、环保监测、信息共享"的税收征管模式。

环境保护税是我国第一个直接体现"绿色税制"的综合税种,开征环境保护税有利于鼓励节能减排,促进绿色生产,加快高质量发展,为推进我国生态文明建设提供了全新动力,其环保意义和社会意义会大于财政收入意义。

(四)资源税改革取得显著进展

2014年12月1日起,我国在全国范围内实施了煤炭资源税从价计征改革,同时清理相关收费基金,确保不增加煤炭企业总体负担。

2016年7月1日起,我国全面推开资源税改革,全面实行从价计征,全面清理收费基金,并启动了水资源税试点。本次改革有四大核心内容:(1)全面推开资源税从价计征改革,新增对铁矿、金矿、石墨、海盐等21个税目由从量定额改为从价定率计征,对未列举名称的其他金属矿和其他非金属矿的大多数矿种,也全部实行从价计征。但从便利征管原则出发,对经营分散、多为现金交易且难以控管的粘土、砂石等少数矿产品,仍实行从量定额计征。(2)资源税征收范围扩大,河北省率先开展水资源费改税试点,在试点取得经验基础上逐步向全国其他地区推开,森林、草场、滩涂等自然资源也将逐步纳入征收范围。改革将全面清理涉及矿产资源的收费基金。将全部资源品目矿产资源补偿费费率降为零,停止征收价格调节基金,取缔地方针对矿产资源违规设立的收费基金项目。(3)中央将部分权限下放地方。矿产品的税率幅度由中央统一规定,但授权省级政府在规定税率幅度内根据资源禀赋、企业承受能力等因素,对主要应税产品提出具体适用税率建议。(4)合理设置税收优惠政策。对符合条件的采用充填开采方式、衰竭期矿山采出的矿产资源,资源税分别减征50%和30%。对鼓励利用的低品位矿、废石、尾矿、废渣、废水、废气等提取的矿产品,授权省级政府据实确定是否减税或免税,以便地方政府能够因地制宜地精准施策。

2019年8月26日,第十三届全国人大常委会第十二次会议表决通过《中华人民共和国资源税法》(以下简称《资源税法》),于2020年9月1日起施行。该法是我国首部资源税法,是现行税制中继《个人所得税法》《企业所得税法》《车船税法》《车辆购置税法》《船舶吨税法》《环境保护税法》《烟叶税法》《耕地占用税法》之后的第九部税收实体税法。资源税立法意味着中国的一半税种已经完成了立法任务。

《资源税法》在立法中采取了延续现行税制及税收政策的做法,采用固定税率和幅度税率两类税率,新法实施后资源税税负框架和水平总体不变。在进一步规范资源税税目的同时,《资源税法》还预留了未来征税范围扩大的空间。该法规定的税目有 164 个,除包括现行中央层面(财政部、税务总局)列举名称的税目外,还将现行授权地方层面(各省、自治区、直辖市人民政府)列举名称的税目统一纳入。水资源税试点的有关内容也在《资源税法》中得到体现,保证了试点于法有据。此外,《资源税法》还强化了税务部门和自然资源管理部门的协同,有利于减少征纳争议,以更好落实资源税相关政策。

《资源税法》的颁布实施是全面落实税收法定原则、加强绿色税制建设的重要举措,对推动资源合理开采和节约集约利用,以及保护纳税人合法权益方面都具有重要意义。

此外,其他税种的改革也取得了不同程度的进展。财政部研究制订消费税改革方案,要逐步将消费税的征收范围扩大到零售环节,实现合理负担,优化税率。2018 年 10 月 11 日,国务院印发《完善促进消费体制机制实施方案(2018—2020年)》,其中提出要推动消费税立法。2019 年 3 月 20 日,财政部条法司公布的《2019 年财政部立法工作安排》中提出,力争年内完成消费税法的部内起草工作,及时上报国务院。

在房地产税改革方面,2013 年党的十八届三中全会提出"加快房地产税立法并适时推进改革",2014 年的《政府工作报告》提出要"推进税收制度改革,做好房地产税等相关工作",2018 年、2019 年的《政府工作报告》相继提出"稳妥推进房地产税立法"和"稳步推进房地产税立法"。税收法定、立法先行轨道上房地产税的改革,将是在打造中国房地产健康发展长效机制、构建地方税体系、逐步提高直接税比重优化收入再分配等方面制度建设的一场硬仗,是中国税制现代化过程中难度甚大、但无法回避的历史性考验。

三、中央与地方财政事权和支出责任划分改革取得重要进展

2015 年 11 月 3 日,我国正式公布"十三五"规划建议,提出深化财税体制改革,

"建立事权和支出责任相适应的制度,适度加强中央事权和支出责任。调动各方面积极性,考虑税种属性,进一步理顺中央和地方收入划分"。

2016 年 8 月 16 日,国务院发布了《关于推进中央与地方财政事权和支出责任划分改革的指导意见》(以下简称《意见》)。这是国务院第一次比较系统地提出从事权和支出责任划分即政府公共权力纵向配置角度推进财税体制改革的重要文件,也是今后一个时期科学、合理、规范划分各级政府提供基本公共服务职责的综合性、指导性和纲领性文件。《意见》指出,财政事权是一级政府应承担的运用财政资金提供基本公共服务的任务和职责,支出责任是政府履行财政事权的支出义务和保障。合理划分中央与地方财政事权和支出责任是政府有效提供基本公共服务的前提和保障,是建立现代财政制度的重要内容,是推动国家治理体系和治理能力现代化的客观需要。

《意见》要求,推进中央与地方财政事权和支出责任划分改革,要坚持中国特色社会主义道路和党的领导,坚持财政事权由中央决定,坚持有利于健全社会主义市场经济体制,坚持法治化规范化道路,坚持积极稳妥统筹推进。要遵循体现基本公共服务受益范围、兼顾政府职能和行政效率、实现权责利相统一、激励地方政府主动作为、支出责任与财政事权相适应等划分原则,科学合理划分中央与地方财政事权和支出责任,形成中央领导、合理授权、依法规范、运转高效的中央与地方财政事权和支出责任划分模式,落实基本公共服务提供责任,提高基本公共服务供给效率,促进各级政府更好地履职尽责。

《意见》明确提出改革的主要内容:一是推进中央与地方财政事权划分。适度加强中央的财政事权,保障地方履行财政事权,减少并规范中央与地方共同的财政事权,建立财政事权划分动态调整机制。二是完善中央与地方支出责任划分。中央的财政事权由中央承担支出责任,地方的财政事权由地方承担支出责任,中央与地方共同财政事权根据基本公共服务的属性,区分情况划分支出责任。三是加快省以下财政事权和支出责任划分。将部分适宜由更高一级政府承担的保持区域内经济社会稳定、促进经济协调发展等基本公共服务职能上移,将适宜由基层政府发挥信息、管理优势的基本公共服务职能下移,并根据省以下财政事权划分、财政体制及基层政府财力状况,合理确定省以下各级政府的支出责任。

《意见》要求加强与相关改革的协同推进,2016 年选取国防、外交等领域率先启动中央与地方财政事权和支出责任划分改革。2017—2018 年争取在教育、医疗卫生、环境保护、交通运输等基本公共服务领域取得突破性进展。2019—2020 年基本完成主要领域改革,梳理需要上升为法律法规的内容,适时制定、修订相关法律、行政法规,推动形成保障财政事权和支出责任划分科学合理的法律体系。

　　财政事权是政府事权的重要组成部分,合理划分中央与地方财政事权和支出责任、建立事权与支出责任相适应的制度,是推进国家治理体系和治理能力现代化的重要内容和必然要求。《意见》的出台有利于加快实施依法治国、依法行政的步伐,也为建立现代财政制度提供了重要支撑,标志着财税体制改革进入了深化阶段并迈出了实质性步伐。

　　根据《意见》作出的部署,我国在基本公共服务、医疗卫生、科技、教育、交通运输等领域中央与地方财政事权和支出责任划分工作稳妥推进,改革方案相继出台。

　　2018 年 2 月 8 日,国务院办公厅公布《基本公共服务领域中央与地方共同财政事权和支出责任划分改革方案》,主要有五个方面内容:

　　一是明确基本公共服务领域中央与地方共同财政事权范围。将涉及人民群众基本生活和发展需要、现有管理体制和政策比较清晰、由中央与地方共同承担支出责任、以人员或家庭为补助对象或分配依据、需要优先和重点保障的主要基本公共服务事项,首先纳入中央与地方共同财政事权范围。具体包括义务教育、学生资助、基本就业服务、基本养老保险、基本医疗保障、基本卫生计生、基本生活救助、基本住房保障等八大类,共 18 个事项。

　　二是制定基本公共服务保障国家基础标准。参考现行财政保障或中央补助标准,制定 9 项基本公共服务保障的国家基础标准。地方在确保国家基础标准落实到位的前提下,因地制宜制定高于国家基础标准的地区标准,应事先按程序报上级备案后执行,高出部分所需资金自行负担。对不易或暂不具备条件制定国家基础标准的 9 项事项,地方可结合实际制定地区标准,待具备条件后,由中央制定国家基础标准。法律、法规或党中央、国务院另有规定的,从其规定。

　　三是规范基本公共服务领域中央与地方共同财政事权的支出责任分担方式。主要实行按比例分担,并保持基本稳定。对基本公共卫生服务等 7 个事项实行中央分档分担的办法,并将其分担比例适当简化和归并为五档。对义务教育公用经费保障等 6 个按比例分担、按项目分担或按标准定额补助的事项,暂按现行政策执行。对基本公共就业服务等 5 个事项,中央分担比例主要依据地方财力状况、保障对象数量等因素确定。

　　四是调整完善转移支付制度。在一般性转移支付下设立共同财政事权分类分档转移支付,原则上将改革前一般性转移支付和专项转移支付安排的基本公共服务领域共同财政事权事项,统一纳入共同财政事权分类分档转移支付。

五是推动省以下支出责任划分改革。中央财政要加强对省以下共同财政事权和支出责任划分改革的指导;省级政府要考虑本地区实际,根据各项基本公共服务的重要性、受益范围和均等化程度等因素,结合省以下财政体制,合理划分省以下各级政府的支出责任,加强省级统筹,适当增加和上移省级支出责任;县级政府要将自有财力和上级转移支付优先用于基本公共服务,承担提供基本公共服务的组织落实责任。

该方案的出台,对进一步完善分税制财政体制,加快建立现代财政制度,推进国家治理体系和治理能力现代化将产生积极的推动作用。方案中的事项都涉及基本民生,支出稳定性强,明确列为中央和地方共同事权,规范相关保障标准和分担比例,有利于增强政策的稳定性,更好地兜牢民生底线,促进基本公共服务均等化水平的提高;同时,通过设立共同财政事权分类分档转移支付,提高转移支付资金使用的针对性,再配合相关预算措施,对这些重点民生项目予以优先保障,有利于提高与人民群众密切相关的基本公共服务的保障能力。同时,这一改革也有利于进一步明确各级政府的职责,推动解决中央和地方部分财政事权不够清晰、责任落实不到位,甚至相互推诿、扯皮等问题,促进财政事权划分的制度化、法治化、规范化。

2018 年 8 月 13 日,国务院办公厅印发《医疗卫生领域中央与地方财政事权和支出责任划分改革方案》。根据该方案,基本公共卫生服务明确为中央与地方共同财政事权,由中央财政和地方财政共同承担支出责任。其中,中央制定基本公共卫生服务人均经费国家基础标准,并根据经济社会发展情况逐步提高。基本公共卫生服务支出责任实行中央分档分担办法。全国性或跨区域的重大传染病防控等重大公共卫生服务,主要包括纳入国家免疫规划的常规免疫及国家确定的群体性预防接种和重点人群应急接种所需疫苗和注射器购置,艾滋病、结核病、血吸虫病、包虫病防控,精神心理疾病综合管理、重大慢性病防控管理模式和适宜技术探索等内容,上划为中央财政事权,由中央财政承担支出责任。城乡居民基本医疗保险补助和医疗救助,明确为中央与地方共同财政事权,由中央财政和地方财政共同承担支出责任。计划生育方面,中央制定计划生育扶助保障补助国家基础标准,并根据经济社会发展情况逐步提高。

该方案规定,明确为中央与地方共同财政事权的事项中,基本公共卫生服务、计划生育扶助保障等中央制定国家基础标准的事项,地方政府可以在确保国家基础标准全部落实到位的前提下,在国家基础标准之上合理增加保障内容或提高保障标准,增支部分由地方财政负担。

2019年5月31日,国务院办公厅印发的《科技领域中央与地方财政事权和支出责任划分改革方案》提出,根据科技事项公共性层次、科技成果受益范围等属性,科学合理划分科技领域中央与地方财政事权和支出责任。其中,中央财政侧重支持全局性、基础性、长远性工作,以及面向世界科技前沿、面向国家重大需求、面向国民经济主战场组织实施的重大科技任务。同时,进一步发挥中央对地方转移支付的作用,充分调动地方的积极性和主动性;地方财政侧重支持技术开发和转化应用,构建各具特色的区域创新发展格局。

该方案按照深化科技体制改革的总体要求和科技工作的特点,将科技领域财政事权和支出责任划分为科技研发、科技创新基地建设发展、科技人才队伍建设、科技成果转移转化、区域创新体系建设、科学技术普及、科研机构改革和发展建设等方面。具体细分为:

(1)科技研发:利用财政资金设立的用于支持基础研究、应用研究和技术研究开发等方面的科技计划(专项、基金等),确认为中央与地方共同财政事权。

(2)科技创新基地建设发展:对科技创新基地建设发展的补助,确认为中央与地方共同财政事权,由中央财政和地方财政区分不同情况承担相应的支出责任。

(3)科技人才队伍建设:对围绕建设高层次科技人才队伍,根据相关规划等统一组织实施的科技人才专项,分别确认为中央或地方财政事权,由同级财政承担支出责任。

(4)科技成果转移转化:对通过风险补偿、后补助、创投引导等财政投入方式支持的科技成果转移转化,确认为中央与地方共同财政事权,由中央财政和地方财政区分不同情况承担相应的支出责任。

(5)区域创新体系建设:对推进区域创新体系建设财政负担资金,调整为中央与地方共同财政事权,由中央财政和地方财政区分不同情况承担相应的支出责任。

(6)科学技术普及:对国家普及科学技术知识、倡导科学方法、传播科学思想、弘扬科学精神、提高全民科学素质等工作的保障,确认为中央与地方共同财政事权,由中央财政和地方财政区分不同情况承担相应的支出责任。

(7)科研机构改革和发展建设:对利用财政性资金设立的科研机构改革和发展建设方面的补助,按照隶属关系分别确认为中央或地方财政事权,由同级财政承担支出责任。

（8）科技领域的其他未列事项：国际科技交流与合作有关事项财政事权和支出责任划分按照外交领域改革方案执行。中央基本建设支出按国家有关规定执行，主要用于中央财政事权或中央与地方共同财政事权事项。

2019年6月3日，国务院办公厅印发的《教育领域中央与地方财政事权和支出责任划分改革方案》，将教育领域财政事权和支出责任划分为义务教育、学生资助、其他教育三个方面。该方案将教育领域财政事权和支出责任划分为义务教育、学生资助、其他教育三个方面：一是义务教育总体为中央与地方共同财政事权，其中，涉及学校日常运转、校舍安全、学生学习生活等经常性事项，所需经费一般根据国家基础标准，明确中央与地方财政分档负担比例，中央财政承担的部分通过共同财政事权转移支付安排；涉及阶段性任务和专项性工作的事项，所需经费由地方财政统筹安排，中央财政通过转移支付统筹支持。二是学生资助作为相对独立完整的政策体系，覆盖学前教育、普通高中教育、职业教育、高等教育等，将其总体确认为中央与地方共同财政事权，并按照具体事项细化。三是学前教育、普通高中教育、职业教育、高等教育等其他教育，实行以政府投入为主、受教育者合理分担、其他多种渠道筹措经费的投入机制，总体为中央与地方共同财政事权。

该方案要求各地区、各有关部门要切实加强组织领导，确保财政教育投入持续稳定增长，全面实施预算绩效管理，优化支出结构，着力提高教育领域资金使用效益，合理划分省以下教育领域财政事权和支出责任，抓紧修订完善相关管理制度，协同推进改革。

2019年7月10日，国务院办公厅印发的《交通运输领域中央与地方财政事权和支出责任划分改革方案》提出，在完善中央决策、地方执行机制的基础上，适度加强中央政府承担交通运输基本公共服务的职责和能力，落实好地方政府在中央授权范围内的责任，充分发挥地方政府区域管理优势和积极性。坚持人民交通为人民，把满足人民日益增长的美好生活需要作为出发点和落脚点，提高交通运输基本公共服务供给效率，着力解决交通运输领域发展不平衡不充分问题。对运转情况良好、管理行之有效、符合行业发展规律的事项进行总结和确认，对存在问题的事项进行调整和完善。

该方案对公路、水路、铁路、民航、邮政、综合交通六个方面改革事项的财政事权和支出责任进行了划分。对现行法律、法规没有明确财政事权划分的事项进行确认，包括国道、国家级口岸公路、京杭运河、运输机场等。适度加强中央财政事权，将公路领域的"界河桥梁"和"边境口岸汽车出入境运输管理"，水路领域的"国境、国际通航河流航道"和"西江航运干线"等内容上划为中央财政事权。适当下划部分财政事权,将铁路领域"干线铁路"的组织实施从中央财政事权调整为中央与地方共同财政事权,将民航领域"通用机场"从中央与地方共同财政事权调整为地方财政事权。将现已由中央承担的"长江干线航道""空中交通管理"等和由地方承担的"农村公路""道路运输管理"等改革事项作了明确。

在划分中央与地方财政事权和支出责任方面,目前已形成三个层次的初步框架:第一层是指导性的,即《国务院关于推进中央与地方财政事权和支出责任划分改革的指导意见》,明确了财政事权和支出责任划分改革的基本原则、主要任务和要求。第二层承上启下,即《基本公共服务领域中央与地方共同财政事权和支出责任划分改革方案》,明确了8大类18项共同财政事权事项的支出责任分担方式、国家基础标准等,为后续分领域改革提供了引领。第三层是分领域的,目前外交、医疗卫生等领域改革方案已经出台,随后还将制定更多分领域改革方案。这些工作完成后,主要领域中央与地方财政事权和支出责任大体划分清楚,配套相应转移支付制度,将有力促进中央与地方权责清晰、财力协调,推进基本公共服务均等化。在此基础上,接下来将进一步理顺中央与地方收入划分,完善中央对地方转移支付制度。结合财政事权和支出责任划分、税制改革及地方税体系建设等进展,在保持现有财力格局总体稳定的前提下,适当增加地方税种,形成以共享税为主、专项税为辅的中央和地方收入划分体系,保障中央和地方履行财政事权和支出责任。根据当前财政事权和支出责任划分改革进展,在一般性转移支付下设立共同财政事权转移支付,相应调整优化转移支付项目,继续清理规范专项转移支付,健全转移支付定期评估机制。完善后的转移支付制度要体现维护党中央权威和集中统一领导,符合转移支付的属性功能,有利于发挥中央调控作用,并同中央与地方财政事权划分相衔接,更好发挥中央和地方两个积极性。[①]

2019年10月9日,国务院印发《实施更大规模减税降费后调整中央与地方收入划分改革推进方案》,出台了关于调整中央与地方收入划分改革的三大举措,此举有利于进一步理顺中央与地方财政分配关系,支持地方政府落实减税降费政策、缓解财政运行困难,并推进中央与地方收入划分改革。

该方案提出,在减税降费大背景下,中央与地方收入划分改革首先从增值税、增值税留抵退税、消费税三个税种入手,其中增值税"五五分享"比例不变,但通过"一减一增"的方式修复地方财政收支。"一减"是指完善增值税留抵退税分担机

---

① 刘昆:《完善推动高质量发展的财政制度体系》,《学习时报》2018年11月12日。

制:在中央与地方"五五"分担比例的前提下,由地方所分担的部分(50%),由企业所在地全部负担(50%)调整为先负担 15%,其余 35%暂由企业所在地一并垫付,再由各地按上年增值税分享额占比均衡分担。"一增"是指稳步培育壮大地方税税源,首先将后移消费税征收环节并稳步下划地方。

此次收笔记方案的调整,对于建立和完善现代财政制度,实施更大规模的减税降费具有重要意义。它在解决减税降费关键性问题的同时,体现出厘清中央和地方财政关系,增加地方财政分成比例的财税改革大方向,是一个既关注短期又兼顾长远的重要战略部署。

中国建设现代财政制度的改革,将是一个"伟大民族复兴"现代化战略目标实现过程中的重大而长期的制度建设任务。创新发展未有穷期,如何使财税改革与全面配套改革按照党中央的要求取得决定性成果,以增进人民福祉、支持现代化"中国梦"梦想成真,历史将检验中国伟大奋斗中的实践答卷。

主要参考文献

［1］［美］阿瑟·杨格.1927—1937 年中国的财政经济状况［M］.陈泽宪,陈霞飞, 译.北京:中国社会科学出版社,1981.

［2］财政科学研究所,中国第二历史档案馆.民国外债档案史料［M］.北京:档案出版社,1991.

［3］财政科学研究所.革命根据地的财政经济［M］.北京:中国财政经济出版社,1985.

［4］蔡世英.中国现行主计制度概论［M］.上海:立信会计图书用品社,1948.

［5］常乃德.中国财政制度史［M］.台北:台湾祥生出版社,1975.

［6］陈明远.那时的文化界［M］.太原:山西人民出版社,2011.

［7］陈如龙.当代中国财政［M］.北京:中国社会科学出版社,1989.

［8］陈廷煊.抗日根据地经济史［M］.北京:社会科学文献出版社,2007.

［9］陈秀夔.中国财政制度史［M］.台北:台湾正中书局,1973.

［10］重庆市档案馆,重庆市人民银行金融研究所.四联总处史料［M］.北京:档案出版社,1993.

［11］丁长清.民国盐务史稿［M］.北京:人民出版社,1990.

［12］董长芝,李帆.中国现代经济史［M］.长春:东北师范大学出版社,1998.

［13］高培勇,等.中国财税体制改革 30 年:回顾与展望［M］.北京:中国财政经济出版社,2009.

［14］胡钧.中国财政史［M］.北京:商务印书馆,1920.

［15］黄惠贤,陈锋.中国俸禄制度史［M］.武汉:武汉大学出版社,1996.

［16］黄天华.中国财政史纲［M］.上海:上海财经大学出版社,1999.

［17］贾康,赵全厚.中国财税体制改革 30 年回顾与展望［M］.北京:人民出版社,2008.

［18］贾士毅.民国财政史［M］.北京:商务印书馆,1917.

［19］贾士毅.民国续财政史［M］.北京:商务印书馆,1932.

［20］金鑫,等.中华民国工商税收史［M］.北京:中国财政经济出版社,1998.

［21］凌耀伦,等.中国近代经济史［M］.重庆:重庆出版社,1982.

［22］刘秉麟.近代中国外债史稿［M］.武汉:武汉大学出版社,2007.

［23］刘昆.完善推动高质量发展的财政制度体系［N］.学习时报,2018-11-12.

［24］刘尚希,傅志华,等.中国改革开放的财政逻辑(1978—2018)［M］.北京:人民
      出版社,2018.

［25］刘仲藜.奠基——新中国经济五十年［M］.北京:中国财政经济出版社,1999.

［26］楼继伟.深化财税体制改革［M］.北京:人民出版社,2015.

［27］楼继伟.中国政府间财政关系再思考［M］.北京:中国财政经济出版社,2013.

［28］马金华.中国外债史［M］.北京:中国财政经济出版社,2005.

［29］马寅初.财政学与中国财政［M］.北京:商务印书馆,1948.

［30］毛泽东文选,人民出版社［M］.北京:1991.

［31］千家驹.旧中国公债史资料［M］.北京:中华书局,1984.

［32］陕西审计学会,陕西省审计研究所.陕甘宁边区的审计工作［M］.太原:陕西人
      民出版社,1989.

［33］陕西省档案馆,陕西省社会科学院.陕甘宁边区政府文件选编.(第一辑)［M］.
      北京:档案出版社,1986.

［34］陕西省档案馆.陕甘宁边区政府大事记［M］.北京:档案出版社,1991.

［35］申学锋.晚清财政支出政策研究［M］.北京:中国人民大学出版社,2006.

［36］舒龙,凌步机.中华苏维埃共和国史［M］.南京:江苏人民出版社,1999.

［37］孙怀仁.中国财政之病态及其批判［M］.上海:生活书店,1937.

［38］孙文学.中国近代财政史［M］.大连:东北财经大学出版社,1990.

［39］唐德刚.张学良口述历史［M］.北京:中国档案版社,2007.

［40］田远.战争的终焉和中国人留日学生的境遇与选择:1945—1952［M］.东京:御
      茶水书房,2014.

［41］王丙乾.中国财政60年回顾与思考［M］.北京:中国财政经济出版社,2009.

［42］王松.孔祥熙传［M］.武汉:湖北人民出版社,2006.

［43］王亚南.战时的经济问题与经济政策［M］.上海:光明书局,1937.

［44］吴冈.旧中国通货膨胀史料［M］.上海:上海人民出版社,1958.

［45］吴景平.宋子文评传［M］.福州：福建人民出版社，1992.

［46］吴廷燮.清财政考略［M］.1914 年校印本.

［47］习近平.习近平谈治国理政（第一卷、第二卷）［M］.北京：外文出版社，2018.

［48］项怀诚.中国财政 50 年［M］.北京：中国财政经济出版社，1999.

［49］项怀诚.中国财政通史［M］.北京：中国财政经济出版社，2006.

［50］谢旭人.中国财政 60 年［M］.北京：经济科学出版社，2009.

［51］谢旭人.中国财政改革三十年［M］.北京：中国财政经济出版社，2008.

［52］许毅.中央革命根据地财政经济史长编［M］.北京：人民出版社，1982.

［53］杨汝梅.国民政府财政概况论［M］.北京：中华书局，1938.

［54］杨荫溥.民国财政史［M］.北京：中国财政经济出版社，1985.

［55］殷崇浩.中国税收通史［M］.北京：光明日报出版社，1991.

［56］张公权.中国通货膨胀史：1937—1949［M］.杨志信，译.北京：文史资料出版社，1986.

［57］赵效民.中国革命根据地经济史［M］.广州：广东人民出版社，1983.

［58］郑学檬.中国赋役制度史［M］.上海：上海人民出版社，2000.

［59］中国审计学会，审计署审计科研所.中国革命根据地审计史料汇编［M］.北京：北京工业大学出版社，1990.

［60］中央档案馆，等.晋察冀解放区历史文献选编（1945—1949）［M］.北京：档案出版社，1998.

［61］周伯棣.中国财政史［M］.上海：上海人民出版社，1981.

［62］周育民.晚清财政与社会变迁［M］.上海：上海人民出版社，2000.

［63］朱汉国，等.中华民国史［M］.成都：四川人民出版社，2006.

［64］朱红琼.中央与地方财政关系及其变迁史［M］.北京：经济科学出版社，2008.

［65］Arthur N. Young. China's Wartime Finance and Inflation，1937—1945［M］. Cambrige，Mass：Harvard Univ. Pr.，1965.

［66］Milton Friedman. Studies in the Quantity Theory of Money［M］. Chicago：University of Chicago Press，1956.